D1323283

Jacqueline Aubry

HOROSCOPE 2005

L'année des sentiments

LES ÉDITIONS
Quebecor
QUEBECOR MEDIA

SOMMAIRE

AVANT-PROPOS

JE REMERCIE TOUT LE PERSONNEL DE L'HÔPITAL PIERRE-BOUCHER DE LONGUEUIL, ET TOUT SPÉCIALEMENT LE DOCTEUR JEAN-PIERRE GOUIN, UN SAVANT ET UN MÉDECIN AU CŒUR TENDRE.

Avant de vous entretenir à propos de ce qui nous attend en 2005 sous l'influence de Jupiter en Balance, je vous parle de moi, de mes expériences, de mes épreuves, c'est-à-dire de ce que j'ai vécu en 2004 sous l'influence de Jupiter en Vierge qui, malheureusement, faisait un aspect dur à ma Lune noire en Poissons... Voici, avant, mes prévisions selon Jupiter en Balance, qui furent bien peu drôles dans ma vie personnelle... Ces différentes épreuves ont toutefois contribué à m'éveiller, sur les plans personnel et professionnel.

D'abord, l'ignorance et le manque de jugement sont à l'origine de nos bêtises: celles que l'on fait sans l'aide d'autrui!

Malheureusement, chez nous, en Occident, et plus précisément au Québec (c'est ici que je réside et que je fais le plus d'observations), et davantage en ce début de XXIᵉ siècle, une masse de gens a pris l'habitude d'accuser, de juger et de condamner leur prochain. Des gens font le malheur des autres! Ils vont jusqu'à accuser un voisin ou leurs parents concernant leurs pertes financières, alors qu'ils avaient le choix entre accepter ou refuser une offre.

De trop nombreux thérapeutes persuadent leurs clients qu'ils sont trop gentils, trop bons, trop généreux etc. Ces patients sortent du bureau le sourire aux lèvres. Ainsi bonifiés, ils n'ont rien à penser, rien à changer... et la semaine suivante, c'est encore du pareil au même... Ils vont chercher leur absolution, mais continuent de se tourmenter, en plus d'assommer les innocents! Mais, lorsqu'ils sont confessés et absous par leur prêtre ou leur prêtresse, ils peuvent poursuivre leur chemin sur la voie de la destruction: le confessionnal sera toujours ouvert!

Je ne fais pas le procès de tous les thérapeutes, mais ils sont maintenant si nombreux à se faire uniquement rassurants, réconfortants, et si superficiels, que le client s'enfonce dans ses propres mensonges et développe une dépendance vis-à-vis de son docteur de l'âme!

Ne nous leurrons pas, il existe aussi des personnes dont la morale est très élastique et qui n'ont pas le moindre remords quand elles commettent un crime, quel qu'il soit. Tout existe, même les *sociopathes*! En 2004, j'ai rencontré beaucoup trop de gens qui mentaient, volaient, trichaient, étaient violents, parlaient méchamment... J'ai, en quelque sorte, pris conscience d'horribles réalités, et n'allez pas les chercher trop loin: elles sont tout près de vous, elles étaient à côté de moi. (De plus, je fus physiquement très malade en 2004. Ma vie était en péril, mais il n'y avait pas de place au ciel! C'est pourquoi je remercie ceux qui ont si bien pris soin de moi à l'Hôpital Pierre-Boucher. J'avais besoin qu'on me sauve physiquement, sinon je n'aurais pas pu vous écrire le moindre mot!)

Je n'affirme pas que l'astrologie est une fin en soi, mais c'est un moyen de se connaître et qui permet d'avoir une idée de ce qui se profile à l'horizon. Vous n'empêcherez pas un chauffard de causer un accident, le menteur vous mentira, le voleur vous volera, etc. Astrologiquement avisé, vous pouvez prévoir ces coups, mais il est impossible de tout pressentir! Par contre, ce qui est complexe peut se simplifier, ce qui est difficile peut être abordé différemment et, quand la santé fait défaut, il faut alors faire confiance à la médecine, au médecin et à sa science (voyez la dédicace dans le signe du Taureau), ou encore, comme dans mon cas, à un pharmacien (voir le signe du Lion). Nous sommes tous nés uniques, avec une carte du ciel exclusive, sur laquelle s'inscrivent les bons temps, mais également les mauvais...

Durant les périodes dures, si vous ouvrez l'œil, vous verrez qu'il y a encore, sur cette planète, des personnes attentives et bien intentionnées, qui se placent sur votre route; ces bonnes gens sont là pour vous aider, à condition que vous acceptiez qu'elles vous aident. En 2004, tout m'échappait. J'ai pris mon courage à deux mains et j'ai minutieusement vérifié mon thème astral, dans le but de sortir de ces assauts qui me venaient de toutes parts. (Vous connaissez tous l'expression *cordonnier mal chaussé*, et je l'ai été.) Pour contrer des événements destructeurs moralement et y résister, professionnellement et physiquement, pour sécher mes larmes afin de ne pas tomber dans l'apitoiement, pour ne pas endosser le statut de victime, pour retrouver mon énergie vitale et mes rires, j'ai consulté mon thème astral personnel. Il indiquait que j'avais besoin de lire davantage sur la connaissance de soi... Il était impensable que tout ou presque fût si pénible à vivre, mais ça l'était. J'en ai conclu que, si tout m'échappait, c'est qu'il y avait un tas de choses que je n'avais pas comprises. Eh oui, même une astrologue, comptant 26 ans d'expérience, peut se dire qu'elle a tout à apprendre, parce qu'aucun de ces événements ne ressemblait à un autre que j'avais déjà vécus et rien ne n'avait préparée à avoir autant de maux!

On ne peut empêcher la terre de tourner. On ne stoppera pas un fleuve déchaîné par les pluies abondantes d'entraîner avec lui tout ce qui se trouve sur son passage. Mais, après la panique, il faut se ressaisir, la tempête ne va pas durer!

Il me fallait donc retrouver mon énergie physique, et avec elle, mon goût de vivre et de rire. Au pire de mes maux, ma foi en un monde meilleur, en commençant par le mien, n'avait pas disparu. Chacun de nous est unique. J'ai suivi les conseils que j'aurais donnés à un client venu me consulter avec un thème natal identique au mien. Je me devais de lire et j'ai lu un tas de bouquins, mais seulement ceux qui étaient les plus susceptibles de me faire réfléchir sur moi-même. Je me suis donc gavée de livres sur la psychanalyse et d'autres volumes à tendance *crois en toi ou crèves-en*. J'ai pris connaissance du fonctionnement de mon mental, des mauvais tours que mes émotions me jouaient et de quelques techniques de méditation et de relaxation qui, pourtant, m'avaient déjà bien servie. Dans la douleur, on en arrive à oublier ce qui nous fait du bien. La douleur est terriblement envahissante! J'ai appliqué cet important conseil de mon thème. Ce fut comme si je me portais candidate à un poste pour un maximum de petits plaisirs afin de retrouver ma santé physique. Sans la santé, le moral décline! Grâce au ciel ou plutôt grâce à mon hérédité parentale, ma lucidité d'esprit ne m'a jamais quittée. D'ailleurs, je dis toujours que je la dois à ma mère et à mon père, des gens simples, sains, continuels aspirants au plaisir de vivre, deux personnes qui jamais ne se sont plaintes quand survenait un problème: ensemble, ils trouvaient la solution; et, étant tous deux des signes cardinaux, ils passaient rapidement à l'action.

Je me suis donc *déconnectée* de mes épreuves, je me suis à nouveau passionnée pour la vie. Les épreuves ont pâli. Quelques connaissances et réflexions plus tard... je suis revenue sur ma terre promise !

Au cours des différentes périodes de notre vie, une terre promise nous attend ; cependant, son accès n'est justement permis qu'à des périodes précises, et principalement quand il se vit une crise existentielle et, très souvent, à un moment où la maladie frappe durement.

Trop peu de gens ont la volonté de s'en sortir vainqueur, surtout quand leurs problèmes s'accumulent. Ils se contentent de pseudo-solutions, de promesses qu'ils n'arrivent même pas à tenir pour eux-mêmes, et quand ils savent quel serait leur seul moyen d'avoir une vie satisfaisante, ils trouvent des excuses pour ne pas mettre leurs plans à exécution.

L'astrologie n'est pas magique. Elle n'est ni noire ni blanche. L'astrologie, ce sont des indications après indications pour mieux être, quoi qu'il se passe. Sachez qu'à tous les douze ans, vous traverserez la *Maison des épreuves*, et plus vous vieillissez, plus cette maison devient difficile à habiter ! Si vous ne voulez pas en rester là, condamné à perpétuité, il vous faut réfléchir pour ensuite agir de manière à retirer le meilleur de ces expériences douloureuses qui vous tombent dessus.

Après quelques transfusions sanguines, après qu'un médecin m'a dit que j'aurais pu m'évanouir et ne plus jamais revenir, au milieu de cuisantes douleurs, pour me rassurer, je me disais si ma maison douze y avait mis le paquet, au moins, je ne traverserais pas la maison astrologique de ma mort ! Que nous le voulions ou non, nous en avons tous une ! Tout est enchaînement, comme les jours qui se suivent, comme la Lune croît et décroît, comme la marée haute succède à la marée basse ; si vous n'êtes pas présent à vous-même au temps où, immanquablement, vous habitez votre maison douze, celle des épreuves, vous risquez de courir vers votre mort au cours des années qui suivront.

La mort peut aussi bien être psychique que physique. Quels gros mots que « mort psychique » ! C'est, en fait, un état où vous n'êtes plus là ni pour vous ni pour personne, et tout ce qui vous nourrit contribue à vous convaincre du fait que vous n'êtes rien, que vous n'avez plus rien à espérer. Cette mort de l'âme, c'est comme ces gens qui sont malheureux au travail, malheureux dans leur famille, malheureux avec leurs enfants, malheureux parce que leur compte en banque est dans le rouge, malheureux parce qu'ils ne vivent pas comme les stars et les bien nantis. On a la mort dans l'âme quand on est malheureux partout et en tout temps. En 2004, Jupiter était en Vierge et en chute, ce qui n'était pas une inspiration sage. Jupiter en Vierge a affecté les finances de bien des gens, à un point tel que leur vie personnelle est devenue un enfer ou presque! Jupiter en Vierge favorisait l'hésitation: tricher ou rester honnête? Mentir ou dire la vérité? Aimer par amour ou par intérêt? Tout faire pour préserver sa santé ou se complaire dans la maladie?

À deux reprises en 2004, par curiosité, j'ai eu l'occasion «de me traîner» au casino. (Ce n'est pas un sport fatigant ni pour le corps ni pour l'esprit et je ne suis pas joueuse.) J'ai observé les visages de joueurs à leur entrée et à leur sortie: en considérant leur expression défaite, j'ai compris qu'ils avaient perdu! Ils espéraient régler leurs malheurs et faire leur bonheur en gagnant un gros lot! Des questions ont surgi en moi: où est donc leur idéal et pourquoi ne ravivent-ils pas leurs rêves réalisables, et pourquoi se battent-ils contre une machine qui ne ressent rien, qui ne parle pas, et qui, pour toute conversation, fait des *dling dling, dling* en vous donnant quelques sous qui, semble-t-il, donnent de l'espoir? D'autres, dans un suprême effort, espèrent qu'une roulette s'arrêtera sur les chiffres qu'ils ont choisis! Vouloir contrôler un appareil, n'est-ce pas là le résultat d'un vide psychique? Dans les faits, c'est l'appareil qui contrôle les joueurs! Personnellement, je trouve que notre société est suffisamment robotisée comme ça! Malheureusement, Jupiter en Vierge n'arrangeait rien! Jupiter correspond au mental supérieur, mais il était en chute dans le signe de la Vierge: réfléchir était un exercice pénible!

Ici et là, on vous suggère, à grand renfort publicitaire, comment vivre votre vie et ce qu'il est bon de posséder pour être pleinement satisfait! La satisfaction n'est ni dans les jeux de hasard ni dans la possession. L'argent procure l'essentiel aux uns, le confort aux autres. Et, si vous y réfléchissez sérieusement, le luxe ne fait pas de qui que soit une personne différente. Prenez une personne vulgaire qui devient riche, elle sera encore vulgaire. Son avoir ne peut acheter les bonnes manières, pas plus qu'on ne peut mettre un prix sur la conscience ou l'ouverture d'esprit. Le bonheur n'a pas de prix, et ça, c'est bien connu. En 2005, qui seront les gens capables de réaliser leurs idéaux? Qui seront ceux qui seront créatifs dans leur vie? Chacun de nous aura sa chance d'éviter le pire et de prendre le meilleur ou tout simplement de prendre le meilleur parce qu'on y est réceptif.

En 2005, Jupiter en Balance risque de poursuivre sur la voie de Jupiter en Vierge; rien ne se transforme radicalement ou trop vite. En fait, pas grand-chose ne changera... Jupiter en Balance vous fait la conversation. Les médias seront très occupés et les débats politiques, toujours polis, vous laisseront quantité de questions en tête!

En 2005, Jupiter est en Balance dans le septième signe du zodiaque, c'est-à-dire qu'il est dans le monde de la loi et de la justice, mais une justice humaine, qui n'appartient qu'aux riches, notamment en ce qui a trait à la distribution des biens publics.

Jupiter en Balance précipitera un tas de couples dans le mariage, même des gens qui n'y croyaient pas rendront leur union officielle... Mais pour combien de temps? Jupiter en Balance vous invite à peser le pour et le contre! Mais la mode sera lancée, et pour être heureux, en 2005, il faudra se marier!

Jupiter en Balance est un signe de Vénus. Vénus magnifie l'amour, mais Vénus en Balance est dans un signe d'air, elle calcule; des gens se marieront parce que c'est moins cher de vivre à deux! Et puis, on voudra croire dur comme fer que c'est ce qu'il faut faire pour se réaliser. On vendra plus de robes de mariée et l'on dépensera pour organiser son mariage, on s'endettera s'il le faut. Après tout, on est censés se marier juste une fois, et ce jour doit être inoubliable! Permettez-moi de douter de la longévité de ces mariages vitement décidés en 2005. Dans trois ans, soit en 2008, les mariés intéressés et les irréfléchis prendront la clé des champs!

Jupiter en Balance ne promet pas le rétablissement des finances publiques; nos gouvernements ne seront pas économes, mais au moins, ils remettront de l'argent dans le monde de la culture. Des artistes et des artisans en bénéficieront. Vous vous plaindrez encore des nids-de-poule, des bris d'aqueduc, des ponts mal entretenus, des dons à des pays en voie de développement qui, après 100 ans d'essai, ne sont pas plus développés! Mais la loi et la bonne conscience de ceux qui sont mandatés pour signer des chèques leur accordent le droit d'aider nos semblables, même s'ils sont loin. Pendant ce temps, ici, des enfants ont faim parce que leurs parents ne sont pas présents. Ici même, en Occident, au Québec, on laisse de petits pauvres sur leur appétit! Ici, on excuse la bêtise au nom de la liberté! Ici, on cache la vraie misère. Ne sommes-nous pas dans un pays capitaliste? Le capitalisme parle de la richesse et s'abstient de parler des manques et de la pauvreté.

Sous Jupiter en Balance, on ne trouvera pas encore de solutions pour les délinquants. On pourrait même couper les budgets qu'on allouait aux organismes qui viennent en aide aux jeunes coincés dans des milieux entièrement défavorisés! Et davantage de parents abandonneront leurs enfants en raison de ces nombreux mariages et remariages prévus: beau-père, belle-mère n'acceptent pas toujours les enfants de Monsieur ou de Madame. Jupiter en Balance contribue à faire naître l'hésitation, notamment entre la générosité et l'égoïsme... De nombreux parents constatent qu'à cause de leurs enfants, ils ne peuvent plus s'occuper d'eux! Les rejetons, ça coûte cher! Les parents veulent s'amuser!

Jupiter en Balance causera beaucoup de dégâts, mais n'influencera pas notre sécurité de façon claire. Jupiter en Balance fera faire un tas de promesses à bien des gens: nos politiciens tiendront des discours émouvants, mais l'on se rendra compte à l'arrivée de Jupiter en Scorpion, le 27 octobre, que rien n'a été fait. On aura semé du vent, et on aura récolté du vent.

Jupiter en Balance, c'est un état de préparation avant la révolte! Trop de pardons seront facilement accordés, notamment en ce qui concerne les erreurs des grands, des riches et des personnes célèbres. Jupiter en Scorpion verra tout cela d'un autre œil.

Jupiter en Balance, un signe d'air, laisse croire que le gouvernement provincial pourrait vendre notre eau et notre électricité. On vous promettra des baisses d'impôts à la suite de ces transactions... On les baissera d'un côté, mais on les augmentera ailleurs, à l'aide d'une taxe de luxe supplémentaire!

Jupiter en Balance est présage de civilités purement artificielles. Tout nous sera présenté bien emballé! Sauf qu'il n'y aura rien dans la boîte-cadeau!

Le Québec est sous le signe du Cancer et, malheureusement, jusqu'au 27 octobre, Jupiter en Balance fera la vie dure au Cancer, donc à nous tous! Nous n'irons pas vers un meilleur équilibre de nos finances... Il s'ensuivra un tas de problèmes sociaux. Ce qui se passe en haut, ce que nos décideurs décident pour nous, sera bien loin de l'idéal.

Je ne suis pas pessimiste, même en vous écrivant tout cela ; vous n'êtes pas sans avoir remarqué que 2004 ne fut pas une année exaltante... Les mauvaises nouvelles furent plus nombreuses que les bonnes, et ce, dans tous les secteurs. Grèves, fermeture d'entreprises, suppression d'emplois, augmentation des suicides, augmentation de la délinquance, enfants battus, dépressions, etc. Tout cela a donné lieu à la vente d'une multitude de médicaments de toutes sortes.

Mais nous serons encore assez nombreux à rester sains d'esprit et, parmi nous, des gens courageux auront l'audace de renverser ces décisions afin que le Québec continue d'évoluer. Il faudra sans doute attendre à la mi-juillet avant qu'un réveil brutal ne se produise ! Nous devrons réparer les dégâts et, fort heureusement, de nouveaux politiciens prendront la parole. En 2005, à compter de février jusqu'à la fin de juillet, Chiron sera en Verseau : il secoue et dévoile les trésors cachés, laisse entrevoir les dépenses abusives et le honteux gaspillage des gens au pouvoir. Puis Chiron, du mois d'août jusqu'au 5 décembre, sera en Capricorne et nous obligera à considérer les solutions pratiques en ce qui concerne la bonne marche de notre province et du pays en entier.

BÉLIER

21 mars au 20 avril

À ma mère, qui se rapproche de ses quatre-vingt-dix ans, et qui suscite toujours autant d'amour!

À ma nièce, Benjamine Hébert, à qui je souhaite un bonheur sans fin.

À Sophie Ledoux, une maman Bélier chaleureuse, dévouée à sa fille Alexia, également Bélier, et qui n'a pas encore un an aujourd'hui, au moment où j'écris ces lignes.

À mon admirable CHRISTOPHER LEE ANDERSON LEMIEUX AUBRY, neuf ans... Je vous laisse le soin de deviner cette intrigue... Je suis sa mémé... Il est bouillonnant d'énergie et, aussi étrange que cela puisse paraître, depuis qu'il a l'âge de parler qu'il se cherche un métier, pour quand il sera grand; ce n'est pas toujours le même, sauf que chacun d'eux a pour but de sauver des gens en danger! Il sait qu'il a une mission à remplir, et le jour viendra où il la connaîtra.

À Luc Lussier, qui fut à mes côtés, derrière, devant et parfois au milieu des bouleversements non souhaités qui sont survenus dans ma vie, mais qui furent tous aussi transformateurs les uns que les autres. Il fait partie de ces ÊTRES qui passent dans votre vie et à la vitesse de l'éclair et, comme tout Bélier qui se respecte, vous bouscule et vous éclaire de son feu. J'ai saisi ma chance. Je le remercie d'avoir été à la source d'une autre prise de conscience.

Au cours de l'année 2005, vous serez sous l'influence de Jupiter en Balance, et ce jusqu'au 27 octobre, et vous terminerez l'année sous celle de Jupiter en Scorpion. Jupiter, je ne le répéterai ni ne le dirai jamais assez, Jupiter est un justicier. Il se présente aussi à la manière d'un bulletin scolaire : ou vous réussissez l'examen ou vous devez redoubler... Mais surtout, redoubler d'efforts pour passer à travers les épreuves.

Jupiter n'est pas un punisseur : il rétablit les situations ou provoque un déséquilibre afin que vous preniez conscience de qui vous êtes, et de ce que vous faites de votre vie. Jupiter, c'est l'indice de ce que vous pouvez, et parfois devez, améliorer dans votre vie. Si vous ne le faites pas, le justicier vous met en face de vos erreurs, mais il vous donne également la chance de réformer et de corriger une ou des fautes. Il y a bien sûr d'autres planètes dans le ciel, elles sont toutes importantes, chacune a un rôle à jouer, chacune d'elles, qu'on le croie ou non, qu'on s'en préoccupe ou pas, vous fera tantôt virevolter dans tous les sens et ensuite, vous inspirera ce qu'il y a de mieux pour vous.

Jupiter en Balance est face à votre signe, et tout ce qui est en face sert d'avis, vous oblige à une réflexion sur vous-même et, dans votre cas, il s'agit de ne pas vous commettre en affaires, de vous éloigner de toute irrégularité financière ; Jupiter prend soin de vos finances, mais puisqu'il est face à votre signe, vous aurez tendance à faire la sourde oreille ou plutôt à refuser d'entendre et de voir le danger qui vous guette lors d'une association.

Il en va de même avec l'amour : si vous êtes seul depuis longtemps, si vous avez soif d'attachement et de passion, Jupiter, ainsi positionné, vous met en garde contre votre aveuglement à vous lier à une personne qui ne serait que l'apparence de la bonté, et surtout, l'ombre d'un amour.

Quant à votre santé, il faudra vous soigner dès que vous aurez un malaise que vous n'arrivez pas à soigner seul.

Vous avez horreur, tout comme les deux autres signes de feu, qu'on vous dise que ça n'ira pas. Votre feu est positif, vous êtes optimiste, mais cette flamme peut aussi être dévastatrice ; et, si vous agissez sur des coups de tête, malheureusement, vous vous consumerez et vous perdrez, alors que vous auriez pu gagner beaucoup.

Il ne faut pas oublier que cette planète qu'est Jupiter, face à votre signe, vous donnera de nombreux indices, dès l'instant où il y aura un potentiel danger de vous retrouver avec un cœur blessé, une perte d'argent, une chute de vitalité... Jupiter ne laisse tomber personne, et surtout pas vous en 2005.

Jupiter en Balance a ses beaux côtés pour le Bélier: il est plein de bonnes intentions. Il a quelques surprises agréables pour celui ou celle qui fait le bien, pour celui qui réfléchit avant d'agir, pour celui qui donne de lui-même à des gens en détresse. Jupiter en Balance, c'est une promesse d'amour et de prospérité pour tous les Bélier qui ont fait du bien à autrui, pour ces Bélier capables d'un amour inconditionnel, gratuit.

Si, en 2004, vous avez vécu une séparation, si vous avez assumé votre solitude, si vous avez su réapprendre à vivre, séparé, sans pour autant vivre comme une âme en peine qui ne se sentirait, en tant que nouveau célibataire, que la moitié de lui-même, si vous avez traversé sagement l'épreuve d'une rupture, si en tant que parent vous avez continué à assumer vos responsabilités, sous Jupiter en Balance en 2005, le véritable amour sera au rendez-vous.

Si vous vous êtes entêté à rester dans une union qui vous rend malheureux, Jupiter en Balance déclenchera une série d'événements qui vous feront prendre conscience qu'il est temps de vous éloigner de cette personne avec qui vous n'êtes plus heureux. Jupiter vous ouvre la porte de la liberté: la liberté d'aimer et d'être aimé à nouveau. Il n'est jamais ni simple ni facile de partir... Et, si vous avez des enfants, il vaut mieux savoir à l'avance qu'ils réagiront à cette rupture. Cette réaction ne donnera pas toujours lieu à des instants de plaisir. Jupiter en Balance vous suggère, si tel est votre cas, de demander l'aide d'un psychologue afin de mieux savoir vous y prendre avec vos enfants chéris, pour leur bien-être présent et futur. Il est nécessaire de les comprendre le mieux possible lorsqu'on est sur la voie d'une séparation ou d'un divorce.

Jupiter est aussi lié à vos biens. Puisqu'il est face à votre signe, il n'est pas impossible que vous gagniez une importante somme d'argent à la loterie, que vous ne devrez pas dilapider car la tentation de s'offrir de grands luxes sera forte. Jupiter en Balance, c'est le septième signe du vôtre, le symbole du conjoint, mais aussi de l'argent que vous partagez avec l'autre. Si jamais vous savez que vous allez droit à un divorce, il sera nécessaire d'avoir l'appui d'un avocat afin de faire respecter vos droits et d'obtenir ce qui vous revient de droit. Si vous êtes en affaires, propriétaire d'une entreprise ou associé à celle-ci, vous devez, là aussi, vous protéger en demandant des avis légaux, dès l'instant où l'on veut vous faire signer un contrat qui vous semble nébuleux.

SOUS L'INFLUENCE DE SATURNE EN CANCER

Vous êtes sous l'influence de Saturne en Cancer, et jusqu'au 16 juillet, il est dans le quatrième signe du vôtre, ce qui symbolise que vous aurez d'autres rénovations ou réparations nécessaires à faire dans la maison, ou vous serez tenté de changer votre ameublement ou encore vous aurez envie de déménager, et cela sans trop savoir pourquoi. Avant de dépenser follement pour votre logis, arrêtez-vous. Il est possible que vous désiriez ce qui n'est pas essentiel à votre bien-être.

Saturne en Cancer représente vos enfants. Si le plus grand nombre d'entre vous en prend aussi soin que la prunelle de ses yeux, il y a pourtant des parents Bélier qui se détachent de leur progéniture alors qu'elle est encore bien jeune. Si vous êtes de ceux qui essaient de se soustraire à leurs responsabilités parentales, la vie se chargera de vous, la leçon sera pénible car de graves problèmes pourraient déferler sur vos enfants et vous obliger à leur donner une attention soutenue. Les enfants sont sacrés, ils sont de vous et ils sont aussi votre futur et celui de nous tous.

Mais sous Saturne en Cancer, un de vos enfants est déterminé et il a soif d'une réussite hors de l'ordinaire: son but est noble. Il ne vous reste plus qu'à l'encourager dans la poursuite de son objectif et vous aurez le plaisir, en juillet, de constater que le fait d'avoir été à ses côtés durant sa course au succès est aussi valorisant pour l'enfant que pour vous.

CONCLUSION

L'année 2005 est une compilation et le résultat des actes faits en 2004. Jupiter en Balance, septième signe du vôtre, vous fait entrer dans une période où il sera important de mûrir et de modérer votre Mars qui, parfois, réagit aux événements plus qu'il n'agit par lui-même. Cette énorme planète, dans le signe de la Balance, freine votre impulsivité. Jupiter en Balance, c'est comme si quelqu'un émettait des signaux pour vous mettre en garde quand il y a un danger potentiel.

Jupiter en Balance, c'est cette nouvelle union à laquelle vous vous consacrez. Paradoxalement, le fait de vivre avec quelqu'un vous met en face de vous-même. Personne ne s'aime parfaitement : nous avons tous des défauts, nous avons tous commis un jour ou l'autre une bêtise qu'il faut se pardonner à soi-même, sinon la vie avec l'amoureux se remplit invisiblement et subtilement de vos fautes et, inconsciemment, toutes les nouvelles erreurs que vous faites deviennent celles de votre conjoint.

Jupiter en Balance peut provoquer, chez certains d'entre vous, la peur de vivre seul... Plusieurs Bélier ont besoin qu'on leur dise qui ils sont et... de se marier.

Des Bélier sont amoureux et heureux depuis de nombreuses années et leur union est équilibrée et quasi merveilleuse. En 2005, il sera question d'un engagement officiel, d'un mariage ! Si tel est votre cas, choisissez une date à partir du 17 juillet. Avant, quelque chose de récalcitrant flotte dans le ciel et pourrait semer quelques épreuves, bien que légères. Elles ne sont pas souhaitables et cela pourrait se produire malgré l'amour donné, et malgré l'amour reçu.

Pour terminer, de nombreuses femmes entre la mi-trentaine et la quarantaine tomberont volontairement enceintes !

⸪ JANVIER 2005 ⸫

L'AMOUR

À compter du 10, vous serez un peu froid ou distant, même si vous êtes follement amoureux. C'est un peu comme si, tout à coup, vous ne saviez plus comment exprimer vos sentiments. Mais il est aussi possible que vous taisiez des contrariétés vécues, soit au travail ou à cause d'un parent ou encore d'un ami qui réclame constamment de l'attention; pour ne pas inquiéter votre partenaire, vous vous taisez. Dans une vie de couple, quand deux personnes s'aiment, elles s'appuient l'une sur l'autre. Si l'amoureux n'a pas à intervenir pour trouver des solutions à vos problèmes, en revanche, s'il est empathique à ce que vous vivez, il ne se sentira pas mis à l'écart. Mieux encore, il comprendra et attendra patiemment que tout rentre dans l'ordre. L'amoureux ne manquera pas non plus de rendre votre vie plus douce au cours de cette période!

En tant que parent d'enfants préadolescents ou qui vivent leur adolescence, à compter du 11, attention à la tentation d'être plus sévère, de les discipliner au mauvais moment et d'oublier de les complimenter quand ils ont du succès. Pour ce qui est de vos tout-petits, quand ceux-ci manifestent le désir de voir leurs grands-parents, faites tout ce qu'il y en en votre pouvoir afin de satisfaire leur demande. Ce besoin est à combler au cours de ce mois.

DANS L'ENSEMBLE DE VOTRE VIE

Vous aurez du travail et sans doute que vous aurez plus à faire que vous ne l'imaginiez. Si vous êtes à votre compte, alors que vous n'attendez que bien peu en ce début d'année, un client important vous joindra et il aura immédiatement besoin de vos services. Il vous rémunérera très bien et, plus que satisfait, il vous donnera un généreux pourboire.

Vers la fin du mois, si vous avez l'intention de changer le cours de votre carrière, vous en aurez la possibilité; l'occasion se présentera par le biais d'un membre de votre famille ou d'un ami de la parenté. Les ascendants Lion, Vierge et Balance sont les plus sujets à opérer un commerce avec leur amoureux.

Mars est en Sagittaire: si vous avez cet ascendant, celui du Cancer, du Lion, du Verseau ou de la Balance, vous faites partie de ceux qui auront les moyens financiers de faire un voyage au soleil! Ou vous gagnerez un séjour grâce à un concours. Embrassez votre bon de participation! Par contre, certains seront bronzés bientôt et paieront plus tard!

La chance au jeu est plus présente du 24 janvier jusqu'à la fin du mois. Jouez avec votre bien-aimé.

Les artistes trouvent leur voie d'expression, d'autres signent un important contrat.

✎ FÉVRIER 2005 ✑

L'AMOUR

Vous serez inquiet pour une foule de choses, vous aurez parfois l'impression de n'avoir rien accompli et de faire face à un vide.

Il s'agit là de moments dépressifs passagers. À plusieurs reprises, la Lune jouera avec vos humeurs et vous fera bouillir de colère ou vous ronger de regrets. Si vous êtes sur cette lancée, réagissez tel un *marsien* et, surtout, n'accusez pas votre amoureux d'en être là où vous êtes. Votre partenaire n'y est pour rien.

Le bonheur se cultive en soi, l'optimisme également, et dès l'instant où vous êtes heureux, vous rendez votre conjoint heureux, ainsi que vos enfants. L'amour est lumière, mais en ce temps de l'année, la luminosité intérieure est semblable à celle que la saison nous impose.

En tant que célibataire, votre méfiance ne rime à rien! Fouillez en vous et retrouvez la pureté de votre cœur d'enfant, tel un vrai premier signe du zodiaque.

DANS L'ENSEMBLE DE VOTRE VIE

Appartenez-vous à cette catégorie de parents ayant des enfants qui n'aiment ni étudier ni vous aider dans la maison, des enfants qui refusent de prendre leurs responsabilités alors qu'ils sont proches de l'âge adulte? Ne vous manquent-il pas de respect et ne veulent-ils que de l'argent? Si vous avez répondu *oui*, il est encore temps de réagir et d'expliquer, si possible brièvement, que vous êtes parent et non pas esclave.

Même si vous craignez de ne plus être aimé d'eux, rétablissez la situation et imposez-leur la discipline dont ils ont peut-être besoin!

Un parent Bélier peut aussi avoir toutes les raisons du monde d'être fier de son ou de ses enfants. En effet, au cours de ce mois, si l'un d'eux a une ambition et un but précis, il l'atteindra lors d'une compétition à laquelle vous serez évidemment présent.

Vous avez des amis qui ne sont pas tout à fait vrais... Ils sont aimables uniquement en raison des services que vous leur rendez. Réveillez-vous!

En revanche, des gens que vous avez connus, il y a quelques mois, sont généreux envers vous, et étrangement, vous n'en prenez pas vraiment conscience.

Si vous prenez un tournant dans votre carrière ou s'il s'agit d'un deuxième emploi, vous devez faire de gros efforts pour atteindre vos objectifs. Consolez-vous, il n'en sera pas toujours ainsi.

Un parent peut être malade. Vous serez triste, mais il faut accepter la vulnérabilité et la mortalité de ceux qui nous entourent.

⟪◎ MARS 2005 ◎⟫

L'AMOUR

En tant que célibataire, du moins jusqu'à votre anniversaire, en raison de l'influence de Mars en Capricorne, si vous faites partie des cœurs amoureusement blessés, vous dégagez une attitude de rejet, alors même qu'une belle personne vous sourit, vous fait de l'œil.

Jusqu'au 22, si depuis longtemps ou depuis toujours vous trompez votre partenaire, sous l'influence de Vénus en Poissons, vous trouverez davantage d'excuses qu'à l'accoutumée pour aller voir ailleurs si *le gazon du voisin est plus vert*. Si vous faites partie des élus aimés et aimants, si vous n'avez qu'un enfant ou deux, vous aurez un profond désir de paternité ou de maternité, et ce sera au moment où justement votre partenaire commençait à vous en parler! Dans cette zone céleste de Mars, il semble qu'il y aura une grande différence d'âge entre l'enfant à naître et celui qui le précède.

En tant que premier signe sur la roue astrologique, si vous cherchez un protecteur et si vous le trouvez, questionnez-vous. Peut-être que vous ne vivez pas une relation mature. Deux adultes ne sont pas des bouées de sauvetage, mais des ÊTRES qui partagent leur vie.

DANS L'ENSEMBLE DE VOTRE VIE

Afin d'avoir un peu d'argent, vous pourriez vendre des meubles et des objets que vous possédez et auxquels vous êtes attaché. N'agissez pas trop vite. Sous peu, vous découvririez la vraie valeur de ces anciennes possessions et regretteriez votre geste.

Si un de vos enfants a l'âge et le désir de quitter le nid familial, ne le retenez pas. Croyez en son intelligence. Il se débrouillera, comme vous l'avez fait lorsque vous aviez cet âge!

Vos tout-petits ne seront pas sages comme des images. À qui ressemblent-ils tant?

Sous l'influence du Nœud Nord dans votre signe, le ciel vous signale que vous avez une mission à remplir; un rêve ou un ami vous guidera en ce sens.

Au travail, ne racontez pas vos projets et vos confidences à un collègue. Il répéterait tout, et à votre détriment.

Physiquement, vous devrez soigner un mal de dos. Vos responsabilités engendrent des tensions dans votre nuque et vos vertèbres. Gourmandise : évitez surtout de consommer des aliments acidifiants.

Un couple que vous connaissez, sur le point de rompre, vous appellera à l'aide. Éloignez-vous de ces problèmes. Si vous décidiez à leur place, peut-être qu'il ne s'agirait pas de la bonne décision. Si vous vous trompez, vous serez *coupable* et accusé d'avoir été de mauvais conseil.

◄◙ AVRIL 2005 ◘►

L'AMOUR

Parfois, vous vous demandez si vous devez changer pour faire plaisir à l'autre, afin de préserver votre union, et tout à coup, vous vous dites qu'on doit vous accepter tel que vous êtes! Mais que n'avez-vous pas quelques mauvaises habitudes dont il faudrait vous défaire parce qu'elles sont devenues des tares, des quasi-défauts qui grugent votre relation et l'entraînent vers le pire, et non vers le meilleur? Jusqu'au 15, Vénus est dans votre signe, mais il fait face à Jupiter en Balance; le moment est sans doute venu de vous regarder tel que vous êtes et de dresser une petite liste de ces attitudes à modifier parce qu'elles agacent dangereusement votre partenaire.

En tant que célibataire, après une période de flirt, soit jusqu'au 15, vous rencontrerez une personne qui, enfin, réussira à retenir votre attention. Cette personne jouira d'un talent artistique qu'elle développe sans trop en parler. Ce sont surtout les hommes qui auront la chance de croiser cette artiste, qui peut aussi bien être une musicienne, une poétesse, une écrivaine ou une peintre; qu'importe l'art pratiqué, cette femme sera créative et sensible, et c'est de cette sensibilité dont vous aurez beaucoup à apprendre.

Il est possible que vous fassiez partie de ceux qui ont décidé de s'éparpiller et de se promener d'un amour à l'autre. Un bon conseil: si telle est votre option, protégez-vous des maladies sexuellement transmises.

DANS L'ENSEMBLE DE VOTRE VIE

Ne vous plaignez pas de devoir travailler sans relâche! Les revenus ne vous permettent-ils pas de payer vos comptes, votre maison, vos taxes, vos vêtements, et d'avoir de la nourriture à profusion sur la table, et même d'offrir luxe et gâteries à vos enfants? Sans doute, au cours de ce mois, vous serez fréquemment en déplacement et vous rentrerez tard à la maison, fatigué, mais plus fortuné! Si vous travaillez dans le domaine des communications, vous aurez une commande hors de l'ordinaire à remplir qui, éventuellement, vous donnera une idée géniale vous permettant de mettre sur pied votre propre entreprise. Le lien se fera par l'entremise d'un ami qui aura des compétences quelconques, faites sur mesure pour vous.

Dans l'ensemble, vous serez chanceux, au-delà de ce que vous espériez ces derniers mois, et même ces deux ou trois dernières années. Sachez apprécier ce qui vous arrive, ne craignez pas l'échec dès le début. Votre signe est régi par Mars, votre symbole est la tête, et votre tête est pleine d'idées; si les unes sont optimistes, d'autres sont noires, et ces dernières créent des blocages, des retards, un ralentissement de votre succès. Secouez votre cerveau et ordonnez-lui de penser du bien de vous!

⚬ MAI 2005 ⚬

L'AMOUR

Il vous faut des éclats dans votre vie de couple; vous avez du mal à apprécier le bonheur tranquille! Une relation sans péripéties vous semble fade. À la moindre occasion, vous cherchez le moindre argument qui, justement, contribuera à faire naître la colère. Au cours de ce mois, la planète Mars, qui régit votre signe, est en Poissons et se colle à Uranus. Bien que ces deux planètes soient dans un signe d'eau, elles sont semblables à un océan agité, mitonnant la tempête du siècle. À partir du 12, il en faudra bien peu pour qu'un éclatement se produise. Mais il n'en tient toujours qu'à vous de poursuivre sur cette lancée. Si vous n'avez nullement l'intention de divorcer ni de vous séparer, cet alignement de planètes, qui vous secoue, peut être une période vécue positivement. Plutôt que de détruire un bel amour, vous pourriez choisir une série de sorties amusantes, et si vous en avez les moyens, pourquoi pas un voyage rien que pour vous deux?

En tant que célibataire, vous n'êtes pas seul, et c'est ce que vous souhaitiez. Cependant, maintenant que l'amour s'offre à vous, vous hésitez à vous engager. Ne perdons pas de vue que le Nœud Nord est en Bélier, et vous avez parfaitement conscience du fait que votre destin se dessine. Intérieurement, vous vous transformez, malgré vos résistances. Si, jusqu'à présent, vous n'avez jamais vécu une relation continue, vous avez le profond désir d'aller jusqu'au bout dans la vie de couple, avec tout ce que cela comporte de bonheur et de difficultés. Vous savez pertinemment que rien n'est parfait. Pendant ce mois, vous réglerez cette peur qui vous envahit, cette crainte de ne plus avoir de liberté parce que vous vivez à deux.

DANS L'ENSEMBLE DE VOTRE VIE

Vous aurez parfois la sensation d'être une victime alors que, dans la réalité, vous avez choisi de vivre ainsi. Vous demandez des conseils à vos amis, mais vous n'écoutez pas ce qu'ils vous disent et vous n'en retenez que les solutions les plus faciles à mettre en pratique!

Si vous êtes à votre compte, ne faites pas de crédit à ces gens que vous connaissez comme étant de mauvais payeurs. Il se pourrait qu'ils vous fassent attendre plus longtemps qu'à l'accoutumée avant de vous rembourser.

Il y a toujours un temps de la vie où l'on ne sait plus à qui faire confiance. Vous traversez une période où vous avez tendance à donner raison à de beaux parleurs et à ne pas bien voir qui sont ces gens qui vous respectent profondément et qui ne veulent que le meilleur pour vous.

En tant que parent, il est possible qu'un de vos enfants, encore adolescent, vous réserve ce genre de surprise que vous n'apprécierez pas. En voulant vous rendre service, il pourrait faire une bêtise et briser un appareil qu'il faudra par la suite faire réparer par un professionnel. Il vous sera difficile de lui en vouloir car il n'avait aucune mauvaise intention. En réalité, votre adolescent tentera de vous imiter car il sait à quel point vous êtes débrouillard.

Vous êtes encore sous l'influence de Saturne en Cancer, ce qui signifie que des gens ayant fait partie de votre passé reviendront vers vous ; c'est comme si on vous offrait un autre choix : continuer à les supporter après avoir tout fait pour vous en éloigner ou les accepter presque quotidiennement dans votre vie.

Saturne en Cancer touche les parents dont les enfants achèvent leur adolescence et sont sur le point de quitter le nid familial. Si les parents sont nerveux, ces nouveaux adultes le sont tout autant et il est normal que, de temps à autre, il y ait des tensions. Le parent conçoit qu'un enfant doive un jour partir loin de la maison, mais lorsque l'événement se produit, il devient impossible de jouer la carte de l'indifférence !

Vous aurez ici et là quelques chutes de vitalité qui seront, la plupart du temps, liées à vos diverses inquiétudes quant à votre avenir et à celui des vôtres. Il s'agira davantage de sautes d'humeur que de maux physiques.

⊲⊚ JUIN 2005 ⊚⊳

L'AMOUR

Si vous êtes parent de jeunes enfants, il est fort possible que ceux-ci s'interposent entre vous et l'amoureux afin de vous provoquer, pour qu'ensuite vous vous disputiez. Même s'ils sont petits, ils savent très bien vous obliger à vous contredire. Ce jeu de malin a pour principal but de vous faire prendre la part de l'un ou de d'autre ; les enfants attirent votre attention pour mieux vous manipuler ensuite! Vos chérubins veulent l'amour de papa et de maman en exclusivité. Ce n'est qu'une fois devenus de grands enfants, souvent après l'adolescence, qu'ils comprennent que vous aimez chacun d'eux différemment, de la manière dont chacun a besoin d'être aimé. À compter du 4, vos chéris ne seront pas des anges, loin de là! Un garçon, même s'il n'a que deux ans, voudra jouer à l'homme, tandis qu'une fille, qu'elle soit à peine plus âgée ou plus jeune, voudra son papa pour elle seule. Au fond, avec les enfants, ce sont toujours des histoires d'amour, mais également de contrôle; ils font comme les grands. Ils jouent à être grands, comme papa et maman, souvent, se comportent entre eux. L'amour est complexe et il l'est plus encore en ce mois de juin. À compter du 12, Mars entre en Bélier dans votre signe. Vous donnerez des ordres à votre partenaire qui, lui, n'est ni un enfant, ni votre employé, ni votre subalterne et qui vous répondra peut-être ce que vous n'aimez pas entendre à propos de vous. Si vous êtes célibataire, à compter du 12, Mars, dans votre signe, fera de vous un grand séducteur. Cependant, si vous ne faites de l'amour qu'un jeu de séduction, votre jeu ne tiendra pas la route bien longtemps. Et, en moins de deux, vous serez à découvert et rejeté, alors que vous aviez prévu le contraire.

DANS L'ENSEMBLE DE VOTRE VIE

Le travail ne manque pas. C'est davantage de temps dont vous voudriez bénéficier. Les journées sont trop courtes, dites-vous souvent.

Jusqu'au 12, vous êtes sous l'influence de Mars en Poissons. Cette planète est dans le douzième signe du vôtre et vous donne le goût de l'aventure. Par contre, vous ne savez pas quelles aventures entreprendre afin d'avoir du plaisir, connaître de nouvelles choses et entrer en action. Ne faites rien que vous pourriez regretter.

Si vous avez une tendance au jeu, il faudra vous retenir: vous risquez de perdre beaucoup. Si vous êtes un joueur compulsif, avant que ça ne soit la grande dégringolade, demandez de l'aide.

Vous serez anxieux en raison d'un parent qui ne se sent pas bien et auquel vous êtes fortement attaché. Si ce parent est malade, vous n'avez pas à l'être aussi. Compatissez, mais ne sombrez pas dans ce désir morbide et souvent inconscient d'être à sa place.

Entre le 5 et le 10, au hasard de vos sorties, vous ferez des rencontres hors de l'ordinaire, et sans doute développerez-vous un nouveau réseau d'amitiés.

Si vous avez tendance à conduire vite, ralentissez, et surtout ne prenez jamais le volant si vous consommez de l'alcool ou encore si vous prenez des drogues ou des médicaments qui amenuisent vos réflexes.

᧞ JUILLET 2005 ᧞

L'AMOUR

Juillet, un mois où les planètes sont en feu et en flammes! Mercure, planète de la communication, est en Lion dans le cinquième signe du vôtre. Vénus est en Lion jusqu'au 23, également dans le cinquième signe du vôtre; ce cinquième signe représente les élans du cœur, l'amour qui s'offre, qui se donne à vous dans toute sa splendeur. Si, par exemple, vous fréquentez quelqu'un depuis une année ou même plus, il est possible que vous lui proposiez de le marier ou de vivre avec lui, surtout si, jusqu'à présent, votre relation était basée sur le *chacun chez soi*. Mars est dans votre signe et, à compter du 17, Saturne quitte enfin le Cancer et entre en Lion. Pluton est en Sagittaire. Dans ce ciel de juillet, les trois signes de feu, Bélier, Lion et Sagittaire sont en vedette et vous jouissez, en tant que Bélier, de tout ce bénéfice. Si vous êtes célibataire, ne désespérez pas, c'est au cours de ce mois que le vent tournera favorablement et qu'une rencontre faite par hasard deviendra l'amour dont vous avez tant rêvé!

DANS L'ENSEMBLE DE VOTRE VIE

Vos problèmes s'achèvent si, bien sûr, vous en aviez. Vous avez enfin la réponse à vos questions si vous vous interrogiez concernant votre orientation professionnelle. Une fois encore, le hasard fait bien les choses et se place sur votre route; ces transformations, dont vous rêviez depuis quelques mois, sans trop savoir ce que vous vouliez vraiment faire, auront lieu.

Vous apprendrez qu'un ancien amour a aussi retrouvé un sens à sa vie et que cette personne part pour l'autre bout du monde, soit pour son travail ou pour suivre quelqu'un qu'elle aime. Vous serez touché et aurez tout de même un pincement au cœur car vous vous demanderez comment vous avez pu quitter cette personne, mais vous reviendrez vite à votre propre dimension, à votre présent.

Jupiter est encore en Balance face à votre signe. Il arrive un de ces jours où vous êtes mal luné (voir le tableau de la position lunaire à la fin du livre) et que vous avez les nerfs à vif. Vous serez plus irritable pendant ces jours où la Lune est en Cancer, en Poissons, en Scorpion et en Taureau ; les jours où la Lune est en Balance, méfiez-vous de vous dans les magasins car vous aurez envie de tout pour combler un vide. Chacun de nous vivons ici et là des instants où nous nous sentons plus vides, alors que nous sommes tout simplement plus fatigués, fourbus.

Si toutes ces planètes en signe de feu vous prédisposent à l'amour, il est aussi possible que certains d'entre vous aient l'ardent désir d'aller voir si c'est plus vert chez le voisin. Si c'est vert, ce n'est que pour bien peu de temps et une aventure peut détruire ce que vous avez mis tant de temps à bâtir.

Si vous montez une affaire, protégez-vous. Informez-vous de vos droits, mais aussi de ce qu'il ne faut pas faire en tant qu'investisseur et propriétaire d'entreprise.

Entre le 1er et le 16, Saturne file sur les derniers degrés du Cancer, et il est possible que durant ces jours, vous ayez, à certains moments, l'impression qu'une épreuve physique ou morale ne se terminera jamais. Mais voyez plutôt le bon côté des choses. Ne dramatisez pas ; les petites contrariétés finiraient par vous envahir et domineraient votre vie. Vivez dans le temps présent, le temps réel ; prenez le pouls de votre quotidien et différenciez ce qui est vrai et ce qui n'est que pure imagination.

Sous ce ciel de juillet, il vous est permis de voir la vie en couleurs car la beauté de la vie ne fait que commencer à se révéler à vous.

∝ AOÛT 2005 ∾

L'AMOUR

Vous êtes sur un élan amoureux, ne le perdez pas. Ne le laissez pas passer. Vous aimez être ainsi, continuez de découvrir ce nouveau partenaire que vous avez rencontré le mois précédent ; vous ne le connaissez pas encore très bien, alors cessez de vous imaginer que vous avez fait le tour de son jardin ! On ne connaît jamais très bien quelqu'un après seulement un mois. Il faut se donner du temps. Sous votre signe, on est souvent trop pressé. Dès que cesse l'attrait de la nouveauté, vous partez à la recherche d'une autre personne. Si toutefois vous faites partie de ceux qui sont amoureux fou de l'autre et que l'autre vous aime tout autant, si vous êtes encore jeune, peut-être que c'est le temps de fonder une famille, c'est-à-dire d'avoir un premier enfant. En ce mois d'août, il en sera sérieusement question pour ceux qui s'aiment et n'ont pas encore de rejetons. Si vous êtes encore célibataire, ne désespérez pas, l'amour ne s'est pas arrêté avec la fin du mois de juillet. L'amour vous cherche encore. Il n'a plus la forme d'une passion ni d'une folie, il est juste un peu plus raisonnable, et finalement, plus mature. Il est possible que vous rencontriez une personne beaucoup plus jeune ou plus âgée que vous. Peu importe les ans...Le temps n'altère ni l'amour ni les cœurs qui s'aiment.

DANS L'ENSEMBLE DE VOTRE VIE

Vous êtes maintenant sous l'influence de Mars en Taureau. Mars est dans le deuxième signe du vôtre et représente l'argent, celui que l'on gagne, celui que l'on doit, celui que l'on dépense, et peut-être, parfois, mais bien rarement, celui que l'on gagne à la loterie! Il n'est pas nécessaire de jouer votre salaire au casino pour vous retrouver avec une petite fortune. Un seul billet peut suffire si votre thème natal révèle que vous êtes un gagnant.

Jupiter continue sa marche dans le signe de la Balance, un signe qui se trouve face au vôtre. Ce n'est pas le moment de prendre des risques financiers. Il est préférable de faire de longs et savants calculs en tant qu'investisseur et propriétaire d'une entreprise.

Si vous faites partie de ceux qui vivent une séparation, il est possible que des problèmes d'argent vous surprennent au cours de cette rupture et qu'il vous faille partager. Vous aurez tendance à prendre plus qu'il ne vous revient ou à vous montrer généreux, alors qu'en fait, vous prenez plus que votre part du gâteau. Attention si vous trichez à ce jeu: la vie va vous rattraper en temps et lieu et faire elle-même sa justice. Jupiter est en Balance et il symbolise que tricher et mentir ce n'est pas beau et que c'est punissable!

Si vous avez l'intention de changer d'emploi, faites-le par étape. Ne quittez pas un travail en vous disant que vous en retrouverez bien vite un autre. Ce mois est sous l'influence de Mars en Taureau. Ce signe fixe peut vous clouer sur place si vous commettez ce genre d'imprudence.

Si vous occupez un poste où vous manipulez des outils, redoublez d'attention. Un accident, même mineur, serait indésirable et désorganiserait votre temps.

Généralement, vous avez une très bonne résistance physique, mais il arrive que vous ne dormiez pas suffisamment et, dans ce cas, vous devenez irritable et vous vous emportez ; de plus, votre colère est dirigée vers les mauvaises personnes.

À compter du 18, Vénus est en Balance, face à votre signe. Vénus, c'est cette planète qui représente les doux et tendres sentiments qu'on a pour ceux que l'on aime ; voilà que Vénus vous tourne le dos aussi, à la moindre contrariété subie de la part d'un membre de la famille, du partenaire ou d'un ami. Vous aurez l'impression que le monde entier vous déteste. Aussi sera-t-il possible que vous luttiez contre vos proches et essayiez de vous en faire aimer alors que vous ne faites rien pour leur plaire. Vénus en Balance, c'est aussi, pour vous, un désir d'attirer l'attention. Il y a bien des façons d'être remarqué et les meilleures sont celles qui font ressortir vos qualités, et non pas vos pires traits de caractère.

Le Nœud Nord est encore dans votre signe et il vous invite à vous réaliser. Il vous suggère de ne pas regarder derrière vous, mais plutôt de considérer l'avenir en utilisant bien le précieux temps présent.

⊸ SEPTEMBRE 2005 ⊸

L'AMOUR

Entre le 1er et le 11, Vénus est encore en Balance, ainsi que Jupiter. Ces deux planètes font face à votre signe, puis à compter du 12, Vénus est en Scorpion. Ainsi positionnée, Vénus fera face à Mars en Taureau. Si Mars est aussi important, c'est qu'il est la planète qui régit votre signe et qui, naturellement, vous pousse à prendre des initiatives, des décisions qui pourront parfois être trop hâtives. Voici maintenant que quelques planètes dans le ciel de septembre vous mettent en garde contre des coups de tête dans le domaine du cœur. Vous pourriez tomber en amour avec une personne qui n'est pas faite pour vous ou rompre parce que vous ne supportez pas la routine du couple! En somme, vous trépignez d'impatience et ne savez trop pourquoi. Peut-être êtes-vous insatisfait de vous et reportez-vous vos frustrations sur votre partenaire? L'amour n'est pas capricieux, mais il est possible que vous le soyez! Il y a parmi vous le Bélier qui fonce droit devant et vit sa vie positivement et qui, en couple, fait tout ce qu'il peut pour rendre l'autre plus heureux que lui-même; et il y a l'autre, l'agneau immolé. L'agneau immolé, c'est ce Bélier que l'on piétine sans cesse et qui subit au quotidien un partenaire peu aimant ou manipulateur. Si vous faites partie de ces Bélier malheureux depuis trop longtemps, vous mettrez fin à votre supplice et prendrez la décision de rompre une union à l'intérieur de laquelle vous ne trouvez aucun réconfort et encore moins de bonheur. Sous votre signe, on ne déteste pas les coups de théâtre; comme si une bonne dispute pouvait vous remettre sur la bonne voie! Mais il est possible qu'en agissant souvent ainsi, vous finissiez par user l'amour et la patience de l'autre.

DANS L'ENSEMBLE DE VOTRE VIE

En principe, sous Vénus en Scorpion face à Mars en Taureau, vous êtes mûr pour vivre quelques changements professionnels. Le temps est venu de vous ajuster à un nouvel horaire, tout comme il est possible que vous travailliez moins d'heures pour le compte de votre patron actuel. Dites-vous qu'il s'agit d'une chance, celle de choisir un autre métier et peut-être bien, pour certains d'entre vous, de retourner aux études.

Entre le 5 et le 20, Mercure est en Vierge dans le sixième signe du vôtre et éclaire votre pensée. Mercure vous permet de considérer vos accomplissements tels qu'ils sont et surtout, de prendre conscience du chemin de la vie qu'il vous reste encore à faire. Le 16 et le 17, vous rencontrerez des personnes qui vous feront douter de vos choix: ne les laissez pas vous dire quoi faire. En tant qu'adulte, vous savez fort bien où vous en êtes et la personne la plus proche de vous, n'est-ce pas vous-même? Vous connaissez très bien vos limites et celles que vous pouvez dépasser à l'occasion.

Du 24 au 30, soyez extrêmement prudent si vous manipulez des outils. Et, à votre travail, redoublez d'attention pour vous éviter de faire des erreurs. Devoir tout refaire vous mettrait en colère contre vous-même.

Puisque vous êtes sous l'influence de Saturne en Lion dans le cinquième signe du vôtre, vous bénéficiez de l'appui de gens d'expérience. Il serait avantageux que vous les écoutiez quand ils vous donnent des conseils.

Si vous montez une affaire, en tant que Bélier toujours pressé, vous voudriez vous voir au sommet de la gloire, mais si vous débutez, dites-vous qu'il vaut mieux monter lentement que d'être déjà en haut sans trop savoir par quel chemin vous êtes passé pour en arriver là! Il est préférable de connaître les rouages de l'entreprise que vous mettez sur pied. Il n'y a qu'un seul moyen d'y arriver, c'est d'être attentif à toutes les étapes que vous êtes obligé de traverser.

Pluton est encore en Sagittaire dans le neuvième signe du vôtre. Voilà une chance soudaine! Vous pourriez rencontrer quelqu'un par hasard ou dans votre milieu de travail. Pluton est semblable à un portier qui vous permet d'entrer là où vous n'avez jamais mis les pieds, mais où vous vous sentirez parfaitement à l'aise. Pluton, c'est cette planète pleine de mystère et sous votre signe, Pluton en Sagittaire soulève lentement les voiles de l'inconnu. Pluton en Sagittaire, c'est votre professeur, votre guide. Celui-ci peut aussi bien être un de vos enfants, un ami, un voisin ou un parfait inconnu qui vous offre une réponse à une question que vous vous posez depuis fort longtemps.

Uranus est en Poissons dans le douzième signe du vôtre; aussi, est-il important que, lorsque la Lune passe dans ce signe, vous ne preniez aucune décision sur un coup de tête. Uranus en Poissons peut couler votre bateau car de temps à autre, les vents uraniens déplacent de l'air et provoquent une tempête intérieure. Uranus en Poissons peut parfois être l'occasion de *mal faire*, d'être malhonnête. Vous pourriez aussi être victime d'une fraude sous la Lune en Poissons. Soyez sur vos gardes par rapport à vous-même et éloignez-vous de tout ce qui serait punissable par la loi.

◖ OCTOBRE 2005 ◗

L'AMOUR

Jusqu'au 8, Mars est en Taureau et fait face à Vénus en Scorpion. Mars est dans l'axe de votre deuxième signe et du huitième du vôtre par rapport à Vénus. Ce charabia indique que si vous êtes en questionnement par rapport à votre vie de couple, de ne prendre aucune décision irréfléchie. Une rupture serait sans doute prématurée. La réflexion est une nécessité pour votre propre équilibre. En tant que célibataire, si vous êtes coincé entre deux amours, sans doute que vous n'êtes pas prêt à faire un choix. Il vaut mieux vous donner du temps, et surtout, ne rien promettre aux personnes que vous fréquentez. Si vous êtes totalement seul et sage depuis trop longtemps selon vous, et si vous souhaitez de l'amour, votre vœu sera exaucé; à compter du 9, Vénus entre en Sagittaire et sous son influence, vous rencontrerez une personne originale, exerçant une profession hors de l'ordinaire. Vous serez fasciné; par contre, cet amour ne sera pas instantané: il se développera lentement, mais sûrement, et grâce à celui-ci, vous apprendrez beaucoup sur la vie, mais surtout sur ce qu'est une véritable relation sentimentale. Respect et échange équitable seront les premières fondations de votre union. Il arrive aussi que l'on soit quitté et, parfois, sans que vous y soyez pour quoi que ce soit. Vous avez tout fait pour le bonheur du couple. Cependant, il y a des chances que votre partenaire désire poursuivre son chemin différemment. Il est tombé amoureux d'une autre personne, il a besoin de se retrouver seul, etc. Les raisons sont nombreuses et, entre 8 et le 18, si votre conjoint se comporte bizarrement, vous ne serez pas sans pressentir son départ, qui pourrait n'être que temporaire, mais combien blessant. Colère et panique seraient de mauvaises conseillères. Si jamais vous faites face à cette épreuve, demandez immédiatement de l'aide; parlez-en à votre meilleur ami ou à un psychologue. Ne vivez pas avec ce poids sur vos épaules.

DANS L'ENSEMBLE DE VOTRE VIE

Si, sur le plan sentimental vous ne devez rien hâter, il en va de même pour vos finances. Vous aurez sans doute tendance à vous faire plaisir plus que votre crédit ne vous le permet, soit pour vous consoler, soit pour compenser un vide ou un trop-plein émotionnel. La matière ne remplace rien, elle n'est qu'un mince onguent que l'on étend afin de panser une plaie qui ne se referme qu'avec l'amour de soi-même et le temps. Soyez prudent avec votre argent.

Si vous faites du commerce à l'étranger, il est possible que vous deviez partir, à quelques jours d'avis, afin d'y régler quelques affaires urgentes.

Plus particulièrement entre le 16 et le 22, un ami vous fera un emprunt et, malheureusement, si vous prêtez de l'argent à ce dernier durant cette période, il ne vous remboursera pas à temps ce qu'il vous doit.

Si vous-même vous devez emprunter de l'argent à une banque ou à une maison de crédit, négociez les intérêts que vous devrez payer, si c'est possible, bien sûr, et si ça ne l'est pas, lisez bien les papiers que vous signerez. Ne vous aventurez pas sans bien connaître le type d'engagement que vous prendrez envers votre prêteur.

Si vous poursuivez un objectif et que vous y êtes fidèle depuis quelques mois, vous serez surpris, en ce qui concerne l'entreprise que vous avez mise en marche, par la rapidité avec laquelle les dossiers se régleront.

Certains d'entre vous auront un choix à faire entre rester ici et continuer leur train-train moyennant un salaire moyen ou partir dans une autre province ou un autre pays où un emploi très bien rémunéré les attend.

Jupiter est en Balance, face à votre signe. Jupiter est un justicier et vous avise qu'en tout temps, vous devez rester honnête. Si quelqu'un veut vous mêler à une histoire louche, éloignez-vous-en bien vite.

Si vous faites un travail bénévole, il est possible, grâce à quelqu'un qui vous a observé et qui vous considère comme étant une personne dévouée, qu'il vous soit proposé d'aller plus loin et plus haut dans le secteur des services rendus à la communauté dont vous faites partie.

Si vous avez des intérêts politiques et que vous êtes actif dans ce domaine, il y a des secrets que vous devrez garder pour vous. Tout se répète à la vitesse de l'éclair, et surtout, gardez le silence concernant votre vie privée car on pourrait déformer vos paroles afin de vous nuire. La compétition est serrée dans ce monde!

NOVEMBRE 2005

L'AMOUR

Nous changeons lentement de rythme avec Jupiter, entré en Scorpion le 27 octobre. Vous n'êtes plus sous le souffle de Jupiter en Balance. Jupiter est maintenant dans un signe d'eau.

Ou vous laissez la flamme qu'est votre signe de feu réchauffer doucement l'eau du Scorpion ou vous succombez à l'angoisse de ce dernier en donnant de l'importance à toutes vos contrariétés. Jupiter en Scorpion est le huitième signe du vôtre et vous invite à transformer votre vie. Si vous êtes heureux en amour, le ciel vous fait la grâce et il ne vous reste qu'à dire merci et à poursuivre votre vie, pour le meilleur. Si vous êtes jeune, sans enfant et amoureux, sans doute que vous vivrez un grand changement lorsque bébé, que vous désiriez, arrivera. Si vous êtes seul et célibataire depuis longtemps, une rencontre modifiera vos valeurs et vos croyances sentimentales et, tout à la fois, votre carrière, comme si l'un et l'autre s'emboîtaient tout naturellement. Vous ne verrez plus la vie de la même manière. Quel que soit votre âge, il arrive un temps où l'on devient mature. Vous êtes illuminé par un éclair de l'esprit et l'amour prend alors sa véritable dimension, son vrai sens ; les mots tels que partage, affection, tendresse, passion, etc., ne sont plus que des concepts, mais des réalités différentes. Mûrir, c'est savoir faire la différence entre ses sensations et ses émotions. Quelqu'un va passer dans votre vie et vous l'enseigner en vous aimant. De votre côté, vous apprendrez à aimer. L'amour est une gratuité, une des rares qu'il nous reste encore sur cette planète...

DANS L'ENSEMBLE DE VOTRE VIE

Si vous avez des problèmes financiers, même si vous désirez ardemment qu'ils soient immédiatement réglés, ce vœu ne pourra malheureusement pas être exaucé. Ni les souhaits ni la magie ne sont efficaces. Par contre, votre travail et votre salaire, ainsi que des arrangements bien faits avec la banque ou une maison de crédit, petit à petit, vous permettront de payer vos dettes.

Mercure est en Sagittaire jusqu'au 26. Il est dans le neuvième signe du vôtre. Vous êtes présentement aussi intuitif que logique. Vous devinez ceux qui se trouvent devant vous. Vous voyez clairement la différence entre ce qui est bon et ce qui ne l'est pas. Vous êtes parfaitement lucide en ce qui concerne vos priorités et vous savez ce qu'il faut faire. Écoutez ce sixième sens qui s'allie à votre logique, autant dans le monde du travail qu'auprès de nouvelles personnes que vous rencontrez, dont certaines ne seront pas tout à fait honnêtes envers vous. Vous êtes suffisamment habile pour déjouer ou fuir les manipulateurs. Ne perdez pas de vue que, présentement, vous êtes sous l'influence de Jupiter en Scorpion et, dans ce signe, Jupiter symbolise l'ennemi ou la méchanceté gratuite. Jupiter, ainsi positionné, est également un guide ou un repère; il accentue votre instinct de protection et cela, dans tous les secteurs de votre vie.

Le 6, Vénus, planète de l'amour, mais aussi celle des contrats, est en Capricorne dans le dixième signe du vôtre. Une personne que vous avez connue professionnellement par le passé vous enverra vers quelqu'un afin que vous obteniez un travail mieux rémunéré.

Mars, la planète qui régit votre signe, est rétrograde; et, à compter du 26, jusqu'à la fin du mois, Mars suggère qu'en tout temps et en tout lieu, il est nécessaire d'agir calmement. Cette dernière planète fait un magnifique aspect à Uranus en Poissons. Vous bénéficiez d'une protection providentielle. Selon les ascendants: un accident sera évité, vous serez protégé d'un vol, parfois d'un viol ou d'une agression, un ami dont vous aviez presque oublié le nom vous donnera ce coup de main, au moment même où vous en aviez besoin. Ce Mars en sextile à Uranus, durant les derniers jours du mois, signifie, pour un grand nombre de personnes, un gain à la loterie. Malheureusement, l'astrologie ne peut vous dire combien vous gagnerez.

Les 27, 28, 29 et 30, sous l'influence de Mercure en Scorpion, même si la langue vous chatouille, gardez pour vous des confidences qu'une personne, en toute amitié, vous a faites. Le silence est d'or durant ces jours. Il n'est pas non plus nécessaire de dire toutes vos vérités, qui ne sont certainement pas universelles; en tant qu'être humain, vous êtes sujet à un mauvais jugement ou encore vous avez écouté une information erronée. Si vous êtes tenté de dévoiler ce que «vous croyez savoir», même de bonne foi, de grâce, ne dites rien.

Le Nœud Nord est encore dans votre signe. Son rôle est important car il a pour but de vous donner des indices par rapport aux dix-huit années à venir. Ce Nœud Nord est comparable à un ange qui vous protège, qui vous guide et vous aide, dès l'instant où il y a menace, danger de perte, mauvaises fréquentations. Bref, il vous protège des problèmes de tous genres.

Ce mois-ci est important. Si des Bélier commencent une nouvelle vie, d'autres s'engagent plus profondément. La vie, l'Univers, le cosmos, Dieu... Nommez-le comme vous le voulez.

Ces énergies du monde de l'invisible, elles sont à votre service! Demandez et vous recevrez!

✆ DÉCEMBRE 2005 ✇

L'AMOUR

Du 1er au 11, une nouvelle relation amoureuse poursuit sa maturation. Astrologiquement, elle se joue entre Vénus en Capricorne et Mercure en Scorpion. Il s'agit là d'un point tournant au cours duquel vous accepterez les responsabilités qui viennent avec l'amour ou vous réaliserez que vous n'êtes pas prêt. Si jamais vous prenez conscience du fait que depuis toujours vous êtes incapable de vous engager, que vos relations ne durent que bien peu de temps, vous aurez la sagesse d'entreprendre une thérapie afin de savoir pourquoi il en est ainsi. Certains d'entre vous reverront un ancien amour: on se donnera rendez-vous pour un café, un dîner; on causera de ce qui n'a pas eu lieu, de ce qui aurait pu se produire, d'attitudes négatives que vous aviez l'un envers l'autre, et tout autant des bonnes choses que vous avez partagées. Plus les jours passeront, en ce mois de décembre, plus vous vous rapprocherez l'un de l'autre et découvrirez que cette rupture fut essentielle à votre croissance personnelle à tous deux. À compter du 16, Vénus est en Verseau. Ainsi positionnée, cette planète est l'indice qu'une amitié peut prendre une tournure sentimentale, comme si vous découvriez que cette personne à laquelle vous êtes attaché avait un autre visage... Cet individu a changé. Ouverture d'esprit et tolérance, affection, tendresse, respect etc., tout est là pour former un bel échange, seule la peur de l'engagement vous en empêche. Autrement, vous vous entendez presque parfaitement. La vie est bonne et vous avez l'occasion de vous livrer davantage à cette personne qui, elle, est capable d'en faire autant!

Rien n'est parfait. Si jamais vous êtes «en guerre» avec votre amoureux depuis plusieurs mois ou encore des années, les fêtes ne seront pas drôles et les histoires de visite aux familles de chacun seront des déclencheurs de querelles à n'en plus finir. Soyez sage, calmez l'impétueux *marsien* qui est en vous. Si vous avez des enfants, ne vous disputez pas devant eux. Il y a des mots durs que les enfants retiennent quand les parents sont sur la voie de la séparation. Ne les prenez pas à témoin. Ne leur faites pas subir la torture. Soyez discret et songez qu'ils ont droit à cette courte période de réjouissances en cette fin d'année.

DANS L'ENSEMBLE DE VOTRE VIE

C'est le mois des grandes dépenses, la période de l'année où l'on utilise sa carte de crédit au maximum, là où l'on croit devoir faire plaisir à tout le monde, offrir des cadeaux à des parents et des amis, même quand on a peu d'affection pour eux. Il n'y a pas que vous qui succombez à cette croyance, c'est-à-dire celle qui fait en sorte qu'on se sent obligé d'être généreux, même si on est fauché !

Méfiez-vous de vous ; en décembre, Mars est en Taureau. C'est un symbole d'argent par rapport au Bélier qui, lui, est face à Jupiter en Scorpion, huitième signe du vôtre. Il s'agit d'une opposition ou d'un axe où vous pourriez faire d'énormes dépenses, non seulement pour faire plaisir, mais parfois pour être accepté dans un groupe d'amis ou encore parce que vous vous sentez coupable vis-à-vis d'un parent que vous avez contrarié ou qui vous a rendu un petit service !

Si vous avez un travail qui vous oblige à servir ou à sauver des gens, vous serez débordé. Dès les premiers jours du mois, vous cesserez de compter vos heures supplémentaires ! Les plus occupés seront ceux qui œuvrent dans le monde légal : que vous soyez avocat, policier, détective ou autre. Vous dormirez beaucoup moins si vous êtes dans le domaine médical : que vous soyez auxiliaire, ambulancier, infirmier, médecin, etc., les urgences seront si nombreuses que vous aurez peu de temps pour vous. En revanche, si avez du temps pour fêter, vous serez si épuisé que vous aurez envie de disparaître ou presque. Il en sera de même pour les pompiers : le ciel laisse entrevoir de multiples feux. En somme, tous les Bélier qui protègent le genre humain devront faire preuve de courage et donner d'eux-mêmes plus que jamais ils ne l'ont fait ce mois-ci, période au cours de laquelle, en principe, nous devrions fêter l'année qui s'en vient.

Certains d'entre vous seront des héros et recevront des remerciements médiatisés.

Il est certain que les Bélier qui se dévoueront, et aussi ceux qui fêteront à l'excès seront épuisés avant que le mois ne soit terminé ! Pour garder la forme, pour ne pas perdre vos énergies vitales, il est nécessaire de bien vous nourrir. Évitez les aliments qui contiennent trop de produits chimiques.

Si vous avez tendance à boire beaucoup d'alcool, votre foie réagira violemment, et si tel est votre cas, de grâce, quand vous êtes en état d'ébriété ou sous l'effet d'une drogue, ne conduisez pas. Il est possible que les imprudents aient des accidents. Non seulement mettent-ils leur vie en danger, mais également celle des autres. Il n'est pas ici question d'héroïsme mais plutôt d'inconscience et de danger pour autrui.

Le 31, le dernier jour de l'année 2005, se passe sous la nouvelle Lune en Capricorne ; elle est alors dans le dixième signe du vôtre, ce qui représente principalement la carrière et la famille. La Lune et le Soleil en Capricorne, dans ce signe cardinal, vous portent à donner des ordres. Si vous devez travailler ce jour-là, vous serez tellement contrarié que vous pourriez bien être indélicat envers vos collègues ; pourtant, vous ferez du bon boulot. Votre sens du devoir et votre dévouement sont entiers. Il vaut mieux garder votre sourire si vous êtes obligé de travailler ; être de mauvaise humeur ne changerait rien à votre réalité. Si vous avez une famille *dysfonctionnelle* ou si vous vivez des difficultés avec votre partenaire ou vos adolescents, les fêtes ne seront pas très heureuses. Peut-être en est-il ainsi depuis plusieurs années, et en 2005, pourquoi ne pas effectuer un changement d'attitude en modifiant votre comportement et vos habitudes, notamment d'espérer que tout soit parfait ?

Il y a des Bélier qui réussissent à être heureux, ou du moins, satisfaits d'eux et de leur vie, quoi qu'il se passe. À ces derniers, la vie réserve une très agréable surprise, un cadeau hors de l'ordinaire ou un souhait, un vœu qui sera exaucé au-delà de ce qu'ils espéraient.

LES ASCENDANTS

BÉLIER ASCENDANT BÉLIER

L'amour est au centre de votre vie. Si rien ne va plus entre vous et l'amoureux, une rupture est envisagée, mais peu après avoir fait la rencontre de quelqu'un d'autre. En affaires, de nouvelles associations sont à prévoir, mais il faudra négocier prudemment. Les reins et le foie sont vulnérables et plus sensibles, parfois même très fragiles : alimentez-vous de façon équilibrée afin de protéger ces organes vitaux et prenez du repos quand vous êtes épuisé. N'allez pas au-delà de vos limites.

BÉLIER ASCENDANT TAUREAU

Le travail est une priorité, une nécessité, et parfois le cœur de votre existence. Il vous arrive de ne plus considérer ce qui se produit en dehors de votre profession, comme si le reste du monde n'existait plus ! Vous êtes passionné, vous réussirez et vous atteindrez l'objectif visé. Mais de grâce, si vous avez une famille, consacrez-lui du temps, intéressez-vous à ce que vos proches vivent avant que ceux-ci ne s'éloignent de vous ! Sans l'amour des vôtres, vous pourriez avoir l'impression d'être infirme.

BÉLIER ASCENDANT GÉMEAUX

Vous êtes en plein renouveau dans tous les secteurs de votre vie, notamment en amour et dans votre carrière. Vous faites aussi le plein d'énergie en prenant soin de vous comme jamais vous ne l'aviez fait par le passé. De l'amour pour le célibataire. Un enfant pour le Bélier jeune et amoureux. De la chance au jeu. Il est possible que l'on vous offre un emploi mieux rémunéré que le précédent. Pour certains, un retour aux études est possible.

BÉLIER ASCENDANT CANCER

Vous affirmez qui vous êtes, autant face à vos proches qu'à l'égard des inconnus. Auparavant, vous supportiez l'insupportable et cette époque est révolue. Vous prendrez soin d'un proche qui est malade et que vous aimez particulièrement. Certains feront même un arrêt de travail afin de donner davantage d'eux-mêmes par la suite. Un déménagement est souhaité, et souvent souhaitable... Vous ferez peut-être des voyages au cours desquels vous ne songerez qu'à votre retour. Vous avez besoin de reprendre contact avec vos racines.

BÉLIER ASCENDANT LION

Double signe de feu et d'ambition. Vous aurez une excellente concentration et pourrez ainsi entreprendre des études ou des travaux et aller jusqu'au bout. De nombreuses rencontres enrichissantes sont à prévoir. En tant qu'artiste, préparez-vous à un succès au-delà de vos espérances ; il en est de même pour le sportif. Pour ces derniers, des déplacements et parfois des voyages à l'étranger sont possibles. La chance est au rendez-vous : en affaires comme en amour !

BÉLIER ASCENDANT VIERGE

Il vous arrive d'être tatillon. Vous aurez moins de temps à donner à ces détails qui ne changent rien à l'ensemble de la vie. L'argent est au centre de vos préoccupations, surtout si vous vivez une séparation. Et si jamais vous vous mariez, ce qui est tout aussi possible, de grâce, ne signez pas n'importe quoi chez le notaire. Lisez attentivement les clauses de ce contrat. Si vous avez une famille reconstituée, il est nécessaire de consacrer plus de temps à vos enfants.

BÉLIER ASCENDANT BALANCE

Il faut faire attention à votre santé, et au moindre malaise que vous ne reconnaissez pas parce que jamais vous n'en avez vécu un comme celui-là, consultez. Ne jouez pas au héros. Une réorientation de carrière est à prévoir. Sous votre ciel, rien ne reste caché, et parfois, une vieille tricherie, aussi banale soit-elle, refait surface et fait trop de dégâts par rapport au geste fait. Popularité dans votre milieu et appuis à un moment où vous en aurez grandement besoin. Vous troquerez votre union libre pour un mariage officiel.

BÉLIER ASCENDANT SCORPION

Vous êtes un double signe de Mars : c'est rouge, noir, blanc ou bleu... Les nuances font défaut ! Mais, en 2005, la vie se charge de vous donner, symboliquement, un cours de peinture ! Vous deviendrez plus tolérant, plus souple et moins craintif par rapport à l'avenir. Vous cesserez enfin de voir le pire quand le meilleur est juste à côté de vous. Vous jouissez d'un excellent sens de l'entreprise et vous monterez tranquillement une affaire qui deviendra lucrative.

BÉLIER ASCENDANT SAGITTAIRE

Double signe de feu. Et, sous votre ascendant, il arrive que vous vous comportiez comme celui qui sait tout ou presque ! Vous rencontrerez de nouveaux amis dont vous apprendrez beaucoup, autant sur vous-même que sur vos affaires en cours. À compter de la fin d'octobre, zone de grandes réflexions existentielles au cours desquelles vous reconnaîtrez vos vraies valeurs et vos fausses croyances. Une amitié se transformera et deviendra un amour hors de l'ordinaire. Certains prendront soin des enfants d'un ami qui traverse une période difficile.

BÉLIER ASCENDANT CAPRICORNE

Un ancien amour refait surface. Cette personne a-t-elle vraiment changé ? Est-elle maintenant capable d'un partage équitable, sur les plans sentimental et matériel ? Ne vous lancez pas aveuglément dans ses bras, prenez le temps de connaître ce que cette personne prétend être devenue ! Ascension professionnelle, succès mérité. Ne faites aucun prêt, un danger de ne pas être remboursé cette année vous guette. Prenez soin de vous. Des douleurs dorsales et aux genoux peuvent être douloureuses.

BÉLIER ASCENDANT VERSEAU

Peut-être déciderez-vous de faire un voyage d'exploration. Pour certains, ce sera la première fois de leur vie qu'ils prendront l'avion. Vous pourriez gagner ce périple. Excellente année pour terminer vos cours ou pour étudier un métier que vous avez envie de pratiquer depuis longtemps. Pour un grand nombre de personnes, la rencontre du grand amour est envisagée et pourrait donner lieu à une union, officielle ou non. Le ciel me fait également part d'une promotion.

BÉLIER ASCENDANT POISSONS

La vie est un mouvement continu et vous ne pouvez stopper ce que vous avez provoqué en 2004. Vous irez au bout de votre objectif, bien que, de temps à autre, vous ayez très envie de tout arrêter. Vous serez entouré de gens déterminés et ils vous aideront à traverser les moments difficiles. Règlement financier obligatoire d'une affaire que vous avez constamment reporté. Secrets mis au jour et sérieuse mise au point avec l'amoureux. Si vous manquez constamment d'énergie, passez un examen médical complet.

TAUREAU

21 avril au 20 mai

◦

À mon frère, Normand Aubry; il a conçu et bâti notre site Internet, www.norja.net; grâce à ses diverses initiatives, il a donné naissance à une entreprise familiale qui a maintenant quinze ans, qu'il gère toujours avec autant de patience et de sagesse.

Au docteur Gilles Raymond, un ange et un médecin. Il y eut ce mois où je fus dans une étrange faiblesse: j'avais parfois l'impression de me dématérialiser... S'il n'était pas intervenu rapidement, je ne serais plus de ce monde. Je lui en serai éternellement reconnaissante.

À Julie Garneau, la meilleure amie de ma fille, et une femme dont le courage m'impressionne.

◦

LES DÉDALES FINANCIERS

Jusqu'au 27, Jupiter est en Balance dans le sixième signe du vôtre, et au cours de cette journée précédemment mentionnée, cette planète transite dans le signe du Scorpion. Durant de nombreux mois, en 2005, vous serez sous l'influence de Jupiter en Balance, qui présage du travail en quantité, et bien rémunéré, si naturellement vous avez tout fait jusqu'à présent pour qu'il en soit ainsi. Lorsque Jupiter atteindra le Scorpion, il sera face à votre signe, soit du 27 jusqu'à la fin de l'an 2005. Cette planète vous signifie que, si jamais vous avez commis des fautes envers autrui, quelles qu'elles soient, vous devrez les réparer. Jupiter en Scorpion peut aussi apporter la fortune à certains d'entre vous.

Vous êtes Taureau et, en raison de Jupiter en Scorpion, vous serez sous l'influence de ce que l'on nomme l'axe du «tout ou rien»! Vous recevez tout ce que vous méritez; par contre, la vie vous retirera ce qui ne vous appartient pas si vous avez obtenu des faveurs, des bénéfices ou de l'argent en trichant et en trompant des gens.

La Balance est un symbole d'association; aussi est-il possible que plusieurs propositions vous soient faites, principalement si vous êtes travailleur autonome ou si vous travaillez à la pige. Vous avez été observé en 2004 et on sait à quel point vous êtes tenace et parfois même entêté dans la poursuite de vos objectifs. Les gens d'affaires qui vous étudient considèrent cela comme une qualité!

Lorsque vous avez un but à l'esprit, vous ne le perdez jamais de vue: vous n'êtes pas du genre à quitter le bateau, et si jamais il est sur le point de couler, vous trouvez une solution; en tant que signe fixe, il ne s'agit pas uniquement d'éviter une catastrophe, mais vous finissez toujours par savoir exactement ce qu'il faut faire pour qu'à long terme, tout soit réglé. Vous le faites pour vous, mais aussi pour l'équipe dont vous faites partie ou qui travaille pour vous. Vous êtes conscient qu'en tant qu'entrepreneur, les gens avec lesquels vous faites affaire, vos employés, en fait quel que soit le rôle de chacun, il est essentiel que vos travailleurs déjà entraînés et compétents restent fidèles à l'entreprise, qu'ils y soient confortables et en sécurité avec vous et avec leurs collègues. Une compagnie qui fonctionne harmonieusement, cela a été prouvé, rapporte plus que celles qui sont dirigées par un dictateur ou un chef tyrannique; de plus, une compagnie où chacun est à l'aise contracte moins de dettes; elle fait plutôt des profits et survit, même dans ces années difficiles où se produisent des changements sociaux et politiques qui déséquilibrent la masse.

Au cours de 2004, votre sens de l'entreprise n'est pas passé inaperçu. Ce fut une année d'occasions propices que vous n'avez pas ratées. Vous avez saisi votre chance; voilà qu'en 2005, vous gagnerez cet argent dont vous avez besoin pour vivre et ils sont nombreux ceux qui encaisseront une petite fortune qu'ils feront fructifier.

S'il est autant question de finances, c'est parce que vous êtes le deuxième signe du zodiaque, symbolisant l'argent. Chacun le sait, l'argent ne pousse pas dans les arbres et ne tombe pas du ciel, sauf pour quelques exceptions, soit des personnes nées riches ou qui possèdent de grosses sommes d'argent provenant d'héritages familiaux. En général, l'argent se gagne et, sous votre signe, on sait comment l'économiser, l'investir et faire en sorte qu'il rapporte. Parmi vous, certains sont audacieux dans le monde des affaires, d'autres sont prudents, et d'autres encore sont simplement chanceux. Que vous soyez un audacieux, un prudent ou un chanceux, Jupiter en Balance vous permettra de gagner davantage dans les secteurs où vous mettez de l'énergie. Et si, jusqu'à présent, vous avez été malchanceux, la roue de la vie tourne enfin favorablement. Si le ciel ne vous fait pas un don, quelque part dans le cosmos, tout se remue afin que vous puissiez honorablement subvenir à vos besoins. On dit: *aide-toi et le ciel t'aidera*. Effectivement, vous aurez trois petits pas à faire en direction des emplois ou des professions que vous désirez ou encore que vous pouvez exercer, et vous serez reçu à bras ouverts ou presque. Vous serez exactement le type de personne qu'on recherchait!

Si vous avez un talent d'organisateur, vous monterez une entreprise, vous possédez presque toutes les qualités pour atteindre vos objectifs et celles qui manquent vous seront quasiment offertes sur un plateau d'argent.

Jupiter est un justicier: je ne l'écrirai jamais assez. Lors de ses passages bénéfiques en 2005, Jupiter sera attentif à vous et récompensera les honnêtes Taureau. Jupiter vous inventera de chanceux et heureux hasards. Jupiter en Balance vous mettra en relation avec des gens de pouvoir avec qui vous discuterez, à qui vous inspirerez confiance, et qui verront en vous un élément important pour leurs affaires en cours. Vos compétences seront retenues et payées *le gros prix*!

Jupiter en Balance vous donnera plus d'assurance, d'autant plus que la sécurité financière vous aidera. Sous votre signe, votre bien-être physique et émotionnel est lié à votre compte en banque. Vos angoisses viennent généralement de vos manques ou de votre peur du manque. Il ne s'agit pas là d'un reproche, mais d'une simple constatation. Il n'y a aucun mal à être matérialiste, ce n'est pas un mal ni un défaut que d'être riche, ni de vouloir l'être; on dit que l'argent est sale. Il peut l'être, mais vous avez les mains propres, et faire fortune grâce à un travail honnête n'est pas un tort. L'ambition n'est pas une mauvaise attitude, mais elle peut toutefois devenir une obsession et empêcher l'ambitieux de voir ce qui se passe par-dessus son épaule. En tant que Taureau, sous Jupiter en Balance, vous cesserez d'avoir cette gêne de dire que vous aimez l'argent parce qu'il vous sécurise. Vous mettrez fin à cette croyance populaire que nous avons et qui dit que, si vous êtes matérialiste, vous n'avez pas de cœur. Il n'en est rien. La matière n'interdit pas les beaux sentiments.

Si, en tant que Taureau, vous vous servez de votre argent pour contrôler autrui ou le dominer ou si vous trichez, ne serait-ce qu'un tout petit peu, sous Jupiter en Balance vous aurez des avertissements. Si vous n'en tenez pas compte, c'est-à-dire que si vous n'agissez pas droitement ou que vous ne suivez pas les règles du jeu, quand Jupiter atteindra le Scorpion à la fin d'octobre, alors que vous vous croirez à l'abri, la boîte de Pandore libérera ses démons.

Jupiter est un justicier et, dans le signe du Scorpion face au vôtre, il symbolise l'incorruptible détective qui « arrête » les vilains. Songez à ce dicton moralisateur plus juste que vous ne l'imaginez : « bien mal acquis ne profite jamais ».

Jupiter a plusieurs symboles : il symbolise autant vos dettes financières que vos impôts. Si jamais vous avez trompé une personne en refusant de lui rendre ce qui lui appartient, si vous avez malhonnêtement joué, non pas uniquement avec les impôts, mais avec le système, si vous avez obtenu de l'argent qui, en fait, aurait dû appartenir à quelqu'un d'autre, si vous avez pigé dans une caisse de dons, si vous avez utilisé une entreprise bidon et ainsi obtenu une subvention, en somme, si vous avez été un Bougon en 2004, au cours de l'année 2005, vous serez pris la main dans le sac.

AVIS IMPORTANT AUX TAUREAU CRÉDULES

Il y a aussi parmi vous des Taureau qui croient qu'on ne les trompera pas parce qu'eux, ils ne voleraient jamais le moindre sou à personne. Sous Jupiter en Balance, ces Taureau, générale-ment doux, devront être attentifs à cette petite voix qui leur suggérera, dès l'instant où ils seront en face d'un arnaqueur, de fuir rapidement le filou. Si vous êtes un de ces Taureau qui a ten-dance à justifier constamment les troubles qu'on leur fait, les tricheries qu'ils subissent, et si vous êtes des bonasses ou des Taureau sauveurs du monde, dites-vous qu'en donnant à des personnes qui ne méritent rien, en pardonnant sans cesse leurs bêtises, ces dernières n'apprendront jamais à prendre leurs responsabilités et vous ne leur rendez pas service en supportant l'intolérable et l'odieux. Sous Jupiter en Balance, vous apprendrez à vous écouter lorsque vous ferez face à des escrocs. Et si jamais vous restez sourd à vous-même, si vous n'êtes pas été attentif à ces avis, c'est-à-dire de vous méfier de ceux qui font du vol une carrière, sous Jupiter en Scorpion, bien que vous soyez «bons comme la vie», si vous ne vous protégez pas, vous courez le risque de perdre l'argent que vous aurez durement et honnêtement gagné. Avec le temps, vous récupérerez ce qu'on vous aura pris, mais pourquoi ne pas vous éviter ces problèmes en étant, en 2005, méfiant lors de la rencontre de personnes qui vous promettront de l'or, du succès et où l'on vous présentera une fausse garantie d'une réparation qu'on fera sur votre maison, votre voiture ou autre. Si on sonne à votre porte, et si, dès les premières secondes, vous froncez les sourcils et que vous ne croyez pas un seul mot de ce «vendeur», il sera essentiel de faire une enquête sur les services offerts si jamais vous en avez besoin. Dès la fin de mars et jusqu'au dernier jour de 2005, les crédules qui désirent des services efficaces et professionnels pour l'entretien d'une de leurs propriétés devraient, pour se protéger, s'adresser à des entreprises établies depuis bien longtemps.

LA MAISON

Dès le début de 2005, vous songerez à acheter votre première maison ou votre deuxième, troisième ou quatrième. Si, parmi vous, certains prévoient et espèrent faire un peu de profit en vendant une demeure et en achetant une plus petite, d'autres veulent s'installer et devenir propriétaires. Par contre, leur décision est également due à leurs enfants, encore jeunes ou adolescents, qui manifestent leur besoin d'espace et d'intimité propre à leur âge. Votre signe est un symbole de propriétaire, mais en cette année, il sera essentiel de voir de nombreuses maisons avant d'arrêter votre choix, et il sera tout aussi important de vous transformer en négociateur, que vous vendiez ou achetiez. Lorsque vous en serez au point de faire examiner la propriété qui vous enchante, choisissez un professionnel reconnu afin que tous les défauts de construction ou d'usure soient décelés. Un inspecteur ayant une grande expérience, même si vous devez le payer plus cher que celui qui exerce ce métier depuis peu, vous fera épargner des frais. Grâce à quelqu'un qui connaît bien son affaire, vous pourrez faire baisser le prix de votre acquisition si des réparations étaient nécessaires. Quand au courtier que vous choisirez, là encore, il faudra qu'en aucun cas vous ne signiez avec une personne qui vous semble louche lors de la première rencontre.

S'il s'agit pour vous de déménager dans un autre appartement, à plusieurs reprises faites le tour du quartier où est situé celui qui vous fait envie. Essayez de savoir qui seront vos voisins. Surtout, ne louez pas dans un environnement où de graves drames se sont produits. Vous êtes sensible et vous absorberiez les vibrations négatives qui ne sont peut-être pas disparues ni de l'édifice ni de cette rue. Et demandez-vous si le fait de vivre ailleurs est un caprice ou une obligation. Questionnez-vous sur les coûts encourus lors d'un déménagement. Voulez-vous un plus petit ou un plus grand appartement? Que ferez-vous si vous avez trop de meubles? Avez-vous l'argent nécessaire pour en acheter d'autres si vous louez un plus grand appartement? Votre salaire est-il suffisant si vous emménagez dans un coin plus luxueux que celui que vous habitez maintenant? Aurez-vous besoin d'un système d'alarme? Si c'est grand, sachez à l'avance que les comptes d'électricité seront plus élevés que ceux que vous payez actuellement! Si jamais l'appartement était beaucoup plus petit que celui que vous louez maintenant, seriez-vous confortable, ne vous sentiriez-vous pas étouffé? Bref, le lieu que vous habitez est important. Si vous avez l'intention de déménager, ne le faites pas aveuglément et examinez scrupuleusement votre salaire, vos économies, les dépenses que vous coûtera ce changement, etc. Si vous optez pour un déménagement, faites-le avant le 27 octobre 2005; si vous ne procédez pas avant cette date, pour votre bien-être physique et pour vos finances, il faudra attendre au 18 décembre 2007 pour que la décision de déménager soit sans conséquences.

L'AMOUR

D'abord, les gens âgés entre 35 et 44 ans sont fortement touchés par les planètes qui sillonnent le ciel de 2005. Si vous en faites partie, vous traverserez le retour de Jupiter, ainsi que les oppositions d'Uranus, dont les principaux effets négatifs ou positifs dépendent de votre ascendant. Les gens de cette génération transformeront leur vie radicalement ou ne changeront pas du tout et demeureront ainsi jusqu'à l'âge de 61 ans! Ceux qui vivent insatisfaits trouveront le temps long! Selon votre carte du ciel, si vous avez entre 35 et 44 ans, pour plus de sûreté, véri-fiez si vous êtes né avec Jupiter en Balance ou en Scorpion, et si tel est votre cas, en 2005, votre couple aura grandement besoin d'une mise au point afin de connaître un renouveau nécessaire à la «préservation», au bonheur et à la poursuite de votre vie à deux.

On peut vivre en couple par insécurité, par crainte de la solitude, par habitude et, aussi étrange que cela puisse paraître, par besoin d'affrontement, par devoir, à cause de cette croyance qui fait dire à beaucoup de gens que le divorce est mal, alors qu'on se querelle constamment. Deux personnes peuvent éga-lement s'accrocher l'une à l'autre par esprit d'économie, parce qu'ils sont deux à payer la maison et la voiture, parce qu'à deux on partage les coûts de l'épicerie et qu'il y a ainsi moins de perte... Si, pour ces raisons ou pour d'autres vous demeurez avec votre partenaire, c'est que l'amour, la tendresse et les doux sentiments, pour vous, passent en dernier.

Si le fait d'habiter à deux est juste commode, en 2005, les questions sur votre vie de couple seront nombreuses! Il sera également difficile d'éviter les scènes de ménage. Sous ce ciel de 2005, le Taureau silencieux ou secret ne pourra plus cacher ses frustrations.

La soif d'amour et d'un véritable bonheur, c'est quelque chose d'incontournable pour tous ces Taureau qui s'en sont privés en raison des pressions sociales, de leurs croyances et souvent à cause de fausses valeurs qui avaient pris le dessus! Ils ont accepté de partager leur vie avec une personne qui s'est révélée incompatible, mais qu'ils craignaient de quitter pour une des raisons mentionnées précédemment. En tant que vénusien, peut-être avez-vous été celui à qui on n'a rien donné? Si vous êtes celui-là, 2005 est un éveil, une prise de conscience et vous serez enfin certain que vous valez le plaisir d'être aimé!

Que vous soyez abandonné ou que vous abandonniez cette guerre qui perdure entre votre partenaire et vous après votre séparation, qui ne sera pas de tout repos, vous traverserez une période de déprime. Si vous êtes ce bon Taureau, celui qui fait tout pour comprendre et se guérir de ses émotions désagréa-bles, si vous faites une thérapie honnête dont le but est de re-trouver votre bien-être, sachez que ce sera positif; votre signe vénusien fait en sorte que vous ne restiez pas seul longtemps. Vous croiserez enfin quelqu'un qui vous acceptera tel que vous êtes et qui n'aura rien à vous reprocher, tout simplement parce que vous serez vous-même et que, par-dessus tout, vous êtes ce vénusien né pour aimer et être aimé.

QUAND UN TAUREAU EST VENGEUR EN 2005

Sous Jupiter en Balance, du début de l'année jusqu'au cours de la journée du 27 octobre, lors d'un divorce ou lors d'une union, l'aspect financier entre vous et l'autre sera réglé calmement et de façon juste. À compter de la fin de la journée du 27 octobre 2005, il en sera autrement. Jupiter en Scorpion attisera le désir de posséder et de prendre à l'autre ce qui lui appartient. L'appui d'un avocat assure au Taureau le succès de sa campagne financière qui, dans l'ensemble, consistera à tout avoir pour se venger du partenaire accusé d'avoir fait échouer leur vie de couple. Ne perdez pas de vue que le Taureau est le deuxième signe du zodiaque et qu'il symbolise l'argent. Le Taureau en colère et persuadé d'être dans son droit, en tant que signe fixe, ira jusqu'au bout de son projet!

Je mets en garde ceux qui commettent des méchancetés envers leur ex-partenaire : vous savez très bien de ce l'on dit de celui qui crache en l'air! Si vous êtes ce Taureau incapable de pardonner, incapable de se souvenir des gentillesses et des bontés que votre ex-conjoint a eues pour vous, si vous êtes un enragé, si la séparation ou le divorce vous obsède, si jamais vous devenez harcelant en espérant que l'autre change d'avis, peut-être que vous devrez demander l'aide d'un thérapeute de votre choix afin de savoir ce qui vous empêche d'envisager votre avenir sans votre partenaire, et surtout de comprendre ce qui vous interdit de reconnaître qu'il est possible d'aimer et d'être aimé une fois encore.

LA SANTÉ

Vous avez une grande résistance physique. En fait, vos maux sont, la plupart du temps, le résultat d'émotions mal gérées. Dès l'instant où vous n'obtenez pas ce que vous désirez, vous êtes assailli par une baisse d'énergie et de nombreux malaises bénins.

En 2005, il faudra surveiller la région rénale : elle affiche une faiblesse plus grande qu'à l'accoutumée. Pour éviter la souffrance d'une maladie de cet organe, il faudra vous nourrir très sainement et, principalement, éviter les aliments contenant des produits chimiques. Si vous êtes un grand amateur de restauration rapide, vous prenez le risque d'empoisonner vos reins! Votre estomac ne supportera pas très bien les épices, les gras, les sucres artificiels, et il n'est pas non plus impossible que, sous l'effet du stress, vous développiez une intolérance au lait. Pour garder la forme, mangez bien en tout temps. Si vous commettez des excès, alcool et drogues inclus, lorsque Jupiter sera en Scorpion, à compter de la fin d'octobre, vous entrerez alors dans une zone où vous serez souvent sujet à des maux plus graves ou même à des maladies qui, bien qu'elles ne soient pas mortelles, seront souffrantes et fort dérangeantes! Mieux vaut prévenir que guérir! Dès le début de 2005, entreprenez un régime santé et, si vous ne savez pas ce qu'il y a de mieux pour vous, consultez un nutritionniste ou un naturopathe.

EN CONCLUSION

Vous savez qui vous êtes: bon ou mauvais, désireux d'être heureux ou pas. Vous entretenez un comportement aussi obsessif qu'Hitler, qui était lui-même Taureau. J'avoue que ce dernier exemple est excessif, mais j'espère avoir frappé l'esprit des Taureau qui se complaisent à abuser de leurs atouts vénusiens et qui manipulent leur partenaire au point où ils altèrent leur confiance en eux pour ainsi les soumettre à leurs caprices. Le Taureau destructeur peut aussi bien prendre la forme d'une victime rendant ainsi son partenaire coupable de ses malchances, que celle d'un dictateur qui passe la majeure partie de son temps à effrayer et à menacer l'autre. Le Taureau conscient, éclairé et respectueux reçoit l'amour et le bonheur qu'il mérite. Sous chacun des signes du zodiaque, il y a le noir et le blanc. En tant que signe fixe, il vous est difficile de nuancer! Vous avez la liberté de choisir qui vous êtes et, si vous croyez que vous ne pouvez qu'agir négativement et rendre autrui malheureux, tout autant que vous, il y a une solution: la thérapie!

◄◉ JANVIER 2005 ◉►

L'AMOUR

Jusqu'au 9, Vénus, qui régit votre signe, est en Sagittaire dans le huitième du vôtre. Il s'agit d'un symbole guerrier par rapport au Taureau. Mercure, maître de la parole, est dans ce même signe jusqu'au 10; ces planètes ont tendance à vous ramener à d'anciens comportements sentimentaux qui nuisaient à votre relation et déclenchaient parfois des querelles causées par des peccadilles. En tant que deuxième signe du zodiaque, vous représentez l'argent et tout ce qui est dépensé en votre absence et sans votre consentement, Cela devient, pour un grand nombre de personnes, un sujet dont il vous faut absolument discuter; vous êtes parfois sans ménagement et accusez l'autre de gaspillage alors qu'il n'avait que de bonnes intentions! Mars et Pluton sont aussi en Sagittaire, et accentuent cette attitude négative chez ceux qui contrôlent leur amoureux et surtout qui donnent la priorité à l'argent.

Mais il y a ceux qui se contrôlent et dont la Vénus ne fait que réagir aux actes et aux décisions de leur partenaire; ceux-ci ne soufflent pas mot ou presque quand leur amoureux leur fait un reproche ou une critique. Dommage que les doux ne défendent pas leurs intérêts et leurs droits. Mais un doux a tout de même une capacité de réaction et peut en tout temps consulter un thérapeute de son choix afin de connaître les motifs qui l'empêchent de confronter l'être avec qui il vit depuis parfois longtemps. D'où vient cette peur de dire ce que l'on pense et ce à quoi on croit? Que désire-t-on? Il ne s'agit pas d'aller droit vers une séparation, mais bel et bien d'apprendre à vivre en harmonie avec son partenaire. Si le doux se fait respecter, celui qui contrôle changera; et probablement que ce dernier ira-t-il lui aussi demander de l'aide car sa crainte de perdre l'autre peut être si vive qu'il sentira le besoin de comprendre ce que tous deux partagent et ne partagent pas. Tous deux peuvent se transformer afin d'éviter une rupture, qu'ils vivent ensemble depuis peu ou depuis longtemps.

En tant que célibataire et vénusien ne cherchant plus ni n'attendant plus l'amour, en tant que célibataire croyant avoir bouclé la boucle sentimentale une fois pour toutes, et s'affairant uniquement à son travail, une fuite volontaire ou inconsciente est prévue, par peur d'être blessé si jamais une relation commençait et échouait. Vous, les solitaires, à compter du 10, après une période de mûrissement, vous aurez la surprise de rencontrer un être ayant non seulement beaucoup réfléchi sur ce qu'il attend, notamment d'une relation couple, mais surtout, vous constaterez à quel point vous avez, vous et cette personne, les affinités nécessaires à un beau partage amoureux. Si vous ne nourrissez plus vos illusions, vous avez encore beaucoup de grands rêves à réaliser et n'y a-t-il pas l'espoir de vivre un amour secret dans votre jardin personnel ?

DANS L'ENSEMBLE DE VOTRE VIE

Si vous ne possédez pas une fortune, il n'est pas nécessaire de vous ruiner en achetant des cadeaux trop chers pour vos moyens. Évitez aussi ce qu'on appelle les ventes d'après les fêtes. Vous aurez du mal à résister à certains objets qui deviendront inutiles et dont vous n'avez pas vraiment besoin. Un brin de nostalgie porte certains d'entre vous à faire des acquisitions parce que posséder pour un temps bien court remplit le vide intérieur. Quelques planètes dans le ciel accentuent vos insatisfactions et vos frustrations, et combler ce manque par le biais du matériel, à défaut de le comprendre, ne conduit qu'à des dettes, au gaspillage et, en bout de piste, vous n'obtiendrez aucune réponse aux questions que vous vous posez.

Vous vivez une période au cours de laquelle vous vous ferez de nouveaux amis, autant masculins que féminins, et pendant cette même époque, vous reverrez des gens que vous aviez perdus de vue, mais avec lesquels vous vous entendiez fort bien ! Et pourquoi ne pas réunir tout ce beau monde ? N'est-ce pas là une manière d'élargir son cercle amical et de se donner une chance d'avoir plus de plaisir ou d'apprendre des expériences d'autrui ? L'humain est né pour vivre en société ; ces dernières années, accusons donc une fois de plus les planètes car leurs effets sur les masses symbolisaient méfiance, critiques, éloignement des uns et des autres. La roue tourne et vous invite à rependre contact avec vous-même et avec votre prochain. L'autre a besoin d'un chef tel que vous, d'un gentil vénusien capable d'ouvrir sa porte à autrui qui, comme vous, a envie d'une vie sociale agréable et en bonne compagnie !

Si vous avez le même emploi depuis longtemps, vous ne le perdrez pas, même si de nombreux changements se produisent dans l'entreprise pour laquelle vous travaillez.

Si votre travail vous a déjà conduit dans d'autres pays, le ciel reflète à nouveau d'importants déplacements et, le plus souvent, quelques mois à la fois.

Si vous commencez une nouvelle carrière, il est normal que vous soyez nerveux, que vous ayez peur de ne pas être à la hauteur, mais ne vous inquiétez pas : tout ira très bien. Ayez confiance en vos compétences et en ce savoir que vous avez acquis en étudiant.

En tant que travailleur autonome, un projet sur lequel vous avez mis beaucoup d'énergie, et parfois depuis plus d'un an, occasionnera bien des rencontres et de longues discussions. Il est important que vous connaissiez vos droits, surtout si vous négociez avec une méga-entreprise. Vous n'avez pas à tout donner pour ne recevoir en retour que des miettes.

En tant que parent de grands adolescents, vous constaterez avec ravissement que leur passage à l'âge adulte se produit sans éclat, de façon agréable ; vous serez même surpris de constater à quel point ces enfants à qui vous avez beaucoup donné ont le sens des responsabilités. Mais ne sont-ils pas comme vous ?

Vos jeunes sont des révoltés et en plus, ils devraient maintenant être des adultes conséquents de leurs gestes ? Si vous vous posez de sérieuses questions sur leurs comportements, que vous n'avez rien à vous reprocher et qu'en plus vous tenez à aider ces enfants qui manifestent leurs insatisfactions en s'opposant à vous et au reste du monde, consultez un psychologue de votre choix et, si possible, voyez-le avec votre partenaire. Illuminez ce que vous ne comprenez pas !

Pour plusieurs, il se peut que tout soit beau et presque parfait. Pourtant, lors de la dernière semaine du mois, il est possible que vous laissiez de tristes souvenirs vous envahir. Si tel est votre cas, voyez plus souvent vos amis et peut-être qu'un réaménagement du mobilier modifierait la circulation d'énergies dans laquelle vous baignez quotidiennement. Il ne faut surtout pas rester inactif lorsque la nostalgie se pointe : l'action et les gestes que l'on fait ont des effets positifs et font souvent disparaître, ou du moins atténuent, ces désagréments qu'on a dû vivre et qu'on n'avait surtout pas souhaités.

ᗙ FÉVRIER 2005 ᗡ

L'AMOUR

Votre travail vous oblige-t-il à voyager ou à faire de longues heures, à un point tel que votre partenaire a l'impression qu'il doit prendre rendez-vous avec vous pour vous rencontrer? À compter du 7, Mars est en Capricorne et obligera bon nombre d'entre vous à faire du neuf à neuf! Si tel est votre cas, s'il vous est impossible qu'il en soit autrement, de grâce, de temps à autre, donnez un coup de fil à l'amoureux afin de lui rappeler que, même si vous êtes absent, vous êtes toujours aussi près de son cœur. Il y a, dans le ciel de février, quelques aspects «froids» qui vous portent à ne donner de l'importance qu'au but que vous poursuivez. Si gagner sa vie est de première importance, votre signe vénusien a tout autant un énorme besoin d'aimer et d'être aimé. L'amour, c'est votre équilibre. Ne le perdez pas de vue, surtout si déjà vous faites partie des heureux élus, c'est-à-dire ceux qui jouissent d'une belle vie de couple. Ne gâchez pas ce cadeau que je qualifie de céleste en ces temps où, plutôt que de s'aimer les uns les autres, on a tendance à se méfier les uns des autres. Il ne vous est nullement interdit de réussir, de posséder et d'être riche, mais si l'amour du succès l'emporte sur l'amour partagé et sur l'amour à deux, malheureusement, vous finirez par être un grand perdant.

Il y aura des instants, même pour les couples dont on a l'impression que tout est parfait, où des ajustements, apparemment sans grande importance, seront nécessaires. Peut-être que ce qui est banalités pour vous ne l'est pas pour l'autre. Désirez-vous un changement de décor alors que l'autre n'en veut pas? Ou est-ce l'autre qui souhaite d'autres meubles ou ajouter des accessoires dans la cuisine, le salon, la salle à manger, etc. Songez que tous deux, vous circulerez dans des pièces ayant des allures ou des couleurs différentes, et qu'il est essentiel que vous soyez en accord là-dessus. Si la situation est telle, magasinez ensemble, choisissez de manière à plaire autant à l'un qu'à l'autre.

Il y a ce Taureau qui est incapable de poursuivre une relation d'une manière tranquille, agréable. Aussitôt que l'union semble devenir sérieuse, il s'enfuit ou provoque une scène qui mène à la rupture; le Taureau se réconcilie et passe quelques semaines ou quelques mois sans dispute aucune et hop, il suffit d'un détail pour que le jeu recommence! Malheureusement, ce type d'histoire est fréquent en ce début de siècle et si vous faites partie de ces Taureau qui accumulent les relations, en ce mois de février, à la moindre étincelle, précisément entre le 4 et le 26, il pourrait y avoir une autre crise rupture/réconciliation.

Le Taureau à la recherche d'un équilibre amoureux existe aussi. Il y aura rencontre au cours du mois; il n'est pas encore question d'un amour fou, mais plutôt d'un lien qui commence par un échange agréable et amical. Il faudra attendre le mois de mars pour savoir si l'attachement peut être durable. D'ici là, vous ferez plusieurs sorties comme vous n'en avez pas fait depuis longtemps; seul, vous préfériez rester à la maison; vous serez heureux d'avoir un partenaire pour aller au cinéma, visiter un musée, écouter un concert, danser, etc. En somme, vous ferez un tas de choses que l'on fait en couple plutôt qu'en solitaire. N'oubliez pas: vos sorties en février seront amicales et non pas amoureuses. N'allez surtout pas vous faire croire que vous avez trouvé l'âme sœur alors qu'en fait, c'est à peine si vous connaissez cette personne. Le véritable amour, celui qui se vit entre adultes, ce n'est pas un coup de folie, même quand il y a une évidente attraction physique. Le corps de l'autre peut vous plaire, mais songez que deux corps qui se plaisent, ça ne suffit pas pour qu'un couple soit complet. Sous votre signe, il arrive que vous confondiez sensations et sentiments, alors que la différence entre les deux est énorme! Les sensations peuvent s'estomper tandis que se développent les sentiments quand on est à l'écoute de ce qu'on ressent au plus profond de soi.

DANS L'ENSEMBLE DE VOTRE VIE

Le travail est une dominante en ce mois. Vous grimpez dans la hiérarchie de l'entreprise. On vous charge de nouvelles responsabilités. Dans les faits, on vous fait passer un test et vous le savez fort bien. Le domaine de l'argent, en tant que deuxième signe du zodiaque, est le vôtre, quand il est question d'en faire plus. Vous avez le don de bien vous y prendre. À chacun son rôle sur la roue astrale.

Vous n'avez aucun mal à vous concentrer sur ces nouvelles tâches, même si elles sont différentes de ce que vous faisiez auparavant. On vous a assigné un collègue qui a prévu partir; il

sait ce qu'il faut faire dans ce secteur où vous œuvrez maintenant et il vous enseignera comment bien faire votre nouveau
travail.

Peut-être que rien n'a changé? Vous poursuivez ce qui est
en cours et c'est la routine, parfois plus ou moins satisfaisante!
Si telle est votre situation, vous vous demandez si vous ne
devriez pas envisager d'occuper un autre type d'emploi. Dès
l'instant où vous ferez des recherches, vous verrez que les
ouvertures sont nombreuses et que vous n'êtes pas limité à ce
que vous faites. Vous êtes un être prudent : votre peur de manquer d'argent vous interdit de prendre une décision sur un coup
de tête et vous avez raison de vous protéger ainsi.

Prenez votre temps et explorez les divers emplois où vous
pourriez vous réaliser tel que vous le rêvez.

Vous serez nombreux à faire un retour aux études. Le but
est de vous accomplir là où vous avez du talent, là où vous ressentez que vous avez du potentiel et là où, éventuellement, vous
obtiendrez un salaire plus décent et plus stable, ainsi qu'une
possibilité de progresser et même de devenir travailleur autonome ou de vous associer pour gagner davantage.

Si votre choix est arrêté et qu'il vous faut demander une
subvention pour faire ces études, entreprenez vos démarches en
ce début d'année et, d'une étape à l'autre, vous vous apercevrez
que c'est plus simple que ce que vous imaginiez.

On ne peut passer sous silence les enfants qui font partie
de votre vie et que vous aimez à votre façon. Si vous êtes un
parent célibataire, j'ai beaucoup de choses à vous dire. En ce
mois de février, ne vous attendez pas à ce que vos petits ou
grands soient sages comme des images. Vous traversez une
zone céleste où votre progéniture ressentira le besoin d'être libre
et on vous tiendra tête si vous donnez des ordres! Malgré vous,
le ciel vous incitera à établir des limites parfois excessives, tout
simplement parce que vous serez plus impatient qu'à l'accoutumée. Il vous suffira de vous observer pour constater que vos
enfants sont plus excités, mais sans grand débordement. C'est
plutôt votre fatigue qui fait en sorte que vous les voyez pis qu'ils
ne sont réellement. Conscient, revenez sur vos pas et voyez-
vous tel que vous êtes, c'est-à-dire stressé en raison des nouveaux événements.

Il y a parmi vous (soyons honnête) des parents Taureau qui ne sont pas aimants et, en février, ceux-ci accuseront leurs enfants de les empêcher d'avoir des loisirs comme ceux dont ils bénéficiaient quant ils étaient jeunes et libres. L'immaturité parentale est une réalité et, malheureusement, les enfants en sont victimes. Ne pas être aimé ou être mal aimé, c'est un enfer sur terre ; c'est un voyage sur un océan, à bord d'un rudimentaire radeau qui se bat contre la tempête ; un enfant qui se sent mal aimé, quel que soit son âge, a l'impression qu'il ne peut faire de choix et que son avenir est déjà noirci. Pendant une longue période au cours de leur vie, les mal-aimés se sentiront tout autant abandonnés qu'indignes d'amour. Si vous appartenez à cette catégorie de parents Taureau (il y a autant d'hommes que de femmes), sauvez vos enfants : sachez que prendre soin des vôtres, c'est aussi prendre soin de vous et vous préparer un avenir meilleur. Si ce ton vous semble accusateur, il n'en est rien, il s'agit d'un avis. Avec mes 26 ans d'observation, je m'accorde le droit de faire ces remarques et je sais, en tant qu'astrologue, que ce mois de février est déterminant en ce qui concerne les enfants, et plus spécifiquement ceux qui ont besoin d'attention parentale.

⫷ MARS 2005 ⫸

L'AMOUR

Si vous tombez en amour avec un ami, peut-être devrez-vous craindre de perdre cet ami dans quelques mois. L'amitié peut durer toute une vie ; cependant, le fait d'y mêler les grands sentiments et la passion peut faire en sorte que vous et l'autre ne puissiez plus vous regarder ni même vous parler comme vous l'aviez toujours fait avant d'être des amants.

Si vous avez vécu une séparation il y a quelques mois, il est possible que, jusqu'au 20, des souvenirs de cette relation passée vous assaillent. Il suffira d'une simple rencontre pour vous rappeler votre ancien amour ou d'une conversation avec quelqu'un qui a bien connu votre partenaire.

Si vous vivez en couple, du 6 et jusqu'à la fin du mois, sous l'influence de Mercure en Bélier, vous serez porté à dire tout ce que vous pensez à votre partenaire et, malheureusement, vous ne lui parlerez pas que de ses qualités. En fait, il y a de fortes chances que vous ne lui trouviez que des défauts. Mais si vous y regardez de plus près, peut-être vous apercevrez-vous que ce sont vos propres frustrations et vos insatisfactions que vous reportez sur votre conjoint... Si vous jouez à ce petit jeu, «tu es pire que moi», à compter du 23, vous ne saurez plus comment vous extirper de cette querelle qui risque de prendre une tournure dramatique. Si vous vivez des tensions amoureuses, si vous savez, au fond de vous-même, que vous êtes encore amoureux l'un de l'autre, pourquoi ne pas aller consulter un psychologue qui aiderait votre couple à se voir tel qu'il est? Ne vous contentez pas de juger vous-même toutes les situations et de condamner votre partenaire parce que vous n'arrivez pas à être heureux. La réponse est en vous et non pas en l'autre. Il y a des gens spécialisés qui peuvent vous aider à vous trouver si vous vous sentez un peu perdu en ce mois de mars.

Si vous êtes célibataire, vous sortirez avec vos amis, vous rencontrerez des personnes intéressantes, mais vous aurez une attitude de méfiance, ce qui n'est guère favorable, même à une simple approche. Avant de prêter des intentions à quelqu'un, avant de lui faire un procès, essayez donc de le connaître. Peut-être découvrirez-vous quelqu'un de merveilleux. Et si une personne est timide, ce n'est pas nécessairement parce qu'elle a quelque chose à cacher. Attention lors de vos nouvelles rencontres: vous aurez tendance à mal interpréter certains signaux. En tant que célibataire et signe de Vénus, vous n'êtes pas fait pour passer votre vie en solitaire; l'amour, c'est votre équilibre, un équilibre sur lequel vous avez travaillé toute votre vie durant parce que vivre est un mouvement continu auquel il faut constamment se réajuster.

Ne perdez pas de vue que Jupiter est en Balance et il annonce de l'amour si tel est votre souhait. L'amour prend des formes un peu étranges et ne se présente pas toujours comme on s'y attend!

DANS L'ENSEMBLE DE VOTRE VIE

Ne laissez pas la famille vous dire quoi faire, ni au sujet de vos enfants ni en ce qui concerne votre vie de couple; vous seul devez prendre les décisions qui s'imposent. De plus, personne ne connaît mieux que vous ce qui se passe dans votre intimité.

Il est aussi possible qu'un membre de votre famille vive un moment difficile et cette personne aura besoin d'être écoutée. Vous n'avez pas à la conseiller, mais vous devez tendre l'oreille et être plein de compassion. En tant que signe fixe, il vous arrive de dire aux autres ce qu'ils devraient faire... C'est une mauvaise idée... Vous seriez alors le grand responsable si un parent ou un ami prenait une mauvaise décision.

Le Nœud Nord est en Bélier : il est dans le douzième signe du vôtre. C'est un peu comme si un individu que vous ne connaissiez pas du tout apparaissait dans votre vie et vous disait exactement qui vous êtes, ce que vous devez attendre et ne pas attendre de l'existence et des autres. Le Nœud Nord en Bélier a tendance à créer de l'empressement, ce qu'il ne faut pas faire, ni en amour ni en affaires.

Le Nœud Nord en Bélier fait face à Jupiter en Balance. Éloignez-vous des emprunteurs, sinon vous ne reverrez pas votre argent ou alors vous l'encaisserez dans quelques années seulement. Ne signez pas non plus des papiers dont vous ne comprenez pas totalement les enjeux. N'acceptez pas une association sans avoir étudié de fond en comble tout ce qu'elle implique, et si jamais vous étiez sur le point de vous lier à une entreprise en tant qu'entrepreneur autonome, prenez un avocat qui négociera à votre place votre position au sein de la nouvelle entreprise ou demandez à cet avocat de vous obtenir le prix que vous vous étiez fixé, que vous vendiez ou cédiez une part de ce que vous avez bâti.

Si vous poursuivez des études, vous trouverez ce mois bien long et bien difficile. Ne vous découragez pas. Vous manquez de concentration parce que vous êtes plus fatigué. Essayez donc de dormir davantage et prenez quelques vitamines pour éloigner une grippe qui vous ralentirait.

❦ AVRIL 2005 ❧

L'AMOUR

En tant que célibataire, jusqu'au 16, vous agirez comme si l'amour ne pouvait plus exister pour vous et plus encore si vous avez vécu une grande déception. Vous fuirez toute relation pouvant vous conduire à une véritable intimité. Un autre côté de vous, plus permissif, ne s'interdit pas les aventures et, étrangement, en ce mois, elles sont liées à l'informatique. Nombreux sont ceux qui navigueront sur les sites Internet de rencontres. Pour ceux qui s'adonnent à cette forme de connexion avec autrui, si jamais quelqu'un vous donnait rendez-vous, de grâce ne soyez pas naïf au point d'aller, aveuglément et sans précaution, à la rencontre d'un inconnu dans un lieu intime ; plusieurs aspects célestes indiquent qu'il y a du danger, surtout durant la première partie du mois. Si vous vous contentez de faire du clavardage, vous aurez de nombreux échanges, mais il n'y aucun danger à rester chez soi derrière son ordinateur, si ce n'est que d'être émotionnellement bouleversé par les mots tendres d'un inconnu qui sait écrire de la poésie et qui sait vous faire rêver. À compter du 16, vous croiserez une belle et agréable personne, sans doute lors d'une activité ayant un lien avec les arts.

Si vous avez une vie de couple, et si jamais, selon vous, elle s'essouffle, cela ne vous suggère-t-il pas de modifier certaines de vos habitudes? N'est-il pas temps d'improviser l'amour comme vous le faisiez autrefois? Peut-être consacrez-vous tout votre temps ou presque à votre travail et, lorsque vous rentrez à la maison, vous n'avez plus aucune énergie et vous faites comme si l'autre n'existait pas ou qu'il n'était qu'une commodité de plus dans votre vie...

Au cours de ce mois, vous êtes sous l'influence de Mars et de Neptune en Verseau, dans le dixième signe du vôtre, et vous donnez beaucoup d'importance à votre carrière, au point d'en oublier vos proches. Sous Vénus en Bélier, jusqu'au 16, vous ressentez l'empressement d'aimer et d'être aimé et vous tombez en amour avec le premier venu, tout en sachant au plus profond de vous-même que vous agissez par désespoir, parce que vous n'en pouvez plus d'être seul. Attendez le bon moment et la bonne personne: elle est là, elle n'est pas très loin, mais elle ne viendra à vous qu'à compter du 16.

DANS l'ENSEMBLE DE VOTRE VIE

Le travail est dominant pendant ce mois, surtout si vous êtes dans la catégorie des ambitieux, et plus spécifiquement si vous travaillez dans le monde des communications. Vous avez des chances d'avancement: une promotion est envisagée, ce qui ferait en sorte que vous obtiendriez enfin ce changement de poste tant souhaité. Une chose est certaine, vous êtes rapide lorsque vous vous exécutez sur le plan professionnel.

Si vous travaillez à titre de policier, de pompier, d'infirmier, de médecin, étant donné la rapidité de vos réflexes, peut-être que vous sauverez bien des vies, et il n'est pas impossible que vous soyez honoré pour votre bravoure.

Si vous faites un travail intellectuel et que vous soyez du type inventeur, vous aurez une idée géniale que vous rendrez à terme en un temps record. Pendant que vous serez en pleine conception, certains de vos proches, qui ne comprennent pas ce que vous faites, pourraient bien vous traiter de rêveur. Vous n'êtes pas qu'un rêveur, votre signe de terre est aussi celui d'un faiseur.

Si vous avez des problèmes avec la loi ou si la loi vous signifie que vous avez des problèmes avec elle, n'essayez pas de tout régler seul et demandez un appui légal. Faites-vous aider par un avocat pour vous sortir d'une mauvais passe ou d'une mauvaise accusation.

Par ailleurs, si jamais vous aviez commis un délit, quel qu'il soit, l'acte ne resterait pas impuni. Soyez attentif aux interdictions de stationnement. Lorsque vous garez votre voiture, lisez bien les affiches et assurez-vous surtout, si vous avez une voiture neuve, d'avoir un bon système d'alarme afin d'éloigner les voleurs.

Il en va de même avec votre maison : verrouillez bien les portes avant de partir. Ne laissez pas les clés sur la porte, ce serait une invitation pour les visiteurs indésirables. Si vous possédez un système d'alarme à la maison, ne partez jamais sans l'armer. Plusieurs aspects célestes révèlent que vous pourriez être victime de petits ou de grands voleurs. Il ne vous reste qu'à prendre les précautions nécessaires pour les en dissuader.

◖◖ MAI 2005 ◗◗

L'AMOUR

Vous serez encore trop critique envers votre partenaire durant les 12 premiers jours du mois, et principalement si vous avez derrière vous une famille qui, jusqu'à présent, n'a pas vraiment apprécié le conjoint avec qui vous vivez. Vous êtes le seul maître de la situation et personne n'a le droit de vous dire quoi penser et quoi faire! Vous êtes plus influençable que vous ne le croyez sous le joug de Saturne en Cancer. L'opinion de vos proches parents a une telle importance que vous risquez de ne plus penser par vous-même, mais plutôt à travers eux.

Vous avez un ou deux amis sur lesquels vous savez que vous pouvez toujours compter et, en échange, ils savent eux aussi que vous êtes là pour eux quand ils ont besoin de vous. En ce mois, ce sont ces fidèles amis qui sont vos meilleurs guides! Il n'y a pas de vie de couple sans réajustements. Dans notre

société, on part rapidement vivre avec quelqu'un, et la séparation vient aussi vite. Afin de s'éviter cette peine que cause une
rupture, peine que vous ne souhaitez pas vraiment vivre,
confiez-vous à vos amis les plus proches, les vrais, et non pas à
ceux que vous connaissez à peine et qui ne souhaitent pas votre
bonheur, mais plutôt à ces amis qui sont vrais, qui ne vous ont
jamais menti, que ça vous plaise ou non.

Si le temps présent est annonciateur du grand amour, il est
aussi possible que ce grand amour ne soit qu'une aventure qui
vous prendra tellement les tripes que vous serez prêt à faire
voler votre vie de couple et votre vie de famille en éclats. Avant
de faire un tel geste, prenez du recul et réfléchissez à ce que
vous gagnerez et à ce que vous perdrez.

En tant que célibataire, les rencontres seront nombreuses.
Vous aurez l'embarras du choix! À compter du 12, vous ferez la
rencontre d'un communicateur, de quelqu'un qui exprime ses
pensées, mais qui rationalise beaucoup. Vous serez fasciné par
cette personne, mais il est fort possible que sa raison et la vôtre
finissent par faire des étincelles, et même une explosion. Vous
aurez, à certains moments, l'impression de ne pas parler la
même langue que l'autre et ce sera presque vrai. Par contre, il
se présentera à vous une personne extrêmement sensible: ne la
négligez pas car en tant que signe de Vénus, vous ne pouvez
être confortable qu'avec quelqu'un qui sait vous écouter et que
vous pouvez aussi comprendre clairement quand il exprime ses
sentiments.

DANS L'ENSEMBLE DE VOTRE VIE

Vous ferez plus de sorties que vous n'en avez faites depuis le
début de l'année. Vous recevrez des invitations à des fêtes
comme ça ne vous était plus arrivé depuis plusieurs années.
Attention, vous aurez aussi envie de magasiner, de vous acheter
de nouveaux vêtements et, naturellement, vous dépenserez au-
delà de ce que votre budget vous permet.

Au travail, vous serez constamment en demande, à tel point
qu'un beau jour, vous demanderez si vous êtes la seule personne à être employée dans l'entreprise. Ne perdez pas
patience, ne laissez pas la fatigue vous emporter et provoquer
une colère. Vous ne feriez pas bonne figure! De toute manière,
on ne peut vous reprocher quoi que ce soit puisque vous donnez
votre maximum et que vous êtes humain. Il faudra bien que, de

temps à autre, vous preniez congé afin de reprendre votre souffle.

Si vous travaillez en association, il faudra bien que vous acceptiez de faire des compromis. Cependant, attention! N'en faites pas plus que vous ne le devez. Si jamais vous n'êtes pas rassuré sur une de vos décisions, demandez des conseils à des personnes ayant de l'expérience dans le type de travail que vous faites ou à des gens qui ont déjà vécu le même genre de situation.

Il existe malheureusement une catégorie d'individus ayant des airs amicaux. Ils sont aimables, affables, à l'écoute d'autrui. Pourtant, ces personnes, un peu trop bonnes, que vous connaissez peu ou pas du tout, pourraient être des filous. À compter du 11, si jamais vous faites des achats autres que dans des magasins, si on vous présente une bonne affaire, sans jamais vous offrir la moindre garantie, méfiez-vous de votre vendeur à l'allure candide. Il n'est peut-être pas aussi honnête qu'il n'en a l'air et qu'il le dit. Même si vous êtes fortuné, perdre n'a rien d'intéressant. Si vous gagnez votre vie comme la majorité des gens, c'est-à-dire en réussissant à vivre moyennement, vous n'avez surtout pas le moindre sou à perdre.

Si vous faites partie de ceux qui sont à la recherche d'un emploi, vous n'aurez aucun mal à en trouver un en ce mois de mai. Les portes s'ouvrent pour vous laisser passer. Par ailleurs, un ami pourrait vous donner un excellent tuyau et vous permettre d'obtenir ce travail que vous avez tant espéré.

⦾ JUIN 2005 ⦿

L'AMOUR

À compter du 4, avec l'entrée de Vénus en Cancer, c'est l'amour tendre qui guette le célibataire. Vénus étant dans le troisième signe du Taureau, elle prédispose celui-ci à rencontrer une personne plus jeune que lui ou du moins ayant une allure de jeunesse ou une pensée jeune, et la rencontre se fera lors d'une fête d'enfants entre des parents célibataires. Attention! La relation peut prendre l'allure d'une course. Prenez votre temps. Ne vous précipitez pas tête première sur cette personne dont la beauté vous séduit. Essayez d'abord de la connaître avant d'appeler votre rencontre une aventure.

Si vous vivez en couple et s'il y a eu des tensions, tout s'apaisera. Vous serez enfin capable de discuter en tête à tête d'une manière civilisée, calmement et posément, et de régler les petits différends qu'il y a eu entre vous.

L'argent est souvent un sujet de discussion dans un couple, surtout quand on ne vit pas richement. Il est possible qu'au milieu du mois, face à la montagne de comptes accumulés, votre partenaire et vous, vous accusiez mutuellement de trop dépenser. Avant d'en arriver là, faites minutieusement votre comptabilité et peut-être découvrirez-vous que ces dépenses étaient en fait presque toutes nécessaires au bien-être de la famille.

Il y a parmi vous des couples qui sont sans enfant, et voilà que l'un de vous se met à discuter de l'idée de fonder une famille. Vous ne mettrez pas beaucoup de temps avant d'être d'accord sur la question. Et, du même souffle, il sera question de la destination de vos prochaines vacances et, sur ce plan, vous n'aurez aucun mal à vous mettre d'accord.

DANS L'ENSEMBLE DE VOTRE VIE

À compter du 13, si vous avez un patron qui commande maladroitement, il est possible que vous vous emportiez contre lui. C'est votre droit d'être bien traité dans votre milieu de travail, mais il en va de votre intérêt de discuter plutôt que de vous emporter. Quel que soit le chemin que vous prendrez, vous aurez des résultats. Mais, pour que la situation soit simplifiée et qu'il n'y ait aucune animosité entre vous, choisissez la voie de la diplomatie pour exprimer vos insatisfactions.

Au tout début du mois, soit durant les 12 premiers jours, cette fois, c'est un ami qui a besoin de vous, de vos services, de votre appui ou simplement d'une oreille attentive.

Si vous êtes à votre compte, soyez prudent lorsque vous acceptez un nouveau client : informez-vous à propos de son crédit. Vous courez le risque de faire du travail pour lui et de ne pas être payé ou vous ne serez payé qu'au compte-gouttes, alors que vous avez besoin qu'on vous paie rapidement afin de pouvoir rembourser les frais que ce travail vous aura occasionnés.

Si vous avez un talent de créateur, si vous êtes artiste, quelle que soit votre discipline, vous serez très inspiré en ce mois de juin. Si vous êtes impliqué dans le milieu artistique, vous pouvez vous attendre à une belle surprise telle qu'un contrat d'engagement qui pourrait bien, dans quelques mois, faire de vous une vedette.

Si, malheureusement, il y a conflit avec un ou des parents, et si, malgré vos efforts pacifistes, rien ne se règle, prenez vos distances, ne laissez personne vous faire souffrir, vous troubler. Parfois, le silence et la distance font réfléchir des gens sur ce qu'ils vivent et, automatiquement, vous font revivre. Donnez-leur du temps pour méditer sur le fait que vous menez votre vie comme vous l'entendez et non pas en fonction du clan auquel vous avez déjà appartenu. Vous êtes un individu libre et on se doit de respecter vos décisions.

✿ JUILLET 2005 ✿

L'AMOUR

Nous voilà face à une organisation de planètes plus complexe en ce qui concerne la relation de couple, surtout si des tensions existent. Tout d'abord, vous aurez souvent l'impression de manquer d'attentions, d'être mis de côté, de ne pas être aimé pour ce que vous êtes, mais plutôt pour ce que vous pourriez devenir si vous écoutiez les conseils et les suggestions que vous fait votre partenaire. Jusqu'au 23, vous êtes sous les influences de Mercure et de Vénus en Lion, dans le quatrième signe du vôtre. Si certains d'entre vous se demandent s'ils sont de bons partenaires et de bons parents, d'autres reprochent à leur conjoint de ne pas être la personne qu'ils désirent. En raison de la présence de Mars en Bélier, il est normal que vous défendiez votre intégrité, ce que vous faites, comment vous le faites et ce, dans tous les secteurs de votre vie. Puis, il y a Mars qui se trouve face à Jupiter en Balance. Bien qu'il n'y ait pas là une opposition directe, l'effet de cet aspect n'est pas de tout repos et si une lutte est engagée entre vous et votre partenaire, elle risque de s'envenimer; les mots méchants et les reproches pourraient marquer votre couple à un point tel qu'il ne serait plus possible de se pardonner. Avant d'engager une lutte, prenez un très grand recul, questionnez-vous concernant ce qui ne fonctionne pas et demandez gentiment à votre partenaire d'aller consulter un psychologue, ce qui vous aidera à comprendre ces transformations que vous subissez. Une guerre entre deux partenaires ne se déclare pas soudainement. Elle prend souvent sa source dans une lutte de pouvoir dont personne ne s'est rendu compte.

Heureusement que des gens s'aiment encore follement et feraient n'importe quoi ou presque pour continuer de vivre ensemble. Il y a des hommes, tout autant que des femmes qui, après de nombreuses années de vie commune, continuent de s'admirer, et qui plus est, se disent l'un à l'autre qu'ils s'apprécient toujours davantage. Ces amoureux passionnés, dans notre société, sont de plus en plus rares. Ils vivront, en ce mois de juillet, des moments plus intenses qu'au cours des mois précédents. Ces couples aimants attirent la chance. Advenant un problème, notamment avec les enfants, comme une maladie ou un comportement déplaisant de la part d'un de vos proches, vous trouverez une solution presque idéale pour que l'harmonie règne à nouveau dans la maison. Il est possible qu'une intervention extérieure, qui sera de peu d'envergure, par le biais d'un concours de circonstances, par magie ou par miracle, permette aux gens qui s'aiment de vivre paisiblement avec leur famille.

Drôle de mois que ce mois de juillet! En tant que célibataire, vous serez attiré par une personne marginale, hors de l'ordinaire, peut-être un artiste ou, du moins, un être très original. Cette personne vous suggérera de nouvelles idées à propos de la vie. Elle peut être différente, jamais monotone. Le plaisir est à votre porte tous les jours... Cette personne sera si enthousiaste que vous serez tenté de croire toutes les sornettes qu'elle vous déblatérera! Car quelques-unes de ses affirmations seront si légères et si peu profondes que ce plaisir dont on vous parle ne sera en réalité que des balivernes et des instants faciles. Vous vous direz: enfin quelqu'un qui a envie de vivre pleinement! Mais qu'est-ce donc, pour vous, vivre pleinement? Est-ce vraiment ce que cette nouvelle personne raconte? Les valeurs de cet être seront peut-être bien artificielles! Ne tombez pas dans le panneau d'un charmeur, de quelqu'un qui parle et qui parle et qui parle et qui finalement, ne fait que s'écouter...

DANS L'ENSEMBLE DE VOTRE VIE

Peut-être avez-vous songé à devenir travailleur autonome. Vous avez bien réfléchi aux efforts que cela allait nécessiter, à l'insécurité qu'une telle position allait occasionner. Cependant, à l'intérieur de vous, c'est toujours la même chanson: «oui, il me faut le faire». Avant de quitter un emploi où vous bénéficiez d'une grande sécurité, demandez-vous si vous êtes persuadé qu'il vous faille changer de vie professionnelle. Interrogez qui de droit concernant toutes les procédures qui s'imposent pour devenir propriétaire de sa propre entreprise, quels sont les avantages et les désavantages d'une telle situation, quelle paperasserie vous devrez remplir pour être constamment en règle, que vous faut-il investir au départ. Travaillerez-vous seul ou aurez-vous besoin d'un employé? En somme, il y a de multiples questions que vous devrez vous poser, et tout autant de réponses obtenues avant de vous lancer dans une aventure aussi audacieuse!

Mais peut-être faites-vous partie des gens satisfaits de leur emploi... Vous serez nombreux à prendre des vacances, mais parmi vous, certains devront les reporter. Votre patron se fie à vous pour superviser quelques urgences! Si c'est flatteur d'être celui à qui on demande de rester, c'est également contrariant quand on a planifié un congé de rêve! Ne faites-vous pas partie de la race des ambitieux? En général, vous l'êtes en tant que signe fixe et vous faites automatiquement passer le devoir avant tout plaisir.

Il y a encore, dans le ciel, ce que l'on nomme des interventions familiales ou des parents qui croient en savoir plus que vous et qui, sans aucune gêne, vous disent ce qu'il faut faire et ne pas faire, à quoi il faut croire et ne pas croire, et même en qui avoir et ne pas avoir confiance. Et c'est sans compter leurs multiples conseils concernant votre famille et surtout vos enfants, si vous en avez.

Il y a, dans quelques familles, des gens qui, comme un automatisme, s'opposent à l'amour que vous vivez, tout simplement parce qu'inconsciemment, ils craignent que vous ne vous éloigniez du clan. Le clan a décrété que vous lui apparteniez et trois types de Taureau sont plus sujets à vivre ce genre de situation; les Taureau ascendant Lion, les Taureau ascendant Scorpion et les Taureau ascendant Verseau. On note aussi parfois, mais plus rarement, les Taureau ascendant Taureau. En tant que double signe fixe, vous finissez toujours par leur dire de ne pas intervenir et vous ne prenez pas de gants blancs quand vous pressentez qu'il est nécessaire de remettre les pendules à l'heure!

Pour un grand nombre de personnes, en juillet, tout sera au ralenti car ils en ont décidé ainsi, et rien au monde ne les fera changer d'avis. Ils feront ce qui leur plaît parce que c'est le seul mois de l'année où ils ont congé, et parce que jamais ils n'écoutent les conseils d'autrui : ils s'écoutent eux-mêmes !

∞ AOÛT 2005 ∞

L'AMOUR

Mars est en Taureau ; ne perdez pas de vue que Mars est la planète de l'action, mais aussi celle qui fait la guerre contre quiconque attaque, principalement dans votre vie intime ! Mars, c'est aussi la pulsion sexuelle, le désir de l'autre, parfois d'un autre que celui avec qui l'on vit. Mars et d'autres planètes en situation peuvent vous faire tomber soudainement en amour. Mars, c'est le symbole de l'attraction physique et des belles personnes qui correspondent à votre personnalité. Elles sont semblables à des proies, à des conquêtes qu'il vous faut absolument faire. Cette attirance pour un inconnu est extrêmement puissante du 1er au 13. Il se dégagera aussi de vous un magnétisme particulier. Vous serez si attirant que vous vous demanderez ce que vous avez dans l'œil pour plaire autant !

Si vous êtes célibataire, ces flirts vous feront du bien. Vous vous direz qu'au moins, vous ne passez pas inaperçu ! Il y a beaucoup plus : l'aventure vous guette au premier tournant, et principalement durant la première semaine d'août. Il est possible que vous soyez emporté dans un tourbillon passionnel. En tant que personne seule depuis longtemps, cela fera du bien à votre estime de vous-même. N'est-il pas extraordinaire d'être désiré ? Je ne suis pas moralisatrice et si vous avez une aventure, c'est très bien. Par contre, un avis s'impose : protégez-vous contre les maladies sexuellement transmises. Mars est en exil dans votre signe. Aussi n'offre-t-il aucune protection contre ces maladies. Il serait bien dommage de gâcher une passion par un mal ; il apparaît également, dans ce ciel d'août, que de nombreux individus vivront une passion pouvant durer quelques mois et mieux encore, elle est sujette à changements en cours de route. Vous vous attacherez l'un à l'autre. Il arrive qu'une passion devienne une belle relation amoureuse. Il y a donc, parmi les célibataires, ceux qui auront plusieurs aventures parce qu'ils refusent tout engagement, et des célibataires qui, même s'ils n'espéraient rien de leur aventure, vivront enfin le grand, le très grand amour. Mais sachez déjà que Rome ne s'est pas bâtie en un jour ! Il en va de même avec une relation amoureuse. Quand on aime follement quelqu'un, ce n'est pas le feu qui s'éteint, ce sont les flammes qui vacillent et qui dansent inégalement au bout d'un certain temps. Lorsque vous ne reconnaissez plus la passion du début, vous vous mettez à croire qu'il n'y a plus rien, qu'au fond, cet amour n'était qu'une banalité. L'amour sera tout simplement différent...

Si vous êtes déjà amoureux, si vous avez une vie de couple que d'autres vous envient, vous saurez comment faire en sorte que votre amoureux vous aime encore plus! Il sera question d'un mariage pour des amants qui se fréquentent depuis plusieurs mois. S'il s'agit d'un premier mariage, vous serez emballé! Si toutefois vous avez déjà vécu l'expérience du mariage et du divorce, sans doute, malgré toutes les preuves d'amour qui vous seront données, trouverez-vous des excuses pour ne pas signer un engagement officiel et vous proposerez un compromis tel que la vie commune, mais sans que ni l'un ni l'autre n'appose sa signature au bas d'un contrat à vie.

DANS L'ENSEMBLE DE VOTRE VIE

Vous pensez plus vite que bien d'autres gens et vous avez l'indélicatesse de faire remarquer aux autres qu'ils sont lents! Parce que vous aurez du mal à retenir votre langue face à ces gens qui ne comprennent pas aussi vite que vous ou qui ne veulent pas les mêmes choses que vous, vous risquerez de leur dire des mots regrettables. Tournez votre langue sept fois lors des moments où vous êtes sous pression au travail. Dites-vous que vos collègues ne sont pas nécessairement aussi motivés que vous!

C'est un mois important en ce qui concerne l'orientation professionnelle d'un grand nombre d'entre vous. Certains auront une promotion, d'autres seront appelés à travailler dans une autre ville, à voyager pour représenter les intérêts de l'entreprise en cours ou il sera question d'occuper un autre poste où vous aurez plus de responsabilités, mais également une chance d'avancement.

Si vous êtes jeune et que vous débutiez dans un métier ou une profession, si vous avez fait des demandes d'emploi, vous recevrez non pas une seule réponse positive, mais au minimum deux. Il s'agit d'une sorte de stage qui vous est offert et vous serez à l'essai. Le seul fait d'avoir une proposition vous fera grand plaisir. Afin de choisir le meilleur endroit pour faire vos premières armes, examinez bien l'entreprise elle-même et vos propres besoins face à l'avenir. Mars est dans votre signe et il y a peu de chance que vous fassiez une erreur : vous ferez le meilleur choix. Et c'est ainsi que débutera votre odyssée vers le sommet.

Si, malheureusement, vous faites partie de la catégorie des révoltés, ceux qui refusent de travailler parce que c'est trop dur, parce que ce n'est jamais suffisamment bien payé, si vous êtes ce Taureau qui essaie constamment de contourner le système et d'en tirer profit, il est possible que votre subterfuge, qui consiste à refuser tout emploi qui vous est offert, ne fonctionne plus et que vous soyez obligé d'accepter un boulot... Ce que vous ne savez pas encore, c'est qu'un retour au sein d'un système, bien qu'imparfait, mais l'un des meilleurs au monde, vous permettra de vous redécouvrir en tant que faiseur et en tant que bâtisseur ; vous ne serez plus un fuyard, mais un être doué de talents, bien au-delà de tout ce que vous avez pu imaginer de vous-même.

Et si vous êtes actif dans le monde artistique, si vous êtes l'artiste désireux de se faire connaître et de faire reconnaître son œuvre, si vous êtes un inventeur, bref, quel que soit le projet que vous chérissez, vous aurez la chance de vivre un premier développement si vous êtes au début ; si vous êtes au milieu du projet, vous irez plus rapidement vers le sommet. Si vous êtes presque au sommet, en moins de temps que prévu, vous serez assis sur votre succès. Cependant, dites-vous que le succès n'est jamais totalement acquis : il a constamment besoin d'attention pour durer !

◖◗ SEPTEMBRE 2005 ◖◗

L'AMOUR

Peut-être vivez-vous l'amour fou, l'amour passion ! Si tel est votre cas, il se poursuit, à moins que vous n'ayez découvert ou décidé que votre flamme, aussi brûlante soit-elle, ne correspond pas à ce que vous attendez dans la vie au quotidien. Certains d'entre vous imposent des limites à l'amour parce que tout au fond d'eux-mêmes, ils ne veulent pas partager et encore moins perdre leur liberté.

À compter du 12, Vénus entre en Scorpion face à votre signe. Cette planète a un petit quelque chose d'effrayant... Pour quelques-uns d'entre vous, Vénus en Scorpion lance une invitation officielle à une vie de couple, et non plus à une simple aventure. À d'autres, Vénus en Scorpion leur ouvre les yeux sur leur réalité : ils s'étaient emballés pour une belle personne qui, maintenant, révèle sa véritable nature : elle est jalouse, possessive, égocentrique, économe à l'excès. Peut-être que Vénus en Scorpion vous révèle qui vous êtes vraiment, justement parce que vous êtes en face d'un être authentique qui réussit à faire tomber les masques derrières lesquels vous cachez la plus grande part de vous-même.

Si votre vie de couple est magnifique, sachez que, du jour au lendemain, les raisons étant aussi nombreuses qu'il y a de Taureau, un coup de vent qui n'avait pas été annoncé peut renverser ou secouer le bonheur ; durant la dernière semaine du mois, il est possible qu'un événement hors de votre contrôle perturbe votre vie à deux. Cela peut être la perte de votre emploi ou celui de votre partenaire ; pour certains, c'est un enfant qui tombe malade, et commence alors la longue litanie des accusations entre les conjoints, comme si l'un devait absolument être responsable de la maladie de l'enfant. Si vos parents vivent toujours, peut-être que vous avez voulu croire qu'ils vivraient ensemble jusqu'à ce que la mort les sépare.... Voilà que vous apprenez qu'ils divorcent. Vous vous dites que vous avez cru en leurs mensonges et que, pour vous, c'est la fin d'un conte de fées !

Au cours du mois de septembre, à compter du 12, Vénus, la planète qui régit votre signe, est en Scorpion, en exil. Jusqu'au 23, Vénus révèle des secrets. Elle met au jour ce qu'on s'était caché à soi-même. Elle dévoile les faussetés, et si jamais votre partenaire n'a pas été honnête avec vous, vous l'apprendrez ; si c'est vous qui avez trompé votre conjoint, votre infidélité sera connue.

Si vous êtes célibataire, vous deviendrez plus craintif. Il vous aura suffi de constater la déception amoureuse d'un ami pour que vous soyez de nouveau sur vos gardes.

Que faut-il donc faire pour préserver le grand amour ? Il faut être généreux, tolérant, sans jugement ; en somme, l'amour s'installe chez les couples qui grandissent en sagesse. Et où se trouve donc cette sagesse ? On apprend à être sage, comme tout le reste d'ailleurs, mais à la base, il faut avoir foi en la vie, sinon il est impossible d'en retenir les leçons. Quels talents et quelles qualités faut-il posséder pour attirer l'amour à soi ?

DANS L'ENSEMBLE DE VOTRE VIE

La progression professionnelle se poursuit. Elle n'est ni régulière ni aussi rapide que vous le souhaitez, mais le mouvement est continuel.

Au cours de ce mois, si vous vous acharnez sur un projet ou sur une idée hors de l'ordinaire, on ne vous dit pas un *oui* spontanément. Cependant, on ne rejette pas non plus votre proposition. Il ne faut pas vous imaginer qu'une semaine suffira pour mettre un tel projet sur pied. Vous avez du pain sur la planche et des tas de gens à rencontrer avant que votre vente ne soit complétée et rémunérée tel qu'il se doit, tel que vous le méritez. Ne perdez pas de vue que, si vous négociez avec de grosses entreprises, que celles-ci feront tout ce qui est en leur pouvoir pour vous absorber. Mais vous êtes rusé et assez habile pour déjouer ce plan, et ainsi préserver votre indépendance, en obtenant la grosse part du gâteau qui vous revient.

Si vous avez un emploi régulier, si, par exemple, vous êtes syndiqué, malgré un gros remue-ménage dans l'entreprise, vous ne serez pas en danger. Il n'y a aucune perte possible à l'horizon.

Si vous travaillez sans filet, sans protection, sans bénéfices spéciaux, sans même être certain de garder votre emploi, vous êtes tendu... Mais vous ne devriez pas... Alors que vous vous attendez au pire, c'est le meilleur qui vous attend. Vous êtes travaillant, minutieux, attentif à vos collègues, à ce que vous faites et vous donnez un coup de main dès que vous en avez l'occasion... Comment pourrait-on se passer de vous? On vous offrira sans doute d'occuper un poste qui ne sera pas plus exigeant que tout ce que vous faites pour autrui et, qui sera mieux rémunéré que celui que vous avez présentement.

Si vous êtes étudiant, vous aurez quelques distractions au milieu du mois. Vous préférerez aider des amis ou sortir plutôt que de faire vos devoirs. Ne perdez pas de temps. Ne prenez pas de retard dans vos travaux. Si tel est le cas, vous en êtes la seule personne responsable. Vous avez l'entière liberté de choisir: ce sera votre réussite ou votre échec. Personne ne peut décider à votre place et il n'en tient qu'à vous d'aller jusqu'au bout de vos études et obtenir ce diplôme qui, par la suite, vous permettra de gagner votre vie comme vous le souhaitez.

Il faut prendre physiquement soin de vous ; vous êtes maintenant sous l'influence de Saturne en Lion, qui a la manie de donner des maux de dos aux gens qui, par exemple, déplacent des gros meubles sans demander d'aide. Saturne en Lion peut affecter la colonne vertébrale du sportif qui ne fait pas suffisamment d'exercices de réchauffement. Saturne en Lion, dans le quatrième signe du vôtre, conseille aux personnes dont la pression artérielle n'est pas contrôlée de suivre méticuleusement le régime que leur médecin leur a prescrit. Si le docteur a suggéré de perdre du poids, sous ce Saturne en Lion, il faudra vous y astreindre afin d'éviter que d'autres problèmes ne surgissent.

Saturne en Lion annonce parfois une mauvaise nouvelle telle que la maladie grave d'un parent qui n'est plus très jeune et, au pire, la mort d'un parent déjà âgé qui, depuis quelques années, n'était plus en bonne santé.

Saturne en Lion vous conseille de jeter un œil sur les fréquentations de vos adolescents. Si vous constatez que votre grand se relâche dans ses études ou adopte une attitude de révolte ou même de voyou, de grâce ne restez pas les bras pendants, ne démissionnez pas et ayez une bonne conversation avec lui ; pourquoi ne pas recevoir ses amis chez vous ? Ainsi, vous saurez où il est et ce qu'il fait ! Vous devrez naturellement supporter un peu plus de bruit et le désordre engendré par ce tumulte, mais au moins, vous saurez que votre adolescent est en sécurité.

◄ੑ OCTOBRE 2005 ੲ►

L'AMOUR

Jupiter achève son passage dans le signe de la Balance. Ce signe vénusien vous aura apporté de l'amour et fait découvrir votre manière d'aimer. Jupiter en Balance a pu rompre l'équilibre de votre couple et, si cela a eu lieu, c'est qu'au départ il n'y avait qu'apparence d'équilibre ! Jupiter ne détruit pas ce qui est solide. Par contre, Jupiter, c'est cette planète qui déteste le mensonge et qui ne veut que la vérité et la justice.

Jupiter récompense les justes, mais elle punit sévèrement les tricheurs, les menteurs et les voleurs. Jupiter, qui a sillonné la Balance, a joué un énorme rôle dans votre vie de couple depuis le début de l'année. Il vous a fait voir la réalité de votre vie au quotidien, il vous a permis de découvrir où était votre bonheur ou vous a fait comprendre que votre bonheur n'était qu'une bulle d'air ou un beau partage d'amour.

Sous Jupiter en Balance, de nombreux couples se sont formés, d'autres se sont défaits. Si jamais vous étiez des seconds et que vous avez vécu une séparation, Jupiter n'a pas perdu de temps et vous a présenté quelqu'un d'autre à aimer et de qui être aimé.

En ce mois d'octobre, si vous êtes encore célibataire, Jupiter vous donnera la chance de rencontrer une personne d'une autre nationalité que la vôtre, d'une autre culture, quelqu'un de qui vous aurez beaucoup à apprendre. Vous lui enseignerez nos traditions, nos croyances, nos valeurs, etc. Il n'est nullement écrit que vous deviez vous marier à la fin du mois, tout de même! Par contre, vous aurez beaucoup de plaisir à côtoyer cette personne dont les racines sont fort différentes des vôtres. Ce sera comme si vous faisiez un grand voyage... Mais il est aussi possible que ce voyage dure longtemps, longtemps, longtemps. Il est à souhaiter qu'il n'y ait aucune parcelle de racisme en vous car en ce mois d'octobre, vous serez séduit par des personnes qui, la plupart du temps, ne seront pas nées chez nous, et si elles le sont, leur famille aura préservé ses traditions et ses coutumes. Vous enrichirez votre culture, et si jamais vous avez des a priori au sujet des étrangers, vous mettrez fin à votre peur de l'envahisseur! L'amour parle toutes les langues et n'a pas de couleur de peau spécifique. L'amour est une langue universelle: il converse avec le cœur plus qu'avec l'esprit. L'amour est sans raison, mais il a aussi toutes les raisons d'être! Sans l'amour, nous ne serions plus là, l'amour, c'est la vie et notre survie en dépend. Il y a l'amour dans le couple, l'amour familial et l'amour universel. Que diriez-vous de pouvoir enfin vivre tout ça en même temps?

Si vous avez déjà une vie de couple et que vous êtes tenté de taquiner votre partenaire en lui lançant ici et là quelques flèches empoisonnées de critiques, retenez-vous! Jetez votre arme. À compter du 9, sous l'influence de Mercure en Scorpion face à votre signe, les petits et gros défauts de l'amoureux vous sembleront plus apparents et plus agaçants qu'à l'accoutumée. Si vous êtes dans cet état, il serait utile de vous demander ce qui vous frustre en ce moment. Les jugements que vous portez sur l'amoureux ne sont probablement que le reflet de vos propres insatisfactions et possiblement que vous possédez les défauts que vous reprochez à l'autre!

Si vous multipliez les aventures, il serait sage de vous protéger contre les maladies sexuellement transmises. Personne n'est à l'abri de ce type de maladie, et pour éviter le pire, il y a des préservatifs qui sont aussi des contraceptifs!

DANS L'ENSEMBLE DE VOTRE VIE

Il est à souhaiter que vos affaires soient en règle, que vous n'ayez commis aucune irrégularité financière, que toutes vos déclarations d'impôt des dernières années aient été faites comme il se doit. Plus le mois avancera, plus vous serez inquiet si vous avez triché, et la vie vous démontrera que vos inquiétudes n'étaient pas que les fruits de votre imagination, mais qu'elles étaient fondées sur la peur d'être pris la main dans le sac! Ce qui sera fait si vous n'avez pas été honnête.

À compter du 27, Jupiter entre en Scorpion face à votre signe. Jupiter, ainsi positionné, cumule vos bonnes et mauvaises actions. Les bonnes rapportent beaucoup plus que ce que vous attendiez. Jupiter en Scorpion est une magnifique boîte à surprises pour les honnêtes Taureau. Jupiter qui entre en Scorpion, et qui restera dans ce signe jusqu'au 24 novembre 2006, permettra aux gentils de se frayer une place dans le milieu dans lequel ils ont choisi de grandir, comme le milieu professionnel, par exemple. Les gentils auront constamment des appuis de gens influents qui surgiront au moment où ils s'y attendront le moins et ces personnes puissantes leur ouvriront des portes qu'ils avaient crues blindées, inaccessibles. Jupiter en Scorpion est un très grand justicier: il donne l'ordre à ceux qui ont des dettes envers vous de vous rembourser, et ce, dans un bref délai. Ne cherchez pas à savoir comment vous récupérerez ce que vous pensez être perdu à jamais. La vie se charge de vous rendre ce qui vous appartient. Elle se charge d'éloigner de vous ceux qui pourraient vous nuire. Elle s'organise afin de simplifier votre existence, si jusqu'à présent, et en fait depuis toujours, vous avez été bon pour votre prochain. Vous pourrez enfin dire qu'il y a une justice pour les bons!

Si, toutefois, vous appartenez à la catégorie des tricheurs, des menteurs et des vilains, plus le mois avancera et plus vous aurez de comptes à régler. Une affaire louche que vous pensiez bien camouflée sous le tapis ressurgit, et voilà que la personne à qui vous avez nui a maintenant le pouvoir de vous faire payer votre dette envers elle. Elle peut vous obliger à réparer votre erreur si, par votre faute, elle a maintenant mauvaise réputation.

À partir de ce mois d'octobre, dans l'ensemble, en affaires comme en amour, il serait préférable pour vous d'être, en tout temps, tout lieu et avec tout le monde, un Taureau correct!

⤷ NOVEMBRE 2005 ⤶

L'AMOUR

Jupiter est en Scorpion face à votre signe. Jupiter est un grand justicier et il joue, ainsi positionné dans le septième signe du vôtre, un rôle important quant à vos relations sentimentales. Jupiter en Scorpion devient une représentation symbolique de votre vie amoureuse en tant qu'amant ou partenaire dans une union, qu'elle soit stable ou non. Jupiter en Scorpion, c'est aussi votre acception ou votre refus de votre vie de célibataire!

Jupiter en Scorpion est un plongeon au cœur de vous-même, de cette existence de solitaire que vous supportez sans y trouver aucun bonheur ou de cette relation que vous ne pouvez quitter malgré les souffrances et les silences qu'elle vous impose. Jupiter en Scorpion est un cri de l'âme, un appel de soi vers soi, vers une honnêteté, d'abord vis-à-vis de soi-même; Jupiter en Scorpion est honnêteté, questionnements et réponses qui vous permettront de réaliser vos plus profondes aspirations, soit d'aimer et d'être aimé pour ensuite grandir en amour et en sagesse avec l'autre et en même temps que l'autre!

Novembre 2005 est un mois sérieux au cours duquel vous questionnerez votre passé afin de savoir pourquoi vous n'êtes pas parfaitement heureux en amour ou pourquoi vous n'avez jamais eu une relation de couple ou, pourquoi, lorsque vous filez sur les ailes de l'amour, celles-ci se brisent. Sous Jupiter en Scorpion, la vie vous donne des réponses: si elles ne vous font pas plaisir, elles sont justes et vous donnent la chance de corriger certaines attitudes et façons de penser, ainsi que de remettre en question de fausses valeurs et tout autant de fausses croyances.

Vous découvrirez que l'éducation que vous avez reçue et que l'amour maternel ou paternel que vous avez absorbé ne furent pas sains. C'est en ce mois de novembre qu'une personne avisée, que le hasard vous présente, vous offre l'occasion de comprendre votre mal d'amour, tout autant que votre mal de vivre!

En tant que célibataire, c'est aussi en ce mois de novembre que vous croiserez une personne magnifiquement sage, attentive, magnétique, attirante, etc. Elle possédera une énorme capacité d'aimer et d'être aimée. Si cette personne n'est pas particulièrement bavarde, lorsqu'elle parle, elle le fait aussi intelligemment que sensiblement. Ce flirt durera sans doute quelques années. Surtout, ne vous fermez pas à cette rencontre, et si jamais cette personne avait quelques cheveux blancs, alors que vous n'en êtes pas là, ne fuyez pas ; sachez que l'amour n'a pas d'âge.

Si vous faites partie des heureux élus, ceux qui s'aiment depuis longtemps, votre vie amoureuse pourrait être agrémentée plus qu'elle ne l'est maintenant. Il est possible que vous et votre partenaire gagniez à la loterie : peut-être qu'il s'agira d'un voyage dont vous pourrez profiter à deux, une grâce du ciel!

Sous ce ciel, où Jupiter est en Scorpion, et Saturne en Lion (et naturellement d'autres planètes dont je vous épargne la description), tout devient intense et, en ce qui vous concerne, c'est surtout votre vie amoureuse qui est visée, vécue ou niée, refusée, volontairement inexistante, mensongère, etc.

Vous traverserez ce mois de novembre et il vous sera impossible de vous raconter des histoires! Mais en ce mois, c'est aussi le moment de dire à la personne qu'on aime, qu'on l'aime profondément.

Si vous êtes jeune, si vous êtes amoureux, vous avez certainement songé à fonder un foyer, à avoir un ou des enfants. En ce mois de novembre, vous êtes prêt à causer ouvertement de votre désir d'avoir un enfant et ce, que vous soyez un homme ou une femme.

DANS L'ENSEMBLE DE VOTRE VIE

C'est l'avant-dernier mois de l'année, un temps où la lumière commence déjà à nous manquer. La température fluctue. Il pleut, il neige, il vente, il grêle, l'humidité met le corps à l'épreuve et c'est l'inconfort. Le ciel est gris et, dans ce pays, nous savons que nous devrons une fois de plus passer à travers ce climat que l'on rend souvent responsable de nos sautes d'humeur ou de nos tristes humeurs. Chez nous, il n'y a présentement aucune plage, personne n'ira faire un pique-nique, la majorité des Taureau travaillera fort et beaucoup plus que l'an dernier à la même période. C'est une véritable grâce du ciel puisque vous ferez plus d'argent et que vous ferez un grand pas dans la direction professionnelle dans laquelle vous vous êtes volontairement engagé, jouissant d'un puissant désir d'atteindre le sommet.

Si toutefois vous travaillez pour une de ces méga-entreprises dont les patrons ne respectent pas leurs employés, dont vous, si on vous traite comme si vous étiez un robot, si à plusieurs occasions on vous a dit que vous étiez facilement remplaçable, si on ne vous fait jamais un compliment ou si, au contraire, fréquemment on vous critique ou on vous dénigre, si vous supportez cette situation depuis de nombreuses années, vous trouverez le courage de rassembler tous ceux qui, comme vous, subissent jour après jour les mots mesquins de ces chefs qui s'octroient la liberté d'agir en dictateur.

Cette portion du XXIe siècle fait en sorte que les signes fixes, dont vous, se lieront les uns aux autres afin que les hommes qui se prennent pour des dieux comprennent ou apprennent que sans leurs serviteurs leur entreprise n'aurait pas d'existence. Vous aurez la force de réunir des gens qui, comme vous, désirent évoluer dans un milieu de travail où l'être humain est respecté!

Le pire scénario est celui où vous provoquez une grève avant d'avoir discuté avec les têtes dirigeantes. Attention!

Il y a plus simple sur le plan professionnel. Certains seront nommés pour représenter, à l'étranger, les intérêts de l'entreprise en cours. Si vous êtes un travailleur autonome, les profits additionnels seront les bienvenus. Jupiter étant en signe fixe, ainsi que Saturne, vous pourriez décrocher un contrat à long terme, bien rémunéré.

Avec Jupiter en Scorpion, vous rencontrerez un nouvel associé. Celui-ci sera-t-il bon ou apparaît-il dans votre vie professionnelle uniquement pour vous troubler, pour vous tromper, vous voler? À compter du 6, sous l'influence de Vénus en Capricorne dans le neuvième signe du vôtre (Vénus régit votre signe), vous serez très intuitif et vous pressentirez fortement les choses, comme si vous y étiez; votre petit doigt vous dira et vous fera savoir par un signe distinctif si l'autre veut partager les biens que vous accumulerez ensemble, ou s'il veut uniquement se les attribuer! Il vous suffira, pour être rassuré sur vos intuitions, de vous informer concernant les antécédents de cet éventuel partenaire.

Si, jusqu'à présent, vous avez été une victime en affaires et dans votre milieu de travail, cette situation est terminée. Le ciel vous donne la possibilité de prendre la peau du gagnant. Ne manquez pas cette grâce ou cette protection céleste!

En tant qu'étudiant, vous serez plus doué que vous ne l'imaginez et vous apprendrez rapidement, à un point tel que vous épaterez vos professeurs.

Restez en dehors des problèmes familiaux qui se présenteront. N'accordez pas votre confiance à ce parent qui se fait persuasif, mais qui vous a toujours inspiré le doute. Il n'a pas changé, même quand il jure qu'il n'est plus la personne que vous avez connue.

Peut-être que vous serez l'unique être à soigner un parent qui a pris de l'âge et qui n'est plus autonome. Vous n'agissez pas par intérêt, mais parce que vous avez un cœur généreux.

Le seul Taureau qui doit avoir peur est le Taureau malhonnête, le manipulateur de profession! Ce dernier ne pourra pas jouer à son jeu préféré, qui consiste à tricher et à s'offrir des luxes qu'il n'a pas gagnés. Ce Taureau, qui n'a aucun respect pour autrui et qui croit que le monde ne tourne que pour lui, en cas de vol, sera pris la main dans le sac, ou il sera abandonné par des gens qui espéraient qu'il change, et qui maintenant constatent, des années plus tard, qu'il ne se voit pas tel qu'il est et qu'il fait de plus en plus de ravages matériels ou moraux, sinon les deux. La justice de Jupiter en Scorpion se charge de le punir en toute légalité!

❧ DÉCEMBRE 2005 ☙

L'AMOUR

C'est le dernier mois de l'année, celui au cours duquel, malheureusement, les couples ou les partenaires sont déjà tendus et trouvent mille et une raisons d'argumenter davantage que d'habitude, et c'est généralement pour des détails. Si vous faites partie de ces derniers et que votre vie de couple bat de l'aile, à compter du 16, les fêtes risquent de ne pas être joyeuses chez des gens qui ne sont ni joyeux ni sages, et encore moins capables d'être heureux. C'est que vous êtes influencé par Vénus et Neptune en Verseau, deux planètes faisant des aspects durs à votre signe, ainsi qu'à Jupiter en Scorpion face au Taureau. Il ne faut surtout pas négliger Saturne dans le signe du Lion. Je souhaite que ces personnes qui vivent en guerre familiale réussissent à lever le drapeau blanc en signe de paix, autant pour eux que pour leurs enfants, s'ils en ont. Que les enfants soient petits ou adolescents, quand ils sont témoins de disputes entre leurs parents, ils sont ébranlés mentalement et émotionnellement.

Il y a aussi ceux qui sont devenus parents au cours de l'année 2005. Il est normal que ces parents soient fatigués. Ce qui l'est moins, c'est lorsqu'ils s'accusent l'un et l'autre de ne pas s'impliquer suffisamment. Si ces papas et ces mamans y songent sérieusement, ils verront rapidement que tous deux agissent comme des enfants gâtés et non pas comme des parents mûrs et responsables!

Mais il y a, en ce moment, des gens qui non seulement se respectent, mais qui s'aiment profondément et qui, en ce mois de décembre, en profiteront pour s'offrir des cadeaux, mais plus encore, pour renouveler leurs vœux de mariage ou d'union. Ils se diront l'un à l'autre qu'ils s'aiment comme au début, et même plus encore. Les enfants, ce n'est pas la seule raison pour rester ensemble. Chaque conjoint constitue une part du couple, de la famille. Comment ne pas aimer ce qui fait partie de soi?

En tant que célibataire, si vous vous sentez seul au monde en ce temps des fêtes, cet état ne durera pas jusqu'à la fin de l'année. Au milieu du mois, un ami vous présentera quelqu'un qui sera plus que ce que vous espériez! On se parlera d'abord amicalement, peut-être attendrez-vous le 1er de l'an 2006 pour vous dire que, franchement, vous vous plaisez et que tous les deux, vous espérez que votre rencontre vous permettra d'échanger et de partager de façon honnête. Le ciel exaucera votre vœu!

DANS L'ENSEMBLE DE VOTRE VIE

On a beau vivre le grand amour, il arrive que la vie ne veuille pas nous donner tout ce que nous souhaitons. Tristement, en ce temps de fêtes, des entreprises procéderont à une fermeture ou à de nombreux congédiements. Et à certains d'entre vous, on indiquera la porte de sortie, tout comme il est possible qu'une masse de gens se retrouvent chômeurs. Plutôt que de faire une grande fête traditionnelle, ce sera une manifestation entre collègues ou un rassemblement de divers employés contestant le mauvais sort que le destin leur aura réservé.

Sous l'influence de Jupiter en Scorpion, vous serez nombreux à ne pas vivre un Noël comme à l'accoutumée. Si vous avez des parents âgés et malades, il est possible que vous passiez la majorité du congé des fêtes à l'hôpital afin de leur rendre visite.

Si vous êtes du type aventurier et conquérant, au cours de ce mois, il est nécessaire de vous protéger contre les maladies transmissibles sexuellement. La totalité des planètes qui sillonnent le ciel ne sont guère clémentes en ce qui vous concerne, et à compter du 16, elles sont quasi sans merci, notamment si vous êtes un Taureau extrêmement vénusien et séducteur, sans retenue, et surtout sans préservatif!

Si jamais vous avez commis une irrégularité financière, la justice allongera son bras jusqu'à vous et vous serez pris la main dans le sac.

Par contre, si on vous doit de l'argent, vous serez remboursé, et plus rapidement que vous ne l'aviez cru.

Soyez prudent au volant et ne prenez jamais la voiture si celle-ci n'est pas en parfait état. Il est inutile de prendre un risque.

En décembre, certains d'entre vous recevront la famille pour les fêtes et ces derniers seront tentés de cuisiner des plats hors de l'ordinaire. Ils sortiront leurs divers livres de recettes et choisiront les mets les plus sophistiqués et les plus originaux qu'ils y trouveront. Mais attention, il n'est pas impossible que l'idée de modifier quelques recettes vous prenne. Naturellement, les résultats ne seront pas ce qu'ils devaient être! Si vous agissez en ce sens, votre intention étant d'impressionner vos invités, peut-être seront-ils simplement polis en vous disant qu'ils adorent votre nouvel art culinaire. Pourquoi ne pas rester dans les normes? Après tout, n'attend-on pas que vous cuisiniez ces plats que vous réussissez bien?

Si vous avez un emploi régulier et que rien ne vous menace, alors que la plupart de vos collègues prennent des vacances ou des jours de congé, de votre côté, il en sera autrement. Vous répondrez à l'appel d'urgence que vous lance votre patron et vous rentrerez au boulot. En guise de prix de consolation, vous serez très bien rémunéré pour vous être rendu disponible.

Les plus généreux feront du bénévolat auprès des malades ou serviront à manger aux sans-abri.

LES ASCENDANTS

TAUREAU ASCENDANT BÉLIER

Vous aurez parfois l'impression que tout est pour le mieux, et tout à coup, vous aurez l'impression que ça ne peut pas être pire; en fait, vous aurez le don de dramatiser les événements. Vous aurez beaucoup de travail, un nouveau défi à relever et, à la fin d'octobre, après avoir fait la preuve de vos talents, vous serez persuadé d'être à la hauteur de ce qu'on attendait de vous, et vous opterez audacieusement pour une direction professionnelle très différente de la précédente.

TAUREAU ASCENDANT TAUREAU

Vous êtes épuisé parce que vous prenez tout à cœur et vous oubliez de prendre soin de vous. Si vous avez un conjoint, ses problèmes deviennent les vôtres, et si un parent ne va pas bien, c'est tout juste si vous ne souffrez pas à sa place! À travers toutes ces obligations que vous vous imposez, vous travaillez plus d'heures qu'à l'accoutumée, et certains vont même entreprendre des études afin de se perfectionner. Vous réussissez ce que vous entreprenez, mais à quel prix?

TAUREAU ASCENDANT GÉMEAUX

Vous avez la capacité de vous détacher de ce qui vous a tenu pieds et poings liés; vous vous investissez moins dans une longue carrière qui fut une suite de réussites. Vous ne laisserez pas tout tomber. Cependant, vous refuserez des tâches qui ne vous plaisent plus afin de consacrer plus de temps à vos proches. Si vous commencez une nouvelle profession, dès le début, vos patrons vous feront confiance, et en peu de temps, vous grimperez dans la hiérarchie de l'entreprise.

TAUREAU ASCENDANT CANCER

Alors que vous craignez de perdre votre emploi parce que, depuis quelques mois, vous êtes remplaçant, vous apprendrez que vous aurez votre permanence. Cette sécurité vous redonnera votre calme et votre sourire. Vous ferez également des transformations dans votre maison ou encore, à cause du travail, vous déciderez de déménager. L'amour est au rendez-vous au moment où vous ne l'attendez pas du tout.

TAUREAU ASCENDANT LION

En tant que double signe fixe, vous vous transformez, mais avant, beaucoup de temps s'est écoulé. L'année 2005 correspond à un nouvel engagement professionnel et amoureux; certains fonderont une famille et auront leur premier ou leur second enfant avec un second partenaire qui, cette fois, est capable d'écouter. De votre côté, vous respecterez et aimerez profondément cette personne. La découverte de soi et l'acceptation d'autrui sont des preuves de confiance en vous et en votre avenir.

TAUREAU ASCENDANT VIERGE

Vous travaillerez sur un projet à long terme. Vous serez en coulisse, dans l'ombre. Cependant, vos accomplissements prendront la direction du succès; vous l'obtiendrez plus vite que vous ne l'imaginez. Double signe de terre, vous êtes un habile négociateur. Vous serez vous-même surpris d'être aussi persuasif. En somme, vous l'êtes parce que non seulement vous défendez vos droits, mais aussi ceux qui font partie de votre équipe!

Nombreux sont ceux qui seront appuyés par leur partenaire.

TAUREAU ASCENDANT BALANCE

Vous êtes un double signe vénusien et il arrive que vous fassiez passer vos intérêts matériels avant votre vie émotionnelle. Vous savez y faire quand il s'agit de finances. Si vous êtes à votre compte, vous transformerez votre entreprise et adopterez de nouvelles stratégies commerciales. Il est aussi possible qu'il y ait association car les quatre dernières années ne furent pas faciles. Vous mettrez votre fierté de côté en n'étant plus le seul et l'unique patron!

TAUREAU ASCENDANT SCORPION

Si un mal est récurrent, si une douleur revient sans cesse, ne jouez pas au plus fort et passez un examen médical complet.

Votre digestion sera plus capricieuse, et chez les femmes, quelques troubles hormonaux peuvent surgir sans crier gare. Naturellement, vous songerez à ces heures de travail que vous serez obligé de manquer, à l'argent perdu et aux autres obligations. Votre santé n'est-elle pas plus importante que ces pertes pécuniaires?

TAUREAU ASCENDANT SAGITTAIRE

Vous serez chanceux au cours de l'année. Si vous aimez jouer à la loterie, achetez vos billets avec un groupe d'amis. Ainsi, vous augmenterez la possibilité de gagner. Vous fréquenterez des gens différents; ces derniers seront influents et vous donneront un sérieux coup de main afin que vous puissiez grimper dans l'entreprise. Si vous êtes créatif ou artiste, vous aurez des idées originales que vous vendrez d'ailleurs à prix fort.

TAUREAU ASCENDANT CAPRICORNE

Vous possédez un puissant désir de contrôle, en amour, comme en affaires, et vous êtes pratique! Si le Taureau est rêveur, le Capricorne interdit le rêve et la romance et économise pour ses vieux jours, même quand il est jeune. Quel que soit votre métier, vous êtes un chef et, professionnellement, vous obtenez du succès. Chance côté argent, mais côté cœur, en 2005, si vous exigez sans cesse de votre amoureux, vous courrez le risque de subir une rupture.

TAUREAU ASCENDANT VERSEAU

La famille est prioritaire, et en tant que double signe fixe, vous possédez petits et grands. Vos enfants ne demandent que de l'amour! Vous êtes si protecteur que vos chérubins finissent par avoir du mal à se débrouiller seuls. En 2005, vous serez conscient de vos exagérations parentales et vous modifierez vos attitudes en donnant à vos enfants plus de liberté et de responsabilités. Vers la fin de 2005, une promotion ou un changement de poste souhaité depuis longtemps pourrait survenir. Le partenaire peut tomber malade et vous en prendrez soin affectueusement. Pour d'autres, un héritage non attendu, provenant d'un membre de la famille qu'ils ont à peine fréquenté, pourrait les aider financièrement.

TAUREAU ASCENDANT POISSONS

Que d'excès sous votre signe et ascendant, mais que de bonté et de générosité vous avez! En 2005, vous soignerez ce trop-plein d'amour que vous donnez à des gens qui ne méritent rien et qui, en plus, vous trompent et vous trahissent, après avoir fait le maximum pour eux. En tant que célibataire, une rencontre avec le véritable amour est envisagée. Pour d'autres, une réconciliation après une longue période de tension est possible. Le ciel vous donnera une bénédiction supplémentaire : un travail à votre mesure.

GÉMEAUX

21 mai au 20 juin

À André Aubry, un homme bon. Un gars hors de l'ordinaire, un communicateur hors pair. Les mots me manquent pour définir mon attachement à mon grand frère! À Michel Saint-Pierre; les années passent et n'altèrent pas notre amitié. À Katia Davidson, cœur pur et guérisseuse.

À Isabelle Pagé, cosméticienne et maquilleuse qui, dans une circonstance autre que son métier, m'a rendu spontanément ce service dont j'avais immédiatement besoin. Je lui suis reconnaissante pour son geste généreux, ses paroles rassurantes et son sourire, qui a agi sur moi comme un transfert d'énergie vitale!

À mon très, très, très bon ami, Richard Bellerose. Cet esprit vif, au cœur d'or, à l'intelligence remarquable, fabrique du succès: le sien et celui d'autrui. Et, chose étonnante, le pouvoir ne l'a jamais corrompu. Il est sans prétention parce qu'il laisse vivre en lui son âme d'enfant comblé par la vie!

À ma très bonne amie Marie-Claire Zawi. Il me faudrait 100 pages pour faire l'éloge de cette femme d'une grande beauté, au grand cœur, en qui on perçoit et on ressent autant de brillance d'esprit que de bonté! À Richard Belleau, un joyeux excessif, un chauffeur d'autobus, un musicien et un motocycliste. Chaque activité qu'il pratique est vécue passionnément et avec tant d'humour que Richard en est fascinant.

À Claude Ledoux, nouvellement grand-père. Des remerciements pour son accueil, son amitié, sa cuisine aussi délicieuse que généreuse et à son gendre, Serge Gauvin, un gars super gentil qui, de son côté, vit très bien sa nouvelle paternité.

———<o>———

L'AMOUR ET LE CÉLIBATAIRE – POURQUOI?

De nombreux Gémeaux, pendant longtemps, préfèrent le célibat à la vie de couple. On peut pourtant les observer dans leur quête du partenaire idéal.

Vous leur dites qu'ils cherchent en vain, que la perfection n'est pas de ce monde, et ils sont bien d'accord avec cette constatation, sauf qu'une partie d'eux-mêmes continue sa poursuite de l'âme sœur sans aucun défaut... Ainsi, ces Gémeaux vont et viennent et scrutent les gens qui leur plaisent en espérant secrètement que l'un d'eux est fait sur mesure pour eux!

Les Gémeaux sont généralement de belles personnes: ils sont plaisants, amusants, articulés et ils s'habillent bien et se présentent avec une impeccable politesse. Quand ils flirtent, c'est toujours avec beaucoup d'élégance et de délicatesse. Ils entrent spontanément dans la conversation et trouvent le sujet qui, justement, est celui dont vous aviez envie de causer. Ils possèdent, la plupart du temps, de multiples connaissances et ils sont informés sur ce qui se passe dans notre monde, et en savent tout autant concernant la vie à l'autre bout de la planète! On est en droit de se demander pourquoi ces Gémeaux sont encore célibataires puisqu'ils ont tout pour plaire!

Quand on y regarde de plus près, on se rend compte qu'ils veulent rester libres, qu'ils ne supportent pas, ou à peine, qu'on leur demande d'où ils viennent et où ils vont. Rarement ils causeront de leur vécu et de leurs sentiments, mais dès les premiers instants, ils en sauront beaucoup sur vous car ce sont des professionnels dans l'art de poser des questions et vous n'y échapperez pas. Si vous effleurez la raison même, très subtilement, pour laquelle ils refusent de vivre à deux, ils auront l'audace de vous répondre qu'ils n'ont nullement envie de s'engager!

Le mot est lancé: pas d'engagement, et cette personne qui, au fond, lui plaisait, qui s'est livrée à lui, est soudainement pressée de le quitter; elle a tout à coup autre chose à faire...

Mais voilà qu'en 2004, sous l'influence de Jupiter en Vierge, qui fit face à Uranus en Poissons, et qui fait un aspect dur à Pluton en Sagittaire, a drôlement fait réfléchir le Gémeaux concernant sa difficulté à assumer sa solitude. Devant son miroir, il était triste. Avec les inconnus, il faisait semblant d'apprécier son célibat!

En 2004, il a pris conscience de son esprit critique, de ses exigences et de ses exagérations; il demande à l'autre de changer sa manière de vivre et ses habitudes, et si sa situation professionnelle le veut, il va même jusqu'à obliger son dernier flirt, après seulement quelques mois de fréquentations, à venir habiter chez lui, sans toutefois transformer quoi que ce soit dans sa demeure.

Le Gémeaux, régi par Mercure, est indéniablement logique, organisé, intelligent. Cependant, en 2004, et souvent depuis de nombreuses années, il avait rangé l'intelligence du cœur aux oubliettes! De plus, dès qu'il y avait quelqu'un dans sa vie, il imposait à cette personne de faire le compte rendu complet de chaque activité qu'elle avait faite sans lui. Sans vraiment le savoir, il était jaloux de ses amis et de ses connaissances; en somme, cette personne qu'il connaissait à peine, mais pour qui il avait une forte attirance, devenait tout à coup quelqu'un qui lui devait beaucoup, presque tout. Il y a de nombreux Gémeaux célibataires qui ont multiplié les ruptures et qui, chaque fois, ont analysé et raisonné les pourquoi de ces séparations.

En 2005, ces derniers verront qui ils sont véritablement. Ils cesseront enfin de se raconter des histoires à dormir debout, que plus aucun de leurs amis ne veulent entendre, parce qu'à chaque désunion, ce sont les mêmes raisons, les même explications, les mêmes excuses.

En 2005, ou peut-être même à la fin de 2004, il rencontrera cette personne avec qui il est compatible et à qui il s'attachera. L'échange sera tel qu'il l'avait souhaité. À la fin du mois de mars, chacun se dira des mots d'amour... La suite appartient aux Gémeaux... Parce que maintenant, sous l'influence de Jupiter en Balance, il sait qu'il est prêt à s'engager pour long-temps. La maturité n'a pas d'âge. Il y a des temps indiqués par des mouvements planétaires où l'on réfléchit mieux, où l'on est plus juste, plus pacifiste, plus engagé... L'année 2005 sera magique pour le Gémeaux: il laissera derrière lui un passé difficile et il prendra la route qui mène à un bonheur partagé...

LE GÉMEAUX ET SON COUPLE

Il faut parfois beaucoup d'années avant d'accepter les activités du conjoint Gémeaux! Lorsqu'il vous a dit qu'il vous aimait, c'était vrai et il vous aimera longtemps, longtemps, longtemps, et parfois pour toujours. Mais son partenaire devra supporter ses caprices, ses désirs souvent très enfantins, son goût de liberté, son immense besoin qu'il a de voir ses amis, sans son conjoint. Même marié, il arrive au Gémeaux d'avoir un goût de célibat, même quand il est amoureux. Il ne flirte pas avec les autres, il leur fait du charme; en quelque sorte, il se persuade d'être aussi plaisant qu'il l'était avant le mariage. Ce Gémeaux, qui paraît si certain de lui, qui donne l'impression d'être rempli d'assurance, n'a pas autant confiance en lui qu'il n'y paraît. Il a peur du rejet, peur de n'être pas aimé comme il aime et il s'imagine que se cacher chez un ami pendant quelques jours pourra être une solution. Quant aux hommes, ils vont à la chasse ou s'adonnent sérieusement à un sport, et pour se perfectionner, ils partent dans une autre ville ou un autre pays... Mais tout ça, c'est juste pour se faire désirer, pour que son partenaire lui dise qu'il s'ennuie!

Si de nombreux Gémeaux divorcent, c'est parce que le partenaire ne comprend pas son partenaire né sous ce signe. Celui-ci est un grand enfant à qui il faut dire qu'il est merveilleux. Par contre, il y a des moments où il est agaçant quand il critique, quand il veut absolument avoir raison, quand il boude, quand il prend des décisions sans consulter l'amoureux; il lui arrive d'agir comme s'il vivait seul et c'est tout à fait seul que se sent le partenaire quand ce genre de situation se répète sans cesse. Le Gémeaux a tout avantage à écouter son conjoint: autrement, il ne contribue pas à solidifier son couple.

Quand il est en société, on ne peut dire que du bien de lui. Quand il est à la maison, il a des manies, dont certaines déplaisent à l'amoureux. Lorsque le Gémeaux se sépare, les amis et les parents se demandent comment on a pu quitter une si bonne personne... Mais cette si bonne personne qu'est le Gémeaux n'est pas toujours de bonne humeur à la maison et elle ne prend que très peu de décisions. Elle n'a pas non plus le sens du partage des tâches ménagères, alors que lorsqu'il est en groupe, hors de chez lui, il se présente comme étant parfait!

Le Gémeaux le plus ancré qui soit dans ses habitudes peut changer si, tout à coup, il voit le danger d'une séparation poindre à l'horizon. Il se transformera à nouveau en prince charmant, tel qu'il était au premier jour.

En 2004, une rupture était possible. Par contre, en 2005, il endossera à nouveau l'habit du charmeur ou du séducteur afin de conquérir à nouveau cette personne avec il vit et qu'il aime profondément, mais à qui il n'a pas su le dire, et à qui il n'a pas démontré suffisamment d'attachement.

LA MAISON

Depuis juin 2003, jusqu'en juillet 2005, Saturne est en Cancer dans le deuxième signe du vôtre. Pour certains, cela signifiait l'acquisition d'une maison ou la vente de l'une et l'achat d'une autre. Il y a peut-être eu quelques petits problèmes liés à votre propriété, tels que des réparations fondamentales qui n'étaient pas prévues. Mais c'est peut-être cette année, pendant que Saturne est en Cancer, que tout ceci se produira. Il s'agit le plus souvent d'événements déplaisants liés à la demeure. Si vous êtes en appartement, il est possible que vos propriétaires ne soient pas commodes ou soient comme ces voisins qui veulent tout connaître de vous. Saturne en Cancer est un curieux : il veut savoir ce qui se passe chez autrui. Au pis aller, Saturne se transforme en voleur et dérobe aux autres ce qui ne lui appartient pas. Sous Saturne en Cancer, il est aussi possible que vous ayez subi la mauvaise influence d'un ami, d'un membre de la famille ou encore d'un courtier pour lequel vous aviez une grande considération et qui vous a poussé à acheter une maison ou un condominium ne convenant pas du tout à vos besoins ni à votre style de vie.

Si vous faites partie de ceux qui ont l'intention d'acheter une maison, soyez extrêmement prudent : faites inspecter la maison de fond en comble, de manière à ne pas être dans l'obligation de faire des réparations, lesquelles sont toujours très coûteuses, surtout lors d'un déménagement, alors qu'il y a de nombreux autres frais à débourser.

Mais peut-être êtes-vous ce Gémeaux qui se plaint constamment du bruit que fait un voisin, ou d'une réparation que votre propriétaire tarde à faire ou peut-être faites-vous la fête alors qu'il est plutôt l'heure de laisser dormir les autres ! Votre musique et le son de votre téléviseur sont-ils si forts qu'ils empêchent le propriétaire ou le voisin de profiter d'une certaine quiétude? Ou peut-être êtes-vous de ceux qui ne ratent pas une occasion de dire un mot déplaisant au voisinage?

Si vous n'êtes pas heureux dans votre résidence actuelle, vous ne réfléchirez pas longtemps avant de décider de vous trouver un autre appartement ou de vendre votre maison et de magasiner pour en acheter une autre. À compter du 17 juillet, Saturne entre en Lion. La majorité insatisfaite habitera déjà un autre lieu. Et ceux qui n'ont pas encore bougé sentiront que, pour leur équilibre personnel, il leur est absolument nécessaire d'aller habiter ailleurs. Certains sous-loueront leur logement et n'auront aucun mal à trouver un sous-locataire. De plus, s'il s'agit de vendre votre propriété pour ensuite en acheter une autre, la transaction sera avantageuse. Sous l'influence de Saturne en Lion, vous trouverez un quartier qui convient bien à votre nature. Il sera généralement plus beau que celui que vous habitiez auparavant, et les qualités intellectuelles des gens qui y habitent correspondront aux vôtres. Sous l'influence de Saturne en Lion, vous vous ferez de nouveaux amis. Si certains sont plutôt fortunés, d'autres, issus de la classe moyenne, partageront votre niveau de culture et s'adonneront aux mêmes activités. Vous créerez des liens si solides, sous l'influence de Saturne en Lion, qu'il est même possible que vous partiez en voyage avec une personne qui est devenue votre ami. Le fait d'avoir changé de quartier aura donc changé votre vie!

LE TRAVAIL

Sous l'influence de Saturne en Cancer, jusqu'au 16 juillet 2005, sans doute vous sera-t-il difficile de garder votre emploi. Les raisons sont multiples. Il est possible que vous soyez fréquemment déplacé d'un secteur à l'autre. Si, par exemple, vous êtes financièrement indépendant, si vos économies et vos placements vous permettent de survivre sans aucun problème jusqu'au 16 juillet, peut-être que vous refuserez plusieurs offres d'emploi parce qu'elles ne correspondent pas à vos compétences, aux bénéfices que vous désirez obtenir et à divers autres avantages dont vous ne pouvez vous passer! Si vous avez les moyens d'attendre, alors pourquoi ne pas le faire? Vous devez faire passer vos intérêts d'abord. Peu de gens peuvent s'offrir ce type de luxe... Si tel est votre cas, plutôt que d'être de mauvaise humeur quotidiennement, prenez le temps qui passe afin d'être plus heureux et en meilleure santé sur le plan émotionnel.

Avec l'entrée de Saturne en Lion, le 17 juillet de l'année 2005, vous trouverez un travail bien rémunéré, fait sur mesure afin que vous exploitiez vos talents et que vous mettiez vos compétences à contribution. Vous y serez respecté, tout autant pour ce que vous êtes que pour votre savoir et vos expériences. Si vous êtes du type de Gémeaux à occuper deux emplois, il vous sera facile d'obtenir un second travail, qui sera aussi bien payé que l'autre. Vous êtes né vendeur, et étant un «mercuriel», vous n'avez pas la langue dans votre poche et vous réussissez à persuader n'importe qui de n'importe quoi!

Sous l'influence de Saturne en Lion, votre magnétisme augmentera et vous attirerez les gens puissants, les personnes influentes, tout autant que vos nouveaux voisins. Vos patrons seront agréables et, de plus, il est fort possible qu'on vous accorde des faveurs alors qu'en fait, vous êtes un petit nouveau dans l'entreprise. On aura rapidement reconnu vos compétences et vos talents.

Vous aurez l'impression que tout est plus lent sous l'influence de Saturne en Cancer. Voyez les choses autrement. Ce que vous ne pouvez réaliser, mettez-le de côté, sans l'oublier. Fixez-vous une date précise, telle que l'entrée de Saturne en Lion, le 1er août au matin constitue un bel exemple, et mettez-vous à l'œuvre; ce sera le moment de laisser de côté vos «intentions» et d'adopter l'attitude d'un gagnant. Ne pensez plus à réussir: le temps est venu d'atteindre votre objectif, et de connaître le succès. Ayez toujours à l'esprit la date de leurs réalisations! C'est motivant!

LES ACTIVITÉS

Les Gémeaux sont des communicateurs, les hommes davantage que les femmes, mais ils se sont considérablement retirés au cours des deux dernières années. Messieurs, sortez de vos tanières: le monde, la vie et l'action vous attendent. Si vous avez l'intention de retourner aux études, ne considérez pas cela comme une corvée, mais plutôt comme une activité agréable au cours de laquelle vous rencontrerez des tas de nouvelles gens.

Si vous cherchez vraiment à vous amuser, il est essentiel, surtout à partir du moment où vous serez sous l'influence de Saturne en Lion, à la mi-juillet 2005, de vous choisir une activité intellectuelle, en contact avec les arts, les chiffres ou autre. Il est important que vous fassiez de l'exercice, surtout si vous avez été plutôt immobile sous Saturne en Cancer. Saturne en Lion vous immunise. L'activité intellectuelle stimulera votre cerveau et vous redonnera le goût de vivre pleinement.

Que vous soyez un homme ou une femme, à compter de la mi-juillet, vous reprendrez votre souffle initial, vous retrouverez votre jeunesse de cœur et d'esprit, que vous aviez perdue pour mille et une raisons. Pendant trop longtemps, vous avez dramatisé des faits anodins, vous avez donné de l'importance à des banalités et, pire encore, vous avez cru en des gens qui ne méritaient pas votre confiance. À certains moments, vous avez cru vous amuser avec des gens qui donnaient l'impression d'être libres, mais vous vous êtes aperçu tout à coup qu'ils ne riaient pas de bon cœur, qu'ils cherchaient plutôt un individu qui les amuserait! Si vous êtes un fanatique des sites de rencontres sur Internet, bien que vous y croyiez plus ou moins, après avoir lancé bon nombre de «bouteilles à la mer», il est possible que, par le biais de l'ordinateur, vous rencontriez enfin une personne aussi sincère que vous l'êtes. N'oubliez jamais ceci: qui se ressemble, s'assemble. Si vous vous décrivez comme étant le plus beau et le plus charmant des hommes, si vous vous faites passer pour une femme sexy, alors qu'en réalité vos charmes ont décliné, si vous mentez sur votre âge et votre carrière, ne vous attendez pas à rencontrer une personne honnête. Alors que l'on se croit à l'abri chez soi, clavardant sans relâche, tout en espérant croiser la perfection par le biais de l'ordinateur, quelque chose se produit: des mensonges seront étalés au grand jour!

Si vous consultez régulièrement les sites de rencontres sur Internet, soyez vous-même et vous aurez le bonheur de clavarder avec quelqu'un qui, comme vous, est franc!

LA SANTÉ

Vous devez faire très attention à vous, tant que vous êtes sous l'influence de Saturne en Cancer ou jusqu'au 16 juillet 2005. Cette Saturne en Cancer vous donne une imagination débordante et fait en sorte que vous grossissez vos bobos, qu'ils soient physiques ou émotionnels. Sous Saturne en Cancer, vous êtes nombreux à avoir adopté un régime alimentaire économique: vous vous nourrissez alors de ce qui coûte le moins cher, mais qui ne contient pas nécessairement vitamines, minéraux, et protéines, dont vous avez présentement besoin pour remettre d'aplomb votre système nerveux et immunitaire. Peut-être n'êtes-vous pas suffisamment informé sur le plan nutritionnel, et il en résulte une mauvaise ingestion de ce que vous mangez. Il ne faut pas perdre de vue que Saturne, tant qu'il est en Cancer, est dans le deuxième signe du Gémeaux. Il s'y trouve en exil, dans l'axe deux et huit, un axe astrologique difficile pour les Gémeaux qui, déjà, ont des problèmes de santé. Cet axe accentue les problèmes de peau pour ceux qui y sont sujets, engendre une mauvaise digestion, des maux de genoux et de dos. Bref, une menace plane sur tout ce qui concerne les articulations, telles que les poignets, les coudes, les mains, etc. Votre médecin peut vous prescrire des médicaments qui vous soulageront. Cependant, pour guérir, il est essentiel que vous consultiez en médecin alternatif: un naturopathe vous aidera à choisir les meilleurs produits pour vous. Sur le plan personnel, vous avez la manie de ne lire vos bouquins qu'à demi, même lorsqu'ils vous ont coûté une fortune! Vous avez besoin d'un contact en chair et en os pour vous soigner adéquatement. Six mois et demi passeront, et si, durant tout ce temps, vous avez des douleurs, cette période vous paraîtra bien longue! Vous avez le choix: vous pouvez raccourcir le temps de ces maux en prenant très au sérieux ce qui est précédemment écrit. Il est bien certain que je n'ai pas énuméré tous les malaises dont peuvent souffrir les Gémeaux. Il peut aussi s'agir d'un microbe ou d'un virus. Votre sixième signe est en Scorpion. Il représente autant la maladie que la santé. Peut-être avez-vous une résistance à tout casser. Si c'est le cas, c'est extraordinaire! Mais peut-être êtes-vous de ceux qui attrapent tout ce qu'il y a dans l'air! Peut-être avez-vous atteint le point de non-retour, c'est-à-dire lorsque les épreuves engendrent des cellules indésirables... Une chose est certaine: sous votre signe, pour garder la forme, il est primordial que vous voyiez la vie en rose et non pas en noir Scorpion défaitiste. Le Scorpion symbolise l'autodestruction, en ce qui vous concerne. De plus, lorsque plus rien ou presque ne vous amuse, votre système immunitaire en prend un coup.

Si vous laissez la maladie prendre le dessus et que vous attendez le 17 juillet de cette année pour vous faire soigner, il ne sera pas trop tard, mais vous raterez des doux instants que la vie avait en réserve pour vous. Vous récupérerez sous Saturne en Lion, mais pourquoi attendre quand vous avez tout à votre disposition pour être en forme tout au long de 2005 ? Il n'en tient qu'à vous !

EN CONCLUSION : VOS ENFANTS

Si nous étions parfaits, nos enfants le seraient... Sur cette planète, il n'y aurait pas de guerre.... Mais dans le ciel est inscrit la manière dont les mères ont été éduquées par leur mère, comment elles-mêmes se comportent pour éduquer leurs propres enfants, et de quelle façon elles les aiment. Nous ne pouvons donner ce que nous n'avons pas. Nous ne pouvons parfois pas dépasser un certain seuil d'affection et de tendresse avec nos enfants. Quel que soit le signe dans lequel nous sommes nées, nous, les femmes, ne devons pas croire que nous sommes de parfaites éducatrices. Cessons de croire que notre maternage fera en sorte que nos enfants seront parfaits !

Quant aux hommes, ils ne sont pas parfaits non plus.... Dans le ciel, il est également inscrit la façon dont ils aimeront leur progéniture. Si les hommes étaient des pères parfaits, il n'y aurait pas de guerre sur cette planète...

Ce sont, en général, les femmes qui lisent les livres d'astrologie... Les hommes les consultent de plus en plus, mais en cachette... C'est la raison pour laquelle je passe rapidement sur la question du père. Pourtant, je vous promets que, dans un avenir rapproché, j'écrirai un bouquin sur ce que l'on transmet inconsciemment à nos enfants en les éduquant. J'ai l'intention de décrire les 12 signes astrologiques en fonction de la condition parentale.

Vous êtes un signe double. Il y a deux sortes de parents : les grands permissifs et les autoritaires ! Il me faut aussi ajouter la catégorie de parents qui considèrent uniquement leurs propres besoins et qui se penchent rarement sur ceux de leurs enfants. Celui-là est indéniablement un égoïste ! Qui que vous soyez, en tant que parent, il y a généralement une exagération sous votre signe.

En tant que femme, votre symbole maternel est le quatrième signe du vôtre et se trouve alors en Vierge. Une chose est certaine, l'enfant ne manquera de rien : il sera très bien soigné. Le moindre rhume ou éternuement inquiétera maman !

Maman Gémeaux peut appartenir à la classe de la Vierge folle ou de la Vierge sage.

Quand on parle de l'attitude de la Vierge sage, il est question d'une maman Gémeaux qui reste calme, quoiqu'il arrive. Il est important pour elle que ses enfants apprennent les bonnes manières et elle tient à ce qu'ils soient cultivés et qu'ils réussissent bien à l'école. Cette maman Gémeaux est présente à l'heure des premiers devoirs, quand les enfants reviennent de l'école. Elle les éduque concernant le respect des autres, l'importance de savoir se tenir en société et de prendre soin d'autrui. Elle n'oublie pas de leur enseigner d'être confortablement ordonné et discipliné. Elle apprend à ses enfants à bien se nourrir afin d'être en santé. Maman Gémeaux stimule leur créativité et les réveille à heures fixes parce que les heures d'éveil et de sommeil sont calculées en fonction des normes établies. Bref, la maman Gémeaux sage peut même abandonner sa carrière pour consacrer un maximum de temps et d'affection à ses enfants. Le risque, dans tout ça, c'est que maman Gémeaux sage ait des enfants très dépendants, tant et si bien qu'ils ne prendront plus aucune décision. Maman Gémeaux sage ne voit que la perfection chez ses enfants. Elle peut tolérer leurs colères, leurs caprices, leurs tas de demandes et de besoins en se disant que c'est de leur âge ! Ne perdez pas de vue que maman Gémeaux, en général, se comporte en Vierge avec son ou ses enfants, et fait ainsi abstraction d'elle-même. Croyez-vous que maman Gémeaux sage soit vraiment sage en n'étant plus elle-même ?

Et qu'en est-il de la maman Gémeaux qui se comporte comme une Vierge folle avec ses enfants ? Ne vous attendez surtout pas à une description flatteuse ! La Gémeaux qui se comportent en Vierge folle ne pense qu'à elle ; ses enfants dérangent ses plans de vie et sa carrière. Ses enfants fréquenteront la garderie, en fonction des besoins professionnels de la mère. La gardienne, s'il y a lieu, sera la moins chère qu'elle aura trouvée. Cette mère Gémeaux sera l'impatience personnifiée, et si elle est encore mariée, peu après l'accouchement, le père, au moindre retard, s'il ne fait pas, selon elle, sa part, deviendra le coupable, celui qui l'a fait souffrir quand elle a mis le bébé au monde, et pour cela, il y a un prix à payer. Le père devra se transformer en mère et en père, tout à la fois. De plus, il aura soudainement tous les défauts du monde ! Souvent, cette mère Gémeaux, qui se comporte en Vierge folle, supporte mal sa responsabilité maternelle. Elle prendra un amant et quittera son conjoint en lui laissant la garde des enfants. J'ai pu observer des femmes Gémeaux ayant adopté le modèle de la mère Vierge folle : elles ont vendu leurs enfants ou ont divorcé et les ont ensuite cédés définitivement au conjoint, après avoir signé, en échange d'une grosse somme d'argent, une entente stipulant que jamais elles ne les reverraient !

Rapidement, concernant le papa Gémeaux : il est généralement mal outillé, en tant que père, et ne sait pas comment se comporter. En tant que signe double, il prend ses responsabilités, mais attention, il les prend très au sérieux et il devient un père autoritaire, pour qui la discipline est au cœur de l'éducation. S'il aime ses enfants, il ne sait pas comment le leur dire. Il leur demande donc d'être ou de devenir des performants.

Il peut également être ce type d'homme qui fuit sa progéniture en travaillant deux fois plus ou en choisissant un emploi qui l'oblige à voyager. Quand il est à la maison, il confie tous les travaux ménagers à sa conjointe, sans pour autant jouer avec ses enfants. Souvent, ce père ici décrit fait pression sur un de ses enfants ou afin qu'il suive ses traces, et plus particulièrement quand il s'agit d'un garçon. Quand un Gémeaux est père d'une ou de plusieurs filles, celles-ci, dont il ne dira jamais de mal, sont toutefois à la charge de leur mère, notamment sur le plan émotionnel ! Papa Gémeaux confie généralement l'éducation des filles à la mère. Il devient autoritaire, surtout avec ses fils, parce qu'il veut qu'ils dégagent une meilleure image que lui-même.

La majeure partie du temps, le Gémeaux, quand il est père, est d'abord et avant tout un bon pourvoyeur ; mais, pour lui, les enfants, c'est une affaire de femme ! Quel que soit le nombre d'enfants qu'il a, qu'il s'agisse de filles ou de garçons, même s'il en a la garde totale, il fera tout ce qu'il peut pour continuer de vivre sa vie d'homme comme il le faisait avant d'être père ! Sur le zodiaque, le signe qui représente sa paternité est le Poissons, le douzième et dernier signe sur la roue astrologique. Neptune régit le Poissons, qui est un explorateur. Neptune, c'est un grand mystère, et les enfants d'un tel père deviennent des territoires d'exploration sans fin.

⚜ JANVIER 2005 ⚛

L'AMOUR

Vous aurez tendance à vous emporter facilement au cours de ce mois. Vous avez aussi l'esprit critique. Dès que ça ne va pas comme vous le voulez au travail, votre partenaire subit vos récriminations. Il endosse vos frustrations. Si vous vivez avec une telle personne, qui ne supporte pas de vous voir dans cet état, et qui est capable de vous répondre dès que vous dépassez la limite de ce qu'elle peut tolérer, vous aurez droit à une leçon de savoir-vivre. Si ce n'est pas la première fois, il est possible qu'elle vous lance un ultimatum et que vous soyez même menacé de rupture.

Si vous avez rencontré une personne intéressante en 2004, et que la relation se poursuit, il est normal que, maintenant, vous vous connaissiez mieux et que vous découvriez que l'amoureux est imparfait ! Avez-vous déjà vu quelqu'un qui est parfait ? Sans doute pas. Vous avez tendance à être rigide et à imposer vos règles lorsque quelque chose vous déplaît chez l'autre. Vous pouvez même exiger de votre conjoint qu'il modifie une habitude ou même lui imposer une autre façon de s'habiller.

S'agit-il d'un jeu de contrôle ou est-ce votre peur de perdre cette personne qui vous fait agir ainsi ? Si vous appartenez à cette catégorie de Gémeaux, plus nombreux chez les hommes que chez les femmes, si vous tenez à vivre heureux et en amour, en ce mois de janvier, de grâce, regardez bien qui vous êtes et ce que vous vous faites lorsque votre tendre moitié, selon vous, ne commet que des erreurs.

Mais il y a aussi ce Gémeaux qui, loin d'être bavard, appartient à la catégorie des silencieux. Ce dernier est aérien. Lorsqu'il n'est pas bien, il s'évade dans un rêve ou s'accroche à une idée quelconque. Quand ce Gémeaux vit en couple et qu'il est celui qui subit les réprimandes, les remarques, et parfois les sarcasmes de l'autre, mine de rien, il prépare son départ et, à compter du 23, s'il n'est pas heureux dans sa vie de couple, il aura trouvé un ami chez qui se réfugier. En tant que signe d'air, vous êtes une personne logique. Si vous êtes mis devant le fait et que vous comprenez que ce sera toujours ainsi avec votre partenaire, vous planifierez votre départ définitif.

En ce mois de janvier, les planètes s'entrechoquent et frappent durement votre signe. Si toutefois vous avez réussi à dépasser le négativisme, si vous êtes capable de voir le meilleur autant en l'autre qu'en vous, vous vous épargnerez une crise de couple ou une rupture. Mais si vous n'êtes pas sage, si vous n'êtes jamais satisfait de ce que vous faites et de ce que vous êtes, si vous passez beaucoup de temps à croire que vous auriez mérité un meilleur partenaire, la vie se chargera de vous démontrer que la pensée elle-même, quand elle est sombre, est aussi dangereuse que les gestes que nous pouvons faire. Il est dit que le Gémeaux est le messager des dieux. Soyez conforme à votre mission et ne répandez que la bonne nouvelle.

DANS L'ENSEMBLE DE VOTRE VIE

Êtes-vous du genre à faire du temps supplémentaire, même quand vous n'en pouvez plus, même quand vous savez que vous devriez vous reposer? À compter du 11, votre patron aura les mots pour vous persuader qu'il a absolument besoin de vous, bien au-delà des heures normales. Non seulement l'argent vous intéresse-t-il, mais vous avez tellement à cœur de bien faire que vous serez incapable de refuser la demande du patron!

Si toutefois vous faites partie de ceux qui cherchent un emploi, et que vous êtes dans la cinquantaine, vous trouverez du travail, à condition d'accepter un poste qui ne fait pas appel à toutes vos compétences. Ne soyez pas défaitiste. Ne vous sous-estimez pas parce que ce n'est plus comme avant... Plus rien n'est comme avant... Voyez cela comme un défi à relever. Une fois en place, vous aurez l'occasion de démontrer vos talents et vos capacités, en plus de prouver votre valeur, particulièrement si vous travaillez en groupe. Vous avez le don de rallier les troupes, de les stimuler et de leur démontrer les avantages qu'ils ont à faire équipe. Jupiter étant bien positionné, dans un proche avenir, vous obtiendrez un poste plus important au sein de l'entreprise. Soyez confiant. Gardez la tête haute.

Il est possible que des problèmes familiaux surgissent, surtout si vous faites partie d'une grosse famille. Pendant que des Gémeaux s'éloigneront des conflits, leurs jumeaux, au contraire, se défendront à l'aide de gros et vilains mots!

Si vous avez des parents âgés et malades, vous devrez probablement leur rendre visite plus souvent, et malheureusement, ce sera surtout à l'hôpital! Vous êtes généralement compatissant et bon envers les personnes âgées, et plus encore envers votre père ou votre mère. Dans votre famille, c'est vous qui visitez le plus souvent le parent malade et, naturellement, moins il va bien, plus vous êtes présent!

S'il y a une fortune familiale en vue, plusieurs enfants, particulièrement s'ils aiment l'argent, occasionneront des conflits. Pour ces gens, fraternité et égalité ne signifient rien. Saturne en Cancer est face à Mercure qui régit votre signe, et Vénus est en Capricorne à compter du 11. Ajoutons à cela Pluton et Mars, qui sont en Sagittaire, face à votre signe. D'autres planètes et d'autres positions planétaires alimentent l'amour des biens. Nous sommes en présence d'un alignement qui peut provoquer des explosions entre frères, sœurs et autres héritiers. Le notaire deviendra bien nerveux sous la pression. C'est triste, mais ce genre de situation est fréquent.

En guise de prix de consolation, au cours de ce mois de janvier, vous aurez de nombreuses invitations à sortir et vous aurez du plaisir à rencontrer des gens différents, et particulièrement des originaux qui vous démontreront de quelle façon l'on peut rire, même quand tout nous semble sens dessus dessous! En général, vous serez lié avec ces individus sur le plan professionnel et vous verrez alors que ces personnes sont plus influentes qu'elles ne le laissaient voir. Si vous êtes un gentil, le ciel fera un cadeau à son «messager des dieux». Ces gens vous donneront un sérieux coup de main qui vous permettra d'avancer bien plus rapidement que vous ne l'aviez imaginé.

Bien qu'il y ait plusieurs aspects durs dans le ciel de janvier 2005, la chance au jeu, pour vous, est présente! Aussi, de temps à autre, est-il bon de risquer un dollar: il n'en faut pas davantage pour se retrouver dans une situation plus confortable que celle dans laquelle on se trouve présentement.

⋘ FÉVRIER 2005 ⋙

L'AMOUR

Entre le 3 et le 26, Vénus est en Verseau dans le neuvième signe du vôtre. En tant que célibataire, vous serez attiré par une personne d'une nationalité différente de la vôtre ou un individu qui, bien qu'ayant toujours vécu ici, aura des origines étrangères. Vous serez fasciné par sa culture, sa vie familiale, ses croyances et ses valeurs, que vous ne connaissez pas du tout. Cela suscitera en vous un très grand intérêt. Si l'attrait premier est physique, il n'en demeure pas moins que votre curiosité intellectuelle sera plus grande que jamais.

Il y a parmi vous quelques jaloux qui se manifesteront plus amplement à compter du 7. Attention! Peut-être vous jouez-vous un mauvais tour! Vous imaginez que l'amoureux est tombé en amour avec quelqu'un d'autre et tout cela à cause d'une remarque qui n'avait aucune importance. Ne tombez pas dans ce piège et si une question vous chatouille la langue au sujet de quelqu'un dont votre partenaire vous a parlé ou qu'il a vu, demandez-lui directement ce que cette rencontre représente pour lui. Il vous arrive de vous accrocher à un détail et d'en faire tout un plat!

Il y a aussi parmi vous des romantiques, et ceux-ci, durant ce mois de février, seront plus attentifs à leur partenaire qu'à l'accoutumée. Si l'union est jeune, ils voudront préserver cette bouffée de jeunesse qui monte constamment en eux et la partager avec l'amoureux lors de sorties simples, comme aller au cinéma. Le Gémeaux ne pourra s'interdire de tenir tendrement la main de l'autre durant la projection. Il peut s'agir d'un souper au restaurant que l'un et l'autre fréquentaient souvent avant de vivre ensemble. Le Gémeaux commandera toutefois un repas spécial afin d'impressionner son partenaire et de lui plaire.

Si plus rien ne va dans votre couple, si les querelles se succèdent, voici un bon conseil: vous et votre conjoint devriez discuter de ce qu'il faut faire maintenant afin que tous deux aient, dans le futur, une chance d'être heureux.

DANS L'ENSEMBLE DE VOTRE VIE

Jusqu'au 16, le secteur professionnel est clair! Les problèmes sont réglés au fur et à mesure, et avec une grande facilité. Les idées nouvelles permettent une croissance de l'entreprise, surtout si elle vous appartient. Vous irez de l'avant. Si, par exemple, vous êtes un travailleur saisonnier, et que l'ennui vous prend pendant ce mois, vous vous mettrez à la recherche d'un emploi et vous trouverez; Il sera probablement question d'un poste à l'année, dans une entreprise qui vous offrira de nombreux bénéfices. Jusqu'au 16, vous êtes chanceux dans vos démarches.

Aussi n'hésitez-vous pas à refaire la conquête de votre indépendance financière.

Le 17, Mercure, la planète qui régit votre signe, entre en Poissons. Elle est alors dans le dixième signe du vôtre et fait un aspect dur au Gémeaux. Cette planète vous portera à critiquer le travail de vos collègues ou encore vos collègues eux-mêmes. Vous serez moins patient et plus émotif dans des situations qui réclament de l'objectivité. À compter du 7, méfiez-vous de vos jugements hâtifs, et plus encore à compter du 17.

À la fin du mois, vous aurez envie de déplacer les meubles, histoire de vivre dans d'autres vibrations, et de créer une harmonie correspondant mieux à vos sentiments. Il est également possible que vous vendiez ou donniez des objets qui n'ont plus aucun intérêt pour vous ou dont la vue vous agace. Certains d'entre vous, même si c'est l'hiver, et malgré l'odeur, repeindront une pièce de la maison.

Si vous avez des enfants, vous les trouverez agaçants parce qu'ils seront plus actifs qu'ils ne le sont déjà. Ils seront tellement harcelants que vous n'en pourrez plus de leur dire non! Il est hautement possible que vous leur fassiez une colère. Inutile de faire de grands discours sur le fait que l'argent, ça se gagne. Si vos enfants sont adultes, sans doute ont-ils besoin d'une autre leçon concernant les responsabilités et le sens des valeurs.

Après avoir payé vos comptes et vos cartes de crédit des fêtes, nombreux se sentiront d'attaque pour les ventes de fin d'année. Les femmes sont plus attirées que les hommes par les vêtements, et celles-ci pourraient dépasser considérablement leur budget du mois de février. Ces femmes, qui se font belles, ont l'impression qu'il leur faut porter du neuf pour être plus féminines, plus séduisantes! Et puis les femmes Gémeaux qui magasinent et hésitent entre deux robes ou deux costumes finissent souvent par acheter les deux! Le solde de votre carte de crédit risque d'être encore élevé ce mois-ci!

Si Jupiter en Balance vous est favorable et vous permet de mieux gagner votre vie, il fait toutefois un aspect dur à Saturne en Cancer, qui représente la maison. En ce qui vous concerne, il s'agira d'une réparation nécessaire ou l'achat d'un nouvel appareil tel que la laveuse, la sécheuse, le réfrigérateur, le poêle, le lave-vaisselle, le chauffe-eau, etc.

Au volant, soyez très prudent, surtout à partir du 7, lorsque Mars entre en Capricorne dans le huitième signe du vôtre. Vous aurez tendance à vous presser parce que vous partirez à vos rendez-vous ou au travail à la dernière minute et que vous conduirez plus vite pour être à l'heure. Ne perdez pas de vue que vous n'êtes pas seul sur les routes et qu'il y d'autres conducteurs qui sont aussi pressés que vous! Si on vous provoque, dans un embouteillage, restez calme. Si vous répondez à une insulte, cela pourrait mal tourner. Entre deux hommes, on pourrait en venir aux poings. Entre une femme et un homme, Monsieur pourrait user de sa force physique et intimider Madame ou endommager sérieusement la carrosserie de sa voiture. Il vaut mieux éviter ces altercations.

◁ℚ MARS 2005 ℚ▷

L'AMOUR

Lorsqu'une planète traverse le ciel, il lui arrive de poursuivre sa route dans le mois qui suit, et c'est le cas de quelques-unes en mars 2005. Vénus, planète de l'amour, est en Poissons jusqu'au 22. Ne perdons pas de vue qu'Uranus est aussi dans ce signe; au début du mois, tout laisse supposer que chez les couples où l'on se dispute déjà, cela risque de s'intensifier. Les obstinations pour un oui ou pour un non en déclenchent d'autres qui sont plus pénibles à souffrir, autant pour l'un que pour l'autre. Il faudra être assez sage pour résister à ce genre de bagarre de mots, souvent bien méchants, et pour en arriver à une entente ou du moins, au début, à une trêve. Si vous et votre conjoint vous en arrivez à la conclusion qu'il vaut mieux vous séparer plutôt que de vivre ensemble constamment tendus, ayez la sagesse de faire en sorte que votre rupture casse le moins de pots possible! Entamez un dialogue: cela signifie qu'il vous faut écouter l'autre, et non pas uniquement faire étalage de vos multiples insatisfactions et doléances. Sous votre signe, il n'est pas rare que vous vous transformiez en accusateur lors d'une séparation, à un point tel que vous en oubliez quels sont vos véritables intérêts. Une rupture est une grande blessure pour chaque partenaire. Que l'on soit l'instigateur de cette séparation ou la victime, il restera bien sûr une plaie qu'il faudra panser, guérir et laisser cicatriser afin que les partenaires puissent éventuellement avoir une autre vie heureuse! Si vous êtes un Gémeaux qui envisage le divorce, il est inutile de vous emporter et de faire des scènes. Si vous sentez que vous n'y arriverez pas seul, si l'angoisse vous assaille, demandez l'aide d'un psychologue de votre choix. Celui-ci vous aidera à comprendre que vous avez un avenir devant vous, même si l'autre n'est plus là.

Pourtant, il y a aussi de joyeux oiseaux sous ce ciel! Ils voltigent sur les fleurs de l'amour, ils sont aimés, ils aiment et ils perdent même la notion du temps! Ils viennent tout juste de se rencontrer! Ils sont encore parfaits l'un pour l'autre! Il y aura des coups de foudre en ce mois de mars. Certains ont de l'avenir, d'autres pas. Cela dépend de votre ascendant.

DANS L'ENSEMBLE DE VOTRE VIE

Jusqu'au 20, continuez d'être extrêmement prudent au volant et soyez de glace si l'on vous provoque. Ce serait une grosse bêtise que de répondre à des bêtises!

Le 6, Mercure, qui régit votre signe, entre en Bélier. Si vous avez des problèmes physiques, vous récupérerez rapidement. Mercure en Bélier vous portera à penser vite et à agir tout aussi rapidement, et de surcroît, avec justesse. Par contre, vous serez témoin d'erreurs que commettront des collègues. Vous ne pourrez vous empêcher de leur en faire part. De toute manière, il le faut. Ainsi, personne ne sera pénalisé et vous aurez fait faire des économies à l'entreprise. Mais de grâce, lorsque vous aviserez votre collègue de la faute commise, soyez humble. Ne faites pas celui qui voit tout et qui sait tout! Rangez vos grands airs fiers! Laissez les autres vous dire que vous êtes le héros du jour et que vous leur avez épargné bien des peines.

Si votre travail vous oblige à voyager pour aller à la rencontre de vos clients, vous serez obligé de partir plus souvent qu'à l'accoutumée. Plus loin aussi! On aura besoin de vous et ce sera parfois aux quatre coins de la province ou même à l'autre bout du pays. Peut-être que ces grands déplacements désorganiseront votre vie familiale, mais vous n'avez pas vraiment le choix, d'autant plus que c'est avec vous que les meilleurs acheteurs, les plus rentables, veulent conclure des affaires!

Saturne en Cancer continue malheureusement de faire un aspect dur à Jupiter en Balance, ce qui, dans votre cas, signifie que, si vous êtes parent, un de vos enfants se rebellera contre vous et refusera catégoriquement de vous obéir! Peut-être traverse-t-il cette phase de l'adolescente qui n'est guère facile ni pour les parents ni pour les enfants.

Il est également possible que vous deveniez grands-parents, si vous êtes d'un certain âge ou si vous avez eu vos enfants alors que vous étiez plutôt jeune; cela implique que vous devrez aider financièrement ce nouveau parent à joindre les deux bouts, d'autant plus si celui-ci ne travaille pas ou occupe un emploi plus ou moins bien rémunéré.

Un de vos enfants, qui vous avait juré qu'il ne tomberait pas amoureux avant tel âge, qu'il n'aurait pas de bébé avant d'avoir terminé complètement ses études et obtenu l'emploi de ses rêves, change d'avis au moment où il tombe en amour. Il désire alors être rapidement parent! Vous aurez alors la surprise de votre vie!

Pour d'autres Gémeaux, qui sont tombés rapidement amoureux et qui ont eu, en l'an 2004, un bébé, ce mois présage des discussions entre les parents, plus spécifiquement au sujet de l'argent! Un Gémeaux peut aussi vivre avec une personne exigeante: ce sera le temps de s'expliquer afin que la situation ne devienne pas trop compliquée.

Pourtant, le Gémeaux ne manque de rien et il est généreux envers son partenaire. Cependant, l'autre considère-t-il que c'est suffisant?

Le 23, Vénus entre en Bélier et fait un aspect agréable à Mars en Verseau. Nombreux sont ceux qui décideront de partir en voyage avec la petite famille, à la suite de la lecture d'une publicité vous proposant un séjour au soleil à très bon prix! L'entreprise vous doit des congés et vous en profiterez.

Une fois encore, il faut surveiller de près ce qui doit être réparé dans la maison. Soyez vigilant en tout ce qui concerne les conduits d'eau. Le sous-sol, ainsi que le garage, si vous en possédez un, sont les parties les plus vulnérables de votre propriété.

Si vous avez des problèmes de santé, ne faites pas d'exercice au point d'en perdre le souffle. Un Gémeaux aime généralement rouler à bicyclette ou faire de la course à pied. Avant de faire un marathon ou tout simplement vous dépasser, demandez à votre médecin s'il vous est recommandé d'en faire autant! Si on vous donnait des directives restrictives, ne les outrepassez pas, ça ne serait pas dans votre intérêt.

Certains parmi vous ont des problèmes de peau. Il est maintenant essentiel d'aller à la source de ces maux une bonne fois pour toutes, et d'en guérir!

⁣ AVRIL 2005 ⁣

L'AMOUR

Jusqu'au 15, vous êtes sous la coupe de Vénus en Bélier, où elle est en exil. C'est un peu comme s'il vous fallait réapprendre à connaître votre partenaire. Il a changé et vous ne le voyez pas. Vous refusez cette réalité qui est pourtant incontrôlable. Mercure, qui est aussi en Bélier, vous pousse à un certain radicalisme ou à émettre non pas des opinions, mais des critiques qui sont parfois plus blessantes que vous ne le souhaitez. En somme, ce ciel, jusqu'au 15, vous invite à mieux contrôler vos paroles. Les hommes sont beaucoup plus sujets que les femmes du même signe à l'emportement gratuit, à l'impatience et à l'intolérance.

Si vous formez un couple ou que vous êtes quasiment parfaitement heureux, ne cherchez surtout pas des noises à votre partenaire. Il réagirait assez rapidement. Il vaut mieux s'en tenir à l'essentiel plutôt que, par exemple, vouloir ce qui, pour l'instant, est impossible à obtenir pour le couple.

Si vous fréquentez une nouvelle personne, il est tout naturel d'être emballé, mais posez-vous des questions. Interrogez-vous afin de savoir si oui ou non vous formerez éventuellement un couple solide. Plutôt que d'anticiper et de vous inventer un futur amoureux, pourquoi ne vivez-vous pas une journée à la fois et n'appréciez pas cette personne pour ce qu'elle est maintenant, et non pour ce qu'elle est susceptible de devenir ou de ne pas devenir. De toute manière, sa destinée ne dépendra jamais entièrement de vous, pas plus que la vôtre, d'ailleurs, ne dépend de qui que ce soit.

DANS L'ENSEMBLE DE VOTRE VIE

Sous l'influence de Mars en Verseau, au travail, vous êtes extrêmement rapide et vous avez le sens des affaires. Vous maintenez vos décisions et vous allez jusqu'au bout des projets dont vous êtes l'instigateur. Si vous êtes en commerce, à votre compte, votre clientèle s'accroît considérablement. Votre réputation est excellente et les personnes qui ont bénéficié de vos services vous réfèrent à d'autres clients. Vous augmenterez vos revenus, mais attention de ne pas dépenser votre surplus. Quelques économies peuvent toujours être commodes.

Même si Mercure en Bélier porte certains d'entre vous à prononcer des paroles parfois un peu blessantes à l'égard de l'amoureux à qui vous faites plus de reproches que de compliments, cette planète, ainsi positionnée, vous donne tout de même une force extraordinaire dans votre milieu de travail et vous rend très persuasif. Peut-être espérez-vous obtenir une promotion ou occuper un autre poste? Vous n'aurez aucune hésitation à rencontrer votre patron afin d'en discuter. Vous serez écouté. Votre dossier sera étudié et il y a de fortes chances pour que, quelques semaines après la rencontre, vous ayez enfin ce que vous désirez.

Vous ferez votre bilan financier en même temps que vos impôts. En tant que propriétaire d'une maison, vous évaluerez minutieusement combien il vous en coûtera pour effectuer quelques changements tels que des améliorations, des rénovations et des embellissements. Vous magasinerez les matériaux et en trouverez à des prix convenant à votre budget.

À compter du 16, si vous faites des placements boursiers, soyez extrêmement prudent. Ne «mettez pas tous vos œufs dans le même panier»! Durant la dernière semaine du mois, d'importantes fluctuations peuvent se produire.

Si vous avez l'intention de faire l'achat d'une voiture, ne l'achetez pas seulement parce qu'elle vous plaît. Vérifiez si ce bijou correspond à vos besoins, c'est-à-dire au genre de déplacements que vous effectuez habituellement.

Si vous faites partie de ces Gémeaux qui vivent une dépression, ne vous isolez pas. Allez voir vos amis, même si cela vous demande beaucoup d'efforts. Vous remonterez plus vite la pente si vous n'êtes pas seul. Ce n'est pas parce que vous souffrez que vous n'êtes plus la même personne. Vous êtes le même ami qui, cette fois, a beaucoup de peine et un grand besoin qu'on lui tienne la main.

◖◗ MAI 2005 ◖◗

L'AMOUR

Quand le doute s'empare de vous, il se fait harcelant et obsédant. Vous trouvez mille et une réponses à vos questions, et aucune, finalement, ne tient la route. Vous rationalisez plutôt que de vivre vos sentiments, et lorsque vous êtes dans cet état, c'est un peu comme si vous vous torturiez. Vous aurez l'impression de devoir choisir entre l'amoureux et votre carrière, comme si les deux étaient incompatibles. Le fait d'aimer vous demande trop d'énergie et vous voudriez la conserver en totalité pour progresser dans l'entreprise pour laquelle vous travaillez. La lutte est étrange quand elle se joue entre la raison et le cœur. N'est-elle pas inutile?

Il y a parmi vous des Gémeaux qui ont une vie de couple tout à fait satisfaisante. Malgré cela, sous l'influence de Mars et d'Uranus en Poissons, vous ressentez une profonde lassitude, surtout si vous vivez avec la même personne depuis longtemps. Vous avez besoin d'action, de renouveau. Il vous suffit de penser à ce qui ferait plaisir à votre partenaire afin qu'une transformation positive s'opère dans votre couple. Plusieurs Gémeaux se disent qu'il leur faut changer quelque chose pour eux, pour se faire plaisir. Pourtant, tenter de rendre l'autre plus heureux que soi est un acte généreux qui nous fait vivre des instants de bonheur.

En tant que célibataire, vous ferez de nombreuses conquêtes, mais vous serez dans l'incapacité de faire un choix. Il est possible que vous ayez deux ou même trois flirts à la fois! Ce sera un véritable essoufflement puisque, tout au fond de vous-même, vous saurez fort bien que vous n'êtes pas prêt à vous engager.

DANS L'ENSEMBLE DE VOTRE VIE

Mars est en Poissons et il est à proximité d'Uranus en Poissons. Ces planètes, ainsi associées, vous font réagir pour un oui ou pour un non, le plus souvent pour des banalités.

L'association de ces planètes présage la dramatisation d'événements et de faits ordinaires. Il est possible qu'un accident de voiture ait lieu, en raison d'un lunatique qui se croyait seul sur la route! Si vous avez tendance à boire et à dépasser la limite permise et si vous consommez des drogues, de grâce, ne prenez pas le volant. Vous risqueriez de vous mettre en danger, et vous pourriez blesser quelqu'un ou, pire encore, tuer un innocent piéton.

Uranus et mars en Poissons indiquent des rassemblements de gens dont vous ferez partie. Si la violence se met de la partie, dès que vous sentirez la tension monter, éloignez-vous des foules où vous pourriez être blessé ou, du moins, avoir une bonne frousse.

Si vous êtes à la recherche d'un emploi, ce ne sont pas les offres qui manquent. C'est plutôt votre esprit critique qui vous fait passer à côté du meilleur, car vous avez tendance à voir uniquement les difficultés ou le manque de bénéfices. Si vous rêvez d'un idéal, consacrez-vous-y sans penser à ce que vous gagnerez ou perdrez. Vivez dans l'instant présent, entrez dans l'action, vous avez suffisamment réfléchi, vous avez toutes les clés en main pour atteindre votre objectif. Cessez de chercher des raisons pour ne pas faire ce qui vous tient tant à cœur. Si vous ne réalisez pas votre rêve, et surtout si vous ne mettez aucun effort pour y parvenir, vous serez déçu de vous-même.

Vous êtes sous l'influence de Jupiter en Balance, cinquième signe du vôtre. Il vous invite à vous réaliser comme vous le désirez au plus profond de votre être. Jupiter appuie vos démarches, et si vous n'obtenez pas exactement ce que vous voulez, vous en aurez au moins la moitié. Tout comme il est possible que vous alliez plus loin que vous pouvez maintenant l'imaginer.

Entre le 26 et le 31, durant ces derniers jours du mois, si vous travaillez à forfait, il est possible qu'on fasse une révision de vos conditions de travail et que vous deviez défendre vos droits pour les préserver. Étant protégé par Jupiter en Balance, vous gagnerez des points!

Entre le 14 et le 28, sous l'influence de Mercure en Taureau, ne prêtez pas d'argent, surtout si vous n'êtes pas riche. Ce prêt ne vous serait pas remboursé avant longtemps, et peut-être même au moment où vous en aurez vous-même besoin. La personne envers qui vous aurez été généreux pourrait refuser à son tour de vous aider. Vous conclurez en l'ingratitude du monde entier! Et pourtant, les 29, 30 et 31, c'est à travers le pire que, tout à coup, vous découvrirez que le meilleur peut surgir. Et du désespoir, la confiance renaîtra en vous quand un inconnu vous tendra la main. Il suffira d'une simple phrase, d'un tout petit encouragement, d'un simple compliment afin que vous saisissiez votre valeur et qu'en fin de compte, vous compreniez que vous êtes important, quoi que vous fassiez, et qui que vous soyez.

⚹ JUIN 2005 ⚹

L'AMOUR

Certains parents aiment leurs enfants d'un amour qui les sur-protège et ne les laissent jamais prendre une seule décision. Ces tuteurs ne se rendent pas compte qu'ils sont envahissants, à tel point que leurs enfants perdent confiance en leurs moyens et vieillissent en se disant qu'ils ne peuvent rien faire sans papa ou maman Gémeaux, et malheureusement, un enfant qui vieillit en ne reconnaissant pas sa propre valeur est celui que le parent va le plus critiquer. C'est une roue qui tourne : plus l'enfant est critiqué, et moins il se sent aimé. C'est une spirale destructrice, autant pour les rejetons que pour ses parents. Si vous êtes ce parent qui gère et mène la vie de ses tout-petits, si vous vous rendez compte que vous êtes de moins en moins affectueux envers eux et qu'ils vous perçoivent comme un géant, ravisez-vous. L'autorité a sa place, mais l'amour a aussi une très grande importance pour chaque âme, et plus encore quand ça se passe en famille, car cette microsociété est la première cellule de l'apprentissage de la vie.

Protéger un enfant, c'est normal, mais l'emprisonner dans vos paramètres et l'empêcher d'explorer d'autres mondes et de fréquenter d'autres gens, c'est l'obliger à vivre dans des limites dont il voudra un jour s'échapper.

Mais peut-être êtes-vous, au contraire, ce parent qui croit que ses enfants se débrouilleront, quoi que le Gémeaux fasse ou décide. Vos enfants vous imitent plus que vous ne l'imaginez. Vous êtes le premier exemple sur lequel un enfant se fie !

Si vous avez une vie de couple et que, jusqu'à présent, tout va bien, il faut parfois faire un effort pour éviter qu'une crise entre les partenaires n'éclate. Essayez de comprendre ce qui ne va pas chez l'autre. Voici la clé : savoir écouter. Ces querelles soudaines, entre vous et votre partenaire, sont souvent des étapes de croissance, mais que trop souvent on peut interpréter comme une attaque ou bien comme un abandon de la part de l'être aimé. La vie à deux, ce n'est pas une ligne droite comme on vous le fait croire dans les films d'amour, où tout finit toujours bien. Une vie, c'est complexe, et deux vies partagées, c'est encore plus complexe, surtout si on y ajoute le fait d'être parent, d'être travailleur, ami et individu. Respecter les goûts personnels de chacun, n'est-ce pas de plus en plus compliqué ? Vivre à deux, ce n'est pas vivre seul. C'est, au contraire, partager son quotidien et sa routine avec quelqu'un. Vivre à deux, ce n'est pas une perte de libertés ni une contrainte : c'est une école du respect des libertés de chacun.

En tant que célibataire, à compter du 13, vous entrez dans une période favorable à une rencontre. Le ciel indique qu'il y a toutes les chances du monde pour que la personne rencontrée ait un ou des enfants, surtout si vous êtes dans la trentaine et plus.

Mais peut-être êtes-vous follement amoureux? Sans enfant? Il sera donc sérieusement question de fonder une famille. En conclusion, vous et votre partenaire vous opterez pour un autre genre vie de couple, et éventuellement, pour une vie de parents.

DANS L'ENSEMBLE DE VOTRE VIE

Le temps des vacances approche. Il faut donc décider ce que vous ferez de cette période de l'année. Si vous êtes seul et que vous n'avez jamais fait un voyage de groupe, vous devriez examiner cette option afin de vous donner une chance de faire des rencontres, lesquelles vous permettront d'échapper à votre solitude.

Si vous travaillez durant tout ce mois, à l'exception du congé de la Saint-Jean-Baptiste, vous serez étonné de constater à quel point plus le temps avance, plus vous avez de l'énergie. À compter du 13, vous serez sous l'influence de Mars en Bélier, ce qui vous donne alors le goût de l'action et un ardent désir de vous impliquer davantage socialement. Vous le ferez à la fois pour vous-même, mais également pour vos enfants.

Vous comprenez l'importance de la vie communautaire et du bien-être de chacun. La communauté, c'est vos voisins, les gens qui habitent dans votre rue, dans votre quartier, votre ville. Cette notion peut être appliquée au pays que vous habitez, et même à l'Univers! Vous avez l'impression que vous ne pouvez pas, et ne devez pas, rester les bras croisés à regarder le train passer. Votre période de réflexion est terminée, il s'agit maintenant de passer à l'étape suivante, celle de l'action et de la première organisation.

Mais peut-être songez-vous à monter une affaire? Si tel est votre cas, vous entrerez en relation avec un tas de gens afin de vous informer de ce qu'il faut faire et ne pas faire quand on travaille à son compte. Vous considérerez votre budget, et peut-être vous associerez-vous à une vieille connaissance dont vous connaissez les forces et les faiblesses, et qui vous connaît tout aussi bien.

Si vous avez un emploi régulier, à compter du milieu du mois, vous ferez des heures supplémentaires afin de remplacer des collègues absents. Certains sont en vacances, d'autres sont malades. Les revenus supplémentaires se transformeront en petits plaisirs, que vous pourrez vous offrir lorsque vous serez en congé.

Il vient un temps où nous devons faire le bilan de notre vie. À compter du 22, c'est ce type de réflexions qui vous hantera : vous additionnerez les rêves réalisés et comptabiliserez ceux que vous avez mis sous le tapis en vous trouvant des excuses pour ne pas avoir tenté de les concrétiser. La peur de l'échec et la peur du succès, c'est une seule et même chose. Ni l'un ni l'autre n'apportent la satisfaction. Étant sous la poussée de Mars en Bélier, et encouragé par la magie de Jupiter en Balance, vous soulèverez ces voiles obscurs de vos craintes et vous vous investirez dans des domaines où vous vouliez le faire depuis très longtemps.

◖ JUILLET 2005 ◗

L'AMOUR

Mercure, la planète qui régit votre signe, est en Lion, le symbole du cœur. Mercure, pour sa part, symbolise le langage. Parler la langue du cœur et de l'amour, voilà ce que vous apprendrez au cours de ce mois, d'autant plus que Vénus est en Lion jusqu'au 23, et que, pour plusieurs célibataires, ce sera le grand frisson, l'amour que l'on découvre en quelques secondes lors d'une rencontre dans un endroit public ou chez des amis. On ne peut contrer l'envie d'aller lui dire bonjour, de lui dire qu'il est bien, qu'il vous plaît. Comme ça, naïvement et gentiment, rien que pour le plaisir de se sentir séduit par cet inconnu qui n'en sera plus un si vous succombez à votre désir de lui faire signe que vous êtes là et que vous avez envie de causer avec lui. Il y a des audaces qui n'ont rien de déplacées. Il s'agit de pulsion, comme l'enfant qui désire dire bonjour au nouveau voisin qu'il trouve sympathique.

Saturne, qui vous a retenu, comprimé et oppressé depuis deux ans et demi, quitte le Cancer et entre en Lion le 17. Saturne en Lion convient mieux à votre nature d'air. Il s'agit maintenant du feu du Lion qui réchauffe l'air du Gémeaux. Saturne est en exil en Lion. Ses restrictions ne sont pas fortes. Il n'exerce pas une emprise sur vous, il ne vous enfermera pas. En fait, vous refuserez d'être mis de côté. Vous prendrez votre place et vous laisserez à autrui celle qui lui revient. Saturne en Lion se positionne dans le signe du cœur et ceci évoque la dignité et la protection. Saturne en Lion n'abandonne pas celui qui l'aime pour batifoler. C'est comme « si le cœur avait une nouvelle colonne vertébrale » ! Cet alignement vous influencera pendant deux ans et demi en modifiant vos valeurs amoureuses et en transformant vos croyances.

Si vous êtes de ceux qui regardent leur passé avec désolation parce que l'amour n'est toujours venu qu'au compte-gouttes, vous savez à présent que vous pouvez changer tout cela. Par ailleurs, quelques événements désirés et désirables seront des voies d'accès à ce bonheur auquel vous ne vouliez plus songer.

Vous regarderez votre passé en vous disant que, s'il vous a appartenu, désormais, vous faites confiance au présent et au futur parce que tout sera meilleur que jamais auparavant.

DANS L'ENSEMBLE DE VOTRE VIE

Vous êtes de plus en plus dynamique. Si vous avez été malade, physiquement ou moralement, vous remonterez la pente rapidement. La cicatrisation se fait maintenant expéditivement ; votre moral est meilleur et, automatiquement, cela influence vos humeurs, qui sont en fait les fluides qui traversent votre corps. Votre bien-être n'est pas uniquement le fruit de votre imagination. Ces planètes pèsent lourd, à l'instar de Saturne en Cancer depuis deux ans et demi. Même si ces astres ne sont pas palpables, ils nous affectent et provoquent des tourments qui ressemblent à la traversée d'un long tunnel dans l'obscurité. Vous voilà arrivé au bout de celui-ci, et vous apercevez enfin la lumière. La confiance en soi se raffermit et l'on vous propose des occasions de refaire votre vie comme vous l'entendez.

Si vous êtes à la recherche d'un emploi, vous n'irez plus à vos rendez-vous la tête basse et la peur aux tripes, en vous disant à l'avance que vous ne l'aurez pas. C'est un peu comme si tous vos sens s'éveillaient à nouveau et que vous voyiez la vie d'un œil différent, avec optimisme.

Vous sortirez davantage. Vous vous ferez des amis. Il est possible que des gens que vous connaissez depuis longtemps, ne vous reconnaissent plus. Ils aimaient votre malheur et votre tristesse parce qu'en fait, vous leur ressembliez. Désormais, vous êtes détaché de ces personnes qui ne font rien pour s'en sortir. Vous émergez et vous ne laisserez plus personne vous entraîner vers un gouffre. Vous fréquenterez donc des gens qui entretiennent le désir de faire mieux, d'être mieux.

Vous n'agissez plus comme un perdant. En ce sens, vous attirez la chance.

Attention, à la fin du mois de juillet, entre le 24 et le 31, vous aurez des appels de gens qui vous ont connu dans les pires moments et qui pensent que vous êtes encore ainsi. Vous serez tenté de sympathiser une fois encore avec ces personnes. Résistez-leur. Même si vous avez repris des forces, vous n'êtes pas encore en parfaite condition et vous pourriez, après avoir passé quelques soirées en leur compagnie, vous retrouver à la case «déprime»! Ce serait du temps perdu et un véritable gaspillage d'énergie. Maintenez le cap sur le plaisir de redécouvrir que vous êtes vibrant!

Profitez du temps présent et des occasions de grandir que la vie vous offrira tout au long de ce mois de juillet.

ᨐ AOÛT 2005 ᨑ

L'AMOUR

Vous avez fait une rencontre qui vous a dynamisé en juillet, et lentement, en ce début d'août, le doute et la peur de l'abandon vous assaillent. Ne vous dites-vous pas que ce que vous vivez est trop beau pour être vrai? Que vous ne méritez pas autant de bonheur, que vous n'êtes pas né pour l'amour, pas né pour être aimé, que tôt ou tard on vous laissera tomber... Mais quelle ombre vous a donc ainsi frappé afin que vous décliniez à nouveau? Hélas, Mars est en Taureau et vous met au défi de continuer de croire en vous. La vie n'est pas la même chaque jour, et après l'étape de l'euphorie, vous retombez au sol... Dites-vous que vous êtes un signe d'air. Vous devez continuer de flotter, de vous laisser porter par les beaux événements qui vous ont permis de vous transformer. Cependant, la transformation de soi ne s'arrête jamais. Ne plus se reconnaître, c'est devoir faire un effort pour se voir différemment. Un peu comme si vous aviez subi une chirurgie. Il faut vous habituer à votre nouveau visage. Vous aviez un sourire éblouissant, ne laissez pas tomber les commissures de vos lèvres en affichant un air triste. Ne vous complaisez pas à écouter des films qui font pleurer et des musiques qui vous rappellent vos anciens malheurs. Louez des films comiques et écoutez des disques qui vous font danser! Tout ce que vous avez acquis de maturité et de joie en juillet vous appartient. Vous êtes le propriétaire de votre bonheur.

Il est aussi possible que vous ayez cru rencontrer la personne la plus merveilleuse qui soit. Vous êtes tombé en amour! Cependant, l'autre ne vous a jamais dit qu'il vous aimait. Vous avez inventé un scénario de toutes pièces. Vous ne vous êtes pas fait d'illusions. Vous avez vécu un beau rêve, une merveilleuse expérience, et cette dernière ne vous a-t-elle pas donné le goût d'aimer? Cette personne, en qui vous aviez mis tant d'espoir et qui vous quitte, ne vous laisse pas les mains vides... Elle vous a dit que vous étiez digne d'amour, digne d'être aimé et encore capable d'aimer très fort. Ne perdez pas de vue qu'il y a des gens qui ne sont que de passage dans votre vie: ils ne resteront pas longtemps, ils passent uniquement pour vous donner une indication, vous faire part d'un message. Il y a ainsi des signes dans la vie; mais, en tant que Gémeaux, il vous arrive de ne pas bien les interpréter. Alors, les sentiments désagréables prennent le dessus et vous propulsent aux enfers.

Restez sur les ailes de l'amour. Il ne vous abandonne pas. S'il fait une pause, celle-ci ne sera pas longue. À compter du 18, Vénus entre en Balance, accompagnée de Jupiter. Elle promet les félicités et la grâce d'aimer et d'être aimé ... L'amour n'arrête jamais de chercher l'amour. C'est comme la vie: elle a besoin d'un cœur qui bat.

DANS L'ENSEMBLE DE VOTRE VIE

Mercure, la planète de la communication, est encore en Lion. Elle est appuyée par Saturne en Lion. Mercure et Saturne sont dans le troisième signe du vôtre. Faites confiance à votre flair en ce qui concerne, par exemple, la recherche d'un nouveau travail.

Si vous désirez un nouveau poste dans l'entreprise qui vous emploie présentement, demandez un rendez-vous avec votre patron. Faites tout dans les règles de l'art et suivez le protocole, comme le veulent Mercure et Saturne en Lion. Le jour de cette rencontre, soyez à votre meilleur : mettez votre tenue la plus chic et la plus confortable, car désormais, sous Saturne en Lion (pour les deux prochaines années et demie), vous devez vous présenter de façon impeccable. Il faut faire bonne impression. Le Lion, représentation symbolique du roi, aime qu'on se présente à lui dans ses plus beaux atours. Le Lion interprète cela comme un signe de respect envers son autorité et son rang. Soyez conforme à ses exigences ; il ne vous demande, en fait, qu'un brin d'attention de plus envers vous-même.

Sur le plan professionnel, en ce début de mois, vous croiserez de ces collègues qui médisent à propos des autres. Ils se feront un plaisir de démolir cet employé qu'ils ne connaissent pas. Parce qu'ils ne le connaissent pas, ils le craignent. Éloignez-vous de ces commérages qui, par la suite, referaient surface et nuiraient à votre réputation. Ne vous joignez pas à ces mauvaises langues. De toute manière, celles-ci sont déprimantes. La jalousie ne mène à rien.

Vous êtes plus chanceux que vous voulez le croire. Une fois que le petit nuage gris sera passé, vous réaliserez que vous vous étiez inventé des peurs et vous les effacerez sur le tableau noir de votre imagination.

Si vous avez tendance à fêter beaucoup et longtemps, parce que vous êtes en vacances, ne conduisez pas. Faites-vous reconduire. Un accident est vite arrivé et vous ne bénéficiez pas d'une grande protection si vous êtes en état d'ivresse. Mars en Taureau peut vous faire commettre ce type d'excès. Si une cuite vous rend malade, vous êtes le seul à en souffrir. Mais si vous avez un accident, vous pourriez faire souffrir d'autres gens. Ne gâchez donc pas vos petites fêtes. Si vous buvez ou consommez des drogues, restez sur place ! Prévoyez cela à l'avance !

ᖱ SEPTEMBRE 2005 ᖱ

L'AMOUR

Jusqu'au 11, Vénus file doucement, comme si elle était bercée de tendres sentiments. Il vous sera même difficile de vous emporter : vous êtes tolérant, comme si vous aviez la grâce. À moins que vous n'ayez été suprêmement contrarié, vous contenez votre agressivité, vous la refoulez. Vous ne parlez pas, mais vous êtes plein de reproches.

Si vous ressentez de la colère, à compter du 12, sous la pression de Vénus en Scorpion, avec Mars, en face, en Taureau, et principalement entre le 5 et le 20, pendant que Mercure traverse le signe de la Vierge, vous pourriez dire des mots regrettables, des mots inoubliables, tant ils seront pleins d'insultes. Vous lirez ces lignes avant que la colère ne vous étrangle. Le sachant, la raison peut intervenir. C'est elle qui contribuera à vous faire réfléchir et à vous interroger: pourquoi suis-je encore fâché? Est-ce sérieux au point de provoquer une crise dans votre couple? Si vous réfléchissez bien, vous comprendrez que vous avez dramatisé. Il s'agissait d'une situation plus simple que vous ne l'aviez cru. Peut-être aviez-vous mal compris. Il est si facile de se jouer des tours, de s'inventer des drames ou de s'offrir un coup de théâtre parce qu'on avait besoin de prendre l'air!

Il y a des Gémeaux heureux qui savent bien protéger leur bonheur. Peut-être est-ce parce qu'ils ont donné congé au malheur.. Les gens heureux sont simples. En fait, pour eux, rien n'est compliqué. Quand la raison leur échappe, ils ne cherchent pas à la rattraper. En fait, ils ne se prennent pas au sérieux 24 heures par jour. Le bonheur, ça s'apprend. C'est une école et plus on étudie, plus on prend les moyens pour être heureux, et plus on excelle. Les Gémeaux heureux aiment et sont aimés.

Il y a des Gémeaux qui fréquentent une personne, et entre eux, l'amour s'est installé, a fait son nid. Voilà qu'en ce mois, ces Gémeaux et leur partenaire se demandent s'il n'est pas temps d'avoir un seul nid pour les deux. La réponse sera oui. Le Gémeaux aura peur, et son partenaire aussi, mais malgré cela, les amoureux seront prêts à passer un hiver bien au chaud.

DANS L'ENSEMBLE DE VOTRE VIE

Plusieurs planètes indiquent d'importants changements sur le plan professionnel. Ne vous inquiétez pas: les nouvelles sont excellentes. Vous ne rétrograderez pas. Vous passerez à autre chose, vous vivrez une nouvelle expérience.

Votre santé est excellente, à condition de maintenir un régime alimentaire sain et de ne pas succomber constamment à la nourriture surfaite et congelée. De temps à autre, si vous êtes du type à grignoter tout ce qui vous tombe sous la dent, demandez-vous donc quel poids vous désirez vraiment atteindre? Et est-ce que vos genoux et vos hanches pourront supporter des kilos de plus? Mais il y aussi parmi vous des *Gémeaux-régime*! Ils passent d'une diète à l'autre sans en réussir aucune. Mais peut-être est-ce parce qu'ils changent trop vite. L'efficacité ne s'atteint pas en quelques jours dans le domaine de la nourriture. Et si vous êtes celui qui se prive de tout, méfiez-vous: l'ulcère vous menace. En ne mangeant pas, vous créez un terrain acide qui gruge votre estomac. Si, au nom de la mode, vous pensez qu'il faut être ultra-mince ou carrément maigre pour être beau, peut-être avez-vous, en réalité, besoin d'un médecin thérapeute pour vous apprendre à vous aimer tel que vous êtes.

Du 12 jusqu'à la fin de mois, il y a bien des émotions dans l'air. Il est possible qu'un parent bien-aimé soit malade et que vous deviez vous rendre fréquemment à son chevet. Vous ne pourrez le sauver. Par contre, votre présence lui donnera le courage de lutter contre sa maladie afin de recouvrer sa santé.

Mais il est aussi possible que vous ayez atteint un certain âge et qu'un de vos parents soit âgé et très malade. Il y a des moments où l'inévitable se produit et, à la fin de septembre, il est possible que vous sachiez à quoi vous attendre: ce parent pourrait bien être libéré à tout jamais de ses douleurs.

Si vous êtes ce parent qui vit et subit la maladie d'un de vos petits-enfants et que vous devez vous rendre régulièrement à l'hôpital afin qu'il reçoive des soins, appelez des amis qui savent ce que vous vivez. Pleurez sur leur épaule. Si ce sont de vrais amis, ils seront là sans dire un mot, dans la douleur. Il n'y a souvent rien de mieux que des silences complices pour être soulagé.

Ou peut-être est-ce vous qui offrirez votre épaule à cet ami qui vit une situation que vous auriez aussi pu vivre. Lorsqu'on pense ainsi, on devient vite compatissant.

◖ OCTOBRE 2005 ◗

L'AMOUR

Entre le 1er et le 8, Vénus est en Scorpion sur ses derniers degrés, et fait face à Mars en Taureau. Ceci signifie souvent un malaise difficile à identifier en raison de Mars dans le douzième signe du vôtre, et de Vénus dans le sixième. C'est comme si on se sentait malade, mais qu'on ne savait pas de quoi l'on souffre. Ce sont des états de faiblesse et de fatigue, sauf qu'il s'agit plutôt de questions existentielles pour lesquelles il n'y a pas de réponses fermes. Par exemple, vous êtes amoureux, mais en même temps, vous rêvez constamment de prendre la clé des champs et de vous retrouver seul, sans l'autre, comme s'il était un poids, une espèce de bagage en trop. Lorsqu'on partage sa vie, il arrive que le partenaire vive des choses difficiles dont il ne parle pas, mais que vous ressentez ou dont vous sentez les vibrations, sans pouvoir ni oser émettre la moindre réflexion à ce sujet. Quand on vit à deux, tour à tour, on devient l'éponge de l'autre. L'une se remplit, l'autre se vide. Puis, un beau matin, l'équilibre s'installe. L'amoureux a compris où il en est. Il ne vous a rien raconté, mais il avait à vivre cet éloignement intérieur. Et il faut le comprendre. De toute manière, vous faites de même, et ne tolère-t-on pas ces instants que vous vivez de temps à autre ?

Si vous refusez de comprendre, si vous refusez d'attendre que la grisaille de l'amoureux se dissipe, si vous l'obligez à se livrer alors qu'il est encore incapable de parler, du 9 jusqu'à la fin du mois, vous provoquerez d'interminables discussions dont certaines pourraient se terminer en larmes ou dans la colère. Un Gémeaux est capable de verbaliser, mais si vous avez épousé un signe d'eau ou de terre, il n'est peut-être pas mûr pour s'ouvrir. Patience.

Si vous êtes célibataire, à la recherche du grand amour, à compter du 9, vous serez partout : vous sortirez beaucoup, dans l'espoir de faire cette rencontre ultime, hors de l'ordinaire. Mais ce sera en vain. L'amour n'aime pas s'étourdir ; l'amourette oui, mais le grand amour se laisse désirer jusqu'au moment où vous êtes prêt à le voir puis à le recevoir. Bizarrement, ce sont des amis qui connaissent cette personne, qui vous aimera autant en retour. Acceptez donc leurs invitations quand ils vous offrent une soirée entre amis.

DANS L'ENSEMBLE DE VOTRE VIE

Le ciel est bon en ce qui concerne votre travail. Si vous avez pris votre tournant le mois dernier ou au cours de l'été, les choses vont bon train. Tout est mieux que toutes les prédictions que vous avez pu vous faire en vous tirant aux cartes ! Vous êtes sur une voie ascendante.

Si vous êtes d'une nature créative, que vous soyez inventeur, écrivain, dessinateur, musicien ou compositeur, vous progressez. Il vous arrivera parfois de perdre la notion du temps tant vous serez pris par votre œuvre. Le succès n'est pas loin. En fait, il est déjà là, dans l'œuvre elle-même; il est dans ce plaisir de création qui vous habite à chaque instant. Il est dans cette euphorie, alimentée par vos découvertes. Votre joie sera immense lorsque vous présenterez votre œuvre à ceux qui en feront la promotion. Si certains deviennent riches et célèbres, ils méritent leurs étoiles. Mais le succès a tant de formes: il suffit de savoir l'apprécier tel qu'il se présente.

Vous êtes un excellent communicateur. Vous êtes ce type de personne avec qui on a envie de causer parce que l'on apprend beaucoup et parce que vous savez écouter et questionner les gens. C'est pourquoi tant de Gémeaux sont confortables dans un travail journalistique ou dans les domaines leur permettant d'être en contact avec le public. Ainsi, ils apprennent constamment du nouveau et sont toujours à l'affût des nouveautés. Et avec les années, à force d'étudier ainsi le genre humain, on finit par devenir extrêmement tolérant ou au contraire, on se plaint de tout et de tout le monde. Vous êtes le seul responsable de vos humeurs. À vous de choisir si vous voulez être classé parmi ceux qui savent bien vivre leur vie ou parmi ceux qui se plaignent et critiquent tout ou presque.

Si vous êtes jeune et que vous commencez un nouveau travail, n'ayez crainte: vous vous donnez à 100 % et personne ne vous fera le moindre reproche. Bien au contraire, on remarque votre zèle, votre sens de l'initiative, votre façon simple d'aborder les problèmes et votre génie lorsque vient le temps de trouver des solutions afin qu'il n'y ait plus de problèmes!

Certains d'entre vous apprendront une bonne nouvelle: une promotion! Ils l'ont d'ailleurs bien méritée. Il s'agit maintenant de savoir si vous serez heureux après avoir grimpé un échelon de plus. Car plus on monte, plus on est seul. Plus on monte, plus il y a de responsabilités, et souvent, moins de temps pour sa vie personnelle.

Il y a aussi parmi vous des Gémeaux qui sont obsédés par leur travail. Ils ne sont jamais satisfaits d'eux-mêmes et de leurs collègues. Si vous êtes de ce groupe, la vie peut vous jouer un bien mauvais tour; à compter du 9, Vénus est en Sagittaire, Pluton le terrible est aussi dans ce signe, et ces planètes, qui dansent ensemble, peuvent donner une sérieuse leçon aux Gémeaux qui voient la vie à travers le travail et qui s'identifient à leur emploi. Il est possible, si vous travaillez à forfait, qu'on ne puisse honorer le contrat qu'on a signé avec vous. Soit on est insatisfait de vos résultats, soit votre attitude déplaît à tant de gens que l'entreprise préfère se priver de vous et de vos compétences. Nous sommes encore sous l'influence de Jupiter en Balance, qui exige que vous respectiez autrui, et qui tranche sèchement les choses quand nous n'obéissons pas à cette règle élémentaire.

Pour préserver votre emploi, soyez simple. De toute manière, vous êtes compétent.

◄◙ NOVEMBRE 2005 ◙►

L'AMOUR

C'est l'avant-dernier mois de l'année. Jupiter a quitté la Balance le 27 octobre et elle est maintenant installée en Scorpion dans le sixième signe du vôtre. C'est alors que ceux qui ont une vie de couple qui dure depuis bien des décennies font le bilan de leur union.

Ce sera aussi une année au cours de laquelle à la moindre petite querelle, vous serez tenté d'abandonner la partie, de quitter le bateau parce qu'il tangue un peu, parce que vous avez peur qu'une tempête se pointe à l'horizon, même lorsque le ciel est tout bleu.

Sous Jupiter en Scorpion, vous aurez l'imagination fertile et un plus grand désir de séduction, d'autant plus qu'il vous faut vous prouver à vous-même que vous plaisez toujours aux autres. Il y a ceux qui, déjà, en ce mois de novembre, auront une première aventure extraconjugale. Le jeu de cache-cache ne durera pas bien longtemps parce que vous êtes incapable de vivre avec votre culpabilité, incapable aussi de tenir votre langue. Le fait d'avouer votre aventure vous soulagera la conscience, c'est du moins ce que vous croyez, mais il n'est pas certain que le fait d'avouer donne de bons résultats. Ne vous attendez surtout pas à ce que l'autre vous saute dans les bras en vous disant qu'il vous pardonne. Si vous êtes sincère, vous vivrez probablement une période de punition ! Après tout, n'est-ce pas vous qui aurez provoqué cette souffrance et semé le doute chez votre partenaire ?

Si vous êtes du type vieux garçon, celui qui se dit qu'il vaut mieux ne pas s'attacher, la vie vous présentera la personne la plus plaisante et la plus agréable qui soit. De plus, cette personne aura une qualité particulière : elle sera patiente, tout autant que tolérante. Croyez-vous pouvoir rester indifférent ? Il faudra que vous soyez fait en bois pour ne pas réagir. Il est possible que vous ayez plusieurs années de différences avec cette fascinante personne. La chance prend diverses formes. Cette fois, c'est la chance de rencontrer quelqu'un de vrai, parfaitement et totalement humain.

DANS L'ENSEMBLE DE VOTRE VIE

Novembre est un mois où tout se refroidit dans la nature. Le soleil est en Scorpion jusqu'au 22, dans le sixième signe du vôtre, et il ne parle plus que de boulot, de compressions budgétaires que certains subiront dans l'entreprise, et de nouvelles contestations pour faire respecter leurs droits bafoués. Vous ne vous serez jamais autant impliqué que maintenant, et vous jouerez un rôle de premier plan dans ces changements qui, éventuellement, se produiront.

Vous multiplierez vos implications sociales. Vous sentez qu'il est temps que ça bouge, à la fois pour vous, mais également pour ces gens avec lesquels vous travaillez et surtout pour cette communauté dont vous faites partie et dont les droits n'ont pas été respectés.

Vous serez confronté à des obstacles dans la réalisation de vos projets, mais ils ne sont pas là pour vous barrer définitivement la route. Vous avez plutôt l'impression que la vie vous lance un défi qu'il vous faut à tout prix relever. Ces empêchements, qui veulent éloigner de vous le succès, ne sont rien d'autre qu'une occasion de réfléchir à une meilleure stratégie afin d'atteindre vos objectifs.

C'est un mois au cours duquel vous croiserez de nombreuses personnes détenant un grand pouvoir. Ces gens influents deviendront rapidement vos amis parce que, quelque part en vous, tel le meilleur des vendeurs, vous saurez quoi leur dire pour tirer le meilleur de ces nouvelles relations, à la fois sur le plan financier et sur le plan amical. Vous vous ferez de nouveaux amis qui chemineront avec vous au cours des décennies suivantes.

La famille est toujours importante et, sans doute, vous porterez-vous plus fréquemment au secours de quelques parents qui traversent des périodes difficiles. Vous aurez les mots justes, ceux qui réveillent l'interlocuteur, qui font en sorte que l'on retrouve sa confiance en soi, et parfois, que l'on recouvre rapidement la santé émotionnelle et physique.

Déjà, en cette fin de novembre, vous préparez les fêtes de fin d'année. En cette fin de 2005, vous avez beaucoup à fêter car tout au long des mois passés, vous avez progressé et vous êtes heureux d'avoir eu l'audace de changer ce qui ne vous plaisait plus, ni en vous ni autour de vous. Vous avez donc décidé qu'il fallait maintenant partager votre bonheur et vos transformations. Avant que le mois se termine, une première grande fête, qui n'aura rien de banal ni d'ordinaire, sera organisée.

Attention à votre santé : vous travaillerez beaucoup et presque sans arrêt. Vous êtes porté par vos idéaux et vos projets, et vous êtes dans le tourbillon de votre renaissance! Mais ne perdez pas de vue que votre corps physique collabore étroitement avec votre mental et sans doute devriez-vous, surtout si vous êtes un couche-tard, vous discipliner à aller au lit plus tôt. N'attendez pas qu'une grippe ou une sinusite vous ordonne de ralentir.

Sous ce ciel, qui vous apporte de bonnes nouvelles et de grandes responsabilités, vous pourriez vous fatiguer, malgré toutes vos réussites et votre capacité à faire beaucoup de choses dans un laps de temps très court. Les activités stimulantes que vous pratiquez ne vous mettent pas à l'abri de l'épuisement. Il est donc important, d'abord, de prendre le temps de bien vous nourrir, à des heures régulières, de vous accorder des heures de repos, et surtout, de dormir vos huit heures par jour. Tout va bien, mais ne surestimez pas vos forces, et sachez vous arrêter pour reprendre votre souffle.

◁◎ DÉCEMBRE 2005 ◎▷

L'AMOUR

Nous voici vraiment au dernier mois de l'année. Les préparatifs des fêtes sont importants, surtout si vous avez des enfants, qu'ils soient petits ou grands. En cette fin d'année 2005, plus que jamais vous avez envie de voir les sourires se multiplier autour de vous. Mais comment est-ce possible de faire plaisir à tout le monde? Comment ferez-vous pour dire à tous vos proches et à votre partenaire que vous les aimez très fort? Comment le leur démontrer? En fait, vous avez envie de dire merci à ceux que vous aimez, de leur dire un gros merci d'avoir été là quand vous étiez nerveux et triste; vous êtes un ÊTRE plein d'émotions et vous savez que, désormais, il est important de les exprimer, surtout quand on déborde d'amour.

Si vous vous êtes engagé avec quelqu'un il y a quelques mois, et que vous êtes heureux avec votre partenaire, si vous ne vivez pas encore avec lui, vous lui proposerez d'expérimenter la vie commune et vous lui suggérerez de souder l'union légalement. Peut-être que certains d'entre vous ont vécu seuls pendant des décennies, mais l'amour a collaboré à leur renaissance. Un nouveau moi est né, et ce moi, c'est aussi toi et moi! Oui je le veux! Certains d'entre vous prépareront donc leurs fiançailles et choisiront Noël ou la veille du jour de l'An pour faire leur proposition! On a longtemps dit que l'homme propose et que la femme dispose, mais ça, c'est passé de mode. Les femmes sont maintenant indépendantes et libres et il n'est pas nécessaire d'être un homme Gémeaux pour proposer une telle union. Une femme Gémeaux peut aussi avoir l'audace de demander l'homme qu'elle aime en mariage! Et cette situation est maintenant fréquente chez les Gémeaux pendant ce dernier mois de l'année. La tradition vient de changer!

Si vous avez une famille reconstituée et qu'auparavant, chaque mois de décembre, il y avait des déchirements à cause des fêtes et des visites entre les parents séparés, remariés ou en union libre, cette année, vous serez tolérant : vous avez compris que ça ne sert à rien de se battre pour négocier un jour de plus en présence de vos enfants. Ces derniers n'exigent que la paix entre leurs parents. Et cette paix, vous l'offrirez à vos enfants en cadeau. Si les gros présents font briller les yeux de vos petits et de vos grands, l'amour illumine leur cœur.

Vous ne passerez pas des fêtes comme à l'accoutumée : vous tenterez de voir le plus de gens possible afin de leur offrir vos vœux, et afin de leur dire à quel point ils sont importants pour vous, et combien ils l'ont toujours été. Maintenant, vos yeux se sont ouverts sur votre vraie nature intérieure et sur votre capacité d'aimer, et tout autant à être aimé. De nombreux Gémeaux sont en pleine découverte : la vie est belle et bonne à vivre!

DANS L'ENSEMBLE DE VOTRE VIE

Il y a bien sûr l'amour qui vous a transformé, mais vous avez aussi vécu beaucoup d'émotions sur le plan professionnel. L'ascension s'est poursuivie depuis la mi-juillet.

Vous serez débordé par vos obligations. Vous ne voulez rien rater, vous avez de nouveaux acquis et vous êtes bien décidé à ne rien perdre. Vous avez le pied dans l'étrier du succès et vous l'appréciez; afin de continuer sur cette lancée, vous ne devez pas relâcher votre garde et vous le savez.

Attention, vous risquez d'être à bout de souffle pour les fêtes si vous ne vous modérez pas. Et puis, dites-vous que personne ne vous enlèvera ce qui vous appartient.

Durant les fêtes de bureau, vous vous apercevrez que des collègues vous envient et qu'ils tentent de vous mettre de côté, de vous tasser et de vous faire mauvaise presse : ils vous envient ces médailles que vous avez gagnées. Vous aurez la sagesse de ne pas leur faire la tête ni la guerre. Au contraire, par un tour de force assez incroyable, vous vous rapprocherez d'eux et réussirez à établir des relations saines et franches. Vous êtes le maître des mots et vous en ferez la preuve. Il ne s'agit pas de les flatter ni de faire l'hypocrite, mais plutôt d'instaurer une paix qui demeurera, bien après que les fêtes soient passées.

Certains d'entre vous profiteront des fêtes pour s'envoler vers un pays ensoleillé et ainsi faire le plein d'énergie. Ceux qui restent sauront tout de même comment se relaxer et feront ce qui leur plaît. Quand ils serviront autrui, ils le feront sans stress.

Si vous avez des problèmes de santé, dites-vous que c'est probablement dû à la fatigue accumulée, et votre corps vous signale que le repos est nécessaire car vous n'êtes fait ni de bois ni de métal.

Il y a, et il y aura toujours, des Gémeaux qui refuseront d'être sages, de bien vivre et d'aller mieux, et qui se complairont dans leurs malheurs. Si vous faites partie de ceux qui résistent au bonheur et le repoussent sans cesse, vous aurez, en ce mois de décembre, une autre chance de faire une prise de conscience sur le fait que vous fabriquez vous-même votre mal de vivre. À compter du 16, une personne amicale vous offrira son appui. Vous n'avez qu'à l'accepter. Vous aurez l'occasion d'apprendre à dire oui au bonheur : c'est encore une chance qui passe, il faut la saisir.

Tout le monde le sait, l'argent ne pousse pas dans les arbres. Si vos moyens sont très limités, pourquoi dépenseriez-vous tout ce que vous possédez pour faire des cadeaux ?

Le cadeau à offrir, c'est votre présence. Il vous suffit de briller de bonté et de tendre la main aux gens délaissés, et de leur permettre de sentir qu'ils ne sont pas seuls. Vous êtes là pour donner un coup de main. Nombreux sont ceux qui feront du bénévolat pour venir en aide aux plus démunis. Vous donnerez alors de l'espoir à ces personnes et peut-être sauverez-vous quelqu'un du désespoir parce que vous aurez été là, juste au moment où celui-ci songeait à mourir tant il avait perdu la foi en la vie. Votre présence est guérisseuse et elle le sera durant les mois à venir.

Si vous travaillez dans le milieu hospitalier, quel que soit votre rôle, ambulancier, infirmier ou médecin, la vie fera en sorte que vous ayez l'occasion de redonner à une personne désespérée le goût de vivre... Après tout, sous votre signe, on dit que vous êtes le messager des dieux et cela n'aura jamais été aussi vrai en ce mois de décembre 2005.

Il y aura quelques héros Gémeaux. Certains obtiendront une médaille pour un sauvetage qu'ils effectueront, mais il y aura aussi d'autres héros dont on ne parlera pas, mais envers qui une personne ou un groupe de gens sera à tout jamais reconnaissant. Pompier, policier, sauveteur sur les glaces de nos rivières et de nos lacs gelés... Vous serez là pour sauver une ou plusieurs vies.

Vous serez le bon Samaritain : vous dépannerez quelqu'un sur une route, vous donnerez à manger à quelqu'un qui a faim. En conclusion, vous soulagerez la misère humaine et jouerez votre rôle de messager des dieux... Ce travail pourrait se terminer en septembre 2007 ! Mais ce boulot, c'est du supplément. C'est une autre manière de vous rendre compte à quel point vous êtes important dans cette société en panne d'amour !

LES ASCENDANTS

GÉMEAUX ASCENDANT BÉLIER

L'amour est une énorme préoccupation pour vous jusqu'à la fin du mois d'octobre. Il sera là, devant vous, et vous ne saurez pas, pendant quelques mois, si oui ou non vous devez vous engager. La réponse viendra en juillet. Laissez dormir ce questionnement et vivez vos émotions. Ne cherchez pas à les refouler et ne repoussez pas l'amour. Vous aurez des signes évidents de sa présence et la réponse sera claire. Matériellement, vous progressez. Certains d'entre vous monteront une affaire qui, très vite, deviendra lucrative. La chance au jeu est présente si vous partagez vos billets avec l'amoureux !

GÉMEAUX ASCENDANT TAUREAU

Sans vous en rendre tout à fait compte, vous avez mis, pendant bien des années, l'accent sur votre sécurité matérielle, votre statut social et votre besoin d'être reconnu. Le succès, c'était un but, une raison d'être. Si vous avez atteint l'âge d'une plus grande sagesse, vous entamerez une phase de détachement. Vous en êtes à l'étape de la prise de conscience qui, parfois, pince le cœur. C'est souvent à ce moment que l'on constate qu'à cause de nos ambitions, nous avons fait du mal à plusieurs personnes. Il n'est pas trop tard pour s'excuser. En novembre, l'amour donnera lieu à une période de questionnements et les réponses suivront.

GÉMEAUX ASCENDANT GÉMEAUX

Ne vous est-il pas arrivé d'être arrogant et de nier le fait que l'on avait besoin de vous ? De faire semblant que vous n'étiez là pour personne d'autre que pour vous-même ? Vous aurez des succès professionnels au cours de 2005. Vous ferez plus d'argent, mais si vous n'ouvrez pas les yeux sur la réalité de votre vie personnelle, et que vous ne prenez pas conscience des déceptions que vivent vos proches et surtout votre partenaire, il est possible qu'à la fin de mois d'octobre, une crise de couple survienne. Son but sera de vous éveiller à ce que vous perdez en vous consacrant uniquement à vos revenus.

GÉMEAUX ASCENDANT CANCER

Il faut repenser votre famille en 2005 : vous êtes en réorganisation. Il est possible qu'en tant que parent, vous soyez obligé d'ouvrir davantage les yeux sur un de vos enfants qui s'éloigne de vous et qui se révolte. L'épreuve est un défi. La vie n'a trouvé que ce moyen de vous secouer afin que vous sachiez que vos proches ont grand besoin de votre amour, et non pas uniquement de votre protection et de vos vues matérialistes. Si vous ne réagissez pas, à compter de novembre, de tristes événements vous mettront définitivement en face de la nécessité d'agir.

GÉMEAUX ASCENDANT LION

Un brin d'arrogance vous assaille, mais que de changements s'opèrent en vous. Vous êtes à l'heure des vérités et des changements d'orientation, autant dans votre vie personnelle que professionnelle. Vous serez très créateur et très actif sur le plan social, mais dans une sphère nouvelle. Une implication sociale qui, souvent, sera bénévole ou presque bénévole. Certains d'entre vous feront un retour aux études car ils ont trouvé leur voie. Si vos parents sont très âgés, la maladie et les soins à leur donner vous obligeront à faire des arrêts ; vous leur consacrerez beaucoup de temps en guise de remerciement car ces parents étaient là quand vous aviez besoin d'eux !

GÉMEAUX ASCENDANT VIERGE

Vous adorez réfléchir, mais aussi faire des calculs. L'année 2005 vous obligera à procéder à des révisions budgétaires et à relever un défi qui fut lancé en 2004. Mais c'est en 2005 que vous êtes bien décidé à gagner la guerre. Un grand et gros succès vous guette : vous ne raterez pas votre chance car elle est bien en vue ! Vous êtes dans une période de recommencement : un début de carrière si vous êtes jeune. Foncez, ayez confiance. La vie sera bonne pour vous !

GÉMEAUX ASCENDANT BALANCE

Jusqu'à la fin d'octobre, Jupiter traverse votre ascendant et vous donne la chance de vous refaire ou de poursuivre votre but. Jupiter, sur l'ascendant, vous bonifie ou, tout au contraire, fait en sorte que vous résistez et que vous devenez agressif. En somme, ou vous faites votre bonheur ou vous engendrez votre malheur. Il sera fondamental de bien vous nourrir en 2005 afin de maintenir un équilibre sur le plan de l'énergie physique. Si vous avez l'intention de monter une affaire avec un associé, vérifiez bien ses antécédents afin de n'avoir aucune mauvaise surprise en 2006.

GÉMEAUX ASCENDANT SCORPION

Au cours de l'année 2005, vous travaillerez dans les coulisses avant d'être entièrement et à nouveau sur la scène dans votre vie professionnelle. Vous aurez plusieurs petits succès. L'accumulation de ceux-ci vous conduit vers un plus grand. Mais peut-être faites-vous partie de ceux qui étaient à la recherche de l'emploi idéal? Vous trouverez une part de ce rêve et la suite viendra à la fin du mois d'octobre. De grandes transformations se produisent en vous : l'amour se pointe alors que vous pensiez ne plus jamais le connaître. La vie ne veut plus vous voir seul. Elle veut maintenant vous lier avec cette personne qui vous aime et dont vous êtes aimé!

GÉMEAUX ASCENDANT SAGITTAIRE

Vous êtes né avec votre signe opposé. Rester ou partir? Prendre vos responsabilités familiales ou les fuir? Vous mettez parfois beaucoup de temps avant de découvrir qui vous êtes et ce que vous devez faire pour vous réaliser. Vous possédez, pour la plupart, un talent artistique et, en 2005, vous aurez l'occasion de le développer. Vous aurez de nouveaux amis qui vous permettront aussi de mener une vie différente. Vous élargirez vos horizons. Si vous négligez votre santé, en novembre et en décembre, vous devrez vous soigner.

GÉMEAUX ASCENDANT CAPRICORNE

Vous êtes le plus sérieux de tous les Gémeaux, à tel point qu'il vous arrive de dramatiser le moindre fait inhabituel, les dérangements et les minicontrariétés! S'il en est ainsi, malheureusement, en 2005, vous aurez l'impression que tout votre monde s'écroule. Divers événements vous sortiront de vos habitudes! Un changement d'orientation professionnelle est à prévoir, ainsi que diverses modifications quant à votre rôle familial, autant à titre de parent qu'à titre de conjoint.

GÉMEAUX ASCENDANT VERSEAU

Vous êtes un double signe d'air. Si vous vivez en couple et que ça dure, votre partenaire ne doit pas vous restreindre ni vous limiter. En 2005, vous aurez l'occasion de faire un voyage ; pour les uns, il s'agira de leur premier grand départ à l'étranger, et pour d'autres, ce sera une nouvelle exploration en terre inconnue. Quant au travail, l'influence de Jupiter en Balance, jusqu'à la fin d'octobre, favorise votre croissance sur le plan professionnel, et peut souvent faire en sorte que vous retourniez aux études afin de terminer un cours ou parfaire une formation.

GÉMEAUX ASCENDANT POISSONS

La famille, c'est votre lieu de ralliement, ou bien vous rêvez d'une famille que vous n'avez jamais eue. En somme, vous ouvrirez les yeux sur votre réalité familiale et, en tant que parent, il est possible que vous vous aperceviez que vous êtes trop sévère et trop restrictif ou au contraire trop permissif avec vos enfants. Si ceux-ci grandissent et font continuellement preuve d'agressivité ou s'ils sont déprimés, il est urgent que vous vous posiez les bonnes questions afin de trouver les réponses justes. Un nouveau poste vous sera offert dans l'entreprise qui emploie déjà vos services. Dans cette transformation, vous êtes gagnant !

CANCER

21 juin au 20 juillet

---◦---

À ma princesse, ma première petite-fille, Julianne Aubry de Chaput, qui a déjà cinq ans! Plus elle grandit, plus je l'aime!

À Jean-Guy Legault: il est sage, doux, tendre, attentif, généreux, etc. Ses silences sont mystérieux, fascinants et vibrants. Ce poète et sculpteur est tel le Guerrier pacifique.

À Ghislaine Boisseau, une femme admirablement amoureuse de son homme et en amour avec le monde! Sa seule présence est semblable à une douceur paranormale!

À madame Odette Ruiz, ma très, très, très grande amie de toujours! Madame Ruiz (nous n'avons jamais réussi à nous tutoyer) est clair-voyante. Ses visions sont tout autant des conseils: «Vous avez le choix», me dit-elle quand elle regarde mon futur. Elle est, pour moi, ce qu'est un guide, un maître spirituel. Mais n'allez pas croire qu'elle médite toute la journée. Madame Ruiz est fougueuse, passionnée, comme tant d'autres femmes. Elle est mère et grand-mère, démesu-rément amoureuse des siens. Amante de la nature, il lui arrive, comme nous tous, de pleurer encore celui qui fut l'homme de sa vie. Son Eugène n'avait rien de banal non plus!

---◦---

SOUS L'INFLUENCE DE JUPITER EN BALANCE

Jusqu'à la fin d'octobre, Jupiter est en Balance dans le qua-trième signe du vôtre. Il symbolise l'adaptation à un nouvel environnement, surtout si vous avez déménagé en 2004. Si vous habitez au même endroit, l'adaptation prend une autre forme. C'est comme s'habituer à vivre à nouveau confortablement avec ce qui est et ce qui n'est plus. Par exemple, en tant que parent, un de vos enfants a quitté le nid familial et cela vous a donné un grand choc. Maintenant, en 2005, vous apprenez à vivre sans lui, sans sa présence au quotidien. Vous apprenez aussi à ne plus vous inquiéter et à laisser l'enfant qui a grandi, qui est devenu adulte, prendre son envol. Il n'a plus besoin de votre protection, mais il aura toujours besoin de savoir que vous l'aimez.

APRÈS LA RUPTURE

Jupiter en Balance, c'est aussi, pour plusieurs d'entre vous, le choc d'après la rupture. Il est possible que vous soyez séparé ou divorcé depuis une année ou deux, parfois plus, mais ce n'est que maintenant que vous réalisez que vous êtes face à vous-même, et que désormais, personne n'interférera lorsque vous prendrez des décisions. Vous êtes maintenant entièrement libre et vous vous demandez ce que vous ferez de cette liberté. Vous avez du temps à vous offrir, vous n'avez plus à sauver votre ex-conjoint. Vous avez considéré tout ce qui s'est passé et qui n'a pas fonctionné entre l'autre et vous. Vous avez peut-être même fait une thérapie afin de vous reconnaître en tant que personne seule... On ne vous tient plus la main, on ne sèche plus vos larmes quand vous pleurez, on ne vous critique plus pour le simple plaisir, on ne vous dispute plus... La solitude peut devenir lourde si vous ne réagissez pas, si vous n'agissez pas... Il est temps, sous Jupiter en Balance, si ceci correspond à votre réalité, de faire des choix, non pas uniquement pour occuper vos temps libres, mais plutôt pour vivre une autre passion. La passion, ce n'est pas uniquement le fait de tomber en amour: on peut se passionner pour une cause, un art, son jardin, une collection. L'on peut avoir divers intérêts et s'adonner à chacun de ces loisirs avec un grand ravissement. C'est le moment où, en tant que personne séparée ou divorcée, vous prenez conscience du fait que le temps passe.

L'isolement ne vous convient pas. Il mène à la déprime et quand un Cancer déprime, son signe d'eau l'entraîne au fond d'un océan. Il oublie alors qu'au-dessus de cette eau, il y le ciel, les étoiles et la Lune! Le repli ne convient pas aux signes d'eau, et principalement à vous, un signe cardinal. Vous n'apprenez rien en restant seul : vous avez besoin de contacts avec autrui pour vous réaliser pleinement. Vous devriez être isolé uniquement pendant vos heures de créativité. Jupiter en Balance vous signale un retour dans le monde après, parfois, une longue période de réflexion au cours de laquelle vous avez été suffisamment terré !

UN BÉBÉ NOMMÉ DÉSIRÉ !

Sous Jupiter en Balance, si vous êtes en amour et que tout va bien dans votre couple, il sera question d'agrandir la famille. Vous désirerez avoir un enfant. Pour les uns, ce sera le premier ; pour d'autres, le second ou même le troisième. En tant que femme Cancer, la grossesse sera peut-être un peu difficile à vivre au départ. La santé sera vacillante ou vous aurez tant de maux de cœur que, certains jours, vous ne pourrez même pas aller travailler. En tant qu'homme, il est possible que la paternité, même si elle est désirée, vous change plus que vous ne le croyez. Avant que l'enfant vienne au monde, vous découvrirez que vous êtes en amour avec l'être à venir et vous réaliserez que, dans quelques mois, vous tiendrez dans vos bras une part de vous-même. N'est-ce pas magique ? N'est-ce pas merveilleux ? N'est-il pas miraculeux de pouvoir ainsi participer à une telle création qu'est la Vie elle-même ? Les hommes de ce signe sont très sensibles, même si parfois, ils s'en défendent. Il leur arrive de pleurer, mais ils le font en cachette !

LA MAISON

Votre signe est significatif de la maison, de la propriété, de son chez-soi. La partie de la maison qui correspond à vous est le sous-sol. Lorsqu'un trouble survient, n'est-il généralement pas localisé d'abord au sous-sol ? Et si vous habitez un immeuble, quel qu'il soit, quand un problème survient, ne vient-il pas, la plupart du temps, du sous-sol ? La cuisine est un autre lieu important pour vous : vous y nourrissez votre famille et vous-même. Vous serez nombreux à acheter votre première maison en 2005, mais de grâce, ne faites rien trop rapidement. L'inspection doit être faite de façon minutieuse. Lorsque vous emménagerez, vous n'aurez pas à faire de très grosses réparations, toujours trop coûteuses. Si vous avez un certain âge, que vous n'avez plus d'enfant et que vous habitez encore la maison familiale, devenue beaucoup trop grande, surtout si vous y vivez seul, vous songerez à la vendre pour en acheter une plus petite, mais peut-être aussi pour aller vivre en appartement. Ne faites rien sur un coup de tête, surtout si cette maison que vous habitez est encore remplie de souvenirs. Il ne s'agit pas d'une simple demeure. C'est un port d'attache. Il fait partie de votre réalité, et avant de vous en séparer, faites votre pèlerinage au cœur de ce qui vous tient encore à cœur et mettez honnêtement sur papier les vraies raisons pour lesquelles vous désirez vendre votre propriété. En fait, si telle est votre situation, si vous pensez qu'à cause de votre âge vous devriez partir de la grande maison familiale, demandez-vous si c'est ce qu'il y a de mieux à faire pour vous et si vous êtes prêt à faire ce grand saut. Si la première réponse qui vous vient est un non, sachez qu'il vaut mieux attendre en 2006 ou au moins l'entrée de Jupiter en Scorpion, à la fin d'octobre. À ce moment-là, vous serez mieux inspiré et davantage prêt à partir si c'est bien ce qu'il faut faire... Jupiter en Scorpion vous soufflera la bonne réponse.

LES MAUX DE LA SOLITUDE

Si vous avez plusieurs maux, je parie que vous êtes seul et l'unique chose qu'il vous reste à faire est d'écouter tous les bruits que fait votre corps. Essayez ce qui suit. Installez-vous dans un fauteuil, le plus confortable que vous avez. Éteignez les lumières. Idéalement, il est préférable de faire cette expérience lorsqu'il fait nuit. N'allumez pas votre radio. Fermez votre téléviseur. Verrouillez toutes les portes de manière à ce que la maison ou l'appartement soit le plus étanche possible et qu'il n'y ait plus (ou presque) le moindre bruit qui provienne de l'extérieur. Fermez les yeux, même si vous êtes dans la noirceur. Vous voilà maintenant seul, dans votre silence. Détendez-vous et commencez à écouter votre corps. Concentrez-vous d'abord sur vos orteils. N'y en a-t-il pas un qui soit légèrement douloureux ? Un qui fut plus coincé dans vos chaussures ? Vos chevilles et vos mollets, comment vont-ils ? Et vos genoux ? Après tout, vous avez fait une promenade aujourd'hui. Avez-vous mal ? Soyez attentif aux petits maux que vous ressentez. Ne vous éloignez pas de votre but... Continuez d'écouter votre circulation sanguine. Votre cœur ne bat-il pas plus vite que la normale ? N'avez-vous pas chaud tout à coup ? Votre nuque n'est-elle pas endolorie ? Vous avez ri aujourd'hui, votre mâchoire ne vous fait-elle pas un peu mal ? Vos lèvres sont gercées, arrêtez-vous-y une seconde et vous ressentirez une mini-brûlure... Votre tête, que se passe-t-il dedans ? N'y a-t-il pas un point qui soit un tant soit peu sensible? Attardez-vous... Concentrez-vous sur ce point! Encore une petite douleur... Ne ressentez-vous pas une grande fatigue le long de votre colonne vertébrale? Vos hanches ne sont-elles pas fatiguées en raison de votre poids? Cette expérience est étrange, mais faites-la tout de même pendant une vingtaine de minutes. Écoutez le dedans de vous-même. Au bout d'une dizaine de minutes, l'angoisse vous assaille. Peut-être pensez-vous: «Je vais tomber malade ou je suis malade!» Alors que votre médecin vous a dit que vous étiez en parfaite santé ou presque, les maux du corps sont là, à l'intérieur de vous. Quel que soit votre âge, à chaque seconde qui passe, votre corps s'use. Lorsque vous vivez dans la solitude, les maux émergent sournoisement parce que, sous votre signe, on a besoin de partager, et si possible de vivre avec quelqu'un d'agréable et de calme. Vous avez besoin de douceur, de tendresse et d'attentions, et dès l'instant où vous recevez, vous redonnez. Votre santé est directement liée à vos émotions et vous n'avez pas à considérer constamment vos sentiments. Pour votre équilibre, il est nécessaire de les partager. Si vous tenez à vivre seul, c'est très bien. Au moins, téléphonez à vos amis et rendez-leur visite le plus souvent possible. Acceptez aussi de les recevoir. Une vie sociale et une vie personnelle bien remplie vous garderont en santé.

MALGRÉ VOUS

Sous l'influence de Jupiter en Balance, dans le quatrième signe du vôtre, il est possible que, même en faisant très attention à votre santé, vous ayez des petits problèmes rénaux. Il faudra donc surveiller ce que vous ingérez, tout comme il sera important d'éviter certains irritants. Votre estomac sera également plus capricieux. Il se pourrait qu'il refuse quelques épices qu'il digère habituellement aisément. En 2005, durant les mois de mars et d'avril, si vous savez déjà que vous êtes sensible du dos et des genoux, il est possible, comme l'indiquent les planètes, que vos douleurs soient plus aiguës. Probablement que vous savez ce qui soulage vos douleurs; aussi, pendant les mois de mars et d'avril, faites provision de ces produits naturels ou médicaments qui vous font du bien, vous soulagent ou contribuent à votre guérison.

RUPTURE: SEULE SOLUTION OU DEVANT L'INÉVITABLE?

Il y aura quelques Cancer, en 2005, qui vivront une séparation officielle après de nombreuses années de vie commune. Ce sera loin d'être une fête. Il est dit que les deux plus grands stress de la vie sont la rupture et le déménagement. Et, en cas de rupture, il y a nécessairement quelqu'un qui doit déménager. Très souvent, la rupture oblige les épousés à vendre leur maison et à partir chacun de leur côté. Durant toute cette phase, la vie ne paraît plus du tout rose : c'est un temps où l'on agit. Il faut faire ses valises et les interrogations sur soi n'en finissent plus, que vous soyez celui qu'on abandonne ou l'instigateur de la rupture. Les meilleures mémoires du zodiaque sont celles des Cancer, des Taureau et des Scorpion. Ne croyez surtout pas passer très vite à autre chose une fois que vous serez séparés. Vous songerez à cet épisode pendant plusieurs mois, sinon de nombreuses années. Il y aussi, parmi vous, des Cancer qui deviendront veufs. Leur partenaire aura été malade en 2004 ou l'est encore gravement en ce début d'année 2005. Il sait pertinemment que la mort va l'arracher à leur amour. Si vous faites partie de ceux qui sont conscients que la grande faucheuse va passer, ne vous isolez pas dans votre peine, parlez-en à vos amis les plus proches, confiez votre peur. Si vous ne savez pas vers qui vous tourner, allez en thérapie : vous serez entendu et réconforté. Au bout de la vie, la mort nous attend tous ; mais nous ne partons pas tous en même temps, fort heureusement. Et si c'est vous qui devez être celui qui doit tenir la main d'un mourant, si vous vous sentez seul et désespéré, ne restez pas dans cet état, demandez de l'aide pour bien supporter cette épreuve.

CÉLIBATAIRE ET DÉSIREUX D'ÊTRE EN AMOUR

Vous n'êtes pas fait pour vivre seul. Votre besoin d'aimer et d'être aimé est gigantesque. Vous n'allez tout de même pas, non plus, tomber dans les bras du premier venu, uniquement pour ne pas être seul ? Il faudra donc, au cours de 2005, que vous soyez sélectif car la tendance à vouloir de l'amour, si c'est à tout prix, peut vous coûter très cher. Jupiter en Balance ne vous délaisse pas, au contraire, il est positionné dans le quatrième signe du vôtre. Il est possible que des amis ou des membres de votre famille fassent des pieds et des mains pour vous présenter quelqu'un qui soit convenable, quelqu'un avec qui vous pourriez tomber en amour ! Vous n'êtes pas de nature à faire semblant d'aimer et si vous jouez à ce jeu, vous savez fort bien, en toute logique, qu'un jour ou l'autre vous éclaterez. Mais si vous êtes ce célibataire à la recherche de la personne parfaite, vous nagez dans l'illusion, la perfection n'est pas encore de ce monde et ne le sera jamais. Peut-être rencontrerez-vous quelqu'un de très bien. Si, en parlant de cette personne à un ami, vous passez votre temps à dire des *mais s'il était comme ceci ou n'était pas comme cela, comme se serait facile, ce serait beaucoup plus simple*, c'est que vous n'acceptez pas la personne telle qu'elle est. Il ne s'agit pas de votre idéal! Vous êtes un signe cardinal, et souvent, sans trop vous en rendre compte, vous donnez des ordres à des gens qui n'ont à en recevoir ni de vous ni de personne. Et si quelqu'un vous plaît follement et que deux mois plus tard, vous êtes encore ensemble, cela ne veut pas encore dire de vous épouser, ni de vivre en couple trop rapidement. Il vaut mieux attendre la toute fin du mois d'octobre, en novembre ou en décembre 2005, pour conclure un engagement officiel.

CONCLUSION

Jusqu'au 27 octobre, Jupiter est en Balance et fait un aspect dur à votre signe. Il est possible que certains projets soient reportés. Vous espérez qu'un de vos enfants se marie et ait un enfant ou peut-être êtes-vous fiancé et espérez-vous vous marier ou du moins faire vie commune avec votre conjoint. Mais voilà que, soudainement, par un concours de circonstances, vos rêves, quels qu'ils soient, s'envolent en fumée. Peut-être pensiez-vous vivre le grand amour. Pourtant, votre amoureux vous annonce qu'il vous quitte, sans même pouvoir vous expliquer pourquoi il fait ce geste. Il y a des malaises auxquels on ne trouve pas d'explications raisonnables. Ils sont là et c'est beaucoup plus tard qu'on peut enfin mettre des mots sur les véritables maux qui ont conduit à la rupture. Mais peut-être découvrirez-vous une personne extraordinaire et fascinante avec qui vous serez bien et qui affirmera l'être également avec vous. Par contre, cette personne ne pensera pas faire vie commune avec vous et refusera tout projet que vous ferez avec elle. En tant que Cancer, il vous arrive de vivre dans vos souvenirs afin d'éviter d'être piégé dans le futur. Mais où est passé l'instant présent? Il est possible que vous ayez à apprendre à apprécier la seconde qui passe sans devoir vous soucier de ce qui fut et sera. À compter de la fin d'octobre, Jupiter entrera en Scorpion dans le cinquième signe du vôtre. Jupiter, ainsi positionné, est dans une maison solaire. Jupiter éclaire et produit l'artiste, lui permet de se manifester à travers son œuvre. Sous votre signe, Jupiter en Scorpion, c'est aussi l'enfant qu'un couple n'attend plus. C'est la surprise, la vie qui émerge d'on ne sait où ni pourquoi, car les médecins avaient affirmé qu'il était impossible d'en avoir. C'est aussi la rémission, alors que la médecine avait parlé de mort, près de la porte de la chambre d'hôpital.

C'est le miracle pour ceux qui croient en la vie et en leur renaissance, autant dans leur vie personnelle que professionnelle. Tout au long de l'année 2005, si vous traversez une épreuve, n'abandonnez pas, même dans les instants les plus sombres. Raccrochez-vous aux forces de la vie! Les uns vont prier et méditer, d'autres seront en colère. Sous Jupiter en Scorpion, vos crises sont entendues: le ciel en tient compte et vous donne le pouvoir de combattre vos douleurs morales et physiques.

De Jupiter en Scorpion renaît l'amour que l'on croyait perdu à tout jamais. Jupiter en Scorpion comblera cette solitude que vous ne pouvez plus supporter. Il exauce vos souhaits les plus secrets. Jupiter en Scorpion, c'est votre chance, la chance d'être vous, et peut-être parfois la chance de faire un coup d'argent qui vous dépanne juste au moment où vous pensiez que tout était perdu! Jupiter en Scorpion, c'est la justice et le juste retour des choses. C'est ce cadeau tombé du ciel en guise de remerciement pour vos bontés envers votre prochain. C'est une ouverture sur un monde neuf parce que vous ne le regardez plus de la même manière.

Jupiter en Scorpion, ce sera, pour de nombreux Cancer, la découverte de leur mission sociale.

◖◖ JANVIER 2005 ◗◗

L'AMOUR

Sans l'amour, la vie perd son sens : que vous soyez pauvre ou riche, malade ou en santé ! Si la solitude demeure votre seule compagne, ne désespérez pas. Vous ferez une rencontre qui vous dynamisera. Cette personne aura un large sourire. Elle sera amusante et comparable à une transfusion sanguine qu'un anémique sévère reçoit et qui, en quelques jours, retrouve une grande part de son énergie vitale. Mais il n'est pas écrit clairement dans ce ciel de janvier que cette rencontre soit la dernière. Dites-vous que certaines gens ne font que passer. Ils sont semblables à ces êtres attentifs lorsque vous sortez d'un magasin les bras pleins : ils vous tiennent la porte ouverte afin de vous faciliter le passage.

Si vous avez des difficultés dans votre vie amoureuse, si vous traversez cette étape où l'on ne se comprend plus, au cours de laquelle on ne sait plus très bien si oui ou non on tient encore à l'autre, si vous avez envie d'abandonner la partie, n'en faites rien. Si vous quittiez votre tendre moitié sur un coup de tête, durant les jours suivants, votre départ irréfléchi ferait en sorte que vous vous en mordriez les doigts !

Si vous êtes jeune encore, sans enfant, et que vous en désiriez un qui ne semble pas vouloir se manifester, si vous êtes ce Cancer désireux d'être parent alors que votre médecin vous a dit qu'il n'y avait pas de problème majeur, sachez que le ciel indique que la nature est en réflexion. Afin de parler de façon plus ésotérique, disons que, pour l'instant, aucune âme ne vous a encore choisi comme parent ! Ces jeunes âmes à naître se font attendre, peut-être parce qu'aucune d'elles n'a envie de s'incarner dans un milieu où l'anxiété est maître ! Elle vous éloigne de la pureté de l'amour. Qui voudrait vivre dans une famille de nerveux où, trop souvent, en silence, des parents s'accusent de ne pouvoir concevoir d'enfants ? Et si vous faites partie de ces femmes qui ont fait plusieurs fausses couches, il est possible que vous portiez en vous une sourde colère mêlée de culpabilité face à l'incapacité de mener le projet bébé à terme. Un bébé, ce n'est pas un projet. Ce n'est pas une chose qu'il faut avoir à tout prix et qui deviendra votre héritier. En tant qu'homme Cancer, si votre conjointe ne réussit pas à devenir enceinte, demandez-vous si elle vous fait vraiment confiance. Il arrive qu'inconsciemment, madame ne se sente pas en sécurité avec vous. Votre signe est régi par la Lune, et elle est changeante. Elle apparaît et disparaît. Mais vous, vous n'êtes pas la Lune, vous êtes de chair. Il ne suffit pas à un homme de faire l'amour à une femme pour qu'elle le reconnaisse en tant qu'homme solide, il faut plus! Rares sont les hommes Cancer capables de parler de ces émotions qui les tourmentent ou de ces peurs qui les assaillent. Les femmes de ce signe savent mieux exprimer leurs angoisses et s'en libérer. Les hommes doivent plonger en eux pour ensuite émerger et discuter ouvertement avec leur partenaire. La vie sur terre est complexe, et sans doute l'est-elle aussi dans ce monde de l'invisible, ce monde impalpable, mais ayant pourtant son existence propre.

Entre le 25 et le 31, une histoire de famille peut vous troubler. Vous voudrez bien sûr aider ce parent qui n'est pas bien, qui traverse une épreuve, mais veut-il vraiment votre aide? Ne devriez-vous pas simplement attendre qu'il vous tende la main et vous pourrez ensuite la tenir entre les vôtres? Vous êtes compassion et bonté, l'exception confirme la règle. Vous êtes aimant. Comme un jour de pleine lune, vous voudriez éclairer celui qui se perd dans la nuit afin qu'il puisse retrouver son chemin. Votre signe symbolise la Lune, qui guide une masse de gens alors que le soleil s'est couché. Mais il est un temps où il vaut mieux attendre qu'on appelle au secours.

DANS L'ENSEMBLE DE VOTRE VIE

Sur le plan professionnel, ce n'est pas si mal. Les occasions de progresser, de changer d'emploi, d'en quitter un pour un autre vous offrent beaucoup plus d'avantages que vous en avez présentement. Peut-être travaillez-vous déjà pour une entreprise? Vous y excellez au point où un chasseur de têtes vous repère et vous propose d'aller chez le compétiteur qui sait que vous êtes le meilleur dans votre domaine. C'est principalement vrai pour les Cancer qui ont le sens de l'initiative et qui sont des créateurs n'ayant pas froid aux yeux!

Si vous œuvrez dans le domaine des communications, de la publicité ou des médias, quel que soit votre rôle, vous êtes sur une pente ascendante. Le succès est devant vous. Par ailleurs, vous ne manquez pas d'ambition.

Si vous êtes jeune et que vous commencez dans un métier, quel qu'il soit, l'offre vous sera présentée comme sur un plateau d'argent et vous aurez alors l'occasion de réaliser un vœu, celui dont vous n'avez jamais parlé à qui que ce soit. Vous aurez votre chance. Il faut la saisir.

Si vous êtes retraité et que vous en avez assez d'être oisif, vous commencez à vous demander ce que vous pourriez faire de neuf, de différent. Vous avez le goût d'une expérience, d'un défi. La vie est bien faite, me disait souvent mon père : « Il suffit de croire et tout à la fois de vouloir pour déclencher une énergie qui se nomme *occasion-action-à-prendre-ou-à-laisser*! » Mon père m'a souvent répété que la vie est une vraie vie, tant que nous avons un rêve à réaliser, tant que nous sommes productifs pour nous, pour notre satisfaction personnelle et pour autrui. Quoi de mieux que d'être utile en plus d'être heureux. Mon père terminait son petit discours par un : « La mort nous plongera un jour, le moment venu, et c'est vrai pour chacun de nous, dans un long sommeil réparateur, là où physiquement, il n'y aura, pendant un temps incalculable, rien d'autre à faire que de se reposer. » Retraité en bonne santé ou même avec des malaises, n'éteignez pas ce désir d'agir, de faire partie de notre société. Quoi que vous choisissiez pour dernière, ou même avant-dernière carrière, vous trouverez un grand plaisir à être parmi les gens en action. Vous êtes un signe cardinal, ce qui signifie que, pour vous sentir bien vivant, il vous faut bouger, créer, partager !

Si vous avez des problèmes de santé, la maladie peut frapper à n'importe quel âge, ce n'est pas en vous isolant que vous guérirez, mais en croyant en ces forces vives qui vous habitent et qui vous animeront jusqu'à votre dernier souffle. Vous avez le don de briller dès que vous vous impliquez dans une œuvre. Dès que vous avez un idéal et un but, vous êtes la vedette de la communauté dont vous faites partie. Être et agir, là est votre guérison.

En ce mois de janvier, si, jusqu'à présent, vous avez marché la tête basse, les épaules courbées vers l'avant, redressez-vous et foncez vers où votre cœur vous conduit.

◖ FÉVRIER 2005 ◗

L'AMOUR

À compter du 7, Mars, la planète de l'action, mais aussi celle du soldat, et conséquemment de la guerre, est en Capricorne. Mars est exaltée dans ce signe. En principe, elle devrait provoquer chez chacun de nous le goût d'agir sagement et paisiblement. Mais voilà que cette planète, bien qu'elle ne soit pas directement opposée à Saturne, diminue le désir d'être pacifique! Et en ce qui vous concerne, il est fort possible que, déchiré entre Mars et Saturne, vous perdiez même le goût d'aimer. Lorsqu'on vous dira que l'on vous aime, le doute vous envahira. C'est un drôle de petit jeu, dans ce ciel de février! Il vous tend un piège, il vous met à l'épreuve : aimer ou ne pas aimer, s'ouvrir ou se fermer à votre partenaire, lui dire ou ne pas lui dire ses quatre vérités... Que faire? Vous êtes un signe d'eau, et que de vague à l'âme!

Si vous êtes un Cancer ayant atteint sa maturité émotionnelle, vous réagirez et ne tomberez pas dans le panneau de la misère morale et de l'amour manqué ou manquant! Il suffit, par ailleurs, de regarder autour de vous pour vous apercevoir que l'amour est partout. Vos enfants ne vous aiment-ils pas? Vos petits-enfants? Avez-vous un ami qui ne vous a jamais déçu et qui vous a toujours accepté tel que vous êtes? N'est-ce pas là une preuve que l'amour existe? N'est-ce pas là une bonne raison pour faire fi de Mars en Capricorne face à Saturne? N'avez-vous pas là tout ce qu'il vous faut pour garder le sourire, même si rien n'est parfait?

Votre signe est régi par la Lune. Vous êtes sujet à faire comme elle : vous déclinez quand vous êtes déçu et il vous suffit parfois d'un tout petit plaisir, d'une minigâterie, afin que vous retrouviez votre sourire de quartier de lune! Si votre vie de couple n'est pas telle que vous la rêviez, peut-être n'êtes-vous pas réaliste. Peut-être réalisez-vous que le temps passé auprès de votre partenaire vous a fait mûrir et qu'à présent, vous savez que, si son passage dans votre vie fut important, sa présence n'est plus qu'un agacement! Vous avez besoin de poursuivre votre route sans lui. Vous ne supportez plus qu'on vous retienne. Certains d'entre vous régressent alors que c'est justement ce qu'ils veulent éviter. Si vous faites partie de ceux qui sont sur le point de rompre, sachez qu'il n'est pas facile de dire à l'autre que vous n'en pouvez plus. Ce n'est pas facile de déclarer que vous vous sentez étouffé, pas facile d'expliquer que vous avez dans cette même vie une autre vie à vivre. Si vous choisissez ce mois pour quitter votre partenaire, ça ne sera ni simple ni facile, surtout si vous avez de jeunes enfants ou des adolescents.

Mais il y aussi des Cancer célibataires, très courtisés! Si vous étudiez l'astrologie, vous comprendrez que, pour ceux-ci,

Mars en Capricorne est vécu selon sa valeur astrologique réelle, c'est-à-dire l'exaltation de Mars. Comme il est doux de se savoir désiré! Cette personne, qui vous courtise, ne désire-t-elle pas que de la chair? Est-elle attirée par votre ÊTRE, cette part non visible, plus vibrante que tout ce que votre physique peut manifester? Ne jugez pas ce nouvel amoureux. Donnez-lui le temps de vous apprécier pour ce que vous êtes dans votre totalité et, de votre côté, avant de vous livrer à l'autre corps et âme, ne serait-il pas plus sage de mieux le connaître?

Au fil des ans, j'ai connu de nombreux Cancer. J'ai des amis de ce signe, mais c'est aussi 26 ans de pratique et de consultations qui m'ont permis de vous observer de près. J'ai toujours été étonnée de constater que tant de femmes croient qu'un homme ne veut aimer que leur corps alors que les hommes sont persuadés qu'ils ne sont dignes d'amour que s'ils peuvent performer sexuellement! Si vous faites partie de ceux qui adhèrent à cette croyance, il vous faut fouiller dans votre passé pour découvrir ce qui a pu nourrir cette croyance. Vous êtes beaucoup plus qu'une «question de sexe», vous êtes une personne complète; aimer une part de l'amoureux et rejeter les autres, au fond, c'est ne pas aimer. L'amour ne se divise pas, ne se mesure pas. Croire qu'on est aimé pour une partie de soi seulement, c'est faire fausse route sur soi, c'est ne pas se comprendre, ne pas comprendre que vous puissiez être la lune croissante, décroissante, pleine ou nouvelle... Même si un soir on ne voit qu'un mince quartier de lune, elle n'a pas disparu, même si elle n'est pas visible. Elle est obscure, mais elle est encore toute ronde!

DANS L'ENSEMBLE DE VOTRE VIE

Ne laissez surtout pas la famille s'immiscer dans votre vie personnelle et vous conseiller quant à l'éducation de vos enfants ou concernant vos dépenses et votre couple. Ne leur laissez même pas la chance de s'exprimer au sujet de cette maison que vous songez à vendre ou à acheter! Cette personne plus âgée, si vous êtes jeune, peut être un parent, un frère ou un oncle. En somme, on vous mettra en garde et l'on vous laissera entendre que vous êtes en train de faire une erreur... Vous douterez et deviendrez anxieux. Si vous vivez ce genre de situation, demandez-vous si on vous a déjà fait confiance. Des personnes plus âgées que vous croient qu'ils détiennent la vérité et la sagesse, alors qu'en réalité, ils tentent de vous contrôler pour leur propre satisfaction!

En général, sous votre signe, les risques sont calculés! En tant qu'adulte, vous êtes conséquent et responsable!

En tant que parent, si un de vos enfants fait preuve d'un talent artistique, vous serez surpris de sa progression dans le domaine qu'il a choisi pour s'exprimer. Vous serez fier de son succès.

S'il y a de la bisbille entre vous et vos enfants à la suite d'une séparation ou d'un divorce, si un conflit survient, que celui-ci soit au sujet de la garde d'enfant, de l'argent ou autre, la dernière semaine du mois vous semblera durer une éternité. En tant que signe d'eau, vous n'aimez pas la querelle, mais en tant que signe cardinal, lorsque le vase déborde, vous devenez aussi un guerrier. Il y a des mots qui, parfois, dépassent notre pensée et il est possible que vous fassiez une inoubliable colère, ce qui n'améliorera pas les relations avec ceux dont vous êtes séparé!

Pour un bon nombre d'entre vous, le travail sera demandant. Vous devrez annuler des activités et des sorties. Votre patron aura besoin de vous et vous terminerez souvent votre journée tard en soirée.

Mais il est aussi possible que certains d'entre vous s'égosillent afin de faire respecter leurs droits ou d'empêcher une compagnie de fermer ses portes. Il y a, sous ce ciel, des méga-entreprises qui annonceront des suppressions d'emplois et des gels de salaire. Les employés restants devront faire du temps supplémentaire, sans s'attendre à être rémunérés! Nous ne vivons pas dans un monde juste et faire avancer les choses, comme obliger un géant de l'industrie à repenser son administration, c'est un peu comme vouloir déplacer un mur de béton alors que vous êtes le seul à pousser! Si vous vous retrouvez dans ce type de situation, le monde de l'industrie n'étant pas simple, ce dont vous êtes au courant, vous serez angoissé. Et ce sera une réaction tout à fait normale! Par contre, céder à la panique, c'est un genre de démission. Ne perdez pas la tête, même si vos collègues s'égarent. Pour bien réagir, il vaut mieux réfléchir.

Quant à votre santé, si vous êtes en forme, il faudra la préserver en continuant de vous nourrir sainement.

Si, au contraire, vous souffrez d'un mal bien précis ou de divers maux, vous aurez la curiosité d'aller voir au-delà de ce que votre médecin vous dit pour vous soigner ou vous soulager.

Puisque le corps a la capacité de se refaire, pourquoi ne guéririez-vous pas complètement de ce qui vous handicape? Vous serez surpris lorsque vous étudierez la maladie qui vous oblige si souvent à garder le lit ou qui vous empêche de sortir. Vous serez surpris de constater qu'il y a possibilité de s'en sortir en adoptant une discipline alimentaire différente, comme l'ajout de vitamines, de minéraux et la pratique d'exercices physiques.

Si vous n'êtes pas une personne riche, si vous vivez moyennement ou moins bien que la majorité d'entre nous, ne prêtez pas votre argent. Ne prêtez pas un sou! Ni à votre meilleur ami ni à un parent, surtout si ce dernier vous a déjà fait un emprunt, qu'il vous a remboursé, mais beaucoup plus tard que prévu! Les années sont passées et cette personne n'a pas changé. Elle est toujours dans le pétrin, comme autrefois... Quant à cette intention de vous rendre ce qui vous appartient à une date précise, sachez que, sous ce ciel de février, l'emprunteur ne pourra pas tenir sa promesse. Jupiter est en Balance et rétrograde, Saturne est en Cancer, et il est aussi rétrograde. Ces deux planètes sont comparables à deux personnes qui se font la tête, et quand il en est ainsi, malheureusement, les dollars prêtés deviennent des dollars perdus!

ᦥ MARS 2005 ᦤ

L'AMOUR

Jusqu'au 20, Mars est en Capricorne, face à votre signe, ainsi qu'à Saturne en Cancer. Il en faut peu pour vous mettre en colère. Il suffit aussi d'une mince contrariété pour qu'aussitôt vous deveniez déprimé. Mais fort heureusement ce moment est comparable à un éternuement! Il ne dure pas. D'un autre côté, un film comique vous fera rire aux larmes! En somme, vous êtes hyper sensible sous ce ciel de mars. Quant à votre vie de couple, si rien n'est jamais parfait, l'autre a des qualités que vous appréciez: c'est à ces dernières que vous devez vous attarder. Soyez aveugle à ses défauts; votre tendance à dramatiser est importante. Ôtez ces lunettes grossissantes qui vous font voir le pire de l'autre!

Si vous êtes en couple depuis de nombreuses années et que la lassitude se fasse sentir, avant de dire que vous vous êtes trompé, avant que votre partenaire ne se plaigne et vous lance que vous êtes un être d'habitudes trop prévisible, le tout sur un ton plein de reproches, proposez des sorties hors de l'ordinaire.

Nul besoin de la Côte d'Azur pour changer d'air ; il vous suffit de visiter des endroits non loin de votre demeure, qui ne sont pas que des décors et encore moins des acquis. Peut-être y a-t-il près de chez vous un musée, une salle de théâtre, un restaurant spécial, une salle de quilles ou autre ? C'est dans votre quartier, vous passez devant chaque jour ou presque. Cependant, jamais vous n'y avez mis les pieds !

Célibataire, vous êtes sous l'influence de Vénus en Poissons jusqu'au 22, ce qui suppose que le simple clignement de vos yeux est séduisant. Vous êtes attirant, on vous trouve un charme fou. Si vous avez une nature qui n'entend pas à rire, peut-être que, sur un ton méfiant, vous direz à un être qui vous observe de cesser de vous regarder... On vous admire, on se pâme devant vous. Vous fascinez les gens, vous les intriguez, on a envie de causer avec vous, de vous connaître... Ne ratez pas ces occasions de faire de belles rencontres ! Cupidon n'a qu'un mois de retard, il faut l'excuser.

Si vous êtes jeune, amoureux et désireux d'avoir un enfant, votre souhait sera exaucé. Mais peut-être en êtes-vous encore à l'étape de la réflexion : fonder ou non un foyer, avoir ou non un bébé... Vous discuterez de ce sujet avec l'amoureux. Il serait étonnant que vous ne soyez pas en accord !

Toujours côté cœur, si vous êtes officiellement séparé de votre partenaire, il est possible que votre ex reprenne contact avec vous ; c'est normal qu'il en soit ainsi si vous avez de jeunes enfants. Par contre, si plus rien ne vous lie à votre ancien partenaire et qu'il vous téléphone continuellement, il faudra, pour retrouver votre paix, beaucoup de doigté, de diplomatie et de fermeté. Dans un tel cas, armez-vous de patience !

DANS L'ENSEMBLE DE VOTRE VIE

À compter du 6, Mercure, la planète de la communication, de la parole, de la conversation et du langage écrit, sera positionnée dans le Bélier. Elle laisse présager que des gens dont vous êtes proche, surtout des collègues de travail, vous manqueront de respect ou vous donneront des ordres alors qu'ils n'ont ni ce droit ni ce pouvoir. Méfiez-vous de ce petit moment d'argumentation : il suffira d'une réplique banale de votre part pour qu'un collaborateur s'emporte tellement il est susceptible. Selon votre ascendant, ou vous êtes celui qui taquine, ou vous êtes celui qu'on agace et qui finit par se mettre en colère. Si vous êtes ascendant Bélier ou Sagittaire, ne faites pas celui qui sait tout... N'imposez pas non plus vos idées. Ne pensez pas qu'on vous critique. Sachez écouter et reconnaître ces précieux conseils qu'on vous prodigue.

À compter du 21 mars, et jusqu'à la fin d'avril, vous serez sous l'influence de Mars en Verseau. Si vous êtes un artiste, vous aurez l'impression que quelqu'un vous pousse dans le dos afin que vous puissiez vous accomplir dans votre art, quel qu'il soit. Dans les faits, nul ne vous bouscule. Mars exerce une pression et vous presse de vous mettre en action. Par ailleurs, si vous résistez, si vous faites comme si vous n'entendiez pas l'appel, vous deviendrez sombre, et plutôt que d'être un créateur, vous cumulerez les instants de déprime qui auront l'air de durer une ennuyeuse éternité... C'est très long, un éternel ennui!

Et, sous Mars en Verseau, si vous refusez de vous mettre à l'œuvre, vos petits bobos deviendront plus gros. Vous écouterez les bruits déplaisants que font vos membres et vos organes qui vieillissent à chaque seconde qui passe!

Comme nous tous sur le zodiaque, vous êtes sous l'influence d'Uranus en Poissons, et cette planète lourde ne quittera le Poissons qu'en 2011. Fort heureusement, la planète des surprises est bien positionnée par rapport à vous. Il est même possible que vous gagniez à la loterie! Mais une chose est plus certaine encore, vous y gagnerez parce que vous ferez de nombreuses expériences. Vous serez plus aventurier, et lorsque vous serez tenté de vous opposer aux mouvements qui conduisent au succès, la vie se chargera de vous remettre en piste, dans la bonne direction. Pourquoi vous imposer des épreuves et ralentir le processus de votre croissance alors qu'il est tellement plus simple d'obéir à l'appel de votre créativité! En ce mois de mars, jusqu'au 20, la sensation de vous être trompé, de ne pas vivre la bonne vie, de n'être ni avec les bonnes personnes ni à la bonne place vous prendra aux tripes! Quelle torture morale! Et puis, dès que Mars entre en Verseau, le 21, il vaut mieux écouter ce que votre cœur vous dit!

Si vous montez une affaire, un commerce, il y a des obstacles par-dessus lesquels vous devrez passer.

Tout au long du mois, mais surtout à partir du 15, si vous devez signer un contrat, quel qu'il soit, étudiez-le minutieusement. Et si vous ne comprenez pas parfaitement quelques clauses, demandez l'aide d'un professionnel. Ne vous fiez pas à des promesses verbales, elles ne seront tenues que si elles sont écrites.

Si vous commencez une nouvelle carrière, il est normal que vous soyez tendu, mais dites-vous que vous possédez le talent et la formation nécessaire pour accomplir les tâches auxquelles vous serez assigné.

Si vous occupez le même emploi depuis des décennies, bizarrement, et tout aussi soudainement, sans prévenir, sans que vous ayez vu la moindre fumée, un collègue, qui est là depuis aussi longtemps que vous, deviendra langue sale! Pourquoi en est-il ainsi? Cela se passe d'explication. Il pense mal, il tourne mal... Il n'a pas grandi, il est resté petit garçon, en compétition avec le genre humain, et comme vous êtes le plus sensible et le plus vulnérable, c'est à vous qu'il s'en prend pour se défouler de ses frustrations personnelles. Vous serez tenté de réagir à autant de hargne... Si vous le pouvez, quand vous le voyez, éloignez-vous de lui, de telle sorte que ça le fasse réfléchir; si ce collègue ne vous voit pas, il sera moins agacé et il réfléchira plus clairement à sa piqûre de mouche!

⚬ AVRIL 2005 ⚬

L'AMOUR

Jusqu'au 15, Vénus est en Bélier. Elle est dans le dixième signe du vôtre et transporte plusieurs significations, dont l'une est évidemment appropriée à votre ascendant.

Du début jusqu'au milieu du mois, certains seront déçus d'une rencontre faite il y a quelques semaines ou des mois; la personne dont ils sont tombés amoureux n'a plus rien à offrir: elle prend, et veut toujours plus, sans jamais dire merci pour ce qu'on fait pour elle. C'est comme si l'on faisait le tour d'un jardin et qu'on découvrait qu'il y a un tas de mauvaises herbes, que les fleurs les plus résistantes se fanent ou qu'elles sont mortes, ensevelies, étouffées par ces choses disgracieuses et parfois laides que sont certaines plantes, tout aussi indésirables que nuisibles. Pendant ce temps, vous avez levé des voiles. Le temps est passé, vous êtes sorti avec cette personne, vous vous êtes mieux connus; maintenant, vous réalisez qu'elle critique tout ou presque, elle est constamment insatisfaite. Elle transporte péniblement son passé, le pire étant que cette personne n'a pas la moindre intention de s'en départir! Entre le 1er et le

15, si telle est la situation, vous trouverez le courage et le bon moment pour lui dire que vous la quittez.

Entre le 1er et le 15, en tant que célibataire, prenez garde, surtout si vous êtes de nature méfiante. (Nous attirons souvent ce qui, sur l'heure, nous ressemble.) Vous pourriez rencontrer une belle personne, mais vous remarquerez que cette dernière ne pensera qu'à elle et ne parlera que d'elle et d'argent (tout coûtera trop cher, tout le monde la vole, personne n'est honnête, il n'y a pas de justice, etc.). Elle vous entretiendra de son goût de pouvoir, de ses ambitions, de sa sécurité et de la nécessité d'être économe. Au bout de deux semaines, parce que vous l'aurez écoutée, que vous serez resté silencieux et que vous n'aurez pas répliqué, cette personne croira qu'elle vous tient, que vous êtes en accord avec elle. Vous quitterez son monde qui n'est qu'apparences et désirs matériels sur fond d'agressivité! Vous n'êtes pas dupe. Cet individu n'a même pas songé que vous aviez un grand cœur et une âme qui embrasse l'Univers.

Si vous réalisez que vous êtes méfiant, il vous est facile de passer de l'autre côté, du côté de celui qui ouvre son être à tout ce qu'il est.

Il y a, exceptionnellement, des Cancer dont les planètes de leur thème de naissance correspondent, tout au long du mois, à cette rencontre du type agréable choc amoureux! Quoi de plus extraordinaire qu'un amour partagé! Lorsque vous serez en face de votre BONHEUR partagé, vous le reconnaîtrez. Cette impression d'avoir toujours connu cette personne, même si cela n'a rien de logique, sera réelle. Si vous avez eu la chance de constater que le miracle existe et que ce type d'amour est possible, vous êtes heureux et, le soir, vous vous endormez avec le sourire aux lèvres.

En conclusion, avril n'est pas ennuyeux, qu'il pleuve, qu'il neige, qu'il grêle, qu'il fasse tempête, que ce soit ensoleillé ou pas. Comme l'affirme une publicité: «l'inordinaire» est au rendez-vous.

Puis, il y a ces couples qui s'aiment depuis belle lurette... Par ailleurs, quand ces couples parlent de leur amour, ils répondent souvent qu'ils n'ont pas le souvenir d'avoir aimé quelqu'un d'autre. Ils disent qu'ils s'aiment depuis des siècles.... Ces couples planifieront un voyage, une autre lune de miel! Ils s'attirent aussi une chance sur le plan matériel! Et pourquoi pas la fortune, en plus?

DANS L'ENSEMBLE DE VOTRE VIE

Si vous êtes en affaires, on vous fera une proposition mirobolante, de quoi faire briller vos yeux. On vous promettra l'opulence! De grâce, réfléchissez! Quant à l'argent dit garanti, soyez soupçonneux. Ne prenez aucune décision, pas la moindre avant que Vénus soit en Taureau, soit le 16 de ce mois. Sous l'influence de cette planète, vous serez moins pressé et définitivement plus prudent. Avant que le mois se termine, après avoir fait une recherche sur cette personne qui, audacieusement, jure que vous ferez fortune, vous serez en face de la réalité. On aura probablement tout monté en épingle! Vous serez parfaitement conscient que vous avez risqué de tout perdre ce que vous possédiez, ce que vous aviez gagné à force d'efforts, d'économies et de travail! Il y a toujours eu des arnaqueurs et il y en aura toujours; mais le ciel vous donne la chance de pouvoir les déjouer!

Si vous avez un emploi avec des horaires réguliers, on changera tout ça et il ne vous restera plus qu'à vous réorganiser afin de conserver cet emploi: vous n'aurez pas d'autre choix. Acceptez donc l'événement avec le sourire plutôt qu'avec une mine basse. Même si vous êtes malheureux à cause de cette obligation, vous devrez vous accomplir parce que votre patron le désire.

Si vous commencez dans un métier, quel qu'il soit, restez calme. L'apprenti qui fait bien son boulot finit toujours par devenir un pro. Donnez-vous du temps. Ne soyez ni dur ni critique envers vous-même. De grâce, n'allez pas au lit la tête remplie de questions, de doutes et de peurs. Détendez-vous. Si vous n'avez pas appris à vous relaxer, même si vous ne pratiquez aucune religion, même si vous ne croyez pas en Dieu, faites une prière, faites-la pour vous, et si possible à haute voix. Si vous ne connaissez aucune prière, conversez avec les étoiles, même sans les voir. Placotez avec la nuit noire, avec votre oreiller... Mais ne racontez que les plus beaux moments! Si vous avez un conjoint qui dort à vos côtés, ayez cette conversation dans votre tête, en silence, pour ne pas le déranger. L'amoureux pourrait vous prendre pour un dingue s'il vous entendait parler seul à haute voix à l'invisible, d'autant plus que vous vous entretenez avec le néant afin d'avoir davantage confiance en vous pour ce nouveau boulot!

Certains traverseront une épreuve: les maux d'un proche les secoueront et les effraieront parce que cette personne est en danger de mort. Comme chez tous les humains, cette sensation d'impuissance face à la maladie vous rend triste, malheureux et même coupable! Il y a quelques petites choses à faire si c'est ce que vous vivez: ayez de la compassion, soyez présent quand vous le pouvez, et lorsque vous êtes en face de celui qui souffre, pensez en fonction de la vie et non pas de la douleur! On a souvent démontré que la joie influence les humeurs et fait en sorte que l'organisme malade s'oriente vers un mieux-être, et parfois même vers la guérison.

Si vous avez vécu une séparation ou un divorce, si vous avez de jeunes enfants ou des adolescents, en tant qu'homme, il n'est pas impossible que, même après de nombreuses années de rupture, alors que vous, monsieur Cancer, vous croyez avoir tout réglé financièrement, que votre ex revienne à la charge pour se plaindre de la pension... Elle manque d'argent et veut vous en emprunter. La réponse vous appartient. Cependant, le ciel indique que, si vous lui prêtez de l'argent, vous courez le risque de ne jamais être remboursé. Les planètes sont des indicatrices et il y a quelque chose de louche dans cette histoire!

Même si vos enfants sont des adultes, vous êtes encore leur parent. Plusieurs enfants uniques ont besoin de se confier. Ne soyez pas ce parent qui n'a jamais le temps!

Pour quelques Cancer, une nouvelle surprenante: un de vos enfants vous annonce qu'il se marie!

Si vous êtes à la retraite, profitez du mois d'avril pour vous trouver une activité avant que l'ennui fasse des ravages émotionnels et physiques.

◖◗ MAI 2005 ◖◗

L'AMOUR

Jusqu'au 10, vous êtes sous l'influence de Vénus en Taureau. Les 8, 9 et 10, Vénus traverse des degrés plutôt complexes où l'amour, le refus d'aimer ou d'être aimé s'entremêle, même si Vénus fait un aspect favorable à Saturne en Cancer, qui est plutôt pacifique et tolérant. Bien que l'astrologie donne des indices et fasse des prévisions, elle vous laisse libre de choisir vos humeurs. Vous pouvez donc engager une conversation qui vous conduira directement à un conflit avec l'amoureux ou comprendre que vous n'êtes pas bien dans votre peau et provoquer un malaise dans votre couple. Si vous laissez vos insatisfactions gagner du terrain, si vous accusez votre partenaire d'en être responsable, même subtilement, à compter du 11, alors que vous serez sous l'influence de Vénus en Gémeaux, vous aurez du mal à défaire ces nœuds de hargne et de critiques.

Mais peut-être vivez-vous une nouvelle relation où tout se passe bien depuis quelques semaines ou quelques mois... Il y a, dans ce ciel de mai, Mars et Uranus en Poissons ; ces planètes provoqueront, entre le 12 et le 28, une autre rencontre ! Vous serez fortement attiré par une personne sexy qui vous donnera l'impression d'être libre comme l'air. Elle sera amusante, permissive, surprenante et marginale. Elle sera ce que vous n'avez jamais osé être, mais aussi ce que vous n'êtes pas du tout. Attention ! Il est possible que vous ayez rencontré un illusionniste. Il s'agit du type de personne qui se complaît à conquérir l'autre et qui s'en va une fois que la mission est terminée ! L'aventure vous fera de grands signes. Votre curiosité sera chatouillée à un point tel que, sur un coup de tête, vous pourriez quitter celui auquel vous êtes attaché et avec qui vous vous entendez si bien !

Si vous avez une belle vie de couple, si vous êtes jeune, si vous et l'amoureux avez comme projet de fonder un foyer, sous ce ciel, vous êtes fertile, surtout durant les 10 premiers jours du mois.

Si vous êtes à la retraite, en couple, vous planifierez un voyage comme vous l'avez fait auparavant, mais il y aura, cette fois, une différence : votre conjoint et vous déciderez de fêter votre union en vous offrant une exploration comme lors de votre mariage. Certains choisiront ce lieu où ils ont passé leur lune de miel ! Le romantisme est renouvelé, il n'y a rien de mieux pour un Cancer amoureux de la même personne depuis des décennies. Quoi de mieux pour se dire que l'on s'aime toujours autant !

Si vous avez un âge certain, si vous êtes dans la cinquantaine et plus, si vous êtes seul, sans amour partagé, ne désespérez pas, le ciel vous a à l'œil. De petits anges ou des messagers des dieux vous guideront vers une personne qui sera amicale, bien avant qu'elle s'aperçoive qu'elle est séduite par vous.

DANS L'ENSEMBLE DE VOTRE VIE

Jusqu'au 12, Mercure est en Bélier et frappe votre signe. C'est comme si quelqu'un vous donnait des tapes dans le dos et que vous attendiez qu'il se calme. Cependant, il continue, et soudai-nement, vous vous mettez en colère! Ce genre de situation se produira la plupart du temps dans votre milieu de travail et, pour quelques ascendants, votre irritation sera la suite d'incessants reproches et critiques venant de votre partenaire ou d'un enfant qui se mesure effrontément à vous, et qui refuse la discipline que le reste de la famille a adoptée. Comment pourriez-vous éviter cette guerre? Il vous suffira de plonger plus à fond dans la pratique d'une activité créative ou passionnante et, intérieure-ment, de faire vibrer vos cordes pacificatrices.

À compter du 13, avec l'entrée de Mercure en Taureau, l'ordre se rétablit en vous et autour de vous. Sur le plan profes-sionnel, vous grandirez et serez satisfait. On vous annoncera une bonne nouvelle à la suite de vos démarches, notamment si vous cherchez un emploi.

Si vous travaillez à forfait, la dernière semaine du mois, on vous fera une offre et elle vous sera présentée comme un trésor! Si, dès le 2, la question se pose, soyez extrêmement prudent.

Sous ce ciel, des menteurs et des vautours rôdent autour de vous et ce, malgré votre situation financière. Que vous possé-diez beaucoup ou peu, il y aura toujours quelqu'un qui soit mal-honnête. En ce mois de mai, dès les premières secondes de votre rencontre avec un filou, vous pressentirez que quelque chose cloche. Ne laissez pas la raison vous tenir un discours qui vous ferait oublier votre méfiance. Protégez-vous. Ne vous mettez pas dans le pétrin alors que vous avez assez de flair pour l'éviter.

Jupiter poursuit sa route en Balance dans le quatrième signe du vôtre, et représente votre maison. Pour bon nombre d'entre vous, il s'agit d'un éventuel déménagement.

Si vous habitez un quartier qui est maintenant mal fré-quenté, assurez-vous du bon fonctionnement de votre système d'alarme et ne partez jamais, ne serait-ce que pour une course, sans l'armer.

Ce Jupiter en Balance signale aussi aux Cancer adultes de ne pas se laisser impressionner ni influencer par les dires d'un parent au sujet d'un autre membre de la famille. Si vous voulez tout savoir sur l'un d'eux, allez à la source, et ainsi, vous saurez bien exactement ce qu'il en est. Vous échapperez à ce genre de dispute qui survient en raison de l'ignorance des faits.

Côté santé, si vous avez une faiblesse rénale, buvez donc de bonnes tisanes : il en existe quelques-unes sur le marché. Massez-vous avez des huiles essentielles qui sont spécifiques à l'enflure des jambes. Informez-vous sur la valeur de ces plantes que vous infuserez, boirez ou appliquerez sur votre peau. On a écrit un tas de livres sur ce sujet. Si vous cherchez, vous trouverez les bons produits.

Neptune est encore en Verseau dans le huitième signe du vôtre. S'il provoque un déséquilibre émotionnel et des peurs chez les uns, chez d'autres, Neptune accentue leurs facultés paranormales, affine leurs perceptions extrasensorielles, ainsi que leur intuition.

Si vous êtes parent d'adolescents, ces derniers ne seront pas aussi sages que vous le souhaitez. Ils ont besoin de votre attention alors que vous êtes très occupé ; il leur est difficile de comprendre que vous travaillez beaucoup dans le but de leur donner plus que vous n'avez eu. Soyez clair quand vous leur expliquerez que votre temps vous ne le donnez pas à votre patron, mais à eux, puisque votre dévouement envers l'entreprise, ainsi que vos heures supplémentaires, ont pour but de sécuriser matériellement votre famille. Si, à leur âge, ils n'ont pas la notion du futur, s'ils ne sont pas totalement conséquents, vous êtes suffisamment lucide et expérimenté pour leur expliquer que, plus le temps passe, plus il faut d'argent pour vivre décemment.

Triste nouvelle : un parent est malade ou votre conjoint traverse une période difficile. Vous serez là pour lui tenir la main et l'aider à remonter la pente. L'amour fait des miracles.

◖ JUIN 2005 ◗

L'AMOUR

Le 4, Vénus entre en Cancer et caresse votre Soleil jusqu'au 28. Le 12, Mercure en fera autant. La position de ces planètes vous permet de communiquer plus facilement et de prendre conscience que l'engagement amoureux, ce n'est pas une prison, mais plutôt la joie qui libère de la peur, de l'angoisse et des doutes. L'amour vécu dans la tendresse, quand il ne s'agit pas seulement d'une attraction physique, c'est ce qu'il y a de plus beau et de plus grand. Si, jusqu'à présent, vous n'avez pas connu cette extase et que vous vous êtes contenté de miettes, si vous êtes divorcé, célibataire, séparé depuis des mois ou des années, alors que vous pensiez devoir rester seul et malheureux toute votre vie, vous croisez une personne si bonne que vous aurez l'impression qu'elle descend tout droit du ciel! Vous croirez que vous rêvez! La réalité de l'amour se présentera à vous simplement, dans un lieu public, là où vous vous y attendez le moins. À cet instant, ne laissez pas la crainte de vous tromper vous envahir. Vous ressentirez l'amour, comme tout bon signe d'eau se respecte, celui qu'on écrit avec un grand A, en lettres lumineuses.

Si vous fréquentez quelqu'un depuis plusieurs mois ou même des années, si vous ne vivez pas sous le même toit que cette personne, en ce mois de juin, où certains auront leur anniversaire, il sera question de faire vie commune. Surtout, ne dites pas non trop vite. Voyez les ajustements à venir en toute simplicité. N'y en a-t-il pas eu malgré que vous ne viviez pas ensemble?

Si vous êtes du type agressif, si vous n'avez pas changé vos croyances et vos valeurs par rapport à la vie de couple, si, pour vous, une union ne peut durer, si, pour vous, il est impossible d'être heureux longtemps, et tout ça parce que vous avez vécu une séparation difficile, le 13, avec l'entrée de Mars en Bélier, vous pourriez vous retrouver en face de l'être le plus merveilleux et ne rien voir! Certains d'entre vous s'emmurent en se satisfaisant d'aventures. Vous êtes un signe d'eau: celle-ci est sensible, mais il arrive qu'elle gèle! Vous êtes un signe d'été et de beau temps. Demandez-vous comment vous êtes devenu un iceberg... L'êtes-vous vraiment ou n'est-ce qu'un masque?

DANS L'ENSEMBLE DE VOTRE VIE

En principe, jusqu'au 12, tout ou presque va de soi. Ça se passe bien. Après cette date, les jaloux, les envieux, les menteurs, les tricheurs, les traîtres ou les voleurs qui travaillent dans la même entreprise que vous se manifesteront! On essaiera de vous convaincre d'être de la bande! Mais peut-être n'y a-t-il qu'une seule personne qui soit malhonnête? Celle-ci fera des pieds et des mains pour que vous adhériez à son petit trafic qui lui rapporte de l'argent: son principal argument sera que la compagnie paie mal ses employés alors qu'elle encaisse des milliers de dollars. Rares seront les Cancer qui succomberont à ce genre d'offre. Et si vous avez une morale élastique et que vous vous mettez à prendre ce qui ne vous appartient pas, sous ce ciel de juin, alors que vous pensez être à l'abri de la justice, vous serez pris par surprise, la main dans le sac! Tout ce qu'on nomme magouille ne tient pas la route en ce mois!

Même si vous êtes un Cancer honnête, gentil, agréable, bon comme la vie et généreux, malheureusement, un événement hors de votre contrôle vous obligera à changer les plans que vous aviez faits pour ce mois. Il est également possible qu'une personne en qui vous aviez confiance vous déçoive: une promesse ne sera pas tenue. Cette personne avait pourtant juré «sur la tête de sa mère» d'honorer son engagement ou de vous rendre votre dû!

Une querelle familiale, dont vous devrez vous éloigner afin de sauvegarder votre paix d'esprit et ménager votre système nerveux, semble inévitable.

Vos enfants ne seront pas sages comme des images, les petits surtout. Il ne faut pas perdre de vue que, s'ils ressentent vos tensions, c'est qu'ils sont plus sensibles que les adultes aux diverses influences planétaires. Les planètes qui représentent les enfants sont plutôt agitées! Ce n'est que vers la dixième et même la douzième année que les enfants commencent à analyser la vie et les gens qui les entourent, à l'instar du développement de leur sens des responsabilités. Avant cela, ils ne sont pas rationnels: ils sont élans vitaux. Ils apprennent à survivre et à prendre leur place dans leur famille, dans leur réseau d'amis, à l'école, à la garderie ou dans un groupe lors de la pratique d'un sport ou de toute autre activité généralement choisie par les parents. Réfléchir, choisir, décider, rendre service, donner lucidement, etc., tout cela ne se développe que très lentement.

Si vous êtes un artiste, que vous soyez ou non connu, vous aurez des idées géniales dont vous tiendrez compte. Vous vous direz que vous avez suffisamment attendu et que le temps est venu de vous mettre à l'œuvre. Vous serez volontaire parce que vous réussirez à vous faire confiance.

Entre le 24 et le 28, soit en quatre jours, le destin de nombreux Cancer se modifiera. Ils feront un virage à 180 degrés. Pour la majorité, il s'agira d'une très bonne nouvelle: peut-être un gain important à la loterie.

◖◗ JUILLET 2005 ◖◗

L'AMOUR

Vous êtes né pour vivre dans l'amour, pour aimer et être aimé. Vous êtes né de la Lune, né pour dire aux humains de lever la tête au ciel, de regarder la beauté mystérieuse de la Lune et des étoiles, d'imaginer que cette voûte céleste est le toit d'une immense maison dans laquelle nous habitons tous. Ce qui importe, c'est d'être en paix les uns avec les autres. Dans cette grande propriété qu'est la planète Terre, il y a de la place pour tout le monde. Il n'est guère facile de transmettre ce message, même quand on est un Cancer reconnu pour sa sagesse. Malheureusement, il y a toujours quelqu'un pour critiquer, et le meilleur des Cancer ne peut voir à tout. Même si la Lune surveille la Terre, il lui arrive d'être distraite. La pire distraction que vous puissiez avoir, en ce mois de juillet, c'est que, en tant que célibataire, vous soyez séduit par une personne qui n'a que l'apparence de la bonté. Si vous tombez dans le piège d'un beau flatteur ou d'une habile séductrice, vous constaterez que vous avez perdu beaucoup d'argent et que vous êtes profondément blessé. Vous êtes peut-être las d'être seul... Afin de passer à côté d'une déception, étant donné que les planètes sont aveuglantes, en juillet, joignez-vous à un club de rencontres. Vous vivrez votre célibat en groupe, vous discuterez et tisserez des liens solides avec des gens. Faites-vous des amis, le grand amour a pris des vacances !

Si vous vivez en couple, tout ce qu'il y a de plus réglementaire si vous êtes encore amoureux de votre conjoint, si, malgré ses torts, ses qualités continuent d'être plus importantes, si vous aimez votre partenaire dont le corps flétrit, tout comme le vôtre, si tous deux vous vieillissez en douceur, en juillet, ne changez rien, même si vous avez des envies de renouveau ! Plusieurs planètes provoquent de l'excitation, engendrent des désirs charnels à l'égard de cette personne qui s'offre à vous, rien que pour le plaisir, rien que parce qu'elle aime séduire. Ne brisez pas votre couple : vous avez mis tant de temps à le bâtir !

Si vous êtes jeune et amoureux, si vous êtes soudé à votre partenaire, si tous les deux vous en concluez que vous avez l'âge de concevoir, vous êtes aussi prêt à fonder un foyer, à aimer un enfant ; vous êtes également parfaitement conscient que la venue d'un bébé changera votre vie du tout au tout. Vous êtes bienheureux, la cigogne distribue actuellement de beaux enfants à ceux qui les désirent.

En tant que jeune adolescent, si, jusqu'à présent, vous n'avez pas eu de petit ami, vous ferez votre première expérience sentimentale.

DANS L'ENSEMBLE DE VOTRE VIE

C'est la période des vacances. Si vous n'avez pas les moyens de partir en voyage, ne désespérez pas. Informez-vous sur les activités estivales de votre quartier et de votre ville. Beau temps, mauvais temps, ne restez pas immobile. Sous ce ciel, il est important que vous bougiez! Si vous vous repliez sur vous-même parce que vous n'avez pas assez d'argent pour vous offrir des vacances de rêve, vous deviendrez fort déplaisant pour vos proches et vous gâcherez ce temps de liberté. Choisissez de vous amuser et de vous détendre, non de pleurer sur votre sort.

Si toutefois vous étiez au travail tout au long du mois parce que vous avez été désigné pour faire le remplacement de ceux qui prennent leurs vacances, ne vous laissez pas prendre par des émotions désagréables car, dans ce genre de situation, vous aurez tendance à vous répéter que ce sont toujours les mêmes qui profitent du meilleur! Ne vous rendez donc pas malheureux pour ce qui n'est pas. Considérez vos avantages et sachez que vous êtes bien chanceux d'avoir un emploi stable!

Si vous êtes à la recherche d'un emploi, en juillet, vous trouverez! Malheureusement, on vous offrira un poste bien en deçà de vos compétences. Si vous avez absolument besoin d'argent pour payer vos comptes, avoir un toit sur la tête et parce qu'il faut manger trois fois par jour, ayez l'humilité d'accepter ce boulot. Faites-le pour vos enfants qui, économiquement, dépendent de vous.

À compter du 17, Saturne quitte votre signe pour entrer en Lion, le deuxième signe du vôtre, qui représente l'argent, vos biens, votre propriété et tout autant vos désirs de gagner plus. Sous l'influence de Saturne en Lion, vous pourriez être pris par la matière et le désir de posséder, lequel peut devenir obsessionnel. Si, au départ, vous êtes un grand économe, il est possible que Saturne en Lion fasse de vous un radin.

Tout dépend de votre ascendant... Si vous faites partie des rares Cancer incapables de faire un budget, sous l'influence de

Saturne en Lion, il y a du danger pour que vous dépensiez plus que vous ne gagnez et, conséquemment, vous vous endetterez.

Si vous êtes un joueur, à compter du milieu du mois, vous pourriez devenir encore plus malade du jeu que vous ne l'étiez au cours des mois précédents. Vous êtes maître de votre destin. Le ciel vous incite présentement à repousser vos limites.

En ce qui concerne les créateurs, leur génie impressionne les autres parce que ces derniers inventent et fabriquent des choses. Qu'il s'agisse d'art, de chanson, de musique, de théâtre, d'invention de produits utiles, agréables, etc., ces génies seront reconnus! L'inimaginable a pris une forme admirée et achetée par le grand public. Tout ira très vite. Entre la conception et la mise en marché, ce ne sera qu'une question de jours!

⊲ AOÛT 2005 ⊳

L'AMOUR

Vous êtes maintenant sous l'influence de Mars en Taureau. Il est donc plus doux et plus facile de vivre pour vous. Mars fait un bon aspect à votre Soleil et pousse le célibataire à faire des rencontres convenant à sa nature lunaire. En août, en raison de la présence de Mars dans un signe vénusien, vous aurez envie de sortir davantage. Vous préférerez les lieux tels que les salles de musique, vous assisterez à des concerts, à des pièces de théâtre et à des spectacles d'humour. Si vous pratiquez un sport, ce sera uniquement pour votre plaisir, non dans un esprit de compétition, et vous prendrez le temps de dire bonjour à ceux qui vous sourient. Vous ressentirez qui est digne de votre attention parce que vous aurez le sens de votre valeur. Vous avez beaucoup réfléchi au cours des mois précédents et vous n'êtes plus cette personne qui pensait qu'elle ne méritait pas d'être aimée. Vous reconnaissez que, si vous êtes seul, ce n'est pas parce que l'amour ne voulait pas de vous, mais parce que vous aviez une attitude fermée. Vous êtes maintenant un Cancer tout neuf, prêt à recevoir, prêt à donner ce que vous recevrez en terme de beaux sentiments. Sous Mars en Taureau, spontanément, dès que vous aurez un flirt, vous saurez si celui-ci s'approche parce que vous lui plaisez beaucoup ou si cette personne ne s'intéresse à vous que pour des bagatelles! En tant que signe de la Lune, vous ne voulez pas vous contenter d'aimer uniquement une partie d'une personne. De votre côté, vous ne voulez pas non plus qu'on n'aime qu'une part de vous: vous êtes un tout!

Si présentement il y a des tensions dans votre couple et que celles-ci s'éternisent, si les conflits perdurent entre vous et votre partenaire, je vous suggère de réfléchir sérieusement à entreprendre une thérapie de couple. Profitez des 16 premiers jours du mois, pendant que Vénus est en Vierge, pour en discuter. Après cette date, il est possible qu'il soit davantage question de rupture, plutôt que de paix et d'amour partagé.

Il arrive que votre partenaire et vous traversiez ce qu'on nomme une crise de couple! Ce genre de situation me fait toujours penser à des adolescents qui fuguent parce que plus rien ne leur plaît à la maison! Vous êtes un signe cardinal, et bien que vous soyez sensible, peut-être avez-vous été autoritaire à l'excès, et le partenaire ne peut plus supporter cette attitude digne d'un parent et non d'un amoureux. Si vous vous reconnaissez comme étant un chef, ayez l'humilité de vous l'avouer. Avant que ne se produise l'irréparable, discutez avec l'autre et laissez-le aussi vous expliquer ce que, selon lui, vous êtes devenu et ce qui, chez vous, est insupportable.

Si votre couple est jeune, si vous êtes follement amoureux de l'autre, le lui dites-vous ou pensez-vous qu'il lit dans vos pensées? Ne rentrez-vous pas du travail fatigué? Peut-être et, dans ce cas, ne restez-vous pas longuement silencieux? Quand votre amoureux vous parle, vous ne répondez rien... Vous êtes mentalement encore au boulot... Vous perdez de précieuses minutes... Quand vous êtes ainsi, vous semez le doute. L'amoureux va finir par croire qu'il n'est pas intéressant. Avec ce genre d'attitude, sans vous en rendre compte, vous ouvrez la porte à la rancune... Votre partenaire finira par vous en vouloir. Cessez de lui faire croire que vous êtes chez vous et que lui, il n'y est pas tellement. Votre repli sur vous-même est important. Ne brisez pas le charme amoureux... Causez un peu plus avec votre conjoint qui aimerait bien savoir comment vous vous sentez et ce que vous ressentez à son endroit.

DANS L'ENSEMBLE DE VOTRE VIE

Mercure et Saturne sont en Lion. Ces deux planètes, dans le même signe, le deuxième du vôtre, aiguisent votre esprit pensant, multiplient vos idées, notamment concernant des façons de faire plus d'argent. Si vous avez déjà un emploi régulier, vous vous dévouerez davantage, et au cours du mois, il est fort possible que l'on vous délègue de nouvelles responsabilités pour lesquelles vous serez mieux payé.

Si vous êtes à la recherche d'un travail, frappez aux portes où on vend, fabrique et invente des produits de luxe! Si vous avez du talent en tant qu'administrateur, orientez vos énergies vers les méga-entreprises et n'hésitez pas à étaler vos réussites, vos meilleures expériences, ainsi que vos lettres de recommandation si vous en avez quelques-unes.

Nous sommes maintenant tous sous l'influence de Saturne en Lion, ce qui transforme l'attitude des patrons de commerces et de compagnies, de ceux qui embauchent. Maintenant, on s'intéresse à tout ce que vous avez produit. Votre curriculum vitæ devra être bref, précis et présenté sur du papier de grand luxe. Ne lésinez pas quant à vos lettres de présentation. Sous Saturne en Lion, on aime ce qui brille, ainsi que les postulants qui gardent la tête haute.

Saturne et Mercure en Lion font un aspect difficile à Mars en Taureau, ce qui portera certains d'entre vous à dépenser des sous qu'ils ne possèdent pas. L'usage abusif de vos cartes de crédit peut vous mettre dans un sérieux embarras quand vous recevrez vos relevés.

Ces mêmes planètes, qui portent aux excès, touchent tout autant les grands économes de ce signe, et certains d'entre vous se priveront de beaucoup de petits plaisirs qui ne coûtent presque rien et rateront leurs vacances à force de compter! Pour ces radins, deux sous sont souvent si importants qu'ils se refusent une sortie qui leur aurait procuré beaucoup de plaisir. Parce que, pour une activité quelconque, il en coûte deux sous de plus que l'an dernier, ils refusent de s'y adonner... Si vous faites partie de ceux qui craignent constamment de manquer d'argent, demandez-vous jusqu'où vous conduira votre obsession. Peut-être que vous aurez un gros compte en banque, mais ou seront ces amis avec qui vous vous amusiez? Ils sont sortis et ils n'insistent plus, ni pour sortir avec vous ni pour vous voir!

En tant que propriétaire d'une nouvelle maison, les dépenses à faire pour s'y sentir vraiment à l'aise sont plus nombreuses. N'essayez donc pas de tout faire en même temps si vos moyens sont plus limités. À compter du 18, vous aurez envie uniquement de beaux meubles, et des plus chers! Si votre amoureux est plus raisonnable que vous ou s'il sait mieux magasiner que vous parce qu'il cherche les vrais rabais, confiez-lui donc votre budget pour que, dans quelques mois, vous ne vous mordiez pas les doigts tellement vous aurez de regrets à cause des taux d'intérêt qui ne cessent de grimper! Si vous avez un ascendant Bélier, Lion ou Sagittaire, vous avez du mal à vous contenir en face du beau et du cher. Pour vous trois, et d'autres aussi, un gros endettement finit par toucher votre vie de couple. Le climat à la maison devient alors plus lourd que le plomb quand vous êtes obligé d'annoncer à vos adolescents que vous ne pouvez plus leur donner autant d'argent de poche! Avec votre sens esthétique inné et le sens de l'économie familiale de votre partenaire, lorsque vos talents s'unissent, vous vous évitez des dépenses au-delà de ce que votre budget vous permet.

Si vous avez vécu une séparation ou un divorce, bien qu'il y ait eu un règlement financier et qu'il soit final, il est possible que votre ex fasse une autre réclamation parce qu'il considère que vous êtes le plus fortuné des deux et que vous lui devez encore de l'argent. Si les enfants sont jeunes, la querelle que vous tentez de leur cacher les affecte quand même. Plusieurs Cancer réussissent à calmer leur ancien conjoint et à leur faire comprendre que leur divorce ou leur séparation ne les a surtout pas rendus plus riches qu'avant. La sentence a été prononcée. Certains d'entre vous, pour éviter d'être harcelés au sujet de l'argent, prendront la décision de répondre uniquement par la voix de leur avocat!

◖ SEPTEMBRE 2005 ◗

L'AMOUR

Si, malheureusement, les querelles se multiplient entre votre partenaire et vous, plus particulièrement entre le 7 et le 11 de ce mois, et à d'autres jours aussi, vous aurez bien du mal à contenir votre colère et vous pourriez dire des mots qui dépassent votre pensée. Si vous vivez avec quelqu'un qui est le moindrement vengeur et qu'il est sérieusement question de séparation, vous verrez sa méchanceté lui sortir par tous les pores de la peau. Si, exceptionnellement, vous faites partie de ceux ou celles à qui on a infligé des souffrances physiques, si vous sentez que la violence est au rendez-vous, demandez de l'aide. Il y a, sous ce ciel de septembre, danger d'être blessé.

Et si vous êtes ce Cancer ne pouvant plus supporter les bombes qui sautent autour de vous, si vos pinces de crabe se transforment en couteaux, éloignez-vous, partez... Vous êtes un grand émotif, et un être tendre, mais quand la peine et la colère vous conduisent à la haine, vous perdez le contrôle... Afin de ne pas commettre un geste légalement et longuement punissable, pour ne rien casser, pour ne faire de mal à personne, allez-vous-en... Trouvez, à travers vos douleurs intérieures, à travers votre désir de frapper, cette petite lumière qui vient tout droit d'un quartier de Lune et qui vous guidera hors de votre zone de guerre.

Heureusement que ce qui est décrit précédemment ne s'adresse qu'à une minorité de Cancer. Vous êtes majoritairement des tendres, des romantiques et des aspirants à la paix.

Peut-être faites-vous partie de ceux dont le vœu d'avoir un enfant est exaucé. Vous vivez votre paternité ou votre maternité dans la joie et la sérénité. Rien n'est parfait. En tant qu'homme, il est possible que votre conjointe ait besoin de vos bons soins. Votre amoureuse aura de petits malaises, mais surtout de grandes peurs. Soyez présent à cette femme que vous aimez, au point d'avoir voulu ce prolongement d'elle et de vous que représente un enfant. Soyez conscient que votre épouse porte un être que vous ne connaissez pas, un être qui vous est encore étranger. Cet enfant vit, il est le futur, le sien et le vôtre, et il sera là à tous les détours que vous et votre partenaire prendrez au fil des ans. Il sera témoin des bons et moins bons événements, il sera là quand vous serez en situation d'échec, il sera là pour applaudir vos succès. Il sera maintenant et pour toujours, pour tous deux, votre enfant. Il sera bébé, enfant, jeune adolescent, et au temps où il sera adulte et libre, il sera encore l'enfant de ses parents... Quand on est une femme et que l'on a pleinement conscience du fait que l'on porte l'amour le plus pur qui soit en soi, l'enfant à venir n'est pas un simple héritier et encore moins ce quelqu'un dont il faut à tout prix être fier parce qu'il réussit... L'enfant à naître n'est pas ordinaire : il est porteur et donneur d'amour ! Comme bien des gens, il lui faudra éviter des pièges, apprendre rapidement ou lentement... Une chose est assurée, il est d'abord amour à recevoir... Certains jours de la grossesse, il arrive que les hormones provoquent des craintes et tout autant de réflexions troublantes pour la future maman. Papa, quel que soit votre signe, ouvrez-vous et constatez qu'une naissance, c'est un miracle ! Avant qu'une autre manifestation miraculeuse se produise, votre femme a besoin de savoir qu'elle est encore votre amante désirable, elle veut savoir si vous l'aimez toujours autant avec son gros ventre. En tant qu'homme, vous avez tendance à croire qu'elle vous devine. En ce mois de septembre, votre dame, qui porte votre bébé, a plus que jamais besoin d'un rapprochement. Une planète, dans ce ciel, vous signifie que votre conjoint sera extrêmement émotif jusqu'au 8 octobre.

DANS L'ENSEMBLE DE VOTRE VIE

Sur le plan professionnel, le ciel continue de vous être favorable, et plus particulièrement jusqu'au 21 de ce mois.

Si vous avez un projet que vous ne pourrez réaliser qu'avec un associé, si votre but ne s'atteint qu'avec votre force de travail et votre volonté, mettez-y toute votre énergie, continuez de foncer. Étant donné votre grande sensibilité, ne laissez personne vous faire douter, ni de vous, ni de vos idées, ni de vos idéaux. Mieux encore, sortez-les de votre vie. Ces gens, qui ne croient pas en votre talent, ne méritent pas votre attention.

Certains d'entre vous découvriront qu'une personne qu'ils croyaient connaître depuis des années ou des mois, et prétendant être cet ami qui jamais ne vous décevra, par envie, par jalousie, et sur fond de mépris, se mettra à répandre des probabilités d'échec en ce qui concerne votre nouvel objectif. Ce dernier n'a jamais voulu votre bonheur. Il veut que vous en restiez là où vous en êtes afin que vous soyez aussi stagnant que lui parce qu'il déteste l'idée que vous puissiez aller plus loin que lui. Les vrais amis ne disent jamais que vos tentatives sont vaines.

Vivre, c'est un incessant mouvement. Si votre vision de la vie est celle de la croissance et du progrès pour mieux vivre, vous n'avez pas tort, et surtout, vous avez parfaitement le droit d'être fortuné ou plus fortuné que vous ne l'êtes. Les planètes, en ce mois de septembre, mettent sur votre route des gens qui seront d'importantes sources d'inspiration.

De plus, par hasard, des gens vrais, qui ne sont que de passage, feront une halte dans votre vie. Vos chemins se croisent. Ces étrangers vous parleront comme s'ils vous connaissaient depuis toujours. Certaines de ces personnes auront la possibilité de vous ouvrir une porte, précisément celle qui vous permettra de grimper dans la hiérarchie sociale : il peut s'agir de celle d'une entreprise et c'est justement cette porte que vous n'arriviez pas à ouvrir ! Après cet événement, ce beau coup du destin, peut-être croirez-vous que des miracles se produisent.

Ce ne sont malheureusement pas tous les Cancer qui recevront des cadeaux du ciel. Ces chanceux sont sages depuis bien des années. D'autres le sont récemment devenus, mais il y a encore des Cancer qui résistent à ouvrir leur cœur. Ils refusent de faire confiance à la vie. Certains Cancer ne voient que le pire partout. Ils se plaignent constamment parce qu'ils n'ont pas ce à quoi ils ont rêvé. Ils accusent passivement leur passé et le rendent responsable de leurs divers déboires. Si vous ne vivez pas votre signe cardinal comme vous le devriez, soit dans l'action, si vous n'êtes qu'un signe d'eau qui se contente d'éviter la noyade, si vous ne vous souciez pas du bien-être d'autrui, si vous fuyez votre quatrième signe, symbole des responsabilités familiales, en somme, si vous vous êtes crée une Lune constamment décroissante, vous ne développez que les aspects les plus sombres de votre signe et avec de telles attitudes, qui vont jusqu'à la conviction que rien ne vaut la peine qu'on s'y attarde, n'attendez aucun miracle financier, ni même de la joie. Pour recevoir, il faut avoir donné sans compter.

Que vous soyez une belle pleine lune ou un ciel sans lune ni étoiles, si vous faites des placements, que ceux-ci soient petits ou gros, que votre argent ait été gagné honnêtement ou non, que vous soyez un Cancer généreux ou radin, à compter du 12, il vous faudra redoubler de prudence pour préserver votre pécule. À parti de ce jour, ne décidez rien sur un coup de tête, ne croyez pas non plus en la parole facile et trop optimiste de ceux qui vous entourent. Ne faites pas attention aux millions que l'on vous promet. Ce nouveau courtier, que vous avez rencontré quelques semaines plus tôt, exagère et risque de vous faire perdre beaucoup d'argent.

Si votre santé n'est pas reluisante, si vous souhaitez aller mieux, méditez sur les parties de votre corps qui sont sans douleur; parlez aux cellules saines qui les maintiennent en forme, demandez-leur d'unir leurs forces! En tant que signe d'eau, les images positives et guérisseuses que vous créez sont effectives. Vous serez surpris par la rapidité avec laquelle vous remonterez la pente. Un psychologue, qui réfute la pensée magique et qui soutient qu'elle n'est que pure enfantillage serait surpris d'apprendre que, comme par magie, et grâce à votre confiance en vous, grâce à votre foi en la vie, vous avez guéri de maux que vous auriez dû, selon votre médecin, endurer avec courage jusqu'à votre mort.

◖◗ OCTOBRE 2005 ◖◗

L'AMOUR

Jusqu'au 26, Jupiter est en Balance. Automatiquement, il est dans le quatrième signe du vôtre. À compter du 27, il sera en Scorpion, dans le cinquième signe du vôtre. Depuis le début de l'année, Jupiter en Balance a été le signal qu'une séparation devait avoir lieu. Le passage de Jupiter en Balance a pu être, à un moment de l'année 2004, une prise de conscience concernant votre vie à deux, et si certains se sont résignés et n'ont rien changé, d'autres ont réagi et à toute vitesse. Ils ont réorganisé leur vie. Si Jupiter en Balance était une personne, elle vous dirait qu'en aucun instant elle n'a eu l'intention de vous empêcher d'aimer et d'être aimé, et que, au contraire, elle a multiplié les chances pour qu'une belle rencontre ait lieu.

Si sentimentalement vous avez profité des bonnes grâces du ciel, si maintenant vous partagez votre quotidien avec quelqu'un dont vous êtes follement amoureux, vous en savez beaucoup plus, aujourd'hui, sur votre partenaire, et logiquement, vous n'êtes pas sans vous rendre compte qu'il a aussi des défauts... De grâce, en ce mois d'octobre, ne commencez pas à prendre des notes sur ce qui vous déplaît chez l'autre. En tant que signe d'eau, vous vous feriez prendre à ce vilain jeu et vous ne verriez plus en l'autre qu'un autre mal-être. Vous iriez jusqu'à lui prêter des intentions qu'il n'a pas.

Vous êtes un imaginatif, ce qui n'enlève rien à votre logique. Vous êtes généralement organisé ou vous vous organisez très vite, selon les situations qui se présentent. Votre amoureux n'est pas comme vous. Sa lenteur et ses différences vous agacent. Si vous comptabilisez ses fautes et ses erreurs, le pauvre deviendra, avant que le mois se termine, une personne éteinte! Vous ne pouvez vivre machinalement et comme si tout allait de soi. Si vous êtes entré dans une routine, si vous avez encore de beaux sentiments pour cette personne, réveillez-vous. Cessez de comptabiliser ses défauts et demandez donc à votre partenaire ce qu'il aimerait pour que votre couple soit comme au début. Vous serez surpris de ses réponses. Vous déchirerez votre liste de défauts et vous en ferez une autre sur laquelle vous inscrirez ses qualités. Elle sera plus longue que vous ne l'auriez cru.

Si vous ne voyez que le pire, c'est surtout en raison de la présence de Vénus. Cette planète de l'amour et des beaux sentiments a été exilée par le temps dans le signe du Scorpion, et ce, jusqu'au 30.

Il est vrai que vous pourriez vous être trompé. Peut-être êtes-vous complètement abasourdi par l'inconscience, la légèreté de l'esprit et le peu de cœur de ce partenaire. Souvenez-vous quand vous disiez à vos amis qu'il était presque trop beau pour être vrai... Voilà que cette phrase, que vous avez crue inoffensive, est une réalité. Cette personne affiche une belle personnalité et elle possède un corps magnifique. Vous avez cru qu'il était fait sur mesure, rien que pour vous. Vous vous souvenez qu'après qu'il vous a offert un cadeau, il avait un très gros service à vous demander. Peut-être vous a-t-il emprunté de l'argent qu'il ne vous a jamais remis. Que vous viviez ou non avec cette personne, vous avez du mal à lui dire adieu. Il suffit de vous demander si vous avez envie de vivre à sa façon seulement pendant les 10 prochaines années. Chassez donc le mal de vivre de ce genre de couple. Vous en avez le courage. Puisez en vous. Faites appel au bonheur, qui n'est pas une apparence, mais plutôt la liberté de vivre. Le bonheur se reconnaît facilement : il n'a pas du tout besoin d'impressionner autrui !

Vous avez appris à être réceptif aux beaux sentiments en 2004. Des événements heureux, d'autres douloureux, vous ont ouvert l'esprit et le cœur. Votre progression vers le bonheur s'accélère. Si une rupture survenait en ce mois ou si elle a déjà eu lieu en septembre, vous ferez rapidement votre deuil. Vous rencontrerez quelqu'un, et bizarrement, ce pourrait être quelques jours après la séparation. Cette rencontre aura la soudaineté d'un éclair et, en quelques minutes, le beau temps sera de retour ! Peu de mots : des sourires qu'on échange, un café que l'on partage, des rendez-vous que l'on se donne, des conversations... Du jour au lendemain, vous ne serez plus seul, même si vous vivez une séparation. La paperasse officielle n'est pas même encore signée et il est possible que vous n'ayez pas encore déménagé... Le grand amour se tient tout près, il survient rarement ainsi. Au fil de mes rencontres avec des consultants, à plusieurs occasions j'ai pu constater que ce phénomène existe. Ces gens, après 10, 15 ou 20 ans de vie commune, étaient toujours aussi amoureux l'un de l'autre. Ils me consultaient pour leurs affaires ou pour d'autres situations problématiques.

DANS L'ENSEMBLE DE VOTRE VIE

Octobre favorise ceux qui traitent avec l'étranger. Qu'ils vendent des produits ou des idées, ils sont gagnants, surtout à compter du 9.

Si vous travaillez dans un domaine où vous êtes entouré de métal, où vous le manipulez, le vendez, l'achetez ou en faites la promotion, à la toute fin du mois, soit à compter du 27, de nombreux changements se produiront dans l'entreprise. Ne craignez rien : vous ne perdrez rien. Bien au contraire, on vous lancera un défi qui, naturellement, visera de meilleurs rendements financiers, pour vous et pour l'entreprise.

C'est au début de ce mois que vous préparez un voyage. Pour certains, ce sera leur première escapade dans un pays étranger. Pour d'autres, leur ixième exploration. Parmi vous, nombreux sont ceux qui ont été obligés de retarder leurs vacances et qui ne peuvent en prendre qu'à la fin du mois, si ce n'est en novembre. Vous trouverez la destination idéale pour vous reposer, avoir du plaisir et découvrir de nouvelles choses.

Si vous êtes à la recherche d'un travail, faites le maximum de démarches en octobre, votre candidature sera retenue. Cependant, la bonne nouvelle pourrait vous parvenir uniquement le mois suivant.

Si vous avez commis des malhonnêtetés, vous serez dénoncé ou pris la main dans le sac.

Si vous êtes parent et unique soutien familial, si vous avez un salaire moyen ou bas, si vos enfants sont des adolescents, il vous faudra leur dire et leur faire comprendre que vos économies sont si réduites qu'à leur tour ils doivent diminuer leurs demandes en ce qui concerne leur argent de poche. Profitez-en pour leur enseigner ce qu'il en coûte pour vivre de nos jours, et peut-être pourriez-vous leur dire qu'ils peuvent très bien trouver un emploi de fin de semaine afin de subvenir à leurs besoins spéciaux, ainsi qu'à ces luxes que, pour l'instant, certains d'entre vous ne peuvent leur offrir.

En tant que personne prochainement retraitée, faites des plans pour les 30 années à venir. Nos vies se rallongent et, de plus en plus il nous est permis de croire qu'à notre dernier souffle, l'âge moyen aura atteint la centaine. La science fait d'énormes progrès. Il vous suffit de constater la rapidité avec laquelle nous entrons en communication les uns avec les autres... Un clic, une seconde, et vous causez avec une personne habitant à l'autre bout de la planète.

Si vous êtes en parfaite santé, vous êtes parmi les bénis des dieux. En fait, vous êtes un chanceux! Si vous souffrez d'un mal qui est supportable grâce à des cachets prescrits, sous ce ciel, si vous cherchez l'origine de votre maladie, si vous avez la volonté de fouiller tout ce qu'on a écrit sur le sujet, à compter du 27, avec l'entrée de Jupiter en Scorpion, au cours des prochains 12 mois, il y a possibilité que vous trouviez une recette, un aliment, des capsules dans la section des produits naturels, des produits homéopathiques ou un type d'exercices qui vous permettra de vous soigner vous-même. Ça ne sera pas du jour au lendemain. Rome ne s'est pas bâtie en un jour.

⸙ NOVEMBRE 2005 ⸙

L'AMOUR

Nous voici à l'avant-dernier mois de l'an 2005. Vous êtes maintenant, et jusqu'au 24 novembre 2006, sous l'influence de Jupiter en Scorpion. Ce signe, astrologiquement, précède le domicile de Jupiter. Jupiter en Scorpion est sévère. Sa justice vous fera prendre des décisions radicales et trop souvent sans qu'elles aient été suffisamment mûries. À compter du 6, voilà que Vénus, qui symbolise l'amour, entre en Capricorne et fait face à votre signe. Vénus en Capricorne présage plus d'affrontements pour ceux qui sont déjà agressifs envers leur partenaire. Chez d'autres, seul le thème astral le révèle: la violence est dirigée contre eux.

Pendant que bon nombre d'entre vous condamnent et rejettent l'amoureux pour ce que vous jugez être une faute ou une insulte à votre endroit, des Cancer seront victimes d'un partenaire qui devient soudainement abusif. Il faudra être sage ou angélique pour bien traverser la grisaille et les ombres menaçantes de ce ciel de novembre. Il faudra aussi avoir beaucoup d'amour, et être prêt à le donner pour supporter les sautes d'humeur de l'amoureux, surtout s'il est Balance ou Bélier ou ascendant Balance ou Bélier. Rien ne sera simple s'il a des planètes dans ces signes précédemment mentionnés. Comme tout bon signe d'eau qui se respecte, en tant que Cancer, vous êtes capable de vous taire, de ne pas réagir aux paroles déplaisantes de celui avec qui vous vivez. Vous lui trouvez toutes sortes d'excuses et de raisons pour vous empêcher de vous fâcher! Par contre, si la situation perdure depuis plus d'une semaine, on aura dépassé les limites de votre tolérance, et dans ce cas, la scène qui se déroulera ne sera pas très jolie, ni à voir ni à entendre.

Jusqu'à présent, vous avez pu vivre d'amour. Le ciel était presque constamment favorable à l'épanouissement de votre vie de couple. Considérez que ce mois de novembre est semblable à l'épreuve qu'il faut passer pour être reçu chevalier!

Des événements hors de votre contrôle, tels que la maladie d'un proche, retiendront votre attention, et malheureusement, votre partenaire, qui ne l'a pas bien connu, ne veut ni ne peut comprendre que vous lui donniez tant de temps, alors que lui est en attente. Ceci s'applique particulièrement aux gens qui sont dans la quarantaine, à la fin de la trentaine ou au début de la cinquantaine.

Si vous n'êtes plus de la première jeunesse et si c'est votre partenaire qui est malade, il est tout naturel qu'il ne soit plus aussi présent pour vous. Il a besoin de toutes ses énergies pour supporter son mal et se guérir. Vous aurez l'impression qu'il est capricieux. Si vous entretenez ce type de croyance, dites-vous que vous faites fausse route. Même l'être le plus aimant qui soit, quand il est malade, pour se protéger, afin de récupérer, adopte très souvent une attitude égoïste! Si vous persistez à aimer l'autre, caprices inclus, si vous en prenez soin, quand viendra votre tour d'être pris en charge et soigné, votre partenaire, qui aura beaucoup reçu de vous, sera à vos côtés et vous aidera à remonter la pente.

Parmi vous, on trouve des Cancer heureux, et encore plus amoureux qu'ils ne l'étaient il y a 10 ou 20 ans! Si vous faites partie des lunaires qui ont su grandir dans l'amour de leur partenaire, il est possible que vous et l'autre viviez un événement extraordinaire ou une grande joie. En somme, un cadeau du ciel vous rapprochera encore plus de l'âme de votre conjoint. Ce sera comme si vous pouviez la toucher. Des couples vivront une expérience paranormale: peut-être que vous et votre amoureux, la même nuit, ferez le même rêve, tous deux vous plongerez dans le futur et saurez ce qu'il adviendra de vous, d'un enfant, d'un parent, etc. Vous êtes si connecté à la personne que vous aimez que vous l'entraînez dans le sillage de cette sagesse que vous avez acquise au fil du temps. Il est aussi possible qu'un drame se produise sur la planète et que des tas de gens soient blessés ou meurent. Si vous et l'amoureux pratiquez la méditation, si votre union, en plus d'être merveilleuse est tout autant spirituelle, vous et l'autre pressentirez ce qu'une masse de gens souffriront et tous deux déciderez de faire du bénévolat ou de donner de votre temps à une cause humanitaire.

C'est un étrange mois que celui de novembre 2005! Si des Cancer plongent dans l'enfer parce que leur vie de couple ne correspond pas à ce qui est véhiculé au cinéma, d'autres auront l'impression de traverser la barrière du temps sur les ailes de l'amour et de faire de leur vie le plus beau des voyages.

DANS L'ENSEMBLE DE VOTRE VIE

Si, amoureusement, ça ne va pas comme vous le voulez, au travail, vous serez distrait et commettrez ici et là des erreurs qui vous feront prendre du retard.

Si vous êtes malheureux et que vous entretenez cet état d'âme, afin de vous secouer, pour que vous preniez conscience que vous fabriquez votre mal de vivre, toutes sortes de contrariétés et de déceptions vous tomberont dessus. Ce ciel de novembre vous invite à faire plus d'efforts, à être plus lucide et à rester calme, même quand tout le monde s'énerve!

Jupiter en Scorpion n'est pas tendre, mais il ne tire tout de même pas sur vous. Il symbolise, pour bon nombre d'entre vous, que tout est à faire, et que dès l'instant où vous serez en action, tout ira bien, et bien mieux que vous ne l'imaginez.

Vous avez tout à faire si, en 2004, et au cours des mois précédents, vous êtes resté immobile, stagnant. Tout est à faire si vous n'avez pas saisi les chances qui se sont présentées. Songez aussi que rien n'est à refaire si votre passé est chargé d'insatisfactions. Tout au long de l'année 2005, à plusieurs reprises, vous étiez à la croisée des chemins, et peut-être n'avez-vous pas choisi votre chemin de vie. Rien n'est perdu. Jupiter, dans le cinquième signe du vôtre, accentue votre puissance solaire. Vous avez encore la possibilité d'être sous le soleil, celui qui vous réchauffe agréablement, et non pas celui qui vous aveugle et vous brûle la peau.

Sous Jupiter en Scorpion, le monde des apparences fait place au réel. Vous ne pouvez plus passer à côté de ce que vous êtes. Vous ne pouvez plus faire semblant d'aimer votre travail. Si vous n'avez pas la force de changer ce qui vous déplaît dans votre vie et que cela vous rend malheureux depuis longtemps, la vie s'en chargera ! Elle ne vous obligera pas à désirer quelqu'un d'autre, mais à trouver ce qui convient à votre nature et à vos talents.

Si vous êtes un artiste, un créateur, un inventeur, un politicien, un pompier, un ambulancier, un plombier, un électricien, si vous avez pour mission d'aider autrui, de réparer ce qui est cassé, si votre travail est d'apporter une meilleure qualité de vie à autrui, vous accomplirez des actes héroïques en ce mois. Un Cancer authentique est toujours là quand on a besoin de lui. Vous êtes comme la Lune, constamment présente. De là-haut, vous voyez tout ce qui se passe en bas ! Le boulot ne manque pas sur la planète Terre... Si, en tant que Cancer, vous refusez de vous impliquer, vous ne serez certainement jamais satisfait de vous et sans cesse déçu d'autrui...

Jupiter en Scorpion sera bien vécu si vous vous êtes départi de vos peurs que vous ne pouvez rationnellement expliquer. Si, au fil des mois précédents, vous avez adopté une belle vision des gens et des choses qui vous entourent, la chance elle-même sera au rendez-vous.

◖◖ DÉCEMBRE 2005 ◗◗

L'AMOUR

Vénus, la planète de l'amour, est encore en Capricorne jusqu'au 12 ! Si vous avez succombé à l'opposition que cette planète fait à votre signe, vous êtes devenu froid et distant face à votre partenaire, et pire encore, vous n'avez pas cherché à comprendre pourquoi il en était ainsi. Certains furent critiqués en novembre et le sont encore en ce mois de décembre. Ils sont figés dans leur mal-être, tant et si bien que cette personne, qu'ils ont tant aimée, ils l'ont transformée en un poids impossible à porter. À compter du 13, Vénus sera en Verseau et vous offrira des occasions de faire la paix avec vous-même et avec votre partenaire. Il ne s'agira pas de sauter passionnément dans les bras de l'autre, mais plutôt de causer amicalement de ce qui s'est mal passé entre vous. Dès le 13, il vous sera facile, ou moins difficile, de parler de vous, de vos états d'âme et de ce qui vous a tant déplu chez l'autre. Les discussions se feront en toute simplicité, sans nervosité, et de là, vous réapprendrez à aimer et à être aimé de celui qui n'a jamais voulu se séparer de vous.

Si vous êtes à la veille de devenir papa ou maman, vous vous poserez mille et une questions inutiles. Vous avez permis à l'amour de se manifester. Il ne vous reste qu'à apprécier ce qui est et ce qui sera grâce au nouveau venu. L'enfant à naître est déjà une personne unique. Vous avez conçu ou porté ce bébé, il est de vous, mais il ne vous appartiendra jamais. Un enfant n'est pas une chose, mais une âme de plus à aimer. Pourquoi ne pas en discuter avec l'amoureux, pourquoi craindre l'avenir ou ce qui pourrait arriver... Ne gâchez pas ce beau moment: soyez plutôt attentif à l'amoureux qui se tient à vos côtés et qui, comme vous, vivra ces énormes transformations que provoque l'arrivée d'un bébé dans une famille, principalement quand il s'agit du premier!

Si vous êtes encore célibataire, alors que l'amour a passé si souvent près de vous au cours des mois précédents, ne désespérez pas, mais n'espérez pas non plus que décembre vous offre de l'amour passion spontanément! Le ciel a plutôt l'intention de vous présenter un bon ami. Le temps faisant son œuvre, ce jour où vous aurez tous deux le sentiment qu'ensemble, c'est constamment la pleine lune, vous saurez que non seulement l'amitié vous lie l'un à l'autre, mais que l'amour est tout aussi présent.

Si vous êtes du type séducteur aventurier, que vous soyez un homme ou une femme, principalement à compter du 16, protégez-vous des maladies sexuellement transmises. Le père Noël n'a aucun pouvoir sur ce plan et ne peut empêcher que des cellules malades contaminent des cellules saines! C'est au cinéma que le père Noël fait des miracles!

Si tout est au mieux dans votre vie de couple, d'abord, remerciez le ciel. Il serait bon que votre partenaire et vous fêtiez votre amour. Durant vos jours de congé, prenez du temps pour un tête-à-tête où ni vous ni l'amoureux ne discuterez de travail, de problèmes et de déceptions! Comme le dit une vieille chanson: «Parlez-vous d'amour!» Si vous avez des enfants en bas âge, embauchez une gardienne pour un soir, pour quelques heures seulement si vos moyens financiers sont très limités. Si vos enfants sont des adolescents, ils peuvent fort bien s'organiser sans vous. Que vous choisissiez un restaurant cinq étoiles ou un autre où l'on mange à peu de frais, cela n'a aucune importance. L'essentiel, c'est que vous et votre conjoint vous accordiez de l'attention.

Si vous soignez un amoureux dont l'âge et le temps ont usé la résistance physique, si vous savez qu'il souffre d'une maladie grave, qu'il soit à l'hôpital ou à la maison, ne soyez pas triste. Pour réussir à garder votre moral et votre sourire malgré l'épreuve, répétez-vous intérieurement qu'aimer et être aimé, c'est posséder une éternité d'amour, et qu'être riche de beaux sentiments et de belles pensées à l'endroit du malade, c'est lui transférer de l'énergie. Si vous pensez santé et non pas douleurs, bien que la réalité soit ce qu'elle est, les mots d'amour et de vitalité que vous soufflerez à l'autre s'imprimeront en lui. Ainsi, en allégeant ses souffrances, vous pourrez vivre une autre fois de joyeuses fêtes !

L'année fut sentimentalement heureuse pour la majorité des Cancer. Lors de la nouvelle Lune, le 31 décembre, en tant que signe lunaire, votre présence au sein de la famille ou de vos amis fait de vous une personne spéciale. Vos vibrations d'amour toucheront tous ceux qui seront de la fête. Vous leur porterez chance ! La chance de vivre en amour !

DANS L'ENSEMBLE DE VOTRE VIE

C'est un mois de magasinage ! Il faut trouver l'objet, ce cadeau qui fera plaisir. Mais il vous faut respecter votre budget ! Sous ce ciel de décembre, Mars est en face de Jupiter. Il est fort possible que, n'étant pas fortuné, courageusement vous avisiez vos proches que cette année, vous ne pourrez rien leur offrir ou du moins, uniquement un tout petit cadeau ! L'économie nous fait des misères ! Les salaires n'augmentent pas, mais le coût de la vie et même les prix des biens essentiels grimpent encore ! Si vous n'êtes pas riche, si vous avez des bouches à nourrir, des enfants qui grandissent et qui sans cesse ont besoin de refaire leur garde-robe, surtout, ne vous sentez pas coupable d'être dans l'impossibilité de donner la lune à ceux que vous aimez. Organisez vos fêtes simplement, et dites-vous que le fait de communiquer les uns avec les autres, d'être ensemble, de placoter, de rire en vous remémorant ce qui fut contrariant au cours de l'année 2005, de s'embrasser parce qu'on s'aime, tout ça, ce sont d'énormes cadeaux.

Il y aura toujours des gens qui croiront que l'argent achète tout. L'argent, c'est bien, mais ça n'achète ni le bonheur ni la santé. Au cours du mois de décembre, vous croiserez ce type de personne qui ne parle que de ses biens, ceux qu'elle possède et ceux qu'elle achètera. Si vous faites partie de ces Cancer qui savent vivre d'une manière bienheureuse, et pour qui l'argent n'occupe pas toutes leurs pensées, vous trouverez ce babillage très ennuyeux! Peut-être jadis étiez-vous comme cette personne, constamment désireux, hanté par le fait d'avoir et de ne pas avoir... Vous avez changé; quelque chose vous a transformé. Tout en écoutant cette personne qui se complaît dans la superficialité parce qu'elle confond l'avoir et l'être, vous vous surprendrez à ne pas la juger parce que vous savez qu'un beau jour, comme vous et tant d'autres, cette personne comprendra sa valeur réelle!

Si vos enfants sont adolescents, leur liste de cadeaux est automatiquement longue. Jusqu'à présent, vous avez toujours satisfait leurs demandes. Cette année, comme vous avez décidé de réduire vos dépenses, vos grands seront dans l'obligation de choisir et ils ne seront sans doute pas de bonne humeur. Les adolescents détestent les restrictions!

Si un de vos enfants consomme des drogues, boit beaucoup, par amour pour lui, intervenez et aidez-le à stopper cette autodestruction. Profitez des fêtes pour lui en parler. C'est surtout à compter du 13 que vous trouverez les mots justes, les mots les plus persuasifs concernant une désintoxication. Et par ailleurs c'est à compter du 13 que des solutions à divers problèmes surgiront en vous.

Quant au secteur professionnel, la patience de nombreux collègues ou collaborateurs a pris congé. Les uns et les autres répètent constamment qu'ils manquent de temps et que les fêtes coûtent trop cher. L'un d'eux y va de son annuel discours en répétant que Noël n'a plus rien de chrétien. Un autre dit qu'il n'y a plus de vraie famille... De grâce, ne faites pas partie des mécontents! Éloignez-vous de ceux qui se plaignent. En tant que signe d'eau, ils finiraient par vous convaincre de penser comme eux... Certains d'entre vous accordent beaucoup d'attention aux braillards et deviennent déprimés! Soyez bon pour vous, et si vous ne pouvez physiquement échapper à une telle ambiance de travail, faites l'effort de penser de façon positive. Amusez-vous et songez que votre lieu de travail est un paradis, même si, dans la réalité, c'est totalement faux. Ce jeu d'esprit vous aidera à mieux vivre avec vous-même et avec autrui, puis après quelques heures ou quelques jours de cet amusement mental, vous constaterez qu'on chiale moins autour de vous...

Si vous êtes en commerce et que vous avez un associé, celui-ci proposera des changements qui auront pour objectifs de faire plus d'argent et davantage d'économies. Il veut que l'entreprise produise plus, vende plus. Votre associé veut aussi congédier des employés. Il va trop vite, rien n'est suffisamment réfléchi et il vous faudra le convaincre d'attendre encore un peu avant de passer aux actes! Mais peut-être êtes-vous né avec un ascendant et des planètes qui donnent constamment une impression d'urgence... Êtes-vous cet associé qui en veut plus, beaucoup plus... Si vous êtes un nerveux affamé d'or et d'argent, c'est alors vous qui devrez écouter le sermon de votre partenaire.

En conclusion, ces prévisions pour 2005 se produiront selon votre degré de compréhension de ce qui est écrit. Si vous ne reconnaissez pas qu'être bon attire des bienfaits, si vous n'êtes pas en action quand le moment s'y prête, rien de positif ne se produira. Si vous vous contentez de dire des «y a rien là», il n'y aura rien! Si vous ne parlez jamais d'amour à l'amoureux, si vous le critiquez, votre couple battra de l'aile. Vous irez droit à la rupture. Pour vivre heureux, en couple, laissez tomber le mot compromis, que trop de couples répètent pour s'éviter une séparation. Par ailleurs, compromis est souvent confondu avec «à condition que». Pour vivre heureux à deux, il faut partager sans faire de comptabilité, respecter les goûts, les besoins et les désirs de l'autre. Il faut aussi lui dire «je t'aime» quand vous le pensez; vos gestes tendres et vos attentions ont du poids. Ils unissent ceux qui se sont promis de s'aimer pour le meilleur et pour le pire. Pour finir, n'attendez pas que l'autre soit le premier à vous dire qu'il vous aime. Offrez-lui des petites douceurs, ouvrez la porte aux beaux sentiments. Ils seront reçus pour ensuite vous être redonnés.

LES ASCENDANTS

CANCER ASCENDANT BÉLIER

Qu'est-ce qui vous pousse à aller toujours plus vite, à tout vouloir et à déprimer quand on vous contrarie ? Avez-vous des problèmes familiaux, un enfant qui n'écoute pas, un partenaire qui se détache de vous ? Pourquoi tout ça ? Vous êtes un double signe cardinal, vous ne demandez rien. Sans vous en rendre compte, vous donnez des ordres à votre conjoint, surtout si votre union dure depuis quelques années. Reprenez-vous. Soyez conscient que l'amour n'est pas acquis et que les changements qui s'opèrent en vous ne se font pas au même rythme chez votre partenaire, vos enfants, vos amis ou votre nouvel amoureux !

CANCER ASCENDANT TAUREAU

Travail, profession, ambitions, avancement, promotion, cours de perfectionnement, apprentissage d'un nouveau métier, sécurité matérielle. Bref, tout tourne autour d'une réalisation matérielle nécessaire et satisfaisante. C'est bien de se dépasser, de réussir, d'atteindre un objectif, de faire plus d'argent, d'acheter une maison et une voiture. Par contre, n'oubliez pas que vous vivez tout cela grâce et avec autrui, sinon, vous vous préparez à être épuisé en 2006. Prévenez ceci et donnez-vous le temps d'aimer votre conjoint si vous vivez en couple. Par contre, restez réceptif au grand amour si vous êtes célibataire. Ainsi, vous aurez tout ou presque !

CANCER ASCENDANT GÉMEAUX

Vous serez créatif, inventif et génial. Vous aurez du succès dans le domaine où vous êtes impliqué. Si vous êtes un débutant, quel que soit votre métier ou votre carrière, vous progresserez à pleine vapeur ! Beaucoup d'artistes et de communicateurs, sous votre signe et ascendant, se démarqueront ! À vous les trophées ! L'amour est aussi au rendez-vous. Dans certains cas, il se poursuit, d'autres le découvrent, et quelques couples auront leur premier enfant !

CANCER ASCENDANT CANCER

Vous êtes un double signe cardinal. Vous avez toutes les qualités et tous les défauts du Cancer! Double signe d'eau, vous prenez la forme qu'on vous donne: quand vous êtes avec les loups, vous hurlez comme eux. Si vous fréquentez de bonnes gens, vous êtes aussi bon qu'elles, et même meilleur. Les influences reçues dans la petite enfance vous poursuivent et vous y réfléchirez parce que vous êtes bien décidé à changer ce que vous n'aimez pas chez vous. À la fin de 2005, vous ne serez plus le même. Vous saurez où se trouve votre bonheur, comment vous réaliser, qui est votre véritable ami et dans quelle sorte de famille vous vivez et avez vécu. Si vous êtes malheureux, une thérapie accélérera ce processus de transformation.

CANCER ASCENDANT LION

Quelle chance vous avez: lorsque tout semble perdu, un événement salvateur se produit. Vous avez l'habileté de vous mettre en évidence dans votre milieu de travail. On excuse aussi vos fautes, même les terribles! L'année 2005 sera marquée, pour bon nombre d'entre vous, par un retour à une activité que vous aviez abandonnée ou que vous ne pouviez plus pratiquer. Vous serez créatif. Vous ferez un ou même des voyages, parfois achetés, parfois gagnés ou reçus en cadeau! Et, en tant que parent, vous changerez d'attitude!

CANCER ASCENDANT VIERGE

Vous avez le sens du devoir. Vous êtes responsable et vous êtes persuadé qu'il vous faut prendre soin du monde entier ou presque! En 2005, vous vous éloignerez de ces gens qui ne vous parlent que lorsqu'ils ont des problèmes et qui, jamais, ne disent merci pour les solutions que vous leur proposez. Vous ferez plus d'argent parce que vous serez très en demande dans le domaine professionnel où vous êtes impliqué. Il y a de fortes possibilités que vous déménagiez. En tant que célibataire, l'amour est au rendez-vous. Peut-être, aussi, le début d'une vie à deux.

CANCER ASCENDANT BALANCE

Jupiter circulera dans votre ascendant jusqu'au 26 octobre. Ainsi positionné, vous prendrez la place qui vous revient ou vous vous gonflerez de qualités et de talents que vous ne possédez pas. Jupiter et la justice : ne tentez surtout pas de tromper votre prochain ni le système. Jupiter, c'est aussi la récompense méritée pour ce qu'on fait de bien. Jupiter en Balance influence l'amour que vous pouvez recevoir et donner. Il provoque des divorces et des séparations quand deux adultes ne peuvent plus se supporter depuis déjà trop longtemps. Jupiter en Balance fait votre bonheur à condition que vous vous respectiez et que vous respectiez votre prochain.

CANCER ASCENDANT SCORPION

C'est un double signe d'eau ! Que d'émotions vous traversent l'échine ! Vous pouvez prendre l'apparence du dur pour atteindre vos objectifs dans un milieu compétitif. Ceux qui vous connaissent savent que vous avez un grand cœur et que, pour défendre vos droits, vous portez un masque qui cache votre émotivité. En 2005, vous réfléchirez et préparerez votre tournant de carrière, ou vous travaillerez sur un gros projet qui rapportera beaucoup d'argent en 2006. L'année 2005 est comparable à l'artiste en coulisse, juste avant qu'il n'entre glorieusement sur scène !

CANCER ASCENDANT SAGITTAIRE

Vous avez l'ascendant le plus chanceux qui soit ! Il n'est pas exclu que vous ayez eu votre lot de malheurs, mais vous vous en êtes sorti ou vous vous en sortirez. Si vous vivez actuellement une période difficile, elle se terminera en 2005 ! Vous aurez de nouveaux amis, vous fréquenterez des gens influents qui vous aideront à grimper dans l'échelle sociale ou dans celle de l'entreprise qui emploie vos services. Pour le célibataire, l'amour se présente sous la forme d'une belle amitié. Si vous êtes à la recherche d'un parent, vous le retrouverez. En tant que parent, vous serez fier de la réussite d'un enfant.

CANCER ASCENDANT CAPRICORNE

Vous êtes né avec un ascendant qui est à la fois votre opposé et votre complémentaire. En 2005, tout ou presque se joue dans la famille. Si vous êtes à la recherche d'un emploi, un parent vous enverra vers la bonne personne. Il est possible que vous montiez une affaire, que vous gagniez à la loterie, que vous fassiez un voyage, que vous inventiez quelque chose, que vous obteniez du succès grâce à votre talent, grâce à une influence parentale.

Si vous êtes célibataire, vous pourriez rencontrer l'amour suprême. Ce sera un parent qui vous le présentera! Un bébé est à naître si vous êtes jeune et amoureux. Rien n'est parfait: si, dans votre famille, il n'est question que de troubles, il faudra courageusement vous en éloigner.

CANCER ASCENDANT VERSEAU

Vous ne voulez pas vivre dans l'ordinaire et la routine! Même lorsque vous vous dites qu'il y a trop de changements, vous organisez votre vie de manière à ce qu'il y en ait d'autres encore. Vous êtes imaginatif, marginal et plus encore en 2005. Cette année, vous deviendrez plus sage sans devoir vous interdire la fantaisie. Si vous avez divorcé, si vous fréquentez quelqu'un depuis plusieurs années, le ciel laisse entrevoir que vous pourriez fort bien vous remarier officiellement! L'amour a rendez-vous avec le célibataire. Cette personne sera d'origine étrangère.

CANCER ASCENDANT POISSONS

Vous aimez l'amour, les enfants, les animaux et tout ce qui vit! Vous avez le cœur sur la main, et à quelques reprises, on vous a trompé ou volé. En 2005, il vous faudra être très prudent avec votre argent; ne prêtez rien à cette personne qui a la réputation de ne jamais rembourser personne. Ne donnez pas plus que vous ne pouvez: il est facile de vous culpabiliser quand vous dites non et tout aussi facile de vous en demander davantage quand vous avez déjà dit oui une fois! Jupiter en Balance peut porter certaines gens à jouer avec vos sentiments. En 2005, vous devrez apprendre à faire la différence entre les bons et les méchants, entre ceux qui savent échanger et ceux qui ne font que prendre!

LION

21 juillet au 21 août

Je remercie ces Lion, pour les énormes services qu'ils m'ont rendus au cours de l'année 2004. À Wilbrod Gauthier, et à mon fils, Alexandre Aubry. Ils furent là dans les moments difficiles. Merci pour leurs éclaircissements, leur courage et leur générosité.

À Michel Coulombe, un pharmacien hors de l'ordinaire!

Je ne vous raconterai pas toute l'histoire, mais je ressentais alors une immense faiblesse que j'attribuais à mon travail et à mes obligations. J'ai donc demandé une information à mon pharmacien au sujet de ces réactions physiologiques plus que déplaisantes! Pour être parfaitement honnête, j'avais l'impression que je mourais. En deux temps, trois mouvements, il m'a dirigé tout droit vers mon médecin, le docteur Gilles Raymond, cité dans le signe du Taureau, qui a immédiatement pris la relève, ainsi que toutes les mesures qui s'imposaient pour que je ne m'éteigne pas en 2004. De tout cœur, des milliers de mercis à Michel Coulombe, car sans son dévouement pour sa clientèle, sans sa bonté et son savoir, vous ne liriez pas mes prévisions pour l'année 2005.

La vie ne peut exister sans le soleil... Deux semaines après ces événements troublants, alors que j'étais en convalescence et en pleine rédaction du livre que vous tenez entre vos mains, le 4 août, ma deuxième petite-fille, fille de mon fils Alexandre et de ma belle-fille Nathaly, est née. La petite lionne s'appelle Victoria Aubry. Son prénom me flatte: Victoria, c'est mon premier prénom!

À Michèle Lemieux, une rose magnifique, magique, mystérieusement odorante, parfaitement et toujours ouverte. Je la remercie pour sa fidèle amitié, sa pacificatrice présence, son sourire d'ange, ses mots inspirés où tout n'est que beauté et bonté.

SOUS L'INFLUENCE DE JUPITER EN BALANCE ET DE SATURNE EN CANCER

Vous êtes sous l'influence de Jupiter en Balance jusqu'au 26 octobre. Durant tous ces mois, Jupiter, dans le troisième signe du vôtre, vous est très favorable. Il vous permettra de déployer votre génie, quel qu'il soit; quoique vous fassiez, ça ne pourra être ni ordinaire ni banal. Vous saurez y ajouter ce petit plus qui apportera à l'autre du plaisir, de la beauté, des agréments, des commodités, de la connaissance, des informations. Bref, vous serez celui qui éveille son prochain à un mieux- être, vous serez parfois simplement là pour donner une idée, dire un mot gentil, et voilà que, sans que vous le sachiez, vous aurez rendu un énorme service à un être, vous aurez fait en sorte que sa vie soit plus belle. La vie sera plus belle pour les autres, mais aussi pour vous.

Sous Jupiter en Balance, si vous êtes en commerce, vous multiplierez vos profits par deux. Il est également possible qu'on veuille s'associer à vous. Cependant, il faudra rester extrêmement prudent et choisir ce partenaire afin d'éviter toute mauvaise surprise. Chaque fois que vous aurez une telle proposition, faites une recherche approfondie sur le crédit, les expériences, les réussites et même sur le caractère de cette personne!

Vous êtes fidèle à vos amis. Il est rare qu'un Lion soit un tricheur ou un menteur. Ça ne serait pas digne de sa majesté! Et puis, pourquoi un roi mentirait-il? Mais ça ne veut pas dire que le reste du monde est comme vous. Sous Jupiter en Balance, vous êtes protégé. Par contre, Saturne, qui sillonne le Cancer dans le douzième signe du vôtre, sera dans ce signe jusqu'au 16 juillet. Il vous invite, au moindre malaise émotionnel face à une personne, à vous en éloigner car vous aurez ressenti qu'elle se préparait à vous faire un mauvais coup ou à abuser de vos bontés.

Saturne en Cancer vous avise que vous devrez faire de nombreux réajustements au sein de votre famille. Par exemple, un Lion, parent d'un adolescent en pleine révolte, devra s'armer de courage et de patience ; l'adolescent qui se libère lentement de son enfance et qui endosse son rôle d'adulte s'opposera souvent à vos valeurs, vos croyances, votre façon de vivre, et dans le pire des cas, il s'agira de sauver votre adolescent car il a de mauvaises fréquentations. Il boit, consomme des drogues, et avant qu'il soit perdu et souffrant, vous mettrez tout en œuvre pour qu'il retrouve sa joie de vivre, son équilibre et sa santé !

CE QUE LE PIRE LION DEVRA APPRENDRE EN 2005

Il y aura quelques rares Lion qui abandonneront leur adolescent à leur triste destin parce qu'ils considèrent le leur comme étant plus important ... Ces Lion, qui ne pensent qu'à eux, sont rarement heureux. Quand on est né sous le signe du Lion, on est le représentant du soleil. Votre mission, c'est d'éclairer et de réchauffer le monde, et non de le brûler par des rayons ardents qui ne sont en fait que des critiques et du rejet. Le pire défaut du Lion, ce qu'il déteste dire ou s'entendre dire, c'est « qu'il se prend pour un autre ». Quand il en est ainsi, il n'a aucune tolérance envers ce qu'il considère comme étant une erreur. Aucun amour à donner. Il est du type manipulateur, qui se sert d'autrui pour satisfaire ses besoins physiques, matériels et émotionnels. Sous Saturne en Cancer, le pire Lion aura l'obligation de réfléchir au fait qu'il n'est pas le centre du monde. Des événements, dont il n'a pas le contrôle, l'obligeront à réfléchir profondément et à se métamorphoser. Sur le zodiaque, deux signes peuvent changer leur destin, non pas pour vivre avec le pire d'eux-mêmes, mais avec le meilleur : le Lion et le Scorpion.

RETOUR AU BON LION

Sous l'influence de Saturne en Cancer, en tant que femme, si vous êtes amoureuse, si on l'est de vous, si vous avez l'âge de concevoir et s'il s'agit d'un premier enfant, en accord avec votre partenaire, vous construirez votre nid familial. Si vous êtes une femme de carrière, comme le sont de nombreuses Lionnes, peut-être avez-vous construit une petite forteresse professionnelle avant d'avoir un enfant, mais voilà que sonne votre horloge biologique ; votre médecin vous dira que c'est maintenant. Plus tard, ce sera probablement impossible. Vous réfléchirez vite et, sous ce ciel de 2005, tout est en place, et favorise une grossesse, si c'est ce que vous désirez.

RIEN N'EST PARFAIT

Vous êtes sous l'influence de Saturne en Cancer. Saturne est une planète masculine, qui est jusqu'au 16 juillet en Cancer, dans un signe féminin. En tant qu'homme et père de famille, plusieurs scénarios sont possibles, en fonction de votre ascendant et de l'alignement des planètes à votre naissance. Les uns seront dans l'obligation de se transformer en parents, soit parce et que malheureusement ils vivent une rupture et que c'est à eux qu'on laisse la garde des enfants. Pour ces hommes, ce sera le branle-bas de combat et une réorganisation complète de leur vie personnelle, de leur emploi du temps, de leurs activités, de leur travail, etc. Pour un vrai mâle Lion, ce sont les enfants d'abord !

Autre scénario : il est possible que, en tant qu'homme, votre conjointe soit malade, et par amour vous délaisserez de nombreuses activités, vous ferez moins d'heures au travail, vous cesserez de voir vos amis, sans toutefois perdre totalement le contact. Le téléphone est utile. En somme, vous prendrez soin de cette femme, qui vous a donné son cœur, et à qui vous donnerez le vôtre et toute votre attention jusqu'à ce qu'elle soit sortie de cette épreuve. Étrangement, ce type d'épreuve correspond souvent à votre renaissance sur le plan professionnel. Vous vous découvrirez un talent que vous pourrez exercer tout en soignant votre conjointe, et qui deviendra, autant pour elle que pour vous, un moyen de mieux supporter l'épreuve et d'en sortir plus vite que la médecine le prévoyait.

Que vous soyez un homme ou une femme, si vos parents sont âgés, si des membres de votre famille ne sont vraiment plus de la première jeunesse, le ciel laisse entrevoir des deuils. Étrangement, et grâce aux vibrations de Jupiter en Balance, la mort d'un proche vous fera davantage apprécier votre vie, et si, pour vous, le temps passe trop vite, vous saurez désormais comment l'exploiter afin de trouver plus de satisfactions et de joie de vivre.

CONCLUSION DE SATURNE EN CANCER

Saturne en Cancer vous prédispose à un retour à la famille, surtout si vous vous en êtes éloigné, quelles qu'en soient les raisons. Soigner un enfant, votre partenaire de cœur, et parfois, mais plus rarement, accepter que ce soit lui qui vous soigne, parce que vous avez un malaise. Saturne en Cancer correspond à un autre éveil, à la fois celui de l'âme et celui de ces talents que vous aviez mis en sourdine ou que vous vous interdisiez d'exploiter. Saturne en Cancer vous fera réfléchir concernant vos croyances et vos valeurs, notamment celles que vous préservez et celles que vous ferez disparaître parce qu'elles n'ont plus aucune raison d'être. Ces jours où Saturne sera tel un gros nuage gris devant votre soleil, pensez à Jupiter en Balance et à ses vibrations remplies de bienfaits, rien que pour vous. Vous n'êtes pas le maître du monde. Personne ne l'est, mais vous êtes le maître de votre destin. Les décisions que vous prendrez toucheront plus de gens que vous ne l'imaginez. Rien ne reste sans effet, les événements ont des répercussions : le monde se transforme. Saturne sera dans votre signe à compter du 17 juillet. Il fera du neuf avec de l'ancien. Il sera alors votre guide. Saturne infuse la Sagesse. Il vous permettra de la découvrir, d'abord audedans de vous, pour ensuite en faire profiter votre entourage, au quotidien. Saturne en Lion, bien qu'il s'agisse ici de l'exil de Saturne, est chaleureux. C'est comme si le soleil pénétrait dans les zones les plus sombres de l'être. Saturne en Lion peut modérer les ambitions des uns et les amplifier quand elles ne sont pas suffisantes pour atteindre un but. Saturne en Lion fera le point sur votre vie, sur ce que vous avez vécu et sur ce que voulez vivre maintenant. Comme Saturne est une planète lourde, trois mois avant son entrée en Lion, vous commencerez à en ressentir les effets. À compter du 17 juillet, pendant deux ans et demi, vous serez sous l'influence de Saturne en Lion, le temps de vous libérer de ce qui vous retient. Saturne vous dira qu'il est temps d'aller vers votre idéal, quel que soit votre âge.

URANUS EN POISSONS

Uranus poursuit sa marche en Poissons, et accentue les transformations. Les dés des portes du destin sont dans les airs. Parce que vous êtes attentif à tout ce qui est, et parce que vous avez conscience de ce que vous êtes, parce que vous reconnaissez vos intuitions, si vous devez vivre une épreuve, vous l'aborderez comme un chevalier, un prince, un roi, un sage : toute épreuve entraîne ses bénéfices ! Après l'obstacle, c'est la libération et l'ouverture à un monde meilleur qui vient. C'est le vôtre et celui de la personne à laquelle vous êtes lié.

PLUTON EN SAGITTAIRE

Pluton, c'est votre appui. Elle est dans le cinquième signe du vôtre. Astrologiquement, elle occupe une position solaire. Grâce à Pluton en Sagittaire, il vous suffit de vous interroger: vous obtiendrez toutes les solutions à vos problèmes et toutes les réponses à vos questions afin de stimuler votre courage. Pluton en Sagittaire vous fait briller du dedans, comme du dehors. Votre magnétisme est puissant. Vous n'avez pas besoin de grandes manifestations pour être remarqué. Vous ne passez jamais inaperçu, mais ne soyez jamais vu, parce que vous n'êtes qu'orgueil. Saturne en Cancer aurait tôt fait de vous ramener à votre dimension réelle. Pluton en Sagittaire, c'est comme si vous étiez convié, en secret, à un festin que vous dégusteriez avec les puissants de ce monde. Pluton en Sagittaire vous amène à occuper une place importante au sein de votre famille et de votre travail. Votre rôle aura des répercussions pendant de nombreuses années à venir.

NEPTUNE EN VERSEAU

Quand vous rêvassez, rêvez d'humanisme, rêvez d'un monde parfait... Si ce monde n'existe pas, dites-vous que chaque fois que vous souhaitez du bien à autrui, Neptune, qui est le maître du rêve, est plus proche du réveil que du sommeil en ce qui vous concerne. Sans faire de bruit, vos rêves feront leur chemin et, un jour, ils deviendront des réalités. Neptune en Verseau peut toutefois retenir certains d'entre vous dans un monde illusoire... Rêver sans jamais se mettre en action n'apporte aucun aboutissement ni pour vous ni pour autrui. Neptune en Verseau vous signale que vous avez beaucoup à donner au monde et que votre meilleure attitude, c'est l'optimisme. Si vous êtes ce Lion coincé dans ses peurs, c'est la faute de Neptune: vous faites de mauvais rêves. Demandez au ciel de vous donner la foi en la vie et en l'amour. Ça fera toute la différence.

CONCLUSION DE JUPITER EN BALANCE

Vous serez nombreux à retourner aux études et à suivre un cours de perfectionnement. Certains achèveront cette année d'université qu'il leur restait à faire pour obtenir un diplôme officiel, et entreprendront enfin la carrière de leur choix. La vie avait fait en sorte qu'ils fassent un petit ou un grand détour, mais voilà que la route est toute droite et facile à suivre.

Parmi vous, certains finissent leurs études et entrent carrément dans une profession ou un métier. Ils sont prêts. Ceux-ci ne chercheront pas longtemps, bien qu'ils soient des petits nouveaux sur le marché du travail. On aura besoin d'eux ici et là, ils pourront même choisir l'entreprise qui emploiera leurs services.

Beaucoup d'artistes, de chanteurs, de comédiens, de peintres, d'auteurs, de musiciens et de sculpteurs sont nés sous le signe du Lion. En 2005, ils seront pleins de surprises: leurs créations seront envoûtantes et choquantes. Elles ne laisseront personne indifférent. Il y a ceux qui ont déjà fait leurs preuves, mais il y a aussi les nouveaux, pleins de fougue et gorgés d'idéaux. Ils se tailleront une place au soleil. Ils seront aidés par ceux qui les ont précédés. Vieille et nouvelle garde d'artistes se réuniront pour être plus forts!

◄ JANVIER 2005 ►

L'AMOUR

Vous aurez compris que 2005 est une année qui vous conduit tout droit à l'amour. Aimer l'autre, en être aimé, aimer tous ceux qui respirent sur cette planète, qu'ils soient proches ou éloignés. Vous êtes un signe fixe, et quand vient le temps des changements, il arrive que certains résistent. Par contre, d'autres s'élancent en toute confiance au cœur de leur nouvel intérêt. Ceux-ci prennent conscience qu'ils sont liés au reste du monde, et qu'entretenir avec lui de bonnes relations conduit à une amélioration de soi et attire tout ce qui est amour. Célibataire, en ce mois de janvier, vous êtes sous l'influence de Mars et de Pluton en Sagittaire. Vénus est aussi en Sagittaire jusqu'au 9. C'est principalement au début du mois que votre cœur pourrait battre la chamade. Vous aurez devant vous un être presque angélique... Cet ange sera très actif. Il sera probablement sportif. Ce n'est pas le type d'ange qui se contente de rester assis sur son nuage! Vous serez surpris par sa facilité à communiquer. Où est cet ange? Vous pourriez le trouver parmi les amis que l'on vous présente. Cet ami arrive de voyage ou revient de l'étranger, et il a beaucoup de choses à vous raconter. À compter du 10, la rencontre aura probablement lieu dans votre milieu de travail ou au restaurant où vous dînez de temps à autre ou encore lors d'un déplacement pour l'entreprise qui vous embauche. Il faudrait être durement figé dans votre célibat pour ne pas ressentir l'amour, d'autant plus qu'il vous frôlera doucement!

En tant que Lion marié ou en couple depuis plusieurs années, il est possible qu'à compter du 10, la routine vous pèse et que vous changiez rapidement d'humeur, surtout si vous n'êtes pas entraîné à voir le meilleur en tout. Après plusieurs années de vie commune, l'autre a changé, et vous aussi. Mais voilà que vous avez l'impression qu'il est presque inutile de parler d'amour. N'est-ce pas tomber dans l'exagération? Il est possible que vous ayez besoin d'une activité en solitaire, tout comme les trois autres signes fixes. Il est important que vous puissiez faire le vide de tous votre stress et vos frustrations pour ensuite rentrer à la maison et vous sentir bien en compagnie de l'amoureux. Il vous suffit d'en prendre conscience et d'en parler à votre partenaire. Il vous dira qu'il fait face au même besoin!

Afin de commencer l'année sur un bon pied, si vous êtes ce Lion dépendant affectif, d'abord, vous vivrez constamment dans la crainte de perdre votre partenaire, et à force d'avoir peur, vous vivrez plusieurs ruptures. Présentement, que vous soyez seul ou que vous viviez avec quelqu'un que vous aimez, si vous ressentez cette dépendance et l'admettez, sachez qu'elle est un enfermement, une prison à l'intérieur de laquelle les souffrances ne sont pas épargnées. Par conséquent, entreprenez une thérapie. Comprenez ce qui vous a conduit à croire que, sans l'autre, vous perdez pied ou vous n'être rien. Cherchez où vous avez perdu votre manque de confiance en vous et en l'amour. Vous trouverez.

DANS L'ENSEMBLE DE VOTRE VIE

C'est un mois où, professionnellement, vous serez débordé par les demandes. Certains d'entre vous reprendront un métier qu'ils avaient cessé de pratiquer, quelles qu'en soient les raisons. L'occasion sera là. Ils se souviendront du bon temps vécu dans la pratique de ce métier et ils saisiront leur chance d'y retourner, même si l'offre n'est que pour quelques semaines ou quelques mois. La vie étant pleine de surprises, il est possible et même probable que vous restiez plus longtemps que prévu!

Si vous êtes en commerce et que, de temps à autre, vous soyez obligé d'aller à l'étranger pour faire des achats ou des ventes, ce ciel de janvier laisse entrevoir qu'à plusieurs reprises, vous devrez vous contenter de billets d'avion de dernière minute, et parfois d'un siège moins confortable qu'à l'accoutumée. Les affaires seront prospères, vous élargirez votre territoire commercial.

Si vous êtes un créateur, les idées ne manqueront pas. Le plus difficile sera d'y mettre de l'ordre et de commencer par la plus importante, celle qui permettra aux suivantes d'être rapidement concrétisées. Parmi vous, bon nombre feront des rêves prémonitoires: vous vous lèverez le matin et vous aurez exactement rêvé ce qu'il vous faut faire pour atteindre votre objectif! Durant les deux dernières semaines du mois, vous serez si occupé que vous devrez mettre des activités et des rencontres agréables de côté. L'artiste ou l'inventeur est à l'œuvre, prière de ne pas déranger!

Si vous avez un emploi régulier, devenu routinier, bien que celui-ci vous offre une sécurité matérielle, vous songerez sérieusement à faire autre chose. Mais quoi? Pourquoi ne pas en discuter avec des personnes plus âgées que vous et qui pourraient vous donner, en ce mois de janvier, d'excellents conseils sur la marche à suivre quand on se sent pris dans un filet dont on veut se libérer. Si possible, adressez-vous à quelqu'un qui vous a déjà raconté un épisode de vie semblable à celui que vous traversez en ce moment. Cherchez dans votre mémoire: il y a quelqu'un autour de vous qui a de bonnes réponses à vous donner, et c'est probablement quelqu'un que vous n'avez pas vu depuis longtemps.

Si vous avez terminé vos études et que vous n'avez votre diplôme que depuis peu, vous êtes maintenant à la recherche d'un emploi. Que vous fassiez des demandes pour un emploi dans un laboratoire ou en communications, que le métier choisi soit dans un monde discret ou dans un domaine extravagant, il vous suffira de quelques démarches pour obtenir ce que vous désirez.

Le Nœud Nord en Bélier dynamise votre signe. Il n'est entré dans ce signe que depuis le 26 décembre 2004. Sa mission de guide, de porte-bonheur et de chance ne fait que commencer en ce mois de janvier et il ajoute un plus à vos inspirations. Le Nœud Nord en Bélier est dans le neuvième signe du vôtre et il symbolise le voyage, la sagesse, les études ou l'enseignement, les congrès pour certains, et les conférences auxquelles vous assisterez ou que vous donnerez. On parle aussi de pacifisme, de protection de l'environnement, de meneur d'hommes, de justice et de Cour supérieure, d'un second ou d'un troisième mariage, de votre lien avec vos enfants, d'un enfant à naître et d'une séparation, mieux vécue que la précédente. Sous l'influence de ce Nœud Nord en Bélier, vous êtes vif d'esprit et vous avez un incroyable sens de l'organisation.

À compter du 24, et jusqu'à la fin du mois, vous aurez l'occasion de réaliser un rêve ou un gros projet dont vous n'avez parlé à personne parce que vous savez très bien que l'on vous aurait dit que vous n'êtes pas raisonnable de vouloir autant, que c'est impossible, que personne n'a jamais réussi une telle chose en aussi peu de temps. Vous avez décidé de préserver votre rêve en le gardant pour vous afin d'entretenir de l'espoir. L'esprit est puissant. Il est telle l'électricité: il faut allumer pour y voir clair et vous teniez à ce que ce désir soit constamment éclairé en vous. Vous avez fait des pas discrets à l'égard de vos démarches. Même vos proches n'en ont rien su. Vous aurez ce coup de téléphone : rendez-vous avec cette personne qui vous aidera à mettre en place les premières pièces de ce magistral casse-tête qui, sous peu, sera une entreprise surprenante et prospère.

◖ FÉVRIER 2005 ◗

L'AMOUR

C'est un mois étrange en ce qui concerne l'amour que vous portez à votre partenaire. Il n'est pas ici question que vous brisiez votre union, que vous aimiez l'autre moins qu'avant, mais vous serez distrait et l'amoureux aura l'impression qu'il n'est plus aussi important ou qu'il est moins intéressant pour vous. En fait, jusqu'au 18, le Soleil est en Verseau. Du 3 au 26, Vénus est dans ce signe, ainsi que Neptune, qui poursuit sa marche tout au long du mois, également en Verseau, sans oublier Mercure, qui est en Verseau jusqu'au 15. Si vous avez des planètes dans ce signe dans votre thème de naissance, les planètes en Verseau qui sillonnent le ciel de février deviennent plus effectives. Le Verseau, c'est ce signe qui se trouve face au vôtre et qui symbolise que vous avez un grand intérêt pour tout ce qui se trouve en dehors de vous. Le monde entier vous intéresse. Vous avez un profond besoin de vous sentir utile aux yeux du reste du monde. Ceux qui veulent ignorer leur attrait pour le mieux-être de leur prochain souffrent d'un terrible ennui et se contentent d'une vie où ils ne trouvent que bien peu de satisfactions. Si toutefois vous êtes de ceux qui ne résistent pas à être avec et parmi le monde, quel que soit votre métier et la manière dont vous vous y prenez, vous consacrerez beaucoup de votre temps à votre idéal, à votre projet, à votre but, ainsi qu'à des gens en difficulté. Si vous n'expliquez pas à votre partenaire ce que vous avez besoin de vivre pour être heureux avec vous-même et avec lui, il croira que vous le fuyez. Mettez les choses au clair dès la seconde où vous vous apercevrez que, pour votre propre équilibre, il vous est nécessaire d'agir non plus uniquement pour la famille et votre couple, mais pour le mieux-être des gens qui appartiennent à une communauté, une ville, un pays, etc.

Mais il y a également ceux qui vivent de travers les planètes en Verseau et qui se donnent une liberté dans la frivolité ; pour eux, tous les prétextes sont bons parce qu'ils ne mesurent pas les conséquences de leurs actes. Que la jeunesse et l'adolescence soient expérimentales sur le plan sentimental, c'est tout à fait correct, et puis il faut vivre quelques amours et amourettes pour savoir ce qu'on attend ou ce qu'on n'attend pas de l'amour. Mais si vous êtes cet adulte et que vous vivez comme un adolescent, passant d'un flirt à un autre, d'une passion à une autre ou d'une excitation à une autre, si vous êtes l'infidèle, que vous soyez un homme ou une femme, d'abord il vous est fortement recommandé de vous protéger au cours de vos aventures extra-conjugales. Les célibataires ne sont pas exclus. Pour votre mieux-être et votre bonheur, réfléchissez. En tant que Lion, en trompant constamment votre partenaire, vous détruisez la flamme de votre cœur amoureux. Vous êtes un Lion, vous êtes le signe du cœur, celui qui a le cœur à aimer toute une vie durant parce qu'il sait renouveler et renouer constamment avec ce qu'il y a de plus beau en lui et en l'autre. Vous êtes un signe optimiste, vous êtes un croyant, vous aspirez à ce qui est bon et beau, à ce qui est aimant! Si vous trompez votre propre nature, votre vie n'est plus qu'une déprime et une colère que vous exprimez de différentes manières. En ce mois de février, avant de vous déclarer aventurier et conquérant des âmes en peine, réalisez que ce n'est pas vraiment ce que vous désirez vivre et que, tout au fond de vous-même, en tant que signe fixe, vous voulez un amour partagé, un amour qui croîtra, un amour extraordinaire! Pour le vivre, il faut y croire. En février, il faudra vous secouer et penser que vous avez le choix d'être insatisfait pour bien des mois et des années à venir ou trouver en vous ce qui ne va pas. Les planètes en Verseau vous aiguillonnent sur votre réalité émotionnelle et votre vécu, dépourvu de tout déguisement, de mensonges ou excuses qu'on se fait à soi-même pour rester dans son malheur. Un petit effort de plus si vous aspirez à vivre selon votre nature, et selon l'amour, tel qu'au plus profond de vous-même vous le désirez.

DANS L'ENSEMBLE DE VOTRE VIE

N'avez-vous pas le désir ardent de changer l'orientation de votre carrière ou de multiplier par deux votre taux de succès? Ne vous sentez-vous pas poussé à transformer votre discipline de travail pour en adopter une autre, convenant mieux aux actuels déroulements professionnels? Bref, tout à voir, à vivre, à changer... Attention, il ne faut pas prendre trop de bouchées en même temps. Il est nécessaire, pour ne pas perdre l'équilibre, d'éviter d'être fatigué. Il vaut mieux planifier à tête reposée. C'est ce qu'il y a de mieux à faire pour vous, surtout si vous avez une famille. Vous devez aussi tenir compte des besoins de celle-ci. Vous avez donc un énorme casse-tête à monter. Vous êtes chanceux, en ces temps, grâce au Nœud Nord en Bélier, vous pensez vite et bien... Accordez-vous une détente, laissez votre esprit voguer vers ce qu'il y a de mieux à faire pour vous et, comme par magie, vous aurez toutes les bonnes réponses et les solutions si une décision s'avérait problématique.

À compter du 17, sous l'influence de Mercure en Poissons dans le huitième signe du vôtre, vous aurez des intuitions hors de l'ordinaire. Par exemple, vous ressentirez qu'un ami est en difficulté et, étant sous la coupe de Jupiter en Balance, vous ne résisterez pas à l'envie de prendre de ses nouvelles. Par la suite, vous saurez qu'il ne va pas bien et qu'il a besoin de soins ou d'encouragements. Certains d'entre vous se détourneront de l'ami parce qu'ils ne veulent pas donner d'eux-mêmes. Naturellement, ils se trouvent mille raisons pour ne pas intervenir. Sans doute qu'un jour, leur conscience voudra avoir avec eux une sérieuse conversation. Si vous êtes ce Lion spontanément généreux, vous réagirez positivement, et grâce à votre détermination à secourir cet ami malgré toutes vos occupations, vous serez inspiré sur ce qu'il est nécessaire de faire pour lui. Il ne suffira souvent que de donner un coup de fil à un autre ami ou à un membre de sa famille ou même de la vôtre afin que, pour un temps, on prenne votre ami en charge afin qu'il reprenne courage ou qu'il puisse se soigner lui-même ! Par les temps qui courent, vous êtes débordé. Vous auriez préféré être le sauveur de votre ami, mais vous avez réalisé que vous ne l'auriez sauvé qu'à demi ou pas du tout en diluant vos attentions et en ne vous en faisant pas. Vous avez pris la bonne décision : vous n'avez dérangé personne, vous vous êtes laissé guider par votre cœur de Lion pendant que votre tête travaillait à tout faire, à tout réussir !

Le 7, avec l'entrée de Mars en Capricorne, si vous êtes un Lion qui n'a pas encore appris à cultiver la joie de vivre, à résoudre ses problèmes, si vous paniquez dès le moindre changement, il est bien évident que votre confiance en vous se sera sérieusement effritée et, dans ce cas, vous aurez bien du mal à remplir vos obligations. Vous aurez un rhume, une sinusite, une grosse grippe, bref un mal ou des maux qui seront prétextes à en rester là où vous en êtes : coincé dans la peur. Si depuis longtemps vous demandez beaucoup à vos proches, à des amis et même parfois à des anciens amours de vous aider, à la fin du mois, quand les uns et les autres refuseront de vous aider parce qu'ils n'en peuvent plus de vous secourir pour des vétilles, vous serez obligé de réfléchir concernant ce qu'est la véritable autonomie. Si vous vous retrouvez seul face à vous-même, il est nécessaire d'entreprendre une thérapie; aidez-vous à voir clairement sur vous-même.

Vous êtes un signe fixe, soit quelqu'un qui s'accroche à ce qu'il croit. Mais ce qu'on croit n'est parfois pas tout à fait conforme à la réalité, aux désirs et aux besoins d'autrui. Si vous êtes ce Lion ayant dépassé la forme fixe, si votre cœur et votre esprit se sont ouverts à toutes les possibilités, vous serez non seulement joyeux, heureux et inspiré, mais également chanceux dans vos diverses démarches. Les cœurs dorés et amoureux de la vie, ceux qui vivent parce que tout est bon, ceux qui sont en action, verront la route du succès s'élargir.

Étant donné qu'il y a des planètes en Verseau, certains jours, vous verrez des nuages gris, roses ou multicolores, et vous ne serez pas très présent à votre conduite automobile. Pour vous protéger et pour protéger autrui sur les routes, tenez bien le volant quand vous l'avez entre vos mains et soyez attentif au trafic!

◖◉ MARS 2005 ◉◗

L'AMOUR

Jusqu'au 20, vous êtes sous l'influence du Soleil en Poissons. Vénus est dans ce signe jusqu'au 22, et Uranus poursuit sa marche aussi en Poissons. Ces planètes, dans le huitième signe du vôtre, peuvent provoquer une sorte d'égarement sentimental, comme si, tout à coup, vous vous demandiez si vous étiez avec le bon partenaire. Vous permet-il d'être votre véritable moi ou vous sentez-vous brimé ou même emprisonné dans une relation? Certains sont malheureux et se sentent incapables de quitter l'autre, même s'ils n'ont pas d'enfants, et même s'ils sont conscients que leur lien n'est qu'une dépendance l'un vis-à-vis de l'autre. Ils restent, ils souffrent. Que de réflexions sur l'amour! Que l'on se sache malheureux ou qu'on ne sache plus où est notre bonheur... une chose est certaine, il ne faut prendre aucune décision à la hâte, surtout si votre partenaire et vous avez de jeunes enfants. Soyez conséquent. Une rupture entre les parents a toujours de nombreux effets sur les enfants, que ceux-ci soient petits, adolescents et même adultes! Et puis, ce désir de rompre pourrait bien n'être qu'une étape passagère de deux partenaires qui ne sont pas en forme. Ou deux partenaires qui ont des problèmes matériels, professionnels, relationnels au travail. Peut-être êtes-vous deux partenaires qui se dardent l'un et l'autre et qui se rendent mutuellement responsables de leurs manques, de leurs misères? Rien n'est vraiment simple entre les humains car chacun possède son propre passé qui, à diverses périodes de la vie, surgit en grondant comme s'il était encore une fois une déplaisante réalité. C'est, en partie, ce que peuvent vous faire vivre les planètes en Poissons. Pourtant, vous le savez, et vous n'êtes pas obligé de leur obéir!

En tant que femme, il y a parmi vous celles qui subissent des insultes, des critiques, des colères et parfois des coups de la part d'un conjoint. Si vous êtes dans une telle situation, en ce mois de mars, de grâce, demandez de l'aide. Le déséquilibre de votre partenaire peut atteindre un point extrêmement dangereux pour vous. Votre droit à la liberté et au respect, ce sont des acquis à la naissance et pour toute la vie durant. L'amour n'est jamais violent, et si vous subissez de la haine, vous n'êtes pas à la bonne place, ni avec le bon partenaire. Celui-ci ne mérite certainement pas un cœur de Lionne qui, dès son premier souffle, n'aspire qu'à aimer et à être aimée tout en douceur et dans l'harmonie.

En tant que célibataire, vous serez assez capricieux! Attention, vous serez pris par les apparences et il est possible qu'une aventure ne soit en effet qu'une simple aventure. Ne vous créez pas d'attentes, laissez le temps vous dire si oui ou non vous avez amoureusement intérêt à poursuivre une nouvelle relation.

Si vous faites partie des heureux qui vivent un bonheur presque parfait, vous saurez surprendre agréablement votre amoureux pour lui dire à quel point vous appréciez qui il est. Nous pensons rarement à dire merci au ciel pour cet étrange hasard qui nous a mis en contact avec cette personne qui, à première vue, nous a plu! Un remerciement au ciel, c'est semblable à une prière pour ceux qui savent prier, ceux qui croient aux bienfaits de la prière et pour d'autres, remercier le ciel, c'est un acte de foi en la vie elle-même. Remercier le ciel, c'est aussi constater toutes les beautés de la nature et accepter qu'elles soient temps doux et tempêtes et même renaissance, après qu'elle nous a paru morte.

DANS L'ENSEMBLE DE VOTRE VIE

Certains d'entre vous vivent un deuil ou soutiennent un parent gravement malade. Vous avez besoin de courage et de force. Ressourcez-vous par la détente ou l'exercice. De temps à autre, pratiquez votre activité préférée, même s'il vous faut faire un effort pour y retourner. Il arrive que notre souffrance intérieure soit si puissante qu'on s'interdise le moindre plaisir ; pendant que vous êtes bien portant, jouissez de votre santé. La mort d'un parent ou sa maladie ne doit pas entraver votre propre développement. L'épreuve sera mieux surmontée si vous respectez vos besoins. La déprime et la dépression ne sont parfois que des raisons de s'apitoyer sur soi, de se manifester à soi-même sa propre peur de mourir un jour ou sa propre crainte d'être gravement malade et dépendant.

À compter du 6, Mercure entre en Bélier dans le neuvième signe du vôtre. C'est un signe de feu, comme le vôtre. Il exerce un effet positif sur le plan de votre carrière, et plus encore si vous faites du commerce à l'étranger ou si vous travaillez à élargir l'entreprise de manière à dépasser les frontières.

Si vous avez un emploi fixe et qu'à chaque jour vous répétez les mêmes gestes, que vous voyez les mêmes personnes et que, pire encore, l'ambiance de travail est froide, il va de soi qu'intérieurement vous avez le goût de changer d'emploi. Malgré la lourdeur de vos tâches, vous savez que vos services vous permettent de gagner votre vie, de manger, de vous loger, de payer vos comptes, de vous habiller, etc. Vous restez pour vous, et souvent pour vos enfants encore jeunes et à votre charge. Rien ne vous interdit quand vous rentrez à la maison d'aller sur Internet pour voir les autres emplois ou métiers que vous pourriez exercer. Surtout, quoi que vous fassiez, vous devez vous sentir valorisé par ce travail auquel vous vous rendez chaque jour, fatigué ou non. Vous êtes courageux, vous avez du cœur, car ce que vous faites, vous ne le faites pas uniquement pour vous, mais parce que vous avez le sens des responsabilités.

Si vous avez des problèmes de santé et que vous avez la manie d'en parler à qui veut bien vous écouter, savez-vous que ceux qui vous entendent quotidiennement ou presque ne le font plus que d'une oreille distraite ? Par ailleurs, prenez conscience que plus vous parlez de vos maux, plus ils sont présents et moins ils ont de chances de guérir. En vous concentrant sur les parties saines de votre corps, en vous disant merci d'avoir pu les garder intactes, il viendra un temps où vos souffrances diminueront. Il vous suffit d'en faire l'expérience pour le croire! Vous êtes un Lion, votre signe symbolise la vitalité. En réalité, votre signe représente la vie et une vie saine qui ne peut se vivre qu'avec un esprit sain. En ce mois de mars, décidez de supprimer de votre langage ces mots que vous dites ou pensez et qui entretiennent le mal-être, la maladie, l'apitoiement. Brisez ce cercle infernal et ne racontez plus que le meilleur de vous-même. N'écoutez que ce qui vous fait du bien et non plus les tragédies des uns et des autres.

Si vous faites de la création, à quelques reprises vous aurez l'impression que le temps vous manque. Vous laisserez ainsi le stress s'emparer de vous. Quand vous êtes stressé, vous devenez impatient. Il est possible que vos enfants soient très contrariants. Ils se mesurent à vous. Ils testent vos limites. Il vous faudra improviser une solution sage pour vous éviter de vous mettre en colère. Ce conseil est particulièrement important pour ceux qui produisent sous leur toit, dans leur maison, et qui voient aux soins et à l'éducation d'enfants encore jeunes. Et, jusqu'au 12, ne vous attendez pas à ce que vos adolescents vous écoutent et qu'ils entrent à la maison à l'heure exacte que vous avec fixée. Vos adolescents veulent devenir des adultes. Ils veulent faire comme vous, être libres, tout en ne sachant pas exactement comment bien utiliser leur liberté!

Pour conclure ce mois, si vous êtes à votre compte et que tout va pour le mieux, il est possible qu'une méga-entreprise veuille vous acheter! Si l'offre vous tente, étudiez-la minutieusement; si vous ne comprenez pas avec exactitude toutes les conditions stipulées dans le contrat, demandez l'aide d'un avocat spécialisé en fusion d'entreprises. Vous n'avez rien à perdre, et probablement beaucoup plus à gagner que vous ne l'imaginez si on s'intéresse à vous d'aussi près. Jusqu'à présent, et depuis quelques années, peut-être avez-vous été votre propre chef et avez-vous bien vécu, ainsi que votre famille, grâce à vos louables efforts. Si vous perdez votre liberté, votre indépendance et ce pouvoir que vous avez acquis, vous aurez des regrets. Ne commettez pas d'imprudence en affaires. La hâte, dans un tel cas, est votre pire ennemi.

◖◗ AVRIL 2005 ◖◗

L'AMOUR

Du 1er au 15, vous êtes sous l'influence de Vénus en Bélier. Cette planète est en exil et cherche la vraie signification du mot amour. Vénus en Bélier, c'est souvent un souhait d'amour, un désir que l'amour soit magique et qu'il nous sauve de ce que nous n'aimons pas de nous-même. Bien que vous ne soyez pas né avec Vénus en Bélier, jusqu'au 15, vous serez plus facilement attiré par ce qui se passe dans le jardin du voisin, sur les plans sexuel et sensuel. Si, jusqu'à présent, votre vie de couple est satisfaisante, ne prenez pas le risque de la briser pour une attraction qui serait de bien courte durée. Si vous avez besoin d'une excitation nouvelle, si vous considérez que vous êtes coincé dans vos habitudes avec l'autre, proposez un changement tel qu'une nuit, rien que vous deux, dans un petit hôtel coquet. Si vous avez des enfants, songez que la dépense occasionnée vous permettra de préserver votre vie familiale et votre passion pour cette personne avec qui vous partagez agréablement votre vie. À partir du 16 jusqu'à la fin du mois, sous l'influence de Vénus en Taureau dans le dixième signe du vôtre, voilà que c'est la carrière qui vous sépare de votre conjoint ! Ce sera probablement la perception qu'aura votre partenaire quand il se sentira délaissé lorsque vous ferez de longues heures afin d'atteindre l'objectif que vous poursuivez. Il faudra donc lui expliquer clairement que vous entrez en période plus productive et que vous avez besoin de plus d'espace et de temps. Votre amoureux devra attendre. Lorsque deux personnes s'aiment d'un amour vrai, la confiance est généralement une réalité bien établie ; l'autre peut avoir une sensation d'abandon, mais devrait réagir en voyant davantage ses amis en votre absence, surtout si cet amoureux a du mal à passer ses soirées en solitaire. Dans un couple, à tour de rôle, au fil des ans, l'un devient plus dépendant que l'autre et la roue tourne... Pendant des mois ou des années, Monsieur ne peut se passer de Madame et plus tard, c'est Madame qui déteste voir son homme s'éloigner d'elle, même si c'est le travail et la survie économique de la famille qui l'exigent. Un beau jour, quand on a admis ce qu'on vivait, l'équilibre et l'harmonie se rétablissent.

En tant que célibataire, il est bien certain que vous serez un centre d'attraction et il est possible que vous attiriez et que vous soyez attiré par une personne considérablement plus jeune ou plus âgée que vous. En ce XXIᵉ siècle, les différences d'âge ont de moins en moins d'importance. Quand c'est la femme qui, malgré ses dix, quinze ou vingt ans de plus aime et est aimée d'un homme plus jeune, cela devient un caprice de la nature aux yeux des esprits ouverts. Un homme beaucoup plus âgé que sa dame, ça n'a jamais été un sujet de reproche ou de critique, ça a toujours paru naturel et ça a toujours été bien accepté par la société. Alors, si c'est ainsi que l'amour se prononce, si telle est votre situation, n'y résistez pas. Donnez-vous une chance de connaître cette personne qui vous plaît énormément malgré ses années de plus ou de moins que vous ; dites-vous que, si cela ne dure pas toute une vie, l'amour que vous aurez partagé vous laissera de toute manière des souvenirs hors du commun. Selon votre thème, sous l'influence de Jupiter en Balance, il n'est pas impossible que ce soit sous cette forme, en ce mois d'avril, que le véritable amour se manifeste. La rencontre peut se faire dans un endroit public, surtout au cours des 15 premiers jours du mois, et par la suite, plus particulièrement dans votre milieu de travail. La relation s'établira sur les lieux de travail de cette personne, à un moment où vous aurez besoin du genre de service que l'entreprise qui l'emploie offre. Vous serez ce client qui plaît instantanément et avec qui on entre en conversation sans faire le moindre effort, et à qui, sans qu'on sache comment on en est arrivé là, on a donné rendez-vous pour causer devant un café !

DANS L'ENSEMBLE DE VOTRE VIE

Avril vous donne souvent la sensation que vous avez tout à refaire. Cet état d'être ou d'âme peut durer jusqu'au 19. C'est tout simplement parce que le Soleil traverse le premier signe du zodiaque. Il s'agit donc d'une réaction physique et émotionnelle provoquée par le réveil de la nature. En réalité, vous poursuivez ce que vous avez commencé. En tant que Lion, toute la durée de la présence du Soleil en Bélier vous apporte une énergie nouvelle. Elle est subtile, mais elle vous habite entièrement. Le Bélier est le neuvième signe du vôtre et il active ou réactive vos idéaux. Malheureusement, certains Lion ne savent pas quoi faire de cette énergie parce qu'ils n'ont pas choisi leur métier et parce qu'ils ne sont pas en amour. Ils ne se décident pas non plus à faire partie de la société. Ils se sont retirés et ce surplus d'énergie qui les pénètre n'est rien de plus qu'un poids supplémentaire à porter. L'énergie peut être positive ou négative, constructive ou destructrice. À vous de faire la différence et de choisir entre une vie remplie ou la stagnation. Vous êtes un signe fixe, à quoi vous accrocherez-vous ? Grandirez-vous ou resterez-vous un enfant dépendant alors que vous êtes un adulte supposé être mûr ! S'assumer demande un effort quotidien et le courage d'être authentique...

Vous aurez de nombreuses surprises, dont plusieurs seront agréables ; si vous avez travaillé à un projet aussi original soit-il et que vous ayez été assidu à votre travail depuis des mois, si vous y avez cru, si vous l'avez présenté à une grande entreprise afin de recevoir une aide financière ou dans le but d'avoir un partenariat, vous aurez une offre. Ne vous attendez tout de même pas à une conclusion rapide. Les discussions seront nombreuses et, de temps à autre, il vous faudra résister à l'insistance de l'entreprise parce qu'au plus profond de vous-même, vous savez que vous valez plus que le prix qu'on vous accorde. Soyez patient, vous êtes sur la voie du gain.

En tant qu'artiste, plusieurs planètes vous inspirent et vous produisez à une folle allure. Jusqu'au 15, et après cette date, peut-être que vous ressentirez de la fatigue et serez-vous dérangé par quelques problèmes familiaux. Ce sera un peu comme si un parent voulait briser votre élan. Peut-être est-ce une réalité ? On envie votre idéal, votre engouement, votre passion, ce que vous faites avec autant de cœur. On souhaiterait posséder votre talent et votre inspiration. Ce parent ne peut en faire autant. Il n'est pas comme vous, mais il rêve de l'être, et pour bouleverser et même détruire votre élan, il vous dérange sans cesse. Si vous percevez que c'est ce qui se produit, bien que ces jeux soient à peine perceptibles, ils existent bel et bien : arrêtez-les.

En tant que parent, si vous avez des enfants, il est possible qu'ils tentent de vous désorganiser, surtout s'ils sont jeunes et qu'ils ont besoin de votre attention, qu'ils réclament à grands cris, en contestant et en critiquant le temps que vous passez à travailler !

Si votre travail vous met en contact direct avec le public, vous vous apercevrez que vos clients sont plus exigeants qu'à l'accoutumée, et qu'il est bien plus facile de leur déplaire. Il vous suffit d'être un peu plus lent, moins présent à eux que vous ne l'êtes à l'accoutumée. Mars et Neptune en Verseau atteignent les masses : la majorité des gens subissent leurs propres pensées négatives tout autant que leurs doutes. Des masses de gens ne réfléchissent pas et se font coincer par leurs peurs et la dramatisation d'événements qui, en un autre temps, ne seraient vus et vécus que très banalement.

Si vous êtes à la recherche d'un emploi, les 15 premiers jours du mois sont les plus favorables, et principalement pour les jeunes travailleurs, ainsi que pour les étudiants. Si vous avez un certain âge, si vous êtes aussi à la recherche d'un emploi, c'est plutôt à compter du 16 que le ciel vous est le plus favorable.

⠼⠻ MAI 2005 ⠼⠻

L'AMOUR

Si vous poursuivez votre objectif avec toujours autant de fougue, votre partenaire devra se faire compréhensif s'il n'a pas encore compris qu'il est important pour vous d'aller jusqu'au bout. Pendant cette période de débordement professionnel, vous avez non pas moins d'amour, mais moins d'attentions à lui donner. Au tout début du mois, une sérieuse argumentation est à prévoir. Prenez donc le temps de vous expliquer, cela vous évitera de devoir supporter l'air boudeur de votre conjoint, ainsi que ses reproches.

Selon certains ascendants, il est aussi possible que ce soit vous qui refusiez de comprendre qu'une activité ou le travail de votre amoureux est si prenant pour lui qu'il vous donne l'impression de se détourner de vous. Posez donc directement la question plutôt que de vous inventer toutes sortes de scénarios tous aussi dramatiques les uns que les autres !

En tant que célibataire, tout au long du mois, vous êtes sous l'influence de Mars et d'Uranus en Poissons. Ces planètes sont dans le huitième signe du vôtre. Mars, c'est cette planète qui régit la pulsion sexuelle. Ainsi positionnés, Mars et Uranus vous conduisent vers des personnes qui sont nerveuses et agitées ou qui sont vraiment des personnes créatives et grouillantes d'énergie ! Jusqu'au 10, il vous sera assez facile de faire la différence entre ceux qui tournent en rond, mais dont les pas de danse sont impressionnants, et ceux et celles qui se passionnent, s'activent à atteindre leurs objectifs, et qui, de plus, le font avec une grande originalité. Vous serez attiré par des gens qui se démarquent. On peut se démarquer de tant de façons ! Attention de ne pas vous laisser prendre par les apparences, surtout du 11 jusqu'à la fin du mois ! L'être et le paraître ne sont pas toujours très bien ajustés.

L'amour a aussi la forme de l'amour universel. Il y a, chez les Lion, toute une génération, et c'est particulièrement celle de la quarantaine ou bien à l'approche de celle-ci, qui rêve d'un monde parfait. Parmi ceux qui la composent, des Lion apprennent ce qu'est le non-attachement. Ces derniers possèdent souvent un talent artistique ou aspirent à une création transformatrice qui conduirait, par exemple, à une plus grande paix planétaire, à un meilleur partage des biens. Si nombreux sont ceux qui s'expriment à travers un art, d'autres n'ont pas eu la chance de vivre dans un milieu favorable à un tel développement. Pour survivre, des Lion ont pris un emploi bien en deçà de leurs idéaux et de leurs talents. Si cette description vous rejoint, malgré toutes vos réflexions sur vous-même, en ce mois de mai, vous serez pendant quelques jours, ici et là, envahi de doutes vous concernant, de peurs, de regrets et de culpabilité. Bref, vous ressentirez des sentiments désagréables, comme si vous aviez raté quelque chose. Quoi, au juste ? Vous ne trouverez aucune réponse parce que vous n'avez rien raté. Vous traversez une zone où, inconsciemment, le temps, le ciel, votre mûrissement, vos expériences, vos succès et vos déceptions se mêlent intérieurement. Votre psychisme fait un travail sur lequel vous n'avez aucun contrôle. Ce qu'il y a de mieux à faire, dans ces moments où vous ne savez plus où vous en êtes, c'est de lever les yeux au ciel et de faire confiance à la vie, tout en poursuivant votre but, même si c'est plus difficile. Il y a toujours ce temps où nous sommes déchirés entre vivre simplement et tout vouloir, entre croire que nous pouvons et croire qu'on peut beaucoup, mais pas tout! La magie existe dans l'esprit, dans vos pensées! En tant que Lion dans la quarantaine, vous devez vous exercer à la patience et à la tolérance envers vous-même et envers autrui. À partir de là, vous verrez votre stress, vos peurs et vos doutes diminuer à toute vitesse. Vous êtes un Lion, soyez heureux, vous n'êtes jamais banal et soyez bienheureux d'être pensant et sensible. L'amour universel ne vous interdit pas d'aimer quelqu'un plus qu'un autre.

Quant aux Lion dans la mi-cinquantaine et plus, l'amour revêt, en ce mois, une couleur qu'ils n'avaient encore jamais vue.

DANS L'ENSEMBLE DE VOTRE VIE

Il est possible que mai soit une lutte, une course et une compétition. Peut-être déploierez-vous des efforts supplémentaires pour préserver votre emploi, pour atteindre vos objectifs. Il est aussi possible que la création, ainsi que toute action imposée ou non par votre profession, vous semblent plus lourde, à l'instar d'un poids que l'on aurait déposé sur vos épaules. Certains d'entre vous ne se reconnaissent plus parce qu'ils sont passés de l'exaltation à la déprime ou à la fatigue morale et intellectuelle. Pendant ce mois, il est difficile de croire que cet état est passager. Il est si pénible qu'il vous donne une impression d'éternité! De grâce, imposez-vous des petits moments qui vous font plaisir: ils vous permettront de garder la tête hors de l'eau. Ne perdez pas de vue que les influences de Mars et d'Uranus en Poissons (ces planètes sont le plus gros signe d'eau du zodiaque) jouent sur vos cordes sensibles. Ne démissionnez pas malgré les difficultés. Lorsque, à la mi-juin, vous aurez surmonté l'épreuve, vous aurez aussi compris que le défi était de taille et que vous aviez en vous les ressources nécessaires pour gagner la partie.

Si toutefois vous faites partie des Lion qui s'enfoncent dans l'inertie dès que ça ne va pas, et qui accusent le monde entier d'être responsable de son état, vous êtes malheureux. Conséquemment, vous ne rendez personne heureux. Vous dérangez inutilement beaucoup de gens, vous leur volez du temps et de l'énergie à un point tel qu'ils finissent par se détourner de vous.

Si vous êtes à la retraite, que ce soit récent ou que vous y soyez depuis plusieurs années, vous avez suffisamment réfléchi et vous savez que, pour continuer à vivre heureux et en santé, vous avez besoin d'un contact avec autrui. Contrairement au Lion dans la quarantaine, vous avez un regain d'énergie, vous acceptez une transformation, un autre chemin de vie, et peut-être que vous vous trouverez un emploi convenant à vos talents ou à votre désir d'accomplissement que vous n'aviez pas pu assouvir au temps où vous étiez rivé à cette entreprise qui assurait votre survie économique. Que vous viviez seul ou en couple, vous ressentez le besoin d'être avec et parmi le monde, de connaître de nouvelles gens et de sympathiser. Un Lion à la retraite, qui ne fait rien, est semblable à un lion en cage. Même si celle-ci est dorée, elle n'a rien d'intéressant: elle est déprimante!

Un membre de votre famille sera demandant, surtout s'il est malade. Il est même possible qu'il y ait un état d'urgence s'il souffre d'une maladie grave.

En tant que parent, si les uns ont des enfants devenus des adultes parfaitement débrouillards dont le Lion est très fier, il y a, parmi vous, des Lion qui ont été des parents surprotecteurs. Alors que leurs enfants adultes devraient être responsables d'eux-mêmes et de leur famille, voilà que papa ou maman Lion doit encore se porter à leur secours! L'argent, c'est la demande première, une manière détournée et inconsciente de la part des irresponsables de soutirer attention et affection de ce parent Lion surprotecteur. La surprotection transporte rarement de la tendresse. Il n'est jamais trop tard pour remettre les pendules à l'heure. Si telle est votre situation, les occasions de discuter, de dire la vérité, la vôtre, d'écouter celle de vos très grands enfants seront nombreuses. Saisissez le temps qui passe, vous avez là une chance inouïe de mieux vous comprendre afin d'être plus heureux, tous ensemble et séparément.

⚜ JUIN 2005 ⚜

L'AMOUR

Entre le 5 et le 11, même si vous êtes très amoureux et qu'on l'est de vous, des événements hors de votre contrôle, comme des enfants terriblement agaçants et capricieux, des dérangements, tels que des visiteurs non souhaités, des dépenses qui déséquilibrent le budget de votre couple, de votre famille, deviendront des occasions de faire naître votre colère! Mais dites-vous bien qu'une très grosse colère, selon de nombreux sages de l'histoire du monde, est comparable à trois mois de dépenses d'énergie! Il serait bon que vous discutiez de ceci avec votre partenaire afin que, de temps à autre, il vous rappelle que le calme est payant!

Quelques aspects dans le ciel dévoilent la tromperie, si elle a lieu depuis quelques semaines, des mois ou des années. Si certains apprennent qu'on les partage, d'autres, des tricheurs, se sentiront coupables au point où ils auront la conviction qu'ils doivent se confesser à leur partenaire. Que vous vous sentiez victime ou bourreau, les conséquences risquent d'être les mêmes. Que vous ayez subi le mensonge ou que vous soyez le menteur, que vous soyez un homme ou une femme, le malaise s'installera entre vous et l'autre. La question sera sans doute la suivante: puis-je excuser ou puis-je me faire pardonner? Le couple se demandera: pouvons-nous vivre avec ce qui s'est passé ou nous ne pouvons pas? Si une telle situation s'est produite, à compter du 13, sous la poussée de Mars en Bélier, la personne trompée pourrait faire un coup de tête. Vous vous accuserez mutuellement d'être responsable de ce qui s'est produit. Si celui qui a trompé peut trouver mille et une raisons d'avoir fait ce geste, la victime peut s'imposer en punisseur et devenir contrôlante face aux remords de son partenaire. Il n'est pas sain de vivre dans un tel climat. Il vaut mieux demander l'aide d'un professionnel de la santé émotionnelle si votre partenaire et vous avez encore de beaux sentiments l'un envers l'autre, et si, en plus, vous avez de jeunes enfants auxquels vous êtes tous deux profondément attachés.

Entre le 5 et 11 juin, il y a ceux qui sont encore blancs comme neige, fidèles. Voilà que l'occasion d'avoir une aventure extraconjugale sera presque irrésistible. Il n'en tient qu'à vous de choisir entre une attraction passagère pouvant détruire votre couple telle une tornade, et la sagesse de vous contenter de regarder ce qui est beau pour ensuite quitter ce lieu avant de commettre ce qui pourrait être irréparable. L'astrologie ne vous impose aucun choix : elle est semblable à des signaux routiers. On ne les a pas mis là pour vous amuser, mais pour vous informer de ce qui vous attend aux divers détours.

Si toutefois vous faites partie de ces Lion vivant une séparation parce qu'elle est devenue nécessaire pour votre survie mentale, émotionnelle et physique, à compter du 13, Mars, face à Jupiter en Balance, complique la rupture qui, au départ, devait se régler simplement. Nous savons tous qu'un divorce ou une séparation n'a rien de facile. Cependant, deux êtres intelligents peuvent se comporter civilement. Sous ce ciel de la mi-juin, les femmes ont davantage tendance que les hommes à faire des colères, des reproches et même du chantage au moment de la séparation. Monsieur Lion entendra des mots remplis de haine, de rancunes, de reproches et parfois d'odieuses critiques. Si rien ne va plus dans le couple et que Madame décide de vous quitter, si vous êtes ce Lion gonflé d'orgueil et incapable de concevoir qu'on puisse se détourner de vous, de grâce, sortez de vous cette énergie remplie de colère qui envahit non seulement votre cœur, mais également vos muscles. Une envie de frapper n'a de conséquences que sur vos humeurs, mais si vous frappez votre partenaire ou si vous brisez des objets qui ne vous appartiennent pas ou ne vous appartiennent plus, vous devenez automatiquement un hors-la-loi! Ce qu'un seigneur Lion ne peut se permettre! Si vous vivez ce genre de catastrophe, ne restez pas seul. Demandez à votre meilleur ami d'être là quand votre peine devient insupportable. Il est inutile de vous entêter à souffrir! Certains changements sont brutaux, mais vous êtes né Lion, sous le signe du Soleil. Même un gros nuage gris couvrant la lumière pendant quelques jours, voire des mois, ce qui est rare, finit par passer.

On ne peut négliger les gens heureux, ces Lion qui n'auront aucun problème et qui vivent un grand amour depuis plusieurs années. Il y a dans l'air, pour ceux-ci, tout au contraire d'une séparation, une demande en mariage. Il y a tout aussi étrangement, sous ce ciel de juin, des Lion qui étaient séparés de leur partenaire depuis parfois quelques années, et qui entreront en contact avec leur ex. Voilà que vous et l'autre, vous ne vous regardez plus de la même manière et vous découvrez que vous avez encore beaucoup à partager. Le fil d'amour s'était étiolé, mais il n'était pas rompu.

DANS L'ENSEMBLE DE VOTRE VIE

La vie de famille, surtout quand les enfants sont jeunes, est exigeante. Nous sommes proches du temps des vacances et, en tant que parent, vous continuerez à travailler, mais vous ne voulez pas que vos enfants, surtout vos préadolescents, soient sans surveillance. Il vous faudra prendre une décision quant au genre de congé que prendront vos enfants, encore trop jeunes pour se trouver un emploi d'été. Si vous regardez bien autour de vous, si vous avez des frères et des sœurs, cette année il est possible de s'organiser avec eux afin d'échanger la garde de vos jeunes. En somme, cousins et cousines se visiteront pour une ou quelques semaines. C'est que quelques Lion s'organiseront, en ce mois de juin, afin d'assurer la protection de leurs enfants pendant qu'ils sont au boulot!

Si vous habitez près d'un cours d'eau, si votre piscine est bien remplie, entre le 4 et le 28, avec les planètes en Cancer qui sillonnent le ciel, assurez-vous qu'en tout temps vos tout-petits ne s'y aventurent pas! En mots clairs: il y a des dangers de noyade.

Si, au cours du mois dernier, vous avez eu du mal à vous concentrer, si vous avez eu des doutes concernant vos objectifs, à compter du 13, vous serez à nouveau dynamisé par l'arrivée de Mars en Bélier, et vous reprendrez votre route en ligne droite. Si vous avez précédemment fait des détours et vécu des attentes au cours du mois précédent, vous en ressortez plus fort et plus convaincu que vous ne l'étiez.

Si vous êtes à la recherche d'un emploi, à compter du 13, vous en trouverez un. Il est possible qu'on ne vous offre qu'une place de remplaçant en raison des vacances de nombreux employés. Ne vous en faites pas : l'un d'eux ne reviendra pas et vous aurez alors l'occasion de devenir permanent !

Si vous êtes un artiste, vous aurez une multitude d'idées : le plus difficile sera de choisir ce qu'il y a de mieux à faire. Faites confiance à vos intuitions. Il vous suffit de vous endormir en demandant au ciel de vous souffler la bonne réponse pour qu'au matin, vous sachiez bien exactement quelle sera votre meilleure réalisation.

Si vous avez une mauvaise circulation sanguine, peut-être que votre médecin vous a dit de marcher davantage, de faire de l'exercice, de suivre un bon régime alimentaire...Suivez-vous les instructions reçues ou vous dites-vous que vous n'êtes pas si mal ? Il arrive que vous dépassiez vos limites. Ne le faites pas au cours de ce mois. Non seulement aurez-vous une mauvaise circulation sanguine, mais aussi des problèmes digestifs.

Si vous êtes ce Lion fier, pratiquant un sport afin de rester en forme, vous ne vous ménagez pas. Vous y allez généralement à fond. Ce mois-ci, soyez donc prudent : vos genoux et vos hanches sont plus vulnérables qu'à l'accoutumée.

Pour terminer, ne soyez pas la proie de vendeurs, plus particulièrement dans l'industrie de la rénovation. On vous proposera de refaire ceci ou cela. On vous montrera des plans, on vous fera voir un contrat... Tout vous paraîtra parfaitement authentique ! Pour votre propre sécurité financière, n'avancez pas le moindre dollar sans avoir préalablement vérifié si la compagnie en question existe vraiment ! Ce type de fraudeurs rôde autour de vous en ce mois de juin.

◖◗ JUILLET 2005 ◖◗

L'AMOUR

Jusqu'au 23, Vénus est en Lion et se trouve tout près de votre Soleil, ce qui présage une forte augmentation de votre magnétisme et de votre charme. Lorsque vous aurez le désir de séduire ou d'impressionner un joli cœur, vous serez sans faille ! De plus, Mercure étant aussi en Lion, votre brillance d'esprit transparaîtra au point où votre flirt aura l'impression de la toucher. Parmi vous, nombreux sont les Lion célibataires qui découvriront pour la toute première fois de leur vie l'amour vrai, l'amour durable, celui qui permet à deux ÊTRES de grandir, de découvrir et d'ÊTRE plus heureux que jamais.

Parmi vous, des Lion se marieront après parfois des années de vie commune ou une année de fréquentations. Vous êtes entré dans une zone de maturité et vous êtes parfaitement conscient de vos décisions, de leurs conséquences, et surtout du fait que, dans une vie partagée, dans l'intimité, tout peut arriver : le meilleur et le pire, mais vous êtes prêt à le vivre.

Pour ce qui est de la durée de l'amour, pour vous en assurer ou du moins pour mettre toutes les chances de votre côté, il est préférable que vous choisissiez la date de votre union officielle à compter du 17 de ce mois, lors de l'entrée de Saturne, symbole du *long terme*, aussi dans le signe du Lion.

Pour quelques rares Lion, l'entrée de Saturne en Lion, le 17, correspond à une cristallisation de leurs sentiments négatifs envers leur amoureux. Ceci est déconseillé et éloigne ces Lion de la Sagesse qui, elle, fait tout ce qu'elle peut pour vous rattraper...

En ce mois de juillet, l'amour devient, plus qu'autrefois, plus qu'hier, votre centre d'intérêt. Vous ne perdrez pas de vue vos obligations et vos idéaux. Par contre, vous cesserez, si cela s'applique, de rejeter vos beaux sentiments ou de vous en méfier. Quelque chose en vous se déclenche, et s'impose à vous. Cette chose n'est rien d'autre que le fait d'aimer et d'être aimé d'une personne, du reste du monde, de ceux auprès de qui vous œuvrez et de ceux qui ne vous connaîtront pas personnellement, mais à qui vous savez que vous faites du bien.

Ne résistez pas à cette offre du ciel : vous êtes le signe du cœur, celui du cœur aimant !

DANS L'ENSEMBLE DE VOTRE VIE

Pour la majorité des Lion, c'est le temps des vacances. Par contre, vous serez nombreux à ne pas pouvoir en prendre en raison de vos obligations et de vos projets qui avancent à grands pas. Vous ne serez pas en mesure de les reporter, non plus de savoir si vous pourrez vous reposer au cours des mois à venir. Vous n'êtes pas de nature à rater les bonnes occasions. Vous savez fort bien rester en forme, même si vous vous acharnez sur un travail depuis longtemps. Au fil des mois de 2005 qui se sont écoulés, vous avez appris à vous relaxer, sans devoir vous absenter du boulot. La magie de la vie opère quand l'esprit pense bien, et cela, malgré toutes les oppositions des sceptiques et autres gens de science bardés de logique. La vie elle-même n'est-elle pas composée de hasards, de chances, de malchances, d'événements non choisis, non désirés et subits ? La vie n'est-elle pas un bonheur soudain, une illumination, une découverte faite du jour au lendemain ? En ce qui vous concerne, le meilleur est devant vous : tendez les mains et vous recevrez quelque chose.

Si vous avez été malade et que vous êtes en convalescence, vous récupérez rapidement et vous étonnez votre médecin, qui prévoyait plus de temps pour votre guérison. Si vous êtes gravement malade, vous trouverez, sous le coup d'une inspiration ou sans que vous le demandiez, une information, une recette spéciale, un aliment ou un supplément alimentaire qui vous permettra de guérir et de remonter rapidement la pente.

Ce mois de juillet est un mois où vous serez nombreux à découvrir la force qui vous anime. Cette force a toujours été en vous, mais vous en ignoriez l'existence parce que des gens vous avaient persuadé que vous ne valiez rien ou presque rien ! Vous émergez, vous ressuscitez, et désormais, conscient, vous ne vivrez plus votre vie comme avant.

Ceux qui s'effondrent sont rares sous un tel ciel de juillet. Ceux qui n'ont pas le courage de remonter la pente peuvent encore demander de l'aide. Notre société offre tous les services dont nous avons besoin. Et puis, si vous connaissez bien les Évangiles, vous n'êtes pas sans connaître cette formule : demandez et vous recevrez. Bien qu'elle soit sortie tout droit de textes anciens, cette phrase est terre à terre et bien de ce monde !

Vos enfants seront aussi votre centre d'intérêt, même si, pendant plusieurs années, vous n'avez rien compris en ce qui concerne leurs besoins émotionnels, leur éducation et leur personnalité. Si, malheureusement, vous avez considéré un de vos grands enfants comme étant un échec, tout ceci est en transformation parce que vous savez qu'en faisant le premier pas vers le mieux-être de votre progéniture, en peu de temps vous instaurerez une paix familiale durable, à la fois pour vous et pour ceux qui vivent avec vous. En juillet 2005, vous possédez le magnétisme d'être votre propre guérisseur et tout autant celui de vos enfants.

En ce qui concerne le monde de la matière, l'argent, le travail, vos désirs, vos ambitions et vos besoins d'argent, pensez bien et sainement : des événements hors de l'ordinaire vous permettront de gagner le nécessaire et un peu plus.

AOÛT 2005

L'AMOUR

Vous êtes maintenant sous l'influence de Vénus en Vierge, jusqu'au 17, et de Mars en Taureau, deux signes de terre. Si le feu du Lion peut brûler les terres, les forêts et les maisons, la terre qu'on jette sur le feu l'éteint. Il vous faudra donc, en ce mois, surtout jusqu'au 17, mais tout autant jusqu'à la fin du mois, être attentif à votre amoureux. Vous aurez cette fois tendance à consacrer votre temps à votre réussite, à vos ambitions et à vos besoins personnels, quels qu'ils soient. Vous en oublierez ou ignorerez involontairement votre partenaire, et vous lui confierez même, trop souvent, certaines de vos obligations personnelles et familiales. Un effort d'attention sera nécessaire pour que tous deux vous puissiez vous aimer à travers les changements, les transformations et les obligations auxquels vous ferez face.

Les vacances ne sont pas terminées. Il a été démontré que c'est souvent dans les moments de détente ou au cours d'un voyage que les partenaires se querellent, parce qu'ils en ont le temps, et parce qu'ils sont constamment près l'un de l'autre. Si vous prenez congé avec votre amoureux, même si vos enfants sont aussi de la partie, entre le 1er et le 6, vous pourriez déclencher une série d'arguments susceptibles de ruiner ce bon temps que vous avez prévu passer en famille ou avec l'amoureux. Il vous suffit d'en prendre conscience pour éviter cette situation. L'astrologie, c'est l'information, à l'instar des signaux routiers.

En tant que célibataire, alors que vous aviez le cœur ouvert, voilà que le ciel vous porte une fois encore à douter de vous et peut-être bien de cette personne dont vous êtes tombé amoureux. Ne vous laissez pas piéger. Le ciel vous influence, mais en aucun temps il ne vous oblige à obéir aux positions planétaires dites négatives. Si vous avez peur de l'amour reçu et offert, songez donc à ces instants où c'était presque parfait entre votre nouvel amour et vous. Ainsi, vous éliminerez une grande part de vos doutes et de vos peurs face à l'amour, même si celui-ci est arrivé dans votre vie comme l'éclair qui pourfend le ciel.

DANS L'ENSEMBLE DE VOTRE VIE

Pour un grand nombre d'entre vous, ce sont les vacances. Certains doivent être au boulot, mais en ce qui concerne les vacanciers, ceux-ci devront être prudents, qu'ils soient sur un bateau, un radeau, à bord d'une chaloupe, en camping, dans un hôtel de luxe, une caravane ou autre. Un accident est vite arrivé. Ce serait dans votre cas un inconvénient plutôt qu'un drame. Pour l'éviter, vous devez être présent à tout ce que vous ferez pendant vos jours de congé.

Si vous êtes au boulot, ne vous attendez pas à avoir des jours de repos, ou si peu, ni à ce que vos journées soient écourtées. Vous serez débordé. Le ciel fait en sorte que, plus que jamais, vous êtes en demande, à la fois parce que des employés sont absents ou partis en vacances ou parce qu'un projet sur lequel vous travaillez beaucoup tire à sa fin et nécessite une attention presque constante.

Vous êtes sous l'influence de Mars en Taureau, ce qui a plusieurs significations en ce qui vous concerne. La plus importante étant que vous ne devez pas vous laisser distraire si vous poursuivez un objectif, et principalement si vous travaillez à partir de la maison. Dans un tel cas, en tant que travailleur autonome, faites-vous un devoir de congédier ceux qui débarquent chez vous, alors qu'ils n'ont reçu aucun carton d'invitation. Vous devrez être plus ferme avec vos proches quand ceux-ci vous réclameront des services... Peut-être qu'en plus de ne pas respecter votre temps et votre boulot, on ne vous respecte pas non plus!

Si vous travaillez dans un milieu compétitif, les mauvaises langues iront bon train. Il serait inutile de répondre et de vous défendre contre ces gens. De toute manière, ce qui est dit et fait contre vous, si vous n'avez aucune réaction, fera du tort à celui qui vous visait. C'est comme une lettre recommandée: vous n'êtes pas là pour la recevoir, alors on la retourne à l'expéditeur! Cette dernière idée comparative est tirée d'un excellent livre intitulé *Le singe piégé*.

Mars en Taureau, qui n'est pas prêt à quitter ce signe puisqu'il y sera jusqu'à la fin de l'année, et qui a tendance à vous ralentir, vous suggère de méditer, dès que vous sentirez que vous aurez moins d'énergie mentale pour effectuer vos travaux.

Mars vous invite à ne pas laisser la famille vous dire ni comment ni quoi faire, autant en ce qui touche votre vie personnelle, familiale que professionnelle. Les conseils qui vous seront donnés seront le résultat d'expériences qui ne sont pas les vôtres. Vous ne pouvez donc pas vous y fier. Il vous suffira de songer que vous avez un passé unique, des désirs qui sont les vôtres, et surtout, que vous avez une manière de vivre votre présent qui ne peut être que de vous. Personne ne peut se mettre à votre place, quoi qu'on en dise, parce que vous êtes unique depuis votre conception et il en sera ainsi jusqu'à la fin de votre temps passé sur cette planète. Un petit truc pour vous débarrasser des enquiquineurs qui croient tout savoir : vous n'avez qu'à dire oui, oui à leurs suggestions... Ils auront alors l'impression d'être importants. Parce qu'ils croiront que vous avez consenti à suivre leurs instructions, ils n'auront plus rien à ajouter ! Quant à vous, vous faites vos choix selon ce qui vous inspire, ce que vous ressentez et pressentez. Ayez confiance en ce à quoi vous croyez, notamment au sujet de vos enfants, de votre vie familiale, de votre union, de votre carrière... Si l'on se mêle, en plus, de vous dire que vous ne devriez pas acheter ou vendre ceci ou cela, si on insiste sur un détail comme la décoration de votre maison (il suffit de songer qu'on parle de votre habitation), réfléchissez. Peut-être que ces personnes, qui tentent de vous contrôler et qui s'imposent, ne sont pas de vrais amis.

Mars en Taureau n'est pas nécessairement négatif. Bien au contraire. Il a un effet positif. Il est semblable à un initiateur qui vous ferait comprendre ce qu'est le fait de relever un défi et comment il faut procéder pour y parvenir. Ne perdez pas de vue que vous êtes encore symboliquement guidé par Jupiter en Balance. Cette planète vous stimule intellectuellement. Mars en Taureau, signe fixe qui pourrait n'être qu'inertie, fait aussi en sorte que vous réfléchissez calmement. Tout dépend de la forme que vous donnez à cette position planétaire. Ce qu'on nomme communément la chance est aussi présente qu'en début d'année. Si vous l'avez saisie à plusieurs reprises, vous savez comment vous y prendre. Retournez à ces instants où vous étiez aussi fort que l'est le véritable Lion. Le Soleil qui régit votre signe brille pour vous et pour autrui. Il éclaire vos vues, vos visions, vos buts... Continuez à vivre selon votre vrai moi, votre nature profonde, votre foi, celle dont jamais vous ne parlez parce qu'elle fait partie intégrante de votre jardin secret.

Si vous êtes ce Lion priant le dieu loterie de vous rendre instantanément fortuné, vous devriez vous poser une question. Si vous allez fréquemment au casino en espérant qu'un jeu quelconque ou une machine vous rendra riche, demandez-vous si, tout au fond de vous-même, vous n'espérez pas contrôler un appareil, une mécanique qui n'a ni âme, ni cœur, ni pensée, ni la moindre vibration humaine, et avec lequel il est carrément impossible d'avoir une conversation. Contrôler une machine programmée, est-ce raisonnable ou n'est-ce pas une perte de temps, d'énergie et d'argent? Vous perdez cet argent, alors que vous pourriez le garder et en faire bon usage à l'égard d'un de vos proches. En fait, je tenais simplement à vous signaler qu'en ce mois d'août, madame la chance est comme bien d'autres gens: elle est en vacances. Profitez donc de son congé pour réfléchir à vos jeux d'esprit et à ce que vous refoulez quand le goût du casino vous prend aux tripes!

SEPTEMBRE 2005

L'AMOUR

Jusqu'au 22, sous l'influence du Soleil en Vierge, là où l'on fait le point, là où l'analyse de notre vécu nous préoccupe, la dominante n'est pas l'amour, mais plutôt le retour au travail. C'est, pour vous et votre partenaire, le temps de prendre des décisions dans le monde de la matière pour quelques mois à venir... Cette fois-ci, il s'agit de résolutions que vous devrez maintenir jusqu'à la fin de l'an 2005. L'argent et le temps seront au cœur de vos conversations, et très souvent, le respect des besoins de réalisation de l'un et de l'autre sera discuté. Il faudra que, tous deux, vous soyez aussi raisonnables que calmes. Vous êtes sous l'influence de Mars en Taureau, et peut-être que vous ou le signe de votre partenaire n'est ni tolérant, ni patient, ni conciliant ou du moins, peut-être qu'il a tendance à s'égarer. Dans un tel cas, vous devrez déployer un maximum d'amour lors de vos explications. Étayez votre point de vue et écoutez ce que l'autre vous dit avec le cœur! Le mot concession est souvent vague, incompris, inefficace, et ne sert qu'à détourner l'attention quant au vrai sujet. Septembre n'est pas vraiment drôle, même pour les gens qui s'aiment.

Nombreux sont les Lion qui n'échappent pas à une importante réorganisation, où chacun a son opinion et son mot à dire. Méfiez-vous du piège que vous tend Mars en Taureau. Positionné dans le dixième signe du vôtre, il accentue vos ambitions. Il peut aussi vous donner l'illusion que vous devriez être celui qui contrôle les affaires en cours. Revenez à votre point de départ, où il était entendu que, sous le drapeau du boulot, vous étiez égaux et que, advenant un point sur lequel vous seriez discordants, vous en discuteriez à tête reposée et très civilement. Une promesse que vous, en tant que Lion, vous pouvez tenir. Le Soleil brille constamment et n'a aucune raison ni de mentir ni de jouer avec les émotions de son partenaire. Et puis, comment le pourrait-il? Il ne serait plus lui-même et ce serait insupportable! Mars en Taureau vous invite à la sagesse plutôt qu'à la querelle. En tant que signe parfaitement libre, choisissez ce qu'il y a de mieux afin de préserver l'amour que vous partagez si bien jusqu'à présent avec votre conjoint.

En tant que célibataire, quel capricieux vous êtes en ce mois! Dès que votre monologue intérieur n'est plus que critique et doute, même envers une personne qui vous plaît, dès l'instant où vous vous sentez déchiré, scindé entre le fait de vous lier ou de vous sauver, alors que vous ressentez l'appel des beaux sentiments, stoppez ces pensées négatives et faites confiance à un sourire, à une attraction. Ne dites pas non avant d'avoir au moins eu quelques rendez-vous avec cette personne. En ce mois, derrière ce que vous croyez être de charmantes apparences se trouvent fidélité, affection, tendresse, attachement et, éventuellement, votre grand amour.

DANS L'ENSEMBLE DE VOTRE VIE

Précédemment, il a été question de votre vie professionnelle. Si toutefois vous êtes employé dans une grande entreprise, comme le sont bien d'autres Lion, on vous annoncera des transformations, et bon nombre d'employés seront obligés de parfaire leurs connaissances afin de s'adapter à cette nouvelle technologie de pointe faisant son entrée dans la compagnie. Le but étant, naturellement, d'en augmenter les bénéfices. Si vous faites partie de ceux qui connaissent l'informatique, vous n'aurez aucun mal à accepter ce qui vous est imposé. Par contre, si vous n'êtes pas fou des ordinateurs, pour garder votre emploi, probablement que vous devrez faire un effort et vous astreindre à étudier afin de continuer à pourvoir aux besoins de votre famille. Ne vous en faites pas : vous y arriverez très bien, et si vous êtes détendu, vous apprendrez rapidement. Possiblement prendrez-vous goût à l'utilisation de la machine.

Plus précisément entre le 12 et le 23, des aspects célestes vous mettent en garde contre votre propre colère, qui ne serait que le résultat d'une frustration généralement vécue dans votre milieu de travail. Au cours des jours mentionnés, les autorités ne sont pas de bonne humeur et, malheureusement, vous aurez aussi tendance à réagir vivement. Si vous êtes un Lion susceptible ou incapable de prendre à la légère la moindre critique, vous rebondirez comme une bête enragée ! Et rien ne sera réglé ! Certains d'entre vous ne comprennent pas qu'on puisse leur dire des mots vides de sens ! Il est important que vous fassiez la différence entre ce qui est une attaque verbale directe, dont il faut absolument se défendre, et une mauvaise traduction que vous faites d'une expression peu commode, indélicate, mais pas vraiment méchante ! Mentalement, dites-vous bien que le patron pense être le seul à avoir des problèmes, et que le fait de froisser un employé lui fait du bien. Quant à vous, sachez que ce patron, qui ne voit que le pire, ne dérange aucunement votre vie ! Prenez sa mauvaise humeur avec un grain de sel. Ainsi, vous ne jouerez pas son jeu et vous continuerez calmement à faire ce que vous avez à faire.

Si, en août, vous avez laissé un parent mener votre propre famille, cette fois, vous ne pourrez faire autrement que de réagir. À partir du 12, vous ne résisterez pas à l'envie de le remettre à sa place. Vous ne serez pas tendre. Il n'a pas compris la première fois, mais à la seconde, vous aurez un vocabulaire juste et précis en ce qui concerne votre liberté d'être !

En tant que femme, si vous travaillez le soir et que vous ne rentrez à la maison qu'au cours de la nuit, durant ce mois, et jusqu'au 8 octobre, il sera plus prudent d'être accompagnée d'un autre collègue ou d'un ami qui a le même rythme de vie que vous. Il y a du danger que vous soyez agressée. Cet avertissement vaut autant pour les femmes qui habitent la campagne que la grande ville. Ne dit-on pas qu'il vaut mieux prévenir que guérir ?

En tant qu'artiste, il est possible que vous souffriez du syndrome de la page blanche. Si vous êtes chanteur, un mal de gorge pourrait bien vous obliger à garder le silence. Un artiste peintre ne saura soudainement plus quelles sont les meilleures couleurs pour ce tableau qu'il avait pourtant intérieurement si bien visionné. Un musicien, habituellement si habile et si doué, fait des notes fausses. Un compositeur de chansons n'arrive pas à faire rimer quoi que ce soit. Un journaliste ne sait plus trop comment présenter son sujet de manière à le rendre acceptable et apprécié de son public. Les artistes Lion sont en panne! Dès le 21, la panne sera terminée, et lentement, la vie d'artiste reprendra son cours.

⅏ OCTOBRE 2005 ⅎ

L'AMOUR

Jusqu'au 23, vous êtes sous l'influence du Soleil en Balance. Jupiter sera dans ce signe jusqu'au 26. Mercure est aussi en Balance jusqu'au 8, mais il y a encore Mars en Taureau, et cette dernière planète régit vos impulsions et vos pulsions. Mars, dans le signe du Taureau, peut avoir pour effet de vous figer sur place et de vous plonger dans une profonde déprime. Vous pouvez également entrer en guerre contre l'amoureux et faire de votre amour passion un enfer. Mars en Taureau vous pousse à ignorer vos proches et à faire tout ce qui vous plaît, sans tenir compte des besoins de votre partenaire. Si vous êtes piégé par l'aspect négatif de cette planète en Taureau, c'est parce que vous êtes influençable, et plus fragile que vous ne voulez vous l'avouer. Tous les passages planétaires ont un effet positif, mais il faut le trouver, et ensuite vouloir l'effet de ce meilleur. Très souvent, quand vous vivez le pire d'un aspect, c'est par apitoiement sur vous-même. User du pire d'une planète, c'est comme se donner la permission de manipuler autrui à sa guise. Les premiers à en souffrir sont vos proches, dont le partenaire, alors qu'au plus profond de vous-même, vous les aimez. N'appliquez donc pas cet adage: qui aime bien châtie bien. C'est ce que Mars en Taureau veut vous faire croire en ce qui concerne l'amour. Le fait de s'aimer, ce n'est jamais un châtiment. L'amour donne et reçoit. Si vous vous surprenez à ne plus penser que du mal de vous-même, de la vie et de vos proches, si vous accordez trop de votre attention à vos contrariétés et que le présent vous échappe, c'est que vous gaspillez votre énergie, ainsi que cette force solaire qui n'est qu'amour de vous-même et d'autrui.

Jusqu'au 23, sous l'influence du Soleil en Balance, en tant que célibataire, vous êtes libre comme l'air, libre de butiner de fleur en fleur, de charmer, de commencer et de terminer une relation aussi vite que vous le désirez. Plus qu'auparavant, sous l'influence de Mercure en Scorpion, à compter du 9, s'il y a en vous le moindre cynisme, la moindre rancœur envers d'anciennes amours, il est possible que vous cédiez à la pression de Mars en Taureau, et qu'à diverses occasions, vos mots dépassent votre pensée. Vous insultez une personne après l'avoir séduite ou vous lui ferez croire qu'elle est tout pour vous, alors que vous n'avez pas l'intention de la rappeler.

Mais Mars en Taureau, Mercure en Scorpion, et surtout Jupiter en Balance qui file sur ses derniers degrés, plus précisément entre le 12 et le 26, sont tout autant des présages de rupture. Vous ne serez pas celui qui quitte l'être aimé, mais plutôt celui qu'on abandonne, sans explication aucune. Vous pensiez que tout était parfait entre votre nouvel amoureux et vous. Les événements parlent autrement, et le pire, pour vous, c'est de ne pas savoir pourquoi cet amoureux se sépare de vous. Et s'il n'avait besoin que d'un temps de réflexion? S'il était incapable de vous dire combien de temps il lui faut pour savoir s'il vous aime vraiment? Si vous vivez une telle situation, plongez en vous, ne laissez pas le désespoir ombrager votre Soleil. Pleurer, être peiné et rager sont des réactions humaines. Si, au bout de vos larmes, vous savez que l'autre ne reviendra pas, sachez que votre destin ne s'arrête pas avec cette épreuve. La route de la vie est beaucoup plus longue. Vous faites un détour. Ayez la patience et la sagesse de reconnaître qu'un autre amour attend celui qui fait confiance à cette invisible justice, à cette invisible distribution des biens célestes, dont l'amour!

DANS L'ENSEMBLE DE VOTRE VIE

Si vous faites du commerce avec l'étranger ou si vous avez le puissant désir de mettre la main sur ce marché, vous aurez la possibilité de tenter votre chance. Il s'agira d'abord d'un simple message électronique, puis d'un échange entre vous et cet entrepreneur qui, dès le départ, vous paraîtra virtuel. Au début du mois, vous naviguerez entre l'excitation et le doute. Est-ce réel ou n'êtes-vous pas en train de vous faire des illusions? À compter du 9, Mercure entre en Scorpion dans le quatrième signe du vôtre. Cette position astrologique est comparable à votre sixième sens: vous saurez que vous n'espérez pas en vain, et pour appuyer Mercure, Vénus, monde des contrats, entre en Sagittaire. Afin de donner une forme sérieuse à Vénus, il y a Pluton en Sagittaire. Vénus, sans aucun appui planétaire, devient inerte. Il y a un plus : Vénus en Sagittaire fait une fleur à Saturne en Lion, et lui assure que son travail sera une réussite à long terme. Vénus en Sagittaire adore voyager, tout autant que cette planète, dans ce signe, ne supporte pas le recul. Vénus en Sagittaire est en progression.

Un avis s'impose : Uranus, qui poursuit sa marche en Poissons, tentera de freiner les emballements et les plans de Vénus en Sagittaire. Cependant, cette dernière planète mentionnée est si bien entourée que personne, ni aucun événement, ne peut entraver sa marche vers le succès. Étrange succès : celui-ci rejoindra la masse pour qu'elle en prenne plaisir et pour la soulager de ses misères !

Si vous avez un emploi régulier, vos habitudes devront être reléguées aux oubliettes ! L'amour peut être complexe, le monde de la matière aussi. Il y aura toujours, parmi vous, des rebelles. Ils ne sont plus ces chasseurs chassant pour se nourrir, ils sont semblables à nos chats domestiques que nous nourrissons parce que cela va de soi. Les Lion apathiques, qui ne font qu'attendre que la proie s'approche pour la dévorer ou la voler à d'autres animaux, ne bénéficieront de rien... Ces derniers seront coincés par la paresse et par le mal de vivre. Devant eux, ils ne voient que l'absurde vide. Quelle que soit votre situation, un Lion reste un Lion jusqu'à la fin de ses jours. Il lui est toujours possible de changer entièrement son destin.

Si vous êtes à la recherche d'un emploi, un refus n'est qu'un refus. Ce n'est pas la fin de tout. Si vous travaillez à forfait et que l'on vous en confie moins qu'avant, n'est-ce pas là un signe qu'il faut vous ouvrir à une autre manière de gagner votre vie ? Ou ne devez-vous pas adopter une attitude différente face à votre boulot ? Pour réussir professionnellement, pour goûter la satisfaction du devoir accompli, il ne faut prêter aucun pouvoir aux contrariétés et aux retards qui se pointent. Vous êtes le Soleil, le maître de vos pensées, le maître de votre destinée, et rendez-vous compte que vous possédez en vous toutes les réponses et toutes les solutions.

En tant que femme, un homme jaloux et possessif est plus dangereux qu'auparavant. Sa colère devient de plus en plus incontrôlable. Si vous êtes homosexuel, de grâce, ne vous promenez pas dans ces lieux où vous attendent des hétérosexuels qui vous détestent tant ils ont peur de leurs propres désirs. Vos blessures et vos bleus seraient douloureux, et pas du tout jolis à voir. En tant que parent, si vous soupçonnez qu'un de vos enfants se drogue ou boit, intervenez, même si celui-ci vous résiste et vous repousse. On ne laisse pas un humain, quel qu'il soit, se détruire quand il a tout à bâtir. Si vous avez une famille reconstituée, l'ancien partenaire de l'un ou de l'autre s'introduira négativement, une fois de plus, dans votre nouveau couple. Ne le laissez pas démolir l'amour que vous vivez. Ne le laissez pas non plus jouer avec les sentiments de ses enfants. Ceci affecterait aussi vos légitimes, qui sont maintenant liés à ceux de votre partenaire, qui avant vous a eu une autre vie. En conclusion, chassez ce qui blesse et frappe vos proches.

◁◁ NOVEMBRE 2005 ▷▷

L'AMOUR

Vous êtes maintenant sous la tutelle de Jupiter en Scorpion. Il sera dans ce signe jusqu'au 24 novembre 2006. D'ici là, ce que Jupiter en Balance a négativement mijoté émerge au grand jour. Tout s'enchaîne, rien ne reste caché indéfiniment. Jupiter en Scorpion fait sortir le pire de chacun... Si l'amoureux et vous avez dans votre jardin secret des fleurs nommées rancœur, vengeance, manipulation, déception et rupture, si vous avez été victime d'un partenaire qui n'a cherché qu'à vous contrôler et que vous êtes volontairement resté aveugle, sous l'influence de Jupiter en Scorpion, une transformation s'imposera d'elle-même. Que vous soyez celui qui subit le mensonge d'un partenaire ou que vous soyez le menteur, Jupiter en Scorpion, dans le quatrième signe du vôtre, vous oblige désormais à ne dire que la vérité! Tout au long des mois qui se sont écoulés, Jupiter en Balance a donné à chaque Lion la chance d'être authentique, de dire les choses les plus déplaisantes dans un climat paisible, d'une manière civilisée, intelligente, diplomate et délicate. Jupiter en Balance, c'était comme un miroir où chacun pouvait se voir et se reconnaître avec ses défauts et qualités, avec ses beautés et ses laideurs, et surtout percevoir sa capacité de discuter dans le but de s'améliorer. Il est à souhaiter que vous n'ayez pas raté le passage de Jupiter en Balance: c'est l'occasion, pour les couples, de prendre leur véritable envol.

Jupiter en Scorpion symbolise un plongeon au cœur de soi, un plongeon troublant, parce que lors de votre descente, vous saurez que vous ne devrez compter que sur vos seules forces pour revenir à la surface. Même si votre couple est en règle, Jupiter en Scorpion ne manquera pas une occasion de le déstabiliser. Il invite les partenaires, même ceux qui crient qu'ils sont amoureux fou, à se voir, à voir l'autre, non plus à travers les gestes et le travail, mais plutôt à se voir dans le tréfonds de l'âme, et à s'aimer sans condition.

Jupiter en Scorpion sème la zizanie si votre amoureux et vous travaillez ensemble. Cela n'arrive pas par hasard. La querelle sera la conséquence de vos approbations artificielles, de vos flatteries, de ces désaccords que vous ne lui avez pas exprimés.

Jupiter en Scorpion, c'est un défi plus grand que celui de Jupiter en Balance. Si vous perdez votre emploi, bien que vous ne perdiez rien de vous-même, ni de votre amour pour l'autre, votre conjoint pourrait réagir négativement et vous dire brutalement que vous n'êtes pas à la hauteur de ses attentes! Et si c'était vous qui jouiez à ce jeu? Ne vous sentiriez-vous pas méchant?

Jupiter en Scorpion n'a pas que le pire à vous offrir: c'est aussi un enfant à naître. Cependant, en tant que femme, vous devrez vous reposer. La grossesse sera difficile ou moins facile que la précédente si vous n'en êtes pas à la première. Il faudra donc écouter et observer les recommandations de votre médecin, et en aucun temps vous ne devrez vous croire plus forte que vous ne l'êtes réellement.

De nombreuses femmes prêtes à avoir un enfant auront la surprise et le bonheur d'apprendre qu'elles sont enceintes. Aimer un enfant, n'est-ce pas un cadeau extraordinaire? Surtout si on n'attendait pas cette incarnation!

En tant que célibataire, si vous faites partie de ces hommes et femmes ayant des enfants, ne vous attendez surtout pas à rencontrer une personne libre de tout attachement. Jupiter en Scorpion, ainsi que Vénus en Capricorne, à compter du 6, vous présentera un amoureux. Il sera lui-même amoureux de ses enfants... Telle est la mission de Jupiter en Scorpion... Il vous place en face de responsabilités dont vous ne voulez pas! Demandez-vous si vous pouvez mesurer l'amour. Comment pourriez-vous aimer quelqu'un, qui porte en lui un autre grand amour, celui de ses enfants... Pensez-y. Ce nouvel amoureux aura en lui de l'amour pour vous et autant d'amour pour ses enfants. N'est-elle pas une personne plus aimante que toutes celles que vous avez connues?

DANS L'ENSEMBLE DE VOTRE VIE

Maintenant, sous l'influence de Jupiter en Scorpion, il est possible que l'argent s'impose et devienne une sérieuse priorité, non pas parce que vous en avez moins qu'avant, mais plutôt parce que vous en faites une obsession. Jupiter en Scorpion ne filtre pas votre peur du manque. Il vous fait prendre conscience que vous avez des craintes et qu'il vous faut y réfléchir pour qu'elles ne pourrissent plus votre vie.

Si vous êtes en commerce, votre clientèle sera plus pointilleuse qu'elle ne l'était. Le coût de la vie augmente et vous êtes obligé de monter vos prix parce que vos fournisseurs ne vous font pas de cadeau!

Les politiques économiques se resserrent. Les sommes allouées aux plus démunis par les gouvernements n'augmenteront pas. Il y a, dans l'air, la possibilité de recevoir moins. Si vous faites partie de ces gens, vous ne serez surtout pas heureux de cela, et parmi vous, nombreux sont ceux qui sombreront dans la déprime. Si vous vivez cette situation, rappelez-vous que le soleil brille pour tout le monde. Ne vous accrochez surtout pas à votre perte et concevez qu'en tant que majesté léonine, dès que vous l'aurez décidé, vous aurez une solution.

Jupiter en Scorpion, en cet avant-dernier mois de l'année, vous conseille de vous nourrir sainement. Les brûlures d'estomac sont très désagréables.

Si vous avez entamé des négociations avec l'étranger, elles se poursuivent et il devient de plus en plus urgent de s'entendre. Ne laissez tout de même pas votre éventuel collaborateur prendre la plus grande part de ce gâteau que vous avez tous deux cuisiné! Ne laissez pas l'impatience vous gagner face à ces babillages qui, souvent, auront pour but de vous égarer. Il ne sera pas facile de vous calmer, mais il est cependant essentiel de le faire.

En tant que travailleur autonome, si vous travaillez à la maison, vous serez souvent dérangé. Vos amis s'imaginent que vous n'avez rien à faire ou que vous avez tout votre temps... Il n'y a qu'un travailleur autonome pour en comprendre un autre... Vous devrez dire clairement aux envahisseurs de respecter vos heures de travail et de téléphoner avant de se pointer.

Si vous travaillez dans un milieu où l'on sert de la nourriture, où l'on boit et danse, il est possible que vous deviez aviser des gens qu'ils s'amusent outre mesure et qu'ils enfreignent les règles de l'établissement.

Si vous êtes constamment obligé d'être sur la route afin de desservir une clientèle, redoublez de prudence. Partez plus tôt. Ainsi, en aucun temps vous ne dépasserez la vitesse permise. Vous éviterez une contravention et, au pire, un accident.

⸨ DÉCEMBRE 2005 ⸩

L'AMOUR

Nous voici au dernier mois de l'an 2005. Jupiter fait carrément face à Mars en Taureau. Ces planètes heurtent votre signe, elles font de l'ombre à votre Soleil. Quant à l'amour, vous serez sous l'influence de Vénus en Capricorne, un signe froid. Il s'agit d'une Vénus qui a du mal à exprimer ses émotions. À compter du 15, Vénus sera en Verseau, symbole de l'amitié. Vénus est aussi en Verseau, en face de votre signe. Il s'agit là d'une opposition qui, souvent, donne faim et soif de liberté au Lion! Tout ceci vous demandera un effort considérable pour maintenir la communication entre vous et l'amoureux. Dans certains cas, vous serez si occupé que vous aurez peu de temps à consacrer à votre partenaire. Des Lion subiront sans cesse des critiques et des récriminations de la part de leur conjoint qui, en fait, transfère ses propres frustrations. Vous devrez penser sagement et agir héroïquement pour qu'aucune querelle ne ruine l'amour que vous partagez.

Si votre couple ne subit aucun dommage, vous êtes bienheureux. Étrangement, en ce temps de l'année où, généralement, on se retrouve en pleine préparation des fêtes, vous et l'autre transformerez votre maison, vous décorerez. C'est une manière instinctive de modifier les vibrations d'une habitation afin de se soustraire au négativisme qui tente de s'y infiltrer. En tant que parent, vous n'oublierez pas non plus d'embellir les chambres de vos enfants. Et si vous n'avez pas d'enfant et que vous en désirez un, nul besoin d'implorer le ciel. Il exaucera votre désir.

Quelques Lion opteront pour une plage au soleil, plutôt que de passer la fin de l'année 2005 en famille. Ceux qui ont des enfants ne les laisseront pas seuls. Ils seront aussi du voyage. Ces Lion passeront du bon temps. Parmi vous, des Lion réaliseront, loin des leurs, à quel point ils apprécient leur liberté, la proximité de leur partenaire, ainsi que celle de leurs enfants à qui ils ont enfin le temps de donner de leur amour!

Si vous êtes encore célibataire parce que c'est votre choix, plus vous serez proche du Nouvel An, plus vous vous questionnerez. À quelques reprises, vous regretterez de n'avoir pas saisi telle occasion d'aimer et d'être aimé. Il y a tout de même, sous ce ciel de décembre, un moyen de rencontrer une personne aimante, un être merveilleux. Vous devrez sortir de la maison et choisir, au début du mois, une activité récréative qui attire des gens de toutes les nations et de toutes les cultures! Et, c'est au milieu de cet océan humain que votre regard et votre âme en somme seront attirés par celui vous aimerez et dont vous serez aimé.

DANS L'ENSEMBLE DE VOTRE VIE

Sur le plan professionnel, jusqu'au 15, vous serez très occupé. Vous serez débordé. Il est également possible que vous fassiez une autre expérience au travail : vous ne l'aurez pas souhaité, et pire encore, vous redoutiez une telle demande! Mais le poste est vacant pour l'instant : l'absent doit nécessairement être remplacé et c'est vous qu'on a choisi. Vous en perdrez votre sourire, mais pour bien peu de temps. Il suffira qu'on vous explique clairement ce qu'il y a à faire pour comprendre. Vous êtes un être volontaire, et quand il le faut, vous plongez! Vous n'aurez jamais fait un aussi beau plongeon l! Vous gagnerez plus d'argent et votre réputation de Lion ne sera plus jamais mise en doute par vos collègues. Quant aux jaloux, ils n'auront plus un seul mot dénigrant à dire, tandis que les envieux réaliseront qu'ils ont intérêt à adopter votre courage pour réussir. En ce qui concerne ceux qui s'étaient déclarés vos ennemis jurés, il n'y a plus de place pour eux!

Si le mois de novembre a été complexe, lourd, incertain, décevant et triste, en décembre, en tant que Lion authentique, vous reprenez vos forces, celles que vous avez acquises lors du passage de Jupiter en Balance. Toutes les leçons apprises concernant le but que vous poursuivez sont comprises et appliquées. Pendant que des tas de gens se débattent, plutôt que de vivre agréablement dans leur boulot, vous reprenez contact avec vous et avec l'Univers. Vous appréciez ce que vous avez et vous vous dites que ce que vous n'avez pas maintenant, vous l'aurez plus tard.

Si vous êtes en partenariat, s'il y a eu des tensions, elles s'évanouissent. Vous savez qu'il est préférable de vivre agréablement et c'est ce que vous appliquez dans votre vie.

En conclusion, en 2005, l'amour, bien vécu, honnêtement partagé est gagnant. Votre succès fait l'envie de tant de gens! Mais ne vous gonflez pas d'orgueil. Vous avez appris ce qu'est la simplicité, sans perdre votre fière nature. Vous avez dissous vos fausses croyances et vos fausses valeurs, tout en reconnaissant que de nombreuses gens autour de vous n'ont pas suivi votre rythme. Ils ont le leur et vous savez que vous n'avez pas à les presser. Tout s'accomplit quand on est prêt! Le respect d'autrui est devenu fondamental, et dès que la tentation de juger vous prend, vous savez l'éloigner. Vous n'êtes ni saint ni sage, mais vous êtes en progression et vous acceptez de faire un pas à la fois. Vous savez que vous y arriverez, à votre rythme, sans stress, mais surtout plus pacifiquement que jamais.

LES ASCENDANTS

LION ASCENDANT BÉLIER

Ne vous mariez pas sur un coup de tête, et ne vous séparez pas non plus d'un amoureux sans y avoir longuement réfléchi. Modérez vos pulsions et débarrassez-vous de tous ces désirs empressés et de ces rêves fous qui ne se réaliseront que petit à petit. Vous êtes un signe d'un ascendant indépendant! Sauf que cette année, vous aurez besoin des conseils d'autrui, en affaires comme en amour. Si vous n'êtes pas attentif à la sagesse de vos prédécesseurs, le prix à payer sera très élevé.

LION ASCENDANT TAUREAU

Que de contradictions en une seule personne! Le Lion veut tout ou presque. Le Taureau, lui, suggère d'être bon et raisonnable. En 2005 vous n'aurez jamais été aussi déchiré. Méfiez-vous de votre envie de posséder: vêtements, meubles, voiture de luxe, etc. Vos économies peuvent vous mener à l'avarice. Vous aurez souvent le désir de manipuler des gens vulnérables afin de leur soutirer ce qu'ils possèdent ou pour détruire leur bonheur, auquel vous n'accéderez jamais. Il y a, dans l'air, un excès, un danger de chute dans un enfer d'émotions désagréables. Quant à l'amour, lorsqu'il sera uniquement question d'argent entre vous et l'autre, sachez que votre union sera en péril. Un miracle est souhaité: la chance de renaître et de vivre enfin en paix avec vous-même et avec autrui.

LION ASCENDANT GÉMEAUX

Que de nouveautés sur le plan professionnel! Les défis ne vous effraieront pas. Vous savez, dans vos tripes, que vous vous en sortirez gagnant. Quant à la famille, si vous laissez un seul parent vous dire quoi faire concernant vos enfants, c'est que vous ne vous faites pas confiance. Une famille reconstituée, ce n'est jamais simple. Si vous subissez des reproches de la part de votre partenaire à l'égard de ses enfants, votre silence l'obligera à réfléchir sur lui-même. Faites taire ces pensées qui vous laissent croire que vous n'êtes pas à la hauteur. Le cœur pur du Lion donne toujours plus de lui-même quand il aime.

LION ASCENDANT CANCER

Il s'agit de l'ascendant et du signe qui donnent le plus d'importance à la famille, Aux enfants, et à l'amour. En 2005, c'est à votre tour d'obtenir un remboursement de vos gratuités. Un mariage est dans l'air, après une année ou deux de fréquentations ou de vie commune. Un retour aux études pour les uns, un voyage pour d'autres. La vente de leur maison est possible. Trop de souvenirs s'y accrochent. Il est possible que vous en achetiez une autre afin de marquer votre entrée dans une nouvelle vie.

LION ASCENDANT LION

À tout seigneur tout honneur! Vous brillez et vous vous contentez du gros nuage gris qui vous cache de la lumière! Vous êtes un Lion parfaitement libre. Votre destin vous appartient. Si vous travaillez dans le monde des communications, vous serez glorieux! En tant que chercheur, quel que soit votre domaine, votre découverte vous vaudra un trophée. Vous serez couvert d'or. Vous devez éviter l'autorité et le contrôle. Évitez aussi de surprotéger vos enfants. Faites confiance à leur intelligence! Ne l'ont-ils pas héritée de vous? Faites tout de même votre devoir de parent.

LION ASCENDANT VIERGE

Entre la fierté et l'humilité, que vivez-vous au quotidien? Comment choisir entre un travail qui ne paie pas et un autre qui, sans vous plaire, fait votre fortune! Nous attendrons la fin d'octobre avant que cette question ne s'impose à vous! D'ici là, professionnellement, vous faites de bonnes affaires. En tant qu'employé, une promotion est à venir. Afin de garder ce poste, vous devrez choisir d'accomplir humblement vos tâches. Ne vous prenez jamais pour le patron! Que de calcul en amour! Peut-être même au moment où vous ferez une rencontre. La sécurité matérielle et émotionnelle est en vous, et non pas hors de vous.

LION ASCENDANT BALANCE

N'aurez-vous que les mots budget, argent, économie, gens influents, contacts, intérêts dans votre vocabulaire? Jupiter, jusqu'à la fin de mois d'octobre, sera sur votre ascendant. Vous aurez donc la chance de vous voir tel que vous êtes, et de vous réaliser. Ne loupez pas cette chance! Il y aura une ascension sociale... Par contre, sur le plan sentimental, c'est moins certain. Ne considérez pas votre partenaire comme étant une personne qui doit se soumettre à vos désirs et à vos caprices. Jupiter est juste et vous enlèverait aussitôt ce qu'il vous offre.

LION ASCENDANT SCORPION

Il s'agit d'un double signe fixe. Quand vous y tenez, il n'y a rien à faire pour vous faire changer d'idée. Vous pouvez obtenir un travail qui fait de vous une vedette ou vous choisissez de rester dans l'ombre, à condition d'exercer votre pouvoir sur ceux qui vous entourent. L'année 2005 vous fera languir en ce qui concerne la reconnaissance. Mais il est aussi possible que vous retourniez occuper un poste que vous avez déjà eu. Cette fois-ci, vous ne lèverez plus le nez sur ceux qui ne peuvent pas vous suivre, ceux qui n'ont pas votre talent. La sagesse se pointe et l'amour, bien que timide, se présente à vous.

LION ASCENDANT SAGITTAIRE

Il y a tout un monde à découvrir en 2005! Vrais et faux amis sont au rendez-vous. Il faudra user de discernement en tout temps et à toute heure pour faire la différence entre le bien et le mal, pour ne rien perdre matériellement, pour préserver votre moral. Un problème familial peut surgir. L'éducation des enfants en serait le point central. Sous votre signe et ascendant, vous parvenez au succès en croyant à votre idéal, et non pas en courant constamment derrière votre compte en banque avec la peur d'en manquer. Supprimez en vous l'influence d'un partenaire que vous aimez tout de même beaucoup, mais qui n'aspire qu'à la richesse et au confort.

LION ASCENDANT CAPRICORNE

Quelle vieille âme! Même si vous ne croyez pas aux vies antérieures, vous y songerez. Il faut vous soigner si vous ne vous sentez pas bien, et voir un médecin quand les maux perdurent.

Vous n'êtes pas tout-puissant! Vous devrez mettre votre orgueil de côté et accepter d'être aidé si vous tombez malade. Donner de vous-même si votre amoureux a de nombreux malaises! Pour un bon nombre d'entre vous, l'heure de la retraite a sonné! Une question se pose : s'offrir une récréation ou continuer comme si on avait 20 ans? La réponse viendra à la fin du mois d'octobre.

LION ASCENDANT VERSEAU

Depuis votre naissance, vous vivez avec votre signe opposé. Pendant que les uns se croient infaillibles, d'autres ne peuvent vivre sans qu'on leur dise qui ils sont! En 2005, Jupiter en Balance vous fera comprendre que ces deux options sont fausses. Vous fouillerez en vous-même afin de trouver ce terrain sur lequel vous bâtirez votre propre maison! Un voyage pour les biens nantis. Des études à tendance spirituelle et de la recherche afin de mieux se connaître pour d'autres. Étrangement, alors que vous ne cherchez pas le veau d'or, vous gagnez à la loterie. Ne disposez pas de votre pécule avant la fin d'octobre. Pensez-y pendant quelques semaines ou quelques mois. Qui mérite un cadeau?

LION ASCENDANT POISSONS

Vous n'êtes pas simple dans vos raisonnements. Vos décisions déroutent souvent vos proches. Vous êtes attiré par le mystère, et plus que jamais en 2005. Si vous êtes un excessif comme tant d'autres nés sous votre signe et ascendant, ne vous faites pas prendre par ce qui ne sera qu'un pseudo-mysticisme. Des fraudeurs vous persuaderont qu'ils sont vos guides! Ne suivez personne. Les réponses à vos questions existentielles sont déjà en vous. Vous serez nombreux à changer l'orientation de votre carrière, et à mettre fin à une union qui ne vous a jamais rendu le moindrement heureux. Si vous êtes un joueur, abstenez-vous de miser de grosses sommes jusqu'à la fin du mois d'octobre. La chance est bien mince.

VIERGE

22 août au 22 septembre

———◦❯◦———

À Francine Ledoux, une amie, une femme surprenante, une Vierge sage et admirable, une artiste peintre. À Yves Lussier, un bon gars généreux, un être pensant, un pur! À Ann-Julie Fortier, une consultante devenue une très bonne amie. Ann-Julie est une battante, une gagnante, une femme socialement impliquée et pour qui j'ai une grande admiration.

À Sylvie Bellerose, une très grande et vieille amie; nous avons cessé de compter les ans qui nous unissent! Je t'ai souvent dit et redit que j'admirais ton intelligence, ta brillance d'esprit, ton humour, ton gros bon sens, ta rapidité, ton organisation, ta maîtrise dans les moments où ça ne tourne pas rond, ta capacité d'aimer et de donner de ton temps, même au milieu d'un tourbillon d'obligations. Un jour, je t'ai avoué que j'enviais tes kilos en trop... Tu as rougi. Une seconde plus tard, nous avons pouffé de rire comme des gamines! En 2005, j'ai décidé d'écrire tout ça, rien que pour toi, très chère.

À mon ami et gynécologue, un incomparable dans son domaine: Antoine F. Asswad.

Deux autres Vierge me fascinent et m'épatent. J'ai eu l'occasion de les rencontrer à quelques reprises; quand je pense à elles, quand je les vois sur un grand écran, quand je les entends à la radio, ce ne sont que des éloges à leur endroit qui me viennent à l'esprit. Il s'agit de Guy A. Lepage et de Marguerite Blais.

Je ne puis dire que merci au ciel d'avoir un éditeur tel que monsieur Jacques Simard.

-----◦-----

SOUS L'INFLUENCE DE JUPITER EN BALANCE

Jupiter va maintenant traverser le deuxième signe du vôtre, la Balance, jusqu'au 26 octobre. Ce sera un temps où les amoureux, qui se fréquentent depuis une ou deux années, se marieront. Cette fois, la Vierge ne doute plus. L'amour l'habite et elle ressent qu'elle peut entrer et sortir à sa guise dans l'âme et le cœur de son partenaire. La Vierge célibataire a la conviction qu'elle vivra avec la personne idéale. Pour celle qui ne veut plus dépoussiérer la grande maison familiale devenue si vaste sans ses enfants, le temps d'un déménagement est venu et il marquera une transformation totale ou presque. Les démarches s'ensuivront: vente et achat, paperasses qu'il faut retrouver. N'oublions surtout pas les nombreuses visites des éventuels propriétaires. Quand le moment sera venu de quitter cette propriété, si vous avez habité ce lieu sacré pendant deux ou même trois décennies, vous savez déjà que vous serez déchiré, mais vous êtes bel et bien décidé.

Sous l'influence de Jupiter en Balance, en tant que parent de grands enfants, il est probable que vous soyez mêlé à leurs histoires personnelles. Certains seront fort heureux de devenir grands-parents et de s'émouvoir lors du mariage de leur fils. Vous serez content de constater qu'il est transporté de bonheur parce qu'il a trouvé son grand amour. Quel que soit votre âge, vous pourriez gagner à la loterie ou faire un voyage à la suite d'un tirage auquel vous ne pensiez plus du tout. Il y a, dans l'air, l'achat de la première maison d'un enfant.

Jupiter est en Balance dans le deuxième signe du vôtre. Peut-on mal en user? Croyez que vous pouvez constamment vous fier à autrui, emprunter de l'argent, imaginer que les problèmes se résoudront d'eux-mêmes, vous faire servir sans cesse parce que vous avez trouvé le talon d'Achille de votre partenaire et en profiter pour le manipuler? Il y a pire encore: trahir, voler, frauder, frapper autrui, etc. Si vous êtes de ce type de Vierge folle, la vie se chargera de vous afin que vous ne puissiez plus nuire à qui que ce soit.

VOTRE COMPLEXITÉ EST MAGNIFIQUE, TANT QU'ELLE N'EST PAS COMPLIQUÉE !

Vous êtes un signe de terre, un signe mutable ou double, régi par Mercure le rationnel. Des montagnes de livres ont été écrits à votre sujet. On vous décrit souvent comme étant une personne froide, dure, inquiète, économe jusqu'à l'avarice, intéressée, et qui devient un jour l'époux qui s'est marié non par amour mais par intérêt ! Personne n'affirme que vous avez besoin de rester libre. Une vie où vous seriez soumis à quelqu'un vous rendrait malade ! La Vierge n'appartient à personne et personne ne la contrôlera ! Vous êtes le sixième signe du zodiaque, vous avez une expérience hors du commun. Vous êtes tel un Bélier, un fonceur, un initiateur, un ouvreur de portes. Vous êtes un Taureau aimant, tendre, convaincu, responsable, fidèle. Vous êtes aussi un Gémeaux aux mille et une idées qui vous permettront de faire fortune. Vous possédez la tendresse, la sensibilité, l'imagination fertile d'un Cancer. Vous avez le sens des responsabilités familiales et vous êtes prêt à tout pour donner le meilleur à vos proches, à l'amoureux et surtout à vos enfants, quand vous en avez. Vous êtes également brillant et généreux, comme le Lion. Vos rayons ardents ont pour objectifs de réchauffer, d'encourager et de stimuler vos proches et l'Univers en entier. En tant que sixième signe, vous être aussi un Lion en action, un faiseur de miracles, à la fois pour vous et pour autrui.

Mais voilà que vous avez choisi, sans le savoir, une incarnation de Vierge ! Il n'est pas facile d'être une Vierge sage, surtout dans ce monde où règnent chaos, fantaisies, illusions, consommation abusive de toxines de toutes sortes et activités qui ne riment à rien. Il vous faut aussi être vigilant face à la magie des jeux des casinos. La publicité est mensongère : peu de gens décrochent le gros lot.

Grâce à votre intelligence doublée de fortes intuitions, le tout enrobé de charme, vous pouvez facilement profiter de ceux qui ne peuvent ou ne veulent pas être forts en 2005 ! La Vierge folle peut soutirer beaucoup à quelqu'un qu'elle croit être fortuné. Elle peut lui prendre tout ce qu'il possède ou presque.

VIERGE FOLLE ET VIERGE SAGE EN 2005

Il n'est pas facile d'être une Vierge sage ! Il est si facile de mentir, de tricher et de voler, sans être puni ! Nos lois sont souples, la moralité est élastique et truffée d'excuses. Qu'une Vierge soit folle ou sage, l'intelligence ne perd jamais son sens du calcul et de l'organisation, non plus qu'elle perd son art du camouflage, une leçon bien apprise sous le signe du Cancer.

Si vous êtes une Vierge folle, tromper autrui est une expérience acquise alors que vous étiez un vilain Bélier. Quant à les persuader que vous valez plus cher que n'importe quoi et qu'on doit payer pour vous fréquenter, c'est le Taureau pédant qui vous l'a enseigné. En passant par le Gémeaux, vous êtes devenu plus rapide que le meilleur cheval de course et vous avez compris que les détails sont importants quand on est en affaires. Il est bien certain que vous étourdissez vos interlocuteurs, à un point tel qu'ils finissent par dire oui, pour ne plus entendre n'importe quoi. Puis, sous le Cancer, vous avez pris des vacances. Rien à payer. Vous avez profité d'une occasion, d'une personne qui n'avait pas envie de partir seule, et lors de ce voyage, vous avez découvert que vous étiez séduisant, que vous possédiez une imagination extraordinaire, que vous aviez la capacité d'inventer des contes, tout autant que de faire la comptabilité. Vous avez aussi très bien saisi la signification de cette populaire expression : œil pour œil, dent pour dent ! Lors de votre passage dans le signe du Lion, celui-ci vous a parlé, assis sur son trône royal. Il vous a dit que, pour être remarqué et tout obtenir, il était indispensable d'être vu ! Ce dernier paragraphe est loin de dresser le portrait de la Vierge sage. Malheureusement, il y en a, et elles sont à l'oeuvre, sans qu'on remarque leur duperie.

L'IMPORTANCE DE VOTRE TRAVERSÉE DANS L'AXE BALANCE/BÉLIER

Je vous ai décrit ces différences entre la Vierge sage et la Vierge folle parce qu'en 2005, Jupiter est en Balance et fait face au signe du Bélier. Tous deux peuvent occasionner une crise existentielle douloureuse. Si vous n'y réfléchissez pas, ce sera Vénus contre Mars : agressivité ou tolérance, guerre ou paix, chevalier sauveur ou soigneur. Vous ne serez, apparemment, qu'un simple soldat qui n'est rien d'autre qu'un espion travaillant contre sa patrie pour favoriser l'ennemi qui le paie grassement. Vous serez l'artiste, le créateur et l'inventeur qui partage son succès parce qu'il sait qu'il ne l'a pas obtenu seul. Vous serez l'artiste qui se plaint de n'avoir aucune idée. Pire, la Vierge fait des pieds et des mains pour obtenir une subvention qu'elle dilapidera en s'offrant de vaines activités.

Vous êtes libre. L'astrologie est semblable aux feux de circulations ; elle vous avise.

Au fil des mois, vous lirez des prévisions dans le but de bien choisir votre chemin de vie. Il y aura des temps où vous devrez patienter... Cela vous donnera l'occasion de méditer !

Pour les amateurs et les pratiquants d'astrologie, en tant que Vierge, l'opposition entre Jupiter en Balance au signe du Bélier symbolise votre axe le plus important. Jupiter est alors dans le deuxième signe du vôtre. Le Bélier est votre huitième signe. Tout ceci est un énorme présage de gigantesques transformations. Jupiter en Balance, face au signe du Bélier, a autant de valeur que la vie et la mort en 2005.

En 2004, si vous êtes une Vierge sage, vous avez beaucoup appris. Vous avez gagné plus, ou du moins, vous n'avez manqué de rien. Même les plus démunis d'entre vous ont reçu plus qu'ils ne le souhaitaient. Ceux qui étaient déjà riches ont grossi leur pécule. Les propriétaires d'entreprises ont souvent doublé leurs profits. Les Vierge sages, qui exercent un art, ont eu des honneurs : elles ont signé des contrats avec une plume d'or !

LES QUALITÉS D'UNE VIERGE SAGE

Voici la description de la Vierge la plus sage que nous connaissons

Si vous voulez savoir ce qu'est une véritable Vierge sage, songez à mère Teresa et à son œuvre. Comme un Bélier, elle était passionnée, enivrée, combative. Pour elle, il y avait tout un monde à sauver ; le travail ne l'effrayait pas. Tel un Taureau épuré et purement aimant, elle était désintéressée des possessions et de l'argent. Ce qu'elle obtenait à force d'insistance auprès des peuples et des entreprises servait aux démunis. Quant à elle, elle était satisfaite de peu. Il n'y avait, en elle, ni envie ni gourmandise. Lors du premier passage de Mercure, soit celui du Gémeaux, les idées n'ont pas manqué pour sauver un maximum de personnes. Mercure, fait d'air, a été comblé parce que mère Teresa a constamment étudié le genre humain et les diverses cultures en voyageant d'un pays à l'autre. Telle un Lion, elle était sous les feux de la rampe. Il s'agissait d'une bonne vieille âme populaire. Et, pour être conforme à son incarnation de Vierge sage, elle n'avait aucune prétention. Sa force était *marsienne*. Elle voulait gagner la bataille, mais pour autrui. Sa douceur était vénusienne. Mère Teresa a donné d'elle-même et de son temps.

Son intelligence mercurienne a planifié, mesuré et calculé afin que ses gestes rapportent le maximum à son prochain. Son imagination était lunaire. C'est aussi le premier signe où l'âme reconnaît Dieu, ce qui lui permet de vivre l'amour universel. Elle était «brillance de cœur» et sa popularité toute léonine réchauffait les êtres les moins choyés. Elle leur infusait non seulement de l'espoir, mais aussi la capacité d'échapper au pire. Tout ça, en aucun temps, ne lui a fait oublier qu'elle s'était incarnée humblement en Vierge sage : l'action et le dépouillement de l'ego l'attendaient jusqu'à sa dissolution totale.

SATURNE EN CANCER – URANUS EN POISSONS – NEPTUNE EN VERSEAU – PLUTON EN SAGITTAIRE

Sous l'influence de Saturne, que vous soyez un homme ou une femme, si vous avez une vie de couple, si vous êtes heureux et que vous n'avez qu'un enfant, probablement que vous songerez sérieusement à agrandir votre famille. Parmi ces derniers, des Vierge ont atteint un âge où le corps indique que c'est maintenant ou jamais...Vous ne mettrez pas beaucoup de temps à y réfléchir et ce sera donc pour 2005 !

Il y a, dans l'air, quelques règles imposées par des parents qui vous envahissent un peu trop depuis déjà trop longtemps. Vous oserez leur dire que vous prenez congé d'eux et que votre porte ne leur sera ouverte que lorsque vous en aurez le désir et le temps. Vous serez boudé ! Cependant, vous êtes suffisamment sage pour reconnaître qu'on vous fait chanter, et lorsqu'un adulte en est là, c'est qu'il doit, comme un petit enfant, aller réfléchir dans un coin !

Sous les influences de Saturne en Cancer et d'Uranus en Poissons, vous aurez un nouveau cercle d'amis. Si vous êtes un voyageur, vous croiserez ces nouvelles personnes lors d'une de vos explorations. Même si ces gens n'habitent pas près de chez nous, vous garderez contact, et au cours de l'année, des échanges auront lieu. Lors de votre prochain voyage, vous ne dormirez pas à l'hôtel.

Uranus en Poissons fait face à votre signe. Neptune en Verseau est dans le sixième signe du vôtre, et Pluton en Sagittaire est dans le quatrième de la Vierge. Cet amalgame de planètes lourdes exerce de puissants effets sur vous. Uranus anime votre imagination, et stimule la vitesse à laquelle vous pensez. Voilà que Neptune, ainsi positionné, double l'effet d'Uranus. Vous êtes tout simplement génial! Mais Pluton en Sagittaire a le don de vous ramener sur terre et de vous brûler les ailes, dès l'instant où vous ouvrez votre sac de prétentions. Si vous souhaitez mettre en pratique une idée qui ne sera pas honnête, Pluton vous tapera sur les doigts. Vous ne retirerez pas de profits : vous aurez plutôt une grosse dette à rembourser.

Le 17 juillet de 2005, Saturne aura quitté le Cancer pour entrer en Lion dans le douzième signe du vôtre. Ceci laisse présager qu'en tant que parent d'adolescents, vous aurez plus de devoirs et d'obligations. Vos petits anges auront des désirs que vous ne pourrez leur accorder : une voiture, une moto, de nouveaux vêtements hors de prix, etc. Vos petits anges seront soudainement pressés de vivre comme des adultes et il vous faudra user de votre savoir psychologique pour les aider à revenir aux vraies dimensions de la vie.

Quant à vous, vous songerez sérieusement à emprunter une autre voie afin de combler ou de parfaire votre chemin de vie. L'imagination sera à l'œuvre. Poussé par les planètes lourdes, vous n'hésiterez pas à vous mettre en action. Au détour de votre anniversaire de 2005, vous amorcerez déjà une autre carrière ou obtiendrez une promotion que vous n'aviez jamais même souhaitée. Vous serez ainsi projeté dans un monde neuf, rempli de défis. Les artistes de votre signe travailleront à un projet «en coulisse». Ils se retireront partiellement pour se consacrer entièrement à leur nouvelle passion.

Saturne en Lion, c'est aussi une prise de conscience chez les biens nantis : faire plus afin que la société et les démunis soient plus confortables. Que faire pour qu'ils apprennent à croire en eux? Que faire pour les stimuler à mettre le pied dans l'étrier d'une vie satisfaisante?

Le 27 octobre, Jupiter aura quitté la Balance pour entrer en Scorpion, ce qui accentuera votre besoin d'être utile à votre communauté, à votre pays, ou du moins à un groupe de gens qui n'ont jamais joui de faveurs terrestres ni célestes. Sous Jupiter en Scorpion, si vous travaillez pour une méga-entreprise, il est possible que celle-ci se départe de certaines sous-entreprises. Vous évaluerez alors ce que vous pouvez vous-même transformer à l'intérieur de l'une d'elles et vous commencerez des démarches pour en faire l'achat. Vous ne vous aventurerez que sur un terrain sûr. Jupiter en Scorpion vous donnera un flair extraordinaire et une capacité intellectuelle dont vous serez vous-même surpris. Votre sens critique n'aura rien de négatif, il vous sera utile lors des vos discussions avec vos éventuels fournisseurs et collaborateurs. Ce n'est pas un jeu que d'entrer dans le monde des affaires en tant que propriétaire, et vous le savez fort bien. Sous Jupiter en Scorpion, votre sensibilité deviendra principalement intuition, et souvent perception, quand ça ne sera pas carrément illumination. Peut-être s'agit-il de phénomènes paranormaux?

Sous votre signe, il y aura des Vierge qui refuseront les bienfaits des planètes lourdes. Étrangement, ces dernières auront beau dire non à la vie, il y aura ici et là, en travers de leur route, une personne capable de leur redonner le goût de créer ou de se recréer!

EN CONCLUSION

Aucun temps mort pour vous en 2005 : tout est à faire, à créer, à repenser. Votre repos sera étrange puisqu'il sera, en quelque sorte, question d'une transformation pour le mieux. Ce sera une implication dans une activité passionnante, laquelle ne vous enlèvera pas la moindre parcelle de ce nouveau pouvoir, aussi physique qu'intérieur. Au contraire, vous récupérerez vos énergies qui ont parfois dormi pendant des mois ou des années. Vous avez une accumulation d'idées et de forces que vous pouvez maintenant utiliser sans vous épuiser. Comme tout être humain, il vous faudra dormir après vos journées bien remplies. Cependant, au réveil, vous serez, jour après jour, tout neuf et dans une forme splendide! Il y aura des exceptions. Malheureusement, le ciel de naissance et l'éducation reçue ralentiront l'explosion (pour le meilleur) de certains. Le moment viendra où l'inévitable croissance se produira grâce à des événements, des circonstances, des rencontres et des réflexions qui seront des cadeaux inexplicablement vibratoires. Votre logique n'aime pas le mot miracle (sauf mère Teresa, qui a souvent utilisé ce mot). Même si vous êtes rationnel, vous trouverez certainement une explication à tout cela!

‹‹ JANVIER 2005 ››

L'AMOUR

Jusqu'au 9, sous l'influence de Vénus en Sagittaire, vous ne serez pas présent auprès de votre amoureux. Vous aurez la tête remplie d'idées nouvelles, et vous n'aurez pas envie de lui en parler, parce que selon vous, elles ne seront pas au point. Vous êtes un perfectionniste. Cependant, au début du mois, vous exagérerez. Mais, dès l'instant où vous aurez trouvé ce que vous cherchez, à compter du 10, vous lèverez les yeux et donnerez à l'autre l'attention qu'il aura bien méritée!

Il y a, parmi vous, des Vierge qui s'entêtent à ne pas voir l'amour. Elles le refusent sous toutes sortes de prétextes. D'ailleurs, ces prétextes sont tous aussi faux les uns que les autres. Malheureusement, pour la Vierge qui craint d'aimer et d'être aimée, c'est surtout à compter du 10, contrairement à la Vierge sage, que les problèmes commenceront.

Cette Vierge, qui s'emmure dans son refus d'amour, vivra une crise existentielle où tout ne sera qu'ombres et noirceur. Il faut cependant se dire que, quoi qu'il se passe, le Soleil se lève toujours. Il faut parfois une grande souffrance intérieure et une pénible solitude pour comprendre que le bonheur n'est assurément pas là.

En tant que célibataire ouvert aux beaux sentiments et au fait d'aimer et d'être aimé, vous êtes grandement prêt à recevoir l'amour! La rencontre se fera dans un endroit où vous aurez un rendez-vous officiel. Ce lieu aura un lien avec votre milieu de travail. En somme, où que vous alliez, là se trouve cette personne attirante qui, dès le premier regard, aura aussi envie de vous parler! Si vous êtes un parent devenu célibataire, vos enfants seront totalement acceptés par notre nouvel amoureux.

Parmi vous, certains vivent en couple, mais voilà que bon nombre se mettront à discuter de l'officialisation de leur union. Ils ne tarderont pas à s'entendre en ce qui concerne la date et le genre de mariage qu'ils organiseront! Parmi vous, des Vierge ne sont pas prêtes pour un tel engagement. Vivre à deux pour toujours sera davantage une décision prise sur un coup de tête qu'une conviction. Avant de faire un tel geste, il est important de se questionner sérieusement. Si toutefois vous vivez avec l'autre depuis longtemps et que vous êtes profondément convaincu de votre choix, si vous avez dépassé l'étape où les imperfections de l'autre ne sont pas un obstacle à l'amour, il n'y a pas de doute, si vous pressentez qu'il faut donner un sens sacré à votre couple, mariez-vous!

DANS L'ENSEMBLE DE VOTRE VIE

Un changement de travail est en vue: n'ayez crainte. Les transformations désirées ou non deviendront des occasions de grandir. Vous apprendrez une nouvelle façon de vivre. En tant que Vierge, le travail est au centre de vos préoccupations parce qu'il donne un sens à votre vie. Le travail fait de vous un être utile à sa famille, à sa communauté, à son pays, à ses concitoyens et au monde. Sous ce ciel, que vous décidiez de changer d'emploi ou que vous perdiez celui que vous avez, avant que le mois se termine, vous occuperez un autre poste.

Parmi vous, des Vierge enracinées travaillent non pour donner à autrui, mais plutôt pour faire de l'argent. Cet argent sera déposé à la banque ou servira à combler des manques affectifs ou à s'offrir du luxe. Certaines Vierge qui font tout pour être riches parce qu'elles croient que leur fortune sera une preuve de leur intelligence... L'intelligence, ce n'est qu'une part de l'humain. Il y a des Vierge qui possèdent beaucoup, gardent tout, même à un âge avancé, car c'est la seule valeur qu'elles peuvent s'accorder. Si vous faites partie de ces Vierge, ne savez-vous pas que vous êtes remarquable? Dans les restaurants, vos pourboires sont en deçà de ce que donne la majorité des gens. Vous avez aussi le don de vous faire offrir un café quand vous êtes accompagné, de faire payer vos factures. Vous êtes soi-disant généreux, mais vous demandez encore quelque chose à cette personne à qui vous avez affaire. Si vous êtes une Vierge mesquine et calculatrice, la vie vous réserve une leçon à ce sujet. Peut-être serez-vous obligé de sortir une part de votre pécule afin de payer des comptes que vous n'attendiez pas, de rembourser des personnes dont l'aide est maintenant nécessaire. Vous perdrez peut-être ce contrat ou ce poste qui vous permettait de vivre comme un roi. Pour ces mesquins, il n'est nullement écrit que vous deviendrez pauvre... Vous aurez, pour l'instant, une petite leçon sur ce qu'est le juste milieu et le fait de payer votre dû comme il se doit.

Des Vierge, parents, sont amoureux de leurs enfants. On ne peut trouver plus dévoués, plus généreux, plus donnants qu'eux. Ils savent quand il faut récompenser et quand il faut faire un reproche. Ces parents s'intéressent à la vie de leurs enfants et ont un instinct presque infaillible quant à l'éducation que des enfants sont en droit de recevoir. Ces Vierge sont remplies d'amour, non pas uniquement pour les leurs, mais également pour leurs amis et pour l'Univers entier. Elles sont sans reproche. Elles sont dans une incarnation où leur Mercure progresse aussi intelligemment que sensiblement. Au cours de ce mois, elles feront une fois encore la preuve de ce que leur belle âme peut faire pour leurs enfants, et pour un parent qui traverse une période difficile.

Votre santé est à surveiller, surtout si vous avez des maux chroniques tels que des faiblesses aux os et principalement au dos. Si vous pratiquez un sport, vos hanches sont plus vulnérables : redoublez de prudence. N'essayez pas non plus de vous soigner seul. Voyez votre médecin, insistez pour passer des examens. Le corps, bien qu'il soit lié au cœur et à l'âme, est aussi une étrange machine qui, de temps à autre, a besoin d'une autre machine pour trouver la solution à son mal.

⪼ FÉVRIER 2005 ⪻

L'AMOUR

Vous êtes sous l'influence de Vénus en Verseau, du 3 au 26. Une amitié pourrait devenir une relation sentimentale. On se voit tous les jours, on se découvre des qualités, on se fait des sourires, on se caresse les mains pour s'encourager dans la difficulté présente, on mange souvent ensemble. La vie fait en sorte que vous ayez, vous et votre ami, besoin l'un de l'autre, pour mieux vivre au quotidien ou au travail, ce qui demande beaucoup d'énergie. Mercure, qui régit votre signe, vous parlera de façon assez particulière. Il vous fera croire que votre collaborateur est meilleur que votre conjoint ! Secouez-vous, peut-être rêvez-vous en couleurs... Quelques planètes vous sortent de votre réalité !

Si vous êtes du type à résister, alors que vous êtes secrètement amoureux de votre partenaire, peut-être découvrirez-vous que l'aimé est aussi très amical, et qu'avec lui, il est possible de tout dire ou presque ! Ces couples, qui durent depuis des ans et des ans, reconnaîtront qu'ils ne sont pas uniquement amoureux, mais aussi de grands amis.

En tant que célibataire, à compter du 8, sous l'influence de Mars en Capricorne, vous sentirez le besoin de vous ranger, surtout si vous êtes dans la trentaine et plus. C'est une façon bien fantaisiste et immature de penser. «Vous caser» n'est pas synonyme d'amour, ni même de compatibilité. Si vous êtes dans cet état mental, regardez-vous de plus près. Il vous suffit de penser que se «caser», c'est comme se dire «ne plus bouger». Est-ce bien ce que vous désirez d'une vie de couple?

Nombreux sont ceux qui sont comiques et fantaisistes. Nombreuses sont les Vierge qui aspirent à une vie agréable et qui veulent partager leur vie dans la joie. Faites-vous partie de ce groupe? Vous ne vous départirez jamais de votre prudence matérielle et financière. Mais votre signe de terre et votre Mercure sont en accord concernant votre capacité d'aimer et d'être aimé. Vous avez donc rendez-vous avec l'amour, avec une personne qui ne sera pas ordinaire, qui n'aspirera pas à «se caser», mais plutôt à vivre l'amour en respectant votre liberté et la sienne. Vous ne vous tromperez pas, vous vous ferez confiance.

DANS L'ENSEMBLE DE VOTRE VIE

Si vous avez un emploi stable, les changements qu'on vous imposera seront minimes. Il est inutile de vous en faire. De toute manière, quelle que soit l'exigence, vous êtes à la hauteur de ce que vos supérieurs attendent de vous.

Si vous êtes travailleur autonome, au cours des deux dernières semaines du mois, vos commandes et vos contrats seront réduits. Vous serez inquiet, surtout si vous êtes nouvellement à votre compte. Ne soyez pas pessimiste. Les aspects célestes difficiles ne sont pas là pour de bon. Profitez de ce temps libre pour entrer en relation avec ces personnes susceptibles d'avoir besoin de vous. Faites-leur savoir que vos talents et vos compétences sont à leur disposition. Ces gestes auront d'excellentes répercussions. Les personnes que vous aurez jointes en parleront à d'autres. Comme si cela tombait du ciel! Vous aurez des appels de parfaits inconnus qui auront de petits boulots pour vous. Ce sera le commencement d'une fidèle clientèle, que jamais vous n'auriez eue si vous n'étiez pas passé à l'action. Vous aurez ainsi la preuve que le doute est absurde et qu'il n'est que perte de temps. Agir dans un temps où tout semble contre nous, c'est se dépasser et acquérir plus de confiance en soi.

Si vous œuvrez dans le domaine des communications, peut-être qu'on s'opposera à vous. Vous ferez peut-être face à la controverse ou vous subirez la jalousie et la mesquinerie d'un collègue. Vous n'avez rien à vous reprocher. Gardez la tête haute et vous traverserez cette étape sans écorchure et sans subir le moindre dommage matériel. À compter du 16, si vous succombez et devenez agressif à l'égard de ce collègue qui ne cherche qu'à rehausser son image, vous perdrez, durant quelque temps, l'appui de gens qui n'auront pas apprécié votre attitude. Vous œuvrez dans le monde des bavards, où il y a de plus en plus de gens qui cherchent à se tailler une place au soleil. Ne vous attendez pas à ce que tout soit constamment parfait. L'essentiel, c'est que vous poursuiviez votre route le plus calmement possible. Et rien n'est plus changeant que le domaine des communications! Il vous faut être un vrai «mercurien» et vous «soulager» de ce signe de terre qui vous enracine et vous fait croire que jamais rien ne changera.

Si vous travaillez auprès des malades, que ce soit dans un hôpital ou une clinique, que vous soyez ambulancier ou infirmier, vous ferez du temps supplémentaire parce qu'il y aura plus de gens souffrants qu'à l'accoutumée. En tant que mère Teresa, vous serez incapable de refuser de rester quand on vous le demandera! Même si le fait d'être indispensable vous flatte, cela occasionne des dérangements. Vous devrez annuler des activités pendant quelques jours et aviser vos proches de votre incapacité à dire non quand il s'agit du travail.

Si vous êtes impliqué dans un mouvement social environnemental, ce sera un mois extrêmement occupé. Malheureusement, ce ciel présage que des innocents seront victimes de personnes qui perdent le contrôle d'elles-mêmes.

◖◗ MARS 2005 ◖◗

L'AMOUR

Vénus, la planète qui symbolise l'amour, ainsi qu'Uranus, font face à votre signe. Selon votre ascendant, les uns se sépareront sur un coup de tête, mais n'iront pas vivre en solitaire. Il s'agira plutôt d'une rupture, immédiatement suivie d'un déménagement avec une personne pour laquelle ils ont eu le coup de foudre! Ce type d'événement se produit dans des signes doubles ou mutables comme le vôtre, ainsi que lors des passages des planètes en Poissons. Il y a peu de chance que la nouvelle union «fasse long feu».

Des célibataires feront une rencontre et verront en celle-ci un signe du ciel... Pour Monsieur, cette femme attirante sera une déesse. Pour Madame, cet homme sera le sien, son maître à penser, son mentor. Attention, les célibataires: sous ce ciel de mars, vous êtes sous l'emprise de vos sensations. Une fois l'excitation physique passée, la majorité conclura qu'elle s'est trompée et ce sera la douloureuse rupture!

Vous êtes sous l'influence de Jupiter en Balance, qui vous invite au mariage officiel. Mais il fait un aspect dur à Saturne en Cancer. De plus, en ce mois, Saturne est en face de Mars, jusqu'au 20. Tout ceci pour vous prévenir de ne pas tomber dans le panneau de l'attraction qui ne serait qu'une simple aventure.

Il y parmi vous des Vierge qui ont une vie de couple comptant plus de vingt ans, et au cours de laquelle le partage a été agréable, et où les conjoints étaient suffisamment matures pour trouver des solutions lorsque des problèmes survenaient. Les voilà propulsés par des désirs de vivre autrement, différemment. Ils ne cherchent pas ce qui les anime ainsi. Au premier événement contrariant ou lors d'une rencontre, ils brisent tout et le divorce s'ensuit. On se déchire en essayant de retirer le plus de biens possible.

Personne n'est au paradis terrestre en ce mois de mars. Adam et Ève se sont reproduits... Après tout, n'a-t-on pas écrit qu'ils étaient les premiers habitants de notre planète Terre? Méfiez-vous d'une attraction qui pourrait non seulement briser votre couple, mais aussi vous décevoir au point où vous en perdriez confiance en vous. Une fois l'étape de l'aventure achevée, vous pourriez être, sur le plan émotionnel, blessé et confus de vous être berné vous-même à ce point. Si vous n'avez pas l'habitude de vous analyser, vous confondrez alors les beaux sentiments et les sensations. Ce sera pire encore si vous êtes seul depuis longtemps. Que vous soyez un homme ou une femme Vierge, le monde des apparences vous ensorcelle: la superbe maîtresse ou l'amant magnifique pourrait ne pas posséder toutes les qualités que vous imaginez.

Si vous êtes une Vierge en mal d'action, affamée de nouveautés, si vous avez besoin d'excitation, pourquoi ne vous écoutez-vous pas? La morale n'intervient pas en astrologie. Vous êtes parfaitement libre. Toutefois, ce ciel prévoit qu'il est possible que vous vous persuadiez que cette personne, qui vous attire tant, est réellement quelqu'un que vous devrez aimer et dont vous devriez follement être aimé.

Il y a et il y aura toujours des exceptions. Des gens se voient, se parlent, s'aiment et vont vivre ensemble... Au cours de ma pratique, j'ai constaté que le coup de foudre existait, mais qu'il était rare! Je peux les compter sur les doigts d'une seule main! Mais, puisque Uranus et Vénus sont à proximité et face à votre signe, il y aura des élus. Deux personnes sauront, au bout de quelques minutes, qu'elles sont déjà en amour. S'agit-il de deux anciennes vies devant terminer un cycle d'amour? Ces amoureux sont-ils deux nouvelles âmes projetées l'une vers l'autre? Mais peut-être qu'il s'agit de deux amoureux partageant, par hasard, les même désirs, ayant les mêmes besoins de paix, deux êtres capables de tolérer et d'aimer leurs différences, tout autant que leurs ressemblances. Ces amants sont sans doute des vases communicants, comme j'en ai connu par le passé. Rien n'est impossible: tout existe. Le pire, tout autant que le meilleur. La Vierge sage maîtrise son intuition, sa perception, sa bonté de cœur et d'âme. Elle n'apprécie que le meilleur. Cette Vierge, à la fois détachée et respectueuse de la liberté d'autrui, recevra le plus gros lot d'amour qui soit.

DANS L'ENSEMBLE DE VOTRE VIE

Plus haut, j'ai fait mention du fait qu'au cours de ce mois-ci, vous ne serez pas au paradis. Sur le plan professionnel, il est essentiel que vous ayez les pieds sur terre, dès qu'il est question d'argent. Quelques aspects laissent présager que des filous sont à l'œuvre. À compter du 6, sous l'influence de Mercure en Bélier, dans le huitième signe du vôtre, si vous négociez quelque chose, ne laissez pas le hasard ou le destin mener vos affaires, et encore moins une personne que vous connaissez à peine, mais qui, face à même très peu de dollars, ne peut résister à l'envie de les posséder, même si elle sait qu'ils ne lui appartiennent pas.

Dans les endroits publics, surveillez votre mallette, votre sac à main et vos valises. Que ceux-ci contiennent de la nourriture ou des vêtements, si vous êtes distrait, quelqu'un aura les mains rapides et vous les volera.

Aussi étrange que cela puisse paraître, ce mois est également chanceux dans les jeux de hasard. Un simple billet peut vous rapporter une fortune. Vous êtes né de Mercure, symbole de papier, sous la Vierge, et c'est pourquoi l'achat d'un billet vous est suggéré.

Si, à compter du 21, vous devez parler en public, quelle qu'en soit la raison, vous impressionnerez ceux qui vous écouteront. Vous serez vous-même surpris de ces mots si précis et si justes qui vous viendront à l'esprit. Si vous œuvrez dans le domaine des communications, et s'il y a eu des hostilités à cause d'un collègue malhonnête, elles prennent fin et vous en ressortez gagnant parce que vous aurez fait la preuve de votre propre honnêteté et de votre maîtrise de vous-même.

Si vous êtes employé et que votre patron a des sautes d'humeur, soyez Vierge sage et n'alimentez pas davantage son malaise intérieur. Si vous observez son attitude de près, vous vous rendrez compte qu'il traverse une période non pas grise, mais noire. Monsieur le patron fait de la projection, et devant votre calme, si contraire à son anxiété, il se permet d'exploser et de vous faire subir ses frustrations.

Il est possible que vous ressentiez le besoin d'être conseillé par un ami au sujet d'une décision que vous devez absolument prendre en raison de votre inconfort mental et émotionnel. Ce peut être aussi au sujet de vos affaires ou de votre profession. Il n'est vraiment pas nécessaire de vous adresser à cette personne, même si, à de nombreuses reprises, elle vous a prouvé que vous pouviez lui faire confiance. Vous avez les bonnes réponses. Il suffit de vous concentrer. Peut-être que le mot *concentrer* a, pour vous, la même signification que *prier*. S'il en est ainsi, priez, le ciel vous écoute.

Je vous ai peu parlé de la Vierge folle, mais puisqu'elle a aussi son rôle à jouer dans notre société, il me faut vous mettre en garde contre elle et contre elle-même. Les Vierge sages sauront ce qu'elles ne doivent pas attendre de leurs jumelles qui ont choisi de vivre avec leurs mauvais aspects! En tant que Vierge qui ne tient pas à appliquer la moindre sagesse, le ciel vous avise que vous tenterez de soutirer de l'argent à un parent, et principalement s'il est âgé, affaibli et dans l'incapacité de dire non! Si vous réussissez à prendre ce qui ne vous a jamais appartenu, ce bien ne vous servira pas longtemps. Pour les unes, la loi s'appliquera; pour d'autres, ce sera le moment de subir une épreuve, une perte de vitalité, un virus ayant une souche mystérieuse et des maux dont on peut vous soulager, mais non pas vous guérir. Une personne à laquelle vous êtes attachée sera souffrante. Comme elle vous est également utile, vous lui donnerez de votre temps... En somme, la leçon d'honnêteté n'est pas prévue pour l'autre vie, mais bel et bien pour celle-ci. Ce sera peu après que vous ayez triché, menti, volé ou pire...

✦ AVRIL 2005 ✦

L'AMOUR

En tant que parent affectueux, vous vous porterez au secours de l'un des vôtres afin de l'aider à s'échapper d'une situation difficile. Que cette dernière soit émotionnelle ou matérielle, vous serez là! Si vos enfants appartiennent à cette génération de jeunes, gonflés par le désir de posséder, la publicité aidant, soyez certain que vous devrez vous opposer à certaines de leurs exigences financières, lesquelles vous ne pouvez leur accorder pour l'instant.

Vous déploierez tout l'amour que vous possédez, vous ne vous impatienterez pas et vous leur expliquerez si sagement que tout vient en son temps, que vos adolescents, qui n'ont jamais cessé d'être vos chérubins, s'excuseront en vous donnant, pendant quelques jours, ce sérieux coup de main dont vous aviez tant besoin dans la maison.

Au pire, si un enfant prend de la drogue ou boit, en tant que Vierge sage, vous ferez le maximum pour qu'il s'en sorte. Vos gestes et vos décisions, qui auront pour but de le guérir de son autodestruction, seront une preuve de votre amour pour lui. Le ciel laisse entrevoir que vous réussirez à convaincre le rebelle à compter du 21. Pendant vos petits discours empreints d'affection, vous devrez être patient et tolérant.

Quant à votre vie de couple, si votre partenaire et vous devez sauver votre enfant de sa misère, vous remarquerez que jamais auparavant vous n'avez été aussi près l'un de l'autre. Une épreuve était-elle nécessaire pour vous faire voir l'amour? La vie prend d'étranges détours pour ouvrir le cœur et la conscience. Si vous vivez ce type de situation, votre présent et votre futur ne ressembleront pas à votre passé, alors que vous étiez sur le point de croire que votre conjoint faisait partie des meubles!

Jusqu'au 15, sous ce ciel, Vénus est en Bélier. Si une Vierge folle veut quelque chose, quoi que ce soit, elle manipulera la personne susceptible de lui donner l'objet de ses désirs! Pourquoi ce type de Vierge existe-t-il? Peut-être afin que nous apprenions que nous pouvons choisir ente le noir et le blanc, entre le bien et le mal. Qu'une Vierge soit sage ou ne le soit pas, elle est toujours remarquée. Cependant, le souvenir que la Vierge sombre laisse derrière elle est semblable à une traînée de poussière!

Vous avez été fortement tenté de sauter la clôture mais vous avez réalisé que votre bonheur n'est pas dans le jardin du voisin. Si vous savez, au plus profond de vous-même, que votre bonheur est auprès de votre partenaire, vous avez fait un pas de géant. Sous ces présentes influences planétaires, avant de faire des changements, il vaut mieux y réfléchir.

C'est à compter du 16, lors de l'entrée de Vénus en Taureau, que les aspects sont les plus favorables en ce qui concerne une rencontre. Vous serez alors attiré par une personne qui aura des goûts très semblables aux vôtres. Elle aura sans doute été amoureusement écorchée à plusieurs reprises. Ne vous étonnez pas si, au départ, les rendez-vous sont espacés. Si l'engagement a de l'attrait, cette personne choisira de prendre son temps!

DANS L'ENSEMBLE DE VOTRE VIE

Mercure, la planète qui régit votre signe, est en Bélier, dans le huitième signe du vôtre. Cette maison astrologique est celle des grandes transformations, et en ce qui vous concerne, il s'agira de modifier considérablement des convictions, des valeurs et des croyances ou encore de les changer de A à Z parce qu'elles ne correspondent plus du tout à ce que vous vivez maintenant. En tant que signe de terre, vous avez fortement tendance à vous enraciner. Vous maintenez les traditions, alors qu'autour de vous, plus personne, ou bien peu de gens, ne les respecte.

Sur le plan professionnel, jusqu'au 10, pendant que Mercure est encore rétrograde, il y de la lenteur en vue. Même le patron ne peut pas prendre une décision. Ce sont vos collègues qui ralentissement leur rythme de travail. Des matériaux sont nécessaires à la fabrication d'objets ou utiles au fonctionnement de la machinerie. Des ordinateurs commandés depuis un bon moment ne peuvent être livrés. En somme, cela vous donnera la sensation d'être presque arrêté.

Si vous avez présenté un projet, il vous faudra insister pour rencontrer les décideurs. Tout ou presque est constamment remis au lendemain.

Si vous possédez un commerce, comme un dépanneur, surveillez vos nouveaux clients : certains auront de grandes poches et aucune monnaie pour payer !

Si vous faites partie de ceux qui ont décidé de déménager, déjà, en ce mois, vous devriez commencer à trier ce que vous garderez, jetterez ou donnerez. Vous constaterez à quel point vous ramassez des objets. C'est principalement vrai pour les gens qui habitent une maison dont quelques pièces ne servent plus qu'à ranger des choses.

Parmi vous, il y a des Vierge, parents de grands enfants qui ont eux-mêmes des enfants... Éloignez-vous de votre progéniture : vous n'avez pas à savoir tout ce qu'ils vivent dans leurs temps libres. Ce qu'ils font de leur argent ne vous regarde pas plus ! Vous êtes sous l'influence de Saturne en Cancer. Jusqu'au 19, avec la présence du Soleil en Bélier, vous voulez tout savoir de vos proches. Si vous critiquez ou donnez des instructions à vos enfants devenus adultes, vous n'aimerez pas ce qu'ils vous répondront. La Vierge sage ne s'emporte pas quand on ne vit pas comme elle, elle le ferait, si elle avait l'âge de ses enfants ! Elle constate que son époque n'est plus.

Sous ce ciel d'avril, Mars et Neptune sont en Verseau, dans le sixième signe du vôtre. Au travail, on vous demandera de superviser de nouveaux arrivants. De nombreuses Vierge seront professeurs, et ces élèves ne peuvent espérer mieux.

Vous avez tendance à surestimer vos forces. Vous n'êtes pas invincible. Respectez vos limites. Lors de la pratique d'un sport, que vous soyez en patins à roulettes, sur une trottinette ou sur une moto, il est important de protéger votre tête.

ᘒ MAI 2005 ᘓ

L'AMOUR

L'année avait pourtant si bien commencé ! Mais voilà que quelques planètes vous mettent au défi. Vous avez une vie de couple que vous avez, jusqu'à présent, toujours considérée comme étant très satisfaisante. Votre partenaire et vous étiez amoureux, et bien respectueux l'un envers l'autre. Au cours de ce mois, Uranus et Mars font face à votre signe. Il sera terriblement difficile de résister à la tentation, plus particulièrement pour les hommes. Uranus et Mars sont deux planètes masculines; elles sont toutefois dans un signe féminin. Ainsi, des femmes, les moins conformistes, ne seront pas non plus épargnées par le goût de l'aventure. C'est surtout entre le 14 et le 20 que vous pourriez être séduit, comme cela ne vous est plus arrivé depuis longtemps. La rencontre se fera dans un lieu où vous assisterez à une pratique sportive. Peut-être que vous serez vous-même de la partie. Vous pouvez aussi croiser cette irrésistible personne dans une salle de concert ou sur une piste de danse! Vous êtes libre, mais vous devez aussi être conséquent.

En tant que Vierge, vous aimez l'ordre. Si vous avez un partenaire qui laisse tout traîner ou presque, si vous supportez son chaos sans rien dire et que cela dure depuis longtemps, en ce mois de mai, vous éclaterez! Une Vierge en colère ne mâche pas ses mots et ils sont mémorables. Mercure, qui régit votre signe, peut faire naître un terrible vent, capable de déraciner un arbre. Si vous avez décidé que vous ne ramassiez plus les effets de votre amoureux, si vous cessez de vous considérer comme étant son serviteur, il s'en souviendra! Ne vous attendez tout de même pas à ce que votre partenaire vous saute dans les bras après vos multiples reproches... Il faudra lui donner le temps d'absorber tout ce que vous aurez dit!

Si vous avez un certain âge et que vous et votre conjoint n'avez plus du tout les mêmes intérêts, et que la majeure partie du temps, vos échanges se limitent au temps qu'il fait, sous ce ciel de mai, si l'autre refuse de participer à une activité qui vous tient à cœur, vous perdrez patience plusieurs fois!

Mais peut-être êtes-vous cette Vierge affamée de nouveautés, désireuse de découvertes? Si votre partenaire est un peu hésitant ou qu'il refuse constamment toute fantaisie, vous pourriez le menacer de le quitter! Sous ce ciel de mai, des planètes vous poussent à faire vite... Vous aurez souvent la sensation de n'avoir plus de temps à perdre. Vous êtes prêt à prendre des risques, comme faire votre vie comme vous l'entendez, comme jamais vous ne l'avez vécu.

Ce ciel laisse entrevoir la maladie d'un proche qui, du jour au lendemain, se trouve en très mauvais état. Il est possible que vous versiez beaucoup de larmes lorsque quelqu'un que vous aimez aura failli mourir.

DANS L'ENSEMBLE DE VOTRE VIE

Vous devrez être prudent lors de vos négociations. Il y a certaines gens que l'on croit connaître immédiatement, mais qui possèdent l'art du camouflage. Quelques mois plus tard, vous comprenez qu'ils sont décevants ou carrément malhonnêtes. Vous êtes généralement assez perspicace pour déceler les vrais des faux. Mais, sous ce ciel de mai, il y a des planètes qui obstruent vos perceptions et vos intuitions.

Si vous commencez une carrière ou que vous vivez un renouveau professionnel, vous êtes extrêmement nerveux. Vous craignez de ne pas être à la hauteur de ce qu'on attend de vous. Cette crainte, n'est-ce pas une croyance que vous entretenez au-dedans de vous-même? Pourquoi tenez-vous tant à votre perfectionnisme? Est-ce parce que vous avez peur du rejet et des critiques? Imaginez quelqu'un qui se trouve dans votre situation. Que lui conseilleriez-vous pour qu'il se calme? Vous avez déjà les réponses et vous savez exactement quel discours vous tenir pour préserver votre confiance en vous et vous épargner un grand stress.

Il est important de protéger votre maison. Lorsque vous partez, si vous avez un système d'alarme, armez-le. Que vous soyez riche ou pauvre, faites le maximum pour effrayer des filous en manque de sensations! Il y a des gangs qui se sont donné pour mission de voler ou de détruire ce qu'ils n'ont pas. Ces vilains sont persuadés que la société leur doit tout et qu'ils n'ont qu'à se servir.

Le 11, si vous faites partie de ce groupe de Vierge à petit salaire, il vous viendra à l'esprit que, cette année, il vous faut absolument prendre de vraies vacances. Logiquement, à cet instant, vous n'en avez pas les moyens: les enfants qui grandissent, les comptes à payer, les paiements à faire pour vivre décemment sont un obstacle à ce projet dont vous rêvez. Le ciel est à l'écoute. Vous aurez l'occasion de prendre un second emploi qui ne sera pas trop exigeant et suffisamment rémunérateur afin que vous puissiez faire ce petit voyage que vous avez à l'esprit.

Mais il y a aussi des Vierge fortunées qui sont presque uniquement des signes de terre, profondément enracinés. Mercure, qui régit leur signe, est relégué aux oubliettes. Point de liberté! Malgré leur confortable pécule, des Vierge refusent de partir, de se reposer, de se changer les idées, de découvrir de nouvelles choses, de s'offrir une fantaisie. Elles restent accrochées à leur maison, symbole de sécurité, et demeurent dans leurs frustrations en critiquant encore ceux qui, selon elles, gaspillent! Si vous faites partie des grands économes, en ce mois de mai, vous réaliserez que vous n'êtes pas heureux parce que votre vie n'est qu'un gros interdit. Jusqu'à présent, vos possessions et votre argent ont été votre seul centre d'intérêt! Un événement ou une rencontre en apparence banale vous fera réfléchir sur le fait que vous ne communiquez pas avec le monde. Vous ne connaissez pas votre voisin, et souvent, même vos enfants vous dérangent. En somme, vous vous protégez d'autrui, de peur que l'on vous demande quelque chose. Conséquemment, vous n'avez que votre argent et que votre solitude en partage. La vie vous offre d'échapper à cette prison que vous vous êtes construite. Vivre dans la joie ne signifie pas devenir pauvre!

◖ JUIN 2005 ◗

L'AMOUR

Jusqu'au 12, Mars, la planète qui régit les impulsions, se chamaille avec Mercure, qui régit votre signe. Votre amoureux désire faire tel achat alors que vous ne voyez là que du gaspillage. Vous voulez vous procurer un appareil de telle marque, alors que votre partenaire en veut ardemment un d'une autre. L'argumentation n'en finit plus. L'un des deux boude. Ce petit problème, que serait le choix entre deux objets ou deux marques, ne cacherait-il pas un plus grand malaise émotionnel entre vous et votre conjoint? Analysez votre attitude et non pas celle de votre partenaire, parce que, de toute manière, vous ne pouvez pas entrer dans la tête de qui que ce soit. Il arrive qu'une banalité fait voir à quelqu'un l'ampleur de l'ennui qui règne dans sa vie. En tant que Vierge et signe double, il vous faut de l'action, du mouvement, des changements. Ne vous contentez pas de déplacer les meubles ou de repeindre votre balcon. Vous avez besoin de plus que ça pour vous sentir vivre. Il se cache, sous Mercure qui régit votre signe, un grand romantique. Alors pourquoi ne pas lui donner la permission d'exister? Ne vous en faites pas, vous ne perdrez pas la tête parce que vous êtes amoureux!

Si vous laissez les tensions s'accumuler, à compter du 13, Mars, qui sera en Bélier, face à Jupiter en Balance, exercera une forte pression, laquelle sera vitement transformée en agressivité. Quand une Vierge est en colère, elle dit des mots qui dépassent sa pensée! Son signe de terre peut aussi devenir une éruption volcanique!

Mars en Bélier se trouve aussi dans le huitième signe du vôtre. En tant que célibataire et séducteur, il est possible que vous vous sentiez coincé! Vous serez incapable de choisir entre deux personnes qui vous plaisent énormément! Et, au moment où vous lisez ces lignes, si vous ne les avez pas encore rencontrées, ça ne sera plus très long.

En tant que parent d'enfants en bas âge, il est possible que ceux-ci soient au cœur de vos discussions, surtout si vous avez une famille reconstituée. Voilà à nouveau que la grande question des vacances se pose! Où irons-nous? Tous ensemble ou séparément? L'autre parent avec lequel vous ne vivez plus veut peut-être aussi emmener les enfants en vacances. Bref, il y aura un branle-bas de combat à ce sujet et une décision à prendre. Lorsqu'il y a rupture entre parents, même après quelques années, même quand ceux-ci réussissent à rester civilisés, il y a, ici et là, des moments où le temps de l'un ne correspond pas à celui de l'autre. Quand le ton monte entre deux anciens partenaires, leurs enfants ressentent un profond malaise et il est préférable, lors d'une dispute, de laisser la progéniture en dehors des négociations!

Si vous déménagez, il est normal que vous soyez plus tendu. Ce n'est toutefois pas une raison pour critiquer les moindres fautes que peut commettre votre partenaire. Mais vous ne devriez pas plus supporter ses reproches. Si telle est votre situation, acceptez ce malaise intérieur et cette insécurité qu'engendre le fait de déménager. Déménager est aussi stressant que divorcer!

Si vous êtes jeune et encore sans enfant ou si votre amoureux et vous en désirez un autre, vous conclurez, après une très brève discussion, que vous êtes prêts à agrandir la famille.

Si vous êtes célibataire, si vous avez un certain âge et que vous pensez ne plus plaire, détrompez-vous. Le ciel a une surprise pour vous. Le hasard vous remettra en contact avec une personne avec qui vous avez eu une belle amitié dans le passé. Cependant, avec les années qui se sont écoulées, vous ne la verrez plus comme un ami et ce sentiment sera partagé. Vous prendrez rendez-vous en vous promettant l'un à l'autre de vous raconter vos vies, mais ce n'est pas ce qui se passera. Vous êtes tous les deux prêts à réaliser un rêve. Peut-être en parliez-vous au temps où vous vous fréquentiez régulièrement?

DANS L'ENSEMBLE DE VOTRE VIE

L'été approche. Le beau temps vous donne le goût de sortir, mais plus encore de voir le monde! Si vous travaillez dans le domaine des communications, vous n'hésiterez pas à faire des appels, à obtenir des rendez-vous d'affaires que vous avez peut-être remis parce que vous craigniez qu'on ne vous dise non. À compter du 13, sous l'influence de Mars en Bélier, vous serez plus audacieux, et lorsque vous négocierez, ce sera pour emporter la partie et obtenir ce que vous désirez.

Avec l'entrée de Mars en Bélier, le 13, vous aurez une impression d'urgence. Vous aurez le goût de réussir ce que vous entreprenez, non pas pour épater la galerie, mais parce que vous vous sentez propulsé et que vous ne pouvez pas résister à cette impulsion. La dualité est une constante chez l'humain. Il se dit que, s'il travaille beaucoup, il n'aura plus de temps à donner à sa famille. S'il se repose, il se sent coupable. S'il s'amuse, il croit perdre son temps. S'il est généreux, il se dit qu'il ferait mieux d'être égoïste... La liste peut s'allonger indéfiniment. À compter du 13, vous savez que vous avez, pour vous-même, besoin de produire davantage, et qu'il y aura des conséquences que vous assumerez sans le moindre doute.

Si vous travaillez dans une entreprise qui fabrique ou vend des produits utiles pour la maison, vous serez débordé. Si vous êtes à votre compte, votre clientèle s'accroîtra rapidement. Vous donnez un bon service, vous êtes honnête et aimable. Le mot se passe. Comme vous êtes un bon communicateur, vous serez heureux et satisfait quand vous apprendrez qu'une personne que vous avez bien servie l'a dit à des tas d'autres gens. C'est ainsi que vous vous assurez de rester longtemps en affaires.

Certains devront accepter un changement d'horaire. Ceci les obligera à reporter des activités personnelles ou familiales qu'ils avaient promis de faire. Cependant, si vous usez de diplomatie pour leur annoncer la décision du patron, vos enfants n'auront aucun mal à comprendre que, pour vous, il est primordial de faire vos devoirs qui, de toute manière, vous permettent de «mettre du beurre sur le pain»!

Mais peut-être faites-vous partie de ces Vierge qui ne prennent pas au sérieux d'étranges comportements qu'ont leurs enfants ou l'un des leurs. Êtes-vous cette Vierge qui excuse son fils d'avoir volé une tablette de chocolat, des bonbons ou autres biens de consommation? Votre adolescent est sombre, renfrogné, triste, solitaire et cela dure depuis plusieurs mois ou même plus d'une année. Vous vous dites qu'il est ainsi à cause de son âge! N'est-ce pas trop facile? N'êtes-vous pas en train de vous soustraire à l'attention que vous devriez lui donner? Ne vous dites-vous pas que vous avez bien assez à faire et qu'il est assez vieux pour s'en sortir lui-même? Pensez-vous que seul le temps réglera ses problèmes? Avant que vous soyez dans l'obligation de lui donner toute votre énergie et votre temps, réagissez. Ne perdez pas de vue que vos enfants sont des reflets de vous-même. Ils montrent ouvertement ce qui ne va pas en vous. Si vos enfants ne sont pas heureux, se pourrait-il que vous ne le soyez pas non plus? Il y a aussi une phrase célèbre qui traverse les époques et qui dit ceci: «Nous sommes responsables de ce que vous avons apprivoisé.» Vous l'êtes davantage de vos enfants, que vous avez portés, et qui sont nés de vous. Si vous n'êtes pas une Vierge sage, quel que soit votre âge, il est encore temps de le devenir avant qu'un drame éclate et vous éclabousse.

⍣ JUILLET 2005 ⍤

L'AMOUR

Mars est en Bélier, dans le dernier signe du vôtre. Mais c'est entre le 21 et le 28 qu'il se mettra le plus en colère. Durant ces jours, il sera plus difficile de rester calme face aux contrariétés de la vie quotidienne. Vous aurez alors tendance à vous opposer à votre partenaire ou à le critiquer concernant ces manies qui vous déplaisent tant.

Vous vivez en couple depuis longtemps. Vous avez envie de prendre des vacances hors de l'ordinaire. Vous en parlez donc à votre conjoint, mais quelques aspects célestes font en sorte que votre partenaire a l'impression que vous avez tout décidé, alors qu'en fait, vous ne faites qu'en parler... Si vous pressentez que l'autre fait une interprétation de vos paroles, reprenez vos explications de manière à ce qu'il comprenne que vous proposez, et qu'en aucun temps vous n'aviez l'intention d'imposer! Ce type de situation peut surtout se produire au sein des couples dans la quarantaine et plus.

Si vous êtes fleur bleue, une Vierge de la vingtaine ou de la trentaine, en ce qui concerne l'amour, il est possible que vous trouviez votre amoureux trop contrôlant. Peut-être ne saurez-vous pas comment lui dire que vous êtes une personne libre, une personne respectable et digne d'amour, et qu'en aucun temps vous n'avez eu l'intention d'être son serviteur. Des femmes et des hommes de cette tranche d'âge peuvent se sentir, en ce mois, bien à l'étroit dans leur jeune couple. Cela ne signifie pas qu'il faille rompre. Cependant, il y a nécessité d'en discuter pour que cet amour presque naissant ne dégénère pas. Il faut une expérience de vie et des ans pour se rendre compte de l'effet de nos paroles, de nos gestes, et de la perception que l'autre a de nous. L'amoureux n'a que de bonnes intentions. Cependant, ce ne sont pas ces attentions-là que vous désirez recevoir... Il faut le dire et ne pas craindre le rejet... On vous aime, mais on ne savait pas ce qu'intérieurement vous ressentiez! Il y a aussi, parmi vous, des Vierge qui, sous ce ciel de juillet, feront un bébé! Si chez les uns, il s'agit d'un bébé non attendu, pour d'autres c'est un bébé ardemment désiré. Il y aussi des Vierge en pleine période de rajeunissement! Elles ont vécu une rupture ou un divorce. Elles sont seules, libres, célibataires et ont atteint une maturité évidente. Et en ce mois de juillet, elles renaissent à elles-mêmes, à cet espoir et à ce désir d'aimer et d'être aimé. Dès l'instant où tout est clair au-dedans, vous redevenez réceptif et tout en haut, dans ce monde invisible et vibratoire, on sait que vous êtes prêt à un autre engagement. Il est possible que cette rencontre ait lieu au début du mois, lors d'une activité sportive ou artistique. Ce sera un choc amoureux, comme on peut en vivre à l'adolescence! Ne résistez pas: ne soyez pas méfiant. Si vous restez distant, vous retarderez l'éclosion de cet amour passion. Au pire, entre le 21 et le 28, vous pourriez provoquer une rupture. Ne passez pas à côté du bonheur, quel que soit votre âge. Vous avez une autre chance d'être heureux dans ce partage tant souhaité!

DANS L'ENSEMBLE DE VOTRE VIE

Nous voici en juillet, le mois des vacances, mais aussi celui des commérages familiaux. Astrologiquement, au quotidien le feu et l'air dominent le ciel, et en ce qui vous concerne, vous aurez bien du mal à retenir votre langue lors des diverses rencontres. Si vous «prenez un verre de trop», vous pourriez dire des mots qui n'auront rien d'une flatterie alors que votre intention aura été de faire de l'humour! En état d'ébriété, vous passerez à côté de la gentillesse! En famille, si vous tenez à des relations paisibles, il est dans votre intérêt de ne pas dépasser les limites quand vous buvez; même si vous êtes à jeun, vous aurez quand même bien des difficultés à garder vos observations pour vous. Une Vierge veut toujours aider et imagine que ses conseils sont nécessaires. Mais, dans votre famille ou parmi vos amis, quelques-uns n'ont pas le moindrement envie de les entendre, surtout en ce mois de juillet! Les planètes qui traversent le ciel ne sont pas des symboles d'économie et de sagesse. Juillet ne veut pas se prendre au sérieux, et ceux qui ne sont pas Vierge ont grandement envie de s'éclater passionnément... Ils courent les plaisirs, les fantaisies, les expériences parfois un peu folles, etc. Vous ne pouvez pas non plus empêcher des adultes de faire des bêtises!

Si vos enfants sont eux-mêmes des parents, le fait d'être grands-parents ne vous donne aucun droit supplémentaire face à ceux-ci. Comment pouvez-vous savoir ce qu'il y a de mieux à faire pour votre petit-fils? Votre tâche n'est pas d'éduquer vos héritiers. Ne prenez pas la place de votre fils. Vous pouvez donner un coup de main à votre fille qui vient d'accoucher si ça vous plaît. Allez chercher les petits à la garderie, au primaire. Sans plus. Ne vous imposez pas. Si c'est pour aider, ce sera aussi et surtout pour accompagner tendrement ces enfants, parce que vous aimez leur compagnie. Il s'agit maintenant de faire plaisir, parce que ça vous fait plaisir. Vous pouvez aider votre fils et lui enseigner gentiment à changer la couche de bébé s'il est maladroit. C'est au tour de vos enfants d'apprendre à être parents. C'est à leur tour de tout donner d'eux-mêmes, de transmettre leurs valeurs et leurs croyances, qui ne sont pas nécessairement les vôtres. Même si vous êtes plus âgé, n'avez- vous pas aussi transmis ce que vous étiez, en essayant d'éviter le plus possible ce qui vous déplaisait chez vos parents? En tant que grands-parents, il vous suffit d'aimer vos petits-enfants, de les encourager, de les serrer contre vous quand ils le veulent bien, de les amuser et de jouer avec eux... Vous êtes une figure rassurante, vous êtes une continuité, même si les petits ne peuvent l'exprimer ainsi. En aucun temps vous n'avez le droit de menacer de punition les enfants de vos enfants. Pour vos petits-enfants, vous êtes un mystère parce que vous souriez dès que vous les voyez. Vous êtes tendresse, affection, amour pur et désintéressé. Vous êtes le respect dont ils ont besoin pour développer leur confiance en eux. Un grand-père, c'est un cadeau pour ses petits-enfants, vous ne devez pas les juger, les cataloguer, et encore moins les condamner. Ils sont uniques et ils sont eux-mêmes. Si vous étiez témoin d'un cas d'abus ou de violence et que vos petits-enfants étaient menacés ou battus, il serait en votre devoir d'intervenir car il s'agit d'enfants à sauver.

◁ AOÛT 2005 ▷

L'AMOUR

Jusqu'au 17, vous êtes sous l'influence de Vénus, qui se trouve alors dans votre signe. Le 18, elle passe en Balance dans le deuxième signe du vôtre. Voilà que, s'il y a eu des tensions ou même des querelles entre vous et l'amoureux, la réconciliation est en vue. Un autre aspect favorise le rapprochement : il s'agit de Mars en Taureau, qui fait un excellent aspect à votre signe. Mars en Taureau est une invitation au calme, à la patience et à la réceptivité. Vous serez capable d'écouter votre partenaire jusqu'au bout. Il est possible qu'il ait quelques reproches à vous faire. Le ciel vous dit qu'en étant attentif à ces paroles, vous vous rendrez enfin compte que ces critiques, que l'on vous adresse, sont justes. Il n'en tient qu'à vous de le constater. Observez-le pendant qu'il vous parle et sachez qu'il lui a fallu beaucoup de courage pour entamer cette discussion dont le but est de mieux jouir de votre vie de couple. Votre partenaire prend le risque que vous le rejetiez parce qu'il tient à ce que tous deux, vous vous portiez mieux. Cela peut vous sembler contradictoire, mais réfléchissez et vous verrez à quel point cette phrase est remplie de sens. Nous commettons tous des actes et nous faisons tous des gestes qui déplaisent à autrui. Il vous suffit de vous voir tel que vous êtes pour ensuite vous transformer. Ne perdez jamais de vue que ce que vous n'aimez pas en l'autre, généralement, vous le possédez ou vous désirez le posséder ! Par exemple, vous êtes une personne généreuse et vous avez peu de temps pour vous, alors vous enviez l'égoïsme de votre partenaire en le lui reprochant. Au cours de ce mois d'août, réfléchissez à ceci. C'est un moment idéal pour ça.

Saturne est maintenant installé en Lion. Il est dans le douzième signe du vôtre. Saturne réfléchit, et le Lion aspire à ce
qu'il y a de plus beau à vivre et à l'amour pour toujours! Saturne
se trouve symboliquement dans le monde du caché par rapport
à la Vierge. En tant que célibataire, vous pourriez aimer quelqu'un, le voir tous les jours, sans lui faire le moindre signe afin
qu'il puisse comprendre que vous être attiré par lui! Saturne
symbolise aussi la possibilité d'une liaison avec votre collègue,
dans votre milieu de travail.

Saturne en Lion est, pour ces femmes qui ont atteint un
sommet de carrière, un temps de grandes réflexions au sujet
d'une maternité jugée tardive par leur médecin. Cependant, rien
n'est impossible sous ce ciel: demandez et vous recevrez! Sous
l'influence de cette planète lourde qu'est Saturne en Lion, en
tant que femme célibataire désireuse d'enfanter, le père sera un
concepteur et rien d'autre.

Saturne en Lion, c'est aussi, pour les Vierge, une passion
cachée, parce que l'amoureux sera déjà lié à quelqu'un d'autre.
Cette époque de l'année laisse présager que votre amant passera en second parce que la Vierge hésite à rompre et hésitera
encore pour un bon moment.

Saturne, pour les hommes à la fin de la quarantaine ou au
début de la cinquantaine, laisse présager la possibilité d'avoir un
bébé non prévu!

DANS L'ENSEMBLE DE VOTRE VIE

Précédemment, il fut question de bébé non prévu. Il peut aussi
s'agir d'un enfant à naître alors que votre couple était persuadé
de ne jamais en concevoir.

En tant que parent, vous pourriez apprendre que votre fille
attend un autre enfant, alors qu'elle en a un qui n'a qu'un an et
demi ou deux! En fait, alors que votre fille se plaignait d'être sur-
menée, voilà qu'elle agrandit la famille. Ne vous inquiétez pas,
peut-être avez-vous été dans la même situation? Et ne vous en
êtes-vous pas bien tiré? En tant que parent, ce peut être votre
fils qui vous annonce que votre belle-fille est enceinte!

Au cours du mois, une mauvaise nouvelle vous attend. Ce
sera peut-être ce grand ami qui vous dit qu'il souffre d'une
maladie grave qui le détruit à petit feu et qu'il en mourra. Vous
lui promettez de le soutenir et vous tiendrez votre promesse. Il

faut aussi espérer un miracle, ce n'est pas défendu! De grâce, n'allez pas vers ces charlatans qui vous garantissent une guérison en échange d'une bonne part de votre compte en banque. Le désespoir peut vous faire perdre le gros bon sens. Je ne nie pas qu'il y a des miracles: ils existent, mais ils sont bien rares. Ceux qui en sont témoins n'en parlent qu'à bien peu de gens. Ils se font discrets, de peur de passer pour des fous ou des illuminés!

Nombreux sont ceux qui seront en vacances! Soyez heureux! Profitez de ce congé au cours duquel vous rencontrerez des personnes intéressantes, dont la présence sera vivifiante. Vous choisirez une destination nature plutôt qu'une grande ville ou un autre pays. Quant à vos enfants, vous ne les laisserez pas seuls! Mais vous donnerez le choix à vos adolescents: ils vous suivent ou ils vont chez un oncle ou une tante. En ce mois, rares seront les Vierge qui n'y trouveront pas leur compte!

Sur le plan professionnel, c'est au ralenti pour la majorité. Et n'en est-il pas ainsi chaque été?

Si vous travaillez avec des machines agricoles, soyez plus prudent qu'à l'accoutumée; lors d'orages, mettez-vous à l'abri. La foudre a un faible pour vous, tant vous êtes attirant! Si vous utilisez un équipement quelconque pour des sports pratiqués dans l'eau ou sur l'eau, assurez-vous qu'aucune pièce n'est défectueuse. Au moindre doute, retournez voir celui qui vous l'a vendu ou loué. Évitez-vous un accident. Votre dos est vulnérable, principalement dans un moment où vous êtes en pleine détente ou en vacances.

Vous serez audacieux, au mois d'août, et ceux qui croient qu'ils peuvent tout essayer pourraient bien se faire mal. Ce n'est pas conseillé sous cette voûte céleste!

Si vous êtes cette Vierge incapable de prendre un vrai congé parce que les affaires et l'argent passent avant tout, si vous n'écoutez pas ces signaux de détresse que vous lance votre corps stressé, des palpitations vous donneront la frousse. Si vous faites partie de ceux qui souffrent d'une maladie cardiaque, si vous avez occasionnellement des chutes ou des montées de pression sanguine, ne jouez pas avec ce régime que votre médecin vous a conseillé de suivre. Prenez soin de votre corps. C'est lui qui contient toutes vos pensées, vos émotions, vos sensations, votre sensibilité, vos projets, vos beaux souvenirs.

Il contient toute cette expérience de vie à transmettre à ceux que vous aimez, à ceux qui ont besoin de vos lumières.

ᐊ SEPTEMBRE 2005 ᐅ

L'AMOUR

Depuis le début de l'année, n'avez-vous pas compris qu'aimer et être aimé est un art, et que bien peu de gens décrochent un prix ou une bourse pour leur œuvre ? N'avez-vous pas constaté que, parmi vos amis et parents, nombreux sont ceux qui se sont séparés, réconciliés, qui sont revenus l'un vers l'autre et ont rompu une fois de plus... N'avez-vous pas été témoin de la confusion d'un tas de gens qui, en début d'année, juraient à leur conjoint que l'amour durerait toujours et qu'ils étaient prêts à vivre dans le partage, pour le meilleur et pour le pire ? Nous sommes encore sous l'influence de Jupiter en Balance. Il veut et exige, comme un enfant gâté, qu'une union ne soit que belle et romantique. Plus le mois avance, et plus vous devenez capricieux. Si vous êtes une Vierge désenchantée, à compter du 12, ces si douces conversations que vous aviez ressembleront davantage à des négociations, à des transactions ou à des placements à la Bourse. Vous vous en rongerez les ongles ! Êtes-vous de celles-ci ? Séchez vos larmes et consolez-vous puisque tout est encore possible. L'amour passion peut renaître, mais il ne sera jamais plus comme avant ! Si vous êtes satisfait de n'être que le témoin de gens qui s'unissent puis se désunissent, ne soyez donc pas plus méfiant. La méfiance vous conduirait à un grand isolement. Si vous êtes encore célibataire, vous avez la peur aux tripes. Cela vous passera lorsqu'une personne fort originale vous courtisera ! Elle sera remarquable par son joyeux et humoristique babillage. Le ciel indique que vous croiserez votre prochain amour le soir, lors d'une activité à laquelle vous prenez grand plaisir ou lors de l'entracte d'un spectacle.

DANS L'ENSEMBLE DE VOTRE VIE

C'est le retour à l'école, avec tout le stress que cela implique, autant pour les enfants que pour les parents. Il s'agit maintenant d'adopter un nouvel horaire, d'aider les petits à faire leurs devoirs, ou un du moins, de les aider à récapituler ce qu'ils ont vécu durant leur journée. Vos petits vivent des expériences, surtout si vous habitez un nouveau quartier. Ils se font des amis et, naturellement, ils veulent de l'attention. Même si vous êtes satisfait de l'école où ils vont, même si vous savez qu'ils ne courent aucun danger, même si vous les savez en sécurité, de grâce, parlez avec eux, même si, en rentrant du travail, vous êtes épuisé.

Dès le 12, sous l'influence de Vénus en Scorpion, si, un de vos grands change d'attitude et se désintéresse de l'école, si vous pressentez que quelque chose ne va pas entre lui et ses amis, allez à la source : questionnez-le subtilement. Il n'est pas impossible qu'un de vos enfants ait subi des menaces Il y a, dans ce ciel de septembre, à compter du 12, des jeux de dominants et de dominés. Votre enfant n'a pas à être dominant ou dominé.

Au travail, entre le 12 et le 21, le ciel est à l'orage en ce qui concerne les relations entre collègues. La compétition est féroce dans certains milieux. Bien que vous soyez d'un signe réfléchi, sachant retenir sa langue avant de parler, bien que vous ayez la capacité d'opter pour la diplomatie plutôt que pour la colère, il existe des gens capables de vous faire sortir de vos gonds. Il y a aussi, dans l'air, le symbole du patron injuste : il demande beaucoup, mais ne paie pas davantage. Il effraie son personnel et le menace de fermeture si celui-ci n'accepte pas une réduction, un gel de salaire ou des heures supplémentaires non rémunérées! Pendant quelques jours, vous aurez l'impression d'être de retour à l'état esclavage ou presque. Mais il y a également le propriétaire d'une compagnie qui ne sait pas trop comment s'y prendre pour que celle-ci fonctionne harmonieusement. Il adopte le style du général d'armée auprès de ses travailleurs, alors que nous ne sommes pas en guerre. Il vous faudra donc une énorme dose de tact pour calmer votre dictateur. Ne perdez pas de vue que, tout comme vous, il craint l'économie actuelle et ses ombres qui se pointent à l'horizon.

Si vous êtes syndiqué, peut-être n'avez-vous jamais dit un mot plus haut que l'autre. Peut-être avez-vous laissé à d'autres la tâche de vous défendre contre les abus commis par les employeurs. Peut-être avez-vous accepté les droits acquis et vous êtes-vous soumis à ce qui vous était imposé. Mais voilà que tout se met à changer, et que cette fois, vos employeurs et l'entreprise décuplent leurs exigences, mais il n'est pas question d'obtenir plus. Même le plus timide d'entre vous se lèvera et occupera le centre afin de se défendre contre les exagérations et les promesses non tenues. Ces derniers n'agiront pas uniquement pour eux, mais également pour tous ceux qui subissent les tentatives malhonnêtes des gens au pouvoir.

Vous avez du flair en affaires et vous pressentez que l'entreprise qui emploie vos services sera bientôt démantelée ; par un étrange hasard, vous croiserez une personne qui vous confirmera ce que vous ressentiez. Vous tenterez d'en savoir davantage, mais elle ne pourra vous en dire plus. La dissolution se fera, les sources de votre informateur sont certaines. Si vous travaillez depuis des années à construire et à faire fonctionner cette entreprise, si vous en connaissez tous les rouages, vous songerez à en faire l'acquisition. Vous avez toujours été un bon serviteur et vous savez maintenant que vous êtes capable d'être aussi un bon chef. À la toute fin du mois, la rumeur deviendra un fait, et cette fois, il s'agira de vous pencher sérieusement sur les chiffres comptables, votre possibilité d'emprunt, vos fournisseurs et leurs conditions, ainsi que sur le nombre réel d'employés dont vous auriez besoin.

En tant qu'artiste nouveau genre, si vous êtes un créateur et un producteur, si vous travaillez en équipe, soyez attentif à une idée qu'on vous proposera. Elle vous semblera géniale, mais il est nécessaire que vous y réfléchissiez davantage et que vous analysiez la demande réelle du public. Peut-être découvrirez-vous qu'on ne désire plus entendre ou voir ce qui n'est que sarcasmes ou attaques contre le public lui-même. Faites votre enquête avant de mettre sur le marché un produit qui ne serait pas distrayant !

◖◖ OCTOBRE 2005 ◗◗

L'AMOUR

C'est un mois un peu étrange en ce qui concerne les relations sentimentales. Même les gens les plus amoureux ont tendance à s'éloigner les uns des autres, et cela tient de l'inexplicable. Astrologiquement, c'est comme si chacun avait grandement besoin de faire le point sur ce qu'il vit en lui-même et dans le couple. Certains songent aux liens qui les unissent à leurs enfants. Il flotte dans l'air de la Vierge un sous-jacent désir de fuir ou du moins être seul, loin de tous ceux qui sont susceptibles d'influencer ses idées et ses opinions. La Vierge ne veut pas de témoin à ses émotions, pour lesquelles elle n'a pas d'explications. La raison ne s'est pas absentée. Le cœur a besoin de s'exprimer silencieusement, sans devoir conclure quoi que ce soit.

L'amour a ses hauts et ses bas. Il est comme tout être humain : il n'est pas égal tous les jours. Des fois, il se sent en forme et d'autres fois, il n'est pas enthousiaste. Il lui arrive même de ne plus savoir où il en est et d'être envahi de doutes de toutes sortes ! L'amour peut approuver ou faire des reproches. L'amour est tantôt passionné, et tantôt tendresse. L'amour est bavard, et dans une même journée, il aura besoin de rester silencieux. Si, au cours de ce mois, vous avez l'impression que vous seriez plus heureux si vous étiez seul, n'agissez pas sur un coup de tête et laissez passer les nuages gris qui couvrent la lumière de l'amour.

En tant que célibataire, vous aurez tendance à rester en retrait, bien qu'une personne vous plaise énormément. Vous n'osez pas le lui dire parce que vous ne savez pas trop si vous avez envie de vous engager ou non.

Le 27, Jupiter entre en Scorpion. Ses effets se font sentir depuis le début de septembre. Vous donnez la priorité à votre sécurité matérielle. Quand les amoureux s'affrontent à cause de l'argent, quand ils ne parlent pas le même langage, il arrive trop souvent que le plus favorisé soit, selon l'autre, celui qui devrait payer davantage, alors qu'au point de départ, il était entendu que les partenaires allaient payer moitié-moitié ! Malheureusement, le culte matérialiste fait dire n'importe quoi à ceux qui cherchent un exutoire à leurs frustrations, qu'ils n'ont pas réellement identifiées, mais qui les habitent. L'argent peut devenir une obsession entre des partenaires, et plus encore pour celui qui s'évalue en fonction de ce qu'il gagne !

Heureusement, des Vierge nagent dans le bonheur. Celles-ci ne vivent qu'avec les aspects positifs qui traversent le ciel d'octobre. Elles ont appris à se reposer et à faire des pauses entre deux tâches afin de donner du temps à leur partenaire. Leurs obligations ne sont pas vécues comme des punitions, mais comme de simples nécessités de la vie ! Aussi, jamais n'accusent-elles l'amoureux de se sentir fatiguées. Ces Vierge sages entretiennent des rapports honnêtes avec leur partenaire. Quand elles se sentent amoureuses, elles sont capables de l'exprimer, et quand elles ont besoin de prendre leurs distances, il s'agit d'une réflexion dont le but est de se retrouver avec elles-mêmes, et non pas de prendre la fuite. La Vierge sage peut aussi avoir besoin de silence, alors qu'elle est au milieu des siens. Pour bien vivre, en couple et en famille, il est important de savoir nommer ses émotions et de ne pas prêter à autrui des intentions qu'il n'a pas.

DANS L'ENSEMBLE DE VOTRE VIE

Jupiter est en Balance et traverse ses derniers degrés. Ainsi positionné, il répand la peur face à l'avenir, et une forte envie d'exploser! Si la peur est généralement paralysante, en ce mois, elle agit, tout au contraire, comme une poussée afin d'obtenir ce qui vous revient. Vous faites partie d'une communauté, et comme bien d'autres collègues, vous travaillez dans une grande entreprise où tout est impersonnel, mais où, pourtant, vous passez huit heures par jour. Vous aurez cet impétueux désir de faire bouger les choses afin qu'elles soient plus vivantes. Si, jusqu'à présent, vous n'étiez pas socialement actif, vous le serez en octobre. Vous participerez à un mouvement collectif afin que la vie de ces personnes avec lesquelles vous vivez et travaillez soit plus avantagée qu'elle ne l'est présentement. Quelles que soient vos revendications, on vous écoutera attentivement, et vous aurez les mots justes afin que ceux qui ont le pouvoir de faire ces changements les mettent en place rapidement.

Si vous avez des lettres à envoyer, des formulaires à remplir, si vous présentez un projet et que celui-ci doit être remis bientôt, procédez entre le 9 et le 30. Durant ces jours, les lettres qui seront expédiées seront bien reçues et lues par les personnes à qui elles sont destinées.

Si vous avez des amis qui habitent à l'étranger, vous pourriez apprendre qu'ils déménagent : ils se rapprochent de vous. Il y aura aussi des Vierge qui décideront d'aller vivre dans un autre pays. Pour ces dernières, les préparatifs se feront à la vitesse de l'éclair! Vous avez l'art de vous organiser une fois que votre décision est prise. Il est impossible de trouver quelqu'un d'aussi rapide que vous. Vous avez la capacité de penser à plusieurs choses à la fois. Vous savez vous ordonner de manière à ne pas perdre une minute, pour enfin partir avec tout ce dont vous avez besoin.

À compter du 27, et pendant 12 mois, vous serez sous l'influence de Jupiter en Scorpion. Il se trouve alors dans le troisième signe du vôtre. Ce symbole mercurien, associé à la fonction jupitérienne, donne encore plus de brillance à votre intelligence, sans que vous perdiez la moindre parcelle de vos intuitions. Mieux encore, sous Jupiter en Scorpion, vous aurez des éclairs de génie. Un talent que vous avez laissé dormir s'éveillera soudainement et vous en serez vous-même surpris.

Si vous travaillez dans le domaine des médias, sous Jupiter en Scorpion, la compétition pourrait ne pas être tout à fait honnête entre collègues. De plus, il faut vous attendre à de nombreux changements en ce qui concerne l'administration de l'entreprise qui emploie vos services. Certains devront étudier afin d'utiliser de nouvelles technologies qui font leur apparition dans le monde des communications.

Si vous travaillez pour une entreprise et que vous manipulez divers gaz ou des métaux, redoublez de prudence et prenez la moindre alerte très au sérieux.

Si votre métier est de sauver des vies, il est à souhaiter que vous soyez en forme. Vous aurez besoin de toutes vos énergies pour répondre aux nombreuses demandes. Parmi vous, on retrouve des héros qui feront encore parler d'eux longtemps.

◄◄ NOVEMBRE 2005 ►►

L'AMOUR

Le 6, sous l'influence de Vénus en Capricorne, dans le cinquième signe du vôtre, l'amour prend la couleur d'un devoir à remplir! En tant que parent, vous serez si soucieux de vos enfants que vous serez tout près d'oublier le rôle que joue aussi votre partenaire au sein de la famille. Que vous soyez un homme ou une femme, en tant que Vierge, vous considérez le bien-être de vos enfants comme une priorité. C'est excellent, mais il vous arrive de mettre votre amoureux de côté, à un point tel que vous lui donnez la sensation d'être inutile! Dès l'instant où vous aurez l'impression que la situation se présente ainsi, réagissez en rétablissant le contact avec votre amoureux qui, de toute manière, fait partie de votre vie familiale, même si celle-ci est reconstituée!

Célibataire, sous l'influence de Mars en Taureau, dans le onzième signe du vôtre, symbole vénusien faisant un excellent aspect au vôtre, vous êtes irrésistible! Vous êtes attirant et lorsque vous souriez, on a immédiatement envie de savoir qui peut ainsi transfuser autant de lumière et allumer tant de désirs! Si une attraction est d'abord physique, elle ne vient pas toute seule : elle est instantanément accompagnée de votre invisible sensibilité, ainsi que de votre indéfinissable intelligence. Vous pourriez n'avoir que du charisme sexuel, et finalement, être semblable à ce bel objet qu'on se plaît à regarder. Mais, en tant que Vierge, vous possédez beaucoup plus que les apparences, et c'est ce qui vous rend désirable. Vous aurez à choisir entre plusieurs flirts. Vous êtes si intuitif que, rapidement, vous saurez qui est cet autre avec qui vous ferez un petit ou un long bout de chemin! Sous ce ciel de novembre, où la fixité astrologique domine, à la suite d'une attirance, quelques rendez-vous plus tard, il y a toutes les chances du monde pour que vous et l'autre vous plaisiez très longtemps.

Si vous n'êtes pas une Vierge fidèle, quelques aspects planétaires laissent entrevoir que votre secret n'en sera plus un, avant que le mois se termine!

DANS L'ENSEMBLE DE VOTRE VIE

Précédemment, il fut question d'un mensonge sentimental, mais il est aussi possible que des Vierge ne disent pas toute la vérité au sujet de ce qui serait d'un intérêt capital pour leur équipe de travail. Elles gardent le secret pour en tirer un avantage! Le camouflage n'est pas solide sous la poussée de Jupiter en Scorpion: tout se sait. Ne perdez pas de vue qu'Uranus fait face à votre signe. Uranus, c'est cette planète qui est incapable de mentir, et si elle le fait, ce n'est jamais pour bien longtemps. N'oubliez pas non plus que nous vivons dans un monde où les indiscrets sont nombreux. Des gens sont curieux parce qu'ils n'ont pas de vie à eux: ils fouillent donc dans celle des autres pour avoir quelque chose à raconter, et c'est justement la vôtre qui attire leur attention en ce mois de novembre!

Lorsque vous quittez la maison, verrouillez bien les portes, et si vous possédez un système d'alarme, armez-le. Jusqu'au 26, les filous vous ont à l'œil, que vous soyez riche ou pauvre. Si vous possédez peu, ils prendront ce qu'ils trouveront et s'en contenteront jusqu'à la prochaine maison!

Ne conduisez jamais vite en ce mois, et pour vous y obliger, partez plus tôt lors de vos rendez-vous. Si vous sillonnez des routes que vous ne connaissez pas, ralentissez: il est possible que vous passiez outre une indication et que vous vous retrouviez à côté de la chaussée. Bien évidemment, l'alcool au volant diminue considérablement votre vigilance, vos réflexes et votre prudence, et augmente vos risques d'avoir un accident. Ne surestimez pas votre talent de conducteur!

Si vous aimez votre travail et que vous réussissiez déjà très bien, on pense très sérieusement à vous offrir un autre poste où les responsabilités seront plus nombreuses, mais dont le salaire sera aussi plus alléchant. Avant que le mois se termine, vous serez en pleine négociation concernant ces bénéfices additionnels que vous désirez obtenir.

Si vous faites du commerce avec l'étranger, vous aurez une autre ouverture dans un pays différent que celui avec lequel vous faites déjà affaire. Il s'agit là d'une grande expansion pour votre entreprise. Si vous n'êtes pas propriétaire, mais plutôt représentant, votre rôle sera capital, et ce sera grâce à vous si vos patrons feront plus d'argent! N'oubliez pas de demander votre dû! L'idéalisme, c'est bien beau! Mais encaisser ce qui vous revient, c'est normal! Il y a, parmi vous, des Vierge persuadées qu'elles valent beaucoup d'or! Tant et si bien que chacun s'y fait prendre et paie pour leurs services, plus que n'importe qui demanderait pour les mêmes tâches. Mais, certaines Vierge se sous-estiment: elles sont issues de tous les milieux. Elles doivent se secouer et évaluer leurs succès à leur juste valeur!

À la fin du mois, des événements sociaux déséquilibreront votre rythme de travail. En fait, ceux qui vous entourent ne porteront plus attention à leurs tâches: ils seront fascinés, hypnotisés par un drame qui éveillera leur peur, tout autant que leurs cordes sensibles. Il ne s'agira évidemment pas d'un événement pacifique, lequel aura de graves répercussions sur l'écologie.

◄€ DÉCEMBRE 2005 Э»

L'AMOUR

Il devient à nouveau plus difficile de parler d'amour en ce mois de décembre. On s'interroge plutôt sur le budget alloué aux cadeaux! Si, financièrement, vous êtes confortable, cette question ne se pose pas, mais pour la majorité, il est nécessaire de calculer. Jusqu'au 15, vous êtes sous l'influence de Vénus en Capricorne. Cette Vénus est prudente: elle craint le manque et choisit de prévenir! Vénus en Capricorne n'est pas très romantique: elle est pratique! Si vous subissez son influence, il y a peu de chance que vous fassiez de grandes déclarations à votre amoureux. Sans vous en rendre compte, vous lui demanderez de deviner vos sentiments! Comment le pourrait-il? Chacun a sa propre interprétation des mots et des gestes de l'autre. Il vaut donc mieux parler ouvertement de ce que vous ressentez. Si, dans votre couple, vous êtes l'amoureux inquiet, demandez donc à votre partenaire s'il est indifférent ou si vous n'êtes pas en train de vous monter un scénario dramatique. On peut aussi aimer l'autre et ne pas le lui dire, être aimé et ne jamais, ou presque, s'entendre dire des mots tendres et rassurants ! Malgré vos préoccupations matérielles, vous prendrez conscience de ce manque de tendresse et de délicatesse que vous faites subir à l'autre. Même si les planètes sont froides, vous n'êtes pas obligé d'avoir froid au cœur. Il vous reste cette part de liberté qui vous permet de vous questionner et de vous informer quand l'amoureux s'éloigne et que vous vivez cela comme un événement épouvantable. Il vous reste aussi cette part de liberté, soit votre capacité de rassurer votre partenaire et de lui dire que, malgré vos silences et vos craintes, vous êtes toujours aussi amoureux de lui.

Il y aura, bien sûr, des Vierge qui n'ont que la solitude en partage. Celles-ci dépriment à l'approche de Noël et de la fin de l'année ! Si vous faites partie de celles-là, pourquoi ne pas faire diversion en 2005 et donner votre énergie et votre amour à ces nombreuses personnes qui sont encore plus démunies que vous ne l'êtes... Non seulement sont-elles seules, mais en plus, elles ont à peine de quoi manger... Donner de son temps, c'est ouvrir une porte à l'amour que vous êtes en droit de recevoir. Il y a une explication qui vous semblera un peu étrange pour ces gens qui sont isolés. La voici : que vous soyez un homme ou une femme, vous êtes rempli du désir d'aimer et d'être aimé, à un point tel qu'il n'y a plus d'espace pour recevoir ni amour, ni tendresse, ni affection. Vous me suivez ? Il n'y a plus aucun espace libre puisqu'il est occupé par vos malheurs. Alors, comment un être aimable et aimant, homme ou femme, pourrait-il occuper votre cœur amoureux ? Il y a des moyens à prendre pour recevoir, et en fin de compte, tomber en amour ! Il vous suffit de méditer ou de prier afin de vous mettre en contact avec le ciel. Demandez de l'aide. Soyez détaché et souhaitez-vous, le sourire aux lèvres, de rencontrer le grand amour ! Petit à petit, faites le vide de ce qui vous fait mal ! Reléguez votre triste passé aux oubliettes et trouvez, en vous, ce que signifie réceptivité ou remplissage : choisissez le mot qui convient à votre nature, à votre langage. Cette méthode a, la plupart du temps, des résultats plus importants que ceux que l'on avait imaginés !

DANS L'ENSEMBLE DE VOTRE VIE

Les pères Noël, crèches et petits Jésus sont sortis. Tout est rouge, du rouge qui rend impulsif, qui donne le goût d'agir et de posséder, comme si l'on avait gagné le gros lot. Cette année, nous sommes sous l'influence de Mars en Taureau, face à Jupiter en Scorpion. Mars est dans le huitième signe du vôtre ; Jupiter est dans le deuxième. Ces positions astrales symbolisent la peur du manque pour une majorité. Des magasins, qui vous offrent le paradis sur terre ou presque, à condition que vous achetiez leurs marchandises, encaisseront beaucoup moins de votre argent que les années précédentes. Vous avez réalisé, au fil des mois qui ont passé, qu'un contact humain valait beaucoup plus que n'importe quelles possessions.

Vos enfants désirent obtenir ce qu'ils voient à l'écran, mais ils désirent davantage être avec papa et maman. Un cadeau raisonnable leur fera aussi plaisir qu'une voiture à moteur ! Si vous en êtes à cette période de la vie où il vous faut réduire vos dépenses, compensez en consacrant beaucoup de temps à vos petits. Il est possible que des préadolescents, qui ne recevront pas le cadeau commandé, boudent ! Usez d'imagination et offrez-leur ce qu'ils vous avaient demandé plusieurs mois plus tôt... Vous les surprendrez et vous ferez en sorte qu'ils soient occupés à de saines activités. À compter du 16, sous l'influence de Vénus et de Neptune en Verseau, les amis de vos enfants prendront plus d'importance. Pourquoi ne pas les inviter à organiser une petite fête avec les vôtres ?

Quant à vous, vous terminerez l'année 2005 en famille et entre amis. Parmi vous, certains se doreront sur une plage, au soleil ! Notez que, durant les deux derniers jours de 2005, vous êtes plus chanceux. La chance est capricieuse : vous pourriez gagner une maison ou des aliments qui vous seraient livrés à votre porte. Vous pourriez donc recevoir un extraordinaire cadeau, justement ce dont vous aviez besoin.

Un dernier avis s'impose avant de clore les prévisions de 2005. Le Nœud Nord est en Bélier : il est dans le huitième signe du vôtre, un secteur astrologique qui n'est pas tendre pour les tricheurs, les voleurs, les menteurs et les criminels de toutes sortes. Il a pour fonction de punir la Vierge qui n'est pas sage. Dès le début du mois, si vous commettez une faute, si vous nuisez à votre prochain, la censure ou la pénalité sera inévitable. Pour ce qui est de la Vierge sage, même si la vie n'est, en général, pas un paradis, elle aura l'occasion de changer ce qui ne lui plaît plus.

LES ASCENDANTS

VIERGE ASCENDANT BÉLIER

Jupiter sera en face de votre ascendant jusqu'au 26 octobre : il y aura de l'action dans divers secteurs de votre vie. Vous ne manquerez pas de travail, et si vous êtes à votre compte, votre clientèle s'accroîtra, ainsi que vos profits. Il est possible qu'un parent soit gravement malade, qu'un autre se sépare ou que vous, en tant que célibataire, vous rencontriez l'amour, et qu'il soit comme vous ne l'aviez jamais connu auparavant. Il sera question de vendre une maison devenue trop grande pour en acheter une plus petite, convenant à vos présents besoins.

VIERGE ASCENDANT TAUREAU

Si vous avez développé un talent artistique, 2005 accroît votre popularité. Si vous êtes en amour, jeune et sans enfant, la cigogne vous fera une proposition. Si vous avez plutôt l'âge d'être grands-parents, vous serez heureux d'avoir un autre héritier ! Les célibataires seront des points de mire ! Les rencontres se feront principalement dans leur milieu de travail ou dans des endroits aussi tranquilles qu'une librairie ou une bibliothèque. Ceux qui se croiseront auront immédiatement un intérêt commun. Vous attendrez plusieurs mois avant d'arrêter votre choix officiellement.

VIERGE ASCENDANT GÉMEAUX

Vous êtes un double signe double. Il y a, en vous, quatre personnes, toutes aussi actives les unes que les autres ! Votre premier intérêt est de trouver un travail qui vous plaira et qui sera bien rémunéré. L'année 2005 vous met sur une très bonne piste, notamment en raison de votre talent de communicateur. Que vous soyez un homme ou une femme célibataire, la personne à aimer sera confortable financièrement, et sera généreuse envers vous. Quant à ceux qui vivent en couple, cette fois, il faut régler les épineuses questions d'argent.

VIERGE ASCENDANT CANCER

Vous avez un esprit pratique, mais vous possédez aussi une imagination débordante. Si vous pratiquez une activité créatrice, il est possible que la vie vous dise que le temps est venu d'en faire votre gagne-pain. Vous avez rendez-vous avec l'art. Si vous avez des enfants, petits ou grands, ils ne seront pas sages comme des images. Malgré vos nombreux intérêts, vous devrez leur accorder de l'attention supplémentaire. Les petits ont besoin de votre affection, et les grands, de votre présence. Elle les rassure sur eux-mêmes, surtout si vous avez l'intention de déménager ou d'aller habiter un nouveau quartier.

VIERGE ASCENDANT LION

Les occasions de faire valoir vos talents seront nombreuses, surtout si vous travaillez dans le monde des communications. Certains s'initieront à un autre travail, connexe à ce qu'ils faisaient auparavant, mais le défi sera plus grand. Vous le relèverez. En tant qu'employé dans la même entreprise depuis des décennies, des changements administratifs ébranleront la sécurité que vous y trouviez, mais ce sera aussi l'occasion de sortir de la routine : vous aurez la possibilité de devenir vous-même propriétaire d'un commerce.

Si vous vivez librement avec votre amoureux, il sera question de vous marier officiellement.

VIERGE ASCENDANT VIERGE

Rien n'est impossible à l'esprit pensant! Vous aurez envie de modifier le cours de votre destin en vous initiant à un autre métier, en choisissant un travail qui vous permettra de mettre sur pied une entreprise. Pour cette dernière perspective, il sera nécessaire de bien vérifier les antécédents de ceux qui vous offriront leur appui. Dans votre emballement, vous pourriez rester aveugle à une personne qui, en fait, ne veut pas votre bien, et n'espère pas non plus que vous réussissiez. Il faudra veiller à ne pas éparpiller votre argent. L'amour ainsi que vos enfants se portent bien.

VIERGE ASCENDANT BALANCE

Vous ne pouvez faire plaisir à tout le monde. Les demandes d'aide seront nombreuses et vous n'aurez plus de temps pour vous. Soyez donc plus sélectif en 2005 : vous avez aussi besoin de vos forces pour faire face à vos obligations et à vos devoirs. Vous êtes plus ambitieux que vous ne l'étiez. Vous atteindrez votre objectif, à condition de respecter les règles, en grimpant un palier à la fois, sans en sauter un. Si vous êtes pieux de nature, méfiez-vous de ces gens qui vous attireront dans une quelconque religion ou une secte. Vous en perdriez votre équilibre, votre sérénité et beaucoup d'argent !

VIERGE ASCENDANT SCORPION

Vous n'avez pas la langue dans votre poche, mais en 2005, il vaudrait mieux écouter pour vous éviter d'entrer en conflit avec des personnes qui ont le pouvoir de vous embaucher ou de vous congédier. Nombreux sont ceux qui songeront à un retour aux études. Ces derniers opteront pour un métier ou une profession où ils pourront jouer un rôle plus actif dans la communauté dont ils font partie. Vous savez défendre vos droits et ceux d'autrui. Si vous avez un penchant pour l'écologie, vous adhérerez à un groupe dont le but est de protéger l'environnement. Vous serez rapidement au centre de l'action.

VIERGE ASCENDANT SAGITTAIRE

C'est comme si tout concordait afin que vous partiez à l'étranger. Peut-être s'agira-t-il de représenter l'entreprise qui emploie vos services. Peut-être aurez-vous un ami qui vous invitera. Une fois sur place, il peut aussi vous trouver du travail. Si vous ne voyagez pas, vous développerez des idées et des projets à une allure folle. Et, dès l'instant où vous aurez besoin d'aide, vous l'obtiendrez. Vous serez chanceux ! L'épreuve peut venir d'un parent qui ne se porte pas bien et dont vous prendrez grand soin pendant quelques semaines ou quelques mois.

VIERGE ASCENDANT CAPRICORNE

Vous êtes sérieux, et en tant que double signe de terre, la routine ne vous déplaît pas au travail. De toute manière, vous considérez que l'action la plus intéressante se passe dans votre tête ! Vous avez plus d'imagination qu'on ne le croit ! Vous êtes silencieux parmi les vôtres ! Mais voilà qu'on vous offrira une promotion : vous y penserez et vous l'accepterez. Vous planifierez des rénovations dans la maison ou vous déciderez d'être propriétaire pour la première fois. Vous avez une heureuse vie de couple, mais cette année, il faudra accepter que votre partenaire s'offre un caprice que vous jugerez hors de prix!

VIERGE ASCENDANT VERSEAU

Pourquoi se contenter d'une vie morne quand tout vous interpelle? Vous êtes un curieux, vous êtes un audacieux. Si vous craignez le manque, ce n'est jamais pour bien longtemps. Le goût d'agir l'emporte, et le risque est plutôt bien calculé. Quelle que soit votre intention professionnelle, vous ferez des pas de géant en direction de votre objectif. Un conseil: en aucun temps vous ne devrez tricher avec les chiffres. Vous seriez vite obligé de rembourser ce que vous pourriez nommer comme étant un «emprunt»! Dans une société, il y a des règles à suivre et vous ne pouvez pas toutes les ignorer!

VIERGE ASCENDANT POISSONS

Vous êtes né avec votre signe opposé, qui est tout autant votre complémentaire. En 2005, il faut apprendre à ne pas regretter d'avoir été généreux, d'avoir tenté l'impossible pour sauver une situation, et de n'avoir pas réussi. En 2005, vous faites une prise de conscience: si vous servez autrui, vous vous servez aussi. Ce sera donnant, donnant! Vous ferez davantage attention à votre santé: vous avez besoin d'énergie pour mener vos projets à terme. Si vous êtes célibataire, l'amour sera au rendez-vous, mais il ne ressemblera à rien de ce que vous avez connu. Vos anciens repaires ne vous seront d'aucune utilité.

BALANCE

23 septembre au 22 octobre

À Antoine Aubry de Chaput, mon premier petit-fils : un grand amour, un autre petit roi. Que dis-je ? Antoine est un dieu du ciel, descendu sur terre rien que pour séduire sa grand-mère. Ce petit homme de deux ans, au sourire craquant, me fait fondre quand il me dit, de sa voix douce : « Mémé, je t'aime à la folie » !

À mon très bon ami, Maurice Brunet, un esprit fertile, un homme volubile, informé et comique.

SOUS L'INFLUENCE DE JUPITER

Jusqu'au 26 octobre, Jupiter traversera votre signe. Jupiter, c'est cette planète qui fait la justice. Jupiter fera plaisir aux Balance honnêtes, mais reprendra ce qui ne leur a jamais appartenu à celles qui ne le sont pas.

Vous êtes un signe d'air, et il arrive que vous n'analysiez pas vos actions et leurs conséquences. Vous êtes un signe cardinal ou encore un réagissant : vous allez de l'avant, sans toutefois regarder qui vous bousculez. Vous êtes le septième signe du zodiaque, et il est rare que vous réussissiez seul. Votre signe symbolise l'associé : l'autre qui vous guide, et l'autre que vous devez respecter pour son talent, et remercier pour son aide.

Votre signe est régi par Vénus, la planète de l'amour mais également celle du charme et du calcul. Vénus a appris à compter dans le signe du Taureau, deuxième du zodiaque, mais vous en êtes au septième, et vous avez affiné vos techniques quant à la manière de posséder et d'avoir. Vous avez appris, par exemple, qu'un poste en vue vous donnait du pouvoir, et en cours de route, vous avez perdu l'innocence de l'enfant!

Il y a de nombreuses années, aux États-Unis, on a fait une étude concernant votre signe. Les principales conclusions étaient celles-ci : si vous êtes avocat, vous êtes le meilleur dans le secteur où vous êtes impliqué. En tant que plaideur, vous remportez la médaille d'or. Lors d'un procès où vous défendez vos droits personnels, si vous n'êtes pas avocat, vous avez le flair de choisir celui qui vous représentera le mieux et vous en sortez gagnant, 90 % plus souvent que n'importe quel autre signe. Vous êtes parmi les plus nombreux à occuper des postes de diplomates et de représentants d'entreprises internationales. Vous possédez ce don de prendre la couleur du pays où vous vous trouvez. Vous êtes capable de vous mouler à tout nouvel environnement.

Je suis astrologue depuis 26 ans déjà, et j'avoue n'avoir jamais rencontré une Balance qui ne soit pas intelligente. Qu'elle ait bénéficié ou non d'une bonne éducation, qu'elle soit ou non scolarisée, une Balance se débrouille royalement avec les moyens dont elle dispose, et elle use toujours à bon escient de ses nombreux atouts. La Balance possède la capacité d'apprendre d'autrui, et quand la situation l'exige, elle se souvient de ses leçons et les applique de manière à satisfaire ses besoins. Elle réussit à convaincre des gens à la suivre si elle a besoin d'eux.

Si certaines Balance sont des gens d'affaires avisés, d'autres sont des artistes qui se démarquent. Si une Balance se commet et que son art ou ses agissements font scandale, elle laissera passer le temps, et quand le vent tournera, elle reviendra à son art et retrouvera sa popularité. Pendant ce temps, elle n'aura pas perdu une minute et aura su comment se faire pardonner!

QUAND JUPITER SE FAIT PUNITIF!

Aucun signe n'est parfait, pas même la Balance, malgré la brillance de son intelligence. Elle a pourtant quelques défauts. Voici deux exemples : un ami lui a rendu service pendant 20 ans. Il est dans le pétrin. La Balance, très occupée, fera comme si cet ami n'existait pas et ne lui offrira pas son aide parce que son temps est très précieux! La Balance, ayant du flair pour les affaires, profitera d'un temps où la personne avec qui elle négocie est en panique pour discuter sans trop d'effort. Elle réussira à lui faire dire oui!

En 2005, sous l'influence de Jupiter en Balance, si vous êtes cette Balance ayant soutiré le maximum par des moyens apparemment honnêtes, si vous avez fui vos obligations, si vous n'avez pas remboursé une dette, la vie, sous le grand justicier qu'est Jupiter, par un concours de circonstances, vous obligera à prendre conscience de ce que vous faites et ne faites pas pour le bien d'autrui.

Il arrive aussi aux Balance de croire que le monde est séparé en deux: d'un côté, il y a ceux qui partagent leurs idées et leurs opinions, et qui sont constamment en accord avec elles. De l'autre côté, il y a ceux qui la mettent en garde contre des décisions, des agissements, sa manière d'être avec les autres. En somme, ceux qui la complimentent et qu'elles jugent non menaçants sont ses amis. Ceux qui tentent de la protéger contre elle-même et qui sont susceptibles d'en connaître plus long qu'elle sur un sujet précis ne sont pas les bienvenus. Sous Jupiter en Balance, en 2005, elle verra clairement qu'elle a besoin des deux clans pour mieux vivre sa vie et progresser en affaires. Jupiter, dans votre signe, symbolise la réconciliation avec vous-même et avec ceux à qui il vous est arrivé de manquer de considération.

Aux Balance sans prétention, celles qui ne veulent que le bien d'autrui et qui agissent en ce sens, Jupiter fera votre bonheur. Il fera votre chance et vous transformera afin que vous puissiez jouir d'un mieux-être.

Si vous appartenez à cette classe de Balance qui ne vit que par l'amour et pour l'amour, si vous êtes respectueux envers autrui et leurs biens, si, en tout temps, vous ne tentez d'influencer les gens dans le but d'être admiré, si vous ne jugez pas, si votre Vénus n'est que bien, beau, juste, généreux, aimant, responsable, si vous savez vous réjouir de vos succès, quels qu'ils soient, si vous n'êtes ni envieux ni jaloux, si vous êtes tout autant capable d'accepter vos erreurs et de les corriger, si le but de votre vie n'est que votre bonheur et celui de ceux que vous aimez, c'est déjà très grand! Si, en plus, vous aidez des inconnus malades ou en situation de crise, si vous trouvez le temps de faire du bénévolat par amour et par respect pour toutes les âmes vivantes, vous avez parfaitement le droit de vous féliciter pour vos bontés, et Jupiter, dans votre signe, ne manquera pas de vous récompenser!

Qu'adviendra-t-il des Balance au grand cœur? Si, par exemple, vous êtes parent, amoureux de votre partenaire et que vous désiriez avoir un autre enfant, le ciel fait descendre la cigogne au-dessus de votre maison! Pour certaines Balance, il s'agira d'un premier enfant.

Dites-vous que Jupiter sillonnant ainsi votre signe vous donne de la chance, et celle-ci peut venir à travers vos enfants. Si, par exemple, ceux-ci sont adolescents, l'un d'eux se démarquera de manière que vous soyez fier de sa réalisation ou heureux qu'il sache quel chemin de vie lui permet de se réaliser. En tant que parent, en ce début de XXIe siècle, il n'est pas toujours facile de modérer vos enfants. Ceux-ci savent ce que signifie le mot liberté. Ceux qui contestent le plus l'autorité connaissent les lois leur permettant d'accuser les autres et de poursuivre un parent, même quand ce dernier est sans fautes! Le monde des communications et Internet, s'ils ne développent pas le sens moral, sont des brillants informateurs, et ils servent tant aux gentils qu'aux vilains. Si vous êtes ce parent attentif et affectueux, si vous avez un adolescent ou un préadolescent qui fait des mauvais coups, si, en tout temps, vous ne l'avez laissé tomber, si vous avez continué de l'aimer et de l'aider comme vous le pouviez, il vous parlera de ce qui ne va pas, de ses désirs d'être un gars ou correct. Il sera aussi étonné de s'entendre dire que ses mauvais coups ne lui ont rien apporté de valorisant... Sous l'influence de Jupiter, qui ne veut que le bien, le bon et le juste, votre enfant récalcitrant et rebelle se transformera en un être aussi responsable que vous l'êtes. Pour vous, ne plus subir ses sarcasmes, ses insultes et même sa démission face à la vie, ne plus devoir le chercher quand il ne rentre pas, c'est un gigantesque cadeau du ciel.

La chance à la loterie n'est pas exclue. Si, toutefois, vous misez sur les véritables valeurs et sur votre idéal, si vous désirez un meilleur emploi, mieux rémunéré afin de mieux pourvoir aux besoins des vôtres, Jupiter en Balance vous accorde votre désir. Ne cherchez pas à savoir comment se produira l'événement. On vous ouvrira la porte d'une entreprise où vous serez bien traité et bien payé, et où vous aurez des chances d'avancement. Il vous suffit d'être réceptif. Le pire serait de devenir obsédé. L'obsession mène à l'envie, et en général, à des états intérieurs très inconfortables! Tout étant ressenti de près et de loin, vivez l'instant présent comme s'il était le meilleur et continuez d'apprécier ce que vous avez. Jupiter fait des merveilles: il est magicien et quand il a devant lui un être qui aspire à devenir meilleur, il l'encourage.

Jupiter récompense les justes et les bons, et principalement là où ceux-ci ont besoin de soutien. Jupiter ne gaspille pas, il n'accorde aucun artifice. Il fait en sorte que vous receviez l'inspiration, au moment où il vous faut faire un geste qui améliorera votre condition et votre qualité de vie.

SOUS L'INFLUENCE DE SATURNE EN CANCER, PUIS DE SATURNE EN LION, À COMPTER DU 17 JUILLET

Durant le passage de Saturne en Cancer dans le dixième signe du vôtre, il est possible que vous deviez vous rendre souvent auprès d'un parent âgé et malade et que vous lui teniez la main pour l'aider à supporter cette épreuve. Qui que ce soit, vous vous rendrez à son chevet.

Le temps que vous consacrerez à ce parent ne sera pas investi dans l'entreprise en cours. Il vous arrivera, à certains moments, de vous sentir déchiré entre votre générosité et vos intérêts. Sous l'influence de Saturne, il n'est pas toujours facile de suivre la voie du cœur parce que Saturne, en lui-même, symbolise le but matériel tout autant que la sagesse. Matérialisme et sagesse ne sont pas incompatibles. Il faut tout simplement vous dire que, lorsque vous êtes à un endroit, vous devez y être en entier. Quand vous serez avec votre amoureux, vous en ferez autant. Il vous est impossible d'être à deux endroits en même temps! Ainsi, pour donner le maximum en tous lieux, il vous faut être entier là où vous êtes. Si vous appliquez cette méthode, vous ne perdrez pas un brin de votre énergie et vous ne manquerez rien au travail parce que vous agirez plus vite. Le malade ne ressentira pas votre malaise et, du même coup, vous lui insufflerez de la force.

À compter du 17, Saturne entre en Lion dans le onzième signe du vôtre. Vous serez présenté à des gens puissants. Si vous faites partie des Balance, dont les buts ne sont que louables, ces personnes influentes feront beaucoup pour vous. Le Lion fait appel au cœur, même en affaires! Si, au contraire, vos nouvelles fréquentations ne sont qu'intérêts matériels, enveloppés d'un apparent respect, ces gens de pouvoir ne vous seront pas très utiles. Sans vous en rendre compte, ce sont eux qui se serviront de vous et non l'inverse. Ainsi va la loi de Saturne quand elle est appuyée de Jupiter traversant votre signe.

EN CONCLUSION

Jupiter est une planète symbolisant l'expansion et, comme elle traverse votre signe, il y aura du progrès. La croissance ne sera durable que si vos affaires sont honnêtes. Vous réussissez à avoir plus, au cours de 2005, mais si vous avez commis des tricheries, petites ou grosses, sous Jupiter, qui entre en Scorpion le 27 octobre, et durant les mois qui suivront, vous perdrez les biens mal acquis. Pour vous, Jupiter en Scorpion représentera alors les ennemis qui seront ceux que vous avez trompés. Il pourra aussi s'agir de nouvelles gens qui apparaîtront dans votre vie pour vous retirer ce qui ne vous appartient pas. Jupiter, à l'instant où il entre en Scorpion, peut prendre à l'un, mais donner davantage à celui qui mérite qu'on le récompense pour sa bonne conduite.

Jupiter ne reste jamais sans effet quand il traverse un signe. Aux uns, la santé, et pour ceux qui abusent des bonnes choses de la vie, on prévoit un mal, une maladie les obligeant à se reprendre en mains. Jupiter est croissance, et pour les gourmands, cela signifie des kilos supplémentaires. Jupiter est une planète qui tient à ce que vous soyez en forme : si vous prenez des drogues, si vous buvez, Jupiter vous poussera à l'excès, mais il vous offrira aussi un dernier recours : ce sera à prendre ou à laisser. Jupiter est joyeux et soigne les dépressifs. Jupiter a horreur de l'apitoiement sur soi. Cette planète vous apporte le soutien dont vous avez besoin pour sortir de votre mal intérieur. Elle vous présentera le bon médecin, le bon ami afin que vous vous sentiez bien et deveniez à nouveau vous-même et que vous soyez ainsi utile au reste du monde. Vous avez jusqu'au 26 octobre pour profiter des faveurs de Jupiter en Balance. C'est chacun son tour sur le zodiaque! Lors de la traversée de Jupiter dans votre signe, vous avez droit au maximum de faveurs que cette planète offre. Au risque de me répéter, ces faveurs ne sont accordées qu'aux Balance au grand cœur. Si le vôtre est tiède, vous n'encaisserez pas la totalité de ces bienveillances, mais en fonction de ce que vous mériterez! Et si vous êtes carrément glacial, Jupiter provoquera une explosion dans un secteur de votre vie, plus précisément dans celui où vous étiez près du point de congélation.

◖◖ JANVIER 2005 ◗◗

L'AMOUR

Plusieurs situations sont possibles, sous ce ciel de janvier, en ce qui vous concerne. On peut comparer la vie de certains d'entre vous à des journées sans soleil, surtout si toutes vos énergies sont mises sur la difficulté de vivre plutôt que sur ce que vous pourriez faire de plus et de mieux pour améliorer le temps qui passe.

Tout se déroule bien au début du mois, mais à compter du 10, vous serez sous les influences de Vénus et de Mercure en Capricorne, ce qui laisse entrevoir un refroidissement entre l'amoureux et vous. Vos obligations vous obligeront souvent à faire des heures supplémentaires, mais dans certains cas, vous choisirez de travailler tard pour vous éloigner de votre partenaire parce que vous vous sentirez incapable d'échanger vos sentiments, ces doutes particuliers qui vous chatouillent le cœur. Si vous avez besoin de prendre vos distances, d'avoir votre espace, pourquoi ne pas le dire simplement ?

Certains d'entre vous entendront les commentaires de ces gens qui sont souvent des membres de la famille qui, pour se donner de l'importance, insistent pour que vous adoptiez leurs idées au sujet de ce qu'est une vie de couple. Ne laissez pas la famille s'interposer entre vous et votre partenaire. Personne ne peut vous enseigner à être plus heureux ! Et puis, que sait-on, au juste, de vos besoins et de votre réelle intimité ?

Malgré l'assombrissement de Vénus et de Mercure en Capricorne, vous êtes aussi sous l'influence de Mars en Sagittaire. Pluton est également dans ce signe. L'association de ces deux planètes, dans le troisième signe du vôtre, vous rend très attirant. Il vous suffit d'être dans un endroit public, ne serait-ce que pour faire une course, pour vous apercevoir qu'aussitôt, des têtes se retournent sur votre passage. Il y a en vous quelque chose qui vous rend pétillant. Si votre chemin croise un signe de feu, un Lion, un Bélier ou un Sagittaire extraverti, il osera faire un premier pas vers vous pour engager une conversation. Que vous soyez ou non célibataire, les occasions de rencontrer quelqu'un seront nombreuses. Mais attention, il pourrait s'agir d'une flamme qui s'allume et qui s'éteindra peu à peu.

En tant que célibataire, vous n'êtes pas prêt à vous engager. Soyez clair si une personne insiste pour vous revoir, alors que vous savez fort bien qu'au-dedans, vous n'avez pas oublié votre précédent amour. Par ailleurs, si vous avez rompu une union depuis peu, il vous faut retrouver votre équilibre avant d'être capable d'aimer à nouveau.

Si vous avez une famille reconstituée et que votre couple est plutôt récent, la question de la garde des enfants, les vôtres ou ceux de votre partenaire, provoquera de nombreuses discussions. Le ton lèvera et ce qui n'était qu'une discussion deviendra une confrontation. Évitez ce piège que votre nouveau genre de vie vous tend. Il n'est pas toujours facile de gagner la paix quand un ancien partenaire ne cesse de vous harceler soit par besoin d'attention, soit par jalousie.

Il est rare qu'une Balance reste seule longtemps. Votre signe est régi par Vénus, symbole du couple et de l'amour partagé. Si vous êtes seul, c'est sans doute parce que vous avez encore du mal à oublier votre dernier amour. Tant que vous serez accroché au mal de vivre, vous ne ferez aucune place à la possibilité d'un nouveau bonheur.

DANS L'ENSEMBLE DE VOTRE VIE

Vous êtes un signe cardinal, et vous avez besoin d'action. Si vous vous êtes résigné à un travail routinier qui ne vous apporte que peu de satisfactions, vous donnerez votre maximum. Cependant, vous êtes loin de l'idéal de la Balance. Sous votre signe, pour être heureux et équilibré sur le plan professionnel, il vous faut de la latitude. Il est important que vous ayez un travail vous permettant de prendre des initiatives et des décisions non pas seul, mais en équipe. Ainsi, vous vous approchez de votre véritable nature.

Si vous occupez le même emploi depuis de nombreuses années et que vous n'ayez eu aucune promotion, en ce mois de janvier, sous ce ciel, vous vous sentirez lourd. Vous songerez à faire autre chose, mais vous n'arrêterez pas votre choix. Choisir, c'est décider en acceptant toutes les conséquences qui viennent avec le mot choix! Si vous avez des responsabilités familiales, il est bien évident que vous ne quitterez pas votre travail du jour au lendemain: votre indépendance économique est importante, et si vous soutenez votre famille, vous ne voulez surtout pas que vos enfants manquent de quoi que ce soit. Si vous avez une bonne sécurité d'emploi, vous resterez, mais pourquoi ne pas opter pour une activité agréable ? Vous êtes un signe de Vénus, il est donc primordial, pour être bien avec vous-même, de créer. Choisissez un cours où vous vous exprimerez à travers un art qui vous attire depuis longtemps. Vous aviez mille et un prétextes, tous aussi valables les uns que les autres, pour ne pas vous y adonner. Il s'agissait d'excuse pour ne pas vous engager dans cet idéal. Donnez-vous cette liberté, et lorsque vous rentrerez au travail, comme vous le faites chaque jour depuis peut-être des décennies, vous vous sentirez différent parce que vous saurez que vous n'êtes pas limité ! Et puis, être heureux, ce n'est pas défendu, même si, trop souvent, dans cette société, on juge les gens qui prennent plaisir à ce qu'ils font. Nous sommes dans un siècle de productivité et d'efficacité : aussi, le simple fait de s'amuser est mal vu, et ce sont vos proches qui vous le reprocheront.

Jusqu'au 19, le Soleil est en Capricorne. Il s'agit du symbole du devoir, qui interdit le sourire. Vous êtes une Balance, ne prenez donc pas la couleur du Capricorne, même quand tout se fait insistant et sérieux autour de vous. La bonne humeur est aussi contagieuse que la mauvaise ; on a également fait la preuve que les gens qui travaillent dans la bonne humeur sont plus productifs et plus énergiques, plus longtemps que ceux qui affichent une mine basse.

Si vous êtes en commerce, il y a un ralentissement qui est prévu. Les clients sont entrés dans une période d'économies obligatoires ! Ils doivent payer leurs cartes de crédit.

Les Balance les plus occupées seront celles qui œuvrent dans des domaines comme l'aide à l'enfance, la protection de l'enfance et les garderies. Mais les Balance qui s'occupent des personnes âgées seront aussi très en demande. Les urgences seront nombreuses, que vous soyez médecin, infirmier ou ambulancier.

Vers la fin du mois, vous songerez sérieusement à vendre votre maison et à en acheter une autre plus petite ou plus grande, en fonction de vos besoins présents. Si vous avez une propriété et qu'on vous offre de l'acheter, mais pour beaucoup moins que ce que vous espérez, attendez ; février sera plus favorable.

Si vous achetez des billets de loterie, sachez que les deux derniers jours du mois sont les plus chanceux.

⟪ FÉVRIER 2005 ⟫

L'AMOUR

Émotionnellement et symboliquement, le vent est plus doux, plus chaud. La froidure de l'hiver est plus facile à supporter. Jusqu'au 18, le Soleil est en Verseau. Il est le cinquième signe du vôtre. Cette position présage toujours des surprises. De plus, dans ce ciel de février, Vénus, qui régit votre signe, est aussi en Verseau entre le 3 et le 26. L'ennui va disparaître, pour faire place à l'action librement choisie. Votre magnétisme sera très puissant. Vous aurez envie de changements, d'une nouvelle coiffure, d'un style différent. Lorsque vous magasinerez, vous achèterez des vêtements plus audacieux, mais toujours bon chic bon genre. Vous oscillerez entre originalité et tradition. Le tout sera élégant, ce qui qualifie les gens de votre signe. Et tout ça, vous le ferez pour plaire à votre amoureux. Il faudrait qu'il soit aveugle pour ne pas voir les efforts que vous faites pour attirer son attention! Vous aurez davantage envie d'autres plats que ceux dont vous vous nourrissez habituellement. C'est un mois au cours duquel vous ferez des essais culinaires. L'amoureux et vous irez dans ces petits restaurants qui servent des plats gastronomiques, là où l'on mange comme des rois! Les couples dont les moyens financiers le permettent partiront en voyage. Ils ont le goût du monde. Il vous suffira d'en faire la suggestion pour qu'aussitôt, votre partenaire accepte.

Si vous êtes célibataire et si, déjà, au mois précédent, vous ne passiez pas inaperçu, en février, vous serez encore plus populaire. Si vous faites partie d'un groupe où les célibataires se rencontrent, ils seront plusieurs à vouloir faire votre connaissance! Peut-être accepterez-vous quelques rendez-vous... Peut-être en proposerez-vous aussi... Que vous soyez ou non l'initiateur, après trois ou quatre flirts, une personne vous plaira beaucoup. Même si vous vous mettez en garde contre tout ce que vous avez vécu de malheureux par le passé, et que vous craignez que cette rencontre ne soit qu'une illusion, votre peur d'être déçu ou de décevoir s'estompera. Chaque fois que vous reverrez cette personne, vous serez de plus en plus proche, de plus en plus intime.

Il y a, dans le ciel, Mars en Capricorne et Saturne en Cancer. Ces deux planètes concernent principalement votre famille, et plus spécifiquement ces parents à qui il ne faut pas parler de votre vie intime, et à qui, en tout temps, vous ne devrez parler de vos petits problèmes parce qu'ils les grossiraient et tenteraient de vous déséquilibrer. Ne racontez donc que vos bonheurs et vos joies! Personne n'aura rien à redire!

DANS L'ENSEMBLE DE VOTRE VIE

Jupiter, dans votre signe, est sur le point de se chamailler avec Saturne en Cancer. Il y a vos désirs d'accéder le plus vite possible à votre but, et de l'autre côté, la vie vous suggère de patienter, parce que toute décision précipitée nuirait à la bonne marche des affaires présentes.

Il y aussi ces gens avec qui vous avez rendez-vous : à quelques reprises, ce sera remis. Il y a autant de raisons qu'il y a de Balance. Si, par exemple, vous faites commerce avec l'étranger, il est essentiel de redoubler de prudence, que vous soyez celui qui expédie ou celui qui reçoit de la marchandise. Une grave erreur peut survenir et il vous faudrait alors investir beaucoup d'énergie pour la corriger. Pour minimiser la faute, il vous suffit d'être plus attentif.

Si vous travaillez pour une entreprise qui offre des services à la maison, vous serez débordé de travail : comme si, en ce mois, des tas de gens avaient des problèmes de chauffage, d'électricité, de plomberie, de vitrerie, de plancher et de tapis. Bref, tout ce qui concerne la propriété est une nécessité ou une urgence. Si vous êtes à votre compte, cela signifie des profits supplémentaires, et si vous êtes employé, ce sont des heures supplémentaires et, naturellement, un meilleur revenu.

À compter du 17, si vous avez omis de remplir un formulaire quelconque ayant un lien avec nos gouvernements, si vous avez omis de leur payer leurs dus, vous recevrez des tas de papiers. Lisez-les attentivement : ils contiendront des menaces tout à fait légales afin que vous trouviez, dans votre bas de laine, cet argent que vous devez leur rembourser. Certains d'entre vous devront se déplacer et faire d'autres arrangements afin de protéger les biens restants ou encore leur petite entreprise, qui tourne présentement au ralenti. Vous avez un bon talent de négociateur et vous vous en servirez dans une telle situation.

La situation économique du pays se transforme et, encore une fois, il sera question, pour un grand nombre d'entre vous, de protéger leurs emplois, d'empêcher la fermeture d'une entreprise ou l'application de gels de salaire. Si vous êtes chargé de représenter un groupe de travailleurs, vous serez génial. Vous êtes si persuasif que, grâce à votre participation, vous éviterez qu'un tas de gens soient appauvris.

En tant que parent, vos enfants ne seront pas sages comme des images! Sous votre signe, la discipline est souvent très sévère et teintée de menaces, qui ne sont pas toujours logiquement comprises, mais perçues et ressenties par vos enfants. Vos interdits seront rarement directs. Mais il vient un jour où vos enfants sont des adolescents et veulent voler de leurs propres ailes. Si l'un des vôtres se révolte, un autre peut se soumettre à votre autorité et ne plus s'impliquer! Si la première situation vous choque, la seconde devient lourde à porter et fait de vous une victime qui refoule sa colère! Si vos enfants sont petits, s'il faut tout leur apprendre, vous ne devez pas leur demander de paraître, mais plutôt d'être. Voici des messages que bon nombre d'entre vous transmettez inconsciemment à vos enfants: «Sois gentil pour ne pas me faire honte, et sois le meilleur afin que je sois fier de toi.» Vous êtes né de Vénus: Vénus veut plaire à tout prix, et automatiquement, vous demandez à vos enfants qu'ils en fassent autant. Peut-être ont-ils leurs propres techniques pour découvrir le monde! Peut-être qu'ils ne ressentent pas le besoin d'être nécessairement gentils et polis pour être appréciés! Vos enfants apprennent par l'exemple, et quand vos bonnes manières sont réelles, ils le ressentent et ils font comme vous. Si vous souriez, mais que vous avez envie de faire une grimace à votre interlocuteur, vos enfants le savent. Il est impossible de passer à côté des transferts physiques: vos enfants sont à votre image, et ils le seront davantage lorsqu'ils seront plus vieux. Si je me suis attardée au fait d'être parent, c'est d'abord qu'en ce mois, plusieurs d'entre vous deviendront impatients avec leurs jeunes. Au cours de ce mois, plusieurs couples désireux d'avoir un enfant apprendront qu'ils seront papa ou maman. Il vaut mieux savoir ce qui vous attend! Plus les amoureux se connaissent, plus le rôle de parent est facile!

◖◗ MARS 2005 ◖◗

L'AMOUR

Jusqu'au 23, Vénus est en Poissons dans le sixième signe du vôtre. Par la suite, il passera en Bélier face à votre signe. Si vous travaillez avec votre amoureux, si vous êtes à votre compte, il est possible que vous ne soyez pas tout à fait en accord concernant les moyens à prendre pour le fonctionnement de l'affaire. Peut-être serait-il plus sage de séparer les tâches plus clairement, en ce mois de mars et en prévision du mois prochain, afin d'éviter les affrontements et les jeux de pouvoir qui, subtilement, vous menacent.

En tant que célibataire, si vous avez le désir de rencontrer une personne dont vous serez amoureux, il faut d'abord vous défaire d'idées toutes faites : par exemple, à qui devrait ressembler votre futur, quel métier devrait-il exercer, quel pourrait être son statut social, son âge... Vous le voulez toujours souriant, attentionné, mais jamais envahissant. Votre idéal est fait. Attention ! Il n'est pas rare que vous passiez de telles commandes. Sauf que, l'amour sur commande, ce n'est pas tout à fait réaliste ! Si, mentalement, vous avez de telles attentes, à chacune de vos rencontres, les candidats seront recalés ! Si vous vous entêtez à n'attendre que cette *image*, vous resterez seul avec vos rêves.

Votre signe est le symbole du couple. Vénus, dans sa beauté, est une planète qui aspire à la perfection, mais qui peut aussi tolérer ce qui est imparfait. La solitude n'a pas été inventée pour la Balance : votre signe désire ardemment que vous partagiez et que vous élargissiez votre vision de la vie. Ceci se fait plus rapidement quand vous êtes accompagné. Non seulement êtes-vous un être sociable, mais pour être en équilibre avec vous-même et heureux, un échange sentimental est souhaitable. À compter du 21, vous serez plus souple et plus réceptif. Au cours du mois, vous rencontrerez des gens semblables à des guides. Ce seront des gens qui, par de simples paroles, vous feront prendre conscience de cette sorte d'amour, parfois impossible, auquel vous aspirez. Vous êtes sous l'influence de Jupiter. Il est dans votre signe. Jupiter multiplie les occasions de faire de très belles rencontres, et plus spécialement de croiser cette personne capable de vous aimer tel que vous êtes. À vous d'en faire autant.

DANS L'ENSEMBLE DE VOTRE VIE

Même si Jupiter est dans votre signe, même si la chance se tient à vos côtés, il vous faut être prêt à la recevoir. Il est possible qu'avant d'obtenir du succès, vous ayez des efforts à faire. Si vous commencez dans une entreprise, n'essayez pas d'arriver au sommet avant d'avoir fait la preuve de vos compétences au poste où vous avez été assigné. Si vous êtes au même emploi depuis longtemps, ne vous relâchez pas : il y a, en ce mois, quelques envieux qui aimeraient bien que vous partiez. Certains désirent ardemment votre place.

Et si vous avez du succès, il faut maintenant être vigilant et ne pas croire qu'il en sera toujours ainsi. Vous aurez du succès si vous continuez d'être à votre affaire. Jupiter est en Balance, dans votre signe. Il agit en tant que protecteur, mais il ne fait pas tout. Par exemple, Mercure est face à votre signe. Mercure symbolise la parole et cette planète vous suggère de ne pas parler de vos projets, ni à vos collègues ni à des amis. Par les temps qui courent, une seule de vos bonnes idées peut servir à quelqu'un qui sera ensuite capable de l'appliquer très rapidement, pour son propre profit. Il est inutile de parler de votre amoureux à vos collègues de travail : vous ne feriez qu'alimenter quelques mauvaises langues.

Il y a le blanc, mais il y a aussi le noir. Il y a des Balance dont la morale est élastique. Il pourrait s'agir de voleurs d'idées ou d'emprunteurs si habiles qu'ils ne seront pas dans l'obligation de rendre quoi que ce soit. Si vous abusez de la naïveté d'autrui, Jupiter en Balance, le justicier, vous rattrapera au moment où vous vous y attendez le moins. Vous aurez alors une facture bien salée à payer.

Il est aussi possible, en ce mois de mars, que vous ayez de nombreuses sautes d'humeur. Les conditions à remplir pour être souvent fâché sont celles-ci : considérez le pire partout, méfiez-vous de tout le monde, ne dites jamais la vérité quand on vous pose une question, critiquez votre amoureux, reprochez-lui d'avoir oublié de ramasser ses gants, etc. Plaignez-vous constamment des gouvernements, de votre patron qui s'en met plein les poches, alors que vous travaillez beaucoup plus que lui... En fait, si vous avez besoin d'éclater, il serait préférable que vous pratiquiez un sport ou fassiez de la marche rapide ! Si vous accumulez vos frustrations, si elles prennent toute la place, vous serez malheureux, et les gens qui vous entourent seront stressés et pourraient devenir encore plus contrariants !

Pour rester en forme, vous avez besoin de dormir vos huit heures de sommeil par jour. Si vous sautez par-dessus cette règle à plusieurs reprises, vous ressentirez une énorme fatigue et vous ne serez plus aussi productif, donc insatisfait de vous. Vous serez irritable et pourriez prendre, à quelques reprises, de mauvaises décisions, tant sur le plan personnel que sur le plan professionnel. Si vous souffrez de maux de dos, si vos genoux sont douloureux, évitez de croire en de nouveaux médicaments ou suppléments supposés faire un miracle! Soyez vigilant, et avant d'absorber un produit dit magique, informez-vous sur ses divers effets, et des interactions possibles avec des médicaments d'ordonnance que vous prenez.

En conclusion, vous ne serez satisfait de vous-même que si vous prêtez attention au meilleur. Il suffit d'apprécier ces petites choses agréables de la vie... Appréciez un moment de pause plutôt que de vous dire que vous devriez retourner au travail. Si vous avez un amoureux, remerciez-le d'être avec vous, d'être présent, même s'il n'est pas aussi parfait que vous le voudriez. Si, en ce mois de l'année, vous déprimez, changez certaines de vos habitudes: ne vous gênez pas non plus pour appeler vos amis et avoir un brin de conversation avec eux, ne serait-ce que leur dire bonjour. Lorsque vous vous préparez un repas, même si ce n'est pas de la grande gastronomie, appréciez à l'avance ce que vous mangerez. Si vous prêtez attention à ce qui est beau et agréable, vous y prendrez goût, et ce qui demande un effort vous paraîtra beaucoup simple.

ஐ AVRIL 2005 ஒ

L'AMOUR

Jusqu'au 15, Vénus est en Bélier, son lieu d'exil, là où Vénus n'a pas encore découvert l'amour. À de nombreuses occasions, vous constaterez qu'un ami vit en couple, mais qu'il s'occupe bien davantage de lui que de son amoureux et de sa famille. Un autre se paie des luxes, alors que ses enfants doivent se contenter de vêtements trop petits et de nourriture plus ou moins saine. Vous serez en face de plusieurs phénomènes où l'ego est prioritaire. Vous serez témoin de petites tricheries et de petits mensonges! Sous votre signe, on a développé l'aspect sentimental, le sens du partage, le goût de vivre en société. En affaires, une association est considérée comme telle, et elle est généralement sur papier, dans les règles, même si vous êtes associé à votre amoureux. Vous êtes né de Vénus, qui fait le maximum pour développer les qualités du cœur, et vous êtes capable de vous dévouer. La conscience de Vénus s'est élargie.

Vous ne vivez plus uniquement pour satisfaire vos besoins, mais vous aurez à cœur de satisfaire ceux de vos proches, et parfois d'aider de parfaits inconnus qui ont un problème. En ce mois, en tant qu'être aimant, vous vous demanderez comment les gens arrivent à ignorer leurs proches. Vous regarderez ceux qui ne savent pas aimer et vous prendrez cela comme une leçon personnelle. Votre partenaire deviendra plus précieux, vous serez plus tendre, plus affectueux, plus attentif. À votre manière, vous saurez lui dire merci d'être là.

Si vous faites partie des Balance qui se séparent, jusqu'au 15, il sera largement question du partage des biens, du déménagement de l'un ou de l'autre. Si vous avez de jeunes enfants qui ne connaissent rien de la situation, ils seront agités. Vos adolescents ne vous croiront plus. Si vos enfants sont des adultes, ils pourraient très bien agir comme des enfants devant choisir entre un parent ou l'autre. En cas de rupture, les 15 premiers jours du mois ne seront pas reposants, et ce n'est pas de l'amour qui flottera dans l'air !

Si vous êtes célibataire, il est possible que vous ayez envie de le rester ce mois-ci. Vous sortirez et apprécierez de n'avoir pas de compte à rendre à qui que ce soit. Par contre, vous ne pouvez pas, non plus, vous fier à qui que ce soit. Si vous avez apprivoisé votre solitude, si vous l'utilisez de manière créative, vous êtes en union avec l'Univers. Bien que cela ne semble pas logique, le fait d'avoir conscience que nous faisons partie du tout nous lie au tout. Ce bien-être, que vous trouvez, vous rapproche de cet individu à aimer. Plus vous serez réceptif, plus vous serez proche de cette rencontre.

DANS L'ENSEMBLE DE VOTRE VIE

Sous l'influence de Mars en Verseau, et de Jupiter dans votre signe, vous serez aidé par de vieilles connaissances qui possèdent une vaste expérience dans le secteur professionnel où vous êtes impliqué. Si vous avez votre propre entreprise, en tant que propriétaire, à compter du 16, vous procéderez à une révision de votre budget, et peut-être que vous allez vous apercevoir qu'il faut réduire certaines de vos dépenses en prévision de l'augmentation des coûts de votre équipement.

Mercure est toujours face à votre signe, et face à Jupiter en Balance. À compter du 2, Mercure est rétrograde : la position de ces planètes vous invite à la modération. Si, par exemple, vous êtes sur le point de faire un achat important qui vous obligerait à des paiements à long terme, ne signez pas trop vite un contrat.

Si vous faites l'achat de tableaux d'art ou d'antiquités, assurez-vous que ce qu'on vous vend est authentique.

Si vous êtes enseignant, vous vous sentirez très fatigué non pas uniquement parce que les élèves n'écoutent pas, mais plutôt parce que les conditions de travail ne sont guère satisfaisantes. Toutes les lois se resserrent : elles sont là pour votre protection et celle de vos étudiants.

Si vous faites un travail auprès des gens malades, quel qu'il soit, vous serez débordé. Il faudra prendre vos trois repas par jour afin de maintenir votre rythme ainsi que votre attention.

Si vous travaillez dans le domaine des communications, principalement dans le domaine de la publicité, si vous avez fait vos preuves, vous serez très en demande. Il est même possible qu'un compétiteur vous fasse une proposition bien difficile à refuser.

Votre travail est routinier et vous êtes las de répéter toujours les mêmes gestes. Vous ressentez aussi un profond besoin de passer à autre chose pour grandir. Si vous êtes dans cet état d'esprit, quand vous vous rendez à votre bureau, peut-être est-ce le goût du savoir qui se fait un chemin en vous... Bien peu de gens ont les moyens d'abandonner leur emploi et de retourner aux études. Si vous soutenez votre famille, vous avez besoin de votre salaire. Mais si vous désirez vraiment retourner aux études, faites quelques démarches et informez-vous concernant la possibilité de faire de vos temps libres un temps d'étude. Peut-être pouvez-vous obtenir un prêt étudiant? Ou une bourse? Ne vous contentez pas de rêver que vous faites autre chose : informez-vous. Vous serez surpris des possibilités offertes pour ceux qui veulent se perfectionner ou apprendre un métier. En tant que Balance, vous hésitez longuement. Vous pesez les pour et les contre. Mais, en ce mois, ne résistez pas à votre désir.

C'est le mois où nous allons tous préparer nos déclarations fiscales, et nous offusquer des fortes sommes exigées par nos gouvernements, qui ne tiennent pas rapidement leurs promesses faites aux temps des élections! Vous êtes sous l'influence du Nœud Nord en Bélier, face à votre signe, et si vous tentez d'échapper au fisc, le fisc, lui, ne vous oubliera pas. Il vaut mieux remplir vos formulaires plutôt que d'essayer de vous soustraire à la justice sociale et à ses règles. Jupiter est encore en Balance, dans votre signe, et vous êtes dans la mire de la justice : toute tentative pour réduire vos dus risque simplement de retarder le compte final !

Côté santé, si vous ne respectez pas les règles élémentaires d'une bonne alimentation, votre digestion deviendra très capricieuse et les brûlures d'estomac, de plus en plus fréquentes ! Il n'en tient qu'à vous de maintenir une discipline assez rigoureuse concernant les heures de vos repas. Si vous faites des intolérances alimentaires et que, jusqu'à présent, vous ne saviez pas ce qui vous rendait malade, vous découvrirez par vous-même ce que votre organisme refuse. Et, si vous faites partie de ceux qui sont toujours au régime, mais qui ne trouvent jamais celui qui leur convient vraiment, à compter du 16, quelqu'un vous donnera une information à ce sujet, et ce sera justement ce que vous aviez besoin de savoir pour perdre ces kilos supplémentaires qui vous agacent et qui nuisent à votre bonne forme physique.

◁◯ MAI 2005 ◯▷

L'AMOUR

Jusqu'au 10, Vénus, la planète qui régit votre signe, est en Taureau, sur ses derniers degrés. Ainsi positionnée, Vénus peut faire en sorte que l'amoureux et vous ne parliez que d'argent. À la moindre dépense, parfois minime, vous vous accuserez de gaspillage. Ce dont vous ne discuteriez pas le moindrement si vous ne subissiez pas la pression de Vénus.

Mais il y a aussi, sous ce ciel de mai, Mars et Uranus en Poissons dans le sixième signe du vôtre. Ces planètes concernent votre secteur professionnel. Si vous faites continuellement des heures supplémentaires, et que de temps à autre, vous n'avisez pas votre partenaire, il est normal qu'il ne soit pas de bonne humeur ! Ne seriez-vous pas insulté de devoir subir une attente sans savoir ce qui se passe ? Ne préféreriez-vous pas savoir que vous avez du temps libre et que vous n'avez pas à préparer le souper ? Pour tout humain, l'inconnu fait peur. Et si vous prenez une distance parce que votre travail est extrêmement exigeant, il vaut mieux en parler. Ce n'est pas un secret d'État !

À compter du 11, quelques discussions seront houleuses, notamment si, pour vous, c'est d'abord le travail qui importe. On vous reprochera de ne pas être présent, de ne pas tenir à votre vie de couple. Si votre amoureux est jaloux, il pourrait se mettre à croire que vous avez une fréquentation cachée! Et si vous avez des enfants, votre partenaire vous dira que vous leur manquez et qu'il est le seul à tout faire! Bref, pour éviter ce genre de conversation, ce qui est loin d'être paisible, si vous devez absolument faire de très longues heures, expliquez-vous, et au cours de la journée, il ne vous faudra qu'une minute ou deux pour appeler votre amoureux et lui dire que vous rentrerez plus tard. Quelques mots gentils suffiront à le rassurer.

Si, toutefois, votre relation bat de l'aile depuis quelques mois, entre le 16 et le 22, vous serez tenté de prendre la décision de rompre. Si vous vivez ensemble depuis de nombreuses années, vous êtes-vous demandé à quel moment la vie à deux est devenue moins intéressante? Que s'est-il passé? Si vous n'avez aucune réponse, avant d'annoncer que vous souhaitez rompre, pourquoi ne pas consulter un conseiller en relations matrimoniales et faire une thérapie avec votre partenaire. Donnez-vous, à tous deux, une chance de comprendre l'évolution de votre couple, et le pourquoi de votre manque d'intérêt l'un envers l'autre. On ne peut enterrer aucun problème en espérant qu'il disparaîtra. Un jour ou l'autre, il remontera à la surface et il exigera qu'on s'en occupe...

Si vous faites partie des gens heureux, si vous filez le parfait bonheur, remerciez le ciel d'avoir conduit vers vous cette personne si spéciale qu'est votre conjoint. Si vous êtes jeune, encore sans enfant, il sera sérieusement question d'en concevoir. Certains d'entre vous seront, dans quelques mois, papa ou maman.

En tant que célibataire, vous avez encore bien du mal à choisir parmi vos flirts, et si vous ne vous attachez à personne, peut-être est-ce parce que vous n'avez pas encore rencontré celui dont les vibrations s'ajustent bien aux vôtres.

Si vous faites partie de ceux qui clavardent sur Internet, même si une correspondance vous va droit au cœur, il ne s'agit, en réalité, que de courriels qui vous font rêver. Si vous avez l'intention de vous rendre à un rendez-vous avec un parfait étranger, le ciel vous suggère de ne pas y aller seul, et surtout, de ne pas vous retrouver dans un lieu où vous ne verriez pas la porte de sortie. Et en ce mois, les hommes sont aussi vulnérables que les femmes concernant ce type de rencontre, et le ciel indique un réel danger!

DANS L'ENSEMBLE DE VOTRE VIE

Sur le plan professionnel, à compter du 11, tout se complique. Il peut y avoir une vague d'interruptions à cause de bris mécaniques. Pour certains, il s'agira de contester les décisions d'un patron. D'autres seront congédiés, à la suite d'un congé de maladie dont ils avaient pourtant besoin. Ces derniers, encore fragiles, devront à tout prix faire respecter leurs droits!

Si vous travaillez pour une méga entreprise, il est possible que des postes soient supprimés et que vous n'ayez aucun autre choix que de faire des demandes afin de trouver un autre travail. Si telle était votre situation, vous serez si nerveux que, sous la pression, vous agirez vite et avant que le mois se termine, vous aurez déjà trouvé un autre emploi. Il est possible qu'une entreprise pour laquelle vous avez déjà travaillé par le passé vous rappelle. Vous constaterez que rien ne sera comme ce que vous avez connu. Qu'importe, vous connaissez votre métier et vous le ferez aussi bien qu'avant votre licenciement.

En tant que propriétaire de commerce, il faudra surveiller de plus près certains de vos employés que vous soupçonnez de malhonnêteté. Vous les prendrez la main dans le sac. Il est aussi possible qu'un employé ayant accès à la comptabilité vous fraude. Vous stopperez l'hémorragie.

Lorsque vous achetez, vous êtes généralement un bon négociateur, et vous arrivez presque toujours à faire baisser les prix. En ce mois, vous avez moins d'assurance: vous êtes si fatigué que vous ne trouvez pas les mots justes pour obtenir vos habituels rabais. Dans un tel cas, ne connaissez-vous pas un collègue ou un associé qui est en pleine forme et qui pourrait transiger à votre place? Le cerveau humain a aussi des instants de fatigue. Si vous êtes du type à ne pas vous donner le temps de récupérer, il est normal que vous soyez moins productif et moins efficace. Ralentissez votre rythme et faites des pauses ici et là. Si votre acharnement à réussir ne tue pas, il peut temporairement endommager votre système nerveux et diminuer vos réflexes intellectuels.

À compter du 21, avec l'entrée du Soleil en Gémeaux, vous irez déjà mieux. Cette présence solaire a un effet énergisant sur votre système nerveux, ce qui a pour conséquence de vous permettre de récupérer plus rapidement sur le plan physique. En quelques jours seulement, vous pourrez atteindre cet objectif que vous vous étiez fixé au début du mois. Vous n'aurez pas non plus besoin de vous débattre pour obtenir ce que vous désirez. Vous pourrez vous défaire de votre attitude défensive, laquelle était souvent inconsciente de votre part. Par ailleurs, s'il s'est produit des drames et des difficultés sur le plan professionnel, au début du mois de mai, tout s'aplanit à compter du 21. Ça ne sera pas le paradis sur terre, ça ne l'a jamais été. Par contre, vous trouverez plus de plaisir à faire ce que vous faites, et vous réussirez enfin à prendre du temps afin de vous détendre.

◖◗ JUIN 2005 ◖◗

L'AMOUR

Du 4 au 28, Vénus est en Cancer dans le dixième signe du vôtre. Mercure sera aussi dans ce signe. Du 12 au 28, Saturne s'y trouve également et file sur ses derniers degrés, qui sont les plus sérieux ou carrément plus restrictifs. Ces restrictions, vous vous les imposerez ou vous les imposerez à vos proches. Le Cancer est le dixième signe du vôtre : astrologiquement, il représente le but à atteindre, l'objectif à concrétiser. Ce dixième signe, c'est aussi cette leçon de vie qu'est la sagesse que vous acquérez avec le temps. En somme, parmi vous, certains se consacreront presque exclusivement à leur travail. Par contre, ces planètes en Cancer constituent un avis de traiter les gens avec lesquels vous travaillez avec autant de gentillesse que vous ne le feriez pour des membres de votre famille. Et si vous avez un poste de contrôle, si vous êtes le patron, pour que tout roule comme vous le désirez, soyez aux petits soins avec vos employés, et vous obtiendrez un rendement supérieur à celui auquel vous vous attendiez. C'est, étrangement, la forme d'amour qu'il faut donner en ce mois. Il vous faut considérer les gens qui vous entourent, même les inconnus. Vous pouvez toujours y ajouter quelques nuances : vous n'allez tout de même pas embrasser votre collègue en rentrant au travail !

L'amour, en ce mois, concerne principalement la famille.

Si vous êtes célibataire, en ce mois, vous attirerez une personne extrêmement sensible. Elle sera d'ailleurs si facile à blesser que vous serez intrigué par autant d'émotions en une seule personne. Peut-être reflète-t-elle ce que vous vous interdisez? Vous êtes un signe d'air. Vous êtes d'abord cérébral. Afin que vous puissiez vous mettre à la place d'autrui et ressentir son besoin d'aimer et d'être aimé, il vous est nécessaire de le connaître. Vous pouvez déceler les sentiments qui se lisent sur le visage de quelqu'un uniquement après avoir bien observé cette personne, et après avoir pu reconnaître correctement ce qu'elle ressent.

Si vous tombez amoureux d'un signe d'eau, Cancer, Scorpion ou Poissons, vous comprendrez rarement l'effet que certaines de vos remarques font sur lui. Une simple critique fait surgir, pour un signe d'eau, toute une montagne de souvenirs. Si vous observez bien cette personne, vous vous rendrez compte que, si vous êtes négatif, vous lui faites revivre un état d'être que votre signe d'eau a connu dans le passé, et qui l'a profondément blessée. La mémoire est préservée à travers les signes d'eau. C'est le même principe qu'en homéopathie.

Si vous tombez amoureux d'un signe de feu, le lien s'établit rapidement. Le vent du signe d'air de Balance souffle sur les flammes des signes de feu que sont les Lion, les Sagittaire et les Bélier. Mais attention: l'entente entre Balance et Bélier est rarement facile. Par contre, vous faites danser les flammes du Lion et du Sagittaire.

Si vous tombez amoureux d'un signe de terre, l'entente la plus facile est celle que vous aurez avec un Taureau, qui est aussi régi par Vénus. Le Taureau aimera vos fantaisies, et il saura aussi vous ramener sur terre avant que vous vous envoliez comme le font les signes d'air.

Si vous tombez amoureux d'un autre signe d'air, un Verseau, un Gémeaux ou une Balance, peut-être que vous jacasserez dès votre première rencontre, et vous aurez beaucoup de points en commun. Mais il s'agit d'air et d'air: il ne faudrait pas que l'un ou l'autre soit irrésistiblement attiré par un courant d'air chaud, alors que l'autre veut faire l'expérience d'un courant d'air froid. Dans ce cas, chacun prendra sa propre direction. Mais si vous regardez tous deux dans la même direction, vous pourrez faire un long chemin ensemble.

Vous attirerez, en ce mois, des gens beaucoup plus sensibles que vous l'êtes. S'il en est ainsi, c'est que vous avez quelque chose à apprendre.

DANS L'ENSEMBLE DE VOTRE VIE

En tant que Balance, votre carrière est toute tracée et vous savez dans quelles conditions vous désirez vieillir. Vous êtes prévenant. Seulement, malgré un plan bien précis, il arrive que des événements non souhaités provoquent des retards. Durant les deux dernières semaines, des contrariétés vous empêcheront d'atteindre les objectifs prévus pour la fin du mois. N'en faites pas un drame !

Si vous êtes tenté par un risque financier ou par une association qu'on vous présente comme si on vous offrait un trésor, freinez. Ce n'est pas le moment d'agir sur une impulsion. Dites-vous que tout ce qui brille n'est pas de l'or et que vous ne méritez pas de perdre ce que vous avez gagné avec autant d'acharnement.

Si un membre de votre famille est malade, vous serez le premier à devoir en prendre soin. Peut-être que vous lui devez bien cela, surtout s'il s'agit de votre père ou de votre mère, qui vous a aussi donné beaucoup de temps même si vous en avez perdu le souvenir.

Il vous faudra faire encore très attention à votre alimentation : les planètes en Cancer sont semblables à une digestion capricieuse. Et si vous avez du mal à dormir le soir, dites-vous que c'est encore la faute des planètes en Cancer, car ce signe représente la Lune et vous ne verrez la Lune que la nuit ! À compter du 12, vous serez un peu plus nerveux car en vous mettant au lit, le soir, vous vous mettrez à songer à tout ce qui vous attend le lendemain ! Et cet état d'esprit n'est guère décontractant.

En tant que parent, sous ce ciel de juin, il vous faut faire des plans afin d'organiser les vacances de vos enfants. Si vous avez une famille reconstituée, il s'agira de vérifier votre temps et celui de votre ex-partenaire afin que tout concorde. S'il y a encore des tensions entre votre ancien partenaire et vous, il est possible que des querelles aient lieu devant les enfants. Ce qui n'est pas souhaitable, car ils ne sont nullement responsables de ce que les adultes vivent. À compter du 13, si vous vivez une telle situation, lorsque vous serez en face de votre ancien conjoint, intérieurement, essayez de prendre une distance pour éviter toute querelle.

Puisque Mars en Bélier fait face à votre signe et que Jupiter est encore en Balance, soyez plus prudent sur les routes. Si vous dépassez la vitesse permise, vous pourriez provoquer un accident. Quand Jupiter se trouve dans un signe, il porte celui-ci à exagérer. Si, un soir, vous revenez d'une petite fête et que vous ayez bu, ne prenez pas le volant. Évitez-vous un lendemain pénible. Plusieurs autres planètes vous mettent en garde contre vous-même lorsque vous conduisez. Même en suivant toutes les règles, dès l'instant où vous monterez dans votre voiture, en juin, dites-vous que vous avez besoin de toute votre concentration.

୧୧ JUILLET 2005 ୨୬

L'AMOUR

Jusqu'au 23, vous êtes sous l'influence de Vénus en Lion. N'essayez pas de passer inaperçu : ce sera impossible. Vous plaisez au premier regard : dès le premier instant où l'on vous croise ! C'est surtout au cours d'invitations à des fêtes que vous êtes le plus sujet à faire une belle rencontre. Avis au célibataire : acceptez les invitations. Vous pourriez également croiser cette personne dont vous tomberez amoureux au cours d'une randonnée sportive ou lors d'un événement en plein air, alors que l'atmosphère est à la fête. Sous la force de Vénus en Lion, vous n'avez pas à faire le moindre effort pour plaire : votre magnétisme vous devance. Le plus étonnant est que la personne rencontrée fera un travail connexe au vôtre, et ce sera quelqu'un qui aimera causer. Elle sera spontanée et joyeuse. Vous avez là quelques moyens d'identifier l'homme ou la femme qui fera une longue route avec vous.

Si vous avez une vie de couple et que vous êtes heureux, si vous êtes jeune, si, jusqu'à présent, vous n'avez pas songé à fonder une famille, cette fois, la question se posera d'elle-même, comme si votre partenaire et vous étiez soudainement prêt aimer un petit bébé.

Il y a, dans ce ciel d'août, une énergie extraordinaire : si vous faites partie de ces Balance qui ont refusé de laisser l'amour entrer dans leur vie parce qu'elles sont restées accrochées à leur dernière peine, vous ne pourrez y résister, en ce mois de juillet. Il se présente, il insiste d'une manière si gentille, si aimable, qu'il vous sera impossible de nier que vous êtes bel et bien en face d'un phénomène transformateur, que vous accepterez de vivre parce que l'invitation est vraiment hors de l'ordinaire. Cet inconnu vous effraie moins sous les présents éléments vibratoires.

DANS L'ENSEMBLE DE VOTRE VIE

Si vous avez perdu un brin de votre dynamisme par rapport à un projet que vous poursuivez, si vous avez fait face à des obstacles, voilà qu'en ce mois, toutes les barrières ou presque s'éliminent d'elles-mêmes. Votre volonté et votre désir d'atteindre votre objectif ont gagné, et vous faites le désespoir de vos compétiteurs. Mais, dans ce jeu professionnel, il y a toujours un premier et les suivants! Vous avez été et êtes encore plus créatif que ces autres entreprises qui offrent les mêmes services que les vôtres.

Il ne faudrait tout de même pas prendre des airs de supériorité. Vous connaissez le dicton: tout ce qui monte redescend... Maintenant que vous avez atteint le sommet, il vous faut y rester, et pour cela, vous devrez déployer votre génie et ne pas ménager vos énergies. Ne perdez pas de vue que vous ne réussissez pas seul: remerciez, d'une manière quelconque, mais également sensible, ces gens qui font votre succès. S'ils n'y étaient pas, où en seriez-vous? Et qui seriez-vous? Nous, les humains, sommes tellement égocentriques à certains moments de notre vie, surtout quand tout nous réussit, que nous avons tendance à oublier tous ces gens qui ont été présents autour de nous. C'est tellement facile d'oublier le monde quand on se prend pour le nombril du monde! Vous, comme tous les autres signes, pouvez vivre l'effet du «je suis puissant et je n'ai besoin de personne»! Attention, il y a des retombées à ce genre de pensées, qui sont généralement accompagnées de gestes et d'attitudes méprisantes envers ceux qui ne peuvent en faire autant que vous.

Si vous êtes à la recherche d'un emploi, même si c'est un mois où les gens sont souvent en vacances, foncez droit à cette entreprise qui attire votre attention, parce que vous savez intuitivement que vous y obtiendrez un travail. Effectivement, il y aura quelqu'un pour vous recevoir. Vous aurez le don d'être à la bonne place, au bon moment, et de rencontrer la bonne personne. Il est possible que vous soyez engagé dans un secteur que vous n'osiez pas espérer, mais voilà qu'un poste est libre et il vous convient parfaitement.

Si vous avez une grosse charge familiale, durant les 15 premiers jours du mois, vous aurez tendance à croire que vous êtes la seule personne à devoir en faire autant! Regardez autour de vous, écoutez vos amis qui sont dans une situation très semblable à la vôtre: bien vite, vous cesserez de vous prendre pour un martyr ou une victime! Et ceux qui ont une vie différente de la vôtre, et dont vous ne connaissez rien, ont sans doute des responsabilités différentes, mais toutes aussi exigeantes que les vôtres.

Il faut faire attention au feu en ce mois de juillet: feu de camp, cigarette ou allumette mal éteinte, briquet qui traîne à la portée d'un enfant... Enfin, tous les scénarios peuvent être possibles; si vous n'avez pas encore de détecteur de fumée dans votre maison, vous feriez mieux d'y voir et d'en installer au moins un. L'aspect incendie est fortement représenté sous ce ciel d'août en ce qui vous concerne. C'est une prévision bien sombre, mais vous pouvez prévenir un drame et ainsi éviter de perdre tous vos souvenirs.

◖◗ AOÛT 2005 ◖◗

L'AMOUR

En tant que célibataire, vous avez fait une rencontre, mais voilà que, tout à coup, vous vous demandez si vous n'êtes pas en train de vivre un rêve... Vous laissez le doute s'infiltrer, et il n'y a rien de pire. Il vous fait perdre le sens du beau en l'autre. Votre esprit devient de plus en plus critique, et ce qui vous plaisait le plus devient maintenant une importante raison d'hésiter. Ce qui vous plaisait le plus en l'autre est toujours présent en lui, mais ne perdez pas de vue que cette grande qualité que vous lui trouvez a aussi son contraire. Si, par exemple, vous avez été fasciné par la générosité de cœur de cette personne, tout à coup, vous vous apercevez qu'en une circonstance bien précise, elle a ignoré le besoin d'une autre personne. Cela vous a choqué? Il est pourtant simple de comprendre qu'une personne généreuse ne peut l'être en tout temps. Lorsque l'on donne tout de soi, on se vide et l'on perd parfois son beau sourire. Et vous concluez que cette charmante personne n'est pas aussi aimante qu'elle en avait l'air! Votre conclusion est hâtive! Votre jugement est dur.

Il y a, bien sûr, des Balance qui s'apercevront qu'elles ont rencontré une personne qui se complaît dans un monde superficiel! Dans ce cas, vous avez raison, ce n'est pas une relation à poursuivre, surtout si vous avez réussi à équilibrer votre être et votre paraître.

Mais peut-être faites-vous partie de ces Balance qui comptent leurs années d'union et qui se demandent comment elles peuvent encore continuer ainsi? Si la lassitude et l'habitude ont usé l'amour de votre couple, si, après avoir fait le maximum pour plaire à votre amoureux, vous n'êtes pas plus apprécié, si on vous critique constamment, si vous avez toujours tort, si vous avez abdiqué et vous avez l'impression de n'être que l'ombre de vous-même, si vous savez, au plus profond de vous-même, qu'il vous faut passer à une autre étape, si vous n'osez pas vous aventurer dans l'inconnu, pourquoi ne pas aller discrètement faire une thérapie et vous faire aider à comprendre ce qui se passe réellement en vous? Les lumières des autres peuvent vous aider à lever les voiles du mystère que sont toutes ces interrogations et toute cette peur de quitter votre partenaire, alors que vous sentez que plus rien ne bouge entre vous depuis déjà très longtemps. Les changements et les attitudes qui suivent une thérapie à laquelle ne participe pas votre partenaire, et dont il ne sait rien, peuvent transformer toute la dynamique du couple et permettre d'entreprendre un nouveau départ. Mais une séparation sera peut-être le seul moyen de retrouver votre joie de vivre.

Si vous êtes heureux, dites-vous que le bonheur est fragile et qu'il requiert de l'attention.

En tant que vénusien, il arrive que vous attiriez l'attention de l'autre, et vous ne vous en rendez compte qu'au moment où l'on vous le dit. Si vous faites partie de ceux qui commencent à croire que l'autre est un acquis, durant les derniers jours du mois, votre partenaire vous fera comprendre qu'il ne vous appartient pas et qu'il apprécierait que vous soyez plus présent.

DANS L'ENSEMBLE DE VOTRE VIE

Jusqu'au 17, vous serez plus minutieux que jamais sur le plan professionnel. Vous ne vous donnez pas le droit à la moindre erreur et vous n'en ferez aucune. En réalité, c'est que vous savez que vous avez diverses préoccupations en tête. Il vous faut donc consacrer, à chacune de vos tâches, un maximum de temps pour terminer tout ce que vous commencez. À compter du 18, ne soyez pas surpris de ressentir une profonde fatigue et d'avoir envie de vous amuser ou même de paresser! En réalité, durant la première partie du mois, vous serez stressé. Votre perfectionnisme risque de vous vider de vos énergies physiques. Il est vrai que personne n'aura rien à vous reprocher. Mais à compter du 18, vous entrerez dans des aspects de relâchements, et pour ces tâches qui exigent beaucoup de vous et que vous faites habituellement avec rapidité, vous serez incapable de vous précipiter. Vous aurez beau essayer, rien n'y fera. Il vaut mieux, dès le début du mois, vous modérer. Prenez du repos, vous en avez besoin, surtout si vous voulez être constant jusqu'à la fin.

Vous êtes sous l'influence de Mars en Taureau. Mars est dans un signe de Vénus. Cette planète a donc une grande importance, et comme elle est dans le huitième signe du vôtre, elle concerne vos placements. Il ne faudra rien hâter, qu'il s'agisse d'acheter ou de vendre. N'agissez pas sur un coup de tête. Il est possible que vous confondiez vos désirs avec vos intuitions. C'est comme ces gens qui vont jouer au casino et qui ne cessent de se répéter qu'aujourd'hui, c'est leur jour de chance. Ils croient avoir l'intuition qu'ils gagneront, mais en réalité, ils désirent devenir riches. Ils ont des pensées magiques qui sont bien loin d'être de vraies inspirations. Soyez prudent avec l'argent.

Il ne faut pas non plus prêter la moindre somme à cette personne que vous connaissez et qui finit toujours par vous manipuler. Si vous succombez, il faudra bien du temps avant que vous soyez remboursé, si vous l'êtes un jour!

Vous serez sans doute témoin d'un conflit amoureux. Si vous n'êtes pas directement dans la mire et qu'il s'agit, par exemple, d'une séparation entre votre frère et votre belle-sœur, restez en dehors de leurs querelles. De toute manière, vous ne connaîtrez jamais le fond de l'histoire. Chaque couple a son propre commencement, et quand la fin approche, il s'agit d'un cas unique. Il y a des avocats spécialisés en divorce. C'est sans doute la meilleure suggestion que vous puissiez faire. Et si l'un d'eux manifeste un désir de réconciliation, il reste encore des spécialistes tels que des conseillers matrimoniaux ou des thérapeutes de couple.

Si vous partez en vacances avec votre famille, il est important, en ce mois d'août, de surveiller vos jeunes: les planètes représentent des dangers de noyade et de pertes en forêt. Ne les laissez pas non plus jouer avec votre équipement de plongée, ni avec vos outils, et ne les laissez pas conduire votre yacht. Il n'y a pas mieux que vous pour évaluer l'audace et la curiosité de vos enfants. Si vous savez qu'ils sont aventuriers, de grâce, ne les laissez pas faire des bêtises dont certaines peuvent être fatales. Amusez-vous pendant vos vacances, mais si vous avez des jeunes, imposez vos règles et donnez-leur un cours rapide sur les dangers qui les guettent, au cas ils auraient envie de se faire explorateurs ou expérimentateurs.

◄ SEPTEMBRE 2005 ►

L'AMOUR

L'amour conserve son importance, mais étant donné le grand nombre d'objectifs que vous vous êtes promis d'atteindre d'ici la fin de l'année, vous exigerez beaucoup de vous. Il serait bon d'aviser l'amoureux de ce que vous planifiez, et dont il est exclu! Ne faites pas sentir à votre partenaire qu'il vous dérange, qu'il est de trop ou qu'il n'a plus sa place habituelle dans votre couple.

Jusqu'au 22, sous l'influence du Soleil en Vierge dans le douzième signe du vôtre, vous vous questionnerez concernant votre vie amoureuse et vos satisfactions. Certains, qui ont fait un rencontre, se demandent s'ils s'engageront...

Si vous êtes une Balance dépressive, si vous vivez en couple, peut-être que votre partenaire insistera pour que vous voyiez un médecin afin que vous soyez dirigé vers une thérapie et que vous receviez une médication. Certains attendront jusqu'au 12 avant d'accepter qu'il leur faut recevoir des soins.

Peut-être êtes-vous quelqu'un qu'on aime par-dessus tout ? Mais c'est comme si vous ne pouviez le croire. Vous laissez le doute s'emparer de vous et vous plongez dans les pires souvenirs pour en faire un sujet actuel. Ce passé douloureux, non exprimé, a tendance à vous rattraper. Il suffira souvent d'un simple déclencheur, comme une querelle de famille, des reproches au travail entre collègues ou une banale remarque de la part de votre amoureux, afin que vous perceviez cela comme une terrible accusation. Il est possible que certains d'entre vous soient fragiles sur le plan émotionnel. Il est important de ne pas en rester là. Chacun de nous a ses bons et ses mauvais jours. Cependant, quand les mauvais jours se succèdent et que l'horizon devient de plus en plus noir, il n'y a aucune gêne à accepter de l'aide ni à en demander.

Si vous êtes ce genre de célibataire qui déteste sa solitude, mais qui organise sa vie de manière que toutes ses unions se brisent, si vous êtes, selon vous, la victime, celui que l'on délaisse, il serait urgent de vous demander quel a été votre premier abandon. Sans vous en rendre compte, vous répétez constamment les mêmes scénarios avec toutes les personnes que vous rencontrez: ça commence bien, et ça finit mal. En qui, jadis, quand vous étiez petit, avez-vous mis autant d'espoir?

Il y a, sous ce ciel de septembre, la possibilité d'un conflit entre votre partenaire et vous. C'est le résultat des jeux de pouvoir qui se sont glissés entre vous et l'amoureux. Qui contrôle qui? Qui contrôle quoi? En réalité, le contrôle ne devrait pas exister quand on s'aime, mais nous sommes humains; qu'on le veuille ou non, un jour ou l'autre surgit ce besoin d'avoir raison à tout prix. Vous voilà alors dans cet état qu'est la valorisation de soi à travers l'autre. La colère fait son entrée, et subtilement, elle gruge les beaux sentiments. Cette même colère, dont vous vous sentez coupable et dont vous rendez votre partenaire responsable, se pointe de plus en plus souvent et finit par se verbaliser. Les petites critiques se transforment en arguments, puis en disputes, au point où vous et l'autre finissez par croire que vous ne vous aimez plus. Si vous vivez une telle situation, la grande question à vous poser est: que faites-vous pour vous sentir important à vos propres yeux? Ne soyez pas comme cet enfant qui attend l'approbation d'un parent pour se sentir sûr de lui. Votre partenaire n'est ni votre père, ni votre mère, ni aucune figure d'autorité que vous avez pu connaître dans votre enfance. Si vous lisez ce livre, c'est sûrement que vous n'êtes pas un enfant, mais un adulte avec un passé, une vie à vivre et des rêves à réaliser. Vous êtes un adulte ayant le désir d'aimer et d'être aimé. Si vous voulez éviter l'éclatement de votre couple, et si vous traversez cette crise d'identité, vous avez le choix entre réagir ou attendre que l'autre le fasse. Si vous attendez, soyez prêt à assumer les conséquences des décisions de votre partenaire! En tant que Balance, sans vous en rendre compte, vous demandez à l'autre de vous dire qui vous êtes, ce que vous valez. Le symbole de votre Vénus en Balance, c'est l'autre. C'est la faute de l'autre, c'est grâce à l'autre si... Mais où vous situez-vous? C'est la leçon qu'on doit apprendre quand on naît Balance: être authentiquement soi, avec ou sans l'autre.

De nombreuses Balance n'en sont pas à un point tournant de leur vie sentimentale. Elles ne vivent pas les tourments décrits précédemment. Peut-être ont-elles passé une de ces étapes et apprécient-elles maintenant leur vie de couple parce qu'elles ont découvert qui elles sont, et n'ont pas besoin de l'approbation de leur partenaire pour être elles-mêmes.

DANS L'ENSEMBLE DE VOTRE VIE

Le mois de septembre! Vous entrez dans le vif de ce qui vous intéresse, et la plupart des gens que vous avez besoin de rencontrer sont revenus de vacances. Il est possible que ce que vous avez prévu soit retardé. Ceux qui, par exemple, vous avaient donné leur accord au sujet d'un projet reculent ou sont moins pressés de vous accorder une faveur promise, de signer une entente ou encore d'acheter votre produit, alors qu'avant les vacances, c'était presque conclu! C'est surtout à compter du 12 que vous constaterez que, même si vous vous débattez, vous ne pouvez changer les décisions ni les idées d'autrui.

Si votre travail vous oblige à de nombreux déplacements, avant de vous rendre à vos rendez-vous, confirmez-les la veille ou quelques heures avant de partir. Assurez-vous qu'on sera là pour vous recevoir. Ainsi, vous ne perdrez pas trop temps. Malheureusement, sous ce ciel, on annule des rendez-vous, mais on ne vous le dit pas... Allez au-devant des informations!

Si vous êtes à votre compte et que vous deviez renégocier votre marge de crédit, avant d'accepter toutes les conditions de votre prêteur, quel qu'il soit, avant de signer une entente, si vous avez des doutes concernant la validité du contrat, abstenez-vous d'y apposer votre signature et demandez du temps pour y réfléchir. Ensuite, informez-vous sur la légalité de l'engagement financier qui vous est présenté.

Et si vous êtes le prêteur, si vous tenez à être remboursé, prenez des garanties! Plus les sommes sont grosses, plus vous risquez de perdre. Il est possible qu'un membre de votre famille se soit placé dans une situation matérielle difficile: il vous appelle à l'aide. N'en faites pas plus que vous ne le pouvez. Il est inutile que vous soyez deux en mauvaise position. Ne vous laissez pas entraîner dans une aventure où vous seriez, finalement, le plus grand perdant.

Si vous prenez part à de grosses négociations, c'est à compter du 21 que vous êtes le plus à l'aise et le plus certain d'obtenir ce que vous désirez. Mais il ne faut pas que vous perdiez la notion de prudence.

Dans l'ensemble, septembre n'est pas un mois où tout se fait en toute simplicité. Il vaut mieux vous attendre à devoir démêler quelques fils ici et là. Que vous soyez dans la vente ou dans l'achat, que vous travailliez dans un laboratoire ou que vous ayez un public devant vous, que vous viviez moyennement ou richement, il sera important de ne pas perdre vos intérêts de vue parce que quelques personnes essaieront de vous étourdir, parfois pour vous soutirer une faveur qu'elles ne méritent pas, des bénéfices qui ne leur reviennent pas ou des services qui ne vous seront jamais rendus.

Et si vous êtes cette Balance qui tente d'abuser d'autrui, si vous ne remplissez pas vos promesses, si vous ne donnez pas le service qu'on est en droit de recevoir de vous, votre réputation perdra de nombreuses plumes! Et si vous décevez des gens qui avaient confiance en vous, ne vous attendez pas à ce qu'ils vous fassent une fleur. Ils vous attendent au prochain carrefour afin de vous rendre la monnaie de votre pièce!

⟪ OCTOBRE 2005 ⟫

L'AMOUR

Il est possible que des problèmes sentimentaux, précédemment décrits au mois de septembre, ne soient pas entièrement résolus. Mais déjà, à compter du 9, même quand la situation semble dramatique, sous l'influence de Vénus en Sagittaire, il devient plus simple d'entreprendre un dialogue, et plus facile de parler de vous-même, de vos besoins réels et de ce que vous n'avez plus envie de vivre dans votre couple.

En septembre, vous êtes resté un célibataire bien sage parce que vous n'étiez pas en forme pour entreprendre quelque démarche que ce soit. Vous n'aviez pas le moindrement envie de rencontrer qui que ce soit. Si vous avez été un brin sauvage parce qu'il vous fallait réfléchir à ce que vous désiriez et attendiez d'un autre, vous avez songé à votre vécu et vous avez compris que vos ruptures à répétition sont dues à un manque d'attention par rapport à vos véritables besoins. Peut-être espérez-vous que l'autre soit tel que vous l'imaginez, plutôt que de le voir dans sa dimension réelle. Au mois précédent, si vous avez chassé vos anciens fantômes et vos vieux regrets, vous vous donnerez la chance d'accepter une manifestation amoureuse, libérée de l'impossible amour que le cinéma a trop souvent inventé sous la forme «d'un rêve américain», et que vous souhaitez vivre, même si, logiquement, vous savez que c'est irréalisable. À partir du 9, planétairement et astrologiquement, vous entrez dans une dimension d'ouverture du cœur et de l'esprit, le tout en équilibre avec tout ce que vous êtes. À compter du 9, vous rencontrerez une personne ayant beaucoup voyagé et qui vous apprendra beaucoup de choses. Cette fois, vous ne vous laisserez pas uniquement choisir, vous serez d'accord avec ce face-à-face fascinant parce que vous saurez que, pour l'autre, vous êtes aussi une personne intéressante.

Si vous êtes cette Balance qui voyage par affaires, c'est au cours d'un de vos déplacements que vous ferez une rencontre. Que vous soyez ou non marié, en union libre ou seul, vous aurez une attirance pour une personne hors de l'ordinaire, et il est possible que celle-ci ait une grande différence d'âge avec vous : elle sera plus jeune ou plus âgée.

En tant que personne engagée, si vous avez une aventure, cela se passe entre vous et votre conscience : si vous avez une liaison, sentirez-vous le besoin de vous confesser à votre partenaire pour lui transférer votre culpabilité? Ou garderez-vous cette incartade secrète, à la fois pour vous protéger d'une querelle et pour ménager la sensibilité d'un partenaire qui aurait, par la suite, bien du mal à excuser ce que vous pourrez toujours nommer comme étant une «extravagance»?

DANS L'ENSEMBLE DE VOTRE VIE

Si vous faites partie de ces Balance à la recherche d'un emploi, faites vos démarches en toute confiance. À compter du 10, vous avez toutes les chances d'en trouver un qui vous convient. Peut-être souhaitez-vous occuper un poste de président? Mais si on ne vous l'offre pas, si vous voulez subvenir à vos besoins, un bon conseil, ne rejetez pas ce qui vous est présenté. En fin de mois, à compter du 27, Jupiter entre en Scorpion. Pendant ce temps, Saturne est en Lion, et cet aspect est socialement dur : la majorité des gens ayant un emploi, même s'ils ne sont pas satisfaits, ne le quitteront pas. Une entreprise vous permet de gagner noblement votre vie. Gardez votre emploi.

Si vous occupez un emploi satisfaisant, si vous vous réalisez pleinement, même si, pendant quelques jours, des problèmes apparaissent, ils ne seront pas insurmontables. Ce n'est vraiment pas le moment d'agir sur un coup de tête.

En tant que propriétaire d'entreprise, peut-être êtes-vous sur le point d'annoncer à ceux qui travaillent pour vous qu'il sera nécessaire de faire des restrictions budgétaires. Vous procé-derez intelligemment, et vous commencerez par faire le tour de ce qui est du pur gaspillage. Peut-être supprimerez-vous quelques petits luxes que vous avez toujours offerts à vos employés jusqu'à maintenant. Vous insisterez pour réduire les dépenses de papeteries. Ceux qui disposent d'une voiture et qui s'en ser-vaient pour leurs courses personnelles devront maintenant les faire à leurs frais. En réalité, vous passerez au peigne fin tout ce qui peut être épargné afin d'éviter la déroute de l'entreprise en cours.

Mais peut-être êtes-vous de ces Balance qui n'en peuvent plus de supporter la pression et qui sont au bord de l'épuise-ment professionnel? Si vous vous entêtez à continuer, alors que vous êtes vraiment «au bout du rouleau», vous risquez d'enve-nimer votre état. Vous avez donné le maximum de vous-même, sans jamais savoir si on était satisfait de vos services. Dès l'ins-tant où vous savez que vous devez rentrer au boulot, après avoir passé une magnifique fin de semaine, vous devenez angoissé et votre corps, soudainement, s'épuise... Si vous êtes dans cet état, n'allez pas plus loin et rendez visite à votre médecin. N'at-tendez pas qu'un mal physiologique ne vous accable plus encore que votre malaise intérieur, qui envahit déjà toute votre vie. Si vous tenez vraiment à continuer, prenez donc une journée de congé et rendez visite à ce médecin qui vous écoutera atten-tivement et qui saura vous donner le bon conseil au sujet de votre état de santé.

Plusieurs planètes concernent votre santé en ce mois d'an-niversaire. Il vous faut prendre soin de vous. Si vous sentez que vous avez besoin de perdre du poids, faites-vous aider. Ne vous inventez pas un régime qui affaiblirait votre organisme et crée-rait des manques.

Montée ou chute de pression, palpitations à la moindre émotion, enflure aux jambes et aux pieds... Bref, si ces maux se répètent, ne vous trouvez pas d'excuses, ne faites pas le héros et demandez l'avis d'un médecin! N'oubliez pas que ce dernier a étudié longuement et qu'il en sait plus long que vous au sujet des dysfonctionnements de l'organisme. Il y a, parmi vous, beaucoup de Balance qui se croient au-dessus de tout problème physique. En fait, elles craignent tant qu'on leur découvre une maladie grave qu'elles retardent constamment un examen médical qui, pourtant, pourrait les rassurer plutôt que de les laisser dans la peur d'une défaillance physique. Si vous ne faites pas attention à vous, vous obligerez votre famille à vous servir si vous tombez vraiment malade, et vous détesterez être dépendant des soins d'autrui.

⊰ NOVEMBRE 2005 ⊱

L'AMOUR

Les planètes de novembre concernent surtout ceux qui vivent en couple depuis longtemps. Le 6, vous serez sous l'influence de Vénus en Capricorne. Cette planète, ainsi positionnée, tend à refroidir vos ardeurs si vous vivez avec le même partenaire depuis des décennies, et que des tensions, en ce moment, sont bien difficiles à éviter. Attention, ne laissez pas la famille vous dire quoi faire ; si vous ne vous sentez pas bien avec l'amoureux, ce n'est sans doute pas un parent qui peut vous conseiller. Ce parent n'a-t-il pas une opinion fermée concernant ceux qui divorcent ou est-il, au contraire, enclin à quitter une relation à la première critique ? Ou ce parent ne risque-t-il pas de vous effrayer au sujet des coûts qui surviennent quand on se retrouve seul ? Ce parent est-il psychologue ? Et même si c'était le cas, ce n'est pas une bonne idée que de « laver son linge sale en famille » ! Si vous ne savez plus où vous en êtes dans votre relation, avant de prendre une décision radicale, faites quelques démarches et entreprenez une thérapie. Si vous savez que vous êtes bien décidé à quitter votre partenaire, voyez un conseiller qui vous entretiendra sur le fait de vous retrouver seul après avoir parfois vécu 10, 15, 20 ans ou plus avec la même personne. Même si vous êtes l'initiateur d'une séparation, il y a des séquelles intérieures et des remous émotionnels inévitables. Vous serez plus à l'aise après avoir reçu quelques avis professionnels.

Si votre couple est jeune et que vous avez de jeunes enfants, vous aurez aussi votre lot de surprises. Les enfants grandissent vite et votre rythme de vie se modifie au fur et à mesure de leurs nouveaux besoins. De votre côté, vous pourriez trouver cela essoufflant et réaliser que vous ne pourrez plus jamais vivre comme avant. Vous avez maintenant une responsabilité parentale qui n'est pas là pour disparaître du jour au lendemain. Vous ne pouvez pas, non plus, vous offrir autant de ces luxes et fantaisies, ni même faire les mêmes sorties qu'au temps où vous étiez célibataire. Même si ça vous manque, ce sont, en fait, vos enfants qui ont le contrôle du budget ! Plutôt que de voir cette vie familiale sous un angle de privation, pourquoi ne pas simplement accepter que vous allez vers l'inconnu. Vous n'êtes pas seul : vous y allez avec des enfants, ce qui est, selon votre astrologue, la plus belle des aventures. Et si vous n'êtes pas seul à entrer dans ce nouveau monde que créent vos enfants, dites-vous qu'à deux, c'est encore plus intéressant parce que vous partagerez avec un autre adulte les expériences de vos petits.

Certains d'entre vous sont récemment devenus papa ou maman. Ils sont en amour avec leur nouveau-né, mais la fatigue se met de la partie et fait souvent dire n'importe quoi. Il ne faudrait pas donner des ordres à votre partenaire, ni accepter qu'il vous en donne. La relation que vous aviez avant l'arrivée du bébé sera plus belle si, naturellement, vous êtes profondément amoureux. Si vous avez eu un enfant alors que votre partenaire et vous viviez de grosses tensions, ces dernières risquent de s'amplifier. Si vous vous considérez comme étant le plus sage dans votre couple, avant que ce soit la guerre, commencez donc à vous expliquer ouvertement, et ensuite ayez à votre tour la patience d'écouter l'autre parler jusqu'au bout.

Si vous êtes célibataire, le temps vous suggère de prendre un peu de recul, surtout si, précédemment, quand vous avez eu une occasion de vous lier avec quelqu'un, vous avez laissé tout tomber parce que vous aviez peur de l'engagement. Et si vous avez vécu une rupture et qu'elle est encore récente, il est possible que, lors d'une rencontre, ce ne soit pas de l'amour. Cette rencontre sera, en quelque sorte, une occasion de vous consoler et de constater que vous plaisez encore beaucoup.

DANS L'ENSEMBLE DE VOTRE VIE

C'est un mois favorable pour ceux qui commercent avec l'étranger. Des rabais considérables sont à prévoir lors d'achats importants.

Vous êtes maintenant sous l'influence de Jupiter en Scorpion, qui fait en ce mois un trigone à Uranus, le meilleur aspect qu'on puisse trouver. Si, durant les mois qui ont passé, vous avez progressé, il est normal qu'il y ait quelques envieux et jaloux : laissez-les causer. Ils n'ont aucun pouvoir sur vous et pas la moindre chance de vous nuire si, bien sûr, vous n'avez rien à vous reprocher. Si, toutefois, vous avez triché, si vous êtes passé par-dessus quelques règles de bonne conduite, Jupiter et

Uranus appliquent la justice à la lettre. Si vous possédez ce qui, en réalité, ne vous appartient pas, vous devrez le rendre.

Vous êtes aussi sous l'influence de Saturne en Lion, qui est plus catégorique que ne l'a été Saturne en Cancer. Saturne est en Lion depuis le 17 juillet, et il a resserré sa surveillance. En ce mois, il fait quelques pressions afin de faire respecter les règles sociales établies. Si, par exemple, vous vous déplacez avec une voiture ayant quelques problèmes, peut-être aurez-vous un avertissement et devrez-vous effectuer les réparations qui s'imposent avant que vous deveniez un grave danger sur les routes que vous empruntez.

Si un ami vous doit de l'argent et que vous en avez besoin, et qu'en plus vous avez la preuve de sa dette impayée, vous ferez ce qu'il faut pour vous faire rembourser. S'il s'agit d'une grosse somme, il est possible que vous fassiez intervenir la loi. Vous perdrez un ami, mais vous aurez fait respecter vos droits. Et après réflexion, était-ce un ami ou un manipulateur?

Si vous devez de l'argent à quelqu'un depuis de nombreuses années et que vous ne l'avez jamais remboursé, si vous êtes disparu de sa vie, vous vous souvenez de lui et peut-être aurez-vous assez de remords pour rembourser ce que vous lui devez. Si vous ne le faites pas, la vie se chargera de vous mettre en face de cette personne, qui pourrait vous obliger à la rembourser parce qu'elle a les moyens de le faire.

Mais peut-être avez-vous accumulé une autre sorte de dette: celle de la reconnaissance. Par exemple, des gens qui vous ont rendu des services et qui s'attendaient à un minimum de remerciements n'ont jamais plus entendu parler de vous après que vous vous êtes servi d'eux. Voilà que Jupiter en Scorpion les replace sur votre route, et cette fois encore, vous aurez besoin d'eux. N'allez surtout pas croire que vous réussirez à vous faire pardonner avec un sourire. Il faudra avoir beaucoup plus à offrir cette fois.

Si, toutefois, vous êtes parfaitement correct et juste en tout temps, Jupiter en Scorpion vous permettra de retirer des bénéfices que jamais vous n'aviez même osé imaginer. Il est possible que certains d'entre vous soient chanceux au jeu. Il n'est pas nécessaire d'aller jouer votre salaire au casino: un petit billet suffira pour chatouiller la chance.

En ce mois de novembre, vous avez pénétré dans un monde de récompenses et de punitions : fortune ou perte, santé ou maladie, chance ou malchance... En somme, tout dépend de ce que vous avez fait depuis janvier dernier.

⚱ DÉCEMBRE 2005 ⚱

L'AMOUR

Vénus est dans la froidure du Capricorne jusqu'au 15 et semble avoir gelé vos émotions ! Mais les émotions ne sont jamais gelées : ce que vous n'exprimez pas est ressenti et vécu, surtout par votre partenaire. Ce que vous essayez de lui cacher, il vous le dit à sa manière. Peut-être êtes-vous en colère contre votre amoureux pour telle chose qu'il a ou n'a pas faite. Vous n'avez rien dit au moment de l'événement et vous vous répétez que, logiquement, c'est du passé. Sauf que vous l'avez sur le cœur ! Ces reproches que vous aimeriez lui faire, n'est-ce pas votre amoureux qui vous les fait ? C'est comme s'il était votre porte-parole ! Ayez le courage de discuter avec lui ! N'en restez pas là avec ces frustrations qui vous empêchent de bien vivre. Dégagez-vous de votre drame intérieur et osez parler de ce qui vous agace. Vous pouvez le faire très gentiment.

Le 16, Vénus entre en Verseau dans le cinquième signe du vôtre. Si, précédemment, vous n'avez pas réussi à parler de ce qui vous hantait, sous cette Vénus en Verseau, qui fait un aspect dur à Mars en Taureau, il deviendra quasi inévitable de vous cacher la vérité, tant à vous qu'à votre partenaire.

Du 16 jusqu'à la fin du mois, le ciel est un peu étrange. Il faudra que l'esprit soit bien sage pour garder l'amour intact. Ici et là, à tour de rôle, tantôt vous tantôt votre partenaire direz à l'autre quoi faire. Il sera fâché, puis tout coup, il prendra le contrôle de la situation ! Pour passer par-dessus ces aspects, il est nécessaire que l'amoureux et vous ayez une bonne communication et que vous soyez capable d'échanger sans crier, sans faire de chantage ni de menace quelconque.

Plus nous serons proches des fêtes, plus les tensions familiales seront importantes, surtout s'il y en a déjà quelques-unes. Sous votre signe, il est rare que tout soit vraiment parfait sur le plan familial ! Si ça l'est, vous êtes une exception ! Si vous avez de jeunes enfants, ils méritent votre amour, mais il est aussi nécessaire de leur épargner les conflits entre adultes. Pour avoir la paix avec votre partenaire et avec vos enfants durant la période des fêtes, peut-être devrez-vous «rétrécir» votre famille! Fermez la porte à ce parent qui sème la pagaille, et plus encore si vous avez de jeunes enfants. Le père Noël n'aime pas entrer dans les maisons où règne l'anarchie. Et il vaut mieux terminer l'année en beauté et en douceur.

DANS L'ENSEMBLE DE VOTRE VIE

Ce sera la course aux cadeaux! Comme à chaque année! Mais bon nombre de Balance ne donneront rien... Certains de vos amis ou de vos parents ne recevront rien de vous: vous les avez avisés que vous modériez volontairement votre budget. Vous avez, par esprit d'économie, décidé de ne pas participer à ce monde de consommation rapide et très souvent inutile. La course aux cadeaux sera faite rapidement. Vous serez à peine essoufflé!

Si, toutefois, vous faites partie des rares Balance devenues riches, vous étalerez votre fortune et donnerez aux uns et autres, et vous serez déraisonnable!

Mais la majorité des Balance recevront leurs amis et leurs parents bien-aimés. Quant à la distribution des cadeaux, elle ne sera que pour les petits enfants qui croient encore au père Noël.

Nombreuses sont les Balance qui choisiront de partir en voyage vers le soleil afin d'y passer les fêtes. Elles s'évitent ainsi les visites familiales et les commérages, en plus de la distribution de cadeaux à laquelle elles n'ont jamais aimé participer non pas uniquement à cause des coûts, mais parce que les Balance se font un devoir de ne rien donner à ceux qui ne méritent rien.

Quand une Balance veut impressionner quelqu'un, si, par exemple, elle possède une entreprise, elle choisira de flatter quelques clients, les invitera à sa table ou dans un grand restaurant, et si la situation l'exige, elle achètera un somptueux cadeau à ceux qui, de toute manière, l'aident à gagner son argent! Une chose est souvent étonnante avec les Balance qui obtiennent un grand succès en affaires: à leurs réceptions, ceux qui sont à l'origine de leurs succès ne sont jamais présents. Ainsi, ce type de Balance n'a pas à dire merci et croit qu'il est l'unique responsable de son succès. Dans les faits, personne ne réussit jamais quoi que ce soit seul. Nous sommes liés les uns aux autres, et tout ce que nous faisons a d'infinies répercussions, et ce que nous omettons de faire, par fierté, laisse un bien mauvais souvenir.

Puisque le juste retour du balancier existe, un jour ou l'autre, il faudra rendre des comptes non pas dans une autre vie, mais bel et bien dans celle-ci.

Il y a aussi cette sorte de Balance qui a véritablement développé ses qualités de cœur, comme le veut Vénus, la planète qui régit son signe. La Balance a un grand cœur : si elle n'a pas les moyens financiers de combler son petit monde de cadeaux, elle fera du bénévolat. Elle se portera au secours des plus démunis durant la période des fêtes. Elle donnera de son temps, de son énergie et de ses bontés aux gens seuls. Étrangement, une Balance célibataire faisant du bénévolat pourrait faire une rencontre extraordinaire avec une personne ayant autant de cœur qu'elle.

Puisque la majorité des gens travaillera durant tout le mois de décembre, la Balance, elle, sera très heureuse de prendre quelques jours de congé. La vie ne sera pas calme sur le plan professionnel, et les patrons seront très exigeants, plus particulièrement entre le 1er et le 12! Après, ils seront peut-être partis en vacances ou ils seront eux-mêmes fatigués de donner des ordres à leurs subalternes!

Si vous travaillez dans un commerce, il est possible que vous soyez témoin d'au moins un vol. Il peut également s'agir d'un braquage de banque, de garage ou de dépanneur. Ne faites surtout pas le héros : si les vilains vous disent de vous coucher et de ne plus bouger, ne bougez plus! Inutile de mettre votre vie en danger pour une pile de dollars. Si on brandit une arme devant vous, soyez docile et obéissez aux ordres des vilains. N'allez pas croire que cela doit absolument vous arriver, mais on ne sait jamais. Les astres annoncent ce genre de drame.

Par ailleurs, n'ayez jamais de grosses sommes d'argent sur vous. Si vous prenez ce risque, prenez aussi un maximum de précautions pour vous rendre à la destination prévue. Jupiter est en Scorpion dans le deuxième signe du vôtre. Il s'agit de vos biens. Mars, pour sa part, est en Taureau, face à Jupiter, dans le huitième signe du vôtre. Cette planète symbolise ainsi les biens d'autrui. Vous pourriez être témoin d'un vol ou être volé. Les voleurs sous votre signe sont rarement des braqueurs. Les voleurs Balance sont plutôt sophistiqués et informés sur leurs droits en cas de gaffe. Probablement sont-ils bien informatisés aussi!

LES ASCENDANTS

BALANCE ASCENDANT BÉLIER

Il ne faut pas jouer au malin au cours de la prochaine année. Ça ne vous porterait pas chance! Pour bien réussir l'année 2005, il est urgent que vous donniez une grande attention à l'être aimé. Vous avez été occupé en 2004, vous avez atteint quelques objectifs, et vous le serez autant en 2005. Le succès sera au rendez-vous. Mais il faudrait donner du temps à l'amoureux et ne pas faire comme si vous étiez le seul à être important. En tant que célibataire, vous serez un véritable accroche-cœur au cours de l'année qui vient, et vous croiserez votre pareil!

BALANCE ASCENDANT TAUREAU

Beaucoup de travail et d'études. Une promotion est à prévoir pour ceux qui ont fait la preuve de leurs compétences dans une entreprise. Il s'agira d'un très bon emploi si vous avez décroché votre diplôme en 2004. Si vous êtes amoureux et sans enfant, vous ne résisterez pas à l'appel de la famille, et votre partenaire sera d'accord avec vous. Si vous êtes célibataire, c'est dans votre milieu de travail que vous avez le plus de chance de faire la rencontre du grand amour. Surveillez votre santé, ne prenez pas trop de bouchées doubles. Économisez votre énergie de temps à autre.

BALANCE ASCENDANT GÉMEAUX

En 2004, il vous a fallu consacrer du temps à votre famille et prendre soin des vôtres avec une telle attention que vous vous êtes oublié. En 2005, vous prendrez plus de temps pour vous, et ne vous en faites pas si on vous critique: c'est que l'on vous envie d'être capable d'atteindre si facilement votre équilibre. L'amour occupera aussi votre temps: vous entrez dans une saison de votre vie où l'amour vous rend très souriant. Côté travail, du succès et une extraordinaire créativité.

BALANCE ASCENDANT CANCER

Si vous êtes en commerce, soyez prudent: modérez vos dépenses. Vous fonderez aussi beaucoup d'espoir sur les promesses de quelques personnes, mais vous serez déçu à quelques occasions. La vie vous dit de vous fier à vous seulement. Si vous prévoyez vendre votre maison pour en acheter une plus grande, attendez la fin de 2005 pour agir. Assurez-vous, d'abord, de l'ensemble de vos finances. Un peu de brouille familiale est à prévoir si vous êtes parent. Selon vous, vos enfants prennent trop vite leur envol! Est-ce réel?

BALANCE ASCENDANT LION

Vous êtes un excellent communicateur, difficile à égaler, surtout si vous êtes vendeur ou avocat! On ne peut faire autrement que vous écouter jusqu'au bout et vous donner raison. Si vous avez un talent artistique, vous le développerez au cours de 2005, et si le but, c'est de devenir populaire, vous réussirez à faire parler de vous. Si vous vivez l'amour en partage, ça ne peut être que plus beau! En tant que célibataire et voyageur, une rencontre au cours d'un de vos nombreux déplacements professionnels est à prévoir. Peut-être serez-vous en vacances.

BALANCE ASCENDANT VIERGE

Vous êtes un débrouillard: avec un rien, vous pouvez tout faire ou presque. Vous êtes un mélange de Vénus et de Mercure, qui associe l'intelligence à l'intuition. Un nouvel emploi où vous vous plairez et ferez de l'argent est en vue. Il s'agira peut-être d'une promotion qui vous permettra d'accéder au sommet d'une entreprise. Vous aurez de la chance au jeu: mais n'allez pas jouer votre salaire. Un billet suffit pour que vous deveniez riche si c'est inscrit dans votre thème personnel. En tant que parent d'un adolescent ou d'un petit enfant, vous serez surpris par un talent dont il fait preuve aussi jeune.

BALANCE ASCENDANT BALANCE

Vous donnez le maximum de vous-même, quel que soit le métier ou la profession exercé. Et sous l'influence de Jupiter sur votre signe et ascendant, on vous chargera de nouvelles responsabilités. Ce sera un honneur, une augmentation de salaire, mais de temps à autre, n'oubliez pas de vous reposer afin de continuer à exceller! Vous aurez aussi une activité artistique à laquelle vous prendrez de plus en plus goût. C'est un signal d'une autre voie que vous aurez éventuellement à suivre. L'amour est au rendez-vous pour le célibataire.

BALANCE ASCENDANT SCORPION

Vous êtes une personne fiable. On ne peut avoir un meilleur employé que vous. Des changements professionnels se pointent dans les coulisses de votre vie : ils seront à point en septembre ou en octobre. Vous serez nommé à un poste, et la charge de travail sera plus importante que jamais. Par contre, vous jouirez d'avantages sur les affaires dont vous vous occuperez vous-même. Il faudra tout de même prendre soin de vous : ne négligez pas votre santé.

BALANCE ASCENDANT SAGITTAIRE

Vous êtes généralement chanceux même s'il vous arrive très souvent de le nier. Dès l'instant où vous avez un problème, la vie se charge de le régler : vous avez des amis qui vous aident à trouver la juste solution. Vous avez l'art de cultiver vos relations de manière qu'il y ait toujours une personne disponible pour vous. Tout se passera fort bien jusqu'à la fin d'octobre, mais à compter du 17, si vous vous êtes identifié à votre travail, vous vous apercevrez que vous êtes en dehors de vous et que cela manque de logique. À la fin d'une année remplie de succès, vous entrerez dans une phase d'introspection.

BALANCE ASCENDANT CAPRICORNE

Vous êtes sévère avec vous-même, discipliné, ambitieux et entêté. Ce sont des qualités qui ne sont pas nécessairement bien perçues par tout le monde. Vous cachez vos émotions parce que vous ne voulez embêter personne avec vos questionnements et vous misez sur la réussite là où vous êtes utile. La famille est importante, cependant, il vous arrive d'être trop sévère, et c'est sur votre rôle de parent que vous ferez votre introspection. Par la suite, vous modifierez de nombreux comportements de manière à améliorer votre vie, celle de vos enfants et celle de votre partenaire.

BALANCE ASCENDANT VERSEAU

Si vous pouviez vivre dans les airs, ce serait idéal! Voyager d'un pays à l'autre pour découvrir les autres mondes... Vous croyez que ce serait parfait ou presque! En réalité, plus que jamais, en 2005, vous aurez envie d'embrasser une cause, et non la moindre. Vous avez un talent d'enseignant, de guide. Si vous vous impliquez politiquement, vous aurez plus d'impact que vous ne l'imaginez. De la chance partout... Prenez-les toutes!

BALANCE ASCENDANT POISSONS

Faites-vous partie de ces Balance retraitées qui s'ennuient de leur profession? Si tel est votre cas, quel que soit votre âge, il est possible de faire un retour. Uranus est sur votre ascendant et vous rend nerveux. Ne laissez pas cette planète vous dominer. Uranus a aussi une fonction créative, utilisez-la. Ne faites aucun prêt, réduisez vos dettes et vous serez moins craintif face à l'avenir. Si vous avez cessé de croire en l'amour, vous serez surpris lorsqu'il se présentera à vous dans toute sa splendeur!

SCORPION

23 octobre au 22 novembre

À mon second petit-fils, Mikael Aubry : un roi ou plutôt un pharaon ! Il est le fils d'Alexandre Aubry, l'autre astrologue de la famille, publié aux Éditions Quebecor.

Mikael est un scorpion scrutateur, observateur et curieux. C'est un esprit brillant. À deux ans, il s'exprime comme un grand ! Dès qu'il me voit, il me regarde droit dans les yeux ! Et quand il me sourit, je sais qu'à nouveau je viens de passer le test d'admission. Après, j'ai droit à une étreinte extraordinaire. Ses opérations mentales ne prennent que quelques secondes. Il est déjà méthodique et analytique. Et quelle mémoire ! Entre nous, l'amour se manifeste par des caresses, mais nos principaux échanges, eux, sont intellectuels et télépathiques. Entre Scorpion, on se comprend et l'on s'aime sans devoir. Notre amour est un secret et un pacte : c'est entre lui et moi seulement !

À un très grand ami, Guy Brunet, qui a souffert. Il est ressuscité d'entre les morts... Et, croyez-moi, l'épreuve physique ne fut pas une mince affaire. Il vit avec des séquelles dont jamais il ne parle. Il est sage, responsable, généreux et travaillant. Il croit en sa santé et une force quasi magique se dégage de lui. Il semble dire que rien n'est impossible ! Guy est un homme humble : une vertu que peu de Scorpion possèdent !

SOUS L'INFLUENCE DE JUPITER

Jupiter est en Balance jusqu'au 26 octobre: il est dans le douzième signe du Scorpion, une zone astrologique qui invite à
réfléchir. Ces dernières planètes se situent dans le monde de la
Balance, un signe régi par Vénus. Il s'agit maintenant, pour le
Scorpion qui a vécu des ruptures, des pertes de toutes sortes,
des trahisons, des peines, des désillusions et des rêves non réalisés, d'accepter au plus profond de lui-même que tous ces
gens, qui ont influencé ses choix et sa qualité de vie, ne font plus
partie de sa réalité. Il est mentalement et intellectuellement
impossible de faire le vide, mais nous avons tous la capacité de
concevoir que ce qui fut n'est plus, et ne sera plus jamais.

Il y a tout même un autre grand ménage à faire sous Jupiter
en Balance, et il n'est ni simple ni facile. Par ailleurs, rien n'est
simple pour un Scorpion parce que chacune de ses décisions
entraîne une série d'événements sur lesquels il sait qu'il n'a
aucun contrôle.

Si certains sont conscients des conséquences de leurs
actes, ceux qui n'ont encore jamais songé à ce qui suit après
qu'ils ont fait un choix, portent en eux ce flair qui leur dit que
plus rien ne sera comme avant! Ceux qui reconnaissent que ce
qu'ils choisiront de vivre les changeront, et du même coup,
modifieront la vie de quelques personnes autour d'eux, ceux-là
s'y préparent.

Puis, ceux qui pressentent qu'en faisant un choix il se passera quelque chose, mais sans se poser intellectuellement la
question, ont deux réactions possibles: il y a ceux qui figent afin
que rien ne change trop vite, et il y a ceux qui réagissent promp-
tement et qui le font généralement sous la pression. Celle-ci ne
vient que d'eux, et elle n'est au fond qu'une manifestation de
leur peur. Quand un Scorpion ne réfléchit pas à ce qu'il se fait à
lui-même et à autrui, il est en proie à une angoisse qui le porte à
fuir, à aller d'une expérience à l'autre. Sans réflexion, un individu
refait les mêmes bêtises: il se place dans une situation similaire
à une autre qu'il a déjà connue. Si un Scorpion ne connaît que la
peur et l'angoisse, il est possible que ses moteurs soient destructeurs, tant pour lui-même que pour ses proches.

Jupiter en Balance est un enseignement, un cours accé-
léré: ce que vous ressentez vous appartient, mais en tout temps
vous êtes responsable de ce qu'autrui ressent. Vous faites des
choix que vous assumez, mais vous n'êtes pas responsable de
ces gens incapables de choisir de mieux vivre et de mieux être.

Si vous êtes ce type de Scorpion qui apporte son aide et fait le maximum pour que quelqu'un que vous connaissez sorte d'un quelconque marasme, cette personne, en fin de compte, y reste encore et encore... Si vous êtes ce Scorpion préoccupé par le sort, le destin et les misères de votre prochain, sous Jupiter en Balance, vous devrez vous détacher de ces idées... Vous n'êtes pas maître du destin d'autrui. Vous n'avez pas non plus à vous tourmenter de n'avoir pas pu aider quelqu'un, surtout quand vous savez pertinemment que vous n'auriez pas pu faire davantage. Jupiter en Balance vous oblige à reconnaître vos limites. Vous êtes nombreux à être passionnément et démesurément aimant, au point où vous voudriez que le monde entier se porte bien. Ce dernier exemple vous paraît sans doute exagéré, mais il ne l'est pas pour ces Scorpion conscients de faire partie du tout. Jupiter en Balance vous invite au détachement, et non pas à l'égoïsme. Votre force doit vous servir maintenant, à vous-même, et elle ne doit plus être diluée dans toutes sortes d'activités et de services rendus à autrui. Jupiter en Balance vous oblige désormais à choisir de faire votre bonheur. De toute manière, le bonheur et les plaisirs que vous vous permettrez de vivre, vous les offrez aux autres : votre bien-être se répand plus vite que tous vos efforts en vue de secourir autrui.

Jupiter en Balance, septième signe du zodiaque, marque la fin d'un cycle de six ans où la chance et les bonnes occasions n'étaient pas au rendez-vous. Jupiter en Balance, c'est en quelque sorte une guérison, une prise de conscience. Vous étiez emprisonné dans des croyances et des valeurs acquises, la plupart du temps, tôt dans l'enfance, et que vous avez transposées et appliquées dans votre vie. Si on vous avait appris à servir autrui avant vous-même, vous déferiez les noeuds tissés en vous. Ils ne seront jamais tous défaits, mais ils seront moins serrés. Ils ne vous étoufferont plus.

Si vous aviez amoureusement abdiqué, Jupiter en Balance vous rappelle que vous avez le droit de recevoir de l'amour. N'avez-vous pas eu le droit d'en donner ? Jupiter est justice, et sa loi dit que le temps du remboursement est venu. Ce sera un véritable échange du cœur et de l'esprit avec une personne qui ne menacera ni votre liberté ni votre authenticité.

Le Scorpion passionnément aimant est aussi un aigle. Astrologiquement, l'aigle est un guide. Si on vous suit, alors que vous volez au-dessus des meilleures routes qui soient, selon les circonstances et l'heure, c'est bien. Mais si on ne vous suit pas, n'insistez pas. Il est terminé ce temps où vous pensiez qu'il fallait à tout prix sauver le monde. Cette libération intérieure sera semblable à une course à un mieux-être physique, surtout si vous avez souffert dans votre corps. Sous Jupiter en Balance, ces nombreuses prises de conscience sont, en quelque sorte, un soulagement, des poids que vous ne supporterez plus. Votre organisme, qui a été trop souvent malade, récupérera. Jupiter en Balance, c'est comme vider une valise trop lourde avant de partir en voyage. C'est comme se départir de ce qui, évidemment, ne sera pas utile pour le temps des vacances. Vous soulagerez votre âme, votre être, votre mental et votre physique de ce qui ne sert plus!

Une vie de Scorpion, c'est plusieurs vies. Sous Jupiter en Balance, vous avez la chance d'en connaître une autre!

Avis aux Scorpion qui ne sont que *marsiens*: ce sont des conquérants et des ambitieux qui ne vivent que pour eux. Ils ne s'inquiètent que de leurs succès et de leurs lendemains. Ces Scorpion ne donnent jamais. Leurs échanges ne sont jamais justes parce qu'ils prennent davantage qu'ils ne reçoivent.

SCORPION DE L'OMBRE SOUS L'INFLUENCE DE JUPITER EN BALANCE

Il existe des Scorpion de l'ombre. Si vous êtes l'ombre de ce que doit être un Scorpion ou astrologiquement, si vous êtes le «serpent qui s'enroule sur sa queue», celui qui garde tout pour lui et qui, sans s'en rendre compte, se dévore lui-même, si vous êtes un *marsien*, vous avez certainement amassé de nombreux biens, vous vivez confortablement, vos fréquentations ne sont pas purement amicales, elles ont pour but de vous créer des appuis pour que vos projets et vos affaires soient encore plus prospères. Vous avez, au cours des 6 et même des 12 dernières années, créé des intrigues dont les buts étaient de mieux servir vos plans. Vous avez décrété que vous aviez le droit au succès, et à n'importe quel prix! Mais quels ont été les coûts que ces gens qui vous ont généreusement aidé ont dû payer parce qu'eux, ils étaient sensibles, et que vous, vous les avez utilisés... Sous Jupiter en Balance, vos ennemis cachés se manifesteront. Le principal ennemi vient de vous, de votre propre autodestruction, de votre épuisement. On ne peut se battre sans cesse sans avoir besoin, un jour ou l'autre, de se reposer.

Pour les malfaisants de ce signe, même si vous vous cachez derrière une magnifique intelligence, un beau sourire, une pseudo-générosité qui n'a toujours été que calcul, Jupiter en Balance ne sera pas tendre. Il vous secouera de manière que vous vous rendiez compte que vous n'êtes pas que logique et matière, mais que vous êtes aussi émotivité, esprit, âme. Plus on avance sur le zodiaque, plus l'individu est lucide et responsable d'autrui. À chacun sa mission. Vous savez fort bien comment vous avez agi au cours des années qui se sont écoulées. Vous savez ce que vous avez récolté, et que vous avez laissé des «cadavres» derrière vous. Non pas que vous ayez tué quelqu'un, mais vous avez vidé des gens, et parfois vous les avez détruits parce qu'il vous fallait absolument passer devant eux.

Vous avez maintenant des dettes à rembourser, et si vous vous y refusez, la vie se chargera de vous donner quelques inoubliables leçons. En 2005, trompez ou trahissez quelqu'un qui a toute votre confiance et, dans les semaines qui suivront, si vous ne corrigez pas «l'erreur», vous vous demanderez pourquoi un tel malheur s'abat sur vous... Si vous ne comprenez pas ces messages qui ne sont rien d'autre que des reflets de vos agissements, d'autres «pépins» surviendront.

Le Scorpion de lumière, pour sa part, sera récompensé et libéré. Par contre, le Scorpion de l'ombre devra connaître la misère de vivre dans l'ombre, dans la noirceur, et de perdre ses points de repère. Si vous vous êtes identifié à votre travail, qui seriez-vous si vous le perdiez? Si vous vous êtes identifié à vos possessions et qu'il vous faille en rembourser la moitié et plus? Qui serez-vous puisque vous ne pourrez plus vivre avec autant de luxe? Si vous avez triché, trompé, trahi et volé qui que ce soit, comment pourrez-vous subir le fait d'être montré du doigt partout où vous passerez?

Jupiter en Balance avise les Scorpion de l'ombre de corriger ce qui n'a été ni légal ni juste, et ce, dès le début de l'année. Si vous croyez que la justice n'existe pas, Jupiter en Balance vous fera une tout autre démonstration.

VOS PROJETS

Si vous travaillez avec acharnement sur un projet depuis de nombreux mois, et parfois plusieurs années, c'est lorsque Jupiter atteindra le Scorpion, le 27 octobre, que vous pourrez crier victoire. Si, toutefois, vous travaillez et que vous n'avez plus votre place, il faudra quitter sans regret cet emploi et voir quelle autre porte vous devriez occuper pour gagner votre vie. Plusieurs d'entre vous sont à la croisée des chemins : le moment d'une réorientation professionnelle est venue, et il ne faut pas avoir peur d'emprunter une nouvelle route, laquelle conduira ceux qui s'y aventurent à mener une vie différente, avec d'autres gens.

VOS ENFANTS

Êtes-vous un parent possessif ? Avez-vous appris à respecter les choix que font vos enfants devenus adultes ou presque ? Si vous êtes du type autoritaire et restrictif, peut-être croyez-vous avoir toujours raison, mais vos enfants ne pensent pas la même chose. Vous devrez constater qu'il est urgent de changer d'attitude pour éviter qu'ils ne laissent tout tomber ! Ne souhaitez-vous pas qu'ils se réalisent ? Ils peuvent le faire selon ce qu'ils sont, et non pas en fonction de vos choix. Si vos enfants sont aimés et respectés, ils se tracent une route de vie où ils seront satisfaits d'eux-mêmes, et du même coup, vous vous en réjouirez.

VOTRE SANTÉ

La santé s'améliore chez le Scorpion qui se libère de ses diverses croyances qui d'ailleurs ne sont pas les siennes. Mais le Scorpion de l'ombre qui tient mordicus à sa réussite matérielle, et qui prend rarement du repos, devra apprendre ce qu'est la limite physique. Il constatera peut-être qu'il vaut mieux prendre du temps pour soi lorsqu'un proche qu'il affectionne, et qui mène le même genre de vie que lui, tombera malade. Le Scorpion a beau se faire dur et sans erreur mécanique, les émotions refoulées, les faiblesses et les failles qu'il refuse de voir feront en sorte qu'il vive de façon équilibrée.

LE BONHEUR

Le bonheur n'est jamais totalement acquis pour le Scorpion. Il ne lui vient que par bouffées, semblables à de l'air frais et bienfaisant. Quand un Scorpion se met à penser que ce qu'il possède lui appartient pour toujours, la vie se charge de lui enlever une partie ou la totalité de ce qu'il croit posséder. Si, par exemple, vous croyez dur comme fer que votre partenaire ne vous quittera ou ne vous trompera jamais, vous êtes un peu trop sûr de vous... Personne n'est totalement sous votre charme, vous n'êtes pas un sorcier! Et vous ne pouvez empêcher un amoureux délaissé de jeter un œil dans le jardin du voisin. Puis, il y a ceux qui, au contraire, ont été trompés et trahis. Ceux à qui on a menti, ceux qu'on a fait souffrir savent qu'ils sont en droit d'aimer et d'être aimés à nouveau. Ils le seront parce qu'ils embrassent leur avenir dans l'instant présent.

LES GRANDES RÉALISATIONS

Jupiter sera en Scorpion à compter du 27 octobre. Il est important de prendre conscience de vos talents et de toutes les possibilités qui sont en vous. Le courage s'acquiert petit à petit: quand on l'a perdu, la progression doit être constante sans être éclatante, et quand viendra le mois d'octobre, si vous avez volontairement avancé sur cette route de la réalisation, Jupiter en Scorpion mettra tout à votre disposition afin que vous réalisiez votre idéal. Si, sous Jupiter en Balance, votre seule référence est votre succès passé, si vous pensez qu'il est immuable, Jupiter le grand justicier m'indique que vous désenchanterez. Si vous avez beaucoup travaillé et que vous êtes resté honnête alors que vous aviez l'occasion de tricher, sous Jupiter en Scorpion, vous obtiendrez une promotion plus importante que celle que vous désiriez!

N'allez pas non plus croire que votre renouveau, sous Jupiter en Scorpion, se passera en toute simplicité et en toute beauté. La vigilance sera nécessaire. Dans ce qui suit, au fil des mois, vous serez avisé des instants où vous devrez vous protéger davantage et de ceux qui seront les plus favorables pour foncer. En conclusion, des feux rouges, des feux verts et des feux jaunes seront sur votre route.

⸨ JANVIER 2005 ⸩

L'AMOUR

Puisque Jupiter est en Balance dans le douzième signe du vôtre, les rapports amoureux prennent une très grosse place en 2005. Ne soyez pas étonné si, à quelques reprises, amour, affaires, famille et amis sont liés à l'amour.

Vous serez heureux quand les fêtes seront passées. Elles n'auront pas été tout à fait comme vous l'espériez, surtout en début d'année. Plusieurs personnes, dont de nombreux proches, n'y étaient pas. Les uns avaient choisi de partir en voyage, d'autres de passer les fêtes avec des amis ou d'autres parents. À certains moments, vous avez eu l'impression d'être abandonné, alors qu'en réalité, vous savez logiquement que le choix que vos proches ont fait était très acceptable.

Si vous avez une relation de couple et qu'elle dure depuis longtemps, à compter du 10, vous aurez la sensation que cette durée n'est pas le bonheur ou ce sera votre partenaire qui vous fera remarquer que vous n'avez pas toujours partagé de beaux sentiments. Si, parmi vous, des Scorpion engagent un dialogue et s'ouvrent à ce qui fut et à ce qu'il serait préférable de vivre à deux dans l'avenir, pour le bonheur des deux, d'autres entreront dans d'interminables querelles! Les plus sages parlent honnêtement de leurs malaises et leur partenaire les écoute. Ils conviendront de faire des essais dans le but de se rapprocher, afin de ne pas détruire ce qu'ils ont mis tant de temps à bâtir. Pour eux, le mois passera en douceur, et plus en beauté que tous leurs derniers souhaits! Le Scorpion incapable de concevoir qu'il ait pu être imparfait dans ses comportements face à son partenaire, se réfugiera dans le travail et invoquera toutes sortes d'excuses professionnelles pour ne pas s'impliquer! Ces derniers espèrent que tout se règle, comme ce le fut dans le passé... Cette fois, leurs éloignements engendrent des tourments, et non pas des solutions.

En tant que célibataire, à compter du 11, vous êtes dans des aspects de rencontre. Celle-ci n'aura pas lieu n'importe où : ce sera dans un milieu professionnel, et plus précisément dans une salle d'études où vous suivez un cours de rattrapage. Les autres possibilités un peu étranges sont : lorsque vous donnerez un coup de main à une personne qui transporte trop d'objets, dans un café où vous vous arrêtez pour la première fois pour y faire une pause, dans un hôpital ou une clinique où vous avez rendez-vous. Une chose est claire, sous ce ciel, la conversation entre vous et cet inconnu sera spontanée, et chacun de vous aura le sourire.

DANS L'ENSEMBLE DE VOTRE VIE

Déjà, en ce mois de l'année, vous ressentez l'urgence de changer d'emploi : trop d'intrigues circulent et vous n'êtes plus à l'aise dans ce milieu où vous n'avez créé aucun attachement. Ce monde, dans lequel vous baignez depuis des mois ou des années, est devenu si glacial qu'il est insupportable. Vous savez aussi que vous n'avez pas la moindre chance d'avancement. On vous a confiné à ce poste, on vous a collé une étiquette avec de la colle forte. Vous avez eu la patience de supporter cette froidure, ayez maintenant la patience de ne pas quitter votre emploi avant d'en avoir un autre. Il vous suffira de chercher un peu pour qu'en peu de temps vous ayez des entrevues auxquelles vous vous rendrez sans dire à qui que ce soit les véritables raisons de vos absences.

Si vous faites partie de ces Scorpion qui furent obligés d'abandonner un métier ou une profession, des gens avec lesquels vous avez travaillé par le passé et avec qui vous aviez une bonne entente donneront votre nom à leur nouveau patron qui bâtit une nouvelle entreprise et qui aurait grandement besoin de vos talents et de votre ténacité. Vous serez sérieusement intéressé par l'offre, surtout si depuis longtemps, secrètement, vous espériez revivre l'expérience heureuse que vous avez connue antérieurement.

Si vous êtes heureux à l'emploi que vous occupez, il faut vous attendre à des changements : ils seront, pour la plupart d'entre vous, très satisfaisants.

Si vous êtes obligé de vous déplacer, à compter du 23, vous serez partout ou presque ! Il sera aussi dans votre intérêt de ne jamais perdre votre concentration lorsque vous serez au volant. Lors de vos rendez-vous, partez plus tôt, cela vous évitera de chercher votre route et d'arriver en retard.

Certains d'entre vous songent à déménager. En tant que propriétaire d'une maison, vous penserez à la vendre pour en acheter une plus petite ou qui sied à vos présents besoins. Si la famille s'agrandit, il faut plus grand. Si les enfants ont quitté le nid, vous désirez un endroit plus petit et plus facile à entretenir. Si vous décidez officiellement de vendre, en ce mois de janvier, vous aurez plusieurs offres fort généreuses. Mais n'acceptez pas d'accorder un gros rabais si l'on négocie. Il vaut mieux attendre le 7 février pour prendre une décision. Si vous êtes l'acheteur, ne perdez pas de temps à chercher une maison en janvier. Vous ne trouverez pas ce qui vous convient.

Il est possible que vous dérangiez un parent en adoptant une attitude plus libérée. En réalité, ce parent vous connaît comme étant une personne hésitante, sensible, incapable de dire non quand il vous demande un service... Avez-vous été un serviteur pour ce membre de votre famille ou pour cet ami ? Vous êtes maintenant éveillé à vos besoins, et sans exagérer, il est temps de vous servir vous-même, surtout si cette personne est un adulte qui se comporte depuis longtemps comme un enfant.

Si vous êtes retourné aux études en août ou en septembre 2004, peut-être n'êtes-vous pas satisfait du choix que vous avez fait. Restez calme et informez-vous de vos autres possibilités en tant qu'étudiant.

⟪ℰ FÉVRIER 2005 ℰ⟫

L'AMOUR

Si vous croyez à l'inconscient collectif, vous ne serez pas étonné de constater qu'ici et là, des violences similaires se manifestent. Vous observerez un mécontentement généralisé : l'impatience de nombreux individus sera flagrante. Dans votre vie privée, des amis généralement calmes vous parleront de leurs insatisfactions sur un ton proche de la colère. Si vous avez un amoureux spontané, il sera prompt à se fâcher ! Pendant les six premiers jours du mois, vous aurez besoin d'une patience d'ange pour supporter ses «lamentations», qui ne seront, en fait, que des manières de vous dire qu'il a peur de l'avenir.

Lorsque quelqu'un se plaint, c'est parce qu'il a besoin d'être rassuré; il ne veut pas vous entendre dire qu'il devrait avoir un autre discours ou être plus positif. Vous possédez en vous suffisamment de tendresse et tout autant de passion pour réassurer quelqu'un concernant cette force qu'il détient en lui.

Rassurez-vous en ce qui vous concerne : à compter du 7, avec l'entrée de Mars en Capricorne, ce sera plus calme, mais fort intéressant! Mars régit votre signe, et aussi a-t-il, selon sa position, beaucoup d'importance quant aux événements à venir. Mars influence vos réactions ; vous entrez dans une période où vous prendrez une très bonne décision à la suite d'une rencontre à laquelle vous n'avez pourtant donné que peu d'importance. Il apparaîtra tout à coup que cette personne a ce « petit quelque chose » qui mérite qu'on s'en occupe... Elle vous intrigue. Bizarrement, vous remarquerez que vous avez de l'intérêt pour cette personne quelques jours ou quelques semaines après l'avoir rencontrée. Vous avez pris le temps de l'apprivoiser, même à distance. En tant que célibataire, surtout, ne résistez pas à l'appel de mieux connaître cette personne. On sera curieux de vous revoir afin de mieux vous connaître. Vous avez beaucoup plu.

Vous êtes généralement fidèle aux membres de votre famille, et si l'un d'eux traverse une zone gris foncé, vous êtes là pour vous porter à son secours, mais cette fois, vous ne lui donnerez pas tout cuit dans le bec. Vous lui procurerez des moyens de sortir vainqueur de ses difficultés. Il est possible que vous lui prêtiez un peu d'argent, mais juste assez pour qu'il puisse vivre ou survivre. Même en ce mois, il est possible qu'il déménage : vous lui donnerez un coup de main. Par le passé, votre parenté a peut-être pris l'habitude de se fier à vos bons soins parce que vous êtes bon. Vous donniez de vous-même au point où il ne vous restait plus assez d'énergie pour vaquer à quelques-unes de vos activités préférées. Peut-être avez-vous même ralenti sur le plan professionnel, surtout si vous êtes à votre compte. Si vous n'êtes pas heureux, avant que vous soyez en colère envers ce parent qui a l'art de vous obliger et de vous manipuler, vous vous investirez, mais pas totalement. Vous prendrez désormais votre liberté d'agir afin de mieux être et de mieux vivre.

Il s'agit maintenant de reconnaître l'amour de vous-même. Vous avez probablement tellement donné et servi que vous en étiez venu à croire que vous n'étiez bon qu'à cela. Ce temps est révolu. Les jours passent et vous avez de plus en plus conscience que vous êtes quelqu'un d'important. Vous méritez de vous accorder des attentions, de vous offrir des plaisirs et du bon temps et de choisir avec qui vous vivrez tout cela !

DANS L'ENSEMBLE DE VOTRE VIE

Sur le plan professionnel, si vous avez un emploi stable, si vous y êtes heureux, si vous considérez les gens qui vous entourent tout autant que votre propre famille, il est difficile de ne pas vous aimer. Au travail, malgré quelques petits problèmes ici et là, vous êtes entièrement présent et vous sauverez une situation!

Un certain type de Scorpion agit comme si ses collègues étaient des ennemis à abattre. Il est en compétition, parfois contre un collaborateur qui occupe un poste moins en vue que le sien. La peur fait faire des bêtises, et quand elle est associée à une ambition démesurée, cela peut devenir une obsession, un acharnement contre la personne qui, dans l'imaginaire de ce type de Scorpion, est dangereuse. À compter du 7, un Scorpion qui vit ce qui est décrit précédemment sera obligé de faire affaire avec son ennemi: l'entreprise l'exige, et il n'y a aucun moyen de faire autrement. Ce Scorpion peut voir noir et se rendre compte que la personne qui travaille avec lui ne représente aucun danger pour lui ou il cherche l'erreur qu'il ne trouvera jamais chez ce travailleur qui prend simplement ses tâches à cœur. Si vous laissez les soupçons contrôler votre vie professionnelle, il est normal que votre corps soit constamment sur un pied d'alerte et que votre estomac vous signale de calmer ses brûlures avant qu'un sérieux problème s'impose à votre tube digestif. Si, en ce mois, vous prenez conscience que vous vivez de vos ombres, demandez de l'aide avant que vous vous «frappiez la tête au plafond» lors d'une épouvantable crise d'angoisse ou que vous sombriez dans une déprime paranoïde.

Le Scorpion est le maître des angoisses et de la peur, tout autant qu'il symbolise l'origine et le respect de la vie. Personne ne choisira à la place du Scorpion, personne ne peut le faire bouger ni le faire changer d'avis. Lui seul peut se changer et un seul autre signe peut aussi le faire: le Lion. Le Scorpion est le seigneur de tout ce qui vit en dessous de la terre, de ce qui n'est pas visible à l'œil. Il participe à la création. Il symbolise l'origine et le respect de la vie, alors que le Lion, aussi puissant dans sa création, symbolise ce qui est remonté à la surface et qui doit maintenant être nourri. Le Scorpion est le Soleil du dedans. Il est la source de l'énergie vitale, et quand il cesse de l'être ou qu'il refuse d'être conforme à son signe, il représente la mort, non pas physique, mais celle de l'extermination de tout ce qui, selon lui, l'empêche d'accéder à une sécurité qui n'est pas émotionnelle, mais uniquement matérielle. Il vit selon les apparences, et non plus selon ce pour quoi il est né.

En reconnaissant qui vous êtes et quel rôle vous jouez, vous appréciez ce qui est et vous ne craignez plus ce qui n'est pas. Si vous appliquez ce principe, après avoir donné le maximum de vous-même dans le domaine où vous êtes impliqué, il ne peut qu'en résulter une progression sans douleur! Vous pouvez aussi donner votre maximum, mais en craignant qu'il soit insuffisant. Votre progression se fait dans la peur, et en tant que créateur, cette peur est aussi votre création, qui finit par se matérialiser sous la forme d'échecs ou de pertes de santé.

Puisqu'il est question de santé, si votre signe symbolise la résistance et la force grâce à votre désir et à votre volonté de vivre, toutefois, à votre naissance, vous avez hérité de divers maux, et particulièrement de ceux de vos parents. Vous êtes porteur d'un ADN unique, comme tout le monde. Pourtant, le vôtre a plusieurs faiblesses. Cet état physique s'explique par le signe de la Balance, le douzième signe du vôtre. Il est régi par Vénus, qui représente le corps dans son ensemble. La Balance est votre douzième signe, là où le Soleil, digne représentant de la vitalité, est en exil. Le domicile du Soleil est le Lion, son exaltation est le Bélier. En ce mois, il est possible que vous souffriez de maux d'estomac en raison de la présence de Saturne en Cancer. Mais vous récupérerez très vite si vous adoptez une saine alimentation.

⟪ MARS 2005 ⟫

L'AMOUR

Vous êtes sous la douce influence de Vénus en Poissons, un signe d'eau comme le vôtre. Il se trouve dans le cinquième signe du vôtre, et il est un symbole solaire de vitalité amoureuse! Si vous avez vécu des tensions en février, elles s'estompent. La sagesse acquise vous a fait comprendre que vous ne pouviez plus rester attaché à de douloureux souvenirs. L'avenir est dans ce qui est, et ce qui est, c'est déjà un pas vers le futur.

En tant que célibataire, il faudrait que vous fassiez volontairement l'aveugle pour ne pas voir les jolis yeux qu'on vous fait, pour ne pas saisir le sourire invitant de cet inconnu que vous croiserez dans un lieu public en faisant vos courses ou lors d'un de vos moments de détente. Il s'agira d'un endroit où vous vous rendez et où vous n'êtes nullement bousculé par le temps! Uranus, aussi en Poissons, signifie que cette personne aura probablement un talent artistique qu'elle exercera parce qu'il sera devenu son activité préférée! La douceur, l'énergie, l'originalité et le magnétisme de cette personne la rendent parfaite pour un Scorpion vibrant et ouvert à l'amour. Jusqu'au 23, vous êtes la cible de Cupidon, surtout s'il a passé tout droit en février. Le bonheur d'être vous-même vous confère une puissance d'attraction hors de l'ordinaire.

En tant que parent, la leçon que vous devez apprendre en ce mois est importante. Vos enfants sont en congé scolaire: ils ont besoin de votre présence. Le temps que vous leur accorderez sera pour eux une démonstration du «comment on s'amuse» et du «comment laisser ses problèmes derrière soi». Les enfants en congé ne pensent plus ni à leurs professeurs ni à leurs devoirs: ils sont dans cet instant qui leur permet de vivre agréablement chaque seconde, à moins que l'autorité parentale ne leur impose que du sérieux! Durant cette période, le système lui-même leur accorde une détente! Si vous leur donnez de votre temps, ne vous sentez pas obligé! Soyez comme vos enfants, souples, libres et heureux d'être en vacances! Et la plus belle conséquence sera que l'amour entre vos petits, vos grands et vous-même se manifestera davantage. Ne serait-il pas magique de voir des fleurs pousser dans la froidure de l'hiver, passer par-dessus les congères pour s'épanouir dans toute leur splendeur? Pour vivre d'amour, il faut s'imaginer un monde parfait: c'est un grand repos pour l'esprit des adultes, une halte volontaire dans la pensée magique et une manière de dire merci à l'amour qui s'offre partout autour de vous.

Si, malheureusement, votre couple est en réflexion sérieuse depuis déjà longtemps et que ni vous ni l'autre n'acceptez les changements inévitables de la vie ainsi que les transformations qui se sont opérées en chacun de vous, le temps est venu d'entamer des procédures qui vous conduiront à une séparation ou à un divorce officiel. Ce qui n'a rien de drôle: c'est pénible, dramatique, déchirant... On ne peut effacer du revers de la main le temps qui a uni deux personnes qui, au départ, se sont aimées! Si vous êtes celui qui se bat pour prendre le plus possible, les coups bas donnés ou reçus feront très mal! Et si les crises se multiplient entre vous et l'autre, demandez de l'aide, surtout si vous avez des enfants. Même si vous êtes le seul à consulter...

parce que vous avez décidé d'être le plus sage... Vous en bénéficierez maintenant, et plus tard.

DANS L'ENSEMBLE DE VOTRE VIE

Sur le plan professionnel, la réussite du Scorpion de l'ombre est comparable à celle d'un voleur de coffre-fort qui serait en pleine action : vous êtes stressé, vous savez que le jeu n'est pas totalement honnête parce que vous ne dites pas et n'avez pas dit toute la vérité sur votre méthode. Vous savez aussi que vous laissez derrière vous des gens qui ne sont pas heureux de la manière dont vous vous y êtes pris pour remporter la victoire. Comme l'indique le ciel, si vous avez joué avec les émotions d'autrui dans le but d'embrouiller leur esprit, malgré votre réussite, la culpabilité occupe votre nid intérieur, votre conscience. Si vous êtes de ces trompeurs, tricheurs et menteurs, quel que soit le domaine dans lequel vous exercez, que vous opériez dans les hautes voltiges financières ou les petits et moyens gagne-pain, vous savez fort bien que voler, ce n'est pas beau ! Et, en 2005, rien n'a jamais été aussi clair, même si vous faites tout ce que vous pouvez pour ne rien voir de vos tricheries.

À compter du 21, vous aurez bien du mal à vous cacher. Si vous avez trompé un parent ou quelques membres de votre famille, vous deviendrez un exclu et vous serez l'objet d'une poursuite. Quelle que soit la personne flouée, cela ne reste pas sans effet. Il est à souhaiter que vous ne fassiez pas partie des Scorpion de l'ombre.

Poursuivons sur le plan professionnel. Si vous êtes l'opposé du Scorpion de l'ombre, si vous êtes celui de lumière qui ne volerait pas le moindre sou et qui, en tout temps, est resté honnête, le paragraphe précédent ne vous concerne pas. Vous pouvez compter sur les planètes favorables pour vous rendre la vie plus agréable dans votre milieu de travail. Si vous êtes dans la vente, vous doublerez vos profits ou vous obtiendrez une promotion souhaitée depuis si longtemps.

Il est possible qu'un membre de votre famille ne soit pas bien portant. Vous lui tiendrez la main et l'encouragerez à combattre le mal. Vous serez optimiste quant à sa guérison. Il suffit parfois d'un brin de foi en l'autre pour qu'il croie en lui-même, en sa capacité de guérir plus vite que le médecin ne le prévoit.

Si vous faites quelques rénovations dans votre maison, vous manipulez des outils avec lesquels vous devez être plus prudent qu'à l'accoutumée. Vous avez tant à penser que vous pourriez avoir des distractions. Vos genoux sont vulnérables : attention à un faux mouvement et n'échappez pas d'objet lourd ! Ce serait extrêmement douloureux.

◄ AVRIL 2005 ►

L'AMOUR

Il est temps de vous entretenir du Nœud Nord en Bélier. Il est dans ce signe depuis le 27 décembre 2004, et il y restera jusqu'au 22 juin 2006. Étant donné qu'il doit parcourir un long chemin, c'est maintenant qu'il commence à faire son effet. Il touchera, affectera ou améliorera tous les secteurs de votre vie. Sur le plan affectif, il symbolise la compilation de ce qui fut vécu et qui doit maintenant être remisé. Ce Nœud Nord vous met en face de vos comportements répétitifs, les plus désagréables qui irritent votre partenaire qui ne sait trop comment vous le dire. Mais vous devinerez cela et vous aurez ainsi tout le loisir de vous en défaire afin que votre couple soit plus harmonieux. Cependant ce Nœud Nord met aussi vos qualités en évidence, dont l'amoureux ne vous a plus parlé depuis des années ! Et c'est maintenant qu'il reconnaît votre valeur et vous apprécie pour tout ce qu'il y a de bon et de beau en vous. Même si vous n'êtes pas dans votre période d'anniversaire, on vous fêtera intimement, rien que pour vous dire merci de tout cœur !

Si, malheureusement, vous traversez une année où votre partenaire et vous avez décidé de vous séparer, vous et l'autre continuez à comptabiliser : vous prenez ce qui vous appartient, et l'autre en fait autant. Ce n'est pas aussi simple. La coupure ne se fait pas du jour au lendemain, à moins qu'on ne soit adolescent et que le couple n'ait pas accumulé de biens. Ce qui est rare. Le temps du partage est douloureux : il vous remet constamment en face de cet autre que vous quittez ou qui vous quitte, et les souvenirs, bons et mauvais, remontent en vous. Les moins beaux sont semblables à un repas indigeste.

En tant que célibataire parfaitement libre, les jolis cœurs courent derrière vous ! En tant que Scorpion, vous ne les regardez pas ! Vous attendez de pressentir celui qui vous fera vibrer. Bien que le mot vibratoire dépasse la logique, en vous, il est parfaitement clair. Pour aimer, il vous faut trouver un cœur aimant, dans un corps qui vous attire, avec une tête possédant la capacité de réfléchir, de réagir. Elle doit être responsable, indépendante et confiante en elle-même et en un avenir heureux à deux. Est-il possible de trouver une telle perle ? Elle n'est pas loin de vous. Elle aura cinq ans de plus ou de moins que vous. Sous le Nœud Nord en Bélier, un signe de Mars, la vie a des surprises pour vous, dont cette dernière.

DANS L'ENSEMBLE DE VOTRE VIE

Mars, la planète qui régit votre signe, est en Verseau dans le quatrième signe du vôtre. Ceci concerne vos intérêts sociaux. Cette position vous invite à vous impliquer dans votre communauté, votre ville, votre pays, et à changer de routine. Visitez des lieux nouveaux afin d'y rencontrer des gens qui ne vivent pas comme vous. Sous Mars en Verseau, vous aurez envie de vous éloigner de votre famille, d'être seul au milieu de la foule, de ne plus avoir la responsabilité de prendre soin des uns et des autres. Votre désir est de voler de vos propres ailes, de partir et de ne pas devoir dire à quelle heure vous serez de retour. Vous avez un ardent désir de ne pas rendre des comptes, de ne pas faire de compromis. Même si vous savez que vous n'abandonnerez jamais les vôtres pour vivre une aventure, une découverte vous plaît, et rien qu'à y penser, elle vous procure une détente ! Mais certains d'entre vous passeront à l'action sur un coup de tête parce qu'ils sont persuadés d'être les seuls et uniques maîtres en leur domaine. À compter du 16, les déserteurs, ceux qui, par exemple, se donneront congé de la famille, encourent de sérieux dangers, et cela, malgré leurs certitudes de ne rien perdre de leurs acquis !

Le 16, vous serez sous l'influence de Vénus en Taureau, un signe qui s'oppose au vôtre. Le Taureau est le second signe du zodiaque, le symbole de l'argent. Ces positions planétaires sont des invitations au magasinage. Il sera difficile, pour les femmes, de résister à l'attraction des vêtements printaniers, mais aussi à ceux qui annoncent la mode estivale à venir ! Les plus coquettes d'entre vous ne résisteront pas à se faire plus belles et plus séduisantes. Mais ces achats sont aussi une manière de s'occuper de soi et de se récompenser d'être une aussi bonne personne ! Pourquoi pas, surtout si vous avez les moyens de vous permettre quelques folies. Si, toutefois, votre budget est serré, il vous sera extrêmement pénible de ne pas le dépasser... Rares seront les femmes Scorpion qui s'en tiendront à ce qu'elles s'étaient promis de dépenser ! En ce qui concerne les hommes, il y a, parmi vous, ceux qui travaillent dans un domaine où il leur faut, tous les jours, porter des vêtements chics. Si vous êtes de ceux-ci, vous passerez devant des vitrines correspondant à vos besoins et à vos goûts vestimentaires. À compter du 16, si vous «tombez» sur un excellent vendeur, vous rentrerez avec beaucoup de choses dont vous n'aviez pas besoin! Mais quelle satisfaction d'être aussi élégant quand on se regarde dans son miroir!

En somme, si vous êtes sur une bonne affaire, on vous reçoit et vous négociez votre produit ou votre service. Il est bien entendu que vous ne conclurez pas de ventes du jour au lendemain, surtout si de grosses sommes d'argent sont en jeu, mais il est probable que vous en arriviez à d'excellentes ententes à compter du 16. Si Vénus est une dépensière, Vénus en Taureau, face à votre signe, annonce des suppléments financiers importants.

Une fin de mois où le Scorpion de l'ombre ne s'en tirera pas à bon compte après une transaction qui n'était pas régulière. Jupiter le justicier poursuit sa route et pénalise les vilains. Telle est sa mission!

Si votre travail vous oblige à voyager, les déplacements seront nombreux, et chacun d'eux est synonyme de profits ainsi que d'ajouts importants de clients.

Si vous buvez, si vous prenez des drogues, ne prenez pas le volant: dès l'entrée du Soleil en Taureau, le 20, le ciel n'est pas clément et les planètes ne vous offrent qu'une très mince protection. Que vous soyez sur une petite moto ou un blindé, le danger est le même dès l'instant où vous n'avez pas le plein contrôle de vos réflexes.

◖ MAI 2005 ◗

L'AMOUR

Mars, la planète régissant votre signe, est en Poissons dans le cinquième signe du vôtre. Uranus est également dans ce signe et vient augmenter la puissance de Mars: en tant que célibataire, même si vous ne croyez pas au coup de foudre, il vous tombera dessus! La grande question sera: est-il possible de tomber spontanément amoureux et que l'autre le soit tout autant? Vous aurez une forme d'intuition, une perception qui dépasse tout entendement. Ce type d'événement n'arrive qu'une fois dans la vie! Si un nuage de doute passe, il s'éloigne rapidement. Vous aurez beau vous poser un tas de questions sur la validité, la logique, la réalité d'un tel phénomène, il n'y aura aucune explication! Pas la moindre parcelle de réalité. La rencontre a eu lieu. L'amour naît et il est là pour durer.

Mais il y a, parmi vous, les grands séducteurs qui ne trouvent jamais le partenaire idéal et qui le cherchent constamment. Si ces derniers regardent tout au fond d'eux, ils n'ont pas la moindre envie de s'engager et la vie est telle qu'ils ne peuvent croiser ni leur complément ni leur opposé! Cela s'adresse à la fois aux hommes et aux femmes. Vous êtes né de Mars, et parfois cette planète rend certains d'entre vous incapables de supporter la tendresse de Vénus, représentation symbolique de la douceur de vivre à deux. Pour certains, il leur est impossible de s'engager, tant ils sont pris dans leur lutte... Cette lutte, ça n'est rien d'autre que le fait d'avoir été mal aimé alors qu'ils étaient petits... Pourtant, ces guerriers se représentent leur passé comme s'ils avaient connu le paradis sur terre!

Si vous êtes heureux, amoureux, et si votre couple est jeune et sans enfant, que vous soyez un homme ou une femme, vous serez le premier à parler d'avoir un premier bébé.

Mais peut-être avez-vous un certain âge... Êtes-vous de ceux qui, dans moins d'une décennie, seront à la retraite? Les plus jeunes des *baby-boomers*, ainsi que bon nombre de leurs aînés, après un divorce, de nombreuses désillusions et séparations, sont relégués aux oubliettes. Ils ne sont que des souvenirs chargés d'émotions désagréables. Ils ont adopté un mode de vie gris, routinier, vide et ennuyeux, même s'ils se donnent une médaille pour leur courage. Ils pratiquent deux ou trois activités dont ils parlent avec dynamisme... Tout ça n'est qu'une façade! Qu'ils passent leur temps à travailler, malgré leurs buts, malgré leurs voyages, ils vivent en solitaire et ils sont tristes. Si vous vous êtes identifié à cette personne seule, vous subirez une cure de rajeunissement. Au cours de ce mois, vous rencontrerez une personne ayant un vécu semblable au vôtre et qui, comme vous, ne veut plus connaître la «moindre misère émotionnelle», et encore moins la vivre en couple! Vous ne tarderez pas à la reconnaître, elle vous parlera de ses projets, et possiblement de son désir d'aller vivre à l'étranger, en attendant de pouvoir déménager sur une autre planète! À compter du 11, Vénus est en Gémeaux dans le huitième signe du vôtre. Bien que cette planète fasse une réception difficile à Mars et à Uranus, si vous êtes un adulte, ces aspects durs n'auront pas un gros impact sur vous et ne peuvent assurément pas annuler ce rendez-vous avec cette personne qui vous transformera.

DANS L'ENSEMBLE DE VOTRE VIE

Il ne faudra pas succomber à tout ce qui vous fait envie! Vous mettriez votre compte en banque en danger! Certains d'entre vous déménageront au cours de ce mois. Ils ont vendu leur propriété et en ont acheté une autre. En tant que parent, si vos enfants sont tous partis du nid depuis quelques mois ou parfois des années, vous avez décidé de ne plus entretenir cette grande maison et vous avez opté pour un condo ou vous avez loué un appartement. Si telle est votre situation, vous serez très occupé à vous défaire de ce dont vous n'aurez plus besoin, ainsi que de ces meubles auxquels vous êtes attaché mais pour lesquels il n'y a pas de place. Vous serez, sans trop le démontrer, préoccupé et un brin mélancolique: il est normal de vous interroger sur ce changement de vie. Après tout, ne laissez-vous pas, derrière vous, un tas de souvenirs! Partir d'une maison familiale, c'est déchirant, qu'on le veuille ou non: l'inconnu fait peur.

Le 15, il y a, dans le ciel de mai, un avis: protégez-vous des voleurs. N'achetez rien sans garantie, ne payez pas à l'avance des travaux que vous désirez qu'on fasse sur votre maison. S'il est question d'une nouvelle voiture et si vous avez un coup de cœur pour un modèle quelconque, si vous ne connaissez pas le moindrement votre vendeur, ne le croyez pas quand il vous dira que le véhicule est en parfait état. Il serait surprenant qu'il le soit.

Les femmes seront prises de coquetterie, rien n'est trop beau! Mesdames, vous pourriez exagérer et ressortir d'un magasin avec des tas de sacs et une énorme facture! Une fois à la maison, lors de votre second essayage, il est possible que vous ne vous trouviez pas autant à votre avantage. Si telle est la situation, n'hésitez pas à retourner ce qui ne vous plaît plus. Ne les accrochez pas dans votre garde-robe comme tant de femmes de ce signe le font: ces vêtements coûteux resteraient là, et un beau jour, vous les donneriez à une amie! Ne faites pas qu'une seule boutique, ne succombez pas à un seul style. Plus que jamais, vous avez envie de varier, rien que pour ravir vos yeux en vous regardant dans une glace. Variez, et ainsi vous pourrez, après avoir porté chacune de vos acquisitions, faire des composites. Par exemple, avec deux ensembles, vous en ferez au moins trois.

Si vous êtes de ces femmes devant subir une chirurgie esthétique, il est essentiel de vous nourrir sainement, de prendre des vitamines et des minéraux. L'idéal serait de consulter un naturopathe avant l'opération. Bien avant que cette dernière ait lieu, donnez à votre corps ce dont il a besoin pour cicatriser rapidement. Vous êtes sous l'influence de Jupiter en Balance, un symbole d'esthétique. Par contre, Jupiter, dans le douzième signe du vôtre, ne doit pas laisser de traces chirurgicales. Il n'en tient qu'à vous, femme mûre et expérimentée, de prévenir cela, et d'en faire plus que ce que votre docteur en chirurgie vous invite à faire.

On ne peut garder votre métier ou profession sous silence ! Il n'y a pas que le plaisir et les jeux dans la vie ! Il y a de tout pour qu'une vie soit complète ! En ce qui concerne vos ambitions, plus les jours passent et plus vous êtes chanceux. Vos bénéfices augmenteront si vous êtes à votre compte. En tant qu'employé pour une grande entreprise en développement, quel que soit votre âge, non seulement serez-vous sur la liste de promotions, mais après de mûres réflexions de la part de vos patrons, ils en concluront que vous êtes digne de confiance et que vous avez ce sens du défi pouvant aider l'entreprise à prendre de l'expansion. On admire votre sang-froid, votre sens de l'organisation et votre minutie. Si vous œuvrez dans le domaine des communications, de grâce, ne dites rien contre autrui, pas la moindre critique, et surtout pas contre cette personne qui vous agace et vous choque au plus haut point.

Pour ce qui est de votre famille, jusqu'au 13, à quelques occasions, vous direz non à un parent qui ne cesse de «quémander». À ce jour, on aura compris qu'on n'abusera plus de vous et de vos bontés. On devra trouver en soi les ressources nécessaires pour s'en sortir... Vous aurez rendu un grand service à ce parent ! Vous pourriez en faire tout autant pour un ami... Le résultat sera le même... Plusieurs mois passeront et on vous remerciera pour ce «non, fais ta vie» !

◖◕ JUIN 2005 ◕◗

L'AMOUR

En tant que célibataire, vous serez attiré par une personne d'une autre nationalité que la vôtre ou ayant des racines à l'étranger. Cette personne vous fascinera par sa culture, par ce qu'elle peut vous apprendre. Elle aura le sens de la famille.

Si vous fréquentez quelqu'un depuis plusieurs mois, et parfois des années, et que tout va bien entre vous, si vous n'habitez pas encore ensemble, vous aurez une longue discussion au sujet de la vie à deux. Cette décision ne sera pas difficile à prendre si vous êtes très amoureux l'un de l'autre. Il est même possible qu'il soit question d'un mariage, tout ce qu'il y a de plus officiel, et plus encore s'il s'agit d'une deuxième union!

Si tout va bien dans votre couple et que vous êtes jeune, sans enfant, votre partenaire et vous aborderez spontanément le sujet!

Si vous êtes monoparental et que vous avez finalement mis de l'ordre dans votre vie, même si vous vous êtes juré de n'avoir plus de partenaire dans votre vie, lors d'une activité, vous croiserez d'autres parents et l'un d'eux, dans une situation semblable à la vôtre, attirera votre attention. Votre première conversation sera bien évidemment sur le rôle des parents. Vous parlerez de votre enfant, de celui de l'autre, du travail de chacun, et à la fin vous vous donnerez un autre rendez-vous, avec vos enfants, histoire de vous apprivoiser! Avant que le mois se termine, vous reconnaîtrez que vous avez, pour cette personne, une énorme attirance! Vous resterez sur le qui-vive alors que votre flirt sera quelqu'un de très détendu. Avec le temps, vous apprendrez, vous aussi, à relâcher vos tensions.

DANS L'ENSEMBLE DE VOTRE VIE

Si vous vous préparez à déménager, vous avez l'impression que vous n'en finirez jamais! Mais n'est-ce pas ainsi chaque fois que vous changez d'appartement? Faites attention parce que jusqu'au 12, vous avez tendance à tout donner ou presque. Vous désirez alléger vos bagages, vous vous dites que vous possédez trop de choses et qu'elles ne vous sont pas très utiles, mais, une fois installé dans votre prochain appartement ou maison, vous pourriez vous rendre compte que vous n'auriez pas dû vous défaire de tel meuble, de tels objets. En réalité, il suffit qu'un ami ou un membre de votre famille vous signale qu'il aimerait avoir tel fauteuil, qui ne vous sert pas beaucoup, pour qu'aussitôt vous lui offriez! Gardez vos choses pour vous. Attendez de voir si, dans votre prochaine habitation, il y a de la place. Chez vous, les transformations sont radicales: il arrive que vous fassiez table rase de tout ce que vous possédez! Sous Jupiter en

Balance, si vous agissez ainsi, votre générosité vous coûtera cher!

Il y a, parmi vous, des Scorpion très nerveux à l'idée de déménager parce qu'ils partent de la ville et qu'ils ont tout planifié afin de s'installer en banlieue ou même à la campagne. Pour d'autres, il s'agit de quitter la banlieue ou la campagne et de faire l'expérience de la vie dans une grande ville. Ce sera évidemment un énorme changement. Vous ne savez pas trop si vous aimerez votre futur environnement, mais vous ne changerez pas d'avis: vous ne le pouvez pas parce que vous avez tout mis en marche. Cessez de vous imaginer votre éventuelle manière de vivre, votre imaginaire vous fait trop souvent glisser dans la peur. Celle-ci vous mène à l'angoisse, et cette angoisse provoque des maux physiques, des malaises qui sont le résultat d'un stress. Il n'est pas facile de vivre jour après jour sans se questionner sur l'avenir. Faites un retour sur vous-même et regardez votre passé, ce que vous n'avez pas pu y changer, malgré qu'à cette époque vous ayez fait le maximum pour qu'un événement quelconque se passe autrement... Il en est de même pour votre futur: vous avez mis la clé dans votre «appareil à voyager dans le temps», vous y êtes presque, et dites-vous que, quoi qu'il se passera, vous possédez l'énergie, l'intelligence et la sensibilité nécessaires pour bien vivre ce qui s'en vient.

Sur le plan professionnel, vous êtes nombreux à préparer vos vacances, à choisir une destination afin de décompresser. Alors que vous avez fixé une date pour vos vacances, on vous demandera de les reporter! On a grandement besoin de vos services dans l'entreprise en cours: un collègue a démissionné, alors que personne ne s'attendait à cela. Un autre est tombé malade. Vous êtes indispensable pour répondre à la demande d'un gros client! Sans vous, on perdrait le contrat!

Si vous êtes à votre compte et que vous faites du commerce avec l'étranger, les nouvelles seront excellentes: vous ferez d'énormes progrès et vous augmenterez considérablement vos profits.

Il est également possible, si votre travail vous oblige à vous déplacer, que vous partiez plus souvent au cours du mois afin de représenter les intérêts de l'entreprise.

Si vous avez un problème juridique, vous trouverez le meilleur avocat ou vous découvrirez vous-même l'erreur commise par quelqu'un qui vous a placé dans cette pénible situation.

La lutte sera de courte durée parce que vous prouverez qu'on n'a rien contre vous.

◖ JUILLET 2005 ◗

L'AMOUR

Jusqu'au 23, Vénus, la planète qui régit les beaux sentiments, est dans le signe du Lion et fait un aspect difficile à votre signe. Mercure est aussi dans ce signe, et dans ce ciel de juillet Mars, la planète qui régit votre signe, est en Bélier jusqu'au 29. Vénus, Mercure et Mars se retrouvent dans des signes de feu et vous êtes un signe d'eau. Si l'eau éteint le feu, le feu peut être si intense que l'eau s'évapore! Ces dernières images entre le feu et l'eau touchent particulièrement ceux qui vivent une union où les jeux de pouvoir sont devenus leur lot quotidien! Entre deux personnes qui ne se trouvent plus que des défauts, après s'être aimées follement, passionnément et tendrement, il faut se demander ce qui a bien pu se passer pour que vous vous éloigniez l'un de l'autre au point où vous êtes comme deux étrangers incapables de communiquer! Si vous savez que vous avez fait le maximum pour «réparer» les pots cassés, vous en êtes arrivé à la conclusion qu'une séparation s'impose. Si vous avez un partenaire et que celui-ci ne se comporte pas civilement, il est fort possible que vous demandiez à un ami de vous recevoir, juste le temps dont vous avez besoin pour que la rupture se fasse dans les règles de l'art.

Il n'y a heureusement pas que ceux qui se séparent. Les gens heureux font simplement moins de bruit! Si vous êtes amoureux, si on vous aime et que vous et l'autre ayez votre propre petit paradis, d'un commun accord, vous désirerez l'améliorer. Sous la pression de ces planètes en signe de feu activées par Jupiter en Balance, vous et votre partenaire aurez le désir de transformer votre habitation ou votre appartement. Des couples choisiront de rénover l'extérieur et d'autres opteront pour l'intérieur. Pour les uns, il s'agira même d'abattre un mur afin d'agrandir une pièce. D'autres repeindront dans des couleurs plus représentatives de leur bonheur. Il n'est pas non plus impossible, si vous vivez avec la même personne depuis longtemps, que vous changiez une grande partie de votre mobilier afin de rajeunir votre nid d'amour. Si vos enfants sont partis, si vous tenez à vivre dans la même maison, même si celle-ci vous semble un peu grande, vous prendrez les mesures qui s'imposent pour qu'elle ressemble davantage à ce que vous et votre partenaire souhaitez depuis longtemps. Le moment est donc venu de vous offrir ce luxe afin de rendre votre bonheur à deux plus confortable.

Si vous êtes amoureux et que vous avez de jeunes enfants, vous ne résisterez pas à l'envie de transformer les chambres des petits afin de les décorer différemment. Peut-être que l'un de vos jeunes a l'âge de dormir dans une chambre de grand? Vous magasinerez, et sous ces planètes en signes de feu, vous pourriez dépenser plus que prévu.

Ceux qui s'aiment s'aimeront passionnément en juillet. Ceux qui se séparent devront le faire en étant diplomates, pour éviter ces si pénibles et interminables querelles. Les couples qui veulent un autre enfant pourraient voir leur vœu exaucé très rapidement!

Les célibataires auront le choix, mais ils doivent se dire que, jusqu'au 23, tout ce qui brille n'est pas de l'or! Une personne ayant une belle apparence sera saisissante. Mais qu'a-t-elle dans le cœur? Son intérêt pour vous est-il matériel? Peut-être arriveriez-vous dans sa vie pour la consoler de sa dernière séparation? Sous ce ciel de juillet, et jusqu'au 23, soyez observateur: un flirt pourrait n'être qu'un flirt sans lendemain!

DANS L'ENSEMBLE DE VOTRE VIE

C'est un mois où beaucoup de gens prennent leurs vacances. Quant à vous, en tant que signe fixe, si vous avez le choix, vous préférez vous distraire dans un lieu où il y a le moins de gens possible! Si vous ne pouvez pas prendre votre congé en un autre temps, ne faites pas de drame. Vous vous organiserez de manière à en profiter au maximum. En tant que parent, si vos moyens financiers sont limités, vous choisirez des activités dont les coûts sont minimes. L'essentiel, de toute manière, c'est la proximité que vous avez avec vos petits. Ce ne sont généralement pas les petits qui rêvent de grandiose: ce sont les parents qui voudraient offrir à leurs enfants ce qu'ils n'ont jamais eu, et souvent ce dont ils rêvent eux-mêmes. Même si vous ne partez pas pour la campagne ou tout endroit de villégiature, vous ne tiendrez pas en place avec vos petits, vous leur ferez découvrir leur ville ou celle d'à côté. Vous visiterez des parcs, vous leur ferez faire un tour d'horizon sur toutes les possibilités qu'ils ont d'apprendre, sans devoir partir à l'autre bout du monde, tout en s'amusant.

Si vous faites partie de ceux qui restent au travail, ne croyez surtout pas vous reposer. Alors que vous vous attendiez à une réduction des tâches, comme c'est arrivé si souvent dans le passé au cours du mois de juillet, ce n'est plus pareil! Cette fois, on a grand besoin de vos services. Il est même possible que vous fassiez beaucoup d'heures supplémentaires!

Certains d'entre vous en sont à un tournant dans leur carrière : des événements dont vous n'avez pas le contrôle vous précipitent plus rapidement que prévu dans l'action. Si, par exemple, vous avez fait une demande d'emploi alors que vous n'espériez une réponse qu'à la fin du mois d'août ou même en septembre, on vous embauche et vous entrez dans un monde où les défis seront plus nombreux que ce que vous aviez imaginé. Ce n'est pas pour vous déplaire. Vous aimez vous dépasser, faire plus et mieux.

Si vous travaillez pour la même entreprise depuis des décennies, des changements majeurs vous seront annoncés. Votre secteur est en pleine rénovation! Certains d'entre vous devront s'adapter à une nouvelle technologie : il faut produire plus vite et plus. Il n'est pas exclu que l'entreprise s'associe à une autre, ce qui provoque un gros remue-ménage. Il est possible que le départ obligatoire de quelques collègues, les derniers arrivés, vous attriste.

Si vous avez abandonné un métier il y a quelques années ou si le métier lui-même vous a lâché, quelles que soient la raison et les circonstances, à compter du 17, avec l'entrée de Saturne en Lion dans le dixième signe du vôtre, il y a de grandes chances que vous soyez rappelé. On aura un urgent besoin de votre expérience et de vos talents. On vous fera une offre difficile à refuser. Vous n'aurez pas à réfléchir longtemps. Vous pèserez le pour et le contre, vous évaluerez les avantages et les bénéfices, et vous accepterez la proposition.

Une querelle de famille peut aussi se produire : ce sera au sujet de l'argent. Si vous avez prêté des sous à un parent qui avait juré de vous les rembourser et qu'il ne puisse pas le faire, vous serez non seulement déçu mais en colère. En tant que Scorpion, vous tenez vos promesses! Il n'en est pas ainsi pour tout le monde! Et même s'il s'agit d'un proche en qui vous aviez confiance, il est possible qu'il soit bien différent de vous et qu'il n'ait pas votre sens des responsabilités.

Le pire à débattre sera au sujet d'un héritage: que la somme soit modeste ou phénoménale, peu importe. Des parents essaieront de prendre plus que ce qu'il leur revient. C'est un sujet délicat car il peut déchirer une famille qui, jusqu'alors, était unie.

⋘ AOÛT 2005 ⋙

L'AMOUR

Sous l'influence de Vénus en Vierge, s'il y a des tensions dans votre couple, elles se modèrent. Votre partenaire et vous êtes capables de discuter sans vous offenser l'un l'autre.

Si vous êtes en pleine séparation, elle s'effectue plus calmement en ce mois, surtout si tout est déjà officiellement signé, que chacun sait ce qui lui revient et que l'entente est finale.

Si vous vivez un divorce avec d'importants enjeux financiers, vous devrez être attentif à ce qu'on essaie d'obtenir de vous, à ce qu'on refuse de vous céder, à ce qu'on veut vous laisser. Face à votre signe, il y a maintenant Mars en Taureau, et si votre éventuel ex-partenaire vous voyait comme un ennemi, il fera tout ce qui est en son pouvoir pour obtenir le maximum. Si vous constatez qu'il devenait impossible de discuter avec cette personne, ne soyez pas naïf: faites appel à un avocat spécialisé! Sous ce ciel d'août, il est plus facile de vous tromper et de vous voler parce que vous êtes fatigué de lutter. Vous avez hâte de remettre de l'ordre dans votre vie, de ne plus avoir à vivre cette guerre jour après jour. On pourrait profiter de votre empressement et vous faire signer n'importe quoi ou presque! Sous ce ciel d'août, vous n'êtes pas protégé dans une telle situation.

Si vous êtes follement amoureux de quelqu'un qui, selon votre famille, ne correspond pas aux normes, n'écoutez pas les discours des uns et des autres. Vous savez ce que vous avez à vivre, vous savez ce que vous désirez: ne laissez personne vous faire douter de vous ni de votre amour pour cet autre qui, aux yeux de votre parenté, est différent! Un vrai Scorpion n'aspire pas le moindrement à une vie de couple terne. Si, pour que la vôtre soit dynamique, vous deviez vous éloigner de vos frères, sœurs et des autres, vous n'hésiteriez pas à le faire. Sur le plan sentimental, on pourrait vous décrire ainsi: vous êtes un passionné consacré! Lorsque vous dites à quelqu'un que vous

l'aimez, ce n'est certainement pas une blague. Pour un Scorpion, aimer, c'est pouvoir passer à travers n'importe quelle
épreuve. L'amour est tout-puissant. Il peut tout, et un vrai Scorpion y croit. Il vit selon ce que sa nature profonde lui dicte. Il se
donne cette chance et il sait qu'il prend un risque parce que rien
n'est éternel... Quand viendra le temps du vieillissement de
votre couple, vous y verrez... Pour l'instant, vous avez cette capacité de vous détacher de ces gens qui n'aiment ni votre partenaire ni votre bonheur !

Si, d'un côté, la rupture peut être douloureuse, d'un autre,
vous savez que vous avez tout à construire avec votre adoré !
Sous votre signe, l'amour ne peut qu'être intense, autrement, il
n'y a pas d'amour. En tant que signe fixe, vous savez entretenir
la passion.

DANS L'ENSEMBLE DE VOTRE VIE

Il n'est pas rare, au moment où vous trouvez l'amour, que la carrière fasse un bond. Vous êtes le huitième signe du zodiaque :
c'est généralement tout ou rien ! Vous entrez dans des aspects
de tout ! Et, dans ce tout, le travail est inclus. Les uns obtiendront une promotion qu'ils n'espéraient pas le moindrement.

À d'autres qui sont déjà en commerce, une offre d'association à laquelle il sera nécessaire de réfléchir longuement se
pointe. Pour cette dernière, il sera essentiel de prendre des informations sur ceux qui prétendent pouvoir faire progresser votre
entreprise. Le ciel vous met en garde, rien n'est moins certain
sous l'influence de Saturne en Lion. Attention : on peut vous en
mettre plein la vue, au point où vous serez aveugle concernant
vos intérêts. La ruse est partout, elle vous frôle : les fraudeurs
existent, ils ne sont pas le fruit de votre imagination. Ceux qui
font de la fraude commerciale savent généralement à qui ils
s'adressent. Une extrême prudence est nécessaire dans le
monde des affaires.

En tant qu'employé, à la toute fin du mois, on vous chargera de tâches spéciales. Elles ne seront pas au-dessus de vos
compétences. En peu de temps, vous apprendrez, par exemple,
comment manier un outil sophistiqué ou un ordinateur extra
performant. En fait, tout ce que cette «machine» vous demande,
c'est d'être en mesure de l'utiliser !

Il est possible que vous fassiez l'envie d'employés que vous
dépassez ; ces derniers restent là où ils ont commencé quelques

années plus tôt. Par rapport à eux, vous êtes un nouveau, et vous voilà exécutant des tâches mieux rémunérées. Vous occupez un poste qui vous impose davantage de responsabilités. Les mauvaises langues iront bon train, mais faites comme si vous ne les entendiez pas.

Il y a, parmi vous, des Scorpion qui succomberont à la peur de toutes les nouveautés qui se présentent dans leur vie. Après avoir subi un changement sur le plan professionnel ou sentimental, ils n'arrivent pas à retrouver leur équilibre. Quelques planètes peuvent vous plonger dans la peur du futur et dans l'angoisse de l'instant présent : votre vision s'embrouille et tout s'immobilise. Si vous avez l'impression de faire face à un cul-de-sac, secouez-vous. L'impasse est en vous, levez fièrement la tête et sachez que, lorsqu'un Scorpion veut, il peut.

En ce qui concerne votre santé, il est important que vous vous nourrissiez sainement.

Étant sous l'influence de Mars en Taureau face à votre signe, au moindre relâchement, si vous vous nourrissez d'aliments vides, si vous n'équilibrez pas votre régime, si vous mangez trop, insuffisamment, gras ou très épicé, vous risquez d'avoir de sérieux problèmes digestifs, lesquels peuvent entraîner une faiblesse générale de votre organisme. Ce présent avis concernant l'alimentation est important et le sera jusqu'au 17 février 2006 ! Si vous abusez de l'alcool, si vous prenez des drogues, quel que soit votre âge, vous vous rendrez rapidement compte qu'après consommation, même si vous la jugez modérée, vous serez plus fatigué que jamais vous ne l'avez été.

Si vous prenez des médicaments prescrits, suivez les instructions de votre médecin, et avant de prendre des suppléments vitaminés et autres plantes capsulées dont on fait la promotion, prenez un maximum d'informations. Sous Mars en Taureau, par ignorance des combinaisons entre «plantes» et médicaments, vous pourriez vous affaiblir plutôt que de prendre des forces comme vous le souhaitez.

Si vous conduisez vite, ralentissez. Une particularité apparaît dans le ciel : si vous êtes au volant d'un véhicule lourd tel un camion, quelle que soit sa dimension, redoublez de prudence.

❧ SEPTEMBRE 2005 ❧

L'AMOUR

Jusqu'au 11, Vénus est en Balance dans le douzième signe du vôtre, ainsi que Jupiter. Si les uns rêvent d'amour, d'autres peuvent enfin vivre leur rêve. Si vous faites partie de ceux qui ont retardé leurs vacances et que votre destination est déjà choisie, votre partenaire vous accompagnera car lui aussi avait réorganisé son temps de manière à pouvoir être à vos côtés.

En tant que célibataire, à compter du 12, sous l'influence de Vénus en Scorpion, votre magnétisme sera puissant : vous ne passerez pas inaperçu, mais il est fort possible que vous restiez aveugle aux regards intéressés. Vénus, dans votre signe, malgré la puissance d'attraction qu'elle vous confère, ne vous départit ni de votre méfiance ni de votre mélancolie. Vous avez tellement peur d'être mal aimé que vous ne voyez pas les gentillesses et les délicatesses qu'on a pour vous. Vous refusez une invitation à sortir. Vos amis, qui savent que vous êtes seul, veulent vous en présenter d'autres pour vous distraire, mais aussi parce qu'ils espèrent que vous croisiez l'amour et que vous soyez heureux comme vous le méritez. Il n'en tient qu'à vous d'agir et de réagir. Le ciel multiplie les occasions. Il vous donne le choix : rencontrer une autre personne à aimer et de qui vous pourrez être aimé.

Si vous avez une vie de couple, si vous êtes encore sans enfant, si votre désir est de devenir parent, le ciel ne fait pas la moindre opposition à votre souhait. À compter du 12, vous êtes en zone fertile sous l'influence de Vénus dans votre signe. Mais il y a aussi ceux qui ne veulent pas immédiatement d'enfant : dans ce cas, il vaut mieux prévenir.

Si vous vivez des tensions dans votre couple depuis des mois ou même des années, si votre partenaire et vous n'arrivez pas à vous parler des problèmes qui sourdent et qui jamais ne sont exprimés, sous ce ciel de septembre à compter du 17, il sera bien difficile de rester silencieux plus longtemps. Il suffira d'un détail, d'une toute petite critique pour vous provoquer ; vous savez fort bien, depuis le début du conflit, qu'un jour l'abcès crèverait !

Que vous soyez heureusement marié ou non ou encore en union libre, le ciel présage un flirt en milieu de travail avec un nouveau collègue. Vous serez attiré l'un par l'autre, mais au départ, vous serez simplement très aimable l'un pour l'autre.

Plus le temps avancera, plus vous multiplierez vos attentions. Gardez une distance, ne vous élancez pas dans une aventure qui pourrait briser votre couple et qui, en plus, risque de causer des problèmes au boulot! Cette attraction réciproque sera vécue par votre flirt comme un moyen de se sécuriser dans un milieu qu'il ne connaît pas encore; il aura l'impression d'être protégé, guidé. De votre côté, cette flamme peut devenir un incendie propre à détruire plusieurs années de vie commune! Voyez lucidement ce qui vous arrive.

DANS L'ENSEMBLE DE VOTRE VIE

À compter du 5, Mercure est en Vierge, et jusqu'au 10, il est carrément en face d'Uranus en Poissons. Cette opposition de Mercure et d'Uranus exerce des effets positifs: réactions, réflexes rapides, capacité de voir à la fois les détails et l'ensemble du travail à faire, imagination décuplée, facilité à vous adapter à une nouvelle technologie, inventivité. Bref, vous travaillez 10 fois plus vite et tout ce que vous produisez est parfait.

En tant que travailleur autonome, quel que soit votre métier, c'est un début de mois qui vous annonce que vous aurez plusieurs contrats à honorer. Sans doute devrez-vous laisser tomber vos prochaines fins de semaine et supprimer quelques activités ou heures de loisirs pour vous consacrer aux demandes de vos clients qui, d'ailleurs, paient très bien. Vous n'allez pas vous plaindre parce que c'est ce que vous souhaitiez depuis un bon moment.

Si vous êtes au même emploi depuis longtemps et que vous avez la charge d'un secteur de l'entreprise, le ciel laisse entrevoir un élargissement de vos tâches, ce qui vous obligera à réorganiser le temps alloué à vos enfants, à la famille. Il est possible que votre partenaire accueille cette charge comme si vos prochaines heures supplémentaires allaient le séparer de vous! Il faudra le rassurer. Vous n'allez tout de même pas devenir l'esclave de votre travail, mais vous savez que, pendant quelques mois, avant d'avoir pris un certain rythme de croisière, il vous faudra effectivement donner plus de temps au patron. Par contre, vous serez mieux rémunéré.

L'invitation à la prudence au volant est encore là. Mars en Taureau face à votre signe vous met en garde contre les chauffeurs fous qui sillonnent nos routes. Si vous vous apercevez qu'un chauffard vous provoque ou n'aime pas que vous l'ayez dépassé, alors que vous êtes dans votre droit, prenez vos distances : laissez-le prendre son avance. Il vaut mieux céder que d'avoir un accrochage ou un sérieux accident.

En tant que parent, même si vous faites confiance à vos enfants, ceux-ci ne sont pas des experts : ne les laissez donc pas utiliser vos outils sans surveillance.

Si vous prêtez votre voiture à vos adolescents, il est à souhaiter que ceux-ci soient responsables et qu'en tout temps ils ne prennent d'alcool ou ne consomment pas de drogues.

Il est possible qu'un parent soit malade. Si, jusqu'à présent, vous en avez toujours pris soin et que vous ne puissiez pas le faire maintenant à cause d'un tas de nouvelles obligations, lorsque vous demanderez à un frère, à une sœur ou à un autre parent de prendre la relève, vous serez étonné par son refus. Vous adresserez alors la même demande à un autre : ce sera encore un «non, c'est impossible». Vous serez étonné de constater que vous connaissiez aussi mal vos proches et que vous leur aviez prêté la qualité d'être généreux.

Ce long passage de Jupiter en Balance dans le douzième signe du vôtre vous a assagi : vous ne pensez plus de la même manière, vous avez beaucoup changé depuis le début de l'année. Vous savez qu'il y a des circonstances, des événements et des gens que vous ne changerez pas. Plutôt que de faire une tempête et de vous fâcher, détachez-vous de la situation contrariante. À tête reposée, vous trouverez les solutions qui s'imposent. Le mûrissement de l'être n'a pas d'âge. Certains d'entre vous deviennent sages à 16 ans, à 20, à 30, à 50 ans... Certaines expériences de la vie sont si marquantes qu'elles vous transforment du tout au tout en un temps record.

Sous votre signe, on intériorise les épreuves. Si, à votre naissance, vous avez eu la chance d'être un bien-aimé, ce que vous apprenez de la vie et des gens vous bâtit. Si, malheureusement, vous n'êtes pas de ceux qu'on a aimés quand ils sont nés, si vous n'avez pas été un bébé désiré, si vos parents n'ont pas pu s'occuper de vous, si vous avez été largué, même si vous n'en avez pas de souvenirs, ces rejets vous habitent. Votre vie n'est alors qu'un combat et une suite douloureuse de pertes. La majeure partie du temps, vous provoquez les autres. Inconsciemment, vous donnez une raison à ces premiers rejets d'exister. J'exclus ici les maux physiques qui sont héréditaires et que personne n'a voulus. Mais certains maux de l'âme, tels que la dépression, la mélancolie chronique, les angoisses, les peurs, peuvent mener votre vie à votre place. La seule façon de s'en sortir, c'est de faire un acte de volonté et de décider de chasser ces démons. Des Scorpion ont besoin d'une aide extérieure : il faut la demander. Si une thérapie est nécessaire, il faut la suivre jusqu'au bout, jusqu'à ce que vous ayez accepté de n'avoir pas été aimé quand vous étiez enfant. Si vous faites partie de ceux qui ne voient la vie qu'en noir et en noir et gris, si vous n'avez pas encore profité des leçons de Jupiter en Balance, il n'est pas trop tard. Hâtez-vous car à la fin d'octobre, Jupiter entre dans votre signe, et par la suite, vos accomplissements seront en croissance pendant six ans. Si vous ne prenez pas les moyens d'échapper à des tourments qui prennent tout votre temps, c'est triste, mais sous Jupiter en Scorpion, vos problèmes pourraient s'intensifier. Vous avez cette capacité de choisir entre votre bien-être et une vie qui ne serait qu'une longue plainte que personne n'écoute.

◖◗ OCTOBRE 2005 ◖◗

L'AMOUR

Le 12, Jupiter sera en Balance et filera sur les trois derniers degrés de ce signe. Puis, Jupiter entrera en Scorpion le 27 et restera dans votre signe jusqu'au 23 novembre 2006. Entre le 12 et le 26, il y a une accélération de ce qui est en cours. Si, par exemple, vous êtes en pleine séparation et que vous pensez devoir supporter le conflit pendant encore quelques semaines à cause du déménagement de l'un ou de l'autre ou pour des questions financières qui s'annonçaient difficiles à débattre, vous serez étonné de la vitesse avec laquelle se prendront les décisions. C'est un peu comme si la vie elle-même collaborait à vous libérer de ce conflit. Quelqu'un viendra à la rescousse. La séparation deviendra officielle et définitive. Vous ne vous quitterez pas en bons amis, mais vous agirez civilement l'un envers l'autre.

Heureusement, il y a ceux qui s'aiment et qui s'apprécient de plus en plus. Cela ne va pas sans un ajustement ici et là, mais ce qui est importe avant tout, c'est d'accepter que cet autre, qui vit avec vous, sera toujours différent de vous. Chacun de vous a ses cycles de croissance. Vous traversez des paliers où rien ne bouge, puis des contrariétés qui ne viennent ni de vous ni de l'autre, mais que le monde extérieur à votre couple provoque.

Quand survient un problème, vous savez qu'il est passager. Jupiter en Balance vous a appris la patience, la tolérance et la réceptivité.

Entre le 12 et le 19, ne laissez pas un membre de votre famille ou un ami vous envahir. Il est fort possible qu'on vous demande un coin pour dormir! Mais attention, si vous hébergez un ami ou un parent, il pourrait bien s'installer chez vous pour un très long moment! Il se sentira en sécurité et il ne sera certainement pas privé de nourriture parce qu'il est votre invité! Pour votre paix d'esprit et celle de votre couple, dès son arrivée, si vous tenez à le dépanner, discutez de la date de son départ. S'il s'éternisait, peut-être ne serait-il plus du tout votre ami...

En tant que célibataire, à compter du 9, vous serez plus ouvert à une rencontre. Elle aura lieu lors d'un déplacement, d'une course en un lieu où vous n'êtes jamais allé auparavant. Si votre travail vous oblige à sillonner les routes, lors d'un arrêt pour vous reposer ou lors d'une visite à un client, vous pourriez vous retrouver à côté d'une personne si aimante que vous ne pourrez faire autrement qu'entrer en conversation avec elle. Vous causerez comme si vous vous étiez toujours connus.

DANS L'ENSEMBLE DE VOTRE VIE

Si vous faites du commerce avec l'étranger, vous afficherez une importante progression dans vos affaires. Vous élargirez votre territoire. Vous êtes en expansion. Peut-être avez-vous commencé ce travail seul, chez vous, et lentement vous avez élargi votre horizon, mais depuis votre point de départ, vous voyez grand, gros. Vous y êtes arrivé. Vous en êtes à un point où, pour poursuivre, il vous faut embaucher des gens. Si vous avez déjà votre petite équipe, pour ce qui est de ceux qui doivent s'y ajouter, soyez très sélectif. Faites une enquête afin de connaître leurs antécédents. Il est important que vous continuiez à vous entourer de gens honnêtes.

Si vous êtes au même emploi depuis longtemps et qu'il y a eu des remaniements administratifs, vous êtes en pleine phase d'adaptation et tout se passe bien. Il est vrai que, lorsque vous rentrez à la maison, vous êtes épuisé. Le stress de la nouveauté n'est pas étranger à la nécessité de vous reposer et de vous coucher plus tôt. Un Scorpion est souvent une personne qui aime la nuit et qui tarde beaucoup avant d'aller au lit, comme s'il allait manquer quelque chose en dormant! Mais il vient un temps où votre corps a grandement besoin de récupérer ; en ce qui vous concerne, des nuits de sommeil complètes vous feront le plus grand bien. Ainsi, quand vous serez au boulot, vous serez parfaitement concentré et beaucoup moins tendu.

Entre le 19 et le 25, un collègue de travail peut devenir très agaçant. Si vous vous fâchez, il comprendra que vous ne l'aimez pas... Attention à vos mots lorsque vous voudrez lui dire de s'écarter de vous. Il y a des gens susceptibles, et en tant que Scorpion, l'accumulation est telle qu'il peut vous arriver de dire des mots dépassant votre pensée. Il vous suffit pourtant de songer que cette personne «collante» restera au même emploi aussi longtemps que vous... Voulez-vous la guerre ? Ou souhaitez-vous travailler en paix ? Ayez la bonne réaction et faites une bonne action envers ce collègue qui n'est pas celui que vous auriez choisi si vous aviez été le patron !

Parmi vous, il y a des Scorpion qui suivent un régime pour perdre du poids ou pour en prendre ! Encore sous l'influence de Mars en Taureau face à votre signe, qui est rétrograde en ce mois, vous avez tendance à être trop sévère avec vous. Méfiez-vous d'une trop grande privation. Lorsque vous déciderez de ne pas vivre en personne frustrée en raison de votre alimentation, vous vous précipiterez sur vos plats préférés avec un tel excès que vous brouillerez votre foie et occasionnerez une digestion difficile. Vous êtes, en tant que Scorpion, un être excessif, mais si vous mettez votre santé en danger, vous ne vous rendez pas service ! Plusieurs planètes vous portent à l'exagération. Soyez assez lucide pour ne pas succomber à un régime trop strict. Ne faites pas trop d'exercices, au point d'en avoir du mal à marcher le lendemain !

À compter du 27, vous êtes chanceux, et pour une fois même dans les jeux de hasard. Un billet, une combinaison suffit pour vous faire gagner à la loterie. Cet aspect de chance s'étend au-delà de la loterie. Si, par exemple, vous avez cru qu'un problème était insoluble, la solution vous tombera dans les mains ou presque. Si vous êtes en affaires et que vous ayez besoin de financement, c'est la lumière après avoir cru devoir rester dans l'obscurité et la petite misère. Au cours des quatre derniers jours du mois, vous pourriez vous allier à des gens très influents. Une personne vous ouvrira une porte qui vous permettra d'accéder à un poste plus important et considérablement mieux rémunéré.

◄◙ NOVEMBRE 2005 ◎►

L'AMOUR

Alors que certains autres signes du zodiaque vivent très mal le passage de Vénus qui entre en Capricorne le 6, pour vous, c'est plutôt un allègement. Si vous avez vécu une rupture, vous comprendrez pourquoi vous avez connu cette personne, pourquoi il fut important de partager un bout de vie avec elle pour ensuite vous en séparer. Vénus en Capricorne vous permet de faire une rétrospective positive et de retirer une importante leçon que vous appliquerez non pas uniquement dans votre prochaine relation sentimentale, mais dans tous les secteurs de votre vie.

En tant que célibataire, vous ne resterez pas seul bien long-temps. D'abord, vous sortirez davantage parce que vous accepterez les invitations de vos amis. Peut-être votre travail vous mettra-t-il en relation avec de nombreuses nouvelles gens, et à travers ces rencontres, une d'elles attirera votre attention. Vous commencerez à fréquenter cette personne de façon très timide. Parfois, vous aurez l'impression que c'est comme si vous n'étiez jamais sorti avant de croiser cette personne. Ce n'est pas tant parce qu'elle vous impressionne, mais parce que vous avez la sensation de repartir à zéro. Vous découvrez ce que sont les beaux sentiments, la douceur et la grâce d'un partage avec quelqu'un qui ne vous bouscule pas et qui, en plus, est joyeux! En ces temps troublés, les gens rieurs sont de moins en moins nombreux. Les gens inquiets pour leur avenir sont majoritaires; ils se mettent sous la protection d'un autre et appellent cela de l'amour!

Si vous avez une heureuse vie de couple, vous n'avez que bien peu à raconter parce que le bonheur se passe de grands discours. Il ne s'explique pas parce qu'il est composé de tant de choses, des petites et des grandes. Il est dans l'imperceptible, dans ce qui est ressenti, dans ces émotions qui passent de l'un à l'autre, dans cette tendresse qu'il est impossible de décrire avec des mots justes. Entre le 12 et le 20, vous sortirez davantage avec l'amoureux, parfois par obligation, mais toujours en ressentant ce plaisir d'être ensemble. Il est également possible que, durant ces jours, l'amoureux et vous décidiez d'une activité soit chacun de votre côté, soit ensemble. Ce qui importe, c'est le bonheur et la satisfaction de chacun.

En tant que parent, même si vous aimez vos enfants, vous savez qu'il faut imposer quelques règles. C'est ainsi que ça se passe dans la vie de tous les jours. On ne traverse pas au feu rouge, on ne détruit pas le bien d'autrui, on ne vole pas, etc. Vos enfants, qu'ils soient petits ou de jeunes adolescents, ont encore beaucoup à apprendre sur le respect d'autrui. Ils peuvent prendre des libertés qui sont des imitations de ce que font leurs amis. Mais ces derniers ne sont pas éduqués, ils ne sont pas polis, etc. Gentiment, et par amour pour eux, vous aviserez vos enfants le plus sérieusement du monde qu'ils n'ont pas à suivre l'exemple des voisins ou d'élèves qu'ils fréquentent quotidiennement, qui ne se comportent pas très bien! L'amour peut prendre bien des formes, et aimer vos enfants, c'est aussi leur enseigner à vivre en harmonie avec la liberté que vous leur accordez.

DANS L'ENSEMBLE DE VOTRE VIE

Vous avez pris une direction professionnelle dont le tracé semble officiel et définitif, mais soyez prêt à devoir modifier votre parcours en tout temps. Ne vous accrochez pas à ce que vous connaissez, rien n'est acquis. En tant que signe fixe, lorsque tout va bien, il vous arrive de croire qu'il en sera toujours ainsi, et sans vous en rendre compte, de relâcher votre attention, surtout si votre travail prend une allure routinière ou qu'il ne vous a jamais vraiment plu. Vous le faites, mais c'est chaque matin avec l'espoir qu'un miracle se produise... Les miracles sont rares sur la planète Terre. Par contre, personne ne vous interdit de faire un acte de volonté et de changer d'emploi si vous n'êtes pas heureux. Il faut parfois beaucoup de courage pour abandonner un travail qui rapporte bien, qui vous fait vivre, mais qui, avec le temps, vous a rendu dépressif, vous a tellement éloigné de votre idéal que vous pensez ne plus en avoir... Si vous en êtes là, étant sous l'influence de Jupiter dans votre signe, cherchez, faites-le discrètement sans vous affoler, sans espérer le paradis, mais agissez de manière à vous rapprocher de ce que vous avez toujours espéré faire pour vous réaliser. Vous êtes le huitième signe du zodiaque, le grand symbole des transformations : il n'en tient qu'à vous de vous inventer une vie heureuse, personne ne le fera à votre place!

Il y a, parmi vous, des Scorpion qui s'inscriront à un cours de langue. Cet apprentissage a un but précis : une fois que vous maîtriserez cette langue, il vous sera possible d'obtenir une promotion, laquelle vous fera voyager! Malgré votre crainte ou vos doutes de ne pas y réussir (sous votre signe, on s'invente souvent des peurs avant de commencer), vous foncerez. Dès les premières leçons, vous constaterez que vous avez une excellente mémoire et que vous saisissez très bien les règles de base. D'autres décideront de terminer un cours soit par Internet, soit le soir. Sous ce ciel, tout en vous est activé par Jupiter en Scorpion: tant vos talents que votre volonté, vos désirs et votre passion. Vous filez droit vers ce qui, éventuellement, vous permettra de prendre plus que ce que la vie vous donne présentement. Ne vous dites-vous pas que c'est pendant qu'on est vivant qu'on doit vivre sa vie?

Si vous cherchez un emploi, même si vous n'avez plus travaillé depuis longtemps pour des raisons de maladie, vous trouverez. Pourquoi ne retournez-vous pas à l'endroit d'où il vous a fallu partir? Non pas nécessairement parce qu'on vous embauchera, mais parce qu'on vous recommandera à une autre entreprise. Avant votre maladie, vous avez fait la preuve de vos compétences pendant bien des années, et on se souvient de vous et de ce que vous avez accompli.

Il n'est pas toujours facile de maintenir vos décisions, aussi bonnes soient-elles. Ainsi, affirmez-vous. Dans ce ciel de novembre, Mars est encore en Taureau et pousse certaines gens, qui n'ont pas d'ambitions ou n'ont pas le courage d'en avoir, à vous dire que vous perdez votre temps. Comme Saturne est en Lion en aspect difficile avec votre signe et avec Mars, il vous faut une bonne dose de résistance pour ne pas donner foi à ces personnes qui, sur un ton plein d'assurance, vous avisent que vous gaspillez votre temps et votre argent à vouloir « être mieux qu'eux»! Leur message est bel et bien une forme de peur d'être totalement dépassé par vous! Peut-être devriez-vous reconnaître que ces amis ne sont en réalité que des envieux paresseux!

Peut-être faites-vous partie de ces Scorpion dévoués à un parent malade et qui font tout ce qu'ils peuvent pour alléger la douleur du malade... Si vous soignez un parent très âgé, plus le mois avance et plus ses espoirs de retour à la santé s'amoindrissent. Il est inutile de s'étendre sur la question de la souffrance. Si vous n'êtes pas directement concerné par la maladie d'un proche, il est possible que vous appreniez qu'un très bon ami vient de perdre son père, sa mère... Vous savez, même si vous n'avez jamais vécu une telle perte, ce qu'elle représente pour celui qui devient orphelin. Quel que soit notre âge, perdre papa ou maman, c'est en quelque sorte se faire voler ses racines. On a beau savoir logiquement que cela survient dans la vie de chacun, la mort d'un de nos créateurs est touchante et troublante.

⫷ DÉCEMBRE 2005 ⫸

L'AMOUR

Nous voici au dernier mois de l'année, que chacun de nous espérons plus beau que tous les précédents! Il y a, parmi vous, des gens qui choisiront de partir en voyage pour la venue de la nouvelle année. Même si vous êtes à la dernière minute pour réserver vos places, vous serez chanceux à condition de faire vos demandes avant le 15. Après cette date, vous devrez payer très cher votre voyage ou il se sera produit un miracle!

Parmi vous, certains couples ont l'habitude de partir avec leurs enfants, mais voilà que, cette année, vous et l'autre avez besoin de proximité : vous voulez que ce voyage soit comme si c'était un autre voyage de noces! Pourquoi pas! Vous trouverez facilement un parent avec qui vous vous entendez bien, qui prendra soin de vos petits ou de vos grands comme s'ils étaient les siens. Vous organiserez, avec l'aide de ce parent, des vacances agréables pour votre progéniture.

En tant que célibataire, profitez des quatorze premiers jours du mois pour sortir parce que c'est durant ces jours que vous pourrez faire une rencontre fort intéressante. Si vous fréquentez des lieux où les célibataires peuvent se parler et faire une activité qu'ils partagent avec d'autres qui sont également libres, vous y rencontrerez la perle rare!

Si vous avez vécu une rupture au cours des mois précédents, il est possible que vous soyez en repos et que vous ne fassiez aucun effort pour rencontrer qui que ce soit. Vous vous préparez à passer les fêtes en toute tranquillité, et souvent en solitaire, afin de ne pas avoir à supporter les commentaires de ceux qui approuvent votre séparation et ceux qui la contestent. Si, toutefois, vous êtes parent de jeunes enfants, vous organiserez une petite fête avec eux. Si, au début du mois, les jours de congé et de visite sont parfaitement clairs et précis, ils pourraient être modifiés à l'approche de Noël et du jour de l'An.

Peut-être votre ex-partenaire veut-il expressément vous contrarier ou vit-il des événements qui l'obligent à réviser son calendrier? Ne le jugez pas. Ne le critiquez pas. Faites tout ce qui est en votre pouvoir pour rester calme, et s'il le faut changez à nouveau votre programme. Ne vous gâchez pas la vie en vous mettant en colère contre un fait auquel vous ne pourrez rien changer.

Parmi les gens de votre signe, libres et pleins de compassion, un bon nombre fera du bénévolat au cours de ce mois. Des Scorpion auront le désir d'être utiles et agréables à l'égard de leur prochain, moins choyé qu'eux. Pour plusieurs Scorpion, il s'agira d'une première expérience en tant que bénévole.

DANS L'ENSEMBLE DE VOTRE VIE

Au travail, si vous êtes employé d'une très grande entreprise qui au cours des dernières années a eu des problèmes administratifs et financiers, malheureusement, vos fêtes seront teintées par la peur de voir votre poste aboli ou de devoir travailler moins d'heures. Avec moins de revenus, et tout autant de factures à payer, les restrictions sont proches de la privation. Elles pourraient faire en sorte que vous perdiez votre qualité de vie. Si vous avez peu d'économies, vous savez que, si rien ne s'arrange dans la compagnie, vous serez obligé de vous trouver un autre emploi ou un second emploi pour joindre les deux bouts.

Si vous avez un poste de contrôle et si vous savez que vous y resterez, vous n'ignorez pas qu'au retour des fêtes vous devrez annoncer à vos employés qu'ils devront accepter que l'entreprise réduise ses dépenses. Vous devrez aviser vos employés de ne plus faire de gaspillage afin que les portes restent ouvertes. Si telle est votre mission, vous passerez beaucoup d'heures à préparer votre discours, de manière à le rendre buvable pour ces gens qui ont besoin de leur salaire pour vivre et pourvoir aux besoins de leurs enfants.

Bien des faits nouveaux se produisent depuis le début de novembre en ce qui concerne nos droits, nos impôts, nos taxes: nos gouvernements sont de plus en plus gourmands!

L'augmentation du coût de la vie est assez effrayante pour les couples avec des jeunes enfants, même s'ils jouissent de deux salaires. Ils ne gagnent souvent que ce qu'il faut pour vivre! Les médias ont beau essayer de nous distraire avec des nouvelles émissions dramatiques venant d'ailleurs, ce qui se passe chez nous est de première importance. Sous Jupiter en Scorpion et Saturne en Lion, les produits essentiels sont quasiment hors prix.

Si vous êtes ce type de Scorpion qui s'effondre plutôt que de se retrousser les manches, vous trouverez le mois de décembre bien difficile. Vous aurez l'impression que ça ne vaut plus le coup de se battre, que tout est perdu d'avance... Plus vous multiplierez les raisons de votre démission et plus vous en ajouterez. L'angoisse, ça vous connaît, mais vous avez aussi beaucoup de forces vitales. Vous êtes capable de renaître quand vous le voulez. Le Nœud Nord est toujours en Bélier dans le sixième signe du vôtre, et sa position indique que vous pouvez sortir avec brio de tous les pétrins que vous rencontrerez.

En cette fin d'année, si vous n'êtes pas heureux dans ce que vous faites, songez à ce que vous pouvez faire de plus et de mieux. Profitez des fêtes pour faire le point.

Ne perdez pas de vue que, maintenant et jusqu'en novembre 2006, vous êtes sous l'influence de Jupiter dans votre signe. Il passe sur votre territoire : son but est de l'élargir et non pas de vous freiner. Il faudra accepter que ce qui fut ne peut plus être! Regardez devant vous et ne vous complaisez pas dans les regrets et dans la tristesse.

Si vous avez une famille où l'on ne s'entend pas, alors que chacun est adulte, vous refuserez leurs invitations à ces repas où vous savez à l'avance qu'ils se termineront par des arguments et des colères. Vous inventerez des raisons pour ménager la susceptibilité de ceux qui vous invitent.

C'est une période des fêtes où il est possible qu'une personne que vous avez longuement fréquentée soit malade. Vous savez qu'elle est seule et vous lui donnerez, en ce mois de décembre, un maximum de temps tout simplement parce que vous êtes un être humain.

Si vous êtes un Scorpion qui se fâche à la moindre remarque, si vous avez la manie «de brasser» quand les choses ne font pas votre affaire, il faudra sérieusement vous parler de sagesse et en apprendre la définition, surtout à compter du 16 quand plusieurs planètes entreront en conflit. Si vous subissez carrément leurs influences négatives, vous risquez de faire de regrettables bêtises et d'inoubliables colères.

Protégez vos enfants des querelles familiales si vous pensez que c'est ce qui vous attend. Organisez des fêtes plus simples, plus intimes : restez entre gens qui s'aiment en cette fin d'année 2005.

LES ASCENDANTS

SCORPION ASCENDANT BÉLIER

Votre vie de couple sera une énorme interrogation au cours de 2005. Dans un cas, il est question de vivre avec l'amoureux, mais le doute subsiste; dans un autre, vous n'êtes plus heureux avec votre partenaire. Cependant, vous avez des enfants et des responsabilités que vous partagez avec lui et vous restez encore! Des intrigues à démêler dans votre milieu de travail. Une année qui vous invite à une réflexion avant toute action. Malgré des peurs, des déroulements plus positifs sont à prévoir, surtout en affaires.

SCORPION ASCENDANT TAUREAU

Le travail est une priorité. Un renouveau ou de la nouveauté dans le milieu professionnel où vous êtes impliqué est à prévoir. Si vous êtes célibataire, vous aurez un choix à faire entre deux flirts ou peut-être quitterez-vous quelqu'un que vous fréquentez depuis plusieurs mois parce que vous aurez découvert l'amour dans sa totalité. En juillet, certains d'entre vous reprendront un métier qu'ils avaient cessé de pratiquer: il y aura l'occasion et le salaire!

Il faudra vous accorder des périodes de repos pour éviter l'épuisement.

SCORPION ASCENDANT GÉMEAUX

Vous serez toujours aussi populaire, et même davantage dans votre milieu professionnel. Il est possible que vous y fassiez une nouvelle expérience qui sera tout aussi intéressante que bien rémunérée. De nombreux déplacements sont à prévoir, au cours desquels vous devrez être constamment prudent. L'amour fait des signaux au célibataire: vous ne pourrez pas les manquer.

Vers la fin de l'année 2005, il est possible que vous décidiez de vendre votre maison et d'en acheter une plus grande ou plus petite, selon vos besoins présents.

SCORPION ASCENDANT CANCER

En tant que double signe d'eau, vous serez touché par des conflits familiaux. Si ceux-ci ne sont pas les vôtres, conservez vos distances, protégez votre paix d'esprit et votre système nerveux. Si vous êtes un jeune amoureux, en couple, si vous n'avez pas encore d'enfant, votre partenaire et vous serez d'accord pour fonder votre famille. Il est possible qu'une personne que vous connaissez bien vous réfère à un emploi fort intéressant. Ne prêtez pas d'argent sans prendre des garanties et n'achetez pas trop à crédit!

SCORPION ASCENDANT LION

Si vous êtes confus sur le plan émotionnel, à la mi-juillet, vous retrouverez votre équilibre! Si votre passé fut difficile, vous ne l'avez pas oublié, mais il serait sage d'apprendre à vivre avec cela; de toute manière, vous ne le changerez pas. Un retour aux études est possible: certains termineront un cours ou iront parfaire une formation. Quelques-uns changeront carrément de métier! Vous découvrirez en vous une force que vous ne vous connaissiez pas. Si le savoir, c'est le pouvoir, il faut d'abord le vouloir.

SCORPION ASCENDANT VIERGE

C'est une année de transformations et vous procéderez étape par étape, dans un ordre presque parfait. Vous dérangerez la vie de personnes habituées à vous voir tel que vous êtes. Ces changements que vous ferez vous donneront de l'assurance. Décider de vivre plus heureux ne fait pas le bonheur de tout le monde! Étrange, mais vrai! C'est un peu comme si vous découvriez votre liberté, et cela, dans tous les secteurs de votre vie. Vous tomberez amoureux. Si vous avez le désir de monter une affaire, vous le ferez.

SCORPION ASCENDANT BALANCE

Vous prendrez une grande place dans le milieu dans lequel vous vivez. Vous n'accepterez pas d'être second, et c'est finement que vous serez premier. Si vous avez un talent artistique, vous le développerez. Si vous avez déjà fait vos preuves, vous serez populaire. Il faudra surveiller votre poids cette année: vous êtes en expansion à bien des égards. Le corps peut grossir si vous ne prenez garde à ce que vous mangez. Votre foie est vulnérable. Évitez les mauvais gras. Vous comblerez de nombreux désirs en 2005.

SCORPION ASCENDANT SCORPION

Êtes-vous du type à tout voir en noir? Il vous faudra suivre une thérapie si l'angoisse vous étreint constamment. Il serait sage de passer à l'action dès le début de l'année. La peur aux tripes ne tue pas: elle détruit votre dynamisme, et vos relations avec autrui deviennent difficiles, plus encore en ce qui concerne la vie amoureuse. Vous n'aurez aucun mal à vous frayer un chemin plus intéressant dans votre présent milieu de travail. Il est possible que vous ayez une promotion et que vous fassiez plus d'argent. Vous aurez beaucoup de pouvoir en 2005.

SCORPION ASCENDANT SAGITTAIRE

Vous êtes plus chanceux que la plupart des Scorpion. Vous avez le don d'être à la bonne place, au bon moment, et de tirer le meilleur parti de la situation qui se présente à vous. Et ça continue! Vous obtiendrez ce que vous désirez en 2005. Est-ce une promotion, une augmentation de salaire? Peut-être voulez-vous maintenant vivre l'amour tel que vous le rêvez depuis longtemps... C'est peut-être la seule chose que vous n'avez pas encore eue, et que vous aurez si vous êtes réceptif au bonheur et aux joies du cœur.

SCORPION ASCENDANT CAPRICORNE

Vous êtes sérieux! Vous ne vivez pas la vie au jour le jour, vous vous projetez dans le futur et vous imaginez l'avenir meilleur que votre présent. Pendant des années, vous avez vécu ainsi, mais en 2005, vous verrez clairement qu'il peut en être autrement. Si vos enfants ont grandi et que vous n'avez plus à être constamment à leurs côtés, vous déciderez de faire un grand retour à un métier, à un travail que vous aviez abandonné afin de consacrer plus de temps à vos enfants. Vous surprendrez l'amoureux et peut-être sera-t-il choqué que vous décidiez ceci sans le consulter! Un déménagement aura une énorme influence sur ce qui est à venir!

SCORPION ASCENDANT VERSEAU

En tant que double signe fixe, lorsque vous avez une idée en tête, vous allez jusqu'au bout! Vous consacrez votre vie à votre carrière et il arrive que vous négligiez votre vie intime, et parfois même vos enfants. L'année 2005 vient tout bousculer parce que sagesse et modération vous habitent. Vous aurez davantage le goût de vivre pour vous et de vous rapprocher de ceux que vous aimez. Nombreux sont les célibataires qui tomberont amoureux et qui se marieront, surtout s'il s'agit d'une deuxième union!

SCORPION ASCENDANT POISSONS

Que d'émotions! Au point où, très souvent, vous n'avez pas vécu pour vous; vous avez tout fait pour les autres, sans rien y gagner! L'année 2005, c'est la peur de devoir encore supporter les problèmes d'autrui, et ça vous fait bouger! C'est fini de prendre des responsabilités qui ne sont pas les vôtres. Plus que jamais, vous désirez vous impliquer socialement. Votre travail, surtout s'il est routinier, ne vous suffit pas. En 2005, vous oserez et vous réussirez ce que vous entreprendrez.

SAGITTAIRE

23 novembre au 21 décembre

———◇———

À ma belle-fille, Nathaly Lemieux: elle est trois fois maman! Le 4 août dernier, j'étais à peine cinquième fois grand-mère qu'elle parlait déjà d'avoir un autre bébé! Nathaly possède une source intarissable d'optimisme et une extraordinaire énergie.

À Robert Marleau, un ami de toujours, le Sagittaire le plus silencieux que je connaisse!

À mes amies, Suzanne Corbeil et Évelyne Abitbol, deux femmes qui se démarquent par leur implication sociale et leur rôle de guide dans des professions hors du commun.

À mes bons amis, des gens très spéciaux, des créateurs: Esther et Sylvain Casavant, un couple Sagittaire. Ce sont deux personnes remarquables par le bonheur qu'ils répandent autour d'eux.

À Miriam Therrien, notre amitié a un quart de siècle! Que de secrets, d'espoirs et de rêves nous partageons! Elle crée des bijoux. Chaque pièce est unique, et pour les occasions spéciales, j'en porte toujours un. Elle les conçoit et les fabrique avec un cœur plein d'amour. Aussi ses œuvres sont-elles si vibratoires qu'elles me portent chance. Je dis toujours à Miriam que tout ce qu'elle fait est comme une lampe d'Aladin! Il s'agit de toucher ces objets et de la frotter, et votre vœu va se réaliser.

———◇———

SOUS L'INFLUENCE DE JUPITER EN BALANCE

Jusqu'au 27 octobre, Jupiter est en Balance dans le onzième signe du vôtre. Cette onzième maison astrologique est uranienne et pleine de surprises! Les unes seront fort agréables. Il y aura aussi des désagréments. Une chose est bien claire: vous ne vous ennuierez pas en 2005!

Si Jupiter en Balance symbolise une montagne de changements en ce qui vous concerne, il ne faut pas perdre de vue que vous avez le libre choix, et en cas de mauvaises prévisions, vous n'êtes pas obligé de tomber dans le piège. Considérez-les comme étant des avis.

MARIAGE ET UNION LIBRE

Sous Jupiter en Balance, la vie de couple prend toute son importance. Ainsi positionné, Jupiter représente pour plusieurs le désir de passer de l'union libre au mariage officiel. Celui-ci convient à bien peu de Sagittaire, surtout si, dans votre thème de naissance, vous avez des planètes lourdes en Balance, ce qui est le cas de la majorité de mes lecteurs et lectrices. La génération des premiers *baby-boomers* avait Neptune en Vierge, ce qui présageait qu'ils se mariaient parce qu'il le fallait. Les *baby-boomers* suivants sont nés avec Neptune en Balance: il est alors question de mariage idéal, mais aussi de désillusion. Ceux qui ont Neptune en Balance avaient de grands rêves amoureux; ils ont cru qu'ils pouvaient atteindre la perfection dans leur vie à deux. Inconsciemment, ils ont voulu démontrer à leurs parents qu'ils pouvaient faire mieux qu'eux. Cependant, Neptune en Balance n'a plus fait la différence entre les partenaires. Neptune les moulait l'un à l'autre, et avant que les partenaires perdent leur identité propre, le Sagittaire, pour demeurer authentiquement lui-même, choisit le divorce. Les Sagittaire nés avec Neptune en Balance ont eu des enfants, dont plusieurs sont nés avec Uranus en Balance. Aussi, les Sagittaire ayant Uranus en Balance sont dans la trentaine, et Uranus en Balance a la manie de ne pas faire respecter les contrats ou de les déchirer. Aussi vaut-il mieux, pour le Sagittaire, opter pour l'union libre: ainsi, il n'a pas de papier à déchirer!

Le Sagittaire est un signe double: vous êtes régi par Jupiter, symbole du juge et de la justice appliquée sous toutes ses formes. Astrologiquement, le Sagittaire, c'est la représentation symbolique du second mariage. Sous Jupiter en Balance, vous serez nombreux à vouloir légaliser votre union, mais il y a un piège : peu d'années après avoir signé votre contrat de mariage, vous demanderez le divorce. Si vous avez une vie de couple et que vous êtes librement heureux avec votre partenaire, ne vous mariez pas! Parmi vous, il y a de rares exceptions qui échapperont au divorce!

SAGESSE OU SAVOIR UNIVERSITAIRE?

Jupiter, qui régit votre signe, est symbole du guide; votre mission est de conduire des gens vers une destination où ils seront heureux, où ils pourront se réaliser. Un Sagittaire est tel un accompagnateur : il fait le voyage avec des étudiants ou des touristes et il apprend à accepter ce qui différencie les gens les uns des autres. Il y a une énorme marge entre le savoir théorique et universitaire. De la théorie, le Sagittaire doit passer à la pratique, et celle-ci ne se réalise qu'au contact d'autrui. On ne change pas le monde parce qu'on sait des choses : on change le monde lorsqu'on diffuse ses connaissances. Dans la tête de nombreux Sagittaire, il y a ce désir de faire une différence.

LA PAIX OU LA GUERRE

En principe, le Sagittaire est celui qui aspire à la paix mondiale. Il veut, du même coup, abolir toutes les frontières afin que les hommes aient des droits égaux. Le Sagittaire est représenté comme étant mi-homme, mi-cheval. Quand il n'est que cheval, il n'a pas de cavalier et il s'emballe comme un animal sauvage. Celui-là ne fait pas la paix, il fait la guerre pour préserver son territoire. Celui-ci peut être sa famille, ses biens, un idéal politique qui ne tient compte que de lui. De cette façon, il oublie que tout est un. Son territoire peut aussi être une religion, une secte à l'intérieur de laquelle il s'enferme mais dont il prend souvent le contrôle en s'imposant comme pasteur ou comme gourou. Il veut que ce qu'il prend pour de la sagesse soit celle de tout le monde. Il arrive que le prêcheur Sagittaire ait un ego spirituel si gros qu'il en devient aveugle concernant les limites des autres et les peurs qu'il impose à ses disciples. Sa vision d'un monde plus vaste que le sien n'existe pas parce qu'il n'a pas encore découvert sa partie mi-homme, celui qui réfléchit, qui dompte le cheval fou qui est en lui. Sous Jupiter en Balance, le cheval sera dans l'obligation de se dompter. Des événements sur lesquels il n'a aucun contrôle ni pouvoir l'obligeront à une réflexion sur lui-même et aux conséquences de ses actes. S'il insiste pour courir sans trop savoir où il va, le Sagittaire sera arrêté. L'épreuve sera morale ou physique, tout dépend de l'ascendant.

Mais, pour chaque épreuve vécue en 2005, la chance de s'en sortir sera juste à côté. Si on dit qu'un malheur n'arrive jamais seul, dans le cas du Sagittaire, un malheur est suivi d'une joie, d'un bonheur. Le ciel est généreux envers lui, il multiplie les occasions de comprendre afin que le Sagittaire soit utile et bon envers autrui. Jupiter en Balance, c'est l'occasion d'apprendre que personne ne peut penser comme lui, que chacun est unique et qu'aucun de nous n'a, en réalité, à être traité comme un moins que rien. L'égalité sur cette planète a autant de formes qu'il y a de lois, lesquelles ne sont pas non plus les mêmes pour chaque pays. On ne peut classer un humain dans une seule catégorie. L'homme est un monde à lui seul.

Sous Jupiter en Balance, si vous avez un talent d'écrivain, si vous êtes un artiste, un journaliste, un artisan, si votre travail vous permet de côtoyer un tas de gens, si vous faites affaire avec les médias, ce que vous direz et ferez concernant la paix dans le monde aura d'importantes répercussions : vos mots et vos gestes feront «boule de neige»! Si Jupiter en Balance vous met en garde contre le cheval fou qui est en vous, il vous procure un magnétisme impressionnant, une puissance de diffusion dont il faudra prendre vitement conscience. Qui que vous soyez, peu importe ce que vous faites, ça ne passera pas inaperçu en 2005, surtout si vous êtes sur une scène, quelle que soit sa dimension!

AMIS OU ENNEMIS

Sous Jupiter dans le signe de la Balance, le onzième du vôtre, il y a ici une alliance entre vos amis et la personne qui partage votre vie intime. Par exemple, vous pourriez faire entrer tellement de gens nouveaux dans votre maison que votre vie de couple perdrait l'espace dont elle a besoin pour s'épanouir. Vous pourriez aussi laisser des amis vous dire quoi faire concernant votre union ou par rapport à un projet que vous avez l'intention de mettre en action. Vos conseillers ne vous connaissent pas, comment le pourraient-ils? Ils n'ont pas eu vos parents comme éducateurs, ils n'ont pas traversé vos épreuves, ils ne sont pas non plus psychologues. Ils ne savent pas non plus, au juste, ce qui vous motive lorsque vous décidez de suivre une direction plutôt qu'une autre. Conséquemment, ils pourraient vous induire en erreur. Il vous faudra chasser ces gens qui ne veulent surtout pas que vous changiez et encore moins que vous les dépassiez. Si votre but vous éloignait du leur, il est possible qu'ils doivent éventuellement se passer de votre présence et de vos services. S'ils ne peuvent le dire franchement, ils expriment leur peur de vous perdre en vous mettant en garde avec des phrases qui risquent de vous remplir de leurs propres peurs! Dans ce cas, le cheval fou, qui est aussi très instinctif, a raison de se rebiffer et de chasser ces gens qui, en fait, s'introduisent dans votre vie pour en prendre le contrôle.

Au cours de 2005, vous aurez l'occasion de vous faire beaucoup de nouveaux amis, dont certains seront des anges protecteurs. Ayez alors la sagesse du cheval mi-homme et reconnaissez-les.

Dans un monde bien terre à terre, vous sortirez davantage, vous aurez envie de plaisirs sains, de bonnes tables et de conversations intelligentes. Vous aurez envie de partager vos repas avec des personnes qui croient en vous parce qu'elles ont un but identique au vôtre. Le hasard faisant bien les choses, il vous mettra ici et là en relation avec des personnes aussi vibrantes que vous. C'est probablement au milieu de ces rencontres que vous croiserez l'homme ou la femme qui, d'abord, exercera une forte attraction physique sur vous ; au même moment ou presque, vous découvrirez que vous avez de nombreuses affinités.

Il est aussi possible que votre union batte de l'aile ou que vous ne soyez plus heureux dans celle-ci depuis longtemps... Il en faudra peu pour qu'on vous séduise et que vous «sautiez» sur l'occasion pour rompre. Vous sentir accepté et apprécié par quelqu'un d'autre ne signifie pas nécessairement le grand amour, mais il n'est pas impossible qu'une amitié qui tourne à l'amour devienne le coup de pouce dont vous avez besoin pour échapper à une vie de couple sans qualité!

SOUS SATURNE EN CANCER JUSQU'EN JUILLET

Lors du passage de Saturne en Cancer, si vous avez des parents âgés qui ne se portent pas bien, il est possible qu'une maladie grave se déclare et pendant un bon moment, il sera question que cette personne soit entre la vie et la mort. Cette période sera évidemment difficile à traverser, surtout s'il s'agit de votre mère ou de votre père, auquel vous êtes profondément attaché.

Saturne en Cancer peut aussi être l'indice d'une maladie pour un enfant, en l'occurrence le vôtre, et vous devrez vous dévouer pour passer à travers cette épreuve.

MAUVAISE FAMILLE...

Saturne en Cancer est dans le huitième signe du vôtre. Si vous avez une famille où rien ne va depuis toujours, une famille dont vous n'avez reçu ni amour, ni respect, ni attention, si votre famille ne fut que haine déguisée et cachée et si, jusqu'à présent, vous avez fait semblant que tout était «correct»: c'est terminé! Vous avez, par exemple, accepté un père irresponsable au point de l'encenser ou admiré une mère glaciale. Vous vous êtes persuadé qu'elle n'était qu'une pauvre victime et qu'il lui était impossible de vous protéger. Bref, si vous avez eu et avez encore une famille «nulle», vous ne pourrez passer à côté de la vérité quand on tentera encore d'abuser de votre bonté. Ce sera pire si l'on menace votre propre sécurité et celle de vos enfants. Saturne en Cancer interdit d'être généreux envers un parent au cœur manquant; ne nous leurrons pas, il y a, en ce monde, des pères et des mères qui ne méritaient pas un seul enfant. Quel que soit votre ascendant, rares sont les Sagittaire nés dans une famille heureuse et équilibrée. Malheureusement, la majorité a au moins un de leurs deux concepteurs qui n'a pas fait son devoir et qui vous a détruit à petit feu, à votre insu. Ce parent a l'art de s'imposer dès l'instant où il a besoin d'aide. Il vous soutire attention, argent, et pire, il réussit souvent à vous transformer en esclave! Les femmes sont plus susceptibles que les hommes de tomber dans ce panneau.

PLUTON EN SAGITTAIRE JUSQU'EN JANVIER 2008

Pluton a pour fonction de vous dévoiler ce que vous avez enfoui au-dedans et de réactiver des faits et des événements douloureux. Pluton vous met en face de la vérité. Ce qui fut sombre dans votre vie sera mis au jour, et et plus encore en 2005. Devez-vous vraiment remercier cette personne qui vous a fait souffrir moralement ou physiquement? Devez-vous la récompenser pour toutes ces angoisses auxquelles vous avez fait face au cours de votre vie? N'encouragez pas quelqu'un qui vous a lâché alors que vous aviez besoin de lui. Que diriez-vous de l'inviter à trouver son opposé, soit le courage... Peu importe l'âge que vous avez, la souffrance de celui qui vous a fait mal lui appartient: vous n'avez pas à l'endosser. C'est ce que Pluton vous suggère si vous faites face à ce type de situation.

CONCLUSION

Au fil des mois, vous suivrez ces possibilités: aller de l'avant ou reculer. Vous serez tenté d'agir en vous servant de divers événements inspirés par les positions planétaires du ciel de 2005.

◄◎ JANVIER 2005 ◎►

L'AMOUR

Jusqu'au 9, Vénus est dans votre signe, Mercure y est aussi jusqu'au 11. Mercure et Vénus sont à proximité de Pluton. Mars est également dans votre signe. De près et de loin, astrologiquement, Jupiter en Balance fait un bon aspect aux planètes en Sagittaire. Mercure, Vénus et Pluton, qui se tient tout près des deux premières, éclairent tant l'esprit que le cœur. L'amour prend toute sa dimension; l'amoureux et vous êtes plus proches, comme si un fluide télépathique circulait de l'un à l'autre : les âmes s'enlacent et dansent ensemble. Peu de gens peuvent ressentir ainsi les choses au-delà des formes! En général, on veut tout expliquer par la logique, mais il n'y en a pas dans l'amour !

Rien ne dure : les planètes bougent et vous aussi. L'extase n'est que de courte durée! Gardez ces instants magiques en mémoire, et lors de ces jours que vous considérerez comme gris, ces temps où vous serez contrarié, retournez en vous afin de revivre cette magie amoureuse du début de l'année 2005. Pourquoi ne pas écrire ces moments pourtant réels, vécus. Étant une nature ouverte, vous en parlerez avec votre amoureux, et vous serez surpris quand il vous dira qu'il a aussi l'impression de «décoller du sol», de s'envoler avec vous dans un monde où l'on ne peut être que parfaitement heureux.

Même les couples les plus amoureux et les plus attachés l'un à l'autre ne peuvent échapper aux réalités quotidiennes qui ne sont pas tous les jours comiques. À compter du 10, le retour au travail peut vous irriter. Le 21, vous ferez votre comptabilité, et dès lors, vous serez moins communicatif parce que trop pris par vos dépenses des fêtes. Vous craindrez un manque financier. Que cela ne mine pas votre couple, à deux, on s'en sort! Et puis, n'avez-vous pas été trop généreux envers certaines gens qui ne méritaient pas le moindre cadeau? N'est-ce pas une leçon à retenir? De toute manière, il est inutile de dramatiser. L'amoureux et vous avez des projets d'avenir : nombreux sont ceux qui sont en pleine transformation sur le plan professionnel. Que l'autre et vous ayez ou non le même objectif professionnel et matériel, soyez confiant et n'écoutez pas ces faux amis qui ne croient pas en vos rêves. Chassez aussi ce parent qui tente de s'infiltrer dans un projet que vous avez mis en marche et qui ne se concrétisera qu'avec l'amoureux. Tenez compte des avis concernant votre famille ou un parent qui se fie à vous et qui veut s'accaparer votre réussite alors qu'elle n'est pas totalement réalisée. À la fin du mois, le discours d'un membre de votre famille sera impressionnant, mais dites-vous que tout ce qu'on désire, c'est ce que vous possédez.

Il n'y a malheureusement pas que des Sagittaire amoureux. Peut-être avez-vous rencontré quelqu'un qui vous semblait plein de promesses de bonheur, mais voilà qu'il manifeste de l'agressivité à votre endroit. Son romantisme s'est évanoui dans la froidure de l'hiver... Maintenant que vous connaissez mieux cette personne, vous savez qu'elle a des problèmes qui ne sont pas près d'être réglés! Si cette relation n'en est qu'à son commencement, êtes-vous certain de vouloir continuer? Lorsque vous hésiterez à quitter celui qui a changé aussi rapidement, le prince devenu crapaud et non l'inverse, demandez-vous si vous avez vraiment envie d'être ce missionnaire sauveur de son âme... Vous êtes né de Jupiter, qui se donne pour mission d'être cette colonne de feu qui éclaire tous les hommes... Il y a des circonstances où Jupiter penche du côté de l'enfer... Aimer, ce n'est pas sauver un être qui ne veut même pas être sauvé!

En tant que célibataire, si vous avez vécu de nombreuses déceptions, à compter du 10, si votre signe mi-homme, mi-cheval n'est pas équilibré, vous aurez tendance à évaluer les gens que vous rencontrerez: que fait-il pour gagner sa vie? Votre intérêt pour une personne pourrait bien correspondre à sa valeur financière ou à son statut social. L'amour et le bonheur à deux sont plus complexes qu'une position!

DANS L'ENSEMBLE DE VOTRE VIE

Après les fêtes, c'est le retour au travail. En ce qui concerne votre poste, vous n'êtes pas menacé. Par contre, il sera parfois difficile de rester calme face à des collègues qui critiquent ou qui font des erreurs qui retombent sur vous et retardent vos échéances.

Mais peut-être vous envie-t-on? On aimerait être à votre place... Il est possible qu'une personne à qui vous faisiez confiance vous déçoive. Vous apprendrez qu'elle vous fait une réputation peu enviable: elle répand sur vous des ragots, même si rien n'est vrai. Le doute, aussi minime soit-il, subsiste et tout cela crée des tensions. Bien que vous réussissiez à remplir toutes vos tâches, vous le faites avec moins d'entrain qu'à l'accoutumée.

Il y a aussi, parmi vous, des Sagittaire qui travaillent dans le désordre et qui ne finissent pas ce qu'ils commencent. Si vous êtes à votre compte et que vous agissiez ainsi, en ce mois, votre négligence n'obtiendra pas de pardon. Ce n'est pas qu'un seul client qui sera insatisfait, mais plusieurs...

En tant que patron, il est possible que vous deviez embaucher des gens. Soyez très sélectif, surtout si vous possédez un commerce offrant divers produits. Il est important de vous assurer de l'honnêteté des nouveaux venus.

Dans la maison, un problème électrique survient. Il peut aussi s'agir d'un tuyau qui fuit. En tant qu'homme, peut-être vous direz-vous qu'en réparant vous-même ce bris, vous ferez une économie. Mais êtes-vous un expert? Attention, il est possible que vous ne répariez rien du tout et qu'au contraire vous aggraviez le problème! Chacun son métier!

Certains d'entre vous partiront en voyage: ils iront se gaver de soleil, faire le plein d'énergie pendant une ou deux semaines, pour ensuite mieux traverser notre hiver. Ils iront peut-être explorer un coin de ce monde qui les intrigue! Il est important que les voyageurs aient leur passeport et qu'ils s'assurent que celui-ci n'expire pas alors qu'ils sont à l'étranger! Un aspect un peu étrange apparaît sous ce ciel de janvier: si vous prenez quotidiennement des médicaments parce que vous en avez besoin pour vous soulager d'un mal ou parce qu'ils servent à entretenir votre condition générale, si vous allez dans un pays où l'on fouille tous les bagages, si vos médicaments ne sont pas clairement identifiés comme étant nécessaires à votre survie, vous risquez d'avoir des «troubles» aux douanes. Prévenez: prenez des informations à ce sujet car il est possible que, dans ce lieu exotique où vous irez, votre médication soit confondue avec de la drogue. À l'autre bout du monde, on ne vit pas comme ici! Qui sait si le jour de votre entrée dans ce pays, vous ne rencontrerez pas un de ces nouveaux douaniers zélés qui ne connaît rien ou presque aux médicaments prescrits!

À la fin du mois, un parent ou un ami qui traverse des difficultés voudra que vous l'hébergiez. Vous avez beau être généreux, demandez-lui pour combien de temps il a l'intention de bénéficier de votre gîte et de votre nourriture... Si vous avez des enfants assez grands pour se plaindre quand on envahit leur territoire et si votre invité est du genre à ne plus repartir, ce sont eux que vous pénaliserez. Sans vous en rendre compte, vous imposerez des restrictions à vos enfants, au point où eux-mêmes se demanderont où est leur place dans tout ça! Et si votre partenaire se plaint aussi, essayez de comprendre que vous donnez plus que vous ne le pouvez.

✒ FÉVRIER 2005 ✑

L'AMOUR

Il y a bien rarement des aspects parfaits dans le ciel! La vie parfaite n'existe pas, même pour les gens les plus choyés! Nous pouvons toutefois nous adapter: la majorité accepte les imperfections de la vie, et cette même majorité ne passe pas une journée sans se plaindre d'un manque, aussi quelconque soit-il! Même si naître Sagittaire symbolise être optimiste, Jupiter, qui régit votre signe, n'est jamais totalement comblé! Il lui en faut toujours plus. Et sous ce ciel, jusqu'au 18, le Soleil est en Verseau, en exil, dans le troisième signe du vôtre, ce qui délie votre langue! Vous pourriez dire à l'amoureux des mots qui dépassent votre pensée, surtout si «vous jugez» que l'autre n'en fait pas assez pour vous! Si vous prenez cette tangente, vous répéterez souvent que vous êtes le seul à tout faire dans la maison! Vous additionnerez vos bons coups, mais vous omettrez de faire la liste des attentions que l'amoureux aura pour vous. Si vous agissez ainsi, demandez-vous s'il ne vous faut pas des affrontements pour vous sentir vivant et important...

Il est parfaitement logique de concevoir qu'un couple se réajuste; que vous le vouliez ou non, c'est chaque jour que vous participez ou êtes témoin des transformations qui se produisent dans votre vie à deux. L'essentiel est de ne pas perdre l'amour de vue. Si vous êtes profondément amoureux de votre partenaire, pourquoi ne le lui diriez-vous pas plus souvent? Sous votre signe, il arrive que vous manifestiez votre affection d'une manière si particulière que votre partenaire n'a pas très bien saisi vos propos. Voici comment, très souvent, un Sagittaire manifeste son attachement à l'autre. Vous avez des projets et vous incluez votre partenaire: ensemble, vous ferez ceci, puis cela. Vous l'impliquez dans vos rêves, vos idéaux, mais lui avez-vous demandé quels étaient véritablement les siens? Vous lui imposez votre manière de vivre et de voir le présent tout autant que le futur. Il arrive aussi que vous soyez victime de votre force! En tant que neuvième signe du zodiaque, votre magnétisme est puissant, vous êtes aussi un être persuasif à qui on a bien du mal à dire non parce que vous avez toujours les bons arguments et que vous ne lâchez pas quand vous avez une idée en tête! Mais vous n'avez pas toujours conscience du fait que vous agissez ainsi. Vous faites de votre mieux. Cependant, vous n'avez pas beaucoup le sens de l'observation quant aux émotions de votre partenaire. Si, pendant longtemps, vous pouvez dominer les huit signes qui vous précèdent, ces huit signes, un jour, voient qu'ils n'ont rien décidé ou presque et ils se fâchent. Ces huit signes que vous pouvez contrôler sont les Bélier, Taureau, Gémeaux, Cancer, Lion, Vierge, Balance et Scorpion. Si vous vivez avec un de ces derniers, dites-vous qu'au départ, ils ont adoré votre énergie, mais celle-ci peut aussi devenir envahissante. Si Jupiter, qui régit votre signe, est une colonne de feu qui éclaire les hommes, votre colonne de feu dégage aussi de la fumée et elle peut étouffer les autres! Il est important que vous preniez conscience de votre puissance et que vous donniez le droit à votre amoureux de vous dire ce qui lui plaît et déplaît chez vous. En ce mois de février, si vous vivez en couple depuis plusieurs années, vous vous demanderez qui a le contrôle. Le ciel de février n'est pas un présage de rupture, mais il invite à des conversations autres que: qu'est-ce qu'on fait? C'est maintenant: «qu'est-ce qu'on est individuellement et ensemble?»

En tant que célibataire, vous ne passez pas inaperçu. De plus, si quelqu'un vous plaît «de loin» et que vous ne le connaissez pas, vous avez l'art d'entrer en conversation avec cette personne et subtilement de vous informer si elle est libre ou non. Les Sagittaire timides sont des exceptions. La plupart d'entre vous ne craignez nullement d'approcher autrui. Vous avez appris cela très jeune, généralement d'un de vos parents.

DANS L'ENSEMBLE DE VOTRE VIE

Si vous êtes à votre compte, il est possible qu'un compétiteur vous offre de reprendre sa clientèle parce qu'il abandonne le métier qu'il exerce! Vous serez surpris car il s'agit là, pour vous, d'une éventuelle importante augmentation de vos profits. Étant donné l'ampleur que prendra votre affaire, vous songerez à embaucher du personnel, mais n'allez pas trop vite. Prenez les choses une à une et, si à la fin du mois vous vous rendez compte que vous travaillez 12 heures par jour et que vous faites encore attendre des clients, sans doute sera-t-il nécessaire d'avoir de l'aide. Vous n'aurez aucun mal à trouver des employés, surtout si vous faites des rénovations ou divers travaux manuels dont le but est de réparer ce qui est brisé. Avec le temps qui passe et l'économie actuelle, les gens cesseront de gaspiller, comme le fait de se débarrasser d'un appareil électrique à peine défectueux pour en acheter tout de suite un neuf. Maintenant, une majorité fera réparer ce qui cassera! Quel que soit le domaine dans lequel vous vous êtes spécialisé, quoi que vous répariez, rénoviez, transformiez, vous aurez besoin de toute votre énergie pour remplir les demandes.

Dans un autre ordre professionnel, peut-être que vous devrez apprendre à utiliser un ordinateur extrêmement sophistiqué. Il est même possible que cette machine remplace un de vos collègues. Si vous travaillez dans le domaine des communications et que vous ayez postulé un emploi, au milieu du mois, vous recevrez une bonne nouvelle.

Si votre travail vous oblige à de nombreux déplacements parce que vous êtes dans la vente, ne pensez surtout pas à ralentir en ce mois. On aura besoin de vos produits, et sans doute irez-vous plus loin qu'à l'accoutumée. Votre territoire s'élargit, votre réputation s'étend grâce aux bons services que vous avez donnés à tous vos acheteurs.

Vous aurez l'occasion de protéger un enfant: ce sera celui d'un voisin, d'un ami que vous pensiez connaître, d'un parent que vous avez, par ailleurs, toujours trouvé étrange. Dès l'instant où vous vous apercevrez que cet enfant est maltraité, n'hésitez pas à porter plainte. Vous éviterez qu'un malheur plus grand ne se produise.

En tant que parent d'enfants qui ont l'âge de quitter le nid familial, il est possible que vous tentiez de les retenir, surtout si vous avez développé une dépendance par rapport à eux. Par exemple, ils vous aident financièrement, physiquement, ils sont là pour vous rendre service quand vous leur demandez. En ce mois, certains d'entre vous doivent réaliser qu'il est temps de se défaire de leur rôle parental; ce sont plus souvent les femmes que les hommes qui retiennent leurs enfants, surtout quand elles n'ont pas d'amoureux!

Si vous êtes jeune et que vous venez de terminer vos études, si vous cherchez un emploi depuis quelques mois à peine, durant la dernière semaine de février, un parent ou un ami de la famille pourrait vous permettre d'occuper un poste convenant à vos compétences fraîchement acquises!

En tant que parent de très jeunes enfants, vos petits ne sont pas sages comme des images et le seront encore moins à compter du 19. Il est possible que vous ayez envie de tout changer de place à compter de cette dernière date. Cela aura pour effet de rendre vos petits insécures: ils se demanderont pourquoi vous déplacez leurs objets personnels et leurs jouets! À compter du 19, vous serez aussi beaucoup moins patient que vous ne l'êtes habituellement. N'y a-t-il pas un membre de votre famille qui, sans cesse, vous demande de lui rendre service alors que vous êtes déjà débordé? Ne veut-on pas vous emprunter de l'argent alors que vous n'avez même pas ce qu'il faut pour vivre? Avec l'entrée du Soleil en Poissons, il survient des problèmes extérieurs à vos propres enfants, et malheureusement, si vous ne vous décidez pas à sortir des intrus de votre maison, ce sont vos petits qui devront supporter votre nervosité.

◖ MARS 2005 ◗

L'AMOUR

Jusqu'au 22, Vénus est en Poissons dans le quatrième signe du vôtre et fait un aspect difficile à votre signe ainsi qu'à Pluton en Sagittaire. Il est possible que votre partenaire et vous soyez en désaccord: cela peut commencer par une simple dépense que vous jugez comme étant du gaspillage ou que l'on vous reproche. Mais cette raison peut conduire à des reproches que vous vous ferez l'un à l'autre, comme de ne pas aimer ou n'être pas aimé comme avant... Mais avant quoi... C'est ce qu'il faudra identifier... Quand avez-vous cessé de vous sentir proche de votre partenaire? Quand vous êtes-vous éloigné l'un de l'autre? Si telle est votre situation, il est urgent de vous donner des réponses honnêtes l'un à l'autre. Si, par exemple, vous avez de jeunes enfants et qu'ils assistent à des querelles, songez aux torts que vous leur faites et sachez que la plupart des enfants s'accusent et se culpabilisent quand leurs parents se disputent. En réalité, rien n'est caché aux enfants: ils ressentent tout ce que vivent leurs parents. Aussi vaut-il mieux clarifier intelligemment une situation conflictuelle, et si possible en discuter entre adultes de manière civilisée!

Si vous avez fait une rencontre le mois dernier ou avant, voilà que, sous la pression de Vénus et d'Uranus en Poissons, vous doutez, vous craignez l'engagement. Mais il est aussi possible qu'avec les semaines, vous ayez découvert que votre nouvel amoureux avait des défauts avec lesquels il vous est impossible de vivre. Mais l'inverse peut aussi se produire : peut-être est-ce de vous qu'on se lassera... Si, au départ, vous êtes un romantique et que, peu après, vous deveniez familier, si, très vite, vous considérez l'autre comme un acquis, il y a peu de chance que l'on supporte votre attitude. Par ailleurs, qui aurait envie de vivre avec un dictateur ?

Si vous êtes follement amoureux, si vous avez toujours le même respect pour votre partenaire, advenant un échange de mots et d'arguments entre vous, ça ne sera pas la guerre. Vous exprimerez vos désaccords et vos déceptions, vous écouterez l'autre en faire autant, et tous deux, vous songerez à ces petits changements qu'il est nécessaire de faire pour continuer ensemble dans la joie. En tant que neuvième signe du zodiaque, le symbole de celui qui doit atteindre la sagesse, si vous tenez à la paix et à l'amour, après cette conversation, vous agirez de manière à ne plus déplaire à votre conjoint mais sans faire abstraction de vos désirs, de vos besoins et de votre authenticité.

À compter du 23, Vénus est en Bélier : astrologiquement, cette planète est en exil dans ce signe. C'est un peu comme s'il fallait apprendre la langue de l'amour ou qu'on ne savait plus trop comment exprimer ses beaux sentiments. Mais puisque cette planète est en bon aspect avec votre signe, vous apprendrez très vite. Si, auparavant, vous ne saviez pas trop comment exprimer vos beaux sentiments, cette fois, vous le ferez sans détour.

DANS L'ENSEMBLE DE VOTRE VIE

Entre le 1er et le 13, il est important que vous fassiez de justes calculs, et si possible quelques économies. Au cours de ce mois, vous pourriez être dans l'obligation de faire réparer votre maison ou votre voiture ou peut-être bien d'acheter un appareil comme une laveuse ou une sécheuse, ou encore un autre appareil indispensable du même type !

C'est un mois où de nombreux parents prennent congé afin d'être auprès de leurs enfants. Les garderies et les gardiennes sont en vacances ! Il n'est pas toujours facile de trouver un remplaçant. S'il vous est impossible de quitter votre travail, puisque tout s'arrange toujours, sans doute qu'un parent se rendra disponible.

Le 6, Mercure entre en Bélier : il est le cinquième signe du vôtre et favorise grandement les artistes. L'inspiration surgira soudainement et il faudra profiter de ces instants, qui sont généralement courts, pour mettre ces idées sur papier, sur une toile, etc.

Si vous êtes à la recherche d'un emploi, Mercure, qui est symboliquement le messager des dieux, vous guide vers ce travail qui vous conviendra comme un gant. Il est encore possible que vous obteniez ce travail grâce à un ami qui connaît vos capacités et qui n'hésite pas à vous recommander. D'autres, parmi vous, développent une entreprise avec leur conjoint. Mais, dans un tel cas, il est possible qu'il y ait quelques discussions quant à la façon d'exploiter le commerce que vous mettez sur pied.

Il y a, parmi vous, des travailleurs qui devront s'adapter et se rendre à leur travail dans un autre lieu que celui où ils avaient l'habitude d'aller. L'entreprise a déménagé. Si, pour les uns, il s'agit de se rapprocher de leur résidence, d'autres devront partir très tôt, car l'entreprise s'est installée bien loin de leur habitation.

Mars est en Capricorne jusqu'au 20 et fait face à Saturne en Cancer. Il faut prendre davantage soin de vous. Vous avez la manie de dépenser une grande quantité d'énergie dès que vous avez un intérêt quelconque pour un travail parce que vous réalisez un idéal. Quelle que soit la tâche que vous faites, ce n'est pas à demi. Par contre, votre organisme finit par avoir moins de résistance. Trop souvent, vous faites comme si vous n'entendiez pas les signaux corporels vous invitant à vous relaxer.

Si, par exemple, vous pratiquez un sport à l'excès parce que vous êtes compétitif, un léger accident peut vous obliger à ralentir. Une grippe peut aussi servir d'avertissement et faire en sorte que vous vous mettiez au lit plus tôt le soir.

Si vous faites partie de ces gens qui ont des problèmes au dos et aux genoux, lorsque vous vous déplacez, ne serait-ce que de vous rendre de la maison à votre voiture, ne courez pas, marchez. Vous avez beau lutter contre des douleurs dorsales, elles sont toujours là, que vous le vouliez ou non. Vous êtes moins attentif à ce que vous faites et moins solide que vous ne le voudriez. En conséquence, vous êtes plus gauche : vous pourriez tomber et vous blesser. Vos jambes et vos hanches sont vulnérables et une cassure serait un mal qui, cette fois, vous conduirait droit à l'hôpital. Ne supportez donc pas vos maux en espérant qu'ils disparaissent comme par magie, surtout s'ils ne vous quittent jamais ou presque. Voyez un médecin, et si vous refusez, ce que souvent les hommes de votre signe font, consultez quelques ouvrages sur l'alimentation naturelle et sur l'homéopathie. Vous trouverez ce qu'il faut faire pour vous soulager ou peut-être trouverez-vous la recette vous permettant de guérir.

Si vous faites partie de ceux qui ont un surplus de poids et qui, constamment, font des régimes, plutôt que de croire en un vendeur de «pilules» qui vous promet une chute de kilos en un rien de temps, ayez la sagesse de vérifier ce qu'on vous propose. Et si, déjà, vous prenez des médicaments prescrits, demandez à votre médecin ou à votre pharmacien de vous informer sur les effets de la prise de ces comprimés miracles.

✎ AVRIL 2005 ✐

L'AMOUR

Jusqu'au 15, Vénus est en Bélier, puis elle passe en Taureau dans le sixième signe du vôtre. En tant que célibataire, vous attirerez et serez attiré par une personne ayant une grande différence d'âge avec vous. Qu'importe! L'amour ne compte pas les années. Mars est en Verseau dans le troisième signe du vôtre; il vous donne le goût de vous mêler aux foules. Si vous êtes dans la foule, dans un magasin, vous serez plus patient qu'à l'accoutumée. Par exemple, en file, lorsque vous attendrez pour passer à une caisse, vous vous mettrez à causer avec une personne qui, comme vous, patiente... Vous vous sourirez et entreprendrez une conversation. Il suffit d'une vingtaine de minutes au maximum pour savoir si quelqu'un vous plaît et si vous lui plaisez. Sous votre signe, en tant que personne libre, vous espérez l'amour! En ce mois, il se manifeste au milieu d'une foule ou dans cette ligne d'attente. Essayez d'imaginer ces lieux où les gens se rendent et où, en général, ils sont en masse! Quelque part, une personne compatible avec vous s'y trouve. L'autre possibilité est un endroit où vous irez écouter de la musique ou danser. Ce sera sans doute cette journée où vous souhaiterez échapper à votre routine. Vous n'en pouvez plus de regarder vos murs. Un brin découragé, sans avoir souhaité quoi que ce soit de particulier, peut-être même sans espoir d'aucune sorte, si ce n'est que d'échapper à la morosité de votre solitude, détaché et convaincu que rien de plus ne vous attend, Cupidon, évidemment très en retard, vous lancera une flèche bien spéciale et en plein cœur : non pas pour le blesser, mais plutôt pour le faire palpiter ! Logiquement, peut-être vous répétez-vous que c'en est fini de l'amour. Par contre, votre instinct, tout autant que votre intuition, est à l'œuvre. Ce sont eux qui vous chassent de votre maison afin que vous croisiez l'autre : quelqu'un à qui plaire et qui vous plaira énormément.

Si vous avez une vie de couple et que vous êtes affairé, enfants, travail, obligations diverses, en ce mois, votre partenaire insistera afin que vous délaissiez quelques-unes de vos tâches et que vous vous consacriez plus de temps l'un à l'autre avant que l'éloignement devienne un fossé, avant qu'un océan vous sépare. Ne résistez pas à l'invitation, faites tout ce qui est en votre pouvoir pour déléguer vos tâches à une personne fiable ; si vous cherchez, vous trouverez. Il n'y a pas plus débrouillard qu'un Sagittaire qui décide et qui veut !

On ne peut se cacher que certains couples sont « au bout du rouleau ». En tant que Sagittaire, vous avez fait le maximum pour séduire votre partenaire, lui faire plaisir ; comme on le dit souvent chez nous, « vous avez donné », mais rien n'a réussi ; votre partenaire s'est détourné de vous et s'éloigne de plus en plus. Ce dernier a des tonnes de raisons de s'éloigner de la maison : il travaille tard, et aussi souvent qu'il le peut, il fait des heures supplémentaires. L'autre ne porte même plus attention aux enfants et vous répète fréquemment que vous n'en faites pas assez pour eux... Si telle est votre situation, elle est dramatique, surtout si on se sert des enfants pour vous punir d'être ce que vous êtes, et vous démontrer qu'on ne tient ni à vous ni à ces enfants qui sont une part de vous ! Il ne faut pas chercher à qui la faute si vous en êtes arrivé là ! Une vie amoureuse est faite de compatibilités et d'incompatibilités, et si ces dernières l'emportent, probablement n'avez-vous d'autre choix que de choisir la paix à la guerre.

Il y aussi, parmi vous, des Sagittaire séparés de leur partenaire depuis des années et qui se partagent la garde de leurs enfants. En ce mois d'avril, certains d'entre vous refuseront de voir leurs petits : ils auront plusieurs raisons d'agir ainsi. Quelles que soient les raisons, dites-vous que pénaliser vos chérubins, c'est d'abord les blesser, mais c'est aussi leur créer un sentiment d'abandon qu'ils risquent de traîner avec eux toute une vie durant. Et si vous êtes celui qui empêche ses enfants de voir l'autre parent parce que vous êtes en colère contre lui, sachez que vous commettez là une grave erreur, à moins que votre ex-partenaire ne soit violent, prenne des drogues, se saoule, etc. alors qu'il est en compagnie de vos jeunes.

DANS L'ENSEMBLE DE VOTRE VIE

Si vous êtes un créateur, un artiste, vous êtes génial et vous n'aurez aucune hésitation à vous mettre à l'œuvre ni aucun mal à présenter et à vendre votre idée, ainsi que tout ce qui se nomme innovation. Vous faites un pas en direction de l'objectif : un miracle ou presque se produit. Vous rencontrez une personne influente qui tombe amoureux avec votre art et qui vous ouvre ces portes d'accès vous conduisant à ce tremplin qui n'est accessible qu'à ceux qui ont un grand talent !

Le 16, avec l'entrée de Vénus en Taureau, si vous faites partie de ceux qui travaillent à un projet depuis plusieurs mois dans l'espoir de quitter un emploi routinier, lequel vous a permis de vous nourrir, de vous habiller, de vous loger et de payer vos comptes, sachez que la chance passe. Un hasard de la vie vous mettra en relation avec une personne intéressée à votre objectif. Vous avez été nombreux à tout faire pour devenir un travailleur autonome. Vous désiriez posséder votre propre entreprise, mais vous n'aviez pas suffisamment d'argent pour vous «installer» : une personne croira en vous. Il sera question d'association. Vous et votre protecteur, vous pourrez d'abord récupérer votre investissement pour ensuite faire des profits. Le temps est favorable à l'entreprise en ce qui vous concerne.

Si vous êtes satisfait à l'emploi que vous occupez, tout ira très bien, sauf durant la dernière semaine du mois : un collègue envieux ou tout simplement de mauvaise humeur vous rendra la vie impossible ou presque. Mais attention, vous-même, à compter du 24, serez susceptible et pourriez confondre banalités et critiques.

La famille est représentée par le signe du Cancer. Saturne est dans ce signe, le huitième du vôtre. C'est un monde de destruction ou de transformation. Entre le 5 et le 16, tenez-vous loin d'un parent envahissant qui n'aime pas que vous ne soyez pas comme lui! Même dans ce que l'on peut nommer une bonne famille, il y en a souvent un qui ne sait pas ce que signifie «se mêler de ses affaires», surtout si l'on croit tout savoir alors que dans les faits, on n'a derrière soi aucun succès, peu ou pas d'idéal et surtout pas de progéniture.

Si vous avez des enfants et qu'un membre de votre famille, qui n'en a pas, vous conseille au sujet de l'éducation des vôtres, redressez-vous, et sans aucune gêne, montrez-lui la porte. Mais ce parent peut aussi avoir des enfants et être dépassé par les problèmes qu'il a avec eux: ayez la réaction précédemment décrite et chassez-le. Il voit «la paille que vous avez dans les yeux, mais il ignore la poutre qu'il a dans les siens». Cette fois, cette phrase, bien que biblique, s'applique!

◖ MAI 2005 ◗

L'AMOUR

Jusqu'au 10, Vénus est en Taureau dans le sixième signe du vôtre et présage une rencontre dans votre milieu de travail. Que vous soyez ou non célibataire, vous n'empêcherez pas un collègue de faire le joli cœur afin de séduire le vôtre. Si vous êtes un type fidèle, sans doute réagirez-vous par la négative lorsqu'on vous offrira de prendre un café ou un verre quelconque après le boulot! Mais certains d'entre vous ne résisteront pas et seront curieux de savoir pourquoi ils plaisent... Vous êtes Sagittaire, mi-homme, mi-cheval: vous êtes énergique, de bonne humeur, plein d'entrain. Il y a en vous quelque chose qui plaît sans que vous ayez à faire du charme. Généralement, on aime votre liberté et ces audaces que vous avez face au patron, ainsi que ces décisions que vous prenez sans l'accord de l'autorité. La personne qui invite a peut-être l'intention de connaître le secret de cette fougue qui vous anime jour après jour! Si vous avez déjà une vie de couple et qu'elle vous rend heureux, ne vous jetez pas tête première dans un tas de complications en acceptant que ce «joli cœur» essaie de vous convaincre d'aller plus loin avec lui. Croyez-vous pouvoir lui dire que vous avez un partenaire avec lequel vous êtes heureux et que vous n'avez nullement besoin d'une aventure? Attention, ce séducteur pourrait être plus persuasif qu'il n'y paraît! Si ce dernier n'a rien à perdre dans une liaison clandestine, vous qui êtes déjà comblé, prendrez-vous le risque de briser cette union que vous avez mis tant de temps à bâtir?

Sous votre signe, bon nombre de personnes croient qu'on ne les aime pas ou qu'il est impossible qu'on puisse s'attacher à elles. Le Sagittaire croit que son partenaire a la ferme intention de le changer! Cela cache un trait fort, lié à votre nature: votre désir de préserver votre liberté, d'aller où bon vous semble, sans qu'on vous pose la moindre question. Vous détestez subir un interrogatoire, même banal! En guise d'exemple: vous devez vous rendre dans un magasin quelconque, rien n'est moins certain que vous arriviez là où vous devez aller! En cours de route, vous pourriez fort bien songer à cette autre épicerie qui vous revient en mémoire et où l'on y vend des aliments fins, différents de ce que vous consommez habituellement. Puis vous rentrez à la maison avec bien d'autres mets que ceux que vous étiez censé acheter... Quand il en est ainsi, vous provoquez des réactions chez votre partenaire: il peut être en colère, vous bouder, etc. Vous êtes rentré plus tard que prévu, et dans vos sacs, il n'y a pas la moitié de ce dont le partenaire a besoin pour cuisiner! Il suffit que ce genre d'événement se répète pour que vous souleviez la suspicion de l'autre. Ce sera des: «Où es-tu réellement allé, pourquoi ne pas avoir rapporté ce que je désirais, pourquoi était-ce aussi long, etc.» Vous ne supportez pas que votre liberté soit surveillée! Si l'exemple précédent vous semble banal, il ne l'est pas tant que ça quand une telle situation devient répétitive! Et ce qui vous passe à l'esprit, c'est souvent: on ne m'aime pas puisqu'on n'apprécie pas mes attentions spéciales! Un Sagittaire est toujours persuadé de faire de son mieux! Aussi, quand il subit quelques reproches, ne serait-ce que pour ne pas être allé là où il devait faire l'épicerie et avoir pris trop de temps, il se voit déjà rejeté, et avant que son partenaire passe à l'action, le Sagittaire provoquera lui-même la rupture.

Le 11, Vénus entre en Gémeaux dans le septième signe du vôtre. Vénus aime les détails! En termes moins gracieux, elle «chiale»! Vénus en Gémeaux fait la tête à Mars et à Uranus en Poissons. Si, par exemple, à la maison, vous avez l'impression d'être celui qui fait tout, vous ne serez guère patient avec votre partenaire; vous irez même jusqu'à l'accuser de ne rien faire, d'être semblable à une potiche, à un bibelot, etc. Attention: vous pourriez dire des mots qui dépassent votre pensée, et le pire serait de les prononcer alors qu'un ami vous rend visite. Dans les faits, vous serez centré sur vos besoins et sur ceux qu'il ne vous est pas possible de combler pour l'instant. Ainsi, vous considérerez ce qui n'est pas rangé, le lavage qui n'a pas été fait, les travaux que vous désirez faire. Vous direz que vous n'avez pas le temps d'y voir alors qu'en réalité, vous n'avez trouvé personne pour rénover ou transformer une pièce de la maison. Si vous ne le faites pas vous-même, ces travaux requiè- rent les services d'un expert. Vénus en Gémeaux n'est pas un petit ange quand elle fait face à votre signe : elle vous met à l'épreuve. Aimer, quoi qu'il se passe !

Mais peut-être faites-vous partie de ceux qui sont en lune de miel et qui tiennent à ce qu'elle se poursuive. Il y a, parmi vous, des Sagittaire extraordinairement romantiques. Ces der- niers puisent leur énergie dans la pureté de leur amour pour leur partenaire. Si le Sagittaire aime sa liberté, celui qui a trouvé son équilibre respecte celle de son partenaire et n'est jamais inquiet quand l'autre s'absente... Même quand c'est plus long que prévu... Ce sera certainement pour lui revenir plus amoureux qu'avant. Pour ces amants transis et vibrants, pour ces amou- reux capables d'accepter la totalité de leur partenaire, Vénus en Gémeaux, à compter du 11, n'est pas dérangeante : bien au contraire, elle crée des occasions de faire les choses différem- ment en s'interrogeant sur ce que l'amoureux préfère !

En tant que célibataire à la recherche d'un autre célibataire, le but étant d'aimer et d'être aimé, sous Vénus en Gémeaux, une rencontre aura lieu. Mars et Uranus en Poissons vous conseillent de ne pas déclarer votre amour ni à la première ni à la seconde sortie ! Donnez-vous le temps de mieux connaître cette per- sonne qui vous plaît autant. Il est possible qu'elle ne soit pas aussi libre que vous, et pire encore, qu'elle soit engagée ailleurs ! Et vous êtes son prix de consolation parce que son union est instable.

D'autres, parmi vous, amoureux depuis des mois ou des années, ont déjà décidé il y a quelque temps de se marier ! Quand il s'agit d'une deuxième union où, après une longue fré- quentation, chacun s'est tout dit ou presque, l'union officielle ne représente aucun problème ! L'événement le plus énervant, mais très excitant aussi, sera le déménagement, alors que tous deux, vous vivrez désormais sur le même territoire !

DANS L'ENSEMBLE DE VOTRE VIE

En tant que travailleur autonome, durant les 10 premiers jours du mois, un contrat qu'il faut remplir à pleine vapeur vous don- nera l'impression d'être en prison, surtout si vous travaillez de chez vous. Mais ne vous en faites pas, vous tiendrez parole et terminerez ce contrat à temps. Si, toutefois, il s'agissait d'un travail manuel et que vous utilisiez des outils tranchants et électriques, assurez-vous de leur bon fonctionnement: un maximum de prudence s'impose. Un accident bête peut survenir advenant un défaut de l'outillage et vous seriez alors dans l'obligation de courir afin de vous en procurer un qui soit en parfait état. La commande sera remplie, sauf que vous serez épuisé parce qu'à cause du bris, vous aurez fait des heures supplémentaires.

Si vous faites partie de ces Sagittaire qui n'ont aucun problème financier, qui n'en auront pratiquement jamais parce qu'il y a quelques années ils ont fait un énorme coup d'argent, si vous êtes du type généreux, vous ne manquerez pas de choyer ceux que vous aimez, à un point tel que ces personnes, qui sont généralement l'amoureux, vos proches, vos enfants, rougiront de plaisir en recevant votre cadeau! Vous donnerez ce que jamais on n'espérait posséder!

Si les Sagittaire généreux existent, ils ne sont pas nombreux! Au fil des décennies qui se sont écoulées, la majorité des Sagittaire que j'ai rencontré n'en avaient que l'apparence. Aussi riches soient-ils, ce sont eux, d'abord! Quand ces derniers donnent, c'est par esprit de calcul parce qu'ils savent que, d'une manière ou d'une autre, ils se feront rembourser. Ces Sagittaire, dont l'esprit n'est qu'une longue suite de calculs mathématiques, de placements et d'additions, auront une leçon à apprendre. Ce type de Sagittaire est reconnaissable à ses allures d'enfant gâté. Il en veut encore plus que ce qu'il ne possède déjà. Mais en ce mois de mai, il commettra une erreur lors d'une transaction. Il rencontrera quelqu'un de plus habile que lui. Et si ce Sagittaire pingre avait omis volontairement de faire, pendant plusieurs années, ses déclarations d'impôts comme il se doit, s'il n'avait pas payé ses dus, après qu'on aura vérifié ses avoirs, on l'obligera à rembourser ce que, de toute manière, il doit depuis longtemps. Cette fois, il sera difficile d'en arriver à des arrangements! Le Sagittaire qui a triché saura ce qu'on ressent quand on est cambriolé. Je ne souhaite aucune punition pour le vilain Sagittaire; en tant que neuvième signe du zodiaque, sa conscience lui tient constamment un discours sur ce qui est honnête. Le bonheur du matérialiste n'est jamais complet, pas même une seconde. Son plaisir est teinté de peur: on pourrait lui voler ses biens! Quand il a une vie de couple, le Sagittaire finit souvent par traiter son partenaire comme si celui-ci était un investissement à risque! Si vous êtes atteint de ce que je nomme une maladie, quand on ne s'attache qu'à des objets, à ses possessions et à son argent et jamais à des humains, alors que vous êtes le symbole de l'anti-ennemi, c'est que vous vivez votre quotidien en croyant qu'il y aura sûrement un individu qui essaiera de vous voler vos avoirs! Parmi vous, il y a des Sagittaire qui ne possèdent pas un seul million, mais qui se comportent de la même manière. Si leurs cibles ne sont pas ces riches à exploiter, ils se jettent sur les naïfs qui ne peuvent s'imaginer qu'ils puissent être trompés. Le Sagittaire profiteur, né dans un milieu moyen, prendra aux gens moyennement fortunés, et parfois à ceux qui n'ont que ce qu'il faut pour vivre. La justice a le bras long en ce mois de mai... Elle ne laisse pas le Sagittaire malhonnête impuni.

Il me fallait vous écrire quelque chose concernant ce type de Sagittaire: trop de livres d'astrologie ne sont qu'éloges envers vous. Comme tous les signes du zodiaque, vous avez une ombre, et la vôtre est principalement l'argent! Si vous avez toujours eu tendance à vouloir plus, quelle que soit la manière de vous y prendre, depuis 1995, sous la pression de Pluton sous votre signe, à votre insu, votre insécurité s'est élargie. Il sera dans votre signe jusqu'à la fin de janvier 2008! Il a pour fonction de vous éveiller à vous-même et à autrui. Il vous renseigne sur vos origines et vous contraint à vous départir de ce qui n'est ni bon pour vous ni bon pour autrui. Je me suis arrêtée longuement sur votre vision de la matière, parce que nous traversons le mois de mai ou celui du Taureau, le deuxième signe du zodiaque et représentant de l'argent. Jusqu'au 28, Mercure est aussi en Taureau. Si Mercure passe à l'action, il propose aussi une longue réflexion.

ᓚᘓ JUIN 2005 ᘔ

L'AMOUR

Du 4 au 20, Vénus en Cancer se querelle avec Jupiter en Balance. En termes plus clairs, si vous avez une vie de couple et des enfants, que vous êtes plus fatigué qu'à l'accoutumée, vous insisterez pour que votre partenaire soit plus présent, et quand il vous dira qu'il est lui aussi débordé, vous piquerez une colère! Ce qui n'a rien de bien romantique! Vous avez la capacité d'oublier que vous vous êtes fâché ou du moins de faire comme si rien n'avait eu lieu. Croyez-vous qu'il en soit de même pour votre conjoint? Si un signe double peut plus aisément que les autres passer l'éponge, il y a tout de même huit autres signes sur le zodiaque qui se souviennent, et quatre d'entre eux ont tendance à accumuler leurs frustrations. Sauf que vient un jour où ils n'en peuvent plus et ils éclatent bien plus fort que vous! Le ciel n'est pas calme et vous non plus. Le fait d'exprimer à l'amoureux ce que vous voulez et ne voulez pas devient une corvée. Vous souhaiteriez qu'il comprenne, mais il n'en est pas ainsi, et cette personne avec qui vous partagez votre quotidien n'est pas non plus un devin!

Si votre couple n'est plus que tensions et querelles qui s'enchaînent, si, après quelques efforts qui se sont avérés inutiles et qui ont, en réalité, alimenté votre duel, vous songez sérieusement à quitter votre partenaire ou dans certains cas, l'obliger à faire ses valises. Sous votre signe, une séparation temporaire est bénéfique et permet à chacun de faire le point, de constater l'ampleur des dégâts ainsi que les possibilités de se réconcilier à nouveau. À la toute fin du mois, vous saurez ce qu'il y a de mieux à faire!

Si vous n'avez pas d'enfant et que vous vivez sereinement en couple, malheureusement, sous ce ciel, un parent ou un ami vous obligera à sortir de votre confortable cocon et à voler à son secours! À compter du 13, vous devrez sans doute dire au revoir à quelques activités que vous vous étiez promis de vous offrir, et peut-être remettre un voyage que vous vous étiez juré de faire au cours de l'hiver!

En tant que grands-parents ou parent d'enfants d'adultes ayant quitté le foyer des années auparavant, à compter du 13, il est possible que l'un d'eux soit en mauvaise position et que vous deviez l'aider à échapper à une situation qui, sans votre intervention, deviendrait dramatique.

Mais advenant une crise de couple chez l'un de vos enfants, ne vous en mêlez pas! Il n'est pas de votre ressort de régler leurs problèmes. Vous prendriez la part de l'un, sans trop savoir ce qui s'est réellement passé entre ceux qui, après s'être aimés, sont devenus des opposants. Comme une majorité de parents, vous pencheriez du côté de votre enfant, alors qu'il est peut-être celui qui a voulu la guerre et peut-être bien la séparation. L'amour paternel ou maternel rend aveugle et vous ferait perdre votre jugement, surtout si vous appartenez à cette génération dont les enfants sont dans la trentaine. Faire pression sur ce couple que vous pensiez presque parfait ne ferait qu'envenimer la situation. Votre enfant est adulte, il doit se comporter comme tel. Advenant une décision, quelle qu'elle soit, il ne vous resterait qu'à observer, et peut-être bien si un déménagement s'ensuivait, donner un coup de main. Malgré l'expérience que vous avez de la vie, vous ne pouvez imposer ni vos croyances ni vos vues sur ce qu'est l'avenir d'un couple. Vos enfants ont grandi loin de vous pendant quelques années en tant qu'adultes; vous ne pouvez donc pas vraiment tout connaître d'eux. Le genre de vie qu'ils mènent n'est pas comparable au vôtre, même si vous y retrouvez des ressemblances. Vous êtes né de Jupiter, le grand justicier, mais en tant que parent, vous n'avez pas à jouer ce rôle quand vos enfants sont des adultes.

DANS L'ENSEMBLE DE VOTRE VIE

Il faut prendre soin de vous, l'épuisement guette de nombreux Sagittaire.

Jusqu'au 12, si vous avez tendance à des excès sur le plan de l'alcool, si vous prenez des drogues ou d'autres produits qui vous permettent de vous évader, de ne pas vous voir tel que vous êtes, vous pourriez dépasser une autre limite et mettre votre vie en danger ou même celle des autres.

Si vous êtes du type à souffrir parce que vous craignez qu'en allant voir votre médecin, celui-ci ne vous annonce une mauvaise nouvelle ou vous suggère de prendre une médication pour corriger une faiblesse de votre organisme, si vous n'allez pas consulter, malheureusement, une douleur devenue chronique pourrait s'accentuer au point où il faudrait une ambulance pour vous conduire tout droit à l'hôpital. Avant de vous rendre là, prenez rendez-vous avec votre médecin.

Au matin, quand on se lève, notre humeur n'est pas nécessairement comme celle de la veille. Sous votre signe, les variations sont fréquentes. Vous avez une nature cyclothymique : ainsi, les hauts et les bas se succèdent et ils sont imprévisibles. Il est possible que, dans votre milieu de travail, vous ayez beaucoup à redire, surtout jusqu'au 11. En fait, il s'agit d'une portion du mois où vos insatisfactions seront plus nombreuses que vos contentements. Certains d'entre vous, après avoir servi l'entreprise pendant parfois plus de deux décennies, se demanderont s'ils sont au bon endroit... Des nouveaux venus se poseront également la même question ! Durant ces 11 premiers jours du mois, si vous faites un travail minutieux, si le détail est important, il sera nécessaire de faire un effort pour être attentif au maximum. Vous seriez en colère contre vous si vous commettiez une erreur! Donc, 11 jours à tout exagérer... C'est long pour vous, mais tout autant pour vos collègues!

Si vous êtes à la recherche d'un emploi, en ce mois de juin, à l'approche des grandes vacances, faites des demandes dans ces entreprises où vous aimeriez obtenir un boulot à temps plein. Si on vous offre de faire du remplacement pour les prochains mois, acceptez. La vie est bonne et il est possible qu'au poste d'un absent, vous restiez! L'absent a décidé de ne pas revenir. Il a trouvé mieux ailleurs.

Si vous faites un achat pour la maison, ne vous laissez pas enjôler par le premier vendeur, surtout si l'appareil dont vous désirez faire l'acquisition vous oblige à des paiements à long terme. N'acceptez pas qu'on fasse des pressions sur vous, et de grâce ne vous laissez pas flatter par un beau parleur.

En tant que femme, si vous avez suivi un régime, si vous avez perdu du poids, vous devrez refaire votre garde-robe. À compter du 13, vous aurez bien du mal à voir vos limites. Il est donc préférable de magasiner au début du mois.

Si vous n'avez pas réglé quelques problèmes de tuyauterie, vous risquez d'avoir une bien mauvaise surprise dans votre sous-sol. Si vous apercevez une défectuosité et si vous n'êtes pas un expert en la matière, appelez un professionnel et faites réparer le bris plutôt que d'avoir à tout refaire!

ᏋᏚ JUILLET 2005 ᏕᎢ

L'AMOUR

Jusqu'au 23, Vénus est en Lion dans le neuvième signe du vôtre. Mercure l'accompagne, et ces deux planètes font un excellent aspect à Mars en Bélier jusqu'au 29. Les planètes en Lion font aussi une bonne réception à Jupiter en Balance. À compter du 17, voilà que Saturne entre en Lion aussi dans le neuvième signe du vôtre! Voilà donc plusieurs planètes en bons termes avec votre signe: elles vous signalent le retour de l'amour, quand il y a eu tension, et la découverte d'un merveilleux partenaire si vous êtes célibataire.

Peut-être faites-vous partie de ceux qui prendront leurs vacances en ce mois. Il est possible que cette année, vous alliez plus loin dans votre exploration du monde et que vous fassiez une expérience différente de celle que vous faites habituellement. Les plus aventuriers ayant des moyens financiers, même s'ils ne sont pas millionnaires, décideront d'aller vivre à l'étranger pendant quelques mois, et en ce lieu un joli cœur les attend. Pour bon nombre d'entre eux, ce sera l'amour fou!

Si votre couple est jeune, si vous n'avez pas encore d'enfant, votre partenaire et vous aurez soudainement le désir de fonder une famille. Vous n'aurez donc aucun mal à vous mettre d'accord; c'est comme si le ciel avait tout orchestré et que ce bébé vous était destiné.

Si vous avez dépassé l'âge d'avoir des enfants et, qu'en fait, vous en êtes à l'étape d'être grands-parents, la surprise ne se fera pas attendre.

Si vous faites partie des *baby-boomers* qui vivent en solitaire à la suite d'une vie de couple difficile, suivie d'un pénible divorce, peut-être n'attendez-vous plus l'amour... Peut-être vous contentez-vous de regarder ceux qui peuvent encore aimer comme s'ils avaient 20 ans... Ces amoureux, qui ont largement dépassé ce qu'on nomme le «temps des amours», sont-ils enviables, aveugles, enfantins? Votre Jupiter n'a-t-il pas subi une trop grande réduction? Malgré votre foi devenue bien étroite en ce qui concerne les beaux sentiments, la vie vous guette à un détour, lequel n'était pas sur votre trajet! Le grand amour, celui qui s'écrit en lettres lumineuses, se manifestera en ce mois! On vous tendra la main et vous ne pourrez faire autrement que l'accepter; à l'instant de la rencontre, vous aurez une communication télépathique. On cause, on parle de tout et de rien, on évite de se révéler l'un à l'autre, mais vous et cet inconnu, malgré tous vos efforts pour ne rien dire ou presque, vous aurez la sensation que vos âmes se marient! Ce sera le commencement d'une vie nouvelle!

DANS L'ENSEMBLE DE VOTRE VIE

Si vous êtes un artiste, un créateur, quel que soit l'art auquel vous vous adonnez, vous allez vers le succès. Il est possible que certains d'entre vous aient abandonné un projet ayant un lien avec un média. Le hasard ou le destin vous remettra sur cette piste délaissée et presque oubliée depuis peut-être plus de 10 ans. Vous êtes né de Jupiter, qui vibre très longtemps, et qui attend le meilleur moment pour vous donner l'occasion de faire valoir vos idées tout autant que votre talent.

Si vous faites du commerce avec l'étranger, des dénouements bizarres se produiront par l'intermédiaire d'un ami qui connaît quelqu'un qui, justement, a besoin d'un service ou d'un produit tel que celui que vous offrez! À la suite de votre rencontre et de votre transaction, qui se fera rapidement, vous prendrez de l'expansion, une chose que vous n'auriez jamais espérée!

Si vous travaillez pour une très grande entreprise et qu'on a fait des diminutions de budget importantes, vous ne resterez pas les bras baissés. Si, de plus, vous n'avez aucune couverture officielle, si vous n'avez aucun avantage, s'il est impossible d'obtenir une compensation, vous réagirez positivement. Bien que déçus, des Sagittaire lèveront leur drapeau à motifs contestataires et prendront la parole au nom de leurs collègues. Vous serez un combattant. Si vous ne gagnez pas la guerre au premier combat, vous réussirez à ameuter une grande foule et vous remporterez une première victoire! À la seconde, vous prendrez plus de terrain, et avant que le mois se termine, vous aurez obtenu, sans que ce soit en totalité, une bonne part de ces droits et de cet argent qu'on était sur le point de vous retirer.

Si vous n'avez rien à craindre au sujet du poste que vous occupez, vous continuerez de progresser, et au milieu du mois, vous aurez cette promotion mieux rémunérée et tant désirée.

Vous êtes le signe le plus chanceux du zodiaque, même dans les jeux de hasard si capricieux et si peu généreux. N'investissez pas tout votre pécule : un simple billet suffit pour que vous remportiez une somme plutôt intéressante.

◅ AOÛT 2005 ▻

L'AMOUR

Jusqu'au 17, Vénus est en Vierge : elle n'est pas aussi bien positionnée qu'elle ne le fut lorsqu'elle était en Lion. Par ailleurs, vous avez certainement vu un changement important quant à votre manière de faire part de vos sentiments, depuis le 24 juillet, la journée où Vénus faisait un saut en Vierge. Durant son passage, Vénus en Vierge a sans doute trouvé quelques détails déplaisants et a fait en sorte que vous fassiez des reproches à votre partenaire. Le pire, en ce mois, serait de dépasser les limites de votre amoureux! On ajoute à cette tendance aux remarques déplaisantes Mars en Taureau, en aspect difficile à Saturne en Lion: si vous jouez les «celui qui peut tout, celui qui contrôle tout, celui qui sait tout», les querelles ne tarderont pas à se multiplier entre votre partenaire et vous.

En tant que parent, vous avez une vision personnelle de l'éducation que doivent recevoir vos enfants. Votre partenaire, issu d'un autre milieu, ayant un passé différent du vôtre et conséquemment une autre opinion concernant ce sujet, pourrait s'opposer à vos méthodes disciplinaires! Et le soir, après une journée de travail, vous n'aurez pas la moindre envie de partager le même oreiller, et dans certains cas il sera pénible d'être dans le même lit! N'en restez pas là si telle est votre situation. L'école recommence pour vos petits, jeunes et ados; dans le but de vous entendre, pour avoir la paix en famille et en couple, il serait important que vous causiez calmement de l'horaire et des tâches de chacun, ainsi que des règles qu'ils doivent observer. Vous aimez vos enfants, vous désirez le meilleur pour eux, mais il arrive que vous soyez plus exigeant que vous ne le devriez. Jupiter, qui régit votre signe, aspire au succès de sa progéniture. Jupiter est cette planète qui fait confiance à l'intelligence de ceux à qui vous avez donné la vie. Si vous êtes trop restrictif, petits et grands n'apprendront pas à avoir confiance en eux ni même à prendre des initiatives. Voulez-vous que, toute leur vie durant, ils soient sous vos ordres? Mars est en Taureau en aspect dur à Saturne, et Vénus est en Vierge. Uranus lui fait face: tout cela vous conduit à vous faire meneur.

En tant que célibataire, c'est à compter du 18, sous les influences de Vénus et de Jupiter en Balance, que la rencontre aura lieu. Vous attirerez l'artiste, une personne ayant un talent particulier, quelqu'un qui croit passionnément en ce qu'il fait. Vous serez étonné de voir en cette personne autant de passion que vous en affichez. De plus, vous saurez, dès le premier café, qu'en aucun temps il ne faut brimer sa liberté d'action: cette personne déteste qu'on lui dise quoi faire. Elle déteste se rapporter et elle avouera être rarement à l'heure à ses rendez-vous quand il ne s'agit pas de son travail! En somme, vous aurez beaucoup de ressemblances! Fascinant!

DANS L'ENSEMBLE DE VOTRE VIE

Sur le plan professionnel, si, le mois précédent, il y avait une lutte entre les travailleurs et l'entreprise pour laquelle vous

travaillez, elle n'est pas terminée. Il vaut mieux que je vous l'é-
crive plutôt que de faire l'astrologue autruche! S'il y a dans le
ciel de bons aspects, il y en a aussi des mauvais et en ce mois il
y a abus de la part des autorités en place. Vous avez fait des pas
dans la bonne direction, vous avez «prêché» pour votre cause et
vos ouailles vous ont suivi. Il faut poursuivre. À compter du 18,
une autre entente sera soulevée afin d'éviter la fermeture de
l'entreprise ou la suppression massive de main-d'œuvre.

Plusieurs domaines sont représentés par les planètes et leur
position sur le zodiaque, en voici quelques-unes : esthétique,
cosmétique, bois, forêt, construction, meubles, médecine et plus
particulièrement celles touchant l'estomac, le cœur, la gorge et
le sang trop clair ou trop épais. Il est aussi question des gens qui
gagnent leur vie en travaillant sur un ordinateur. Si vous faites
partie d'un tel milieu, vous devrez produire plus vite et mieux
que jamais. Si vous êtes professeur, peut-être que vous serez
surpris par des règlements additionnels!

Chiron est une planète dont on parle peu, mais qui joue tout
de même un rôle important dans un thème natal par rapport
aux événements mondiaux; elle est dans le signe du Capricorne, soit le second du vôtre. Chiron est semblable à quelqu'un
qui vous indique la ligne droite à suivre pour atteindre vos objectifs matériels, mais cette planète est aussi de la nature d'Uranus.
Cette fois, elle veut faire sauter toutes les traditions! Chiron est
présentement dans le deuxième signe du vôtre, et cette seconde
maison astrologique, par rapport à vous, a un lien étroit avec
l'argent ainsi qu'avec la famille. Elle a également un lien avec le
budget familial que vous voudriez gérer, peut-être bien sans
l'avis de votre partenaire!

Si vous faites faire des rénovations dans votre maison,
soyez attentif quant aux matériaux que vous achèterez. Si vous
devez débourser de très grosses sommes d'argent, demandez
des garanties, surtout pour tout ce qui devra se retrouver à l'intérieur des murs, tel que tuyauterie, les fils électriques, etc.

Il arrive aussi que, sous cette position de Chiron par rapport
à votre signe, des erreurs soient commises ou qu'on vous vende
de la camelote plutôt que du solide. Votre facture sera moins
élevée... Par contre, ce qui s'ensuivra pour réparer ou refaire la
partie supposée réparée vous coûtera finalement ce que vous
auriez dû payer dès le départ! Vous voulez faire des économies

et c'est tout à fait normal. Par contre, si vous vous contentez de matériaux de mauvaise qualité, sans doute le regretterez-vous...

◖◗ SEPTEMBRE 2005 ◖◗

L'AMOUR

Nous voici de retour à ce mois où, à nouveau, tout ou presque devient sérieux. Les vacances sont terminées ou achèvent! Vénus, symbole de l'amour, est en Balance jusqu'au 11. Durant cette période, vous êtes animé de beaux et doux sentiments, mais il est possible que vous vous fassiez quelques illusions! En tant que célibataire, ce n'est pas le travail qui vous empêchera de garder les yeux ouverts sur la perle rare. C'est étrange si l'on considère la Lune Noire en Lion faisant un aspect dur à Mars en Taureau. Vous êtes aveuglé par les apparences, et advenant une rencontre, il est fort possible que vous confondiez beauté et brillance d'esprit! Peut-être serez-vous attiré par une personne fortunée, mais celle-ci a-t-elle du cœur ou n'est-elle qu'accrochée au pouvoir que lui donne l'argent? Si vos amis vous font des remarques qui ne sont guère flatteuses quand vous leur présenterez votre nouvelle flamme, un bon conseil: analysez leurs commentaires avant de les rejeter du revers de la main.

Si vous avez une vie de couple et des enfants, peut-être certains des vôtres retournent-ils à l'école, vous voulez les inscrire à des activités parascolaires. À compter du 12, avec l'entrée de Vénus en Scorpion, où cette planète est en exil, il sera facile de vous contrarier! Il suffira de ne pas remarquer que vous avez besoin d'aide! En tant que femme, vous ne serez guère patiente ni avec votre amoureux ni avec votre progéniture. Les hommes auront davantage tendance à se concentrer sur leur travail afin de s'éloigner de leur conjointe. C'est comme si messieurs étaient las des habitudes qui prennent plus de place que le plaisir dans leur vie de couple! Entre le 12 et le 23, que vous soyez homme ou femme, pendant que Vénus et Saturne se chamaillent, vous deviendrez silencieux au point de ne plus communiquer avec l'autre ou vous parlerez de vos mécontentements et, pendant ces jours, rarement de ce qui vous fait plaisir. Vous êtes encore sous l'influence de Jupiter en Balance qui protège votre couple, qui vous fait de grands signes afin que vous et l'autre vous rapprochiez.

Si, dans le passé, il vous est arrivé de tromper votre amoureux, vous en aurez encore l'occasion en ce mois de septembre. Si les astres vous tentent, ils ne vous obligent pas.

Si, selon votre thème, vous avez été la personne trompée, et si vous avez « la manie » de vous plaindre de tout et de rien, de voir le pire plutôt que le meilleur, vous éloignez l'amour ainsi que l'amoureux. Si vous n'êtes jamais heureux, si vous ne souriez pas, même quand votre partenaire se dévoue et fait tout ce qu'il peut pour agrémenter votre vie, il est possible que ce qui s'est produit dans le passé se produise une fois encore.

Le 12, avec l'entrée de Vénus en Scorpion, l'amour passion est en vedette. Pourquoi ne pas suivre ce courant et vous laisser aller à aimer votre partenaire comme vous l'aimiez au début de votre union ? A-t-il changé au point où vous ne ressentez plus rien pour lui ? Si votre réponse est oui, il y a certainement beaucoup de tensions chez vous ! Et ces planètes qui s'affrontent peuvent servir de raison pour vous séparer. Quand deux personnes ne se supportent plus, il est possible de considérer la rupture comme une chance de faire votre bonheur ailleurs !

DANS L'ENSEMBLE DE VOTRE VIE

Vous travaillerez beaucoup et vous serez si ordonné que vous pourrez agacer des collègues qui n'ont pas votre sens de l'organisation ! Entre le 5 et le 20, sous l'influence de Mercure en Vierge, aucun détail ne vous échappe. S'il est utile d'être aussi attentionné, il est également possible que votre perfectionnisme ralentisse l'ensemble de la production. Vous aurez tendance à tout exagérer durant ces jours ci-dessus mentionnés. Vous ne supporterez pas le moindre désordre ni à votre bureau, ni dans votre maison, ni même dans votre voiture !

Si, toutefois, vous travaillez dans le domaine médical, dans un laboratoire, si vous faites de la recherche, quelle qu'elle soit, votre perfectionnisme n'est plus un défaut : au contraire, il s'agit d'une qualité indispensable.

En tant que travailleur autonome œuvrant dans la rénovation, vous obtiendrez un contrat qui vous tiendra occupé pendant plusieurs mois. Si vous avez l'habitude de travailler seul, cette fois, vous serez obligé d'avoir de l'aide tant il y aura de choses à faire !

Si vous faites de la décoration pour de grosses entreprises, l'une d'elles aura besoin de vos services et vous devrez sans doute vous libérer d'autres obligations pour que vous puissiez respecter la date de tombée qu'on vous imposera. Vos journées seront longues, et très souvent, vous ne vous arrêterez que très tard le soir.

Si vous avez un poste de direction, sous la présente influence de Saturne en Lion, vous pourriez demander à vos employés plus qu'ils ne peuvent en donner! Vous oubliez les limites des uns et ne semblez pas voir le grand talent d'un autre dont vous supportez mal le caractère et l'attitude. Il faudra faire abstraction de vos sentiments personnels pour atteindre le but que vous vous êtes fixé ou qui vous est imposé par vos supérieurs.

Le 14, et jusqu'à la fin du mois, Jupiter en Balance fait un sextile ou un excellent aspect à Pluton en Sagittaire. La communication entre ces planètes vous permettra de deviner qui sont ces gens qui vous nuisent ou qui se déclarent vos ennemis. Si vous n'avez pas encore choisi votre orientation professionnelle, c'est au cours de ces jours que vous serez inspiré. Peut-être que, par un hasard extraordinaire, vous croiserez une personne qui sera en quelque sorte votre guide professionnel.

◀◎ OCTOBRE 2005 ◎▶

L'AMOUR

Jusqu'au 8, Vénus est en Scorpion et file sur ses derniers degrés. La position de cette planète indique que vous êtes plus irritable et qu'à la moindre contrariété, vous pourriez sermonner l'amoureux en le culpabilisant! Avec Mercure et Jupiter en Balance, vous n'aurez pas la langue dans votre poche, mais vous avez le choix entre exprimer vos mécontentements avec tact et diplomatie ou les défiler en colère et à voix haute!

Heureusement qu'à compter du 9, Vénus entre en Sagittaire. Vous réaliserez ce que vous vous faites à vous-même lorsque vous laissez votre mauvaise humeur s'emparer de vous. L'amoureux a l'importance que vous lui donnez. Si vous le regardez sous ses pires aspects, il devient insupportable. Les adultes réagissent un peu comme le font les petits. Si vous voyez vos enfants comme des êtres entiers et agréables, ils sont ainsi. Si vous les voyez comme des enfants terribles, ils vous montreront les pires côtés d'eux-mêmes. Dans une vie de couple, vous et l'autre êtes des miroirs. Si vous ne voyez en vous que des insatisfactions et que vous en rendez l'amoureux responsable, il vous retournera cette image que vous avez de vous-même et de lui. Et, à son tour, sans qu'il puisse en faire une analyse, comme il n'est plus qu'une image déformée, il devient conforme à vos projections.

Le 9, Vénus est en Sagittaire, et cette planète est accompagnée de Pluton dans votre signe. Votre personnalité, votre physique, ce qui paraît de vous ne peut cacher ce qui est réellement. C'est pourquoi on ne peut rester indifférent quand on vous rencontre, et encore moins quand on vit avec vous. Vénus et Pluton vous invitent à faire la comptabilité de vos petits bonheurs, et non pas uniquement de ce qui fut malheureux et ce qui est encore insuffisant pour que votre bonheur soit complet. La liste serait longue et ce serait vrai pour chacun de nous. Qui peut dire qu'il a tout pour être heureux?

En tant que célibataire, même si vous faite partie de ceux qui ont vécu de nombreuses ruptures, vous aurez l'embarras du choix, mais vous serez aussi hésitant que craintif face à ces belles personnes que vous rencontrerez. Vous pourriez aussi vous convaincre que la vie à deux est trop compliquée! Une telle attitude n'est rien de plus qu'un refus de vous investir, de donner de vous-même. Cela dénote une incapacité d'aimer. L'incapacité d'aimer n'est pas uniquement le lot de certains Sagittaire. D'autres signes du zodiaque voient la vie de couple comme si elle était le sacrifice de soi ou une abstraction de ses besoins. Si vous avez choisi l'isolement, vous avez tout de même ici et là quelques flirts, mais êtes-vous vraiment heureux de ces relations passagères? En ce mois, Vénus et Pluton vous demandent de réfléchir à votre solitude. Vous comble-t-elle? Est-ce si difficile de faire quelques compromis? Les différences entre vous et cet autre à aimer sont-elles réellement des tortures? En tant que célibataire de longue date, de quoi vous protégez-vous? Cette dernière question est celle à laquelle vous trouverez une réponse.

Après 26 années de pratique, je n'ai jamais vu un seul Sagittaire célibataire heureux de l'être. Peut-être n'ai-je pas encore rencontré l'exception?

DANS L'ENSEMBLE DE VOTRE VIE

Jupiter sera en Scorpion à compter du 27, mais comme il s'agit d'une planète lourde, sa puissance se fait sentir depuis un ou deux mois. Jupiter, ainsi positionnée, sera dans le douzième signe du vôtre jusqu'au 24 novembre 2006 et vous fera plonger au cœur même de vos raisons de vivre. Jupiter régit votre signe, mais il s'égare dans le douzième signe du vôtre. Ce que vous faites généralement avec facilité, comme c'est le cas quand un travail vous plaît, vous ne le verrez plus de la même manière. Sans doute consacrez-vous la majeure partie de votre temps à réussir ce que vous entreprenez, tout en vous offrant, lors de vos moments libres, quelques luxes ou plaisirs qui, bien qu'ils soient de courte durée, vous ont toujours permis de récupérer votre énergie physique, mentale et morale. Sous Jupiter en Scorpion, ce que vous vous êtes caché à vous-même émerge.

Né de Jupiter, une planète 10 fois plus grosse que le Soleil, il vous arrive de croire que vous faites mieux que ce qu'on attend de vous et parfois même de penser que, sans vous, l'entreprise serait en mauvaise position! Dès l'instant où l'on est en désaccord avec vos méthodes, vous soupçonnez qu'on trame quelque chose contre vous, et au pire qu'on veut vous éliminer. N'est-ce pas se voir comme le nombril du monde? Jupiter en Scorpion, au fil des mois qui passeront, vous ramènera à votre dimension réelle. Lentement, vous réaliserez que, comme n'importe quel autre humain, vous commettez des erreurs et qu'il est impossible d'être aimé et encore moins admiré de tous vos collègues et supérieurs.

Jupiter, qui régit votre signe, a le sens de la justice sociale, mais il peut avoir oublié ce qui est juste pour l'humain quant à ce qu'il est et ce qu'il fait. Ne soyez surtout pas découragé par l'arrivée de Jupiter en Scorpion. Jupiter est aussi un symbole de sagesse, celle que vous devez acquérir tout autant que celle que vous possédez. Sous Jupiter en Scorpion, vous prendrez conscience que vous n'êtes pas toujours aussi sage que ce que vous pensez. Jupiter en Scorpion vous oblige à voir une sagesse différente de la vôtre, que d'autres possèdent et qui peut vous servir aussi.

Jupiter en Scorpion est comme l'acteur en coulisses: nerveux à l'idée de faire face à son public, craignant d'oublier son texte.

Si vous avez un emploi stable, si vous bénéficiez d'une protection blindée, si vous travaillez pour la même entreprise depuis très longtemps, c'est devenu un acquis, du moins, jusqu'au moment où vous prendrez votre retraite! À la fin du mois, on vous fera une offre: un défi vous sera lancé. Vous devrez choisir entre la sécurité et l'aventure. Si, dans le passé, vous avez pu vivre plein d'aventures professionnelles en toute sécurité, il n'en est plus de même avec Jupiter en Scorpion. Lorsque vous ferez votre choix, voyez clairement ce que vous retirerez de plus en préférant l'aventure!

⴬ NOVEMBRE 2005 ⴭ

L'AMOUR

Jupiter est bien installé en Scorpion. À compter du 6, Vénus, symbole sentimental, fait son entrée en Capricorne. Cette planète dans ce signe n'est guère romantique par rapport à votre signe. Vénus en Capricorne s'attarde davantage à l'argent qu'à l'amour. Si, déjà, il y a des tensions dans votre couple par rapport au budget, vous pourriez n'avoir qu'un seul sujet de conversation avec l'amoureux: l'économie! Il est vrai qu'en ces temps, nous payons plus, même pour les produits essentiels, et nous ne gagnons pas plus qu'auparavant! Si vous avez une confiance mitigée en vous et en la vie, plus vous parlez de vos manques et plus vous insistez auprès de l'amoureux pour qu'il évite ces dépenses que vous jugez superflues. Vous pourriez dépasser la mesure et créer une grande inquiétude au point où l'amour entre vous et l'autre s'estompera. Ne perdez pas de vue que vous, comme bien d'autres, subissez les peurs et les frayeurs qui circulent sur la planète. Sans qu'on s'en rende compte, on s'y laisse prendre et on les transpose dans sa vie de couple ainsi que sur ses enfants.

Votre couple est solide: à travers vos inquiétudes, il ne vous vient pas à l'esprit que vous pourriez être quitté ni que vous pourriez tomber amoureux de quelqu'un d'autre. La solidité n'est pas synonyme de tendresse ni d'affection! Si vous vous apercevez que vous dites souvent des mots désagréables à l'amoureux, avant que ça dégénère en querelle, reprenez-vous et optez pour un langage plus humoristique.

Quelques planètes, dans ce ciel de novembre, vous portent à tout prendre au sérieux, et certains d'entre vous sont excessivement susceptibles. Mercure, symbole de la parole, est dans votre signe, mais il fait un aspect dur à Uranus en Poissons : Uranus a la manie de dire tout ce qu'il pense et prend son discours comme s'il était pure vérité ! Votre vérité n'est pas celle de l'autre, pas plus que vos croyances et vos valeurs. Il peut y avoir des ressemblances, mais vérité, croyances et valeurs ne sont jamais identiques à celles de l'autre.

S'il y a, dans votre famille, une personne gravement malade, si vous affectionnez ce parent, vous lui donnerez beaucoup de temps. Vous êtes un signe énergique capable de transférer des forces, même à un très grand malade qui a le goût de guérir ! Mais attention, sous Jupiter en Scorpion, vous avez moins d'énergie que vous n'en possédez habituellement. Après que vous aurez donné de vous-même, accordez-vous le droit de récupérer. L'amour que vous portez à ce parent ne doit pas réduire votre résistance, et encore moins vous détruire.

En tant que parent, aussi aimant soyez-vous, sous Mars en Taureau et Vénus en Capricorne, sous Mercure en Sagittaire et Uranus en Poissons, vous êtes considérablement plus sévère envers vos jeunes enfants ! Si ces derniers ont l'âge de vous répondre, vous n'apprécierez pas qu'ils vous disent, à leur manière, que vous ne savez pas comment les aimer. Quand un jeune ou un adolescent exprime son manque d'amour, il le dit généralement comme ceci : « Tu ne me comprends pas ! » Pour comprendre ses enfants, il faut avoir la patience de les écouter.

DANS L'ENSEMBLE DE VOTRE VIE

Il est fréquent que, les jours qui précèdent notre anniversaire, on ne se sente pas très bien ! Quelques maux physiques peuvent apparaître, mais le plus souvent il s'agit d'un mal-être, d'un inconfort émotionnel. En ce qui vous concerne, on ne peut pas dire que c'est la fête en ce mois !

Au travail, il faudra surveiller vos paroles, et surtout ne pas choquer le patron en lui disant quoi faire ! Ne pas, non plus, critiquer un collègue qui est lent et dont vous n'aimez pas vraiment l'attitude. Si vous aviez l'idée de camoufler une erreur, ça ne serait pas une bonne idée. Elle ne resterait pas cachée, et au moment où on vous la « mettrait sous le nez », elle aurait pris de dangereuses proportions. À compter du 14, vous reprendrez vos esprits et commencerez à voir plus de lueurs que d'ombres dans votre propre vie ainsi qu'au travail.

Si vous êtes travailleur autonome, il est possible que le début du mois soit difficile. Vos clients discutent vos prix, ils négocient vos services ou vos produits et veulent naturellement payer moins. Autour du 14, vous pourriez obtenir un gros contrat pour une entreprise ayant d'énormes travaux à faire. Il n'est pas impossible que cette dernière commande vous occupe presque la moitié de l'année.

Si vous faites commerce avec l'étranger, puisque Mercure et Uranus sont en chamaille, une entente faite par téléphone, sans promesse écrite, sans la moindre signature au bas d'un contrat, risque de ne jamais être remplie, du moins pas en ce mois. Si, à tout hasard, vous expédiez un produit et qu'on ne l'ait pas payé, il est possible que vous deviez mettre cette transaction dans la colonne des pertes financières. Mercure et Uranus ainsi positionnées indiquent que vous aurez affaire avec d'habiles menteurs.

Si votre thème révèle que vous ne tenez pas toujours parole, en ce mois, ne promettez pas la lune, elle est impossible à décrocher! Les représailles ne seraient vraiment pas plaisantes.

Si vous avez des problèmes de santé, et que, jusqu'à présent, vous avez fait comme si vous n'aviez presque rien, un rhume, qui signifie un affaiblissement du système immunitaire, ne voudra plus vous quitter! Il sera important de vous soigner avant que votre toux se transforme en bronchite ou pire encore.

Si vous conduisez vite parce que vous êtes à la dernière minute pour vous rendre au travail ou à un rendez-vous, ralentissez, tant pour vous que pour cet autre automobiliste que vous pourriez accrocher! Il vaut mieux arriver avec 10 minutes de retard que de ne pas arriver du tout!

Il va de soi que drogues, alcool, médicaments causant de la somnolence sont à bannir au volant!

◖ DÉCEMBRE 2005 ◗

L'AMOUR

Attendrez-vous au 16 pour faire part de vos beaux sentiments à l'amoureux? Jusqu'à cette date, vous êtes sous l'influence de Vénus en Capricorne. Cette planète, étant sur le dernier décan du signe, a tendance à éteindre toute cette passion qui, habituellement, vous anime. Vous misez sur l'argent et non pas sur l'amour pour faire votre bonheur! Vous déplacez les valeurs: votre partenaire pourrait se mettre à croire qu'il est avec vous pour faire des épargnes ou pour que vous soyez à l'abri du manque. À compter du 13, après quelques sèches discussions, vous songerez que vous désirez poursuivre votre vie avec l'amoureux. Afin que la relation soit harmonieuse, vous savez qu'il ne faudra plus vous disputer !

Vous êtes un signe masculin, et les femmes subissent plus durement que les hommes les aspects planétaires qui sont présentement en disharmonie.

En tant que célibataire, à compter du 16, quand Vénus entrera en Verseau, vous serez à nouveau ouvert à une rencontre. Vous ne chercherez pas l'amour, mais plutôt l'amitié. Par un concours d'heureuses circonstances, et par le biais du travail, lors d'une petite fête, votre regard en croisera un autre. L'attraction sera spontanée. Puisque Jupiter est en Scorpion et Saturne en Lion, vous aurez peur de vos sensations, peur aussi de vous faire des illusions quant à la possibilité d'avoir une vie de couple. Mais vous succomberez à une invitation pour la fête de Noël ! Votre flirt aura le talent de vous faire parler de ce qui vous effraie, de ce que vous souhaitez vivre et ne plus revivre en couple.

C'est aussi le mois où l'on achète des cadeaux. Si vous devez en choisir un pour votre amoureux avec qui vous vivez depuis plusieurs années, vous lui offrirez un objet pratique ! Un cadeau ne devrait-il pas être une fantaisie, ce quelque chose qu'on ne s'achèterait pas parce qu'il n'a pour but que d'être agréable à l'œil, au toucher ou à l'odorat ?

Quant au célibataire qui aura rencontré quelqu'un juste un peu avant les fêtes, il se demandera s'il doit ou non donner un cadeau à son flirt... Il n'est pas nécessaire de dépenser une fortune pour faire plaisir à un individu ! Si vous cherchez, vous trouverez un bel objet qui sera une charmante attention. Et puis, cette personne que vous accompagnerez aura aussi pensé à vous offrir un cadeau... Cet échange, c'est un peu comme si vous vous disiez que vous vous plaisez bien ensemble !

Si vous vivez de fortes tensions dans votre couple, en tant qu'adulte, ne laissez pas la famille s'en mêler ! Ce serait immanquablement la zizanie, et même une déclaration de guerre entre votre parenté et celle de votre partenaire. Si vous avez des enfants, ils seraient déchirés parce que chacun leur demanderait de pencher de son côté ! Et quand les petits n'ont pas l'âge de donner leur opinion, ils développent souvent un sentiment de culpabilité en voyant leurs parents se quereller, et ce serait, dans un tel cas, leur préparer un bien triste Noël.

DANS L'ENSEMBLE DE VOTRE VIE

Tout au long du mois, Mars est en Taureau et fait face à Jupiter en Scorpion. Ces planètes ne s'entendent pas bien, c'est comme si vous mettiez un pied sur le frein et l'autre sur l'accélérateur, en même temps! Saturne est en Lion dans le neuvième signe du vôtre, et il alimente des espoirs et des rêves. Jupiter en Scorpion dans le douzième signe du vôtre vous fait voir votre réalité du dedans. Jupiter en Scorpion se manifeste sans apparat, il est dépouillé de toute fantaisie. Saturne, ainsi positionné, vous projette dans un monde qui n'est pas tout à fait le vôtre. Jupiter vous questionne au sujet de vos véritables talents et capacités. Il ne se fait pas la moindre illusion.

Si, par exemple, vous avez obtenu un poste pour lequel vous ne possédez pas les compétences, si vous l'avez obtenu grâce à des relations, ces dernières ne seront bientôt plus là pour vous protéger. Advenant une telle situation, il faudra aussi songer à vous recycler.

Si vous avez un emploi où vous bénéficiez d'une bonne couverture, si vous y trouvez la sécurité, et généralement des agréments, advenant une période difficile où vous subiriez des contrariétés, ne quittez pas votre emploi. Ce serait un regrettable coup de tête.

À l'approche des fêtes, vous vous apercevrez qu'une personne qui se disait votre ami est en réalité votre ennemi.

Il est possible qu'un parent malade ait grandement besoin de votre aide. Si ce parent, par le passé, a refusé de vous apporter de l'aide alors que vous en aviez besoin. Que ferez-vous? Il m'est impossible de répondre à votre place. Vous devez trouver en vous-même ce qu'il faut faire ou ne pas faire afin d'être en paix avec votre conscience.

Si vous êtes parent de très jeunes enfants, vous pourriez être débordé par l'un d'eux qui a pris un vilain rhume. Ou peut-être serez-vous inquiet par un autre qui souffre d'asthme et qui, en raison de la venue des fêtes, en fait plus qu'à l'accoutumée. Peut-être devrez-vous constamment surveiller un enfant qui fait diverses allergies alimentaires et veiller à ce qu'il ne consomme pas ce qui le rend malade.

Si vous suivez un régime afin de perdre du poids, vous aurez bien du mal à le suivre durant les fêtes; vous pourriez vous gaver de ces gâteries que votre organisme ne supporte plus et vous sentir malade. Si vous faites partie de ces Sagittaire qui ne supportent pas l'alcool, ne faites donc pas d'efforts et abstenez-vous de prendre un verre de vin ou autre, rien que pour faire comme tout le monde.

Mais peut-être êtes-vous ce Sagittaire qui boit plus qu'il ne faut et qui ne rate jamais une occasion de «prendre un coup». Si vous dépassez les limites, ne conduisez pas. Ne mettez ni votre vie ni celle d'autrui en danger.

En ce dernier mois de l'année, comme bien d'autres personnes, vous courrez pour faire vos courses et pour organiser la maison afin de recevoir des invités qui habitent une autre ville. Vous ne ménagerez pas vos énergies, et à la veille du jour de l'An, vous aurez davantage envie de dormir que de fêter tellement vous serez fatigué.

LES ASCENDANTS

SAGITTAIRE ASCENDANT BÉLIER

Vous êtes un double signe de feu, et l'état d'urgence est quasi constant! Si vous fréquentez une personne depuis quelques mois ou des années, que vous soyez un homme ou une femme, il sera question d'officialiser votre union. D'autres, déjà en couple, auront leur premier ou leur second enfant, ce qui transformera leur vie au grand complet. En affaires, vous serez tenté de vous associer. Avant de signer quoi que ce soit, faites examiner l'entente par un professionnel.

SAGITTAIRE ASCENDANT TAUREAU

À la fin d'octobre, vous devrez procéder à d'importants réajustements professionnels. Si vous prévoyez un voyage à l'étranger, faites-le avant le 17 juillet. Après, votre travail sera si prenant qu'il sera difficile de partir. Côté cœur, vous ferez une rencontre fascinante, mais il est possible que vous ne poursuiviez pas la relation. L'engagement vous effraie, mais plus encore, vous avez peur de décevoir cette personne et d'être quitté. Pour éviter des problèmes digestifs, il faudra vous modérer si vous avez tendance à manger ou à boire plus que nécessaire. Des douleurs aux gencives peuvent survenir.

SAGITTAIRE ASCENDANT GÉMEAUX

Vous êtes nerveux, mais vous avez aussi beaucoup d'énergie. L'année 2005 est une période où vous serez extrêmement créatif. Quel que soit le projet que vous avez à l'esprit, vous le mettrez en route. Si vous montez une affaire ou un commerce, vous trouverez mille et un moyens de faire connaître votre produit ou votre service. Il faudra cependant ne pas dépenser tous vos profits. Si vous avez l'intention d'acheter une voiture, ne vous sentez pas obligé d'acheter la plus chère! À la fin de l'année, vous projetterez un déménagement.

SAGITTAIRE ASCENDANT CANCER

En tant que parent, vous êtes très protecteur ; vos enfants, qui ont l'âge de prendre des décisions, s'opposent à vos interdits, et en fait, n'écoutent plus vos conseils. Mais peut-être ont-ils déjà tout compris ? Si vos parents sont âgés, il est possible que l'un d'eux soit malade et que vous soyez dans l'obligation d'en prendre soin. Vous transformerez votre maison ou achèterez de nouveaux meubles. Il vous semblera urgent de modifier les énergies vibratoires de votre habitation.

SAGITTAIRE ASCENDANT LION

Vous aimez les enfants, les vôtres et ceux des autres. Si vos enfants ont des fréquentations qui ne vous plaisent pas et s'ils sont encore jeunes, vous les obligerez à pratiquer des activités saines. Ainsi, ils cesseront de voir ces mauvais amis. Vous aimez généralement la nature, et au cours de l'année, vous développerez un intérêt particulier dont le but sera de protéger l'environnement. Pour certains, un retour à un métier qu'ils avaient abandonné est à prévoir.

SAGITTAIRE ASCENDANT VIERGE

Vous êtes curieux, et pour votre plaisir vous entreprendrez des études ou achèverez un cours afin de vous perfectionner dans le domaine où vous êtes impliqué. Vous planifierez un voyage afin d'explorer une partie du monde qui vous attire depuis longtemps. Il faudra toutefois faire attention à votre argent et ne pas prêter de sous à une personne qui, jamais, ne vous rembourse à temps ce qu'elle vous doit. En tant que célibataire, une rencontre hors de l'ordinaire est possible. La personne aura une nature artistique.

SAGITTAIRE ASCENDANT BALANCE

Jupiter va traverser votre ascendant jusqu'à la fin d'octobre, et durant cette période, vous aurez l'occasion de prendre une plus grande place dans le secteur professionnel que vous occupez présentement. Il faudra toutefois faire attention à votre alimentation : certains d'entre vous sont très gourmands et prendront plusieurs kilos. Si vous avez une vie de couple, vous n'aurez pas à vous plaindre. En tant que célibataire, vous ne resterez pas seul. L'année 2005 vous permettra de rencontrer une personne avec qui vous aurez une belle complicité.

SAGITTAIRE ASCENDANT SCORPION

Il est possible que vous frôliez des états dépressifs, surtout si vous êtes seul depuis longtemps. Vous consacrerez beaucoup d'énergie au travail, au point où vous ferez abstraction de vos besoins et de vos plaisirs. Ce n'est pas en changeant constamment les meubles de place, la couleur des murs, ni en achetant une nouvelle garde-robe que vous serez heureux! Vous êtes dans une année d'introspection. Vous faites le point sur votre vie afin d'envisager votre futur différemment.

SAGITTAIRE ASCENDANT SAGITTAIRE

Vous vous ferez de nombreux nouveaux amis lors de la pratique d'une activité récréative. Si vous avez un penchant pour un art, vous vous y adonnerez davantage et vous serez vous-même étonné de posséder autant de talent. Si votre travail vous permet de voyager, vous serez constamment sur votre départ. Les uns prendront l'avion, d'autres se déplaceront par la route. Lors de vos allers-retours, vous ferez des rencontres étonnantes. Si vous êtes célibataire, ce ne sont pas les choix qui manqueront!

SAGITTAIRE ASCENDANT CAPRICORNE

Jupiter, qui régit votre signe, est expansif, tandis que votre ascendant se met constamment des limites et des restrictions. Vous prenez grand soin de votre famille, au point où vos grands enfants vous diront que vous êtes envahissant! Vous n'aimerez pas les entendre vous faire cette remarque, mais il fallait bien que vous le sachiez un jour. Si vous êtes jeune et amoureux, vous fonderez une famille : un premier enfant fera son apparition dans votre vie. Si vous êtes de la génération des *baby-boomers*, il est possible que vous deveniez grands-parents.

SAGITTAIRE ASCENDANT VERSEAU

Si vous travaillez dans le domaine des communications, vous élargirez votre territoire et signerez un contrat qui pourrait possiblement vous permettre de voyager. Durant les mois de mars et d'avril, vous pourriez traverser une période difficile concernant votre vie de couple. Votre partenaire et vous aurez du mal à vous comprendre. Si vous ne passez pas à travers cette étape, à la fin d'octobre, vous comprendrez que la séparation est nécessaire. Seul ou en couple, vous songerez à déménager ou vous décorerez votre appartement d'une manière très originale.

SAGITTAIRE ASCENDANT POISSONS

Jupiter se retrouve dans le huitième signe de votre ascendant et présage de nombreuses transformations. Une personne à laquelle vous êtes attaché pourrait tomber malade. Vous lui donnerez la main pour l'aider à remonter la pente. Vous ne pourrez pas faire beaucoup plus. Si vous êtes seul depuis longtemps, l'amour se présentera au moment où vous vous y attendez le moins. Si vous êtes à votre compte, vous ferez plus d'argent qu'à l'accoutumée. Votre clientèle s'accroîtra considérablement.

CAPRICORNE

22 décembre au 19 janvier

---◄○►---

À trois grands hommes : Paul Chaput, Paul Martel et Paul Brunet.

---◄○►---

SOUS L'INFLUENCE DE JUPITER EN BALANCE

Jupiter est en Balance jusqu'au 26 octobre, et pendant ce temps, il est dans le dixième signe du vôtre, où il revêt de nombreuses significations. Des changements au sein de la famille sont possibles. Peut-être les enfants sont-ils maintenant des adultes et quittent-ils le nid familial ? Il vous reste alors à réorganiser votre vie. Si vous vivez en couple et si la maison devient soudainement trop grande, vous songerez à déménager.

Il est aussi possible qu'un face-à-face avec votre partenaire change complètement la dynamique de votre union. S'il y a des tensions entre vous et l'amoureux, prenez le temps d'y réfléchir. Sans doute en viendrez-vous à la conclusion qu'il vaut mieux poursuivre votre vie seul et tenter votre chance d'être heureux ailleurs, avec quelqu'un d'autre. Si votre thème le révèle, vous serez celui qui est quitté.

Si vous êtes jeune et amoureux, Jupiter en Balance vous signifie alors que c'est le moment de bâtir une famille ou d'avoir un second ou même un troisième enfant. Jupiter en Balance, c'est aussi une promotion sur le plan professionnel, mais cette même promotion désorganise le rythme familial. Elle peut obliger certains d'entre vous à aller vivre dans une autre ville. Le partenaire sera-t-il ou ne sera-t-il pas d'accord ? Faut-il ou ne faut-il pas changer les enfants d'école? Vous êtes un signe de terre, vous symbolisez la montagne, on ne déplace pas facilement une montagne! Aussi, quand il est question de partir, vous ne pouvez le décider sur un coup de tête. Une telle décision demande une longue réflexion.

AUTREFOIS...

Ce dixième signe du vôtre, dans lequel se trouve Jupiter en Balance, ramène vers vous des gens que vous avez connus dans le passé, et possiblement une personne que vous avez beaucoup aimée. La Balance est un signe vénusien, un symbole de l'amour. Peut-être n'avez-vous plus songé à cette personne : elle a fait partie de vos souvenirs, sans espoir de la retrouver, de la revoir. Mais voilà que la vie, étant un immense concours de circonstances, fait en sorte que vous la croisez à nouveau. Votre rêve devient une réalité ; cette personne ne vous a jamais oublié non plus. Pour elle aussi vous êtes resté celui qu'on aime en secret. La laisserez-vous passer une autre fois ou vous donnerez-vous la chance d'être heureux ?

Ce dixième signe du vôtre, c'est le but à atteindre sur cette terre. Quel que soit votre ascendant, en tant que Capricorne, vous avez tous ce dixième signe en Balance, et cette année Jupiter y fait un tour et redonne à l'amour sa médaille d'honneur. Vous êtes un signe d'hiver et il vous arrive de voir la vie froidement, de ne faire que votre devoir et de volontairement mettre vos émotions de côté pour vous consacrer à un travail. Votre signe est régi par Saturne, qui regarde le monde d'en haut. En haut : vous êtes seul. Jupiter vous lance une invitation à partager votre vie avec quelqu'un que vous aimerez et de qui vous serez aimé. Saturne a la manie de juger, d'évaluer, de comptabiliser, mais cette année, Saturne s'adoucit. Jupiter en Balance ne lui permet plus de disséquer les gens. Jupiter invite à une acceptation globale de ce que sont les autres. Jupiter en Balance provoquera la réactualisation d'une rencontre qui eut lieu longtemps auparavant. Jupiter en Balance met l'amour devant le jugement et toutes les considérations matérielles. À moins que vous ne soyez de glace, vous inviterez votre amour à vous joindre au sommet de votre montagne.

PROFITEZ DU PASSAGE DE JUPITER EN BALANCE...

Si vous avez sans cesse remis des projets à plus tard, si vous vous êtes contenté d'un quotidien sans saveur, sans idéal, sans but, si vous avez cru pouvoir préserver ce que vous avez, si vous vous êtes enfermé dans un monde fait sur mesure uniquement pour vous, lequel n'a toujours été qu'une protection, une sécurité matérielle et non pas un plaisir d'être, sous Jupiter en Balance, vous devrez maintenant bouger, aller plus haut, plus loin, démolir ces barrières que vous avez construites pour empêcher le reste du monde de pénétrer le vôtre. Dans les faits, vous n'avez rien réussi seul, mais peut-être, pendant longtemps, avez-vous voulu croire le contraire. Une bonne part de votre réussite est le fruit de votre labeur, mais sans personne pour l'acheter, l'approuver, le vendre et l'applaudir, qui seriez-vous?

Jupiter en Balance vous demande de prendre conscience que vous faites partie du monde. Vous avez parfaitement le droit de vous démarquer, mais sous votre signe, le dixième du zodiaque, vous devez être un modèle, un père ou une mère pour tous ceux qui vous entourent. Symboliquement, un vrai parent est proche de ses enfants. Quand on a atteint votre signe, on est le parent de bien des gens. Refuser de remplir ce rôle, c'est renier sa propre nature. Sauf que la nature finit toujours par l'emporter... Quand le feu a rasé la forêt, un jour, les arbres se remettent à pousser, et la forêt croît souvent de façon plus touffue qu'elle ne le fut jamais. Rien ne meurt jamais, tout est toujours en transformation, même si ce n'est pas visible à l'œil.

Jupiter en Balance vous invite à vous faire justice, à vous accorder ce dont vous vous êtes privé parce que vous aviez peur du neuf, peur du nouveau, peur du manque, peur du changement que pourtant, secrètement, vous souhaitiez. Jupiter en Balance vous demande d'aimer et de manifester votre amour à votre partenaire si vous tenez encore à lui. Jupiter en Balance vous invite à rompre une union si vous êtes malheureux depuis toujours ou presque. Il faut du courage pour rendre à l'autre sa liberté

Si vous avez fait des affaires et qu'elles ne sont pas en règle, si vous avez triché ici et là pour gagner, pour posséder plus parce que vous vouliez «votre» sécurité matérielle, en 2005, un tribunal plus grand que le vôtre tranchera la question et vous obligera à rembourser ce que vous devez. Vous rendrez à autrui ce qui lui appartient. Vous êtes né de Saturne, qui vous incline à la sagesse. Si, toutefois, vous avez utilisé votre force uniquement pour servir vos plans personnels et satisfaire vos plaisirs, Saturne n'est pas un rigolo, et quand il punit, la peine n'est pas légère! Si vous avez quelque chose à vous reprocher, il y a urgence de faire réparation sous Jupiter en Balance.

RIEN À VOUS REPROCHER...

Si vous êtes blanc comme neige, si vous avez vécu votre vie selon Saturne le sage, si vous avez dompté votre grande fierté, si vous êtes resté humble même au sommet de la réussite, si vous êtes resté proche d'autrui comme l'est un parent, si vous vous êtes dévoué comme le veut votre signe, si vous n'avez pas fui vos responsabilités, si vous y avez fait face sans vous emporter, si vous n'avez puni personne pour des échecs et des rêves non réalisés, en somme, si vous avez respecté votre prochain, Jupiter en Balance sera un doux passage où vous cumulerez des points de mérite!

JUPITER EN SCORPION

À compter du 27 octobre, Jupiter sera en Scorpion dans le onzième signe du vôtre. Il est à souhaiter que vous ayez fait la paix avec tout le monde lors du passage de Jupiter en Balance. Si, malheureusement, vous êtes resté coincé dans la peur sous Jupiter en Balance, si vous avez refusé un travail, une promotion, si vous avez tout fait pour résister aux changements qui s'offraient ou qui s'imposaient à vous, si vous avez refusé de vous rendre la vie plus douce et meilleure à vivre, sous Jupiter en Scorpion, vous pourriez être votre pire ennemi! Le onzième signe du vôtre relève d'Uranus, la planète des surprises, et comme Jupiter en Scorpion s'y trouvera, il fera justice à sa façon. Vous n'aurez d'autre choix que d'accepter les changements qui «vous tomberont dessus»! Sous Jupiter en Scorpion, le climat social sera plutôt sec: nous aurons l'impression de vivre au milieu de restrictions, contestations et mécontentements divers. Quant aux entreprises qui détiennent le pouvoir, si vous ne vous êtes pas hissé au sommet quand c'était le moment, en tant que Capricorne, lors du passage de Jupiter en Scorpion, vous aurez tout votre temps pour dire et redire que le monde est injuste! Jupiter en Scorpion sera plus élitiste que jamais.

SATURNE EN CANCER

Saturne est en Cancer jusqu'au 16 juillet. Le 17, cette planète entrera en Lion. Saturne en Cancer est dans le septième signe du vôtre et concerne vos associés, si vous êtes en affaires, et la personne qui partage votre vie.

Si vos associés sont des membres de votre famille, il est possible qu'il y ait dissociation. L'un d'eux a décidé de monter sa propre entreprise et vous ne devrez pas vous y opposer ni faire des pressions pour qu'il reste. Votre insistance ne serait-elle qu'un énorme intérêt matériel? Et si on se dissocie de vous, n'a-t-on pas une bonne raison de le faire? Comment vous comportez-vous avec ce parent? Le traitez-vous en égal ou lui parlez-vous du haut de votre montagne?

Selon votre ascendant, Saturne joue un rôle particulier. Un Capricorne peut se prendre pour le chef suprême, celui qui prend toutes les décisions, celui qu'on doit consulter avant de faire le moindre changement au travail ou à la maison. Un autre Capricorne ne pense qu'à l'argent, à ses économies et profite au maximum de ses proches et de son prochain. Il n'est généreux que s'il est certain d'en retirer un bénéfice. Un autre Capricorne fait un retour aux études ou s'ouvre l'esprit à de nouvelles connaissances. Il découvre qu'il a un cœur aimant et le démontre davantage à ses proches. Il y a aussi le Capricorne instable qui n'arrive pas à trouver sa forêt et qui, sans cesse, arpente les chemins dans l'espoir d'y trouver un trésor caché. Il y a ce Capricorne qui refuse de prendre ses responsabilités familiales et toutes les autres: il se contente de vivre aux dépens des autres en se faisant croire qu'il a déjà «tout donné»! Ce dernier n'est l'ami de personne, mais il se vante de connaître tout le monde!

Il y a le Capricorne artiste qui sera inspiré par ses proches, par ceux qu'il aime et dont il prend grand soin. Il y a ce Capricorne qui ne songe qu'à sa carrière, à son travail, et qui néglige sa vie privée. En fait, quel que soit le domaine où le Capricorne exagérera, Saturne en Cancer lui imposera, avec Jupiter en Balance, une autre manière de vivre et l'obligera à trouver son équilibre. Le Capricorne qui vit sereinement appréciera la douceur de Saturne en Cancer, qui lui montre qu'il y a plusieurs chemins de vie et qu'ils sont tous praticables.

Le 17 juillet, Saturne entre en Lion dans le huitième signe du vôtre: il vous met en garde contre vos abus. Saturne concerne la longévité. Vous pouvez vivre vieux, mais il est préférable que vous soyez en santé. Si vous buvez trop et mangez trop, si vous prenez des drogues, la vie interviendra afin de stopper votre autodestruction. Saturne étant la planète qui régit votre signe, dès l'instant où cette planète entrera en Lion, elle vous imposera votre peine si vous avez été malhonnête, si vous avez triché, si vous avez volé, etc. Lorsque Saturne applique une punition, il est généralement extrêmement sévère.

Saturne en Lion peut aussi être un point marquant quant à votre orientation professionnelle. Vous aurez considérablement moins d'hésitation à relever un autre défi à propos de votre carrière. Certains d'entre vous feront un virage de 180 degrés. Saturne en Lion, c'est aussi un coup de cœur auquel vous ne pourrez résister. Si vous êtes d'une nature mélancolique, plus souvent triste que souriant, vous choisirez de vivre autrement et peut-être ferez-vous un bout en thérapie pour accélérer le processus de transformations qui s'opère en vous. Sous votre signe, on a besoin de comprendre ce qui se passe tant autour de soi qu'en soi.

CONCLUSION

Ce qui fut pensé en 2004 doit être exécuté en 2005. Vous ne pouvez plus reculer et remettre sans cesse vos projets à demain. Vous êtes un signe de terre et un signe de terre n'est pas juste un rêveur, c'est un faiseur. Si, jusqu'à présent, vous êtes resté immobile, peut-être parce que vous ramassiez vos énergies, en 2005, vous avez accumulé ce dont vous avez besoin pour mettre vos projets en action. Si votre vie de couple est importante, il est temps de le dire à votre partenaire, vous êtes rarement un romantique avoué, vous auriez l'impression d'être faible si vous parliez de vos états d'âme! Avant que le doute s'empare de l'amoureux, rassurez-le. Si vous êtes un célibataire, sous Jupiter en Balance, une rencontre sera l'occasion de vivre un amour qui pourrait durer plusieurs années. L'amour n'est pas juste un rêve: l'amour au quotidien est un monde fait de compromis et de tolérance! Compromis et tolérance ne sont pas non plus des punitions. Ils font simplement partie du traité de paix qui unit deux personnes.

◁◁ JANVIER 2005 ▷▷

L'AMOUR

Vénus, Mercure, Mars et Pluton sont en Sagittaire. Vénus est dans ce signe jusqu'au 9, et Mercure jusqu'au 10 aussi. Durant ces 10 premiers jours du mois, avec toutes ces planète dans le douzième signe du vôtre, vous ne cesserez de vous opposer aux désirs de votre partenaire ou vous prendrez la fuite! Si vous prenez des vacances avec votre amoureux, reposez-vous. Si vous ne savez plus où vous en êtes sur le plan émotionnel, il vaut mieux vous taire plutôt que de dire des mots qui vous détournent de ce que vous aimeriez vraiment dire à votre amoureux. Si votre ascendant est un signe de feu, Bélier, Lion ou Sagittaire, vous réussirez à prendre du bon temps, et surtout vous saurez expliquer clairement à votre partenaire ce qui vous plaît de vivre et de ne pas vivre avec lui. Les ascendants de feu donneront beaucoup de temps à leurs enfants. Avec un ascendant Gémeaux, attention: vous aurez souvent la sensation d'être celui qu'on critique, alors qu'en réalité votre amoureux n'aura fait que quelques banales remarques concernant quelques-unes de vos réactions. Les ascendants en signes de terre, Capricorne, Taureau et Vierge, prennent trop les choses au sérieux, et si les enfants sont à la maison, il est normal que le climat soit plus bruyant et que vous ayez moins de temps à passer en tête-à-tête avec l'amoureux!

À compter du 10, Vénus est en Capricorne, puis le 11, Mercure est aussi dans votre signe. Ne penserez-vous qu'à votre travail ou garderez-vous du temps libre afin de vous rapprocher de votre amoureux? Entre le 22 et le 29, si, déjà, il y a des tensions dans votre couple, celles-ci peuvent se transformer en déclaration de guerre ou presque! Ce sera d'abord des aspects durs entre Jupiter, Vénus et Mercure, puis Saturne s'opposera à Vénus et à Mercure. Voilà donc des planètes qui ne sont guère romantiques. Elles seraient plutôt des symboles des peurs les plus refoulées qui resurgissent. La première personne à pouvoir les saisir est la plus proche de vous: votre conjoint.

Sous votre signe, après plusieurs années de vie commune, l'union devient un arrangement. Les beaux sentiments sont mis sous le tapis. Les habitudes ont grugé toutes les fantaisies, et plus le temps passe, plus vous prenez conscience que vous n'avez été occupé qu'à travailler, qu'à vous mettre en sécurité! Si vous faites partie des *baby-boomers*, les plus jeunes tout autant que les plus âgés, vous n'êtes pas sans vous poser des questions sur ce qu'il y aurait de plus à vivre maintenant. Si votre couple est resté uni en raison du matériel, Jupiter en Balance commence son travail de déséquilibre afin de défaire vos fausses valeurs et vos mauvaises croyances. Jupiter en Balance, qui frappe Vénus en Capricorne, tente de vous éveiller à une réalité qui ne vous ressemble plus. Vous n'avez rien à décider rapidement, mais vous devez réfléchir à la façon de faire renaître l'amour entre votre partenaire et vous.

Mais peut-être faites-vous partie de ces Capricorne qui ne se valorisent qu'à travers leurs possessions. Sachez que l'amoureux n'est pas une propriété ni un acquis. Le réveil à vous-même est brutal en ce début d'année, mais c'est à chacun son tour sur le zodiaque d'y passer!

En tant que célibataire libre comme l'air, vous aspirez à l'amour comme tout le monde! Mais, dans votre esprit, vous ne voulez pas qu'on dérange vos habitudes, vous ne voulez pas que des problèmes financiers se glissent entre vous et cette personne avec laquelle vous vous imaginez vivre. Vous ne voulez rien changer à ce qui est, à ce qui fait «votre affaire». Notez que je n'ai pas écrit «votre bonheur». Célibataire, faites un examen, demandez-vous sérieusement ce qu'est le véritable partage quand on est amoureux... En ce mois, vous ferez une très belle rencontre, mais de grâce ne demandez pas à l'autre d'être parfait! Il ne peut pas l'être, pas plus que vous!

DANS L'ENSEMBLE DE VOTRE VIE

Janvier est important en ce qui concerne votre orientation professionnelle. Ne vous a-t-on pas demandé de prendre une décision à la suite d'une offre alléchante, mais très exigeante, qui fut faite avant les fêtes ou peut-être même quelques mois plus tôt? Vous pesez encore le pour et le contre. Mais vous savez qu'il vous faudra sous peu donner une réponse officielle. Il est inutile d'aller voir des voyants et des clairvoyants pour vous aider à trouver votre chemin de vie. Vous savez parfaitement ce qu'il faut faire pour vous réaliser. Il suffit de faire appel à cette partie de vous qui sait tout, et qui, au matin, se lève avec le goût de faire mieux.

Si vous avez un emploi régulier et que vous occupez le même poste depuis longtemps, comme rien n'est tout à fait stable, on vous imposera quelques changements ou de nouveaux collègues. Il s'agira de vous adapter à une technologie de pointe. Si vous travaillez dans le domaine des communications, c'est là qu'il faut vous attendre à un grand nombre de transformations.

Lors de la pratique d'un sport d'hiver, soyez très prudent. Vous êtes compétitif et vous perdez le sens des précautions.

Certains d'entre vous magasineront afin de trouver une destination voyage à un prix intéressant, et surtout qui convient à leur portefeuille.

Si vous avez une famille, il est normal que vous preniez soin de vos petits : ils ont besoin de vous, de votre protection, mais également d'affection. Vous êtes né de Saturne, et Saturne est rigide : il a du mal à s'épancher, à dire des «je t'aime». Si votre partenaire et vous ne manifestez pas votre affection à vos petits, il est normal que ceux-ci soient plus grouillants que la moyenne. Ils vous réclament à leur manière, ils tentent de vous secouer parce qu'ils veulent savoir clairement s'ils sont aimés! Vous n'avez pas à faire subir votre rigidité à votre progéniture. Les enfants apprennent par l'exemple, et non pas à travers vos discours sur le sens des responsabilités. N'allez pas demander à un enfant de deux ans d'être un adulte : il n'en est pas là! Et si, à deux ans, vous en faites une grande personne, dites-vous qu'à l'adolescence, vos enfants pourraient se comporter comme le font généralement des petits de deux ans!

Mais peut-être avez-vous une famille reconstituée et, en ce mois, n'est-il pas possible que vous ayez du mal à accepter les enfants des autres? Si telle est votre situation, il est important d'en discuter avec votre nouveau partenaire. Ne gardez pas cela pour vous. Les enfants ressentent tout, même si vous n'arrivez pas à les approcher comme s'ils étaient les vôtres. Si vous vivez tous dans la même maison, le climat familial risque de se transformer. Ça ne serait qu'une dégringolade tant entre vous et l'amoureux qu'avec ses enfants.

Sous l'influence de Jupiter en Balance, vous devez respecter toutes les lois établies! Ne dépassez pas la vitesse permise et n'essayez pas de trouver une «combine» pour réduire vos impôts dans quelques mois! N'essayez pas de vous soustraire à vos divers paiements. Jupiter en Balance vous a à l'œil cette année et vous défend de tricher!

✂ FÉVRIER 2005 ✂

L'AMOUR

Entre le 3 et le 26, Vénus est en Verseau. Mercure est dans ce signe jusqu'au 16 et Neptune y est aussi pour encore quelques années! Ce qui importe maintenant, ce sont surtout les effets de Vénus et de Neptune, qui se trouvent dans le deuxième signe du vôtre. Ces deux planètes font rêver! Que vous soyez marié ou en union libre, sous leurs influences dans un signe qui prône la liberté, vous aurez l'occasion de tromper votre partenaire. Si vous avez plusieurs raisons de l'aimer moins qu'autrefois ou si vous considérez que vous n'êtes pas heureux, si vous jugez que vous avez droit au plaisir, vous n'aurez aucun mal à aller vers cette personne qui vous fait un charmant clin d'œil.

On a dit et redit, dans de nombreux livres, que vous étiez un signe absolument fidèle! Vous l'êtes, pourvu que l'amoureux ne vous permette pas de vous contenter de votre routine. Vous êtes un signe cardinal, symbole d'action. Si votre amoureux est une personne qui ne bouge pas, n'innove pas, ne se réinvente pas, si vous avez la sensation qu'il veut exercer un contrôle sur vous, vous savez très bien vous esquiver. Il y a 50 ans, on accusait les hommes de tromperie, mais en ce XXIe siècle, la partie se joue d'égal à égal. Une femme Capricorne est aussi libre qu'un homme Capricorne. Le 7, Mars entre dans votre signe où il se trouve exalté. Ainsi positionné, Mars accentue vos besoins sexuels; votre technique de séduction a toutes les chances du monde d'avoir du succès!

En tant que célibataire, la rencontre pourrait avoir lieu en public alors que vous relaxez. Peut-être serez-vous en train d'écouter de la musique... Peut-être serez-vous dans un restaurant où vous n'êtes jamais allé et où vous avez décidé d'expérimenter la cuisine du chef!

Si, déjà, les tensions sont aussi nombreuses que les prises de bec dans votre couple, durant la dernière semaine du mois, sans doute faudra-t-il prendre la décision de se séparer, le temps que chacun réfléchisse à ce qu'il vit et fait vivre à l'autre.

Il y a, heureusement, des Capricorne heureux en amour: à compter du 17, ceux-ci réorganiseront leur temps afin d'être plus souvent auprès de leur partenaire et de leurs enfants. Si vous n'avez pas d'enfant, si votre partenaire et vous désirez fonder un foyer, à compter du 7, avec l'entrée de Mars dans votre signe, vous êtes en zone de fertilité!

DANS L'ENSEMBLE DE VOTRE VIE

Si vous êtes dévoué à une cause, vous y consacrerez un maximum de temps. Si Vénus et Neptune en Verseau vous donnent du charme, ces planètes ont aussi pour effet de réactiver l'humanisme de certains d'entre vous. Peut-être avez-vous souhaité faire davantage pour les gens défavorisés, les enfants malades, la protection de l'environnement... Vous déciderez de faire un premier geste afin d'aider des gens qui n'ont pas votre chance et qui, peut-être, n'en auront jamais autant que vous. Vous savez pertinemment que donner votre argent est insuffisant : il vaut mieux que vous soyez présent pour que les choses bougent! Vous connaissez votre capacité de donner de vous-même lorsque vous y mettez du cœur, et une fois en place, il n'y a personne de mieux placé que vous pour développer des projets.

En tant que professeur, à compter du 17, sous les influences de Mercure et d'Uranus en Poissons dans le troisième signe du vôtre, vous ferez des recherches, généralement sur le comportement humain. Celles-ci vous permettront d'accumuler de nouvelles connaissances et d'intéresser vos étudiants aux matières que vous enseignez. Si vous avez un talent d'écrivain, vous aurez une idée géniale et ne résisterez pas à la tentation de vous mettre à l'œuvre.

Si votre travail vous permet de faire de grands voyages afin de représenter les intérêts de l'entreprise qui vous embauche, vous prendrez l'avion plusieurs fois. Si vous devez vous déplacer et sillonner les routes pour aller à la rencontre de vos clients, quel que soit le produit ou le service que vous vendez, vous ferez de très bonnes affaires.

Au tout début du mois, entre le 1er et le 6, si vous travaillez dans un monde compétitif, ne révélez pas vos secrets à qui veut les entendre. Restez aussi loin que possible des commérages.

Si vous travaillez en usine, soyez présent à ce que vous faites : une petite erreur pourrait avoir de plus grandes répercussions que vous ne pouvez l'imaginer. Si vous manipulez des outils tranchants, électriques ou mécaniques, assurez-vous du bon fonctionnement de tout ce qui vous passera entre les mains.

En ce mois vous, aurez envie de vous informer. Peut-être cherchez-vous une nouvelle orientation à votre vie... Les idées que vous puiserez dans divers livres vous aideront à la trouver, si tel est votre cas. Et si vous faites des mathématiques, de la science, de la biologie, de la microbiologie, vous serez génial. Vous pourriez faire une découverte au-delà de tous vos espoirs.

Si vous avez choisi un travail qui vous permet de protéger ou de sauver des vies, comme ambulancier, infirmier, médecin, policier, pompier, quel qu'il soit, vous serez le héros du mois dans votre milieu. Il est également possible qu'à titre de simple civil, vous veniez en aide à une personne qui, sans vous, aurait perdu la vie. Vous serez aussi un héros, que l'on en parle ou non. L'important, c'est ce que vous aurez fait pour quelqu'un d'autre. Sauver une vie, c'est aussi permettre au destin de tous les proches de celui qui vous doit la vie, de mieux se réaliser ou de se réaliser avec une peine en moins!

◖◗ MARS 2005 ◖◗

L'AMOUR

Vénus est en Poissons jusqu'au 22. Cette planète est dans le troisième signe du vôtre et permet un meilleur dialogue avec l'amoureux. Par ailleurs, c'est comme si on trouvait la clé pour ouvrir la porte: on réussira à vous faire parler de ce que vous ressentez, de ce que vous attendez de votre vie à deux et de ce que vous ne voulez pas vivre dans votre couple. S'il y avait des tensions, elles s'apaisent, elles se diluent. Vous êtes aussi beaucoup plus tendre que vous ne l'étiez le mois précédent. Peut-être avez-vous compris qu'il valait mieux exprimer clairement ses sentiments si on voulait être compris? Vous êtes né de Saturne, vous cachez aussi bien vos joies que vos peines. Ainsi, vous avez l'impression que personne ne sait quelque chose de vous. Certains signes sont incapables de vous comprendre, ils ne parlent pas le même langage que vous et ne partagent pas la même vision de la vie que vous. Mais d'autres signes vous devinent plus que vous ne l'imaginez. Vous ne vous cacherez pas longtemps d'un Poissons ou d'un Scorpion. Ces deux signes auront tôt fait de vous décoder!

Si vous vivez avec un signe de feu, un Bélier, un Lion ou un Sagittaire, ou avec un des trois signes d'air, un Gémeaux, une Balance ou un Verseau, l'action ne va pas manquer. Le feu a des projets, il ne reste pas là sans bouger. Il a besoin d'action, que vous le suiviez ou non. Quant aux signes d'air, vous avez beaucoup à apprendre d'eux : la communication ! Et ces trois signes d'air auront grande envie de causer avec vous en ce mois ! Par ailleurs, ils savent que vous êtes une oreille attentive. Un brin d'énervement avec un Poissons, la tranquillité avec un Scorpion ; lui-même très occupé, participation à de nombreuses activités familiales avec un Cancer. Quelques arguments sans importance avec un Taureau ou un autre Capricorne. Une Vierge lui proposera plusieurs sorties agréables.

Si vous êtes célibataire, vous sortirez davantage dans l'espoir de faire la rencontre d'une personne avec qui vous pourriez bien vous entendre. Vous cherchez l'amour, mais c'est à peine si vous osez vous l'avouer. Si vous pratiquez une activité sportive ou récréative, si vous suivez des cours du soir dans le but d'avoir de l'avancement ou pour le simple plaisir de satisfaire votre curiosité, vous pourriez y faire cette rencontre avec ce nouvel étudiant qui vous semblera avoir été envoyé du ciel juste pour vous. Vous profiterez de la pause pour entrer en conversation avec lui.

DANS L'ENSEMBLE DE VOTRE VIE

Il y a, parmi vous, des Capricorne qui sont à la recherche du plus grand que soi. Ils sont pieux à l'extrême, et en fait ils cherchent Dieu ou voudraient savoir quelle est cette énergie qui anime l'Univers et les hommes. Si vous avez développé une passion pour tout ce qui est du monde de l'invisible, si vous désirez toucher le ciel du bout des doigts, vous n'avez pas à vous rendre à l'autre bout du monde : la *puissance* est en vous et tout autour de vous. Si vous abandonnez famille, enfants, amis pour essayer de trouver une réponse à votre existence, ne croyez-vous pas, en fait, que vous prenez la fuite ? Vous n'avez peur de personne : vous avez peur de vous.

Un Capricorne est presque toujours à la recherche d'un pouvoir quelconque. Les uns le trouvent dans leur travail, où ils deviennent des experts, les autres dans leur famille, dont ils prennent le contrôle. Certains Capricorne sont des artistes qui ne vivent que pour les applaudissements et la marginalité que leur accorde leur statut. Que le Capricorne soit devant une foule ou au milieu de ses collègues, au travail, qu'il soit ministre ou mécanicien, qu'il ait un enfant ou qu'il en ait 10, il est habité par un profond sentiment de solitude, et celle-ci est semblable à un vide qu'il lui faut constamment remplir.

Quand on observe un Capricorne, on constate que sa vie est bien organisée : elle est remplie d'actions de toutes sortes. Il va d'un projet à l'autre. Il ascensionne la hiérarchie du monde dans lequel il travaille. Un Capricorne n'en reste jamais là où il a commencé : il progresse. Un jour, il se retrouve au sommet d'une entreprise. Il peut s'agir de la sienne ou de celle d'un autre, peu importe. Il a suivi une ligne de conduite et il a atteint son but, mais quelque chose en lui reste insatisfait. Il se demande, après avoir goûté à la gloire et la richesse, après avoir atteint la sécurité matérielle et le confort, où se trouve le bonheur. Vous êtes un signe de longévité, vous avez généralement une bonne santé. La vie a été généreuse quand elle a distribué la résistance physique, puisqu'elle vous en a donné une très grande. Pour découvrir ce qu'est le bonheur, il faut une longue vie. Le bonheur n'est nulle part ailleurs qu'en vous. Lorsque vous serez vieux, vous pourrez dire que vous l'avez cherché partout, mais pendant tout ce temps il était en vous. Le bonheur est fait de mille et une petites choses, il est dans les détails, comme dans les grandes œuvres. Il est dans un sourire, dans le rire. Le bonheur, c'est partager les rêves des autres, les aider à les réaliser. Le bonheur, ce n'est pas de posséder le monde, ni toucher le ciel, ni voir Dieu, ni devenir moine ou gourou. Le bonheur est tellement simple et facile à trouver que, pendant longtemps, vous avez eu du mal à imaginer qu'il puisse être juste là, à côté de vous.

Dans un tout autre ordre d'idée, en ce mois, vous transformerez votre maison, vous décorerez, vous achèterez des meubles, vous remplacerez le vieux par du neuf, du moderne. Vous changerez de style ! C'est une première parce que vous avez généralement du mal à vous défaire de ces objets que vous accumulez dans votre garage et dans le fond de votre garde-robe. Vous avez la manie d'amasser un tas d'objets en vous disant qu'un jour, ça pourrait servir. Ce jour viendra au moment où vous aurez décidé de changer votre vie, de la remettre à neuf.

Quand un jeune Capricorne s'installe dans sa propre maison, il achète du solide. Il préfère payer cher parce qu'il espère que ces biens dureront longtemps. Il en sera de même pour les appareils électriques. Chez lui, tout sera pratique ! Rares sont les

Capricorne négligents : ils voient à ce que tout ce qui les entoure soit bien fait et confortable.

Si jamais vous allez chez un Capricorne qui vit dans une maison digne d'un catalogue, dites-vous bien que vous n'aurez pas le droit de mettre vos doigts partout. S'il a des enfants, ceux-ci n'ont le droit de jouer que dans leur chambre ! Et s'il vous invite avec les vôtres, vos enfants devront suivre les mêmes règles. Si vous faites partie de ces Capricorne qui vivent dans le luxe, quelque chose ne va pas en vous ! Très souvent, vous négligez votre confort, vous avez choisi de ravir votre œil plutôt que de satisfaire votre sens du toucher. Quand un Capricorne se complaît dans les artifices, il lui manque généralement l'essentiel : l'amour de lui-même et celui d'autrui.

À la fin du mois, certains d'entre vous prendront la décision de déménager, de vendre leur propriété dans le but d'en acheter une autre. Attention : ça pourrait ne pas être simple si vous choisissez le premier agent d'immeubles que vous rencontrez. Avant de signer quoi que ce soit, assurez-vous que la personne qui s'occupe de vendre votre maison soit en règle avec la compagnie qu'elle représente. Soyez également très prudent en ce qui concerne l'achat d'une maison.

ᘓ AVRIL 2005 ᘗ

L'AMOUR

Jusqu'au 15, Vénus est en Bélier, et plus on se rapproche du 15, plus il risque d'y avoir de solides argumentations avec votre partenaire. Un Taureau est exigeant et trépigne d'impatience face à vous. Un Bélier ne cesse d'avoir des demandes de toutes sortes et oublie que vous avez aussi beaucoup à faire. Une Balance peut se plaindre du manque d'attention de votre part. Un Cancer peut être un brin déprimé et vous signifier qu'il a besoin de plus d'affection et de plus de tendresse. Les 15 premiers jours du mois ne sont pas reposants. Dans ce ciel d'avril, Mercure est en Bélier, et cette planète ne met pas de gants blancs pour dire ce qu'elle pense. Mais peut-être succomberez-vous à toutes ces pressions autour de vous, et vous aussi, vous perdrez peut-être patience.

Avec Mars et Neptune en Verseau, si vous avez un travail qui vous oblige à vous éloigner de la maison, de la famille, de votre partenaire, vous en serez presque heureux ! Parce que là, en plein boulot, vous n'aurez pas à répondre à toutes les questions que vous pose l'amoureux et auxquelles, de toute manière, vous n'avez pas encore de réponse.

Vous êtes beaucoup plus sensible que vous ne le laissez paraître. Et vous comptez sur le temps pour que la mauvaise humeur et les insatisfactions de votre partenaire se calment. Votre silence et votre éloignement peuvent, pendant longtemps, protéger votre couple parce qu'aucune guerre à long terme n'est possible : vous n'êtes pas là pour vous battre ! Les femmes, tout autant que les hommes, appliquent cette tactique pour échapper au moment des explications. Mais il vient un jour où il devient impossible de se taire. À la fin du mois, il faudra bien vous asseoir avec l'amoureux et discuter à propos de l'avenir de votre couple

Si vous êtes un heureux et bienheureux Capricorne, amoureux et attentif à votre partenaire, même si, durant la première partie du mois, vous êtes considérablement occupé, vous trouverez du temps pour l'autre, pas autant que vous le souhaiteriez, mais vous le lui direz. Cette réaction de votre part sera rassurante. L'amoureux sait que vous ne l'oubliez pas, que vous n'êtes pas complètement perdu dans votre travail et qu'il a toujours sa place dans votre cœur. Où que vous soyez, il y a toujours un téléphone si vous n'avez pas votre téléphone cellulaire. Ces jours où vous terminerez plus tard, vous aurez la délicatesse d'appeler votre partenaire. À la seconde moitié du mois, vous aurez plus de liberté, et sans doute sortirez-vous davantage avec l'amoureux. Il est important de partager avec l'autre des instants exclusifs et magiques. Quand aucun mot n'est prononcé, quand on s'aime, quand, pendant quelques minutes, on tient la main de l'autre, on lui a réaffirmé son amour et on s'est inévitablement rapproché de son âme.

En tant que célibataire, c'est à compter du 16 que vous vous apercevrez que votre solitude est bien lourde à porter. Un ami vous présentera une personne fort agréable, comme s'il avait deviné que celle-ci était faite pour vous ! La relation sera timide au début, et c'est bien. Ainsi, vous vous donnerez le temps de vous connaître avant de vous déclarer amoureux l'un de l'autre.

DANS L'ENSEMBLE DE VOTRE VIE

Que vous vendiez du rêve, des voyages, des cosmétiques ou des produits essentiels, qu'importe, étant donné que Neptune et

Mars sont en Verseau dans le deuxième signe du vôtre, vous ferez des profits intéressants. Vous avez l'art de vous présenter, et surtout le don d'être à la bonne place parmi les personnes les plus consommatrices qui soient!

Si vous êtes artiste, vous êtes plus que jamais en compagnie de vos collègues. On vous voit. Si vous avez travaillé dans le but de devenir populaire, par un heureux concours de circonstances, votre ténacité sera récompensée.

Si vous travaillez activement dans un domaine public, si, par exemple, vous êtes un représentant des droits des travailleurs, vous vous ferez clairement entendre et vous compterez sur des appuis inespérés.

De nombreux Capricorne ont pris une option politique et y sont à l'aise. Quant à ce monde à part, il est à souhaiter que vous n'ayez rien à vous reprocher. Vous êtes, plus que tous les autres Capricorne, soumis aux influences de Saturne en Cancer, qui fait face à votre signe et qui, en conséquence, laisse présager de la résistance. Quant à Jupiter en Balance, symbole de justice qui fait un aspect dur à votre signe, il est tel l'enquêteur qui veut tout savoir de vous ainsi que du résultat des décisions que vous avez prises, par exemple, en faveur d'un groupe plutôt qu'un autre. En tant que politicien, vous êtes surveillé.

Les Capricorne qui sont en affaires et qui brassent plusieurs millions sont eux aussi de potentiels candidats à la vérification officielle de la part de l'un de nos gouvernements, sinon des deux. Il est à souhaiter que leur comptable ait bien tenu leurs livres au cours des dernières années.

Mais il y a, en majorité, des Capricorne qui ont un emploi régulier et un salaire fixe. Ces derniers n'ont pas à se préoccuper des vérificateurs, ils font leurs déclarations fiscales comme il se doit. Mais, en ce mois, il est fort possible qu'il y ait plus de travail qu'à l'accoutumée et qu'ils fassent de nombreuses heures supplémentaires. Ceux qui sont dans la rénovation et la construction seront très en demande. Si, jusqu'à présent, ils servaient leurs clients à prix modiques, ils hausseront légèrement leurs coûts de service.

Si vous travaillez dans un domaine comptable, vous serez débordé par les divers rapports que l'entreprise exige. Peut-être que vous devrez aussi faire des heures supplémentaires afin de produire ces dossiers à temps. Si vous êtes à l'emploi d'une très grande entreprise, vous ne serez pas étonné de vous retrouver avec un tas de nouvelles charges, spécialement si le géant fait encore des acquisitions.

Si vous vivez une rupture et que vous n'arrivez pas à négocier avec votre partenaire parce qu'il veut s'accaparer de tout, et parce que vous n'avez pas ce qu'il faut pour vous défendre, faites appel aux services d'un avocat. Les 15 premiers jours du mois sont les plus délicats : ne signez rien dont vous ne soyez pas certain. Vous pourriez vous mettre dans une fâcheuse situation et vous retrouver avec des miettes plutôt qu'avec les fruits d'une juste répartition des biens. Un divorce ou une séparation, c'est encore plus difficile quand le couple a des enfants! Il faut donc bien établir qui aura la garde de ceux-ci, quand vous pourrez les voir, et combien, exactement, il vous en coûtera si vous payez une pension. Ce n'est jamais un temps facile à vivre, et si vous êtes perdu au milieu de tout ça, appelez un ami à la rescousse. Ne restez pas seul avec votre angoisse et votre peur. Il est tout à fait normal de n'être pas très bien dans sa peau dans une telle période. En tant que Capricorne, vous êtes un anti-divorce. Lorsque vous donnez votre parole à quelqu'un et que vous prononcez que «c'est pour le meilleur et pour le pire», vous êtes prêt à affronter beaucoup d'épreuves et même à supporter, pendant longtemps, d'être trompé! Mais il vient un temps où l'on n'en peut plus! Et peut-être en êtes-vous justement là... Si vous avez été un Capricorne patient et tolérant envers un partenaire frivole, sous Jupiter en Balance et Saturne en Cancer, et à l'approche du printemps, vous avez décidé de renaître. Afin que cette renaissance ait lieu avec un minimum de confort matériel, il faut défendre vos droits.

⟨⟨ MAI 2005 ⟩⟩

L'AMOUR

Jusqu'à présent, la vie n'a pas été très calme pour la majorité d'entre vous. Puisque vous avez bénéficié des premiers mois de l'année en toute tranquillité, c'est sans doute parce que vous êtes un grand sage, un être profondément amoureux du genre humain. Aussi avez-vous réussi à vivre avec le meilleur de chacun, et non le pire. Peut-être avez-vous pris soin de votre partenaire qui traversait une zone grise et qui se sentait déprimé. Peut-être que votre amoureux a subi une intervention chirurgicale et vous avez été là pour l'aider à remonter la pente.

Si vous avez été bon, ce mois de mai sera doux. Vous aurez l'occasion de préparer un voyage et de partir avec l'amoureux avant que le mois se termine.

Si, dans votre vie de couple, vous jugez avoir pris la majeure partie des responsabilités, alors que votre partenaire a eu beaucoup de temps libre et qu'il a pu vaquer à de nombreuses activités récréatives, si cette situation dure depuis déjà quelques années, vous prendrez votre courage à deux mains et vous lui parlerez sérieusement. Et si c'était vous qui preniez du bon temps, alors que votre partenaire se dévouait corps et âme pour sauver la situation familiale, pour essayer de préserver votre couple? Il se peut qu'il soit las de tout ça. En ce qui vous concerne, que vous soyez celui qui exagère et qui prend le meilleur ou que vous soyez celui qui subit cette situation, dans un cas comme dans l'autre, il faudra décider d'une autre manière d'envisager votre vie de couple ou votre vie familiale. Si les uns trouvent le courage de quitter une vie qu'ils n'ont plus envie de vivre, les autres, qui se sont crus au-dessus de tout et qui n'ont eu aucune considération pour leur partenaire, seront quittés. Ne dit-on pas souvent qu'il vaut mieux vivre seul qu'en mauvaise compagnie? Si vous choisissez ce mois pour mettre «cartes sur table», vous le ferez paisiblement et vous procéderez étape par étape.

En tant que célibataire, à compter du 11, votre milieu de travail est très favorable à une rencontre. Un collègue qui vous a toujours attiré exerce une plus grande fascination sur vous. Et vous vous rendez compte que c'est réciproque; cette personne vous manifeste de plus en plus d'intérêt. Il est peut-être temps que vous preniez un rendez-vous officiel avec lui après les heures de travail! Pourquoi ne pas l'inviter à souper? Après tout, un souper, ce n'est pas un engagement: c'est une manière de socialiser, de parler de soi, d'écouter et d'apprendre comment cette personne vit en dehors du travail!

DANS L'ENSEMBLE DE VOTRE VIE

Votre travail prend une énorme place en ce mois de mai, et plus encore si vous êtes obligé de vous déplacer pour aller à la rencontre de vos clients. Vous serez en demande du matin au soir! Cela signifie aussi que vous facturerez davantage! Ce qui, éventuellement, vous permettra de payer vos comptes et peut-être bien de vous offrir ce luxe que vous avez repoussé depuis des mois parce que vous n'en aviez pas les moyens.

Si vous faites du commerce avec l'étranger, il est possible que vous deviez partir à plusieurs reprises afin d'achever quelques négociations trop difficiles à clore par téléphone. Et puis, vous savez aussi qu'il y aura une montagne de paperasses à étudier, à remplir et à signer afin d'officialiser une association ou de finaliser une énorme transaction.

Si vous travaillez dans un endroit fixe, un bureau, une usine, quel que soit le poste que vous occupez, tout au long du mois, il y aura toujours ici et là quelqu'un à remplacer! Vous aurez donc deux fois plus de boulot. Par contre, vous avez suffisamment d'énergie pour répondre à toutes les demandes.

Si vous participez à une oeuvre, si vous donnez de votre temps à une cause, et principalement si elle concerne les enfants, des petits ou des grands, vous serez plus occupé que d'habitude. À compter du 15, il y a dans «l'air planétaire» plusieurs aspects concernant les jeunes qu'on a abandonnés et maltraités, et ceux qui sont révoltés contre leurs parents. Les délinquants occuperont la scène, et si vous vous occupez de ce groupe d'individus dans le but d'en sauver quelques-uns et d'adoucir leur existence, vous ferez un travail extraordinaire.

Si vous avez une propriété et que vous avez des problèmes avec un voisin, dès le départ, il faudrait y mettre de l'ordre avant que ceux-ci dégénèrent en une guerre sans fin. S'il y a aggravation et que vous n'arrivez à aucune entente, sans doute faudrat-il vous informer de vos droits. Sous ce ciel de mai, si rien n'est fait, il n'est pas impossible que vous subissiez un peu plus que des menaces et que cette fois, vous ayez besoin d'une protection policière.

Si vous avez vécu une rupture et que votre ex-conjoint est un vengeur, durant les derniers jours du mois, il est possible que vous ayez de mauvaises surprises à votre porte. On essaiera de vous effrayer, mais si jamais cela allait plus loin que l'intimidation, n'hésitez pas à demander de l'aide. Si vous restez seul, invitez un ami à habiter avec vous durant quelques jours. Les hommes sont aussi vulnérables que les femmes lorsque quelqu'un a décidé de frapper pour faire mal! Pour échapper à ce genre de situation, il suffira qu'on sache que vous avez un témoin avec vous.

᥈ JUIN 2005 ᥉

L'AMOUR

L'amour et les beaux sentiments sont principalement concentrés sur la vie de famille en ce mois de juin. C'est comme si l'amour lui-même faisait un petit détour : il ne va pas directement à l'amoureux, il passe par vos enfants ou il va de vos enfants à l'amoureux. Vous ne pouvez pas dissocier ceux que vous aimez. Vous aurez même du mal à vous expliquer à vous-même ce qui se passe en vous. Vous englobez toute votre famille, chacun est dans votre bulle amoureuse ! L'aspect de cet amour, qu'on porte différemment aux uns et aux autres, vous reviendra à l'esprit à compter du 13, alors que Mars est en Bélier, et prônera la division en faisant face à Jupiter en Balance ! Les jours se suivent, mais ne se ressemblent pas : c'est bien connu !

Si vous ne vivez pas avec le père ou la mère de vos enfants, vous vous questionnerez longuement. Peut-être traitez-vous un des vôtres comme vous aimeriez traiter votre ex-conjoint, et plus particulièrement un adolescent qui aurait adopté un comportement déplaisant de votre ancien partenaire. Si vous aimez profondément votre enfant, pourquoi ne pas consulter un psychologue de votre choix afin de mieux comprendre ce qui se passe en lui et pour qu'enfin, tous deux, vous vous entendiez mieux surtout si, en majeure partie du temps, votre adolescent révolté vit avec vous ! Sachez que vous ne pourrez l'obliger à aller consulter. Par contre, le fait d'y aller vous-même, sans le lui dire, vous aidera à adopter un comportement adéquat. Après tout, ces gens qui pratiquent ce métier sont formés pour donner de bons conseils !

Le bonheur prend différentes teintes. Il n'est pas égal tous les jours. Il y a des matins où vous avez l'impression que, sans l'autre, vous ne seriez pas ce que vous êtes, vous n'auriez pas fait toutes ces choses pour réussir votre vie professionnelle, vous n'auriez pas acquis autant de biens, vous ne seriez pas aussi raffiné, vous n'auriez pas fait tous ces voyages. Pourquoi ne pas parler de vos états extatiques à votre amoureux ? Votre partenaire vit probablement de tels instants ! En d'autres temps, vous souhaiteriez être libre, ne pas avoir à répondre à qui que ce soit, et il en est de même pour votre amoureux ! Mais généralement, avec les années qui passent, entre deux personnes, on ne se parle plus de ce qu'on ressent. Si vous êtes en couple avec

438 • Horoscope 2005

une personne bavarde, avec le temps, elle est devenue de plus en plus silencieuse, au point où vous doutez de la continuité de votre vie à deux! Vous êtes nombreux, cette année, à ne plus savoir ce qu'il faut faire! Poursuivre ou tout arrêter? Rester ou vous séparer?

À compter du 13, si vous laissez les tensions s'infiltrer en vous, elles seront inévitablement perçues par l'amoureux, et ce que vous ne dites pas, l'autre pourra l'exprimer! Sous votre signe régi par Saturne, il arrive que vous provoquiez la guerre sans même souffler un mot. Votre attitude et vos réactions parlent pour vous. Votre mutisme laisse croire à l'autre que vous êtes totalement indifférent. C'est une agression lorsque quelqu'un pose une question et que l'interlocuteur se retourne pour ne pas avoir à répondre! À compter du 13, vous adoptez une telle attitude ou vous vous repliez sur vous-même. Peut-être ne cesserez-vous de critiquer votre partenaire qu'au moment où le sommeil vous prendra! Pour les Capricorne dont la vie de couple n'est qu'une longue série de tensions, si vous êtes à l'approche d'un déménagement, dans l'énervement, vous direz des choses regrettables ou c'est votre partenaire qui n'aura aucun bien à vous dire!

L'amour est écorché sous votre signe, et cela, depuis le début de l'année. Aimer ou ne pas aimer, telle est la plus cruciale de vos questions.

En tant que célibataire, alors qu'une relation vient à peine de commencer, vous reculez. Vous en avez examiné tous les contours, et dès que des difficultés apparaissent, comme l'éventualité de devoir vivre en famille reconstituée, vous prenez peur!

Mais certains célibataires sont en mission cette année: ils veulent sauver leur partenaire et non pas l'aimer! Mais ces derniers sont sincères quand ils disent qu'ils veulent aider... Cependant, personne ne peut faire disparaître les problèmes personnels d'une autre personne, même avec beaucoup de dévouement. Si vous vous reconnaissez en tant que missionnaire, faites un examen de conscience. Peut-être utilisez-vous ce moyen pour vous prouver à vous-même que vous êtes important... Vous avez un sens inné des responsabilités. Saturne vous en a pourvu à votre naissance. Cependant, vous mettre en tête que vous pouvez faire le bonheur d'une personne, ce n'est pas paisible. Les autres ne changent leur vie que lorsqu'ils l'ont décidé.

Si vous vivez une belle union, n'allez surtout pas vous plaindre : vous faites partie des Capricorne exemptés du mal d'amour !

DANS L'ENSEMBLE DE VOTRE VIE

Ne vous attendez pas à un mois tranquille... Ça bouge vite ! Ça commence par le Soleil en Gémeaux jusqu'au 21, et par la suite, ça continue sous le Soleil en Cancer face à votre signe !

Il est à nouveau temps de songer aux vacances de vos enfants et aux vôtres ! Si certains doivent chercher une autre gardienne pour l'été parce que la régulière prend congé, d'autres sont à la fois à la maison, au travail et au milieu des enfants et des boîtes parce qu'ils se préparent à déménager. D'autres encore sont mutés et devront partir dans une autre ville. L'entreprise qui emploie leurs services ne leur a pas donné le choix : c'était ça ou perdre son travail ! Ne vous dites-vous pas que la vie est dure ? La vie est ce qu'elle est ! Elle serait considérablement plus dure si vous viviez dans un pays où on se tire les uns sur les autres, où les ravitaillements sont rares et où l'on ne soigne pas les gens malades. Saturne vous fige dans votre petit monde. Levez la tête et regardez au loin : vous vous apercevrez que, malgré vos difficultés, vous êtes choyé !

Certains d'entre vous se demandent si leurs problèmes vont enfin se résoudre... Mais n'avez-vous que des problèmes ? Ne passez-vous pas ici et là des moments agréables auprès des vôtres, avec vos amis ? Ne vous accordez-vous pas des petits luxes, des plaisirs ? N'avez-vous pas tout ce qu'il faut pour vous nourrir convenablement ? N'avez-vous pas un toit sur la tête pour vous protéger du mauvais temps ? Même si vous ne dites rien, si vous avez la manie de tout compliquer, la vie vous paraît morne et le but que vous poursuivez perd de son intérêt. Conséquemment, quand vous relâchez votre attention, le travail ne se fait pas à votre façon et des erreurs sont commises. À qui la faute ? C'est celle d'un collègue qui ne peut remplir ses tâches convenablement. Mais, en général, ce qui survient et que vous considérez comme étant «grave» se résout grâce à vos idées, à votre talent, à vos capacités, et en un tour de main. Ne dramatisez pas en ce mois de juin. Regardez la réalité telle qu'elle est. Émotion et logique font-elles vraiment bon ménage chez vous ? Qui peut résoudre des interrogations émotionnelles avec sa logique ? Pouvez-vous vivre des émotions pour ensuite les classer et les ranger comme vous le feriez avec vos comptes payés? N'est-ce pas là une grande question existentielle? On peut s'émouvoir, observer une autre personne en faire autant, mais on ne peut trouver une réponse juste, ni précise, ni mathématique à ce qui nous assaille et nous tourmente. Mais nous pouvons nous apercevoir que nous sommes piégés quand nous tentons de tout expliquer.

Vous pouvez résoudre un tas de choses dans le monde de la matière, jongler avec l'argent, le placer, le dépenser utilement, le gaspiller, etc. Vous pouvez construire une maison, la réparer, l'embellir, vous acheter une voiture, la vendre. Vous pouvez choisir entre cuisiner ou aller au restaurant, etc. Vous avez un talent fou quand il s'agit de solutionner ce qui se voit et s'explique raisonnablement. Généralement, vous visez juste! Mais quand l'émotion devient une question, vous êtes piégé! Par ailleurs, ne réglez pas vos problèmes matériels sans réfléchir. Vous avez toujours besoin d'un plan précis. Autrement, vous passez à côté de vous-même et vous êtes sujet à commettre des erreurs.

⊲⊙ JUILLET 2005 ⊙⊳

L'AMOUR

Vous êtes sous l'influence de Vénus en Lion jusqu'au 23. Mercure est aussi dans ce signe. À compter du 17, Saturne entre en Lion et restera dans ce signe jusqu'au 2 septembre 2007! Ces planètes sont dans le huitième signe du vôtre. Saturne joue un rôle important, puisque c'est lui qui régit votre signe. Vous entrez au cœur de vos transformations les plus importantes. À compter de ce mois, vous ne pourrez plus retarder bien longtemps ces décisions que vous avez sans cesse remises à plus tard, principalement au sujet d'amour. Le Lion est le symbole du cœur, lequel se donne le droit d'aimer et d'être aimé en retour.

Peut-être fréquentez-vous quelqu'un depuis plusieurs mois et vous passez votre temps à hésiter entre un engagement ou le fait de préserver votre liberté... Vous êtes seul et libre, vous ne pensez qu'à l'autre... Quand vous êtes avec l'autre, vous vous demandez si vous ne devriez pas le quitter... Oui et non! N'est-ce pas là un profond malaise? N'avez-vous pas l'impression de stagner? Pourquoi l'amour vous effraie-t-il à ce point? Vous n'y trouvez là rien de logique; lorsque vous fouillez au-dedans, vous savez fort bien que vous n'aimez pas votre solitude: elle est lourde à porter. Aimer n'est pas le partage de deux solitudes, c'est la rencontre de deux âmes et de deux cœurs. Si vous accordez votre amour à cet autre, peut-être y mettrez-vous une montagne de conditions ? Est-ce un test ? Si vous poursuivez dans cet état d'esprit, il est possible qu'on mette fin à la relation.

Mais peut-être faites-vous partie des Capricorne qui sont présentement dans la vingtaine. Étrangement, vous êtes issu de cette génération qui ne craint pas de vivre en amour. Vous n'avez pas encore étouffé votre intuition, vous laissez libre cours à vos perceptions, c'est comme si vous saviez où se trouvait le bonheur à deux. Vous n'aurez pas besoin de chercher longtemps, vous saisirez l'amour qui s'offre à vous parce que vous savez que ce bonheur qui passe pourrait s'enfuir. Vous n'avez pas l'intention de le regretter durant toute une vie !

Si vous êtes heureux dans votre vie de couple et que vous viviez depuis longtemps avec la même personne, si vous n'avez aimé qu'elle, si, comme la plupart des gens, vous avez traversé des étapes éprouvantes qui n'ont pas altéré l'amour que vous avez l'un pour l'autre, sans doute devriez-vous être cité en exemple. L'amour est possible ! Mais ne dit-on pas que les gens heureux n'ont pas d'histoire ? Amoureux comme au premier temps, vous ne résisterez pas à l'envie de faire un autre voyage de noces !

Si votre couple n'est qu'une suite de tensions et de complaintes, à compter du 17, vous conclurez que vous n'avez plus de temps à perdre à être malheureux ou à espérer que quelque chose se passe ! Vous parlerez honnêtement à votre partenaire de votre désir de prendre vos distances afin que tous deux, vous ayez la chance d'être heureux chacun de votre côté.

DANS L'ENSEMBLE DE VOTRE VIE

Si vous êtes à votre compte, si vous ne travaillez pas seul et que votre comptabilité n'est pas en ordre, il faudra bien vous décider à démêler votre paperasse. Si vous ne le faites pas vous-même, il est important que vous embauchiez une personne très méticuleuse. Une erreur pourrait causer plusieurs désagréments. Vous pourriez devoir vous expliquer longuement à ces personnes à qui vous devez de l'argent, alors que vous étiez certain d'avoir payé toutes vos factures. Il ne faut rien négliger en tant que propriétaire d'une entreprise.

Si vous êtes un travailleur autonome et que votre bureau est à la maison, vous aurez plusieurs contrats à remplir de toute urgence. Il faudra donc chasser ces gens qui, amicalement, vous visitent, sinon ils vous feront perdre un temps fou. C'est l'été et c'est toujours plus difficile de rester à l'intérieur pour travailler. Le beau temps vous fait des signes et vous convie à fêter la nature. Mais vous savez parfaitement que, si vous ne remplissez pas vos obligations, vous perdrez d'importants clients et qu'il sera assurément plus difficile de payer vos comptes. En ce mois, restez centré sur vos intérêts! Si la nature croît, l'argent, lui, ne pousse pas dans les arbres.

Parmi vous, certains ont fini par accepter une promotion et s'adaptent à leur nouveau rôle de chef. Sous votre signe saturnien, on n'a aucun mal à imposer ses vues. Vous êtes organisé, persuasif, et généralement, vous avez préparé vos plans et ils sont parfaitement acceptables aux yeux de ceux qui sont sous vos ordres. Le statut de patron convient très bien à votre signe!

En tant qu'employé, si vous travaillez pour une très grande entreprise qui effectue de nombreuses compressions ou qui ne paie pas bien son personnel alors qu'elle fait des milliards, il est possible que vous soyez à l'origine d'une importante requête! Vous réunirez tous vos collègues afin d'obtenir d'autres bénéfices et avantages.

Si vous prenez vos vacances en famille, vos enfants ne seront pas sages comme des images. Ils ont besoin de bouger, et vous, de les surveiller surtout s'ils sont petits.

Quant à vos jeunes qui jouent aux adultes, vous devrez être plus attentif à leurs sorties ainsi qu'à leurs diverses fréquentations afin de leur éviter de se retrouver dans des situations dangereuses. Posez des questions: vous êtes le parent et vous avez parfaitement le droit de savoir où vont vos mineurs. Vous ne pouvez ignorer que la drogue et l'alcool sont plutôt faciles à obtenir. En fait, les mineurs qui en veulent demandent à des majeurs de leur en procurer! Les planètes en Lion représentent vos enfants, et principalement ceux qui veulent s'émanciper. Et, en ce mois, sous la pression de Mars en Bélier, ils veulent le faire rapidement!

☙ AOÛT 2005 ❧

L'AMOUR

Vénus est en Vierge jusqu'au 17 dans le neuvième signe du vôtre. Elle est entrée dans ce signe depuis le 24 juillet dernier, et depuis ce temps, vous êtes en bonne position sur le plan sentimental. En tant que célibataire, vous rencontrerez une personne sérieuse, du type pensant, quelqu'un qui réfléchit avant d'agir et qui pourrait avoir des origines étrangères ou avoir beaucoup voyagé. Il faudra courtiser cette personne. Il ne s'agira pas d'avoir une aventure d'un jour. Ce sera plutôt la possibilité de ne pas continuer à vivre en solitaire.

Mercure est en Lion tout au long du mois. Bien que Saturne soit aussi en Lion, il ne fait pas de conjonction à Mercure. Par contre, leur proximité tend à durcir vos jugements face à un partenaire avec lequel votre entente n'est pas excellente. Même si vous ne faites aucun grand discours ni aucune critique pointue, si votre partenaire est un réagissant, il ne manquera pas de répondre à chacun de vos moindres mots. Il sait très bien que vos considérations mentales sont loin d'être complaisantes.

À la fin du mois, vous serez attiré par une personne tout à fait hors de l'ordinaire. Si vous êtes libre comme l'air, rien ne vous interdit de flirter et de vous lier à cet individu. Mais si vous êtes marié, une aventure pourrait considérablement changer votre vie de couple. Si votre liaison n'est pas sue au départ, il ne faudra pas beaucoup de temps avant que votre partenaire la découvre. Sans vous en rendre compte, vous laisserez des indices, comme si vous vouliez être pris! C'est souvent la technique de celui qui ne veut pas avouer qu'il ne supporte plus sa manière de vivre en couple. En étant découvert, il laisse souvent à l'autre le soin de prendre la décision de rompre. Ainsi, vous n'êtes pas celui qui part, mais celui qui est quitté! Ce dernier est souvent considéré comme la victime... Ce qui semble, aux regards de ceux qui vous connaissent, être une situation plus acceptable!

DANS L'ENSEMBLE DE VOTRE VIE

Sur le plan professionnel, vous êtes en plein questionnement, surtout si l'entreprise qui emploie vos services procède à des changements administratifs. Si vous n'êtes pas le premier entré, vous savez fort bien que vous serez un des premiers à devoir partir. Il y a de nombreux aspects qui présagent que vous devez vous transformer, choisir une autre orientation professionnelle. Si, en fait, vous n'avez pu faire des études comme vous l'auriez souhaité, vous vous informerez au sujet des cours qui sont offerts dans un domaine qui vous attire depuis fort longtemps. Et, à la fin du mois, vous commencerez des démarches en vue d'obtenir un certificat de compétences.

Si votre poste vous oblige à de grands voyages, vous partirez à plusieurs reprises afin de représenter les intérêts de l'entreprise. Si vous travaillez pour une très grande entreprise ayant des ramifications dans d'autres pays, il est possible qu'on vous offre de déménager à l'étranger. Si tel est votre cas, vous prendrez le temps d'y réfléchir, principalement s'il vous faut déplacer toute votre famille!

En tant qu'artiste, si vous avez travaillé dans une direction bien précise depuis plusieurs mois, vos efforts donnent enfin des résultats et vous recevrez une excellente nouvelle. Si, pour certains, il s'agit d'un commencement, pour d'autres, c'est la grande poursuite, le moment où ils seront publiquement reconnus pour leur talent et leurs œuvres. Musique, chanson, cinéma et théâtre sont les milieux les plus favorisés.

Si, toutefois, vous faites partie des Capricorne qui se sont endettés et si vous êtes maintenant obligé de rembourser ce que vous devez alors que vous ne le pouvez pas, pour vous en sortir, vous aurez besoin d'un maximum de tact et de diplomatie lorsque vous rencontrerez ces gens avec lesquels il vous est encore possible de faire des arrangements.

Si vous vous occupez d'affaires publiques, si vous participez à une cause humanitaire, vous ferez plus de bruit qu'à l'accoutumée. Vous secouerez le groupe lui-même dont vous faites partie. S'il est question d'amasser des fonds pour faire bouger l'œuvre à laquelle vous participez, vous serez bien inspiré et vous irez droit à l'entreprise qui ne pourra refuser l'argent dont vous avez besoin.

Si vous prenez vos vacances en ce mois, soyez prudent sur les routes.

Si vous avez des problèmes de santé, il faudra être plus attentif au régime qu'on vous a conseillé de suivre.

Si vous faites des exercices hors de l'ordinaire, peut-être aurez-vous quelques maux de dos. Quel que soit le sport que vous pratiquez, ne soyez pas si compétitif : en ce mois d'août, votre corps supporte bien mal le stress.

ᕙᒡ SEPTEMBRE 2005 ᒡᕗ

L'AMOUR

Jusqu'au 11, Vénus est en Balance et fait encore un aspect difficile à votre signe, ce qui laisse supposer que vous porterez peu d'attention à votre partenaire. Vous consacrerez la majeure partie de votre temps à votre travail, à votre objectif ou à des activités récréatives. Si vous avez besoin de prendre un recul pour mieux réfléchir à votre relation, pourquoi n'en parlez-vous pas avec l'amoureux ? Il est possible que vous découvriez qu'il a besoin d'en faire autant ! Il ne s'agit pas là d'une séparation, mais d'un simple éloignement permettant à tous deux de faire en solitaire ce qui lui plaît. Pas de questions, pas d'explications. Vous mangez ce que bon vous semble sans devoir justifier votre gourmandise. Il y a des couples qui ont grandement besoin de ces petites libertés pour se rapprocher ensuite.

En tant que célibataire, sans doute le resterez-vous jusqu'au 11. Puisque Vénus est dans le dixième signe du vôtre, vous êtes plus préoccupé par votre travail que par l'amour lui-même. Un flirt vous a peut-être laissé dans la peur ? Ou peut-être avez-vous rencontré une personne qui, deux cafés plus tard, vous expliquait ses conditions de vie à deux... Il est fort possible que, sous Vénus en Balance, vous ayez rencontré quelqu'un qui soit contrôlant ou ce genre de personne qui s'écoute parler sans s'enquérir de qui vous êtes. C'est à compter du 12, sous Vénus en Scorpion dans le onzième signe du vôtre, que le monde des surprises viendra vers vous. Vous rencontrerez une personne à faire rêver, mais elle sera bien réelle et vous pourrez l'approcher aisément. Mars est en Taureau et fera face à Vénus en Scorpion, ce qui laisse supposer une attraction spontanée, une rencontre où deux personnes se disent en même temps qu'elles ont l'impression de se connaître depuis longtemps !

Si, depuis le début de l'année, votre vie de couple n'a pas été facile à vivre, vous vous rapprochez du calme après la tempête. À compter du 11, sous Vénus en Scorpion, vous saurez exactement si oui ou non vous poursuivez votre route avec votre partenaire. Vous n'êtes pas du type à divorce ! Vous évitez les séparations et vous êtes prêt à de nombreuses concessions pour maintenir votre union, surtout quand vous avez des enfants. Si vous n'avez pas derrière vous 20 années de querelles, si, en fait, vous avez traversé, comme bien d'autres, une crise de couple, vous passez au travers. Les dommages sont réparables!

DANS L'ENSEMBLE DE VOTRE VIE

Si, dans le passé, vous êtes parti en voyage afin de représenter les intérêts de l'entreprise, il en sera encore question et sans doute, au milieu du mois, devrez-vous être prêt à partir plus longtemps que jamais auparavant.

Si vous faites du commerce avec l'étranger, à compter du 5, vous recevrez d'excellentes nouvelles à la suite d'une transaction qui a commencé quelques mois plus tôt. Que vous achetiez ou vendiez, vous ferez de très bonnes affaires et vous êtes assuré d'en retirer un très bon profit.

En tant que parent, c'est le retour à l'école. Pour ceux dont les enfants sont jeunes, c'est la course entre le boulot et le service de garde ou la garderie. Mais puisque Mars est en Taureau, vous avez beaucoup plus d'énergie que vous ne pouvez l'imaginer. Vous avez beau courir, vous reprenez rapidement votre souffle. Durant les trois derniers jours du mois, soyez prudent au volant. Si votre voiture n'est pas en bon état, avant de prendre la route, faites-la réparer ou n'oubliez pas de faire le plein! Vous seriez fâché contre vous si vous étiez coincé dans la circulation, et plus encore si vos enfants étaient avec vous!

Si vous avez un esprit créateur, que vous soyez un artiste ou un savant à la recherche d'une cure miracle, si vous êtes un inventeur, dès le début du mois vous aurez des idées hors de l'ordinaire. Vous aurez l'impression que quelque chose de plus grand vous pousse à expérimenter dans le domaine où vous êtes impliqué. À compter du 6, avec Mercure en Vierge dans le neuvième signe du vôtre, vous serez extraordinairement logique et intuitif.

Si vous travaillez en équipe, à compter du 21, il est possible qu'un collègue vous agace. Il serait préférable que vous évitiez la guerre avec lui. Essayez de discuter, usez de diplomatie pour lui dire que son attitude vous déplaît. Peut-être serez-vous surpris de vous entendre dire que vous n'êtes pas non plus une personne avec qui il est facile de travailler! Et après une discussion honnête, peut-être vous rendrez-vous compte que vous n'êtes pas si différent de ce collègue...

Si vous avez la charge d'un secteur de l'entreprise, il faudra surveiller de plus près ce qui s'y passe, principalement s'il s'agit de manipuler divers produits. Un petit voleur peut s'être glissé dans le personnel. Par exemple, en tant que propriétaire d'un dépanneur ou de tout autre magasin, des petits filous aux mains agiles seront à surveiller.

Je n'ai pas abordé l'aspect mystique du Capricorne. De toute manière, bien rares sont les Capricorne qui renoncent à leur «moi, je possède». Lorsqu'un Capricorne part à la recherche de la sagesse, il voyage dans tous les sens, il s'instruit en étudiant diverses doctrines religieuses, il essaie de comprendre le sens de la vie. En réalité, il est à la recherche d'un sens à donner à sa propre vie. Il lui faut beaucoup de temps pour réaliser que l'existence a plusieurs sens, et celui qu'il doit trouver, c'est le bonheur tout simple, aussi simple qu'un bonjour et une bise affectueuse. Le Capricorne ne trouvera pas de satisfaction dans le pouvoir: une fois qu'il l'aura touchée, il s'en détournera et mettra son énergie au service d'une autre activité, d'un autre dada. Quand le Capricorne se détourne de son prochain et qu'il se replie sur lui-même, il peut parfois se perdre en de futiles plaisirs tels que le jeu, l'alcool, la drogue et l'abus de médicaments. Quand un Capricorne ne participe pas à l'amélioration du sort d'autrui, quand il ne s'intéresse à rien d'autre que lui, il est un bien triste personnage pleurant sur son passé. C'est la forêt qui lui cache la vue de ce petit sentier qui le conduirait à l'Univers afin qu'il en fasse un lieu plus agréable à vivre. D'abord, il le ferait pour ses proches, et ensuite pour tous ses descendants. Sa mission principale est celle d'être un père, père de famille, père d'une petite ou d'une grande société. Un Capricorne peut être le père d'une nation, à condition de la protéger et non pas dans le but de se «faire voir». Le Capricorne est régi par Saturne, et malheureusement, Saturne a la manie de restreindre, de limiter, de contrôler. Souvent, le Capricorne finit par abuser du pouvoir qu'il acquiert. L'année 2005 s'est prêtée à ce genre de réflexions. Le Capricorne a eu des choix à faire. L'année n'est pas terminée. La vie se chargera de lui ouvrir ce sentier au bas d'une autre montagne, qui le conduira vers le sommet.

⫷ OCTOBRE 2005 ⫸

L'AMOUR

Depuis le 12 septembre, Vénus est en Scorpion et reste dans ce signe jusqu'au 8. Puis elle passera en Sagittaire. Mercure est en

Balance jusqu'au 8, et entre en Scorpion du 9 au 30. Toutes les planètes, à l'exception de Mars, sont des signes qui vont de la Balance au Poissons, soit les six derniers signes du zodiaque, dont vous faites partie. C'est sérieux. Si vous êtes amoureux, il faut prendre conscience de la chance que vous avez de pouvoir aimer. Si vous êtes aimé en retour, il faut aussi savoir qu'en vous, il n'y a aucun temps mort. Vous êtes rempli de l'amour de l'autre. Cet échange d'énergie permet aux partenaires de se ressourcer constamment. À la fin du mois, à compter du 26, alors que Vénus et Pluton seront en Sagittaire, en conjonction, vous pourriez vivre des moments d'extase avec la personne que vous aimez. Nul besoin de faire un voyage à l'autre bout du monde : l'amour vous fera voyager dans le temps. Vous pourriez faire des rêves étranges sous ces aspects et voir ce qu'il adviendra de vous et de l'autre dans 10 ou 20 ans, où vous en serez tous les deux et quelles seront vos conditions de vie. De plus, à compter du 26, Jupiter entre en Scorpion et fait le poids dans la balance du psychisme. Il vous accorde le droit de voir beaucoup plus loin que votre nez !

Si vous avez vécu une rupture, il est normal que vous pansiez votre plaie. Peut-être chercherez-vous à vous étourdir lorsque vous vous retrouverez seul... Mais vous vous apercevrez bien vite que, plus vous tournez, moins vous voyez clair. En réalité, après une séparation, il n'est pas mauvais de faire une retraite : pas trop longtemps, juste ce qu'il faut pour savoir où vous en êtes et reconnaître ce que, désormais, vous ne voulez surtout plus vivre dans une union.

Si vous êtes célibataire depuis déjà bien longtemps, vous organiserez des sorties et vous serez sélectif. Vous irez là où il est possible de rencontrer quelqu'un ayant des intérêts semblables aux vôtres. Si vous êtes réceptif, à l'écoute de vous-même mais ouvert sur le monde et sur l'amour, vous aurez devant vous cette personne capable d'aimer et d'être aimée.

DANS L'ENSEMBLE DE VOTRE VIE

Sur le plan professionnel, tout s'organise plutôt bien autour de vous. Pour les uns, ce sont les préparatifs d'un grand voyage pour représenter les intérêts de l'entreprise qui les occupent. Pour les autres, c'est l'adaptation à une technologie de pointe ou à une nouvelle administration qui retient leur attention.

Il y a du mouvement et vous ne détestez pas qu'il en soit ainsi. Si vous travaillez dans un secteur de la construction, alors que vous aviez prévu ralentir, vous signez d'autres contrats de rénovation ou de décoration. Vous aurez des clients extrêmement capricieux et exigeants, mais qui paieront très bien vos services.

Si vous êtes travailleur autonome, mais que, de temps à autre, vous devez vous déplacer pour aller à la rencontre d'un client, ce n'est pas un seul à la fois que vous verrez en ce mois, mais au moins deux à chaque rencontre. Vous serez occupé pour quelques mois à venir.

Si, par exemple, vous êtes dans un domaine publicitaire, vos clients, qui ont un produit à vendre, attendent que vous déployiez votre génie. C'est bien ce que vous ferez, en très peu de temps. Que vous ayez à faire rire, à surprendre ou à faire rêver des gens, ce sont les enfants et les personnes âgées qui seront vos meilleures sources d'inspiration.

Si vous êtes au service du public dans un métier protégeant les citoyens, comme pompier, ambulancier, policier, infirmier ou médecin, grâce à vos bons réflexes et à votre rapidité d'exécution, vous sauverez au moins une vie ou même toute une famille.

Entre le 9 et le 18, s'il y a une querelle de famille et que vous n'êtes pas directement mêlé au problème, advenant qu'on veuille vous prendre à témoin, éloignez-vous. Laissez les grandes personnes régler leurs problèmes entre elles. Vous n'avez pas à choisir un ou l'autre parent, d'autant plus que, tout au fond de vous, vous aimez tous ces gens qui se disputent. La poussière finira par retomber! Il suffira à chacun de la ramasser.

Si vous avez un enfant avec lequel vous avez de grandes difficultés, c'est aussi entre le 9 et le 18 qu'il faudra le rattraper avant qu'il sombre dans une profonde dépression ou qu'il fugue. Les familles gardent généralement ce genre de problème pour elles: c'est un secret lourd à porter! Si vous vivez une telle situation, demandez l'aide d'un spécialiste, qui vous guidera vers ce qu'il y a de mieux à faire pour votre enfant et pour vous. Qu'y a-t-il de plus déchirant que de voir son jeune choisir une voie d'autodestruction? À l'adolescence, et un peu avant, tant de choses peuvent se produire, et souvent, il suffit d'une mauvaise fréquentation pour faire pencher la balance du côté de la drogue ou de l'alcool. Tout le monde connaît l'histoire de la pomme pourrie qui, malheureusement, va ravager tout un lot de pommes saines. Le métier de parent est le plus exigeant qui soit, vous devez être à l'écoute mais ne pas devenir un dictateur!

⋘ NOVEMBRE 2005 ⋙

L'AMOUR

Le 6, Vénus entre dans votre signe et fait un bon aspect à Mars en Taureau, à Jupiter en Scorpion et à Uranus en Poissons. La conversation va bon train avec votre amoureux! Si, toutefois, vous n'êtes presque jamais à la maison parce que vous terminez votre journée tard, parce que vous aidez vos amis qui ont toujours besoin d'aide, si vous faites mille et une choses, sauf être présent à l'amoureux, pourquoi devrait-il se taire? Pourquoi n'aurait-il pas le droit de vous dire que vous êtes important pour lui? Vous devriez en être flatté et non pas considérer ses remarques comme un frein aux libertés que vous prenez.

Si vous êtes encore seul, célibataire, le besoin d'amour devient de plus en plus fort, et lorsque vous sortirez, vous courtiserez timidement mais avec tellement de charme qu'il sera difficile de vous résister. Vous rencontrerez quelqu'un ayant des valeurs très semblables aux vôtres, mais qui a pu obtenir de la vie ce que cette dernière n'a pu vous offrir. Vous ne l'envierez pas, vous serez tout simplement ravi.

Si vous êtes amoureux, jeune, sans enfant, il sera question de fonder un foyer, d'avoir un premier bébé et, pour certains, ce sera le second.

Pour de nombreux couples, il y aura bien des discussions au sujet d'une transaction immobilière : vendre la maison qu'ils possèdent, en acheter une plus grande ou une plus petite, tout dépend des besoins de chacun. Si vous avez toujours vécu dans une grande ville, vous aurez envie de vivre l'expérience de la vie à la campagne ou en banlieue. Sous Jupiter en Scorpion, vous aurez besoin de silence, de vivre dans un endroit moins bruyant. Vous n'aurez aucun mal à convaincre votre partenaire.

DANS L'ENSEMBLE DE VOTRE VIE

Vous subirez des retards à plusieurs reprises au cours de ce mois. Vous êtes à l'heure, vos tâches sont terminées à temps. Par contre, dans une entreprise, comme il s'agit souvent d'une sorte de travail à la chaîne, ceux qui doivent parachever ou ceux qui doivent vous présenter la première partie de ce que vous avez à faire en sont empêchés. Ce sera à cause d'un manque de main-d'œuvre, mais aussi parce que des employés sont absents ou ont été négligents. Il est également possible que vous subissiez un bris mécanique : les ordinateurs tombent en panne ou sont infestés par un nouveau virus.

Si vous partez en voyage, d'abord, n'oubliez pas ce dont vous avez vraiment besoin. Cependant, évitez d'emporter des objets qui ne sont pas essentiels et qu'on pourrait vous voler.

Même si vous restez parmi nous, lorsque vous sortez, n'ayez pas de grosses sommes. Vous êtes cette personne qu'on surveille et qui pourrait fort bien se trouver à la mauvaise place au mauvais moment, en face d'un petit voyou à qui il faudra remettre votre butin.

Quand vous quittez la maison, si vous avez un système d'alarme, n'oubliez pas de le mettre en marche. Un maximum de précautions est nécessaire, en ce mois, en ce qui concerne le vol. Que vous soyez riche ou moyennement fortuné ou que vous possédiez peu, malheureusement vous êtes ciblé pour ce qu'on pense que vous possédez ! Votre vie n'est pas en danger, mais vous aurez une grande frousse si vous vous retrouvez en face d'un malfaiteur. Nous avons tous tendance à croire que ce genre de chose n'arrive qu'aux autres... Mais vous pourriez fort bien être une victime parmi tant d'autres. En tant que femme, ne rentrez pas seule tard le soir, vous seriez une proie facile pour un vilain.

Il faut également veiller à ce que votre circuit électrique, à la maison, ne soit pas surchargé et qu'il soit parfaitement fonctionnel. Il est tout aussi important que la tuyauterie soit en parfait état. Étrangement, ce genre de troubles se produit presque en même temps en ce mois. Dans ce ciel de novembre, Mercure est en Sagittaire et fait un aspect dur à Uranus en Poissons. Ces planètes, qui se font la guerre, symbolisent plusieurs choses et chacun de ces symboles vous lie à vos biens personnels.

Si vous avez tendance à boire un verre d'alcool de trop, lors de petites fêtes, évitez de prendre le volant. Mercure et Uranus, ainsi positionnés, indiquent qu'il ne suffira que d'une toute petite distraction pour qu'un accrochage ait lieu, et par la suite que celui-ci occasionne une montagne de problèmes, surtout si vous échouez à l'alcootest.

Quant à votre véhicule, il est à souhaiter qu'il soit bien assuré contre le vol, et de préférence, qu'il ait aussi son propre système d'alarme. Et si vous partez et devez faire une longue route, il est important que votre voiture soit en ordre.

En tant que parent d'un enfant difficile, si le mois dernier, vous aviez déjà un gros problème, cette fois, il est encore plus urgent de trouver un moyen efficace afin d'aider votre enfant à s'en sortir. Cet enfant difficile aura plus que jamais besoin de vos attentions, de votre compréhension, de votre écoute, de votre tolérance et de votre patience. Il est même possible que vous deviez vous absenter de votre travail : l'enfant a besoin que vous lui donniez de votre temps. Il doit sentir que vous tenez à lui. Il ne vous sera pas facile de lui prouver qu'il passe avant tout, surtout si profession, obligations et activités vous ont considérablement retenu ces dernières années. Vous étiez si occupé que vous n'avez pas vu ses réclamations d'amour, vous pensiez qu'il était « bien parti » dans la vie et qu'il allait droit vers une vie d'adulte responsable, comme la vôtre ! Ce réveil à ce type de réalité est brutal, mais avec de l'amour rien n'est impossible !

Ce mois ne vous semble pas facile au premier abord. Par contre, en étant attentif, vous passerez à travers ces épreuves. Mais ne perdez pas de vue qu'au milieu de quelques contrariétés, vous aurez aussi de très bonnes nouvelles, justement celles qu'il vous fallait entendre pour avoir le courage de surmonter toutes ces petites misères.

ഏ DÉCEMBRE 2005 ജ

L'AMOUR

Jusqu'au 14, Vénus est encore dans votre signe et fait un sextile à Mercure en Scorpion, ce qui vous donne une présence d'esprit et un magnétisme extraordinaire. Ces planètes ainsi positionnées vous donnent des perceptions extrasensorielles ou des intuitions qu'il faut écouter, car elles vous révéleront justement ce qu'il faut faire. Si vous êtes en pleine conquête de cette personne que vous aimez et qui est déjà très attirée par vous, il se produira, durant 14 jours, une sorte de communication télépathique entre vous. Vous saurez alors que le lien est bien établi.

Si vous êtes déjà amoureux fou et qu'on l'est de vous, si vous n'avez pas d'enfant, si vous en désirez un, sachez que vous êtes en zone fertile du début à la fin du mois !

Si vous avez vécu une séparation au cours de l'année qui s'est écoulée et que vous savez que les fêtes ne ressembleront en rien à ce que vous avez connu, il n'est pas nécessaire de vous préparer mentalement à les passer seul! Pourquoi ne pas vous joindre à des groupes de rencontre afin de discuter avec des gens qui ont eux aussi traversé une épreuve semblable... Il est parfaitement inutile de rester dans la déprime. Faites un acte de volonté et marchez sur votre fierté. Après tout, une rupture, ce n'est pas une fin de vie, c'est plutôt le commencement d'une autre. Vous ne tomberez pas soudainement amoureux de la première personne avec qui vous causerez, mais vous saurez qu'il y a des gens qui ont fait le même choix que le vôtre ou qui ont été quittés. Si vous vous isolez durant les fêtes, tout sera noir au-dedans et vous réduirez vos espoirs à néant! Si, au contraire, vous êtes avec des gens, vous saurez que vous êtes bien vivant. Tant qu'il y de la vie, il y a de l'espoir!

Si, malheureusement, vous êtes au milieu de tensions parce que vous n'êtes pas arrivé à ce moment de séparation, parce que vous entretenez encore l'espoir de voir votre couple resserrer ses liens, vous serez déçu si rien ne se fait avant le 15. Le 16, avec l'entrée de Vénus en Verseau qui fera des aspects difficiles à plusieurs planètes, il serait étonnant que vous puissiez résoudre vos problèmes sentimentaux. C'est vous qui n'écoutez pas l'autre ou c'est l'autre qui ne vous écoute pas... Chacun est dans sa bulle de rêves! Il y a quatre planètes en signes fixes dans le ciel, ce qui signifie que chacun reste sur sa position. Le mot compromis n'existe pas, et encore moins le mot compréhension!

DANS L'ENSEMBLE DE VOTRE VIE

C'est le dernier mois de l'année. Au travail, vous aurez sans doute réglé bien des problèmes et vous aurez l'occasion de fêter quelques victoires. L'année ne fut pas une partie de plaisir, mais vous êtes passé au travers. Vous savez également que l'insécurité du climat social affecte toutes les affaires en cours, et qu'en fait, rien n'est solide. Le défi n'est pas achevé, il se poursuivra en 2006, mais pour l'instant vous finirez 2005 en beauté sur le plan professionnel.

Si vous êtes en service pendant que vos collègues font la fête, vous n'aurez pas une minute de repos, quelle que soit votre profession. Vous aurez l'impression que tout arrive à tout le monde, et qu'en fait vous êtes en plein chaos! Il y aura des vies à sauver, des gens à protéger d'eux-mêmes, des personnes malades, des malfaiteurs à arrêter, etc.

Certains d'entre vous se porteront au secours d'un parent qui vit une situation difficile comme une dépression ou une mauvaise période sur le plan affectif. Conséquemment, il y a danger qu'un frère, une sœur ou un autre parent soit blessé. Vous ressentirez le moment où votre intervention sera essentielle.

Vous avez, en quelque sorte, un rôle important à jouer auprès des vôtres, surtout si, dans votre famille, ça ne tourne pas rond. Vous vous maîtrisez bien face à l'adversité, vous possédez ce sens de la survie comme pas un sur le zodiaque! Et si jamais vous faites face à ce que d'autres nommeraient l'enfer, vous n'hésiterez pas à entrer dans le feu pour secourir ces gens que vous aimez. Si vous ne les aimez pas, vous les respectez parce qu'ils sont porteurs de vie, comme toute âme qui vit sur cette terre.

Si vous faites du bénévolat cette année, vous constaterez que jamais vous n'avez été aussi occupé! Et à quelques reprises, vous ferez face à des situations d'urgence et vous aiderez de parfaits inconnus. Il suffira parfois d'un simple mot d'encouragement de votre part, d'un geste pour qu'on reprenne confiance en soi.

Si vous donnez la majeure partie de vos temps libres à des œuvres, il sera normal que vous soyez fatigué en rentrant à la maison, surtout si vous le faites après votre journée de travail. Vous n'êtes pas malade, vous avez simplement besoin de récupérer et de vous détacher de ce qui ne va pas dans notre monde. Regardez le vôtre. N'avez-vous pas atteint l'équilibre? Bien qu'il soit toujours à refaire... N'y a-t-il pas de l'amour dans votre vie? Alors, si c'est ainsi, reposez-vous avant de repartir pour sauver le monde!

Mais il y a ceux qui ne feront rien ou presque au cours de ce mois. Ils attendent qu'on fasse leur vie à leur place. Dommage, ça n'arrivera pas. Puis, il y a ceux qui ont choisi de partir pour une plage au soleil pour refaire le plein d'énergie, comme ils le font depuis parfois de nombreuses années. Ils partent le cœur léger, mais satisfaits de revoir un paysage qu'ils connaissent déjà!

En conclusion, si vous êtes mêlé à quelques affaires sociales, si vous avez une pause à la fin de décembre, profitez-en. Dès le retour au travail, vous serez plongé dans l'action et n'espérez pas un congé avant bien longtemps car les urgences seront nombreuses. L'année 2006 sera la continuité de ce que vous aurez entrepris, mais pour plusieurs il s'agira d'une année où ils accepteront que leur vie ne soit plus la même!

LES ASCENDANTS

CAPRICORNE ASCENDANT BÉLIER

Vous êtes un chef ou vous aspirez à le devenir! Au cours de 2005, il vous faudra faire quelques détours avant de pouvoir atteindre votre objectif. Les choses ne se dérouleront pas tout à fait comme vous l'aviez prévu. Si vous travaillez uniquement pour faire de l'argent, la possession étant souvent votre idéal, rassurez-vous, vous ferez des profits mais à la moindre imprudence, votre pécule s'envolera! Côté cœur, êtes-vous présent à l'autre?

CAPRICORNE ASCENDANT TAUREAU

Si vous avez une vie de couple, il sera plus important que jamais que tout soit clair entre vous et votre partenaire. Il est également possible que l'amoureux décide de faire moins d'heures au travail parce qu'il est épuisé ou parce qu'il veut s'occuper davantage des enfants! Ce qui implique un budget réduit, moins de dépenses, mais en compensation un partenaire plus heureux. Quant à vous, votre travail sera plus exigeant et vous pouvez vous attendre à une promotion. En conséquence, il s'agit encore de plus d'heures à consacrer au patron! Il faudra trouver un équilibre entre votre vie privée et professionnelle.

CAPRICORNE ASCENDANT GÉMEAUX

Vous êtes tenace. Votre air léger n'est qu'une apparence, vous prenez tout au sérieux et vous êtes plus réfléchi qu'on ne le croit, surtout quand il s'agit de prendre de grandes décisions. Vous serez plus impliqué dans votre travail et dans votre famille, où il est possible que vous deviez sauver un parent en situation difficile. Même aussi occupé, il est possible que si vous avez l'âge d'être parent, vous décidiez d'avoir un premier ou un second enfant! Il y a au moins votre vie sentimentale qui se porte bien!

CAPRICORNE ASCENDANT CANCER

C'est en début d'année que plusieurs d'entre vous décideront de déménager. Il vous faut une maison plus grande ou plus petite.

Peut-être ferez-vous d'importantes rénovations sur celle que vous possédez. Plusieurs membres de votre famille vivront des transformations positives dont vous bénéficierez. Vous serez plutôt nerveux et votre système digestif sera fort capricieux. Il sera donc important de bien vous nourrir en tout temps. Socialement, vous serez aussi très impliqué. Vous serez dévoué à une cause humanitaire.

CAPRICORNE ASCENDANT LION

Vous défendez très bien votre territoire. Le travail est une priorité. C'est souvent là où vous trouvez votre principale identifté. Si vous êtes impliqué dans le domaine des communications ou celui des arts, vous ferez de grands pas en avant. Vous vous rapprocherez de votre objectif. Il ne faudrait cependant pas jouer du coude ni créer la moindre intrigue lorsque quelqu'un vous dérange. L'éliminer serait votre pire idée de l'année. Elle aurait des conséquences plus désastreuses que vous ne l'imaginez. Soyez tolérant et juste en tout temps.

CAPRICORNE ASCENDANT VIERGE

Pendant longtemps, vous avez cru que tout le monde était bon, mais voilà qu'après avoir subi quelques trahisons, vous devenez plus raisonnable et surtout plus réaliste. Vous savez maintenant où sont vos véritables intérêts. Quelques audacieux parmi vous quitteront le pays pour pratiquer leur métier. Ils tenteront leur chance ailleurs et ça réussira! Si vous avez un talent d'écrivain, de musicien ou de compositeur, si vous êtes un inventeur, si vous avez fait le maximum en 2004, c'est cette année que vous récolterez vos lauriers et de l'argent!

CAPRICORNE ASCENDANT BALANCE

Vous avez une famille qui vous tient à cœur ou alors, vous êtes presque seul au monde! Si vous n'avez pas de parenté, quelle qu'en soit la raison, vous vous occupez d'un groupe de gens qui sont devenus votre famille! Vous avez aussi plusieurs projets en tête pour 2005: il vous faudra y mettre de l'ordre. L'éparpillement vous guette, et avec lui le retard de chacun de vos objectifs. Mettez bien en vue votre résolution première ainsi que l'horaire à adopter pour venir à bout de tout! Pour un grand nombre, un renouveau sentimental est à prévoir!

CAPRICORNE ASCENDANT SCORPION

Vous êtes parfois bien sévère avec vous, mais aussi avec les autres. Vous avez tendance à porter des jugements, ce dont vous vous corrigerez en 2005. Le bonheur ne se gagne pas en se fouettant ni en obligeant les autres à adopter nos idées et nos valeurs. Le bonheur est libre et il a toutes sortes de visages. Il faudra prendre soin de vous. Ne pensez pas être au-dessus de tous les maux. Régime à suivre, médication à prendre régulièrement : ce n'est pas la fin du monde ! Obligation de déménager : cet imprévu vous bouleversera, mais vous vous en sortirez !

CAPRICORNE ASCENDANT SAGITTAIRE

Vous ne savez pas tout ! Alors, cessez de faire comme tel avant que vous agaciez un peu trop les gens qui vous entourent, principalement au travail. Si vous êtes dans le domaine des communications, vous rencontrerez un tas de nouvelles personnes et certaines d'entre elles vous permettront de vivre des expériences hors de l'ordinaire et vous aideront à atteindre cet objectif que vous gardiez secret depuis plusieurs années. Même si vous avez une heureuse vie de couple, attention, votre charme est terrible et vous-même pourriez être séduit par une personne qui vous semblera être un mystère à découvrir !

CAPRICORNE ASCENDANT CAPRICORNE

Double signe cardinal, vous ne tenez pas en place même si vous bougez avec prudence. Vous aurez une offre importante qui transformera votre orientation professionnelle et votre vie personnelle. Vous hésiterez, mais on vous pressera de l'accepter ou non ! Vous direz oui. Vous déménagerez avec votre famille ou vous partirez seul. Si votre vie de couple en est réduite à des habitudes, votre partenaire et vous préférerez vous éloigner l'un de l'autre, le temps d'y voir clair. Par contre, pendant cette période, vous découvrirez à nouveau le grand amour !

CAPRICORNE ASCENDANT VERSEAU

Vous ne voulez évidemment pas vivre comme tout le monde ! Vous aimez les surprises, la fantaisie, mais c'est plus fort que vous, il faut toujours que vous vous imposiez une ou deux restrictions de plus ou vous les imposez à votre famille ou à votre amoureux ! Un peu comme si vous ne pouviez accepter que les choses soient comme elles sont. L'année 2005 sera l'occasion de recevoir une leçon de sagesse applicable à tous les secteurs de votre vie. Ce sera également une libération : moins de poids à supporter sur vos épaules. Vous serez à la découverte de vous-même et du monde !

CAPRICORNE ASCENDANT POISSONS

Vous êtes le plus généreux des Capricorne ou celui qui ne fait rien, qui ne vient jamais en aide à son prochain. Quel choix avez-vous fait ? En ce qui concerne celui qui a choisi l'option de sauveur, vous serez débordé par quelques problèmes de famille que vous réglerez avec autant de sensibilité que de logique. Si vous faites partie d'une cause humanitaire, vos paroles et vos actes transformeront l'œuvre afin qu'elle soit plus efficace qu'auparavant. Il y a urgence, et sous votre signe, quand il s'agit d'aider le genre humain, c'est un peu comme si vous aviez deux têtes ! Si vos seules options sont l'argent et le pouvoir, il n'est pas certain que vous en aurez en 2005 !

VERSEAU

20 janvier au 18 février

À tous ces Verseau qui entrent dans ma vie puis repartent, mais dont l'amitié est plus solide que le roc. Avec chacun d'eux, la communication est telle que nous n'avons jamais l'impression d'avoir été séparés les uns des autres. Il me faudrait deux pages pour tous les nommer!

À Patricia Lussier-Vaillant, une jeune artiste, un grand esprit et une grande amie.

À Marlise McCormick, danseuse et chorégraphe. Femme aux énergies aussi pures que le cristal. Le monde est sa patrie.

À Guy Lachance, l'homme des médias, au cœur des grands progrès.

À Mario Pépin, grand voyageur, philosophe et humaniste!

Et toute mon admiration à Grégory Charles, que j'ai eu le plaisir de croiser à quelques reprises et avec qui j'ai causé. Il croit à cet Univers en expansion.

SOUS L'INFLUENCE DE JUPITER EN BALANCE

Jupiter est en Balance jusqu'au 26 octobre. Il est, pendant ce temps, dans le neuvième signe du vôtre. Les significations sont nombreuses. Que vous soyez ou non un voyageur, la vie fera en sorte que vous partiez à la découverte d'un autre monde, par curiosité, par amour d'un métier, d'un art, qu'importe la raison.

Vous suivrez un courant d'air pur vous conduisant vers les étoiles, et bien au-delà.

Symboliquement, vous avez le contrôle sur votre vaisseau : votre signe est représenté par un verseur d'eau, et où que vous alliez, quoi que vous fassiez, en 2005, vous répandrez sur terre une eau à saveur de mystère ! L'exploration de l'espace ne fait que commencer. Comme vous êtes encore un humain en chair et en os, cette année, vous ressentirez l'urgence de réaliser un autre idéal, d'atteindre un but. Si créer est un secret, pour vous ça va se soi. Les idées fusent en vous, comme le sang circule à travers tous les organes du corps.

Jupiter en Balance est semblable à un retour à l'université. Cependant, cette fois, vous faites votre inscription à ces cours où vous aurez l'occasion de faire un maximum d'expériences. Il est possible que vous déménagiez, et peut-être à deux reprises dans la même année ! Vous ne resterez pas là où vous ne vous sentez pas bien. Vous êtes réceptif à tout et à tous. Vous avez un pied dans le visible et l'autre dans l'invisible. Le but principal de 2005 sera d'être bien là où vous êtes, et au moindre doute vous reprendrez vos affaires et les transporterez en un autre lieu plus paisible que le précédent.

Bien que vous soyez animé d'une énergie d'action, vous avez des désirs, des ambitions, un goût de réussite. Sous Jupiter en Balance, vous ne perdez pas de vue l'importance de rester sage, même lorsque les événements ne se dérouleront pas tel que vous le souhaitiez. Vous savez que la vie est en mouvement et que vous n'avez aucun contrôle sur les décisions d'autrui. Par contre, vous savez que, sous peu, ce que d'autres nomment la malchance fera partie d'un plan plus grand que vous et, éventuellement, cette malchance vous conduira sur une route à laquelle vous n'aviez pas songé et où vous aurez davantage à apprendre et à découvrir. Votre quête du meilleur, du plus beau, du plus pur ne fait que commencer.

Sous Jupiter en Balance, vous ferez un tour de table sur votre passé et verrez qu'ici et là, vous avez blessé des gens. Vous n'hésiterez pas à les rappeler pour vous excuser. Vous n'avez pas envie que des vibrations négatives traînent en vous ni autour de vous. La paix de l'esprit et du cœur l'emporte sur votre fierté, et puis, pour vous, c'est une manière de donner une seconde chance à l'amitié.

Sous Jupiter en Balance, ceux qui ont déjà fait de grands pas vers la sagesse cesseront définitivement de croire qu'ils détiennent la vérité, parce qu'il y a de nombreuses vérités : une pour chacun de nous.

Sous Jupiter en Balance, si vous n'êtes pas l'initiateur d'un projet (il peut s'agir de celui de quelqu'un d'autre), vous serez invité à plonger, à faire partie d'une nouvelle équipe. On croit en vous, en vos talents, on fait confiance à vos compétences. Certains s'intégreront à un milieu professionnel dont ils ne pensaient pas faire partie. Mais il semble que la vie elle-même ait su que vous étiez la personne désignée pour accomplir ce travail! Même si vous n'en connaissez pas toutes les formes, vous l'apprendrez en bien peu de temps.

Jupiter en Balance, c'est la découverte de l'amour, d'un partenaire si vous êtes un célibataire. Le plus endurci d'entre vous flanchera face à autant de bonté de cœur, face à l'originalité et à l'audace de cet inconnu. La réunion aura lieu au moment où vous vous y attendez le moins ou lors d'un voyage, d'un déplacement. Il est également possible que cette personne ait beaucoup voyagé ou qu'elle ait des origines étrangères. Peut-être la rencontrerez-vous lors d'une escale à l'aéroport. Surprise, vous allez dans la même direction.

Si vous êtes déjà amoureux, vous pouvez espérer une croissance de cet amour. Si vous êtes jeune, sans enfant, vous aurez un irrésistible désir de créer une vie avec cette personne dont l'âme communique si bien sans parole avec la vôtre. Pour d'autres, il s'agira d'une deuxième union, après des années de solitude que vous avez agrémentées ici et là par des flirts passagers.

Vous êtes un signe régi par Uranus. Tout ira très vite sous Jupiter en Balance!

JUPITER EN SCORPION

À compter du 27 octobre, Jupiter entrera en Scorpion dans le dixième signe du vôtre. Vous ferez le point concernant les événements vécus au cours des mois écoulés, et vous aurez l'impression de vous «installer»! Mais n'allez surtout pas croire que la stabilité soit vôtre. Elle n'est pas dans la description de votre signe quand il est pur et quand vous vivez selon les préceptes de la planète qui régit votre signe, Uranus!

Le mouvement vous caractérise, mais vous aurez droit à ce qu'il est possible de nommer une pause. Lorsque Jupiter sera en Scorpion, il sera essentiel que vous restiez vigilant, et qu'en tout temps vous ne transformiez pas ce qui ne vous inspire pas vraiment ou si peu. Les vautours et les envieux commenceront à tourner autour de vous. Mais comment pourraient-ils attraper un signe d'air?

SOUS L'INFLUENCE DE SATURNE EN CANCER

Saturne est en Cancer dans le sixième signe du vôtre. Il concerne votre santé, votre énergie physique, votre famille, vos enfants, votre partenaire, vos parents, votre maison, et tout cela est lié à votre travail à long terme, donc à votre avenir dans le monde des réalisations matérielles.

Saturne en Cancer a, l'an dernier, provoqué un important éveil à vous-même, à vos besoins réels et à ce qui était artificiel et auquel vous vous accrochiez tout de même! Saturne est astrologiquement la représentation symbolique de ce qui doit être atteint dans le monde du «faisable». Saturne dans le signe du Cancer, un signe régi par la Lune, est du domaine de l'espace... N'a-t-on pas marché sur la Lune?

Saturne, qui prend deux années et demie à traverser un signe, vous a lentement fait mûrir. Il vous a permis de préparer vos bagages avant le grand départ en 2004. Saturne, faisant un aspect favorable à Jupiter en Vierge dans le huitième signe du vôtre, vous a préparé à vivre de plus grandes transformations que ce que votre esprit peut concevoir!

Ce qui a pu vous ralentir dans votre parcours vers le but à atteindre fut la famille ou un parent, vos enfants, votre partenaire, votre désir de ne rien perdre de vos acquis ou votre peur de vous tromper. Mais pendant que vous réfléchissiez ou ne réfléchissiez pas, peu importe, votre psychisme, sur lequel vous n'avez aucun pouvoir puisqu'il est la somme de ce que vous êtes depuis votre premier souffle, a fait son travail pour vous ramener à l'essentiel de vous-même. Naître Verseau signifie que rien n'est impossible. Uranus, qui régit votre signe, ne veut pas que vous en restiez là où vous en êtes. Uranus est un symbole de brillance d'esprit et est à votre service!

SOUS L'INFLUENCE DE SATURNE EN LION

À compter du 17 juillet, Saturne entre en Lion face à votre signe. Si vous refusez les chances qui se présenteront à vous, dès le début de l'année, sous Saturne en Lion, pendant deux ans et demi, vous regretterez de n'avoir pas agi selon vos inspirations. Saturne en Lion sera comme une douche d'eau bouillante vous obligeant à ouvrir votre cœur et votre esprit. Il peut aussi vous obliger à une demi-retraite... En ce sens, la résistance que vous aurez opposée à la nouveauté se renforcera et se transformera en un mur de feu difficile à franchir.

Mais sous Saturne en Lion, la vie étant imparfaite, il est possible qu'un parent qui ne donnait aucun signe de maladie perde sa vitalité au point où il risque la mort. Vous en serez affecté, peiné, atterré, et vous concevrez que l'enveloppe humaine n'est pas immortelle! En somme, sous Saturne en Lion, inutile de se mentir: des drames de toutes sortes peuvent se produire dans votre vie personnelle, et il faudra faire en sorte qu'ils ne vous arrêtent pas dans votre quête d'une vie meilleure. Saturne en Lion sera une épreuve de foi, un défi à relever!

QUAND UN VERSEAU CHERCHE
ET NE TROUVE QUE LE PIRE

Sous Jupiter en Balance, des Verseau proches de la matière et loin de tout idéal se consacreront à faire de l'argent, mais ne trouveront aucune satisfaction dans leurs actes. Leur succès ne sera qu'une apparence, une illusion, rien de solide! Ils feront semblant d'aimer un nouveau partenaire parce qu'ils seront intéressés davantage par ce que l'autre peut leur offrir, par ce qu'ils peuvent lui prendre. Ils seront paresseux et cette paresse les entraînera à vivre Saturne en Cancer puis en Lion dans le malaise intérieur plutôt que dans la réflexion en vue d'un mieux-être. Sous Jupiter en Balance, les vilains et les inconscients tenteront de soumettre leurs proches de manière qu'ils comblent leurs désirs, leurs besoins primaires et secondaires. Ils iront ici et là à la recherche du plus offrant, du plus naïf, à qui ils «peuvent faire les poches»! Je pourrais étirer plus longuement la liste noire des malheurs qui guettent ceux qui refusent de faire acte de volonté et qui croient que tout leur est dû! Dépression, maladie organique, peur, blocages émotionnels, etc. Voilà ce qu'ils trouveront à la fin de 2005.

CONCLUSION

Vous êtes le onzième signe du zodiaque. Quels que soient vos origines, votre métier, votre talent, vos compétences, il vous est interdit de ne pas respecter votre prochain, interdit de jouer celui qui ne sait pas, qui ne peut pas. En tant que onzième signe du zodiaque, votre intelligence est fine, mais elle doit servir noblement et non pas dans le but de manipuler, de tricher, de voler ou de détruire! Chaque signe du zodiaque a ses lumières et ses ombres. Où en êtes-vous? Vous êtes le seul à pouvoir répondre!

◖◖ JANVIER 2005 ◗◗

L'AMOUR

Jusqu'au 9, Vénus est en Sagittaire. Mercure est dans ce signe jusqu'au 10, Mars et Pluton s'y trouvent aussi. Toutes ces planètes sont dans le onzième signe du vôtre, donc du ressort d'Uranus, la planète qui régit votre signe. Ce qui se passe dans cette maison astrologique est de première importance en ce qui vous concerne.

Ceux qui s'aiment depuis longtemps songeront à faire un voyage dès le début du mois, et pour de nombreux couples qui font un travail semblable, il est possible qu'ils joignent l'utile à l'agréable.

Les nouveaux amoureux feront de très gros projets d'avenir, le premier étant d'aller vivre sous le même toit. Votre partenaire n'est pas nécessairement un autre Verseau, mais dites-vous que plus le temps passera, plus l'amoureux empruntera de vous, en ce sens qu'il aura parfois tendance à vous ressembler. Votre signe est extrêmement puissant et magnétique. Sans vous en rendre compte, et souvent même sans le vouloir, vous imposez vos vues et vos désirs que l'autre accapare et fait siens. Mais ne rêvez pas. Ce jour viendra où votre partenaire se retrouvera tel qu'il est, et c'est alors que vous ne devrez pas être surpris. Au fond, l'amoureux aura vécu votre expérience uranienne, mais il aura toujours été cet être authentique et unique que vous avez connu.

Si vous faites partie de ceux qui vivent des tensions de couple, si, après avoir tout essayé et compris qu'aucun rapprochement n'est possible, l'amour ne se manifeste plus entre vous, si vous avez opté pour des directions si différentes que les possibilités de raccord sont encore plus minces qu'elles ne l'étaient, il faut penser à vous séparer. Si vous avez épousé une personne qui ne pense qu'à l'argent et à sa sécurité, ce qui, pendant longtemps, n'a eu aucune importance prend maintenant l'allure d'une guerre : le partage des biens se déroule mal !

Puis il y a ceux qui, par hasard, à compter du 11, pourraient revoir une personne qu'ils ont aimée jadis. Mais, vu les circonstances de l'époque, l'union était aussi impensable qu'impossible.

À leur grande surprise, après avoir beaucoup vécu chacun de son côté, ils sont encore célibataires. Tout laisse présager un autre essai, mais rien ne garantit qu'il donne lieu à un long partage! Ceux qui se quitteront encore, avec humour cette fois, appelleront cela «une visite de reconnaissance»!

DANS L'ENSEMBLE DE VOTRE VIE

C'est un mois très sérieux sur le plan professionnel. Si vous commencez une carrière ou si vous entreprenez un nouveau projet, en tout temps, vous ne relâcherez pas votre attention. Il est d'ailleurs important qu'il en soit ainsi. Il est possible que vous n'ayez pas obtenu le poste auquel vous aviez postulé, qu'importe. Avant que le mois se termine, vous serez à ce siège que vous n'avez pas quitté de l'œil depuis votre entrée dans l'entreprise.

Votre vie ne se déroule pas à sens unique et vous avez diverses activités et intérêts, ce qui fait de vous un être intéressant et souvent intriguant. On se demande où vous puisez autant d'énergie...

En ce mois, vous prendrez le temps de voir un maximum d'amis, comme si vous aviez besoin d'avoir leurs opinions, ce qui ne veut pas dire que vous en tiendrez compte. Sur un sujet précis, il vous faut savoir ce qu'ils pensent, ce qu'ils croient. Votre enquête vous permettra de vous faire une meilleure idée de la chose, selon votre point de vue! En réalité, c'est comme si vous preniez le pouls de toute l'humanité afin de savoir ce qu'il y a de mieux à faire concernant une idée audacieuse que vous avez en tête.

Si vous devez défendre vos droits parce que l'entreprise a commis une injustice envers vous, vous prendrez les services du meilleur avocat qui soit, vous le trouverez par hasard. Il ne vous sera pas recommandé. Vous le trouverez parce que vous avez du flair. Si ce genre de débat ne fait que commencer, vous êtes confiant et vous avez raison de l'être.

Si vous travaillez à une cause, si vous représentez un groupe, une communauté, une masse de gens, si vous parlez au nom de chacun afin que tous les individus impliqués soient traités équitablement, la lutte ne sera pas facile. Mais vous êtes prêt à monter sur la scène et à faire comprendre au peuple qu'il est urgent que l'on s'occupe des personnes que vous représentez. Vous serez attentivement écouté; on ne peut que vous prendre au sérieux! Par ailleurs, vous tiendrez un petit discours dont le contenu renfermera quelques menaces, mais tout ce qu'il y a de plus légal. Vous êtes informé et ne prendrez certainement pas le risque de revenir chez vous bredouille!

En tant qu'artiste ou travailleur dans ce milieu, si vous faites partie du monde des communications, malgré des inquiétudes au sujet de quelques compressions de budget, vous trouverez l'issue qui est, en ce moment, la meilleure qui soit.

En tant que parent, si vos enfants sont des préadolescents ou des adolescents, il est possible que vous soyez sévère. Vous tenez à ce qu'ils réussissent leur vie personnelle et sociale, et éventuellement, qu'ils excellent dans une profession ou un métier. À compter du 12, vous aurez tendance à exercer de la pression sur eux. Si, pour l'instant, ils ont de bons résultats, il faut craindre qu'à un certain moment, ils relâchent leur attention. À force de «se faire pousser dans le dos», on finit par avoir des bleus! Que diriez-vous de les encourager plutôt que de les critiquer?

⋘ FÉVRIER 2005 ⋙

L'AMOUR

Entre le 3 et le 26, Vénus est dans votre signe. Mercure s'y trouve aussi jusqu'au 17. Neptune est également en Verseau pour quelques années encore, soit jusqu'en avril 2011! Au fil des aspects qu'il fait avec certaines planètes, Neptune n'a pas toujours la même valeur. Mais voici que les 14, 15, 16, 17 et 18, Neptune fait une conjonction à Vénus, et durant ces journées, vous êtes susceptible de faire vos plus grands rêves d'amour. Il est aussi possible que vous fassiez une rencontre hors de l'ordinaire: quelqu'un qui aura le don de vous faire miroiter ce qu'est une véritable vie sentimentale. Mais attention, cette personne pourrait simplement passer dans votre vie pour ne plus jamais revenir! Vous pourriez rencontrer un «maître faiseur d'illusions»! Bien que vous soyez logique et rationnel, vous avez des émotions, et si vous êtes seul, célibataire, vous aspirez au grand amour, comme la plupart des gens!

Mais il y a des exceptions. Certains Verseau croiseront effectivement, si ce n'est pas durant les jours mentionnés précédemment, ce sera au cours des suivants ou au début du mois, un être magnifique, une personne qui, comme vous, a le respect de la liberté d'autrui; qui, comme vous, désire une humanité paisible, mais jamais ennuyeuse et toujours créative. Cette personne sera remarquable, elle parlera beaucoup, elle sera fantaisiste, elle vous donnera l'impression d'apprécier son célibat... Ça ne sera pas tout à fait vrai! Sinon, pourquoi se serait-elle arrêtée pour vous faire la causette? Les lieux où vous pourriez la croiser sont un restaurant, un endroit où vous écoutez de la musique ou un lieu d'études où l'on y suit des cours de métaphysique, de philosophie, de sociologie! En bref, il s'agira de quelqu'un qui est fortement intéressé à son progrès intellectuel et qui possédera une grande curiosité quant aux émotions. Vous ne vous précipiterez pas instantanément dans ses bras: votre méfiance est ici représentée par Mars en Capricorne. De plus, à la fin du mois, ces planètes seront en aspect difficile, ce qui suppose que vous prendrez le temps «d'examiner» cet original qui s'est présenté à vous. Il peut s'agir d'une Balance ou d'un Sagittaire: ce sont les signes les plus fascinés par votre personne et par votre personnalité.

Mais peut-être faites-vous partie de ceux qui ne peuvent plus aimer leur partenaire... Ils ont vécu, ils ont vu, et c'est terminé parce qu'ils n'ont plus la moindre attirance pour celui-ci. Leur vie n'est plus qu'habitudes, et sous votre signe l'habitude tue l'amour. Ce ne sont pas les occasions de flirter qui manqueront, mais avant de vous lancer dans une aventure, il serait bon que vous fassiez le point. Si vous avez l'intention de vous séparer, il vaut mieux préparer votre coup! Savez-vous que vous êtes plus souvent aimé que vous n'aimez? Homme ou femme: vous êtes à égalité sur ce plan!

Le bonheur amoureux et un couple qui perdure en ce qui vous concerne, c'est d'une extrême rareté... Si vous vivez en union depuis de nombreuses années, sachez que vous êtes une exception. Mais il est à souhaiter que vous soyez heureux! Votre signe représente la troisième union... Et, en ces temps modernes, il n'est pas rare que vous «trouviez» votre perle rare après deux séparations! Vous êtes le moins fixe des signes du genre. Il en est ainsi, et ici, il n'y a rien de répréhensible! On ne change pas la nature! Il faut simplement savoir qu'elle a son rythme bien à elle, comme vous!

DANS L'ENSEMBLE DE VOTRE VIE

Vous avez le sens du travail bien fait, à condition qu'il soit idéal et qu'il ne s'agisse pas d'un «job» que vous n'avez pas choisi! Vous n'êtes pas non plus du genre à vous absenter ni même à prendre des vacances. Quand vous partez en disant que vous allez vous reposer, c'est généralement ce que vous ferez. En ce mois, si vous ressentez l'appel du voyage, vous organiserez votre temps de manière à joindre l'utile à l'agréable.

Mars étant en Capricorne à compter du 7, vous êtes «batailleur» et si, pour gagner une victoire, il vous fait faire des pieds et des mains, vous n'hésiterez pas à user de toutes vos armes intellectuelles! Surtout si vous occupez un poste de contrôle, et si, dans l'entreprise qui emploie vos services, on se fie à votre jugement! Si le patron lui-même s'informe de ce que vous pensez quand il prend une décision, c'est valorisant, mais surtout, dites-vous que vous avez l'œil juste en ce qui concerne le progrès de la compagnie en question. À compter du 21, il est grandement possible que votre opinion prédomine, surtout si vous œuvrez dans le domaine des communications. Vous avez des idées fort originales pour dépasser vos compétiteurs.

Rares sont les Verseau paresseux, mais malheureusement, ils existent! Et si vous êtes de ceux-ci, à compter du 21, plutôt que de récolter des lauriers, vous aurez un avertissement. On vous a embauché pour un travail précis, on s'attend à ce qu'il soit bien fait. Si, après quelques mois, vous avez trop peu fait fructifier l'entreprise en cours, vous vous êtes tiré une balle dans le pied!

Si vous n'êtes ni propriétaire, ni patron, ni chef d'une entreprise, vous devez suivre les règles et non pas imposer les vôtres. Sous votre signe, on retrouve bien des têtes fortes! Cependant, quand la force est mal dirigée, votre signe d'air ne rapporte que de l'air!

En ce mois, restez en dehors d'un conflit familial ou même d'un problème qu'un parent doit solutionner lui-même! De votre côté, vous ne devez pas abuser des bonnes grâces que vous accorde un proche. Il pourrait s'en lasser!

ᕬ MARS 2005 ᕬ

L'AMOUR

Que ferez-vous face à deux personnes aussi attirantes l'une que l'autre? Jusqu'au 22, ce genre de situation peut se produire dans la vie de plusieurs d'entre vous! Vous êtes extraordinairement magnétique, et évidemment, vous ne passez pas inaperçu! Votre magnétisme vous devance, et plus encore cette année.

Vous pouvez donc en abuser ou voir clairement que plaire autant ne signifie nullement que vous êtes aimé d'amour, mais bel et bien physiquement désiré! Votre magnétisme peut aussi attirer vers vous une personne qui ne sera qu'intéressée à ce que vous pouvez lui apporter! Si vous succombez à une aventure alors que vous savez pertinemment qu'elle ne débouchera sur rien, ne savez-vous pas qu'en agissant ainsi, vous perdez, même si c'est infime, une part de votre estime de vous-même?

Mais il y a aussi, parmi vous, des Verseau mal aimés. On ne vous comprend pas, on ne sait pas que, lorsque vous êtes dans la lune, lorsque vous prenez des libertés, vous n'allez pas nécessairement tromper votre partenaire. Sous votre signe, on ne supporte pas d'être constamment collé sur l'amoureux. Il vous faut de l'espace. Il vous permet de rester authentique et de penser seul, loin de toutes les influences extérieures! Vous pensez rarement à expliquer ce que vous êtes réellement. Vous voyez-vous tel que vous êtes? Si, durant ce mois, l'amoureux n'a pas compris ce que signifiait pour vous le mot liberté, il est possible que vous ayez droit à un sermon ou une fort désagréable harangue! Vous pouvez réagir par la colère: claquer la porte et vous jurer de ne plus revenir... Mais avant que vous passiez à une rupture définitive, vous reviendrez dans l'espoir de savoir ce qui a tant déplu à cet amoureux! Il vous faut toujours savoir logiquement pourquoi vous êtes rejeté! Ainsi, au prochain amour, vous n'agirez pas de la même manière! À moins que votre signe oppose un refus catégorique au fait de comprendre... Vous êtes un signe fixe, le moins fixe de tous, mais certains d'entre vous s'entêtent à croire que ce qu'ils sont est parfait... Si, à tout hasard, vous allez d'une rupture à l'autre, il est temps de vous questionner sur le sujet et sur vos attitudes quand vous êtes en couple!

DANS L'ENSEMBLE DE VOTRE VIE

Si vous avez deux emplois, vous ne saurez plus où donner de la tête tant vous serez occupé par l'un et par l'autre. Attention, l'épuisement vous guette. Vous avez beau lutter contre la fatigue, elle finit par vous rattraper, et finalement, vous oblige à vous arrêter. Avant que vous soyez au repos forcé, accordez-vous des périodes de relaxation et prenez vos trois repas par jour dans le calme et non pas en lisant les journaux, en regardant la télé ou en écoutant la radio! Que diriez-vous de faire le silence en vous? Il vous permettrait de récupérer!

Sous votre signe, on ne reste pas seul même quand physiquement on l'est! Certains ont des écouteurs sur leurs oreilles, d'autres ne se passent pas de leur radio, de leur téléviseur, et cela, même en faisant un travail qu'une autre personne serait incapable d'accomplir dans le bruit! Le simple fait d'entendre de la musique et des gens qui parlent vous fait savoir que vous n'êtes pas seul au monde. C'est principalement la musique qui vous permet de garder le contact avec l'Univers et avec votre prochain. À la base, la musique est un énorme problème mathématique qui convient très bien à votre esprit rationnel. Mais, en ce mois, les bruits vous dérangent! Il est nécessaire que vous respectiez au moins quelques heures de silence chaque jour pour faire le plein d'énergie.

Vous n'avez pas la langue dans votre poche! Vous dites carrément ce que vous pensez. Mais il arrive que ce que vous pensiez ne soit pas agréable à entendre! Du 23 jusqu'à la fin du mois, vous serez en contact avec des personnes qui manquent de jugement! Mais peut-être enseignez-vous à des enfants, à des jeunes? Il est alors normal qu'ils ne pensent pas comme vous et qu'ils soient incapables de mesurer toutes les conséquences de leurs actes! Vous devrez vous arrêter une seconde, si telle est votre situation, et vous dire qu'ils manquent d'expérience! De toute manière, vos reproches n'auraient aucun effet, sinon attiser la colère des distraits et des inconséquents. Et puis, à la naissance, l'intelligence n'est pas distribuée également: il y a toutes sortes d'intelligences et de manières d'aborder la vie. Ne vous offusquez pas si on ne voit pas la vie comme vous. Ne soyez pas étroit au point de croire qu'il faille absolument vous ressembler pour qu'on soit fonctionnel ou performant!

Si votre travail vous oblige à des déplacements, de nombreux clients réclameront vos services et vous passerez la majeure partie de vos journées à vous déplacer d'un lieu à un autre. Lorsqu'il vous faudra transiger, vous le ferez le plus brièvement possible, mais il est possible que ça ne plaise pas beaucoup à ces gens qui s'attendent à plus d'attention de votre part.

Quel que soit le métier que vous exercez, les personnes que vous côtoyez font plus que des affaires avec vous: elles désirent un contact humain. Si vous tenez à réussir royalement vos transactions, stoppez cet état d'empressement que vous ressentez et donnez du temps à vos acheteurs, parlez avec eux! Vous pourriez apprendre plus que vous ne l'imaginez. Si vous êtes souple, sans doute cela vous conduira-t-il à élargir votre territoire professionnel.

En ce mois, ne faites attendre personne. Soyez à l'heure à tous vos rendez-vous.

⧸⧸ AVRIL 2005 ⧹⧹

L'AMOUR

Depuis le 21 mars 2005, Mars est dans votre signe et y restera tout au long d'avril. Mars ne se tient pas très loin de Neptune. Entre le 10 et le 16, Mars et Neptune seront en conjonction! Il est possible que, sous ces aspects, vous ayez du mal à exprimer vos émotions et vos désirs et à dire à votre partenaire que vous aimeriez bien que, lorsque vous êtes ensemble, il y ait plus d'affection, plus de tendresse et de rapports sexuels. Selon certains ascendants, il est possible que quelques Verseau aient plutôt envie de faire chambre à part! Voici un sujet qui n'est pas facile à aborder! Mais si vous ressentez un profond besoin de faire savoir à l'amoureux comment vous vous sentez, prenez votre courage à deux mains et parlez! Quand, sous votre signe, on se tait alors qu'on croit fermement que la vérité serait préférable, l'éclat n'est jamais joli à voir!

Si vous faites partie des nouveaux amoureux, si vous êtes jeune, sans enfant, bien que vous ne soyez pas poussé par l'idée de fonder une famille traditionnelle, vous avez ce profond désir de créer une vie. Votre signe est régi par Uranus, mais aussi par Saturne, et cette dernière planète ressent la nécessité de se prolonger, de laisser sa trace, d'avoir une lignée ou des héritiers. Tel que je l'ai écrit précédemment, si vous êtes amoureux, vous proposerez à votre partenaire d'avoir un enfant... La réponse sera spontanée... Vous saurez, à cet instant, que votre conjoint n'attendait que votre absolution parentale! N'aviez-vous pas dit que vous vouliez attendre encore plusieurs années avant d'avoir un enfant? Mais voilà, vous êtes une boîte à surprises, et cette fois vous voulez être parent parce que vous sentez que c'est le bon moment!

Dans une vie de couple, deux signes pouvant vous aimer follement peuvent vous résister lorsque vous endossez votre peau de contrôlant: Scorpion et Poissons! Ils peuvent aussi vous quitter si vous refusez de vous épancher sur le plan émotionnel, si vous refusez d'accepter que leurs besoins ne sont pas les vôtres et si vous vous emportez contre le fait qu'ils n'ont pas toujours envie de vous suivre! Ne perdez jamais de vue que ces deux signes mentionnés sont aussi indépendants que vous ne l'êtes. Mais lorsque vous avez réglé ces problèmes, le lien qui s'établit entre vous est si puissant que rien, pas même les plus grandes difficultés, ne vous sépare. C'est alors ensemble que vous les affrontez, et ensemble que vous remportez la victoire.

DANS L'ENSEMBLE DE VOTRE VIE

Vous n'êtes jamais banal. Uranus, qui régit votre signe, vous donne un «je-ne-sais-quoi» hors de l'ordinaire. Vous pouvez être de tous les métiers, qu'importe. Vous ne passerez pas inaperçu et en tout temps vous n'en resterez pas là où vous êtes. Le moment présent est une véritable abstraction en ce qui vous concerne. Généralement, votre esprit navigue dans le futur et vous êtes jusqu'à 20 ans en avant de votre temps. Pour y arriver, il est nécessaire d'agir maintenant. À compter du 16, principalement dans un travail où vous avez de la latitude, vous transformerez une ancienne manière de faire en une technique ultramoderne. Il est possible que l'on soit surpris au départ à la suite de vos suggestions, mais aucune ne sera rejetée. Bien qu'on ne puisse les appliquer sur-le-champ, dans peu de temps on les utilisera.

Entre le 1er et le 15, une querelle de famille peut survenir. En tant que parent séparé de son partenaire, la garde des enfants peut être un sujet de conversation qui n'a rien de drôle. Il est tout aussi possible qu'un parent vous donne un conseil que vous n'avez nullement envie d'entendre ou que ce dernier vous fasse une proposition d'affaire et insiste, comme s'il ne voulait pas vous laisser le temps d'y réfléchir. Mais vous verrez très bien ce subterfuge et ne tomberez pas dans le panneau du perdant!

Plusieurs planètes favorisent ceux qui font du commerce avec l'étranger, et parmi eux, nombreux sont ceux qui prendront l'avion afin de négocier en tête-à-tête une transaction importante, laquelle permettra à chacun de faire fortune si la formule est appliquée dans les moindres détails et qu'elle est juste pour chacun. Le mot d'ordre du Verseau est: liberté, fraternité et égalité! Vous tentez d'appliquer ces valeurs partout où vous allez! Par les temps qui courent, il vous faudra claironner ces mots davantage!

Soyez prudent au volant, et surtout ne partez pas si vous vous sentez très fatigué ou si vous avez bu quelques verres d'alcool! Un accrochage serait plutôt déplaisant et vous mettrait dans l'embarras si vous aviez un rendez-vous!

◖◗ MAI 2005 ◖◗

L'AMOUR

Vous voici une fois encore dans une période où l'amour est inévitable, à moins que vous ne refusiez carrément une vie en duo! Si tel est votre cas, vous n'êtes pas heureux parce que vous songez presque constamment à vos anciennes ruptures, et à travers toutes les pensées qui vous assaillent, vous finissez toujours par conclure que c'est la faute de l'autre. Si vous vous entêtez à croire que vous irez d'échec en échec sur le plan sentimental, à compter du 12, non seulement serez-vous en colère contre ce qui fut, mais pire, vous déprimerez au point où vous n'aurez plus envie d'agir. Si vous êtes d'une nature grouillante, vous séduirez une personne avec l'intention de la laisser tomber dès l'instant où celle-ci se sera attachée à vous! N'est-ce pas là un jeu de vilain Verseau?

Même dans les couples les plus solides, les questions d'argent et de budget personnel détruisent la paix qui s'était si bien installée entre vous. Vous aurez tendance à dramatiser une dépense qu'a faite votre partenaire. D'autres subiront les remarques et les critiques déplaisantes de leur amoureux, qui considérera que vous avez manqué de prudence quant à l'argent et failli à vos obligations.

Si vous êtes tombé amoureux en début d'année ou ces dernières semaines, vous n'en êtes sans doute pas au moment de l'engagement. Par contre, celui qui s'est attaché à vous réclame une promesse de fidélité. Ce que vous n'êtes pas prêt à faire! S'il vous arrive d'avoir des coups de cœur, en général, vous ne vous attachez qu'après une fréquentation plus amicale que romantique.

Si, la majeure partie du temps, vous êtes quelqu'un à aimer, certains d'entre vous ont adopté leur ombre en partage. Ces derniers se complaisent dans le calcul: qu'est-ce qu'on peut me donner, qu'est-ce que ça me rapporte de plus de vivre à deux? Et pour ajouter à ces mauvaises intentions, l'ombre du

Verseau veut être servie par son partenaire sans qu'elle ait l'intention de rendre le moindre service.

Si vous faites partie de ceux qui sont heureux, en ce mois où quelques aspects minent même les plus beaux esprits et brouillent le cœur, il ne vous reste qu'à dire merci au ciel!

DANS L'ENSEMBLE DE VOTRE VIE

Ce n'est surtout pas le mois pour tricher. Si vous êtes ce Verseau qui ne cherche qu'à tirer le meilleur de tout un chacun, si votre sens moral est élastique au point de voler si intelligemment qu'on ne se rend compte de rien, si vous avez un esprit tordu, vous serez coincé et banni de la communauté dont vous abusez jusqu'au moment où vous aurez réussi à vous faire pardonner!

Depuis le début de l'année, la plupart d'entre vous travaillez beaucoup. Ne comptez pas vos heures et filez vers l'objectif que vous vous êtes imposé. Mais, sous ce ciel, lentement, la fatigue gruge vos énergies. Il sera facile de vous en rendre compte, vous aurez envie d'aller au lit plus tôt le soir. Écoutez les messages que vous lance votre corps. N'attendez pas de faire une mauvaise chute, de vous briser une jambe ou de vous «tordre» de douleurs pour une cheville enflée et d'être obligé d'être immobilisé, en repos forcé.

Sur le plan professionnel, il est normal de ne pas s'entendre avec tous vos collègues. Ce qui l'est moins, c'est de leur donner tant d'importance, à un point tel que vous êtes empêché d'accomplir les tâches dont vous avez la charge. Il est primordial de séparer vos animosités de vos obligations, votre surcharge émotionnelle de votre rationalité. Après tout, dans le monde du travail, le patron ou l'entreprise n'a qu'un but: faire de l'argent. Il est aussi inutile de discuter sur le fait que vos supérieurs ont tout ou presque et que vous, vous ne soyez qu'un employé.

Un parent qui n'a pas votre expérience, qui ne possède pas votre passé, qui n'est pas non plus dans votre tête croit qu'il sait ce qu'il y a de mieux à faire pour vous dans une situation que vous vivez et qui est complexe. Tenterez-vous de lui faire comprendre votre réalité gentiment ou vous fâcherez-vous en lui claquant la porte au nez?

Comme dans tous les autres signes, il y a des Verseau joueurs qui choisissent le casino! Ils espèrent être riches sans faire le moindre effort. Ces derniers croient qu'ils seront certainement plus heureux avec beaucoup d'argent dans leurs poches ! Attention, les joueurs ne traversent pas une zone chanceuse dans les jeux de hasard.

N'allez pas non plus prêter votre argent à cet ami qui ne vous a même pas remboursé la somme qu'il vous doit déjà !

⊸ JUIN 2005 ⊶

L'AMOUR

En tant que parent, même si vous êtes amoureux de votre partenaire, il est possible que vous et l'autre soyez en désaccord quant à l'éducation de vos enfants, et surtout à cause des résultats du dernier mois de leur année scolaire. Le pire serait que l'un et l'autre, vous vous accusiez de leurs manques ! Jusqu'au 12 particulièrement, il ne vous sera pas facile de rester calme. Et puis, n'est-il pas temps de songer aux prochaines vacances ?

L'argent est encore un sujet de provocation. Vous voulez économiser, l'autre veut dépenser. Ce peut être l'inverse. Vous n'êtes pas tout à fait d'accord non plus sur ces rénovations que vous voulez faire sur votre maison. Chacun a ses priorités. Heureusement, à compter du 13, vous en arriverez à une entente.

Dès l'instant où ces malentendus seront réglés, vous vous rapprocherez de votre amoureux et vous ouvrirez la porte à votre bel amour, à qui vous aviez donné congé !

Lorsque vous vous mariez, c'est généralement parce que l'amoureux le veut. Sans trop vous en rendre compte, vous acceptez qu'il en soit ainsi. Sous votre signe, une union a plus de chances de durer lorsque les partenaires ont l'impression de se sentir libres de tout contrat. Le fait de ne pas signer un papier d'engagement vous donne la sensation de rester entièrement affranchi. Parce que vous appréciez cette latitude, vous restez.

Si vous êtes amoureux de votre partenaire depuis des décennies, peut-être que vous déciderez de faire un grand voyage. Peut-être irez-vous visiter des parents qui habitent à l'étranger ou vous partirez en terres inconnues pour vivre une expérience hors de l'ordinaire !

En tant que célibataire sans enfant, vous rencontrerez une personne qui aura un ou des enfants à sa charge. Bien que cette personne vous plaise, la majorité d'entre vous choisira de s'éloigner parce que vous refuserez catégoriquement de consacrer du temps à ces enfants. Dans une telle situation, il faut croire que vos sentiments amoureux n'étaient que conditionnels, et peut-être n'êtes-vous artificiellement qu'un romantique...

DANS L'ENSEMBLE DE VOTRE VIE

Vous serez témoin d'une querelle entre des amis, des collègues ou des membres de votre famille. Ne laissez personne vous prendre à témoin, et ne vous laissez pas tenter par le fait de prendre pour une personne plutôt que pour une autre, alors que vous ne connaissez pas tous les faits.

Sur le plan professionnel, vous serez plus occupé que vous ne l'étiez au cours des mois précédents, au point où vous vous demandez si une journée de 24 heures vous suffit. Si vous occupez un poste de contrôle, vous donnerez un coup de main à un membre de votre famille et vous l'aiderez à obtenir un emploi dans l'entreprise pour laquelle vous travaillez. Même si vous ne promettez pas un emploi permanent, il pourrait croire qu'il en sera ainsi. Lorsque viendra le moment de son licenciement, attention, vous pourriez alors être tenu pour responsable plutôt que d'avoir droit à un merci.

Si vous avez un travail routinier et que chaque jour vous répétez les mêmes gestes et voyez les mêmes gens, si vous n'êtes pas heureux, si vous ne trouvez pas la moindre satisfaction à faire ce que vous faites, il serait temps de faire d'autres demandes d'emploi. Vous pouvez agir discrètement. Par ailleurs, pour ne pas vous retrouver en mauvaise position, ne claironnez pas votre désir de quitter ce patron, il pourrait vous congédier avant que vous ayez le temps d'y penser! Financièrement, vous seriez alors bien mal en point!

Si vous avez une nature créative, vous aurez des idées hors de l'ordinaire à tel point que, si vous n'y prenez pas garde, si vous en parlez à des gens qui cherchent à se faire valoir dans un domaine similaire au vôtre, il est possible que l'un d'eux ne soit pas tout à fait honnête. Personne n'aime être volé. Il est donc important de rester discret quant à vos secrets.

Mais peut-être travaillez-vous dans un milieu de travail où il y a un tas de bavardages, commérages et cancans. Il vaut mieux vous éloigner de ces personnes qui n'ont rien de mieux à dire que des méchancetés et répandent des faussetés sur les uns et les autres. Si vous faites partie d'un tel groupe de gens, on croira que vous ne valez pas mieux qu'eux.

En tant que parent d'un adolescent, peut-être devrez-vous lui accorder plus d'attention. Entre le 1er et le 11, Mercure fait face à Pluton et fait un aspect dur à Mars en Poissons. Ces planètes ainsi positionnées indiquent qu'un jeune qui s'ennuie pourrait se laisser entraîner plus facilement par un gang s'il en a l'occasion.

Si, dans votre famille, on a tendance à vous dire quoi faire, quoi dépenser, où acheter, etc., vous aurez enfin le courage de dire à ces personnes qui ne se «mêlent pas de ce qui les regarde» de ne plus jamais vous donner de conseils ni de vous faire la plus petite remarque au sujet de votre manière de mener votre vie personnelle. Vous lui direz aussi de ne plus vous dire comment vous comporter avec votre famille, vos amis, votre patron, le voisin, etc.

Si, malheureusement et exceptionnellement, vous faites partie des Verseau qui ne veulent rien faire de leurs talents, sous ce ciel de juin, vous vous apercevrez que vous n'avez pas d'amis : les vrais sont occupés, il vous reste ceux qui, comme vous, n'ont rien à offrir. Entre personnes n'ayant rien à s'apporter, il n'y a tout simplement rien à retirer.

JUILLET 2005

L'AMOUR

Vous traverserez un mois plus complexe que tous les précédents non seulement au sujet de l'amour, mais aussi dans tous les secteurs de votre vie ! Vénus est en Lion jusqu'au 23 et fera face à votre signe. Mercure est en Lion jusqu'à la fin du mois. Mercure traverse le Lion, également face à votre signe, jusqu'au 4 septembre ! Saturne entre en Lion le 17 juillet face à votre signe. En ce qui concerne cette planète, il serait bon de relire ce qu'il peut advenir si, sous Saturne en Cancer, vous ne vous comportez pas comme vous le devriez ! En ce mois, à compter du 24, Vénus entre en Vierge dans le huitième signe du vôtre et restera dans ce signe jusqu'au 17 août, ce qui n'est pas le plus favorable concernant vos relations intimes !

Bref, après ce survol planétaire, vous devez savoir ce que signifie l'effet de ces planètes ! Il est possible qu'après être tombé amoureux, après avoir cru que vous aviez rencontré «votre tendre et passionnée moitié», vous commenciez à vous poser de sérieuses questions concernant des comportements bizarres de votre partenaire. Vous pressentez qu'on vous manipule, mais un doute subsiste. L'amoureux s'exprime-t-il mal ou cette manipulation est-elle une réalité? Votre partenaire est dépensier à l'excès, est-ce normal? Est-ce viable à long terme? Votre partenaire veut davantage paraître qu'être, est-ce bien ce que vous désirez? Quand votre partenaire parle de votre vie intime à ses proches et à ses amis, est-ce acceptable? Bref, si vous êtes sous le même toit que l'amoureux, il se révèle différent, à un point tel que vous avez peine à le reconnaître. Vos projets d'avenir ne sont, en fait, qu'une manière d'être mieux que les membres de sa famille et de la vôtre... En tant que Verseau, vous ne vous formalisez pas quant à cet aspect de la vie. Vous choisissez une habitation selon ce qui vous plaît, et non en fonction de ce que les autres pourraient en dire! Si telle est la situation à laquelle vous faites face, il serait nécessaire d'avoir une sérieuse conversation au sujet de l'erre d'aller de votre amoureux! Vous pensiez le connaître, mais il n'en est rien. Vous aurez donc un choix à faire: lui demander de quitter votre maison ou votre appartement, s'il a emménagé chez vous, ou si c'est le contraire, c'est vous qui devrez partir. Il n'est certainement pas facile de traverser une telle épreuve. Il y avait tout de même des compensations, des agréments que vous avez tous deux partagés, mais en ce mois, si plus rien ne ressemble à ce qui fut par le passé, si vous n'êtes absolument plus heureux, vous savez fort bien que le bonheur est ailleurs et avec quelqu'un d'autre. L'inverse de tout ce qui fut précédemment décrit peut se produire! Vous avez emménagé avec votre perle rare. Bien qu'étant conscient que votre amoureux affiche des imperfections et qu'il est ici et là agaçant, il s'adapte à votre mode de vie, s'ouvre à ce que vous êtes, accepte ce que vous faites et ne faites pas. Avec les jours qui passent, l'amour s'approfondit. Vous découvrez aussi que cette personne possède des qualités que vous n'aviez pas vues au départ. Elle est attentive à tout ou presque. Jamais vous n'aviez perçu une telle caractéristique chez un de vos précédents partenaires! Vous ne pourrez donc que remercier le ciel et constater que, lors de votre rencontre avec cet inconnu quelques mois plus tôt, vous avez eu un flair inouï!

Si votre couple ne vit que des tensions successives, vous conclurez que vous êtes dans un cul-de-sac et que vous avez beau parler, c'est sans retour. Si, en ce mois, la colère est presque visible sur vos murs, quittez donc la relation. Il est inutile de vous attarder à être malheureux. Vous êtes né d'Uranus. Il se dit présentement qu'il doit réfléchir avant d'agir, mais trop de preuves d'incompatibilité vous sautent aux yeux. Lors d'une rupture, c'est lorsque vous avez des enfants que c'est le plus difficile. Dans ce cas, il est parfaitement normal que vous modériez cet empressé Uranus qui régit votre signe. La sagesse vous suggère de procéder par étapes et de parler calmement à vos enfants au sujet de la mésentente entre votre partenaire et vous. Surtout, ne dramatisez pas la situation. Les plus pénalisés seraient vos enfants.

DANS L'ENSEMBLE DE VOTRE VIE

Sur le plan professionnel, si l'entreprise qui emploie vos services est en pleine réorganisation, cela suppose souvent un ajustement administratif ainsi que des congédiements. Si vous êtes un des derniers à avoir été engagé, vous savez pertinemment que vous n'êtes plus en sécurité. En tant qu'uranien, il est rare que vous vous effondriez. Si telle est votre situation, avant que l'on vous remercie, vous commencerez des démarches. Vous êtes généralement fier; vous ne voulez dépendre de personne et ne jamais vous voir comme une victime.

Il est vrai que certains d'entre vous ne se contentent que de l'ombre d'eux-mêmes. Advenant une fermeture de l'entreprise, bien que vous dénonciez l'injustice commise envers vous et d'autres travailleurs, rien ne changera et vous vous réfugierez dans le non-faire, comme si vous punissiez les dirigeants, les gouvernements, en somme le monde entier, d'être aussi malchanceux! N'est-ce pas là un gaspillage d'énergie que de parler constamment de ce qui ne va pas? N'occuperiez-vous pas mieux votre temps si vous agissiez?

Si vous êtes à votre compte, vous aurez l'impression que vos clients vous sont infidèles: vos affaires sont à la baisse parce que vous les regardez du mauvais œil. N'est-ce pas le mois où la plupart des gens prennent leurs vacances, et n'est-il par normal que vos acheteurs soient ailleurs? De toute manière, il reste suffisamment d'ouvrage pour faire tourner votre petite ou grande entreprise! Que vous offriez des produits de luxe ou essentiels, vous faites suffisamment de profits pour survivre jusqu'au retour de votre clientèle!

Si vous travaillez dans le domaine des communications, vous faites votre marque, mais il est possible qu'en ce mois de juillet, vous ayez des exigences qui dépassent ce que vos patrons peuvent vous accorder. Vous avez des idées géniales, mais sous la pression des planètes en Lion, il faudra réduire les coûts. Vous voyez gros et envisagez ce qu'il y a de plus cher à produire. Vous évaluez vos services à un prix qui est sans doute exorbitant pour l'heure! Il est important que vous restiez lucide et raisonnable en ce qui concerne la valeur de vos services, de vos talents, de vos compétences. Si, à tout hasard, vous insistez pour obtenir plus, vous courez le risque de perdre ce que vous avez acquis jusqu'à présent. Sur cette terre, chacun de nous est remplaçable en ce qui concerne la carrière, la profession et le métier. Il y a toujours quelque part quelqu'un qui peut nous dépasser. Voilà un acte d'humilité qu'il est nécessaire de faire en ce mois de juillet 2005!

AOÛT 2005

L'AMOUR

Vénus est en Vierge jusqu'au 17. Elle est dans le huitième signe du vôtre, et il arrive que la position de cette planète symbolise pour vous la fin d'un amour! Il peut s'agir d'une importante étape où les explications n'en finiront plus, à un point tel qu'à tout instant vous aurez envie de rompre en ne sachant pas ce qui anime votre agressivité et celle de votre partenaire!

Sous Vénus en Vierge, il est également facile de tromper l'autre... Vous êtes plus permissif, et à la moindre étincelle entre l'amoureux et vous, grâce à votre charme, il est facile de séduire! Il vous suffit d'approcher un inconnu avec votre plus beau sourire, et le surprendre agréablement en lui faisant un compliment tout droit sorti de votre extraordinaire sens de l'observation. Sous votre signe, en un coup d'œil, vous pouvez connaître la personne qui est devant vous et lui dire justement ces mots qu'elle a envie d'entendre! Que vous dit votre cœur? La réponse vous appartient. Vous pouvez sauter sur une occasion et jouer avec les sentiments de quelqu'un parce que vous n'avez pas à l'idée d'avoir une relation continue. Vous pouvez aussi réfléchir à ce qui est et qui pourrait être transformé!

Le 18, Vénus entre en Balance et fait alors un aspect favorable à Neptune dans votre signe. Si, précédemment, vous n'avez pas été amoureusement honnête, ce mois-ci, vous devrez discuter avec votre conscience concernant le mal moral causé à une personne avec qui vous avez eu une aventure dont elle attendait davantage.

Mais sous Vénus en Balance, si vous ne vivez qu'avec la lumière de votre signe, si Uranus n'a que l'intention d'aimer de plus en plus fort, si votre Uranus s'est guéri de ses désirs de rompre à la moindre contrariété, si vous acceptez l'alliance entre Vénus et Neptune, vous croiserez une personne hors de l'ordinaire. Il s'agira alors d'une rencontre qui vous était destinée! Vénus en Balance fait une merveilleuse réception à Neptune en Verseau; ces planètes symbolisent la pureté des intentions amoureuses ainsi que la douceur qui se glisse entre vous et l'autre! Il faut allier, à Vénus et à Neptune, Jupiter encore en Balance, ce qui n'est pas peu dire... Il indique que la personne rencontrée n'aura nullement besoin de votre argent. Tout laisse présager que cette dernière aura des moyens financiers beaucoup plus importants que les vôtres. On sera généreux envers vous. Du 17 jusqu'à la fin du mois, il vous est permis d'espérer rencontrer quelqu'un qui soit bon, doux, beau et généreux. Il vous suffit d'être réceptif! Car où que vous alliez et quoi que vous fassiez, cette personne est là, quelque part. Elle vous cherche et vous désire. Vous êtes dans ses rêves les plus fous... Et quand on croit fermement en soi et en la vie, la plupart du temps, on obtient ce qu'on avait souhaité!

DANS L'ENSEMBLE DE VOTRE VIE

Sur le plan professionnel, vous entrez dans le vif d'un sujet plus ardu! Mars est dans le signe du Taureau et fait un aspect dur à Saturne en Lion. Ces planètes vous causent des problèmes avec vos associés. Il est possible que vous découvriez que vous êtes volé depuis parfois plusieurs mois, s'il ne s'agit pas d'années!

Pour certains d'entre vous, ceux qui n'ont pas produit ce qu'on attendait d'eux, il est possible que votre patron vous donne congé pour un temps indéterminé, voire définitif.

Quel que soit le monde dans lequel vous travaillez, il y aura des arrêts ou des événements vous empêchant d'aller jusqu'au bout de votre objectif. Que vous reste-t-il à faire, sinon à vous battre, à lutter pour gagner la partie que vous jouez? Vous avez plusieurs cartes dans votre jeu! Il faut maintenant sortir vos as! Uranus, qui régit votre signe, symbolise l'intelligence à son maximum, et ne faites pas abstraction des nombreux tours qu'il a dans son sac! Vous êtes toujours protégé par Jupiter en Balance, une planète 10 fois plus grosse que le Soleil. Essayez d'imaginer sa puissance, son magnétisme et ses vibrations qui viennent droit vers vous. Vous avez cette faculté hors de l'ordinaire de vous connecter sur le meilleur, et c'est maintenant le temps de passer à l'acte. Vous n'êtes pas né pour perdre. En tant que onzième signe du zodiaque, bien au contraire, vous êtes un gagnant.

Il n'y a que les Verseau qui ont renoncé à eux-mêmes qui y perdent. Il est heureux qu'ils soient en minorité. Quoi que vous fassiez, quels que soient votre métier et même vos activités, partout où vous passez, vous provoquerez une amélioration de ce qui est. Vous êtes des artistes et des artisans capables d'insuffler la vie, là où elle n'est pas, là où elle se meurt.

✆ SEPTEMBRE 2005 ✇

L'AMOUR

Vénus est en Balance jusqu'au 11. Ce qui a été écrit précédemment concernant ce signe, cette planète et ses aspects est toujours de mise, surtout si vous vivez avec l'ombre de votre signe. L'amour est souhaité ou vous le refuserez!

Un changement dans le temps se produit à compter du 12 avec l'entrée de Vénus en Scorpion, qui fera face à Mars en Taureau. Elle fera aussi un aspect dur à Neptune dans votre signe qui, de plus, ne sera pas en accord avec Saturne en Lion! Cela fait de nombreux aspects négatifs à votre signe... N'est-ce pas à pleurer? Surtout, respirez à fond. En réalité, il s'agit d'un défi plus grand que tous ceux vécus précédemment: l'épreuve de l'amour. Pouvez-vous aimer une personne qui se distingue, qui a des goûts différents des vôtres, qui ne pense pas comme vous, qui entrevoit l'avenir sous un autre angle que le vôtre mais qui, à la fin, n'intervient pas une seule seconde dans vos projets et qui, en plus, les approuve? Pouvez-vous vivre avec une personne aussi indépendante que vous ne l'êtes, qui peut partir à l'autre bout du monde pendant une semaine ou un mois sans donner aucune nouvelle... N'avez-vous pas déjà fait de la sorte? Quelques mois plus tôt, je vous avais avisé que vous auriez des surprises avec un amoureux hors de l'ordinaire... C'est maintenant qu'elles se produisent!

L'amour, selon ce qu'on en a dit, l'amour simple, est-il aussi intéressant pour vous qu'on le dit? Et puis, est-ce que la normalité existe sous votre signe? Non, et c'est pourquoi il y a tant de séparations ou d'unions où on fait semblant que tout va bien! Il est maintenant important de faire le bilan. Que voulez-vous vivre? Un quotidien ordinaire et répétitif ou une vie remplie de surprises avec lesquelles vous négociez au jour le jour, semaine après semaine?

Si vous choisissez de vivre avec cette personne qui est apparemment différente de vous, prenez le temps d'y réfléchir avant de conclure que c'est impossible que vous puissiez être ensemble et à la fois séparés!

Si, toutefois, il est sûr que rien ne va plus entre vous et l'autre, il faut passer à l'étape de la rupture. Ce qui, en ce moment, n'a rien de drôle, plus particulièrement sous les aspects célestes de septembre.

En tant que parent d'un adolescent, il faudra être diplomate, surtout, ne pas le prendre en sandwich, et ce, quel que soit son âge, non plus le prendre pour un bouc émissaire. Vos enfants ne sont aucunement responsables de vos querelles. Si vous avez un adolescent qui veut se mêler de vos problèmes, indiquez-lui de rester en dehors de tout cela. De toute manière, il sera un jour adulte et aura peut-être à affronter une situation semblable... Il vaut mieux qu'il en reste à l'état d'observateur, et mieux encore, qu'il soit loin de tout ce méli-mélo émotionnel. Cet adolescent ou vos enfants ne doivent-ils pas être à l'école? Ce qui donnera à chacun des moments où vous pourrez vous parler en êtres civilisés et poliment. Une rupture n'a pas à se dérouler au milieu de cris et d'insultes. Cela laisserait alors bien des mauvais souvenirs à votre partenaire et à vous.

Ceux qui réussissent à s'aimer au-delà de leurs différences et de leurs oppositions sont des gens heureux et sans doute avec peu d'histoires à raconter... sinon que leurs bons moments.

DANS L'ENSEMBLE DE VOTRE VIE

C'est à compter du 12 que se manifestent les pires aspects concernant le travail. C'est comme si l'entreprise ou votre patron avait attendu ce moment, la véritable fin des vacances, pour vous annoncer des nouvelles peu agréables concernant votre horaire et les heures qu'il faudra maintenant travailler. S'il y a plus d'heures à faire, sur un ton doux, on vous dira que vous ne serez pas davantage payé parce qu'il faut se mettre à la mode de l'économie de la compagnie! Vous n'êtes pas dupe et vous savez que celle-ci encaisse des milliers de dollars, mais les portes doivent rester ouvertes... C'est, du moins, ce dont on essaie de vous persuader.... Si c'est vrai dans quelques cas, c'est totalement faux pour quelques entreprises... Il suffit d'aller naviguer sur Internet pour savoir combien l'entreprise qui emploie vos services a gagné d'argent depuis le début de l'année, surtout s'il s'agit d'une très grosse entreprise!

Parmi vous, il y a des Verseau qui n'ont pas froid aux yeux, qui savent défendre leurs droits et qui connaissent la loi régissant l'embauche! Si vous êtes de ceux-ci, advenant un avis de congédiement, vous n'hésiterez pas à user de la justice pour retirer ce qui vous revient si votre départ est incontournable. Si, au contraire, vous savez que vous pouvez et devez rester en poste, des démarches judiciaires obligeront l'entreprise à respecter l'engagement qu'elle a pris avec vous, surtout si l'on vous a fait signer un contrat!

Si vous travaillez dans le domaine des communications, bien que vous soyez génial et que vous ayez des idées pouvant capter des masses, les décideurs, après concertations, croiront qu'il est trop tôt pour mettre vos projets à exécution. Mais sous ce ciel, l'ennemi écoute aux portes! Et si vous avez, en toute confiance, fait part de long en large de votre projet, on pourrait s'en emparer. Le voleur d'idées ne sait pas qui il confronte! Il l'apprendra bien assez vite! Jupiter en Balance vous favorise quand il y a poursuites judiciaires!

Il ne reste plus qu'à faire un survol de votre vie familiale et sociale: on est absent dès que vous demandez un service! Même ce parent à qui vous avez rendu de nombreux services refusera de vous donner un coup de main alors même qu'il ne lui faudrait pas beaucoup de son temps pour satisfaire votre demande.

C'est à compter du 21 que vous chausserez vos meilleurs souliers, ceux qui vous donnent une force extraordinaire et qui vous permettent de gagner quand il y a lutte et conflit. En fait, quand on essaie de se jouer de vous! On a sonné à la mauvaise porte en 2005!

❧ OCTOBRE 2005 ❧

L'AMOUR

Vous êtes unique, et chacun de vous a ce quelque chose qui le différencie des autres! Une constante cependant: vous êtes un créateur, et optimiste! Si l'amour vous fut refusé le mois précédent ou si vous avez vécu une séparation, vous achevez de régler la situation, et le 9, vous serez libéré, prêt pour une autre vie!

Il n'est pas écrit dans le ciel que vous ne soyez pas triste de temps à autre. Mais, vu votre nature, vous ne vous complaisez pas dans la misère morale, sauf pour de rares exceptions!

En tant que célibataire, même si, très souvent, vous êtes persuadé qu'il n'y a personne qui puisse vous aimer tel que vous êtes, même si vous vous êtes fait une idée de ce à quoi doit ressembler la personne de votre vie, même si vous l'avez étiquetée d'un métier convenant au vôtre, même si vous lui avez donné une forme physique telle que vous l'aimez, un être qui vous semblera sorti d'un conte de fées, mais ne ressemblant nullement à vos images mentales attirera votre attention au point où vous ne résisterez pas à l'envie de lui parler! Tout laisse présager qu'il s'agira d'une personne ayant voyagé ou ayant des racines étrangères. Vous partagerez la même culture et les mêmes intérêts intellectuels. Dans un tel cas, comment pourriez-vous résister? Et lorsque vous cessez de vous débattre entre le oui et le non, il est rare que vous vous trompiez. Vous avez l'œil, vous êtes intuitif et extrêmement réceptif aux vibrations d'autrui. Vous trouverez un moyen infaillible de causer avec cette personne que, plus tard, vous nommerez votre petit miracle!

Étant donné la présence de Mars en Taureau qui, de plus, fait carrément face à Vénus en Scorpion jusqu'au 8, si après plusieurs années de vie commune vous pressentez qu'il y a maintenant entre vous et l'autre une incommunicabilité, vous ferez un autre essai! Vous proposerez un voyage, une activité à faire en commun, des sorties. Et si l'amoureux ne cesse de repousser vos suggestions et vos invitations, vous en arriverez à la conclusion que c'est fini! Vous n'êtes pas du genre à en rester là, ni à vous morfondre ni à vous contenter d'une triste et ennuyeuse vie à deux. Les apparences n'ont pas d'importance, à moins que vous n'occupiez un poste où tout le monde vous regarde, là où ça ne se fait pas! Ils sont maintenant bien rares, les milieux où l'on juge négativement le divorce! Vous attendrez sans doute la fin du mois, soit l'entrée de Jupiter en Scorpion, le 27, pour entreprendre des démarches de désunion ou de divorce. Avant de procéder, des Verseau feront un voyage au loin afin d'y voir clair, pour se calmer et ainsi rompre avec le minimum de dommages!

DANS L'ENSEMBLE DE VOTRE VIE

Peut-être travaillez-vous depuis 20 ou 30 ans pour l'entreprise qui emploie vos services. Si vous êtes de ceux-là, sans doute sera-t-il question de prendre votre retraite... Faites attention: vérifiez ce que vous avez accumulé en ce qui concerne votre pension. Il est possible qu'on tente de ne pas vous donner ce qui vous revient! Si vous négligez vos papiers et vos chiffres, une part de votre revenu vous passera sous le nez!

Si, tout au contraire, vous commencez dans une entreprise, surtout n'allez pas dire au patron que vous aimeriez être traité différemment, faire d'autres heures, être mieux payé, occuper un poste plus valorisant, etc. Vous n'auriez pas bonne presse et pire encore, à la moindre erreur de votre part, vous seriez congédié! L'humilité du commençant, vous connaissez? Et puis, ne dit-on pas qu'il est préférable de commencer au bas de l'échelle? Ainsi, plus vous montez, plus vous savez ce qui vous attend une fois que vous serez au sommet.

Que vous soyez grands-parents ou ami intime d'une famille, abstenez-vous de faire des recommandations que personne n'a envie d'entendre, surtout pas les jeunes et les adolescents, lesquels ont déjà des parents qui, de temps à autre, leur font des reproches ou leur donnent des conseils! Ce qu'en général on n'écoute qu'une fois adulte. Avant, l'ego prédomine et l'on croit tout savoir... Ne vous souvenez-vous pas de cette époque où vous aviez l'impression d'être le seul maître de votre destin?

En réalité, les Verseau n'ont que peu ou pas de mémoire de leur passé: ils sont trop pris par l'avenir. Nous sommes tous incarnés dans un signe, dont un est dominant. En ce qui vous concerne, vous devez tenter de vous rappeler vos souvenirs parce qu'ils servent de leçons. Vivez au présent: l'avenir est plus tard, pas maintenant! Vous devez aussi apprendre à ne pas confondre vos émotions avec vos pensées. Les émotions sont simplement et souvent sans raison. Les pensées sont votre création et ont une raison de se pointer, au moment où elles traversent votre esprit. Vous n'êtes pas démuni d'émotions. Cependant, vous faites comme si elles n'existaient pas. En fait, s'émouvoir peut tant être une joie qu'une peine! Et cela se passe de tout analyse!

Certains d'entre vous sont toutefois capables de contemplation. Vos observateurs disent alors que vous êtes dans la lune! Bien au contraire, il y a parmi vous des Verseau pouvant aimer un lever ou un coucher de soleil pour ce qu'il est. Ils sont aussi en mesure d'admirer une fleur parce que c'est une fleur! Il y a ceux qui contemplent le fait que la Terre tourne autour du Soleil! Quelle magnificence! C'est du domaine de l'inexplicable! Si certains d'entre vous ont tenté de trouver une explication à la course folle du monde, ils en sont inévitablement arrivés à un cul-de-sac! Vous pouvez toujours conclure à un accident planétaire, mais vous n'en continuerez pas moins de vous demander comment il a pu se produire... Voilà pourquoi la plupart des Verseau n'en finissent pas de se questionner, et voilà aussi pourquoi vous êtes si près des étoiles et du ciel, et si loin de la personne qui vit à vos côtés.

⫷ NOVEMBRE 2005 ⫸

L'AMOUR

Nous voici à l'avant-dernier mois de l'année. On appelle novembre le mois des morts parce que la nature s'enfouit sous la neige, se met au repos, ce qui ne l'empêche pas de faire un travail souterrain. La nature est en réflexion! L'humain devrait aussi suivre ce courant. Mais nous vivons dans un monde où le seul fait de s'arrêter pour réfléchir, relaxer et méditer est généralement mal vu. Par ailleurs, en ce mois de novembre, il n'est pas vraiment nécessaire de stopper vos activités. En réalité, jusqu'au 22, sous l'influence de Jupiter en Scorpion, vous êtes en plein apprentissage. Vous avez tout le loisir de découvrir ce que sont la vraie passion et l'amour, pour le meilleur et le pire. L'amour qui peut traverser les pires épreuves! Voilà ce que ce mois doit vous enseigner. Mais êtes-vous réceptif?

Si vous êtes amoureux, vous n'avez pas à vous interroger, encore moins que les mois précédents. En tant que signe capable de contemplation, il est maintenant temps d'apprécier les beaux sentiments pour ce qu'ils sont, d'apprécier votre partenaire pour ce qu'il est et non pour ce que vous voudriez qu'il soit. On ne change personne, on se change soi-même, quand on l'a décidé ! Voilà une autre leçon que vous donne la présence du Soleil en Scorpion.

Dans ce ciel, il n'y a pas que le Soleil qui est en Scorpion, mais également des planètes qui ajoutent à votre réflexion, d'autres qui, tout au contraire, vous poussent à rejeter ce que vous ne voulez pas accepter, même de ces gens que vous aimez !

Jupiter est aussi en Scorpion dans le dixième signe du vôtre. Il exerce une pression assez spéciale sur votre signe. Si vous avez une vie de couple et n'avez jamais voulu d'enfant parce que vous avez choisi de vivre librement, maintenant et pour toujours, sous Jupiter en Scorpion, l'amour de l'autre, celui que vous lui portez, fera en sorte qu'un puissant désir de se reproduire vous envahira. Le Scorpion en lui-même symbolise la conception, à partir du sperme et de l'ovule. Puis cette fonction des deux corps n'est-elle pas un grand mystère ? Vous qui aimez savoir, sans doute serez-vous nombreux à vouloir être au cœur du miracle qu'est la vie elle-même.

Mais il y a aussi parmi vous des Verseau qui ne désirent pas le moindrement être parent. Si tel est votre cas, en ce mois de novembre, vous devrez prendre vos précautions afin de ne pas concevoir.

En tant que célibataire, à compter du 6, sous l'influence de Vénus en Capricorne dans le douzième signe du vôtre, il est possible que vous repoussiez de très belles personnes ! Sous Vénus en Capricorne, peut-être aurez-vous peur en ce qui concerne un partage sentimental. Rien qu'à l'idée de ne plus vivre seul, votre crainte d'être incapable de résister au meilleur de l'amour est telle que vous restez chez vous, vous vous repliez sur vous-même ou vous consacrez plus d'heures à votre travail, à des activités, et pire encore, vous passez vos soirées devant votre téléviseur, hypnotisé par la vie des autres !

DANS L'ENSEMBLE DE VOTRE VIE

Si vous avez fait de gros investissements dans un projet et que celui-ci ne se réalise pas comme vous le vouliez, vous êtes presque au désespoir ! Mais pas tout à fait. La vie fait en sorte que vous puissiez rencontrer une personne ayant de l'argent et une grande influence dans le milieu où vous êtes impliqué. Si telle est votre situation, vous entamerez des négociations au bout desquelles il vous sera permis de poursuivre votre idéal.

Dans le pire des cas, vous perdez! Vous n'êtes pas de nature à démissionner facilement ni à déclarer forfait. Il y a toujours, en vous, dans les pires moments, une petite lumière qui s'allume et qui, justement, vous éclaire afin que vous puissiez voir la solution.

Vous avez un talent de transformateur et c'est à partir de maintenant qu'il devient urgent de faire du neuf avec du vieux. Vous remodèlerez une idée ancienne et la moderniserez, au point où elle sera méconnaissable. De toute manière, les gens qui seront attirés par votre produit ou votre service ne sauront pas que vous avez emprunté un objet ou une idée qui fut, dans le passé, d'une utilité différente.

Sous l'influence de Mars en Taureau ainsi que de Jupiter en Scorpion, en tant que parent, il est possible qu'un enfant soit malade: les rhumes et les grippes sont fréquents à ce temps-ci de l'année. Il pourrait aussi s'agir d'un proche à qui il faut tenir la main pour l'encourager à passer à travers une épreuve. Vous ne pouvez évidemment pas être à la place de la personne souffrante, mais vous pouvez sympathiser et agrémenter sa vie, rien que par votre présence remplie de rayonnements vitaux. Le huitième signe du vôtre est la Vierge, le symbole de la santé mais tout autant de la maladie. Vous savez fort bien, même si vous ne l'avez jamais expérimenté, que la maladie change complètement la vie de celui qui en est atteint. C'est pourquoi vous ne pouvez faire autrement que sympathiser et donner de vous-même lorsqu'une connaissance ou un parent souffre. Il émane de vous, dès l'instant où vous le désirez, un brin de magie. Uranus, qui régit votre signe, est du domaine des médecins de l'invisible. Quand vous appelez le ciel et les étoiles à l'aide, vous êtes plus écouté que vous ne l'imaginez. Ne perdez jamais de vue que vous possédez un extraordinaire magnétisme. Vous êtes, en quelque sorte, connecté à un monde mystérieux; seul un être né sous votre signe y a accès! Vous ne parlez pas de ce que vous vivez dans des circonstances telles que celles précédemment décrites. La plupart des gens croiraient que vous êtes passé du côté de la folie! Alors qu'il n'en est rien, bien au contraire: vous possédez un taux vibratoire intégré à votre mental et à votre corps, qui est paranormal!

De nombreux livres d'astrologie vous décrivent comme étant le signe du génie et de la folie. Mais le plus souvent, cette folie en est une incomprise. C'est tout simplement que vous êtes un brin humain et un brin magicien! Lors de cet avant-dernier mois de l'année, vous en ferez la preuve.

◖◗ DÉCEMBRE 2005 ◖◗

L'AMOUR

Jusqu'au 15, Vénus est en Capricorne dans le douzième signe du vôtre et rend plus méfiants ceux qui déjà le sont! Vous avez tendance à vous questionner sur l'amour. Qu'est-ce au juste? L'amour n'est-il qu'une mode, un «ce qu'il faut vivre» pour bien paraître? L'amour n'est-il qu'une commodité facilitant la vie d'un homme et d'une femme? Ce que l'on appelle l'amour, n'est-ce pas qu'une entraide entre le masculin et le féminin? Le fait qu'un homme et une femme soient ensemble, n'est-ce pas uniquement pour la reproduction? Un homme et une femme sont si différents qu'ils ont du mal à s'entendre. Alors pourquoi a-t-on inventé l'amour et la vie de couple? Si vous connaissez votre thème natal et que vous ayez Vénus en Capricorne, vous n'êtes certainement pas un rêveur! Et en ce mois, jusqu'au 15, sous l'influence de Vénus en Capricorne, vous êtes parfaitement lucide en ce qui concerne vos biens, vos possessions, vos besoins primaires, secondaires, essentiels et non essentiels. Vous pouvez énumérer tous les mauvais côtés de la vie à deux, mais vous oubliez que, dans un couple, il y a la tendresse, l'affection et la passion. Rien que ces trois mots, bien qu'ils ne soient ni palpables ni visibles, existent bel et bien! Vous aurez toujours besoin de ces sentiments car ils font partie de l'être et de votre système nerveux, de vos glandes endocrines et de toutes les infimes molécules et bactéries qui vous composent en tant qu'être humain! Si vous faites partie de ceux qui refusent la vie amoureuse et qui font tout ce qu'ils peuvent pour se complaire dans cette solitude qu'en tant que Verseau ils n'aiment pas du tout, réfléchissez à ce que vous vous faites subir. En ce mois de décembre, passer les fêtes seul, n'est-ce pas une torture? Alors, dites-moi maintenant comment vous allez définir la torture morale. La toucherez-vous et l'analyserez-vous comme vous le feriez pour un microbe? Si vous êtes célibataire, sans amour, sans personne à qui parler, sans personne avec qui rire, prenez donc la décision de vous joindre à des groupes de rencontres, ne serait-ce que pour vous rendre compte qu'il y a toute une humanité à découvrir. Vénus en Capricorne est dure jusqu'au 15, mais vous n'avez pas l'obligation de vous plier à ses commandements. Si vous optez pour des sorties, à compter du 16, sous l'influence de Vénus dans votre signe, soyez certain qu'il y aura quelqu'un, quelque part, qui vous plaira et à qui vous plairez. Si, malheureusement, vous vous êtes emprisonné sous Vénus en Capricorne, à compter du 16, sous Vénus en Verseau, vous vous tournerez les pouces. Les fêtes passeront sans que vous ayez profité de quoi que ce soit!

Si vous êtes amoureux, si vous avez une famille, il est vrai que, jusqu'au 15, vous serez débordé par les préparatifs des fêtes et par le magasinage. À certains moments, vous souhaiterez que Noël et le jour de l'An n'aient lieu que tous les cinq ans! Mais n'êtes-vous pas celui qui a proposé de recevoir cette année? Cessez de regretter vos invitations, même si vos regrets ne sont que de courte durée. Vous voulez que ceux que vous aimez soient autour de vous et c'est simplement parce que vous les aimez.

Quelques Verseau auront décidé de partir en voyage pour la durée des fêtes. Ceux-ci avaient déjà tout prévu au cours des mois précédents. Vous aurez de très belles vacances au cours desquelles vous réfléchirez constamment à l'amour, et plus encore si vous êtes parti seul!

Certains, parmi vous, n'ont pas de famille: ils sont seuls au monde ou presque, et sans doute, s'il en est ainsi, c'est que vous êtes une personne du troisième âge. Si telle est votre situation, durant cette période des fêtes, acceptez les invitations lancées ici et là afin de réunir les solitaires. Vous aurez la surprise de rencontrer une personne que vous charmerez dès les premières secondes, dès votre premier bonjour! En tant que Verseau, le temps n'a pas d'emprise sur vous, il est aussi insaisissable que l'amour. Pourtant, il est quelque part en vous, mesurable!

DANS L'ENSEMBLE DE VOTRE VIE

Vous dépenserez comme bien des gens, même si vous vous êtes promis d'être plus raisonnable que les années précédentes. Il en est ainsi pour tous les signes du zodiaque. On se sent obligé, publicité oblige, de faire un cadeau à ces gens qu'on aime, de souligner à l'autre notre amitié. Puis pourquoi ne pas faire un cadeau à cette personne que, au fond de soi, on souhaite plus aimante, plus coopérative pour l'année qui s'achève, mais surtout pour celle qui vient!

Mais si vous êtes un radin, un calculateur, jusqu'au 15, sous les influences de Vénus en Capricorne, un signe de terre, sous

Mars en Taureau, tout au long du mois, un signe de terre aussi, sous Saturne en Lion, un signe de feu face au vôtre, sous Jupiter en Scorpion qui fait un aspect dur à votre signe, sous Mercure en Scorpion, jusqu'au 12, qui vous fait penser que personne ne mérite rien, sous ces aspects difficiles, vous essaierez de vous convaincre qu'être généreux envers vos proches n'est que pure gaspillage et que vous devriez garder votre argent pour vous!

Une autre petite voix parle à ces Verseau peu généreux. À compter du 13, Mercure est en Sagittaire, Pluton est également dans ce signe, Neptune est en Verseau, Vénus y est aussi à compter du 16. Il suffit de ces quelques planètes pour qu'intérieurement, vous rougissiez d'être aussi comptable en ce temps de l'année. Par ailleurs, si vous êtes invité chez des amis et que vous vous amenez les mains vides à Noël ou au jour de l'An, vous serez très gêné lorsque votre hôte, dans un envol arrosé de bon vin ou de champagne, lancera devant tout le monde, sourire aux lèvres, que le plus mesquin de ses amis vient d'arriver! On ne vous apprécie pas moins, mais on constate qu'on ne peut rien attendre de vous! Si vous vous reconnaissez comme étant grippe-sou, si vous êtes invité à une fête, faites un petit effort et n'arrivez pas sans présents. Pour une fois, surprenez vos amis ou la parenté...

Il y a, bien sûr, le travail qui se poursuit jusqu'à Noël. Mais vous ne réglerez pas beaucoup de problèmes: les solutions ne vous viendront pas à l'esprit, vous vous contenterez d'être là, au milieu de l'action, et vous vous direz que c'est après le jour de l'An qu'il sera enfin possible d'aller de l'avant. Nombreux sont ceux qui auront un mois où ils auront la nette impression de perdre leur temps et d'être payés à ne rien faire! Concluez qu'il s'agit alors du cadeau du patron!

Si, toutefois, vous êtes dans le monde de la coiffure, de l'esthétique, des vêtements, de manucure, etc., tout ce qui dessert les femmes afin qu'elles se sentent plus belles, vous serez débordé jusqu'à la fin du mois! À compter du 13, que vous soyez un homme ou une femme opérant dans le monde de la beauté ou comme chef cuisinier ou traiteur, ne comptez pas vous reposer. Vous ne pourrez sans doute relaxer que la veille de Noël et la veille du jour de l'An. Entre-temps, vous répondrez aux demandes de vos clients. Vous ne refuserez rien. Après tout, n'est-ce pas pour vous une période où vous faites plus d'argent?

En conclusion, s'il vous est plus difficile de traverser la zone de Jupiter en Scorpion depuis le 27 octobre, sachez que vous avez énormément accompli depuis le début de 2005, et vous devez vous féliciter. Maintenant, il vous reste à poursuivre ce que vous avez entrepris et, de grâce, restez souriant, maintenant et en 2006. Sachez que plus les projets prennent de l'ampleur, plus ils exigent de la présence et de l'attention, mais il n'est nullement utile d'avoir la mine basse parce que, selon vous, c'est plus sérieux que ça ne l'était au commencement. Ne perdez pas vos idéaux de vue. Tout comme l'argent attire l'argent, les inquiétudes attirent les inquiétudes!

LES ASCENDANTS

VERSEAU ASCENDANT BÉLIER

Vous n'hésiterez pas à dire ce que vous pensez tout au long de l'année. Il y a du danger. Si votre emploi n'offre aucune garantie, si vous n'avez aucune protection légale, il est possible que vous soyez congédié. Mais qu'à cela ne tienne! Vous êtes si débrouillard que, peu après, vous trouverez mieux ailleurs! Sur le plan sentimental, si vous êtes amoureux fou depuis des années ou des mois, si vous ne faites pas vie commune pour l'instant, vous le proposerez à votre partenaire et, naturellement, il vous dira oui.

VERSEAU ASCENDANT TAUREAU

Le Verseau est régi par Uranus, le Taureau par Vénus. L'amour vole facilement en éclats et ne tolère pas les moindres contrariétés! Ce sera différent en 2005. Vous serez plus souple et attirerez à vous une personne pouvant comprendre que vous soyez à la fois logique et sensible, généreux et calculateur. En somme, vous vivez avec une montagne de contradictions. Une chose vous importe plus que tout: votre carrière, et en 2005 vous ferez un bon en avant. Vous serez débordé et ferez beaucoup plus d'argent qu'au cours des années passées.

VERSEAU ASCENDANT GÉMEAUX

Vous êtes intelligent mais également fuyard. Vous fuyez vers ce qu'il y a de plus facile à accomplir ou là où l'on peut retirer le maximum, sans que ce soit à long terme! Vous n'êtes heureux que dans un travail qui vous met en communication avec autrui. L'échange est votre dynamique! Vous êtes un excellent vendeur ou un journaliste hors pair! En 2005, sous Jupiter en Balance, vous serez créatif et toujours partant quand il s'agira d'aller vers la nouveauté et l'expérimentation, à condition d'être bien payé. Vous le serez.

VERSEAU ASCENDANT CANCER

Vous travaillez dans le domaine des communications modernes, dans ces lieux qui sont en perpétuels changements. Vous n'aurez aucun ennui en 2005, les transformations seront nombreuses et vous saurez vous faufiler à travers chacune d'elles. Vous avez aussi le sens de la famille, mais quand vient le temps de considérer la fin de l'époque de la mère protectrice, vous avisez vos enfants qu'ils doivent maintenant se débrouiller, et s'ils ont l'âge d'agir, vous serez derrière eux et les inviterez à entrer de plain-pied dans les jeux de la vie. Un des vôtres suivra vos traces de très près! Vous ferez des rénovations sur votre maison ou vous déménagerez au cours de l'année 2005.

VERSEAU ASCENDANT LION

Votre puissant désir d'entrer dans le monde de l'art est tel que vous trouverez la porte d'entrée. Si, par exemple, vous pratiquez un art depuis plusieurs années, il est fort possible que vous vous découvriez un autre talent. Certains parmi vous décideront d'aller vivre à l'étranger; ils ont besoin de cette expérience et de ce détachement pour ensuite revenir au pays avec des idées neuves et d'avant-garde. Ce type de recul, en quelque sorte, est une poussée, une progression. Pour plusieurs, un retour aux études est prévu ou encore l'achèvement d'un cours de perfectionnement.

VERSEAU ASCENDANT VIERGE

Il est à souhaiter que vous n'ayez pas joué avec les chiffres comptables d'une entreprise ou que vous n'ayez pas exigé un salaire faramineux en 2004! Vers juillet 2005, il sera question d'un réajustement financier. L'entreprise ne peut plus vous offrir autant. Vous quittez votre poste, insulté, ou vous consentez à une réduction. De toute manière, en 2007, tout se rétablira! Sur le plan sentimental, vous avez tout pour plaire: les choix sont nombreux, mais vous saurez qui sera l'élu de votre cœur. Ce sera sans doute une personne aussi brillante que vous l'êtes et avec qui vous pourrez parler d'égal à égal.

VERSEAU ASCENDANT BALANCE

Vous êtes évidemment amoureux de la vie, des enfants, et respectueux d'autrui, capable de faire des concessions. Si vous avez un but précis, en 2005 vous l'atteindrez, et il est même possible que vous le dépassiez. Vous êtes en pleine transformation de votre être, vous ajoutez un plus, vous êtes maintenant conscient de votre valeur. Vous êtes marqué par le progrès dans le domaine où vous êtes impliqué. L'exception du Verseau ascendant Balance n'est que prétention! Pour celui-ci, le progrès ne sera en fait qu'un surplus de poids!

VERSEAU ASCENDANT SCORPION

Bien que vous soyez constamment en mouvement et que vous alliez d'un projet à l'autre, vous n'en êtes qu'aux balbutiements de cette grande réussite qui vous attend sur cette route de vie qui vous permettra de compiler tous vos talents et de les utiliser afin d'en faire un tout indissociable, et naturellement plus payant que vous ne pouvez l'imaginer. Vous ferez des pas de géant cette année. Quand les choses ne seront pas telles que souhaitées, ne vous en faites pas. Le meilleur est à venir.

VERSEAU ASCENDANT SAGITTAIRE

Si vous faites partie des voyageurs de ce signe, vous prendrez tellement d'avions que vous vous demanderez si vous ne devriez pas faire de ceux-ci l'une de vos habitations! Que de succès dans vos entreprises en 2005! Vous ferez l'envie d'un tas de gens que vous ne verrez pas! Si vous êtes dans le monde des communications, en tant qu'artiste, vous serez plus populaire que jamais. Et si vous n'avez pas encore trouvé l'amour, Cupidon est de service toute l'année!

VERSEAU ASCENDANT CAPRICORNE

Vous aurez envie de changer de travail, de vivre une nouvelle expérience. Si vous êtes à l'âge de la retraite, de grâce, ne vous arrêtez pas! Vous en tomberiez malade! Vous êtes né bâtisseur, et au cours de 2005, vous vous initierez à un autre métier ou vous retournerez à une profession que vous avez abandonnée bien des années auparavant. En tant que célibataire, au hasard de la vie, vous pourriez revoir quelqu'un que vous avez beaucoup aimé et reprendre votre vie avec cette personne, là où vous l'aviez laissée! Le bonheur flotte dans l'air. Il suffit de le saisir.

VERSEAU ASCENDANT VERSEAU

Vous êtes unique, authentique, vous avez toutes les qualités et tous les défauts du signe! Avec lesquels vivez-vous? En principe, vous êtes né pour le monde des communications modernes, et tout ce qui concerne la vitesse vous intéresse, mais aussi le monde des concepts, de la création, de l'invention. En 2005, sous les vents de Jupiter en Balance, il serait étonnant que vous ne vous mettiez pas de l'avant à la suite d'un projet ou d'un produit original que les gens désireront posséder, voir, utiliser, etc. Vous vivez une année commerciale hors de l'ordinaire. L'argent gagné vous permettra de faire plusieurs voyages.

VERSEAU ASCENDANT POISSONS

Né de Neptune et d'Uranus, vous êtes un véritable mystère et le missionnaire du zodiaque. À moins que vous n'ayez choisi de vivre aux crochets d'autrui et que vous vous gaviez d'alcool et de drogues! Vous avez toujours eu le choix: grandir ou vous détruire. Quant à ceux qui ont opté pour l'amélioration de la vie d'autrui, vous trouverez une technique, un moyen, une forme de pensée, une philosophie, une psychologie qui permettra à un tas de personnes de retrouver un sens à leur vie. Si vous travaillez dans le domaine médical, vous ferez une découverte dont tout le monde parlera! L'année 2005 n'est que succès et satisfaction.

POISSONS

19 février au 20 mars

─◦─

À ma fille, MariSoleil Aubry, meilleure que les meilleures descriptions faites à travers tous les livres d'astrologie publiés depuis au moins les derniers 100 ans!

À Francis Lussier, qui ne ressemble à personne d'autre, sinon à lui-même et à toutes les émotions qui l'animent. À l'oncle de Francis, Michel Lussier, ami et astrologue expérimenté, avec qui j'ai toujours grand plaisir à causer.

Au père de Michel, au grand-père de Francis, André Lussier, un raconteur d'histoires comme il ne s'en fait plus!

À Béatrix Marik, la femme d'entre les femmes, où pureté, lucidité, émotivité et talents se conjuguent telle une divine symphonie.

À Nadège Devaux, écrivain au grand esprit qui sait si bien allier le comique au tragique, l'ordinaire à l'extraordinaire. Quelle admirable plume!

─◦─

SOUS L'INFLUENCE DE JUPITER EN BALANCE

Point de fausse promesse : que la vérité, toute la vérité concernant le passage de Jupiter en Balance dans le huitième signe du vôtre, jusqu'au 26 octobre. Cette huitième maison astrologique est tout aussi mystérieuse, prometteuse que désastreuse. Tout dépend de votre ascendant et de ce que vous déciderez à la suite des faits et des événements que vous n'aurez pas vraiment choisi de vivre!

Bien que l'astrologie donne de nombreux indices, vous avez la liberté de réagir et d'agir de manière à retirer le meilleur ou de faire disparaître une désagréable situation. En somme, tout peut arriver en 2005! Vous pourriez gagner une fortune, hériter, obtenir un poste de président, devenir populaire au point où vous serez obligé de vous cacher pour ne pas être harcelé. Vous pourriez aussi faire les 100 coups et vous retrouver en détention, partir à l'autre bout du monde et abandonner parents et amis, écrire un livre-culte, devenir peintre, changer de carrière, passer à la comptabilité, à la publicité, rompre une union et aller vivre avec une autre personne pour la quitter quelques semaines plus tard pour une autre flamme. Vous pourriez vous marier sur un coup de tête, divorcer sans trop y réfléchir, etc. En somme, tout mais vraiment tout est possible pour vous en 2005! Ça dépend de vous!

Jupiter est un symbole de justice, mais cette fois il est dans un signe vénusien, là où Vénus est aussi confortable que permissive, aussi heureuse que pessimiste! Et quand elle traverse votre signe, quel charmeur vous faites! Aussi, en 2005, prendrez-vous beaucoup de liberté : vous vous accorderez des permissions de toutes sortes plutôt que de vous imposer des restrictions.

Par exemple, si vous avez abandonné un art et ne faites plus partie du milieu, pendant que les uns font un retour, d'autres s'y remettent avec la ferme intention de réussir et ils feront le maximum pour se faire remarquer cette année! Le Poissons va forcer sa chance : il ne peut plus se contenter de ce qu'il a. Il veut vivre différemment. Des expériences de toutes sortes lui font des signes!

Lorsqu'un Poissons a décidé qu'il allait vivre une autre vie que celle dans laquelle il fut plongé pendant longtemps, rien ne l'arrête. Il ne faut jamais perdre de vue qu'un Poissons est régi par Neptune, un digne représentant de tous les océans réunis. Comment pourriez-vous arrêter toutes les mers de ce monde de se déchaîner?

Le Poissons, le dernier signe du zodiaque et non le moindre, bien au contraire, est l'ensemble et la totalité de tous les signes qui le précèdent, plus lui-même! Sa fragilité n'est qu'une apparence, sa force n'est qu'à demi visible, ses capacités intellectuelles ou manuelles sont généralement à moitié de ce que nous devrions voir, admirer ou constater.

Le Poissons sait qu'il doit rester humble, sinon il aura l'air de qui dans ce monde peuplé d'humains dont les buts sont en fait des banalités, des détails, et où ils font des guerres plutôt que de s'entendre les uns avec les autres? Le Poissons cherche à réunifier l'air, le feu, la terre et l'eau, de manière que chacun des éléments équilibre l'autre et qu'enfin toute âme qui vive soit en paix. Pourquoi pas avec un brin d'humour?

SOUS L'INFLUENCE DE JUPITER EN SCORPION

À compter du 27 octobre, Jupiter entre en Scorpion dans le neuvième signe du vôtre et y restera jusqu'au 24 novembre 2006! Jupiter sera dans un signe d'eau, parfaitement compatible au vôtre. Aussi, tout ce que vous aurez accompli sous Jupiter en Balance aura des répercussions à l'infini. Par exemple, une personne que vous aurez aidée réussira un coup d'éclat qui retombera sur vous de mille et une façons.

Jupiter en Scorpion, c'est l'ardent désir de déménager si vous ne l'avez pas fait sous Jupiter en Balance, et mieux encore sous Jupiter en Scorpion. Vos moyens financiers vous permettent d'habiter un endroit plus cossu, plus intéressant que celui que vous auriez choisi sous Jupiter en Balance. Il est également possible que vous vous éloigniez de la ville ou que votre maison ou votre nouvel appartement soit au milieu d'une nature plus luxuriante que celle que vous connaissez maintenant. Certains vendront ce qu'ils possèdent et partiront pour l'étranger, où une autre vie entièrement différente de celle qu'ils mènent les attend.

Jupiter en Scorpion, c'est votre santé mentale et physique, c'est le moment d'abandonner les dernières angoisses, de vous en libérer une fois pour toutes. Jupiter en Scorpion, ainsi positionné dans le neuvième signe du vôtre, correspond à une chance pouvant passer sur le plan professionnel, et ce sera à prendre ou à laisser: vous n'aurez que peu de temps pour y penser!

Pour certains d'entre vous, Jupiter en Scorpion correspond à la paternité ou la maternité, celle qu'on n'attendait pas vraiment! Mais la cigogne en a décidé autrement et vous fait cadeau d'un bébé. Ce peut aussi bien être le premier, le deuxième ou le troisième! Mais avant qu'il y ait une première maternité ou paternité, il y aura pour le célibataire une rencontre avec cet autre avec lequel l'entente est plus que parfaite. Ce sera comme deux personnes qui se connaissent depuis toujours et qui se retrouvent, au hasard des rencontres de la vie, et peut-être bien dans ce lieu nouvelle vague où vous ferez une expérience.

Sous Jupiter en Scorpion, le neuvième signe du vôtre, si vous vivez librement avec une personne que vous aimez follement, tout présage un mariage officiel. Mais peut-être au cours d'un voyage de repos ou de travail rencontrerez-vous une personne qui vous semblera faite sur mesure pour vous. Il est possible qu'elle soit déjà mariée! Mais qu'importe! Sous Jupiter en Scorpion, on sera prêt à tout pour vivre avec vous!

SOUS L'INFLUENCE DE SATURNE EN CANCER

Saturne poursuit sa route dans le signe du Cancer jusqu'au 16 juillet et il est dans le cinquième signe du vôtre, une position astrologique où il est en chute et en exil, ce qui n'est pas un présage très favorable pour les femmes de ce signe. L'an dernier, les femmes ont rencontré des hommes qui, une fois qu'ils ont reçu le message d'amour de madame, se sont désistés. Saturne est encore en Cancer. Cependant, il lutte contre l'homme incapable de s'engager! Il est maintenant appuyé par Jupiter en Balance, qui ne croit ni aux mensonges ni aux mots mielleux, et encore moins à ces hommes qui disent qu'ils doivent y penser, qu'ils doivent prendre du recul!

Cette année, quand monsieur recule, madame Poissons, elle, est déjà partie! C'est comme si elle pouvait maintenant ressentir ce qu'on lui réserve: elle peut savoir comment on l'aimera et elle reconnaît ses incompatibilités et ses affinités à l'œil, à l'oreille. Elle a des intuitions qui sont presque des perceptions extrasensorielles.

Quant à monsieur Poissons, il a mieux vécu Saturne en Cancer, à condition qu'il ait rencontré une femme maternelle, comme le sont souvent les dames Cancer, Scorpion ainsi que Poissons!

Si monsieur Poissons a croisé une femme tout ce qu'il y a de plus moderne, une femme libre, débrouillarde, indépendante, gagnant bien sa vie et n'ayant besoin que d'affection, de tendresse et d'heures réservées à la passion, monsieur Poissons fut alors confronté à une dure réalité! Ces dames, qui savent où elles vont et qui elles sont, furent généralement quittées ou elles ont mis fin à une relation qui ne ressemblait en rien à ce qu'elles attendaient d'une vie à deux.

SOUS SATURNE EN LION

À compter du 17 juillet, Saturne entre en Lion pour deux années et demie! Il sera alors dans le sixième signe du vôtre. Le travail ne manquera pas. L'argent non plus. Les relations amoureuses, dans votre milieu professionnel, ne seront pas rares, tant pour les femmes que pour les hommes de ce signe. Que vous soyez marié ou non, en couple ou non, qu'importe, il vous sera bien difficile de résister à l'attraction de cette demoiselle très belle et sexy ou de ce monsieur musclé au corps sculpté! Vous irez même jusqu'à vous faire croire que la personne qui vous plaît est magnifiquement intelligente, alors que dans les faits elle ne le sera pas, du moins pas autant que vous.

Si vous êtes un Poissons profond, aimant, généreux, respectueux, actif, créateur et travaillant, si vous comptez plus de qualités que de défauts, vous pouvez vous attendre à ce que le ciel de 2005 vous fasse de nombreux cadeaux. De plus, vous aurez une prolongation!

QUAND LE NÉGATIF L'EMPORTE...

Quand vous êtes un requin plutôt qu'un dauphin!

Malheureusement, si vous avez choisi de vivre dans les eaux noires de votre signe, au plus profond des océans, vous n'avez alors aucun accès à la lumière, et quand le soleil n'est pas au rendez-vous, vous ne ressemblez pas du tout à ce qui fut précédemment décrit, et ce qui fut décrit plus haut n'arrivera pas, à moins d'un miracle. Le seul miracle qu'un Poissons d'eaux noires puisse faire, c'est de se donner le courage de remonter à la surface afin de se donner une mission le mettant au service des humains!

Qu'est-ce qu'il fait froid dans le tréfonds des mers! Et avez-vous déjà vu un reportage sur ces poissons qui vivent dans la noirceur? Du moins, ceux qu'on a pu apercevoir, ils sont physiquement déformés! Ils ne sont que des prédateurs qui vivent pour manger leur prochain ou plutôt les autres poissons!

Mais revenons au monde réel du Poissons humain. Lorsqu'il démissionne de la vie et se complaît à ne rien faire, à soutirer le maximum d'autrui, ce Poissons nous fait savoir qu'on ne l'a pas suffisamment cajolé! Deux signes sur le zodiaque ont, dès leur naissance, besoin d'être entourés et aimés plus que tous les autres afin que leur vie soit équilibrée, remplie et satisfaisante: le Poissons et le Bélier. Étrangement, il s'agit du premier et du dernier signe du zodiaque! Le Bélier est, à sa naissance, un être peu sûr de lui. N'est-il pas celui qui stimule la nature et force les bourgeons à éclore? Il faut une force «*marsienne*» pour accoucher! Parce que c'est ce que fait la nature chaque printemps... Elle travaille avec acharnement afin qu'éventuellement, nous puissions admirer les arbres et leurs feuilles ainsi que les fleurs, et afin que germent nos légumes, nos fruits, etc. Pour réussir ce tour de force, il faut bien que quelqu'un dise au Bélier qu'il est puissant et qu'il vaut cher. Après tout, un bébé, selon moi, c'est de l'or en barre. Si bébé Bélier est rassuré et certain de l'amour qui lui est donné, il devient ce qu'il a envie d'être! Si bébé Poissons n'est pas entouré, s'il ne reçoit pas une montagne d'amour dès son premier souffle, qui est principalement celui de sa mère puisque son cinquième signe, qui représente l'amour, est le signe du Cancer ou celui de maman, il n'aura pas envie de respirer de l'air pur. Il plongera au fond des océans à la recherche d'êtres aussi mal aimés que lui, jusqu'au jour où il sera illuminé ou aimé par une femme qui sera ce que sa mère biologique aurait dû être! Le Poissons est un signe double ou mutable: il n'est pas surprenant qu'il puisse vivre deux vies dans une seule!

☙ JANVIER 2005 ❧

L'AMOUR

Jusqu'au 9, alors que Mercure, Vénus et Pluton sont côte à côte, vous aurez bien du mal à ne pas argumenter! C'est plus fort que vous: vous voudrez avoir raison, alors que votre partenaire vous démontre que vous êtes dans l'erreur! En ce début d'année, vous aurez des idées folles, et il est possible que vous parliez d'abandonner votre travail, alors que vous n'avez rien d'autre devant vous! Il est normal que la personne partageant votre vie ait une autre vision: n'est-il pas raisonnable d'avoir de quoi manger, de quoi payer le loyer, les comptes, et un budget afin de faire les réparations nécessaires sur la maison?

Si, toutefois, vous faites partie des Poissons bien nantis, ceux qui ne se questionnent pas le moindrement au sujet de leur pécule, c'est que vous êtes probablement en affaires et que vous n'occupez pas un emploi où vous êtes sous les ordres d'un patron. Bref, si vous êtes fortuné, vous ne manquerez pas l'occasion d'offrir un voyage à votre partenaire parce que vous avez besoin de finaliser une transaction, de négocier, et cela, sans lui en souffler le moindre mot!

En tant que célibataire, vous ne passez pas inaperçu et, par ailleurs, ce n'est vraiment pas dans vos plans! Vous avez un énorme besoin d'amour, d'affection, de tendresse, de passion! Mais, en ce mois, vous n'êtes pas tout à fait décidé à vous engager à long terme. L'aventure ou la liaison temporaire vous attire plus que la solidité d'une relation. Ceci s'adresse plus aux hommes qu'aux femmes de ce signe.

Vous êtes un signe féminin. Aussi ces dames sont-elles confortables dans leur signe et, en général, elles aspirent à une continuité. Une femme espère non pas toucher le fond d'un océan avec un homme, mais plutôt s'élever vers le ciel jusqu'au point où elle est quasi dématérialisée et purement aimante. Quand un homme a un désir identique, c'est qu'en général il possède de nombreuses planètes en signes masculins dans son thème. Ainsi, il peut être homme à part entière et se souder à une femme qu'il aime, comme si elle faisait partie de lui! Mais qu'est-ce qu'ils sont rares, ces messieurs!

Si vous vivez avec une personne qui, selon vous, ne vous donne que bien peu d'attention et d'affection et qui ne vous dit pas souvent qu'elle vous aime, elle aurait droit à plusieurs discours... Elle devrait réagir ou partir, et c'est en ce mois de janvier que vous commencez à dire ce que vous ressentez et désirez d'une vie à deux.

Il y a, parmi vous, des amoureux transis jusqu'à la moelle! Votre bonheur est alors bien difficile à décrire! Il dépasse tout ce que les autres humains, qui se vantent d'être logiques, organisés et normaux, peuvent imaginer!

DANS L'ENSEMBLE DE VOTRE VIE

Le travail, surtout à compter du 10 et du 11, devient non pas une nécessité mais également une sérieuse obligation. Saturne en Cancer face à ces planètes en Capricorne me signifie que certains d'entre vous risquent de perdre leur emploi, alors que d'autres se verront offrir une promotion. C'est du tout ou rien. Si la situation est inquiétante pour les uns, elle est fort heureuse pour les autres.

Si vous travaillez manuellement, si vos mains forgent, fabriquent, rénovent, vous aurez plus de clients que vous n'en souhaitez. Des tas de gens ont besoin de vos services et de vos talents, qui sont généralement multiples.

Attention : si votre travail vous oblige à des déplacements par la route, il est essentiel que vous redoubliez de prudence. Mars est en Sagittaire et fait un aspect dur à Uranus en Poissons : vous êtes dans la lune ou vous voulez dépasser tout le monde, alors que vous êtes dans une zone où il est interdit de le faire.

Il est aussi important que vous protégiez votre maison ou votre appartement : ce ciel attire des filous et des voleurs. Quelles que soient vos possessions, ce sont les vôtres! Si vous avez un système d'alarme dont trop de gens connaissent le code, prière de le changer et si possible, quand vous partirez, n'oubliez jamais de l'activer.

Si vous avez reçu un parent en mauvaise position financière, il est possible qu'il n'accepte plus de prendre ce que vous et les autres membres de la famille vous aviez convenu de lui donner. Il se plaint de son lit, de la nourriture, de la disponibilité de la salle de bains, du savon, de son lavage, etc. Si telle est la situation, de grâce n'en supportez pas plus! Vous pouvez donner un premier avis, mais au second demandez qu'il se trouve une autre «piaule»! Vous serez surpris de la vitesse à laquelle il trouvera quelqu'un d'autre à parasiter!

Si vous faites partie des vilains, malheureusement, vous ferez tout ce qui est en votre pouvoir pour attirer la pitié et ainsi soutirer des biens à autrui et des faveurs, mais ça ne sera pas pour bien longtemps. Votre jeu est ouvert, et si vous n'êtes pas honnête, après la disparition d'effets ne vous appartenant pas, alors que vous êtes le seul à être passé par là, la vie se chargera de vous enlever ce que vous avez pris sans permission. Mars et Pluton en Sagittaire font tout de même des aspects durs à votre signe et vous portent à désirer ce qui ne vous a jamais appartenu, et qui jamais ne sera votre propriété.

◁◎ FÉVRIER 2005 ◎▷

L'AMOUR

Entre le 3 et le 26, Vénus est en Verseau dans le douzième signe du vôtre. Cette position planétaire vous signale que l'amour ne saute pas sur vous, en tant que célibataire, mais qu'il faut d'abord devenir l'ami de cette personne qui vous plaît tant. Vous devez l'apprivoiser, vous faire connaître, laisser l'autre découvrir à quel point vous êtes sensible, attentif et généreux. Ce n'est qu'une question de temps. Le 27, Vénus entre dans votre signe et à compter de ce moment, vous êtes entier et plus transparent que jamais et, naturellement, plus aimant!

Si vous avez une vie de couple où l'on se chamaille de temps à autre, dès que vous êtes tous deux rentrés du travail, il faudra bien vous décider à régler ce genre de situation qui n'a rien d'agréable. Si, en plus, vous avez des enfants, croyez-vous qu'ils soient heureux entre deux parents qui ne s'entendent pas ou qui font semblant de se parler civilement? Ne vous leurrez pas, vos petits tout autant que vos grands savent très bien ce qui se passe entre papa et maman! Si vous y pensez sérieusement, éventuellement, ils agiront selon leurs modèles! L'amour que vous avez pour votre partenaire devrait être en mesure de passer par-dessus vos petits désagréments, ne serait-ce que pour vos enfants que vous aimez follement. De grâce, donnez-leur un exemple de paix et d'harmonie entre adultes, et surtout entre parents.

À partir du 17, si vous et votre partenaire avez discuté plutôt durement le mois dernier, vous saurez causer lucidement, logiquement et calmement.

Le pire serait qu'après des années de mésententes, vous et l'autre décidiez de vous séparer! Ce qui n'est pas impossible pour des Poissons querelleurs, difficiles à satisfaire.

DANS L'ENSEMBLE DE VOTRE VIE

Peut-être faut-il attendre la fin du mois pour dévoiler votre génie! Mais auparavant, à l'intérieur, tout est à l'œuvre! Votre mental travaille à votre insu. Votre psychisme renferme une invention, une innovation, qui que vous soyez et quel que soit votre travail au quotidien. À compter du 7, vous reverrez une personne qu'en réalité vous ne fréquentez pas. Elle dira ce mot que vous aviez besoin d'entendre pour vous mettre à l'œuvre.

Si vous avez de gros moyens financiers, sans doute aurez-vous envie de vous acheter une autre voiture de luxe ou vous ferez un important investissement : ce peut être ici ou à l'étranger. Si telle est votre situation, les profits s'accumuleront, ce dont vous serez fort heureux! Mais il serait prudent que vous fassiez une seconde analyse ; il y a, dans ce ciel, des placements dangereusement volatils! Ne perdez pas de vue qu'Uranus est en Poissons dans votre signe : il s'agit de vos idées tout autant que de votre argent, mais aussi de l'argent vite fait. Juste à côté, Neptune est en Verseau dans le douzième signe du vôtre. Voici son symbole : dissolution ou engloutissement.

Si vous êtes un digne représentant des droits d'autrui, vous établirez vos plans d'action, vous joindrez des personnes-ressources, celles dont vous êtes certain d'obtenir l'appui. Vous réunirez les gens concernés et vous insisterez pour qu'ils soient tous présents! N'êtes-vous pas là pour représenter leurs droits? N'ont-ils pas le devoir de se présenter? Quelle que soit votre position, président, chef de section, d'entreprise, avocat ou citoyen conscient qu'il faut agir pour survivre, vous attirerez l'attention ; on parlera de vous ainsi que de la cause que vous défendez avec tant d'acharnement.

Si vous êtes un artiste, un artisan chargé de produire ou de créer une œuvre, il est vrai que vous serez stressé. Il est à souhaiter qu'on vous donne jusqu'au 17 pour réfléchir à ce qu'il y a de mieux et de plus percutant à faire!

Si vous travaillez dans le domaine des médias, il ne faut surtout pas vous attendre à la tranquillité! Vos tâches seront plus nombreuses. Par contre, vous n'aurez pas le moindre appui. Aucun collègue ne sera délégué pour vous donner un coup de pouce, ce dont vous auriez bien besoin...

◁◎ MARS 2005 ◎▷

L'AMOUR

Chiron est en Verseau. C'est, en quelque sorte, une planète qui réunirait Uranus et Saturne: en Verseau, douzième signe du vôtre, on y trouverait Neptune, Uranus et Saturne! Neptune est la somme de vos émotions et de vos désirs secrets. Uranus veut tout dire, ne rien cacher. Quant à Saturne, il aspire à une vie organisée, en préparation d'une retraite avec de confortables économies. Et voilà que vous vivez à deux et que ces planètes mentionnées n'ont pas la même valeur pour votre partenaire! Sous l'influence de Vénus en Poissons, jusqu'au 23, vous réussirez à retarder les difficiles explications concernant votre point de vue et vos plans, ceux que vous désirez appliquer pour vous-même et votre partenaire. Mais, après cette date, vous ne pourrez garder le silence!

En tant que célibataire, étant sous l'influence de Vénus en Poissons jusqu'au 22, en bon aspect à Mars en Capricorne jusqu'au 20, nul doute que vous plairez! Il vous restera à choisir qui sera l'élu de votre cœur. Mais, puisque Saturne fait face à Mars, il est peu probable que vous signiez un engagement à long terme! Vous passerez de l'un à l'autre, tel un explorateur. Vous êtes plus sélectif qu'on ne le croit, et tant que vous n'avez pas le sentiment et la sensation que la communication est établie, vous passez au flirt suivant.

Si vous faites partie de ces couples qui ont entamé une séparation l'an dernier, si elle ne s'est pas encore actualisée, en ce mois, Mercure, qui est en Bélier à compter du 6, fait face à Jupiter en Balance, et sous cette pression, si votre partenaire et vous, vous vous querellez, vous prendrez des procédures judiciaires afin de procéder à la rupture. S'il est question de la garde des enfants, les discussions ainsi que les négociations risquent de s'éterniser et les mots, pour gagner plus de temps avec votre progéniture, ne seront surtout pas tendres! Les répliques de votre partenaire ne seront pas non plus très agréables à entendre.

DANS L'ENSEMBLE DE VOTRE VIE

Si vous œuvrez dans un domaine artistique, vous n'aurez pas une minute à vous! Il vous sera même difficile d'avoir du temps pour prendre vos repas. Comme tout le monde, vous devez rendre des comptes, et il est possible que votre patron ne sache pas ce qu'il veut et qu'il vous oblige à recommencer ce que vous étiez certain d'avoir réussi. L'art du siècle précédent, comme celui de maintenant, doit rapporter! Tout est calculé en fonction de la rentabilité. En tant que Poissons, cette manière de voir ne vous plaît guère. Mais, pour survivre, vous vous pliez aux demandes de vos supérieurs, qui sont évidemment moins fantaisistes que les vôtres.

Si vous êtes à votre compte, en tant que travailleur autonome, si votre bureau est à la maison, sans doute perdrez-vous beaucoup de temps. Vous laisserez un ami entrer et vous «conter fleurette», alors que vous savez fort bien qu'il vous faut produire un dossier ou des textes. Il est difficile pour quelqu'un qui doit se rendre tous les jours dans un lieu précis pour travailler d'imaginer que ce que vous faites est aussi important que ce qu'il fait. On a souvent l'impression que vous ne faites rien! Que vous êtes chanceux de rester chez vous, croit-on! Dans les faits, plus que bien d'autres vous travaillez sans filet: si vous ne remettez pas la commande à temps, vous la perdez! Et vous n'aurez aucun salaire!

Si vous travaillez dans un domaine où vous utilisez des outils et du métal, soyez plus prudent qu'à l'accoutumée. Une simple défaillance de l'outillage ou une malencontreuse maladresse peut causer un accident ou un arrêt de tous les usiniers.

Mais peut-être faites-vous partie de ceux qui ont l'intention de partir à l'autre bout du monde... Vous connaissez si bien celui dans lequel vous êtes depuis longtemps que vous avez perdu tout intérêt. Vous avez quelques moyens financiers, même si vous n'êtes pas riche, mais vous êtes déterminé. Pendant presque tout le mois, vous songerez à ce que vous perdrez en quittant et à ce que vous pourriez peut-être gagner de plus en restant.

Vous ferez le point sans toutefois vous enquérir auprès des uns et des autres. Vous êtes à la fois l'interrogateur et l'interrogé. Vous savez fort bien que, si vous discutez de votre projet même à votre meilleur ami, celui-ci vous dira que vous avez «surtout besoin d'être soigné»! Vous êtes parfaitement lucide, l'aventure vous fait signe et vous n'avez plus le moindrement envie de résister. À compter du 21, vous commencerez à vendre des meubles, des objets et autres effets dont vous n'aurez pas besoin dans cet exil où vous avez choisi de continuer à vivre.

Mais les Poissons ne partiront pas tous à l'étranger. Il peut simplement être question de déménager, de changer d'air, de maison, d'appartement ou alors de tout rénover de haut en bas et de gauche à droite. Si vous avez opté pour un autre habitat, c'est au début du mois que vous commencerez à chercher. Mais peut-être savez-vous aussi exactement où vous désirez vivre. Mais, pour l'instant, rien à louer, rien à vendre. Bizarrement, vous en restez à cette idée, comme si vous saviez que, tout à coup, une maison ou un appartement, sous peu, afficherait une pancarte! Vous avez raison d'y croire! Dès l'instant où vous aurez le droit de visiter une maison ou un appartement dans le quartier ou le patelin de votre choix, vous serez le premier à y entrer et vous signerez un bail ou mettrez tout en marche afin d'acheter cette maison qui vous fait tant envie depuis si longtemps.

Lors de la pratique d'un sport, quel qu'il soit, abstenez-vous de toute compétition. Vous pourriez vous fouler ou vous endolorir un muscle.

⟪ AVRIL 2005 ⟫

L'AMOUR

Vénus est en Bélier jusqu'au 15. Elle est dans ce signe où l'amour n'a pas encore été découvert, puisque cette planète ne se manifeste que dans le signe suivant le Taureau. Il en résulte que, lorsque deux partenaires ne sont pas en harmonie, il devient plus facile de se quereller, et en général, les disputes concernent un détail comme un objet qu'on ne retrouve pas à sa place! Vous n'êtes nullement obligé de tomber dans ce piège. Il vous suffit de prendre conscience que vous êtes bien au-dessus du rangement et que l'amour partagé n'a rien à voir avec la matière, du moins quand on est un vrai Poissons.

Mais peut-être est-ce votre partenaire qui ne se supporte plus lui-même, et qui, à la moindre contrariété, se sert de vous pour évacuer ses frustrations... Répondrez-vous à ses provocations? Ou le laisserez-vous parler sans l'écouter?

En tant que célibataire, sous Vénus en Bélier, vous ferez plusieurs rencontres. Ces personnes seront sans doute aimables, mais vous ne mettrez pas beaucoup de temps avant de découvrir que sous la surface se cache une autre personnalité qui parle, mais qui n'applique pas le moindrement la philosophie et la profondeur des sentiments dont elle fait étalage. Votre flirt pourrait bien n'être qu'une belle image, une projection de l'amour et non pas de l'amour vrai. Vous le remarquerez lorsque vous le verrez compter son argent et lorsqu'il vous parlera de son point de vue concernant la carrière, la famille et les enfants.

Vous serez plus réceptif à l'amour vrai à compter du 16, quand Vénus entrera en Taureau en bon aspect à votre signe. Vous croiserez une personne ayant un talent artistique et des intérêts différents. Cette personne sera intéressée non pas par ce que vous avez à lui offrir, mais par ce que vous êtes. Il est possible que les attentions que vous recevrez vous laissent dans le doute ; vous n'en avez jamais eu autant et peut-être que personne ne vous a encore dit à quel point votre sensibilité était intéressante, fascinante, étonnante ! Vous ne vous élancerez pas immédiatement dans cette nouvelle relation, vous prendrez le temps de connaître cet inconnu qui n'a pas la moindre ressemblance avec ces gens que vous avez connus dans le passé. Pour ainsi dire, vous n'avez aucun point de repère et vos anciennes références ne tiennent pas la route. Est-il vrai que quelqu'un puisse vous apprécier tel que vous êtes, vous faire des compliments, vous appeler dès qu'il en a l'occasion ou le désir ? En tant que Poissons, vous êtes souvent le signe associé à la victime, une victime de l'amour des manipulateurs. Il y a, en vous, ce quelque chose de sauveur. Aussi, sans vous en rendre compte, choisissez-vous souvent quelqu'un ayant beaucoup de problèmes à résoudre. Vous avez alors une mission à remplir auprès de celui qui est cousu de troubles de toutes sortes.

DANS L'ENSEMBLE DE VOTRE VIE

En tant que parent, vous ne serez guère patient avec vos petits, vos jeunes et vos adolescents ! Vous tenterez de leur imposer vos vues, vos désirs, vos besoins. En somme, vous voudrez qu'ils vivent comme vous en adoptant vos valeurs et vos croyances ! Mais vos enfants ne sont pas tous des Poissons : ils sont différents, ils ont, même quand ils sont des tout-petits, des idées bien à eux, et en tant que parent vous avez le devoir d'en prendre bonne note et de respecter le fait qu'ils ne soient pas comme vous, qu'ils ne veulent pas ce que vous voulez. Sous ce ciel, vous serez placé devant de telles évidences. Si, au départ, les enfants imitent leurs parents, il vient un moment où ils se distinguent : cela se fait alors qu'ils sont en bas âge ! Si vous êtes ce parent sachant vivre et laisser vivre, vos enfants seront des réussites et des modèles !

Uranus est dans votre signe et y restera jusqu'en 2011. Il vaut mieux vous y habituer dès maintenant. Uranus a tendance à vous rendre nerveux. Il amplifie vos émotions et donne de l'importance aux détails. Uranus vous donne le goût de vous distinguer, de ne pas avoir une vie ordinaire. Le quotidien et la routine qui, déjà, vous pèsent se transforment en poids lourds. Uranus vous donne une rapidité d'exécution peu commune, et sans vous en rendre compte vous demandez à ceux qui vous entourent d'en faire autant ! Uranus vous donne des idées géniales, et si vous regardez le monde, vous voyez clairement que les humains n'en sont pas tous au même point.

Le plan négatif d'Uranus dans votre signe, c'est de vouloir vous distinguer à tout prix et catégoriquement. En ce sens, vous pouvez passer de l'honnêteté à la malhonnêteté, de la bonté à la méchanceté, de la brillance d'esprit et de la vérité en tout temps à un air éberlué pour mieux tromper et mentir à ceux qui vous entourent, afin de ne pas ressembler au commun des mortels !

Sur le plan professionnel, après un mois de mars où vous n'avez pas eu une minute libre, voilà qu'on vous impose une nouvelle technologie, et il est impossible de vous défiler, sinon vous perdez votre emploi !

Si vous travaillez de vos mains, vous êtes un véritable artiste et ce que vous fabriquez est si parfait que les commandes se mettent à arriver de toutes parts. Il n'est pas exclu que vous deviez faire de l'embauche afin de satisfaire vos nombreux nouveaux clients. Si telle est votre situation, vous travaillerez tard le soir. Pour rester en forme malgré tout, il sera nécessaire de bien vous nourrir et peut-être de prendre des suppléments vitaminés.

Sous votre signe, on prend facilement du poids : comme le disent certains d'entre vous, il suffit de prendre un verre d'eau pour que vous vous mettiez à gonfler ! Si vous suivez un régime amaigrissant, tenez-vous loin des tentations ; quand vous regardez une émission de télévision et qu'au message publicitaire on annonce des mets appétissants, levez-vous, sauvez-vous de ces tentations gustatives ! Vous êtes sous l'emprise de

Vénus en Taureau à compter du 16. Le Taureau est un gourmand, et la position de cette planète ne vous laisse pas indifférent.

◄ MAI 2005 ►

L'AMOUR

Du 12 au 21, Mars, le symbole de l'attraction physique, est conjoint à Uranus dans votre signe. Il est impossible de passer inaperçu avec de tels aspects : votre magnétisme ne peut pas être plus grand, mais il peut aussi vous jouer un tour. Mars et Uranus attisent les désirs sexuels, et peu d'entre vous résisteront à ces yeux doux qui vous regardent avec envie ! Vous ne portez aucune étiquette affichant votre union ! Ainsi, vous ne pouvez empêcher qui que ce soit de vous lorgner ! En tant que célibataire, c'est toujours agréable d'être flirté. Cela vous permet de savoir que vous plaisez toujours autant, et principalement si vous avez été quitté.

Il y a, parmi vous, des couples où plus rien ne va ! Votre partenaire interprète mal vos paroles, il ne comprend pas que vos sautes d'humeur sont dues au fait que vous êtes extrêmement nerveux et émotif. Vous êtes d'une nature à vous inquiéter pour des détails, surtout quand vous avez une «montée d'insécurité», qui peut passer par la peur de manquer d'argent à la crainte de n'être pas aimé ! Si vous avez des enfants, ne vous accusez-vous pas l'un l'autre de ne pas avoir pour eux les attentions qu'ils devraient recevoir ? Ne vous rendez-vous pas responsable de leurs peines ? Il y a toujours une solution. Il faut d'abord en chercher une ! Après, on entame une conversation, de préférence dans le calme et loin de tout témoin.

On dit souvent que l'amour est fait de compromis. Est-ce vrai ? L'amour n'est pas une affaire, l'amour ne se négocie pas comme l'achat d'un produit ou d'un service. L'amour se donne, s'échange. L'amour est, le plus souvent, sans parole. L'amour, c'est une vibration qui va de l'un à l'autre. C'est la télépathie entre deux personnes dont les âmes se touchent aussi souvent que leurs corps. À compter du 13, même si vous ne discutez pas de ce sujet avec vos amis et votre partenaire, sans doute songerez-vous longuement à ce que doit être une véritable communication entre deux êtres qui s'aiment. Le fait de vous tenir ce genre de discours intérieur, c'est comme si vous pratiquiez la projection mentale. Il ne nous arrive que ce que nous pensons ! Et quand les événements ne sont pas ceux que nous avions imaginé, c'est parce que l'on a laissé le doute s'emparer de soi. Le doute est si sournois et si malsain qu'il interdit que le meilleur se produise.

DANS L'ENSEMBLE DE VOTRE VIE

Entre le 11 et 21, vous n'êtes pas très présent à ce que vous faites. Il est également possible que vous ressentiez quelques malaises physiques : un rhume qui s'éternise, une grippe et de la fièvre qui vous prennent par surprise. Vous faites des chutes parce que vous ne regardez pas où vous allez et parce que vous marchez trop vite. Il est à souhaiter que, lorsque vous êtes au volant, en tout temps vous ne soyez distrait. Dans le cas de la conduite automobile, c'est du 11 jusqu'à la fin du mois qu'il est nécessaire de faire attention.

Votre plus grande faiblesse, ce sont vos bronches. Aussi est-il essentiel de ne pas prendre froid. C'est par les pieds que vous pourriez vous rendre malade : des chaussures trempées sont vraiment déconseillées en ce mois.

Sur le plan professionnel, vous êtes entier ou totalement absent! Si vous avez un idéal et que vous vous y accrochez, vous ne compterez pas vos heures de travail : l'épuisement vous guette. Si vous êtes entièrement dévoué à votre rêve, c'est à peine si vous vous rendrez compte que vous usez votre système nerveux!

Certains d'entre vous essaieront de passer par-dessus certaines étapes dans le milieu professionnel où ils sont impliqués. Ce qui n'est pas une bonne idée. Il vaut mieux commencer au bas de l'échelle afin de connaître chacune des tâches à accomplir. Ainsi, une fois au sommet, le Poissons saura tout de l'entreprise ou du secteur qu'il pourra enfin gérer.

Si vous travaillez dans le domaine des communications, il est possible que certains d'entre vous soient victimes d'une malhonnête combine orchestrée par un collègue qui se complaît à créer des intrigues dans le seul but de détruire les autres. Mais vous réagirez! Si, dans le passé, vous avez simplement attendu que la rumeur soit oubliée, cette fois vous ferez éclater le mensonge.

Il est également possible que l'entreprise qui emploie vos services vous fasse savoir qu'elle déménagera dans quelques mois. Avant que tout soit fait, vous vous mettrez à planifier votre nouvel horaire ; si vous avez des enfants qui vont à la garderie, vous en chercherez une autre plus près de celle où vous reconduisez vos petits chaque matin. Si vous avez à faire plus de route, vous ferez un nouveau budget afin de calculer l'usure de la voiture, le surplus d'essence que vous aurez à payer et finalement le temps perdu en raison de l'éloignement de l'entreprise par rapport à votre résidence. N'est-ce pas dramatiser une situation à laquelle de toute manière vous vous habituerez...

❧ JUIN 2005 ❧

L'AMOUR

Entre le 4 et le 28, Vénus est en Cancer. Saturne y est encore et ces deux planètes sont dans le cinquième signe du vôtre, un signe qui symbolise le cœur amoureux ! En tant que célibataire, il serait surprenant que vous restiez seul ! Sous Vénus, vous devenez un véritable centre d'attractions ! Où que vous alliez et quoi que vous fassiez, des regards se tournent vers vous. On osera vous approcher pour entrer en conversation avec vous. Il ne vous restera qu'à décider si cette personne qui essaie de vous plaire est intéressante pour vous. Vous êtes très intuitif, et plus encore sous ce ciel de juin. Vous saurez en un instant si vous devez vous attarder à elle ou lui dire que vous êtes pressé et que vous n'avez pas le temps de causer !

Si vous avez une vie de couple ainsi que des enfants, il sera question de leurs prochaines vacances. Peut-être voudrez-vous leur offrir un séjour dans un endroit confortable et bien réputé où ils seront en relation avec d'autres enfants. Si tel est votre désir, vous savez fort bien qu'il faudra gruger un peu plus sur votre budget ! Mais il est possible que votre partenaire s'oppose à votre projet, et ce, à compter du 14. Au fond, s'il y a discussions, ce sera surtout parce que vous ne l'aurez pas consulté à ce sujet !

Si votre couple bat de l'aile depuis déjà quelques mois et que même après être allé en thérapie pour vous faire aider, vous savez que vos chemins doivent se séparer, du 14 jusqu'à la fin du mois, il sera sérieusement question du partage des biens. Sous votre signe, il arrive que vous ne vous battiez pas pour récupérer ce qui, pourtant, vous appartient. Cette année, il n'en sera pas ainsi. Vous ferez une liste bien précise de ce que vous avez payé, et si votre partenaire ne veut pas entendre raison, vous prendrez les services d'un avocat et ferez respecter vos droits. Si vous en arrivez là, vous pourrez même retirer plus que prévu, que vous soyez un homme ou une femme.

Si vous vivez une séparation ou un divorce, sachez que certains de vos amis vous laisseront tomber. Vous saurez lesquels au moment où vous aurez un service à demander. Vous ne serez pas sans remarquer que ce sont souvent ceux qui persistent à rester en couple qui s'éloignent de vous, car ils craignent de devoir vivre la même situation! C'est dans ces moments que l'on peut savoir qui est vrai et qui ne l'est pas, qui est généreux et qui l'était uniquement parce qu'il pouvait toujours retirer quelque chose de vous et de votre famille.

DANS L'ENSEMBLE DE VOTRE VIE

Si vous faites partie de ceux qui déménagent à la fin du mois, vous faites le tri de ce que vous garderez et de ce qui ne vous sera plus utile dans votre prochaine habitation. Attention: au début du mois, vous aurez envie de vous défaire de tout ou presque afin de recommencer à neuf! Avez-vous songé aux coûts supplémentaires? Votre budget vous le permet-il? Ne vous placeriez-vous pas en position où vous auriez une montagne d'intérêts à payer sur votre carte de crédit?

Si vous partagez un appartement avec un ami ou un membre de votre famille, vous êtes maintenant prêt à vivre seul. C'est même un besoin que vous avez de vous retrouver dans vos affaires à vous et non plus dans celles de votre colocataire. Vous avez été là l'un pour l'autre, à un moment où vous étiez tous deux en état de choc émotionnel.

Si vous conduisez un gros véhicule ou une moto, redoublez de prudence. C'est comme lorsque vous êtes au volant, par exemple, d'un camion: la sécurité ressentie vous endort un peu. Si vous êtes sur une moto, vous avez trop confiance en votre talent de conducteur!

Il faudra faire attention à votre alimentation. Votre foie ne supporte pas bien les gras. Votre digestion est, en général, plus capricieuse. Il est aussi nécessaire d'avoir suffisamment d'heures de sommeil chaque jour.

Si, par exemple, vous suivez un régime amaigrissant, après avoir perdu plusieurs kilos, encouragé par cette taille qui vous plaît beaucoup plus, à compter du 13, vous pourriez être dur avec vous et finalement être si affamé ou si mal nourri que vous pourriez avoir des étourdissements et perdre conscience. Soyez raisonnable !

Sur le plan professionnel, vous choisissez votre temps de vacances. Vous savez déjà quand vous les prendrez. Mais avant de partir, vous savez fort bien qu'il y a encore de nombreux jours avant les vacances ! Du 1er au 11, sans doute serez-vous plus occupé qu'à l'accoutumée. Il est possible que vous remplaciez des collègues absents ou que l'entreprise doive exécuter plus de commandes. Les clients sont plus pressés que jamais de recevoir leur produit ou d'obtenir le service pour lequel ils paient.

Durant les deux dernières semaines du mois, si vous étiez sur la liste des promotions, c'est maintenant que vous l'obtenez. Vous rencontrerez vos supérieurs afin de savoir ce qu'il y a de plus à faire à ce poste. Il vous faudra également apprendre ce qu'est le contrôle. Le statut de patron vous donne le droit d'exiger certaines choses de la part d'autres employés. Il ne serait pas étonnant que l'entreprise vous fasse suivre un cours ou que vous ayez droit à un entraînement spécial !

⟪ JUILLET 2005 ⟫

L'AMOUR

Jusqu'au 23, Vénus est en Lion. Mercure est dans ce signe en juillet, en août et jusqu'au 5 septembre ! Si Vénus est la représentation symbolique des beaux sentiments, Mercure est celui de la parole, de ces mots qu'on se dit dans un couple, plus particulièrement au sujet de l'amour puisqu'il s'agit ici du signe du Lion, qui représente le cœur et l'amour au cœur ! Le Lion est le sixième signe du vôtre. Il a donc un lien avec votre travail.

En tant que célibataire, si vous fréquentez des milieux où vont les artistes, il est possible que, par un pur hasard, vous vous mettiez à causer avec l'un d'eux et que vous vous plaisiez. La rencontre peut aussi avoir lieu dans un endroit où vous avez simplement décidé de vous rendre par curiosité. Ce peut aussi bien être un restaurant nouvellement ouvert ou lors de la visite d'une maison modèle, lors d'une promenade le long d'un cours d'eau. Une chose est certaine, le lieu où vous croiserez l'amour sera beau, esthétique : les gens présents seront chics et polis les uns envers les autres.

Si vous avez une vie de couple et que vous êtes follement amoureux de votre partenaire, si vous n'avez pas encore d'enfant ou un seul, il sera question d'agrandir la famille! Vous n'aurez aucun mal à vous mettre d'accord avec votre amoureux.

Certains d'entre vous seront extraordinairement choyés en ce mois. Même si ce n'est pas votre anniversaire, alors que vous êtes peut-être marié depuis plusieurs décennies, votre partenaire ne résistera pas à l'envie de vous épouser à nouveau ou de vous faire un cadeau que bien des gens considéreraient comme étant hors prix. Un bijou en or pourrait vous être offert en guise de reconnaissance et de remerciement. L'amoureux vous dit ainsi que vous êtes son plus précieux joyau! Que d'émotions vous monteront à la gorge! Peut-être ne pensiez-vous pas être autant aimé!

DANS L'ENSEMBLE DE VOTRE VIE

Si vous travaillez pour la même entreprise depuis très longtemps, si vous approchez du moment de votre retraite, alors que vous n'attendez rien de plus, vos supérieurs reconnaissent vos compétences et vous offrent non seulement de rester à votre emploi, mais également d'enseigner ce que vous savez aux nouveaux arrivants. En échange, vous obtiendrez des faveurs et des bénéfices que vous n'auriez jamais osé demander!

Si vous êtes au cœur de votre carrière, si vous avez donné de nombreuses preuves de vos compétences, si vous avez permis à l'entreprise de progresser, de faire plus d'argent, en ce mois un peu étrange, vous pourriez recevoir une médaille ou un trophée. Peut-être organisera-t-on une petite fête afin de souligner l'importance que vous avez dans la compagnie! Pour ajouter à la surprise, on annoncera que vous serez prochainement promu!

Si vous êtes travailleur autonome, alors que vous vous attendez à un mois plus tranquille en raison des vacances, vous serez étonné au tout début du mois. Les commandes seront nombreuses. Les clients réclament vos services. Si vous œuvrez dans un domaine comme la rénovation ou la décoration, sans doute devrez-vous demander de l'aide pour satisfaire les anciens et les nouveaux clients!

Que vous soyez dans le domaine de l'esthétique, de la coiffure, de la manucure, des vêtements ou des accessoires, vous êtes populaire. Si vous vendez, par exemple, des produits ou des services qui ne sont pas réellement essentiels, aussi bizarre que cela puisse paraître, en ce temps de l'année c'est vers vous qu'on se tourne. On veut le plaisir que vous offrez!

Si, par exemple, vous travaillez dans un restaurant de luxe, vous n'aurez jamais fait autant de pourboires! Si vous vendez des voitures que peu de gens peuvent s'offrir, c'est encore vous qu'on va voir!

Si vous êtes dans un domaine comme la publicité ou tout autre monde médiatique qui, en fait, ne vise qu'à distraire et à amuser, que vous soyez un acrobate, un acteur, un chanteur, un musicien, un peintre ou un amuseur public, c'est vous qui êtes en vedette!

Je vous parle bien peu d'argent gagné à la loterie. Les chanceux sont peu nombreux! Les perdants sont majoritaires. Je m'abstiens donc de vous induire en erreur concernant ces jours magnifiques où bien des astrologues s'amusent à vous écrire ou à vous dire que vous allez gagner aujourd'hui! Certaines gens y croient tellement ou veulent tellement y croire qu'ils jouent leur salaire au casino ou s'achètent des tonnes de billets! Bref, je vous suggère cette fois, chaque semaine de juillet, de vous acheter un billet de loterie parce que vous êtes plus que jamais dans la mire du «veau d'or»!

Sans doute que quelques bonnes âmes Poissons devront se dévouer auprès d'un parent malade, et plus sûrement à compter du 17. Il s'agira probablement d'une personne âgée. Si elle n'est pas apparentée à vous, vous avez tout de même beaucoup d'affection pour elle. De temps à autre, vous vous absenterez du travail pour voir à son confort.

⚜ AOÛT 2005 ⚜

L'AMOUR

Mars, qui régit la pulsion sexuelle, est dans le signe du Taureau, le troisième du vôtre. Si quelqu'un veut faire votre conquête, il a intérêt à avoir de la conversation! Vous ne vous laissez pas uniquement prendre par les charmes physiques de ceux qui vous approchent. Vous avez besoin qu'ils soient accompagnés d'intelligence, de vivacité d'esprit, d'un sens de l'entreprise et en fin de compte, de gros bon sens! En tant que célibataire, même au départ, on vous croit si sensible qu'on s'imagine faire ce qu'on

veut de vous. Évidemment, on se trompe. Sur le plan sentimental, vous n'êtes pas aussi naïf qu'on se l'imagine. Vous avez
beaucoup appris au fil des ans qui se sont écoulés. Vous ne vous
laissez pas «prendre» par les beaux parleurs, pas plus que par
les fabulateurs. Le ciel de 2005 augmente considérablement vos
intuitions et vos perceptions extrasensorielles.

Si vous avez une vie de couple qui compte maintenant plusieurs années, depuis le 24 juillet, Vénus, la planète de l'amour,
est en Vierge et face à votre signe. Elle est ainsi positionnée jusqu'au 17 de ce mois, ce qui présage quelques oppositions entre
vous et l'amoureux. Durant cette période, il est possible que
tous deux, vous ayez quelques discussions houleuses. Ce sera
parfois concernant votre budget, vos sorties, l'éducation de vos
enfants ou pour rien. Il peut s'agir de détails, de banalités: le
ménage, l'achat d'aliments qui ne vous plaisent pas ou qui, parfois, peuvent même dégoûter votre partenaire! Vous êtes, en
principe, un être pacifique, et il serait plus intelligent de cesser
cette petite guerre qui n'a vraiment rien d'agréable ni pour vous,
ni pour l'autre, ni pour vos enfants!

Il est plus que possible que quelqu'une vous dise ce qu'il
faut faire et ne pas faire quand on vit à deux! Il est impératif que,
dès les premiers conseils, vous fassiez comprendre à votre interlocuteur que vous n'avez pas du tout envie de les recevoir.
Pour votre paix d'esprit et votre calme, parce que vous seul
pouvez savoir ce qu'il y a de mieux à faire en ce qui concerne
votre vie privée, soyez ferme et demandez qu'on se taise.
N'ayez aucune crainte, on ne vous en tiendra pas rigueur. Sans
doute vous boudera-t-on pendant quelques jours, mais bien vite
on reviendra vers vous avec de beaux sentiments.

DANS L'ENSEMBLE DE VOTRE VIE

Si votre travail vous oblige à voyager, ne comptez pas sur des
vacances... Vous serez obligé de remplir vos obligations, et dans
vos temps libres, vous vous reposerez afin de récupérer. Vous
serez excellent négociateur, que ce soit chez vous ou à l'étranger avec des gens que vous connaissez bien peu. Votre adaptation sera rapide et agréable!

De nombreux changements se sont amorcés depuis le
début de l'année. Parmi vous, certains furent en attente. Il y
avait une montagne d'impossibilités avant que la transaction ait
lieu, mais en ce mois d'août c'est le grand déblocage! Vous êtes

au point d'arrivée, à un sommet, et ce n'est pas le dernier! Votre patience et votre ténacité sont récompensées.

Si vous faites partie de ceux qui cherchent un emploi, vous n'aurez aucun mal à en trouver un. Il est possible que vous ne soyez, au départ, qu'à temps partiel. Ne vous en faites pas, une place se libérera, un employé quittera les lieux et on aura absolument besoin de vous toute l'année.

Sous Mars en Taureau, si vous travaillez dans la restauration et que vous y êtes à l'aise, il n'est pas impossible que vous songiez à acheter un restaurant. Vous y seriez à l'aise parce que cela vous donnerait l'occasion de rencontrer de nouvelles personnes chaque jour. En ce qui concerne ceux qui deviendront des clients réguliers, vous établirez avec eux des relations aussi payantes qu'agréables.

En tant qu'artiste, vous ferez des pas de géant et grimperez dans l'échelle de votre milieu. Avant que le mois se termine, sans doute aurez-vous obtenu un important contrat, lequel aura des suites surprenantes. L'art exercé n'est pas ordinaire et vous vous distinguez parmi d'autres artistes du même domaine. En conclusion, vous serez celui qu'on choisit en tant que représentant ou porte-parole à l'étranger.

Si vous restez parmi nous, si vous êtes un créateur, que vous composiez des pièces de théâtre, de la musique ou des chansons, à compter du 18, vous serez grandement inspiré et vous créerez des œuvres remarquables.

À la fin du mois, à compter du 24, soyez prudent lors d'une signature de contrat. Il y a dans l'air la possibilité que vous n'obteniez pas autant que ce que vous méritez. Il serait avantageux d'avoir l'appui d'un négociateur qui ne serait pas très tendre!

◖◗ SEPTEMBRE 2005 ◖◗

L'AMOUR

Jusqu'au 22, le Soleil est face à votre signe. Mercure y est aussi, du 6 au 21. Il est fort possible que, durant le passage de ces planètes, votre partenaire et vous ayez de sérieuses explications qui n'auront rien de romantique. Il sera question de rénovations dans la maison, de décoration de l'appartement, d'achat de meubles. Si vous avez déménagé au cours de l'été, vous avez aussi le désir de jeter des murs par terre ou d'agrandir l'intérieur ou encore de diviser de grandes pièces, d'ériger des murs et peut-être bien leur donner des formes hors de l'ordinaire. Il n'est pas impossible que votre partenaire, après avoir fait une addition, trouve que vos plans soient plutôt onéreux! Et c'est en raison de l'argent que vous pourriez dépenser en vous adonnant à autant de transformations que votre partenaire élèverait la voix comme jamais il ne l'a fait auparavant.

En tant que nouvel amoureux, vous êtes constamment avec votre partenaire, à un point tel qu'en tant que Poissons, vous commencez à vous sentir étouffé. Avant que ça aille trop loin, il faut en parler à votre partenaire. Si vous choisissez d'en discuter à compter du 12, vous serez parfaitement compris. De toute manière, lorsqu'on vous a connu, vous n'étiez pas comme un oiseau en plein vol, là où le vent vous menait... L'amoureux sait très bien que, pour vous garder, il ne doit surtout pas mettre quelque interdit que ce soit! Vous n'irez pas le tromper parce que vous partez en exploration ici et là, mais pour vous ressourcer, il est nécessaire que, de temps à autre, vous soyez seul. Par ailleurs, il arrive souvent que l'éloignement vous fasse prendre conscience à quel point l'amoureux est important pour vous.

Si vous êtes célibataire, c'est à compter du 12 que votre magnétisme atteint sa pleine puissance. Il vous suffit alors de regarder une personne qui vous plaît pour qu'aussitôt il y ait une réaction de sa part. Elle ne pourra résister à vos yeux de velours qui donnent très souvent l'impression d'être remplis de larmes! Vous avez les yeux les plus fascinants du zodiaque: qu'ils soient bleus, bruns, verts, etc. S'il est impossible de ne pas s'y accrocher, c'est sans doute parce qu'ils voient et qu'ils contiennent l'Univers dans toute sa douceur! Vous êtes magnifique en ce mois, surtout à compter du 12: vous aurez donc le choix entre trois ou quatre personnes, toutes aussi intéressantes les unes que les autres.

Il est à souhaiter que vous ne viviez pas une séparation. Sous ce ciel, plutôt qu'une séparation juste et à l'amiable, il s'agirait plutôt d'une guerre où les deux parties se disputeraient un territoire ou des sommes d'argent. La fin du mois serait terrible!

DANS L'ENSEMBLE DE VOTRE VIE

Vous voici de retour au travail sérieux, comme chaque année. Les vacances sont terminées. Les enfants sont de retour à l'école. Il faut aussi songer à payer les comptes qu'on a accumulés pour s'offrir des luxes et des gâteries durant la saison estivale. Il faut refaire son budget, du moins jusqu'aux fêtes où, une fois de plus, chacun oubliera son sens de l'économie! Cette année, vous ne pensez plus de la même manière: vous êtes plus que jamais capable de prévoir, de calculer et vos prévisions sont assez extraordinaires. Jupiter est encore en Balance dans le huitième signe du vôtre, et il vous éveille à vos véritables besoins tout autant qu'à ces rêves que vous désirez réaliser et qui, naturellement, coûtent de l'argent!

Si vous avez un emploi fixe, si vous travaillez pour la même entreprise depuis de nombreuses années, vous prenez maintenant une place plus grande qu'auparavant. Vos conseils, vos innovations, votre sens de l'organisation sont applaudis! Les nouveaux collègues savent rapidement à qui ils doivent s'informer pour savoir ce qu'il faut faire de mieux pour se réaliser et ce qui plaît et ne plaît pas aux supérieurs. Vos expériences et votre délicatesse sont appréciées et grandement respectées par tout le personnel.

Si vous faites des placements bancaires, de ce côté, il vaut mieux être bien informé. Il faut présentement s'attendre à de nombreux changements quant aux taux d'intérêt. Si vous faites un emprunt, si vous demandez une marge de crédit plus importante, suivez cela de près. Il est possible qu'une faute soit commise à votre endroit... En réalité, il s'agira davantage d'une stratégie visant à faire plus d'argent avec votre argent! Il n'est pas écrit que tous les banquiers sont un peu fraudeurs, mais quelques-uns le seront parce qu'ils se mettront en compétition avec leurs compères! Et si le gagnant avait une promotion? C'est dans l'air dans certaines banques, mais n'en faites pas les frais!

Si vous commencez une nouvelle carrière, il est normal que vous soyez craintif: la peur de faire une erreur est humaine. Chacun de nous aspire à la perfection. En réalité, nous voulons l'impossible! Quoi qu'il en soit, dès que nous sommes ambitieux et responsables, nous visons le sommet! Et puis, nommez-moi quelqu'un qui n'a pas envie d'être puissant dans le domaine où il opère? Il y a bien quelques menteurs qui ne cessent de répéter qu'une vie simple est idéale! Le Poissons, le douzième signe du zodiaque et non le moindre, sous son air humble, aspire au meilleur... N'êtes-vous pas tous les océans réunis ? L'eau, symbole de votre signe, est l'élément le plus puissant de tous. L'eau peut user les plus hautes montagnes, tous les rivages ; il éteint les feux, inonde des terres, désaltère les êtres vivants. L'eau est indispensable, et sans les océans où en serions-nous ? L'eau contient aussi toutes les nourritures... Vous êtes tout ça ! Vous êtes sous le signe du Poissons, et nul ne peut se passer de vous, et surtout pas en 2005 parce que vous changerez la face du monde !

৩ OCTOBRE 2005 ৩

L'AMOUR

Vous êtes sous l'influence du Nœud Nord en Bélier depuis le 27 décembre 2004, et il restera dans ce signe jusqu'au 22 juin 2006 ! Que vient-il faire sous la rubrique *L'amour* ? Ce n'est pas un mystère. Le Nœud Nord est dans le deuxième signe du vôtre, et en fait, ce deuxième signe possède une valeur vénusienne, sentimentale, amoureuse, sensuelle et parle d'un partenaire généreux ! Que vous soyez un homme ou une femme, ce Nœud Nord est effectif : il symbolise votre destin, ou du moins une grande part de celui-ci, ainsi que ce qui doit se réaliser, que vous y pensiez ou non. En ce qui vous concerne, et principalement en tant que célibataire, alors que vous étiez probablement découragé de l'amour, alors que vous regardiez les amoureux « potentiels » en vous répétant que vous rêviez en couleur, que l'amour partagé n'était qu'une illusion, en ce mois d'octobre, vous réaliserez que vous vous êtes trompé. Vous êtes aimé, choyé, vous recevez des cadeaux au moment où vous vous y attendez le moins. Peut-être vous êtes-vous marié au milieu de 2005 ou serez-vous sur le point de faire le grand geste ? Sous votre signe, on est souvent contre le mariage officiel parce qu'on a une peur bleue d'être emprisonné et de n'être pas compris par son partenaire. Si l'amour ne s'est pas encore manifesté, octobre s'en chargera.

Si, au cours de l'an 2005, vous étiez follement amoureux, à compter du 9, il sera question d'un voyage à l'étranger, histoire de fêter votre union, votre amour ! Si vous avez des racines étrangères et que vous ayez de la parenté dans un pays lointain, vous aurez une folle envie de la revoir, et du même coup de présenter celui qui fait partie de votre vie. Les nouveaux mariés – unions libres comprises – pourraient aussi, en ce temps de l'année, vouloir déménager dans un lieu qui ne serait qu'à eux !

Si vous êtes jeune, si vous avez l'âge d'avoir des enfants et si le désir se manifeste et qu'il est de plus en plus insistant, l'amoureux et vous n'aurez aucune hésitation à vous reproduire!

Si, toutefois, vous formez une famille reconstituée, vous aurez une conversation avec cet enfant qui n'est pas le vôtre. Vous le rassurerez en lui affirmant qu'il sera considéré comme le vôtre. Si votre partenaire est dans la même situation, il fera comme vous. La paix entre tous est une priorité!

DANS L'ENSEMBLE DE VOTRE VIE

Même si, sous votre signe, l'amour passe avant tout, sauf pour les Poissons minoritaires qui vivent au fond des océans là où la lumière ne parvient pas, bref, les doux et les sensibles se débrouillent bien dans leur milieu de travail. Par ailleurs, si le Nœud Nord exerce une forte influence sur votre vie amoureuse, quant à votre carrière, il est aussi efficace, et plus spécifiquement si vous êtes artiste! Dans ce monde, la chance et le hasard sont presque toujours à égalité, et c'est ce qui se produira en ce mois d'octobre! Une personne que vous connaissez bien aura l'occasion de vanter vos mérites, vos talents et votre ténacité! La réaction ne se fera pas attendre et vous aurez rapidement de très bonnes nouvelles. Pour certains d'entre vous, il s'agit d'un départ, d'un renouveau, d'une simple embauche, d'un contrat à court ou à long terme, qu'importe ce qui se passera dans ce monde où vous exprimez qui vous êtes, que ce monde soit ou non payant, il vous conduira vers un Univers en expansion.

Le 27, Jupiter entre en Scorpion et fera alors un parfait aspect à votre signe. Comme toutes les planètes lourdes se font sentir avant leur entrée dans un signe, déjà, vous savez, vous avez l'intuition que quelque chose de magique se prépare. Vous avez raison d'y croire. Durant les derniers jours du mois, d'autres nouvelles agréables vous parviendront. Cette fois, tout se passe dans une maison astrologique ayant des liens avec la philosophie, la création spontanée, l'inédit et ce qui s'exporte ou ce qui peut être développé à l'étranger.

Dans le pire des cas, vous prenez la fuite. S'il en est ainsi, c'est que, pendant trop longtemps ou jamais, vous n'avez eu d'idéal. Tous les Poissons n'ont pas eu la chance de vivre dans une famille unie, paisible et pacifique. Si vous faites partie des malheureux Poissons, victimes, mal aimés, sous Jupiter en Scorpion, à compter du 27, il sera nécessaire de demander de l'aide afin de revenir à une vie qui vous donne le droit d'être heureux!

Si vous oeuvrez dans le monde des affaires, là où l'on brasse beaucoup de dollars, tout au long du mois, vous négocierez. Au moment où vous croirez conclure une transaction, vous ferez face à un interdit, à une loi, à une personne qui est en désaccord avec la manière de procéder. Ce sera peut-être un absent qui joue un premier rôle, et sans lui rien ne peut être officiel. En bref, sur les derniers degrés de Jupiter en Balance, soit du 1er au 27, il sera nécessaire d'être patient avec les grosses sommes d'argent et les marchandises ou services auxquels ils sont rattachés.

Il est aussi essentiel de protéger vos biens. Ne partez jamais sans activer votre système d'alarme. Protégez-vous du feu: si vous fumez, n'allumez pas une cigarette alors que vous avez grandement sommeil. Votre voiture doit être en lieu sûr et munie d'un système d'alarme. N'ayez pas de grosses sommes d'argent sur vous. Lorsque vous faites votre épicerie, ayez vos sacs à l'œil! En somme, là où l'on pourrait vous subtiliser quelque chose, parfois un rien, redoublez de prudence.

༼ NOVEMBRE 2005 ༽

L'AMOUR

Vous êtes maintenant sous l'influence de Jupiter en Scorpion, un signe qui symbolise «à vie», «pour le meilleur et le pire», «pour toujours et à jamais», «j'aime ou je n'aime pas», «je crois ou je ne crois pas», etc. Jupiter en Scorpion, qui fait un aspect favorable à votre signe, vous protège de tout et partout, ainsi que de différentes gens que vous croiserez lors de vos déplacements. Quel que soit le signe de votre amoureux, il ne peut faire autrement que vous aimer et vous admirer parce que qui que vous soyez, quoi que vous fassiez, vous agissez avec la pureté du cœur et de l'âme.

Il y a tout de même, parmi vous, quelques requins qui se sont donné pour mission de dévorer la première personne qui tombe sous leur charme. Si Jupiter en Scorpion a généralement de bonnes intentions, il existe des Poissons qui sont incapables du don d'eux-mêmes parce qu'ils sont constamment affamés de matière, des biens d'autrui, de faveurs, de bénéfices. Ces Poissons qui font abstraction d'amour, sous la coupe de Jupiter en Scorpion, seront trompés et volés, de la même façon qu'ils ont abusé de ces personnes qui étaient pourtant prêtes à les aimer follement!

En tant que parent, amoureux de vos enfants, vous serez si présent à eux que vous les empêcherez de prendre des décisions. Vous aurez la sensation qu'il vous faut à tout prix leur dire quoi faire, quoi dire, etc., pour que leur vie soit le plus agréable possible! Il se peut que vous exagériez : les enfants aimés dès leur premier souffle se dirigent plutôt bien dans la vie. Quant à vos tout-petits, vous avez raison de les cajoler, ce qui ne veut pas dire que vous devez les contrôler et leur dire chaque minute qu'ils sont magnifiques et parfaits!

Si vous êtes jeune, si tout va bien dans votre couple, si vous êtes ensemble depuis parfois quelques années, votre sujet premier sera avoir un bébé. Pour certains, il s'agira d'un premier, pour d'autres, d'un second, d'un troisième ou d'un quatrième. Il est rare qu'un Poissons ne soit pas fertile, qu'il s'agisse d'un homme ou d'une femme!

Le 6, Vénus entre en Capricorne dans le onzième signe du vôtre. C'est un symbole d'amitié et Vénus annonce la venue d'une personne que vous avez connue dans le passé! La rencontre se fera dans un lieu que vous avez envie de revoir, et par hasard, comme autrefois, vous vous plaisez!

Si votre amoureux et vous avez décidé de partir en voyage durant le temps des fêtes, vous ne serez pas tout à fait d'accord quant à la destination. L'un veut explorer une contrée qui le fascine depuis longtemps, tandis que l'autre ne songe qu'à se faire dorer sur une plage au soleil. Si vous vivez ensemble depuis quelques décennies et que vous ayez confiance l'un en l'autre, tout laisse présager que vous partirez chacun de votre côté!

DANS L'ENSEMBLE DE VOTRE VIE

Si vous faites du commerce avec l'étranger, vous avez les meilleures cartes en main en ce qui concerne vos négociations. Si vous vendez ou importez des produits alimentaires, lesquels, pour les pays concernés, sont aussi rares qu'exotiques, à la suite de vos discussions, vous recevrez une énorme cargaison ou vous en expédierez une. Dès sa mise en marché, vous ferez une jolie fortune.

Si vous avez une famille où l'on se querelle fréquemment, si vous ne supportez pas un parent à cause de son attitude, ses manies ou si vous n'avez aucune affinité avec lui, en cet avant-dernier mois de l'année où l'on se prépare pour les fêtes de Noël, vous serez ferme. Cette année, vous ne ferez aucun effort pour être agréable. Vous choisirez d'être seul plutôt qu'en mauvaise compagnie.

Sur le plan professionnel, même si, dans l'ensemble, vous progressez à vive allure dans le milieu où vous êtes impliqué, ici et là, en novembre, vous rencontrerez des obstacles et des personnes qui s'opposeront à vos idées, à vos manières de servir le client, à vos coûts, à l'expédition de vos produits, à la lenteur de vos services. En bref, vous aurez à faire face à des clients tatillons et aussi à des manipulateurs qui, parfois, ne veulent que des rabais !

Si vous êtes un intellectuel, vous lirez beaucoup ; vous aurez aussi un grand besoin de savoir. Si votre métier est d'écrire, de peindre, de sculpter, etc., vous innoverez. Votre imagination sera décuplée et vos idées originales pourront aussi bien plaire que choquer ! Une chose est certaine : il vous sera impossible de ne pas être reconnu dans le milieu dont vous faites partie.

Quant à ceux qui travaillent de leurs mains, ils fabriqueront un objet sortant tout droit d'un monde qui, selon les gens traditionnels, est paranormal ! Vous êtes le dernier signe du zodiaque, et tel qu'écrit précédemment, vous n'êtes pas ordinaire !

Si vous avez un emploi routinier et que chaque jour, vous faites les mêmes gestes, voyez les mêmes gens, prenez votre pause toujours à la même heure, si vous obtenez le même salaire parce que l'entreprise qui emploie vos services ne vous augmente pas, en ce mois de novembre, vous vous ennuierez au point où vous songerez sérieusement à tout lâcher ! Démissionner de la vie n'est pas une bonne idée ! Si vous passez à l'acte, vous vous retrouverez plus seul que jamais. En tant que Poissons, la vie en solitaire n'est pas faite pour vous.

◄◖ DÉCEMBRE 2005 ◗►

L'AMOUR

Si, en cette fin d'année, vous êtes encore célibataire, sans doute avez-vous refusé et repoussé ces personnes qui s'approchaient de vous, que vous intriguiez, que vous intéressiez et qui vous désiraient d'une manière évidente. En tant que dernier signe du zodiaque, vous êtes parfois complexe, et ce que vous attendez d'une personne est plus qu'un corps, plus qu'une intelligence. En fait, il vous faut voir l'autre au-delà des apparences! Vous tombez amoureux de l'âme et du cœur. C'est encore possible, à condition que vous ne vous isoliez pas d'ici le 15. Joignez-vous à un groupe de rencontres. Allez à ces fêtes organisées pour les célibataires ou participez à des activités intellectuelles ou sportives. Si vous sortez de la maison, vous êtes assuré de croiser une belle personne avec qui vous passerez peut-être de belles fêtes.

Si vous avez une vie de couple et que vous êtes heureux, si vous êtes jeune, si vous n'avez pas encore d'enfant, la cigogne, même en hiver, passera chez vous. Par ailleurs, pour ceux qui se croient infertiles ou qui «prennent des chances», vous aurez un bébé surprise!

En tant que parent amoureux de petits enfants, ce sera la course dans les magasins afin de leur offrir ce qu'ils ont commandé au père Noël! Si vous désirez vous éviter du trouble et obtenir ce qu'ils demandent, il serait préférable que vous fassiez vos courses avant le 15!

Si vous avez une famille reconstituée, il est possible que vous soyez obligé d'argumenter pour que vos enfants soient avec vous et que ceux de l'autre n'aient pas, non plus, à aller et à venir d'une maison à l'autre. Pour que la paix règne, pour faire une démonstration d'amour à vos enfants, il sera nécessaire de rester sage quand viendra le moment de discuter avec votre ex-conjoint!

Du 16 jusqu'à la fin du mois, Vénus est en Verseau, dans le douzième signe du vôtre. Si plus rien ne va entre vous etl'amoureux, Noël et le jour de l'An seront bien tristes. Si vous êtes de mauvaise humeur, il est presque impossible de ne pas vous dire des paroles insultantes! Il vous faudrait songer que ces fêtes font appel à la paix en soi, une paix qui devrait se répandre à tous ceux qui vous entourent.

Si vous êtes en pleine crise sentimentale, ce qui n'est pas rare en ce temps de l'année, voyez vos amis, et si ceux-ci ne vous ont pas invité pour fêter, demandez-leur de vous recevoir! On appelle cela «piler sur son orgueil». Mais il vaut mieux ça que la solitude, la peine et un sentiment d'échec!

Certains parmi vous se fianceront à Noël ou au jour de l'An! Pour ces derniers, ce sera une fête extraordinaire.

DANS L'ENSEMBLE DE VOTRE VIE

Avant d'arriver à la période des fêtes, vous devez travailler! Mais vous ne produirez à votre goût que durant les 12 premiers jours du mois! Après, il est possible que des problèmes surviennent: des pannes d'électricité, des virus dans l'ordinateur, des collègues qui savent qu'ils ne passeront pas un beau Noël ni un joyeux jour de l'An...

Certains d'entre vous ont prévu partir en voyage au soleil. Cependant, pour quelques-uns, l'imprévu est au rendez-vous. Il n'est pas impossible que vous annuliez votre voyage parce qu'un parent tombe malade et que vous vous sentiez obligé de vous en occuper.

Il est également possible que la compagnie aérienne remette son départ à cause d'un changement de température qui mettrait les voyageurs en danger.

Si vous avez une famille où l'on se dispute souvent, à la toute fin du mois, en raison de Mars qui est face à Jupiter, il est possible que, lors d'une réunion, les gros mots volent en tous sens.

Bien que ce soit inutile de l'écrire, voici tout de même certains conseils: évitez l'alcool au volant. Si vous prenez des drogues, il vaut mieux vous trouver un conducteur pour vous ramener à la maison!

Si certains parmi vous restent au pays alors qu'ils avaient prévu partir, d'autres pourront faire le voyage et rendront visite à des parents qui habitent à l'étranger.

Vous serez nombreux à recevoir et à vous énerver alors que vous cuisinerez. La prévention contre le feu est essentielle et il est aussi fondamental de vous calmer! Du 16 jusqu'à la fin du mois, Vénus et Neptune sont en Verseau dans le douzième signe du vôtre, et lors d'une fête, si vous n'aimez pas un parent, vous aurez beaucoup de mal à ne pas lui dire votre «façon de penser»! De plus, il y a, dans le ciel Pluton et Mercure en Sagittaire, qui font un aspect dur à votre signe. Voilà donc deux planètes qui accentuent votre désir de parler carrément de ce qui ne vous plaît pas chez l'un ou chez l'autre.

Pluton et Mercure font en sorte que vous révéliez des secrets de famille qui vous torturent depuis parfois longtemps.

Vous aurez tout de même vécu une année favorable. Les changements positifs furent nombreux chez les Poissons qui ont fait le maximum pour mieux vivre et mieux être. L'amour fut au rendez-vous, et nombreux ont choisi de le vivre, de partager leurs sentiments avec un amoureux. Certains se sont mariés officiellement afin de démontrer le sérieux de leur engagement. Il y a eu aussi des Poissons qui ont navigué dans les eaux noires : ceux-ci ne furent pas sages et ils ont dû payer cher pour leurs erreurs.

LES ASCENDANTS

POISSONS ASCENDANT BÉLIER

Vous êtes déchiré entre la douceur et l'utilisation de la force pour faire valoir vos droits ou votre point de vue. En 2005, vous vous adoucirez si vous vivez avec votre ascendant «marsien». Ce sera au moment où l'amour entrera dans votre vie, dès le début de 2005. Il est également possible que vous montiez une affaire, un commerce, et que vous travailliez avec votre amoureux. Si telle est la situation, vous ferez plus de profits que les années précédentes.

POISSONS ASCENDANT TAUREAU

Vous êtes né de Neptune et de Vénus. En principe, vous êtes un artiste dans le milieu où vous avez choisi de vous impliquer. Quoi que vous fassiez, vous aurez du succès, vous ferez plus d'argent. Il est possible que vous retourniez aux études. Vous progressez dans l'exercice de votre profession. Vous avez le sens des affaires et si on vous offre de vous associer, il vaudrait mieux refuser. Vous ne recevez pas d'ordre de qui que ce soit et vous avez même du mal à écouter les idées d'autrui! De toute manière, vous êtes un débrouillard!

POISSONS ASCENDANT GÉMEAUX

La famille vous tient à cœur. Si vous êtes amoureux et que vous n'avez pas d'enfant, cette année, vous vous questionnerez à ce sujet. Vous êtes aussi bon vendeur que créateur. Vous innoverez dans votre milieu de travail. Vous proposerez une manière plus rapide de produire et avec bien peu de matériaux. On dira que vous êtes génial. Là où vous auriez peut-être à perdre beaucoup, c'est dans votre vie de couple : vous serez tenté de tromper votre partenaire, et si vous le faites, les conséquences ne seront pas du tout agréables.

POISSONS ASCENDANT CANCER

Double signe d'eau, la famille est votre port d'attache. Vos enfants valent plus que n'importe quel lingot d'or. C'est une année pour déménager, rénover et décorer. Si un parent est âgé et malade, vous passerez beaucoup de temps à son chevet. Vous êtes d'une nature compatissante, et plus encore en 2005. Si, malheureusement, vous dépensez sans compter, si vous ne savez pas respecter votre budget, vous afficherez une énorme perte et vous serez, pas la suite, dans l'obligation de faire un emprunt. Si vous vivez grassement, il est important de mieux vous protéger des voleurs.

POISSONS ASCENDANT LION

Vous êtes dévoué à l'entreprise qui emploie vos services. Cependant, en 2005, vous n'irez pas au-delà de vos tâches. Vous serez plus souvent sur les routes, à la suite d'une nouvelle assignation professionnelle. Vous ferez beaucoup de remplacement. Il est même possible que vous soyez nommé à la place du patron absent. Il sera question d'un déménagement : vous ferez de sérieuses recherches et vous trouverez une maison royale à un prix plutôt modique !

POISSONS ASCENDANT VIERGE

Vous êtes né avec un signe que vous pouvez envisager comme une opposition ou une complémentarité. Quoi qu'il en soit, l'argent sera au premier plan de vos préoccupations. Il faudra être prudent quant à vos dépenses et à vos achats. S'il vous est permis de devenir extrêmement riche en raison de la Vierge face à votre signe, vous pourriez aussi y perdre après avoir fait de mauvais placements. L'amour est au rendez-vous et ce sera plus sérieux que jamais. Possibilité de maternité ou de paternité.

POISSONS ASCENDANT BALANCE

Pour vous, il est important de plaire, à condition que votre charme desserve vos plans et vos projets financiers. Vous êtes aussi un travaillant et n'avez pas peur des heures supplémentaires. Vous en ferez beaucoup en 2005. Il faudra tout de même faire attention à votre alimentation. Jupiter, qui passe sur votre ascendant, peut vous donner un gros appétit ! Vos reins seront fragiles. Aussi est-il nécessaire de boire sainement en tout temps. Si vous œuvrez dans un domaine juridique, vous progresserez.

POISSONS ASCENDANT SCORPION

Sous votre signe et ascendant, c'est le pire ou le meilleur. Vous avez beaucoup de mal à être raisonnable. L'année 2005 sera consacrée à la préparation et aux études : vous souhaitez changer de travail. Vous finaliserez des cours parfois délaissés longtemps auparavant. Il est également possible que vous fassiez un tour de 180 degrés, comme passer des arts aux mathématiques ! En ce qui concerne l'amour, votre vie de couple, vous êtes en questionnement parce que bon nombre d'entre vous se demandent s'ils restent ou s'ils se séparent...

POISSONS ASCENDANT SAGITTAIRE

La vie prend une tournure extraordinaire : le temps sera à la fête. Vous serez plus créateur que jamais. Au hasard de la vie, vous rencontrerez des gens influents qui vous aideront à mettre vos projets sur pied, et tout ira si vite que vous aurez du mal à souffler. Des amis que vous aviez perdus de vue reviennent vers vous. Attention : certains d'entre eux se pointeront par intérêt. Une union libre peut se transformer en un mariage officiel. Déménagement qui se fera rapidement.

POISSONS ASCENDANT CAPRICORNE

Si vous avez pris du recul par rapport à une carrière que vous avez pratiquée pendant longtemps, vous ferez un retour. Vous aurez une affaire lucrative en vue et vous ne louperez pas votre chance. Nombreux déplacements où vous joindrez l'utile à l'agréable. Vente d'une propriété et achat d'une autre plus commode pour votre travail. Il est aussi possible que vous vous associiez avec votre amoureux. Mais attention : en 2005, il est possible que vous vous querelliez ici et là avec votre conjoint.

POISSONS ASCENDANT VERSEAU

Vous ne tiendrez pas en place : vous aurez l'impression que tout est à refaire, à commencer ou à recommencer ! Vous n'aurez peur de rien. Vous foncerez droit au but. Vous aurez le don d'arriver au bon moment, et justement de rencontrer les personnes capables de vous donner le coup de pouce dont vous avez besoin. Sur le plan sentimental, si vous êtes célibataire, vous serez attiré par une personne ayant des racines à l'étranger ou d'une autre nationalité que la vôtre.

POISSONS ASCENDANT POISSONS

On ne trouve pas plus pur! Vous êtes tous les océans réunis. Vous êtes une véritable tempête ou de l'eau douce! En principe, vous avez besoin de la famille pour vous réaliser. En 2005, malheureusement, vous vous rendrez compte que vous ne pouvez pas compter sur certains parents. Il est également possible que l'un d'eux soit gravement malade. Puisque vous êtes très émotif, vous n'hésiterez pas à vous porter à son secours. Quant à votre santé, ne mangez pas n'importe quoi: votre foie est vulnérable tout autant que vos reins.

POSITION DE LA LUNE POUR CHAQUE JOUR DE L'ANNÉE 2005

JOUR	DATE	PLANÈTE	SIGNE	DÉBUT

ᐧᐧ JANVIER 2005 ᐧᐧ

JOUR	DATE	PLANÈTE	SIGNE	DÉBUT
Samedi	01/01/2005	LUNE	en Vierge	À partir de 0 h
Dimanche	02/01/2005	LUNE	en Balance	À partir de 11 h 20
Lundi	03/01/2005	LUNE	en Balance	
Mardi	04/01/2005	LUNE	en Scorpion	À partir de 19 h
Mercredi	05/01/2005	LUNE	en Scorpion	
Jeudi	06/01/2005	LUNE	en Sagittaire	À partir de 22 h 40
Vendredi	07/01/2005	LUNE	en Sagittaire	
Samedi	08/01/2005	LUNE	en Capricorne	À partir de 23 h 10
Dimanche	09/01/2005	LUNE	en Capricorne	
Lundi	10/01/2005	LUNE	en Verseau	À partir de 22 h 10
Mardi	11/01/2005	LUNE	en Verseau	
Mercredi	12/01/2005	LUNE	en Poissons	À partir de 21 h 50
Jeudi	13/01/2005	LUNE	en Poissons	
Vendredi	14/01/2005	LUNE	en Poissons	
Samedi	15/01/2005	LUNE	en Bélier	À partir de 0 h 30
Dimanche	16/01/2005	LUNE	en Bélier	
Lundi	17/01/2005	LUNE	en Taureau	À partir de 7 h
Mardi	18/01/2005	LUNE	en Taureau	
Mercredi	19/01/2005	LUNE	en Gémeaux	À partir de 17 h 20
Jeudi	20/01/2005	LUNE	en Gémeaux	
Vendredi	21/01/2005	LUNE	en Gémeaux	
Samedi	22/01/2005	LUNE	en Cancer	À partir de 5 h 40
Dimanche	23/01/2005	LUNE	en Cancer	
Lundi	24/01/2005	LUNE	en Lion	À partir de 18 h 20
Mardi	25/01/2005	LUNE	en Lion	
Mercredi	26/01/2005	LUNE	en Lion	
Jeudi	27/01/2005	LUNE	en Vierge	À partir de 6 h 20
Vendredi	28/01/2005	LUNE	en Vierge	
Samedi	29/01/2005	LUNE	en Balance	À partir de 17 h 10
Dimanche	30/01/2005	LUNE	en Balance	
Lundi	31/01/2005	LUNE	en Balance	

◖◗ FÉVRIER 2005 ◖◗

Mardi	01/02/2005	LUNE	en Scorpion	À partir de 1 h 50
Mercredi	02/02/2005	LUNE	en Scorpion	
Jeudi	03/02/2005	LUNE	en Sagittaire	À partir de 7 h 20
Vendredi	04/02/2005	LUNE	en Sagittaire	
Samedi	05/02/2005	LUNE	en Capricorne	À partir de 9 h 30
Dimanche	06/02/2005	LUNE	en Capricorne	
Lundi	07/02/2005	LUNE	en Verseau	À partir de 9 h 20
Mardi	08/02/2005	LUNE	en Verseau	
Mercredi	09/02/2005	LUNE	en Poissons	À partir de 9 h
Jeudi	10/02/2005	LUNE	en Poissons	
Vendredi	11/02/2005	LUNE	en Bélier	À partir de 10 h 20
Samedi	12/02/2005	LUNE	en Bélier	
Dimanche	13/02/2005	LUNE	en Taureau	À partir de 15 h 20
Lundi	14/02/2005	LUNE	en Taureau	
Mardi	15/02/2005	LUNE	en Taureau	
Mercredi	16/02/2005	LUNE	en Gémeaux	À partir de 0 h 20
Jeudi	17/02/2005	LUNE	en Gémeaux	
Vendredi	18/02/2005	LUNE	en Cancer	À partir de 12 h 10
Samedi	19/02/2005	LUNE	en Cancer	
Dimanche	20/02/2005	LUNE	en Cancer	
Lundi	21/02/2005	LUNE	en Lion	À partir de 0 h 50
Mardi	22/02/2005	LUNE	en Lion	
Mercredi	23/02/2005	LUNE	en Vierge	À partir de 12 h 40
Jeudi	24/02/2005	LUNE	en Vierge	
Vendredi	25/02/2005	LUNE	en Balance	À partir de 23 h
Samedi	26/02/2005	LUNE	en Balance	
Dimanche	27/02/2005	LUNE	en Balance	
Lundi	28/02/2005	LUNE	en Scorpion	À partir de 7 h 20

◖◗ MARS 2005 ◖◗

Mardi	01/03/2005	LUNE	en Scorpion	
Mercredi	02/03/2005	LUNE	en Sagittaire	À partir de 13 h 30
Jeudi	03/03/2005	LUNE	en Sagittaire	
Vendredi	04/03/2005	LUNE	en Capricorne	À partir de 17 h 10
Samedi	05/03/2005	LUNE	en Capricorne	
Dimanche	06/03/2005	LUNE	en Verseau	À partir de 18 h 50
Lundi	07/03/2005	LUNE	en Verseau	
Mardi	08/03/2005	LUNE	en Poissons	À partir de 19 h 30
Mercredi	09/03/2005	LUNE	en Poissons	
Jeudi	10/03/2005	LUNE	en Bélier	À partir de 21 h
Vendredi	11/03/2005	LUNE	en Bélier	
Samedi	12/03/2005	LUNE	en Bélier	
Dimanche	13/03/2005	LUNE	en Taureau	À partir de 1 h
Lundi	14/03/2005	LUNE	en Taureau	

Mardi	15/03/2005	LUNE	en Gémeaux	À partir de 8 h 40
Mercredi	16/03/2005	LUNE	en Gémeaux	
Jeudi	17/03/2005	LUNE	en Cancer	À partir de 19 h 40
Vendredi	18/03/2005	LUNE	en Cancer	
Samedi	19/03/2005	LUNE	en Cancer	
Dimanche	20/03/2005	LUNE	en Lion	À partir de 8 h 20
Lundi	21/03/2005	LUNE	en Lion	
Mardi	22/03/2005	LUNE	en Vierge	À partir de 20 h 10
Mercredi	23/03/2005	LUNE	en Vierge	
Jeudi	24/03/2005	LUNE	en Vierge	
Vendredi	25/03/2005	LUNE	en Balance	À partir de 6 h
Samedi	26/03/2005	LUNE	en Balance	
Dimanche	27/03/2005	LUNE	en Scorpion	À partir de 13 h 30
Lundi	28/03/2005	LUNE	en Scorpion	
Mardi	29/03/2005	LUNE	en Sagittaire	À partir de 18 h 50
Mercredi	30/03/2005	LUNE	en Sagittaire	
Jeudi	31/03/2005	LUNE	en Capricorne	À partir de 22 h 50

◈ AVRIL 2005 ◈

Vendredi	01/04/2005	LUNE	en Capricorne	
Samedi	02/04/2005	LUNE	en Capricorne	
Dimanche	03/04/2005	LUNE	en Verseau	À partir de 1 h 30
Lundi	04/04/2005	LUNE	en Verseau	
Mardi	05/04/2005	LUNE	en Poissons	À partir de 3 h 50
Mercredi	06/04/2005	LUNE	en Poissons	
Jeudi	07/04/2005	LUNE	en Bélier	À partir de 6 h 30
Vendredi	08/04/2005	LUNE	en Bélier	
Samedi	09/04/2005	LUNE	en Taureau	À partir de 10 h 50
Dimanche	10/04/2005	LUNE	en Taureau	
Lundi	11/04/2005	LUNE	en Gémeaux	À partir de 17 h 50
Mardi	12/04/2005	LUNE	en Gémeaux	
Mercredi	13/04/2005	LUNE	en Gémeaux	
Jeudi	14/04/2005	LUNE	en Cancer	À partir de 4 h
Vendredi	15/04/2005	LUNE	en Cancer	
Samedi	16/04/2005	LUNE	en Lion	À partir de 16 h 20
Dimanche	17/04/2005	LUNE	en Lion	
Lundi	18/04/2005	LUNE	en Lion	
Mardi	19/04/2005	LUNE	en Vierge	À partir de 4 h 20
Mercredi	20/04/2005	LUNE	en Vierge	
Jeudi	21/04/2005	LUNE	en Balance	À partir de 14 h 30
Vendredi	22/04/2005	LUNE	en Balance	
Samedi	23/04/2005	LUNE	en Scorpion	À partir de 21 h 30
Dimanche	24/04/2005	LUNE	en Scorpion	
Lundi	25/04/2005	LUNE	en Scorpion	
Mardi	26/04/2005	LUNE	en Sagittaire	À partir de 1 h 40
Mercredi	27/04/2005	LUNE	en Sagittaire	

Jeudi	28/04/2005	LUNE	en Capricorne	À partir de 4 h 30
Vendredi	29/04/2005	LUNE	en Capricorne	
Samedi	30/04/2005	LUNE	en Verseau	À partir de 6 h 50

◖◗ MAI 2005 ◖◗

Dimanche	01/05/2005	LUNE	en Verseau	
Lundi	02/05/2005	LUNE	en Poissons	À partir de 9 h 50
Mardi	03/05/2005	LUNE	en Poissons	
Mercredi	04/05/2005	LUNE	en Bélier	À partir de 13 h 40
Jeudi	05/05/2005	LUNE	en Bélier	
Vendredi	06/05/2005	LUNE	en Taureau	À partir de 19 h
Samedi	07/05/2005	LUNE	en Taureau	
Dimanche	08/05/2005	LUNE	en Taureau	
Lundi	09/05/2005	LUNE	en Gémeaux	À partir de 2 h 30
Mardi	10/05/2005	LUNE	en Gémeaux	
Mercredi	11/05/2005	LUNE	en Cancer	À partir de 12 h 20
Jeudi	12/05/2005	LUNE	en Cancer	
Vendredi	13/05/2005	LUNE	en Cancer	
Samedi	14/05/2005	LUNE	en Lion	À partir de 0 h 20
Dimanche	15/05/2005	LUNE	en Lion	
Lundi	16/05/2005	LUNE	en Vierge	À partir de 12 h 40
Mardi	17/05/2005	LUNE	en Vierge	
Mercredi	18/05/2005	LUNE	en Balance	À partir de 23 h 30
Jeudi	19/05/2005	LUNE	en Balance	
Vendredi	20/05/2005	LUNE	en Balance	
Samedi	21/05/2005	LUNE	en Scorpion	À partir de 6 h 50
Dimanche	22/05/2005	LUNE	en Scorpion	
Lundi	23/05/2005	LUNE	en Sagittaire	À partir de 10 h 40
Mardi	24/05/2005	LUNE	en Sagittaire	
Mercredi	25/05/2005	LUNE	en Capricorne	À partir de 12 h 10
Jeudi	26/05/2005	LUNE	en Capricorne	
Vendredi	27/05/2005	LUNE	en Verseau	À partir de 13 h 10
Samedi	28/05/2005	LUNE	en Verseau	
Dimanche	29/05/2005	LUNE	en Poissons	À partir de 15 h 10
Lundi	30/05/2005	LUNE	en Poissons	
Mardi	31/05/2005	LUNE	en Bélier	À partir de 19 h 10

◖◗ JUIN 2005 ◖◗

Mercredi	01/06/2005	LUNE	en Bélier	
Jeudi	02/06/2005	LUNE	en Bélier	
Vendredi	03/06/2005	LUNE	en Taureau	À partir de 1 h 20
Samedi	04/06/2005	LUNE	en Taureau	
Dimanche	05/06/2005	LUNE	en Gémeaux	À partir de 9 h 30
Lundi	06/06/2005	LUNE	en Gémeaux	
Mardi	07/06/2005	LUNE	en Cancer	À partir de 19 h 50

Mercredi	08/06/2005	LUNE	en Cancer	
Jeudi	09/06/2005	LUNE	en Cancer	
Vendredi	10/06/2005	LUNE	en Lion	À partir de 7 h 40
Samedi	11/06/2005	LUNE	en Lion	
Dimanche	12/06/2005	LUNE	en Vierge	À partir de 20 h 20
Lundi	13/06/2005	LUNE	en Vierge	
Mardi	14/06/2005	LUNE	en Vierge	
Mercredi	15/06/2005	LUNE	en Balance	À partir de 8 h
Jeudi	16/06/2005	LUNE	en Balance	
Vendredi	17/06/2005	LUNE	en Scorpion	À partir de 16 h 20
Samedi	18/06/2005	LUNE	en Scorpion	
Dimanche	19/06/2005	LUNE	en Sagittaire	À partir de 20 h 40
Lundi	20/06/2005	LUNE	en Sagittaire	
Mardi	21/06/2005	LUNE	en Capricorne	À partir de 21 h 50
Mercredi	22/06/2005	LUNE	en Capricorne	
Jeudi	23/06/2005	LUNE	en Verseau	À partir de 21 h 40
Vendredi	24/06/2005	LUNE	en Verseau	
Samedi	25/06/2005	LUNE	en Poissons	À partir de 22 h 10
Dimanche	26/06/2005	LUNE	en Poissons	
Lundi	27/06/2005	LUNE	en Poissons	
Mardi	28/06/2005	LUNE	en Bélier	À partir de 0 h 50
Mercredi	29/06/2005	LUNE	en Bélier	
Jeudi	30/06/2005	LUNE	en Taureau	À partir de 6 h 40

⸎ JUILLET 2005 ⸎

Vendredi	01/07/2005	LUNE	en Taureau	
Samedi	02/07/2005	LUNE	en Gémeaux	À partir de 15 h 20
Dimanche	03/07/2005	LUNE	en Gémeaux	
Lundi	04/07/2005	LUNE	en Gémeaux	
Mardi	05/07/2005	LUNE	en Cancer	À partir de 2 h 10
Mercredi	06/07/2005	LUNE	en Cancer	
Jeudi	07/07/2005	LUNE	en Lion	À partir de 14 h 10
Vendredi	08/07/2005	LUNE	en Lion	
Samedi	09/07/2005	LUNE	en Lion	
Dimanche	10/07/2005	LUNE	en Vierge	À partir de 3 h
Lundi	11/07/2005	LUNE	en Vierge	
Mardi	12/07/2005	LUNE	en Balance	À partir de 15 h 10
Mercredi	13/07/2005	LUNE	en Balance	
Jeudi	14/07/2005	LUNE	en Balance	
Vendredi	15/07/2005	LUNE	en Scorpion	À partir de 0 h 50
Samedi	16/07/2005	LUNE	en Scorpion	
Dimanche	17/07/2005	LUNE	en Sagittaire	À partir de 6 h 30
Lundi	18/07/2005	LUNE	en Sagittaire	
Mardi	19/07/2005	LUNE	en Capricorne	À partir de 8 h 20
Mercredi	20/07/2005	LUNE	en Capricorne	
Jeudi	21/07/2005	LUNE	en Verseau	À partir de 8 h

Vendredi	22/07/2005	LUNE	en Verseau	
Samedi	23/07/2005	LUNE	en Poissons	À partir de 7 h 20
Dimanche	24/07/2005	LUNE	en Poissons	
Lundi	25/07/2005	LUNE	en Bélier	À partir de 8 h 20
Mardi	26/07/2005	LUNE	en Bélier	
Mercredi	27/07/2005	LUNE	en Taureau	À partir de 12 h 50
Jeudi	28/07/2005	LUNE	en Taureau	
Vendredi	29/07/2005	LUNE	en Gémeaux	À partir de 21 h
Samedi	30/07/2005	LUNE	en Gémeaux	
Dimanche	31/07/2005	LUNE	en Gémeaux	

◖ AOÛT 2005 ◗

Lundi	01/08/2005	LUNE	en Cancer	À partir de 7 h 50
Mardi	02/08/2005	LUNE	en Cancer	
Mercredi	03/08/2005	LUNE	en Lion	À partir de 20 h 10
Jeudi	04/08/2005	LUNE	en Lion	
Vendredi	05/08/2005	LUNE	en Lion	
Samedi	06/08/2005	LUNE	en Vierge	À partir de 8 h 50
Dimanche	07/08/2005	LUNE	en Vierge	
Lundi	08/08/2005	LUNE	en Balance	À partir de 21 h 10
Mardi	09/08/2005	LUNE	en Balance	
Mercredi	10/08/2005	LUNE	en Balance	
Jeudi	11/08/2005	LUNE	en Scorpion	À partir de 7 h 30
Vendredi	12/08/2005	LUNE	en Scorpion	
Samedi	13/08/2005	LUNE	en Sagittaire	À partir de 14 h 50
Dimanche	14/08/2005	LUNE	en Sagittaire	
Lundi	15/08/2005	LUNE	en Capricorne	À partir de 18 h 10
Mardi	16/08/2005	LUNE	en Capricorne	
Mercredi	17/08/2005	LUNE	en Verseau	À partir de 18 h 30
Jeudi	18/08/2005	LUNE	en Verseau	
Vendredi	19/08/2005	LUNE	en Poissons	À partir de 17 h 50
Samedi	20/08/2005	LUNE	en Poissons	
Dimanche	21/08/2005	LUNE	en Bélier	À partir de 18 h
Lundi	22/08/2005	LUNE	en Bélier	
Mardi	23/08/2005	LUNE	en Taureau	À partir de 21 h
Mercredi	24/08/2005	LUNE	en Taureau	
Jeudi	25/08/2005	LUNE	en Taureau	
Vendredi	26/08/2005	LUNE	en Gémeaux	À partir de 3 h 40
Samedi	27/08/2005	LUNE	en Gémeaux	
Dimanche	28/08/2005	LUNE	en Cancer	À partir de 14 h
Lundi	29/08/2005	LUNE	en Cancer	
Mardi	30/08/2005	LUNE	en Cancer	
Mercredi	31/08/2005	LUNE	en Lion	À partir de 2 h 10

◖◙ SEPTEMBRE 2005 ◙◗

Jeudi	01/09/2005	LUNE	en Lion	
Vendredi	02/09/2005	LUNE	en Vierge	À partir de 14 h 50
Samedi	03/09/2005	LUNE	en Vierge	
Dimanche	04/09/2005	LUNE	en Vierge	
Lundi	05/09/2005	LUNE	en Balance	À partir de 2 h 50
Mardi	06/09/2005	LUNE	en Balance	
Mercredi	07/09/2005	LUNE	en Scorpion	À partir de 13 h 10
Jeudi	08/09/2005	LUNE	en Scorpion	
Vendredi	09/09/2005	LUNE	en Sagittaire	À partir de 21 h
Samedi	10/09/2005	LUNE	en Sagittaire	
Dimanche	11/09/2005	LUNE	en Sagittaire	
Lundi	12/09/2005	LUNE	en Capricorne	À partir de 1 h 50
Mardi	13/09/2005	LUNE	en Capricorne	
Mercredi	14/09/2005	LUNE	en Verseau	À partir de 4 h
Jeudi	15/09/2005	LUNE	en Verseau	
Vendredi	16/09/2005	LUNE	en Poissons	À partir de 4 h 20
Samedi	17/09/2005	LUNE	en Poissons	
Dimanche	18/09/2005	LUNE	en Bélier	À partir de 4 h 40
Lundi	19/09/2005	LUNE	en Bélier	
Mardi	20/09/2005	LUNE	en Taureau	À partir de 6 h 50
Mercredi	21/09/2005	LUNE	en Taureau	
Jeudi	22/09/2005	LUNE	en Gémeaux	À partir de 12 h 10
Vendredi	23/09/2005	LUNE	en Gémeaux	
Samedi	24/09/2005	LUNE	en Cancer	À partir de 21 h 10
Dimanche	25/09/2005	LUNE	en Cancer	
Lundi	26/09/2005	LUNE	en Cancer	
Mardi	27/09/2005	LUNE	en Lion	À partir de 9 h
Mercredi	28/09/2005	LUNE	en Lion	
Jeudi	29/09/2005	LUNE	en Vierge	À partir de 21 h 40
Vendredi	30/09/2005	LUNE	en Vierge	

◖◙ OCTOBRE 2005 ◙◗

Samedi	01/10/2005	LUNE	en Vierge	
Dimanche	02/10/2005	LUNE	en Balance	À partir de 9 h 20
Lundi	03/10/2005	LUNE	en Balance	
Mardi	04/10/2005	LUNE	en Scorpion	À partir de 19 h
Mercredi	05/10/2005	LUNE	en Scorpion	
Jeudi	06/10/2005	LUNE	en Scorpion	
Vendredi	07/10/2005	LUNE	en Sagittaire	À partir de 2 h 20
Samedi	08/10/2005	LUNE	en Sagittaire	
Dimanche	09/10/2005	LUNE	en Capricorne	À partir de 7 h 40
Lundi	10/10/2005	LUNE	en Capricorne	
Mardi	11/10/2005	LUNE	en Verseau	À partir de 11 h
Mercredi	12/10/2005	LUNE	en Verseau	

Jeudi	13/10/2005	LUNE	en Poissons	À partir de 13 h 10
Vendredi	14/10/2005	LUNE	en Poissons	
Samedi	15/10/2005	LUNE	en Bélier	À partir de 14 h 40
Dimanche	16/10/2005	LUNE	en Bélier	
Lundi	17/10/2005	LUNE	en Taureau	À partir de 17 h
Mardi	18/10/2005	LUNE	en Taureau	
Mercredi	19/10/2005	LUNE	en Gémeaux	À partir de 21 h 40
Jeudi	20/10/2005	LUNE	en Gémeaux	
Vendredi	21/10/2005	LUNE	en Gémeaux	
Samedi	22/10/2005	LUNE	en Cancer	À partir de 5 h 40
Dimanche	23/10/2005	LUNE	en Cancer	
Lundi	24/10/2005	LUNE	en Lion	À partir de 16 h 50
Mardi	25/10/2005	LUNE	en Lion	
Mercredi	26/10/2005	LUNE	en Lion	
Jeudi	27/10/2005	LUNE	en Vierge	À partir de 5 h 30
Vendredi	28/10/2005	LUNE	en Vierge	
Samedi	29/10/2005	LUNE	en Balance	À partir de 17 h 10
Dimanche	30/10/2005	LUNE	en Balance	
Lundi	31/10/2005	LUNE	en Balance	

◖◗ NOVEMBRE 2005 ◖◗

Mardi	01/11/2005	LUNE	en Scorpion	À partir de 2 h 30
Mercredi	02/11/2005	LUNE	en Scorpion	
Jeudi	03/11/2005	LUNE	en Sagittaire	À partir de 8 h 50
Vendredi	04/11/2005	LUNE	en Sagittaire	
Samedi	05/11/2005	LUNE	en Capricorne	À partir de 13 h 10
Dimanche	06/11/2005	LUNE	en Capricorne	
Lundi	07/11/2005	LUNE	en Verseau	À partir de 16 h 30
Mardi	08/11/2005	LUNE	en Verseau	
Mercredi	09/11/2005	LUNE	en Poissons	À partir de 19 h 20
Jeudi	10/11/2005	LUNE	en Poissons	
Vendredi	11/11/2005	LUNE	en Bélier	À partir de 22 h 30
Samedi	12/11/2005	LUNE	en Bélier	
Dimanche	13/11/2005	LUNE	en Bélier	
Lundi	14/11/2005	LUNE	en Taureau	À partir de 2 h
Mardi	15/11/2005	LUNE	en Taureau	
Mercredi	16/11/2005	LUNE	en Gémeaux	À partir de 7 h 10
Jeudi	17/11/2005	LUNE	en Gémeaux	
Vendredi	18/11/2005	LUNE	en Cancer	À partir de 14 h 40
Samedi	19/11/2005	LUNE	en Cancer	
Dimanche	20/11/2005	LUNE	en Cancer	
Lundi	21/11/2005	LUNE	en Lion	À partir de 1 h 10
Mardi	22/11/2005	LUNE	en Lion	
Mercredi	23/11/2005	LUNE	en Vierge	À partir de 13 h 40
Jeudi	24/11/2005	LUNE	en Vierge	
Vendredi	25/11/2005	LUNE	en Vierge	

Samedi	26/11/2005	LUNE	en Balance	À partir de 1 h 50
Dimanche	27/11/2005	LUNE	en Balance	
Lundi	28/11/2005	LUNE	en Scorpion	À partir de 11 h 30
Mardi	29/11/2005	LUNE	en Scorpion	
Mercredi	30/11/2005	LUNE	en Sagittaire	À partir de 17 h 30

◖ DÉCEMBRE 2005 ◗

Jeudi	01/12/2005	LUNE	en Sagittaire	
Vendredi	02/12/2005	LUNE	en Capricorne	À partir de 20 h 40
Samedi	03/12/2005	LUNE	en Capricorne	
Dimanche	04/12/2005	LUNE	en Verseau	À partir de 22 h 30
Lundi	05/12/2005	LUNE	en Verseau	
Mardi	06/12/2005	LUNE	en Verseau	
Mercredi	07/12/2005	LUNE	en Poissons	À partir de 0 h 40
Jeudi	08/12/2005	LUNE	en Poissons	
Vendredi	09/12/2005	LUNE	en Bélier	À partir de 4 h
Samedi	10/12/2005	LUNE	en Bélier	
Dimanche	11/12/2005	LUNE	en Taureau	À partir de 8 h 50
Lundi	12/12/2005	LUNE	en Taureau	
Mardi	13/12/2005	LUNE	en Gémeaux	À partir de 15 h
Mercredi	14/12/2005	LUNE	en Gémeaux	
Jeudi	15/12/2005	LUNE	en Cancer	À partir de 23 h
Vendredi	16/12/2005	LUNE	en Cancer	
Samedi	17/12/2005	LUNE	en Cancer	
Dimanche	18/12/2005	LUNE	en Lion	À partir de 9 h 20
Lundi	19/12/2005	LUNE	en Lion	
Mardi	20/12/2005	LUNE	en Vierge	À partir de 21 h 40
Mercredi	21/12/2005	LUNE	en Vierge	
Jeudi	22/12/2005	LUNE	en Vierge	
Vendredi	23/12/2005	LUNE	en Balance	À partir de 10 h 20
Samedi	24/12/2005	LUNE	en Balance	
Dimanche	25/12/2005	LUNE	en Scorpion	À partir de 21 h
Lundi	26/12/2005	LUNE	en Scorpion	
Mardi	27/12/2005	LUNE	en Scorpion	
Mercredi	28/12/2005	LUNE	en Sagittaire	À partir de 3 h 40
Jeudi	29/12/2005	LUNE	en Sagittaire	
Vendredi	30/12/2005	LUNE	en Capricorne	À partir de 6 h 30
Samedi	31/12/2005	LUNE	en Capricorne